suhrkamp taschenbuch
wissenschaft 2463

Gewaltengliederung gilt gemeinhin als ein Prinzip, das vorhandene politische Herrschaft durch Recht formalisiert und einschränkt. Christoph Möllers stellt dieser letztlich vordemokratischen Sicht ein Konzept entgegen, in dem die politische, demokratieermöglichende Bedeutung der Teilung von hoheitlicher Herrschaft in drei Gewalten im Mittelpunkt steht. Unter dem zentralen Aspekt der demokratischen Herrschaftsorganisation ergeben sich daraus auch neue Einsichten zum Begriff der Demokratie, zum Verhältnis von Recht und Politik, zur Eigenlegitimation rechtlicher Formen und zur Anwendbarkeit des Gewaltenteilungsschemas jenseits des Staates.

Christoph Möllers lehrt Öffentliches Recht und Rechtsphilosophie an der Humboldt-Universität zu Berlin und ist Permanent Fellow am Wissenschaftskolleg ebenda. Zuletzt erschienen: *Die Möglichkeit der Normen. Über eine Praxis jenseits von Moralität und Kausalität* (stw 2259) und *Freiheitsgrade. Elemente einer liberalen politischen Mechanik* (es 2755).

Christoph Möllers
Demokratie und Gewaltengliederung

Studien zur Verfassungstheorie

Suhrkamp

Erste Auflage 2025
suhrkamp taschenbuch wissenschaft 2463
Originalausgabe

Umschlag nach Entwürfen von
Willy Fleckhaus und Rolf Staudt
Druck und Bindung: C. H. Beck, Nördlingen
Printed in Germany
ISBN 978-3-518-30063-3

Suhrkamp Verlag GmbH
Torstraße 44, 10119 Berlin
info@suhrkamp.de
www.suhrkamp.de

Inhalt

[…] perché un principe che può fare ciò ch'ei vuole, è pazzo; un popolo che può fare ciò che vuole, non è savio.

Machiavelli, *Discorsi sopra la prima Deca di Tito Livio*, I/58

Die Gewalten des Staates müssen so allerdings unterschieden sein, aber jede muß an sich selbst ein Ganzes bilden und die anderen Momente in sich enthalten.

Hegel, *Grundlinien der Philosophie des Rechts*, § 272 Z.

Vorwort

Am 26. September 2024 trat der 8. Thüringer Landtag gut drei Wochen nach der Landtagswahl in Erfurt zu seiner konstituierenden Sitzung zusammen. Diese wurde von einem Alterspräsidenten geleitet, der sich weigerte, aus dem Plenum kommende Anträge auf Feststellung der Beschlussfähigkeit und Festsetzung einer vorläufigen Tagesordnung zur Abstimmung zu stellen, weil er stattdessen den Landtag dazu bringen wollte, einen Präsidenten zu wählen. Nach Abbruch der Sitzung wandten sich alle Fraktionen des Landtages außer derjenigen des Alterspräsidenten an den Thüringer Verfassungsgerichtshof. Im Wege des Eilrechtsschutzes beantragten sie, den Alterspräsidenten unter anderem dazu zu verpflichten, die genannten Punkte zur Abstimmung zu stellen. Am folgenden Tag gab das Gericht den Anträgen jedenfalls in dieser Hinsicht statt. Nach Fortsetzung der Sitzung konnten die Beschlüsse gefasst werden.[1]

Man kann diesen Vorgang als ein Beispiel für die Rettung der Demokratie durch rechtsstaatliche Gewaltenteilung lesen, schließlich hat hier ein Gericht dem handlungsunfähigen politischen Prozess aus der Klemme geholfen. Freilich verstand sich das frisch gewählte Parlament nicht als neu geborenes demokratisches Subjekt, das mit Hannah Arendt gesprochen ungebunden einen politischen Anfang machte.[2] Selbst für das eigene Verfahren erkannte es die Autorität des Alterspräsidenten an, der diese Funktion einer Regel verdankte, die den neuen Landtag binden sollte, obwohl sie nicht von diesem gesetzt worden war. Abgesehen von der Frage, ob es bei dieser Regel verfassungsrechtlich mit rechten Dingen zuging, handelte das Parlament hier demokratietheoretisch mit erstaunlich bescheidenem Anspruch. Wer, wenn nicht die parlamentarische Mehrheit, kann über das parlamentarische Verfahren entscheiden? Und was wäre

1 Die bundesweit berichteten Vorgänge sind dem Plenarprotokoll bemerkenswerterweise nicht zu entnehmen: Plenarprotokoll 8/1, S. 1. Zur Entscheidung: Thüringer Verfassungsgerichtshof, VerfGH 36/24, Beschluss v. 27. 9. 2024. Zu den Abläufen Jannik Jaschinski u. a., »Dämmert's jetzt?: Eine Rekonstruktion der konstituierenden Sitzung des Thüringer Landtags«, in: *VerfBlog*, 27. 09. 2024, ⟨https://verfassungsblog.de/daemmert-es-jetzt/⟩, letzter Zugriff 13. 12. 2024.

2 Hannah Arendt, *Über die Revolution*, München 1965.

passiert, wenn Thüringen keinen Verfassungsgerichtshof gehabt hätte? Hätte sich das Parlament dann nicht selbst helfen müssen? Andere Parlamente haben Akte der Obstruktion alleine gelöst.[3] In unserem Fall scheint das Parlament durch das Gericht letztlich von seinem eigenen Legalismus befreit worden zu sein. Eine Deutung des Vorgangs als Sieg der Rechtsstaatlichkeit liefert hier wie auch sonst in der Verfassungstheorie nur eine halbe Wahrheit.

Namentlich im deutschen Verfassungsrecht wird Recht oft als Lösung, Politik als Problem verstanden. Die Überzeugung, dass dem nicht so ist, verbindet die Beiträge dieses Buchs. Liberal-demokratische Verfassungen sind demokratisch legitimiert und gewaltenteilig organisiert. Man könnte meinen, beide Elemente ließen sich schlicht auf die Unterscheidung zwischen Politik und Recht abbilden: hier die demokratische Politisierung, dort die gewaltenteilende Verrechtlichung – dass es jedoch so einfach nicht ist, findet sich in den hier abgedruckten Beiträgen aus den letzten zwanzig Jahren entwickelt. Demokratische Legitimation ist kein Produkt roher Politik. Weil sie ihren Charakter als demokratisch garantieren muss, ist sie in rechtsförmige Verfahren gefasst, die namentlich dafür Sorge tragen, dass die Meinungsbildung vor der Wahl frei und offen war und dass alle Stimmen gezählt werden und politisch zählen. Damit ist der Hinweis auf das Volk begrifflich immer auch der Hinweis auf einen komplexen Vermittlungsvorgang, der nicht in Rechtsform aufgeht, aber dieser doch bedarf. Rechtsförmige Verfahren allein verfassen ein demokratisches Volk, das sich in diesen Verfahren andere Verfahren – und damit auch ein anders konstituiertes Volk – schaffen kann und können muss. »Vor der Errichtung eines Staats existiert kein Volk [...].«[4] Dieser Zusammenhang wird nicht dadurch einfacher, dass in föderalen Strukturen Völker vertikal miteinander verbunden sind. Wiederum liegt eine irreführende Vereinfachung nahe: Bestimmte demokratische Ebenen sind von anderen – souveränen – Ebenen nur abgeleitet. Letztere liefern den originalen Ausgangspunkt, den Ursprung, der demokratischen Legitimation der Gesamtordnung. Auch diese Ver-

3 Vgl. für einen Fall im House of Commons: Michael Koß, *Parliaments in Time. The Evolution of Legislative Democracy in Western Europe, 1866-2015*, Cambridge 2018, S. 121. Ich danke Michael Koß für den Hinweis.

4 Thomas Hobbes, *Elementa philosophica de cive*, [1647] Basel 1782, VII/7, S. 131 (meine Übersetzung).

einfachung lässt sich nicht halten, schon weil sich die Entstehung des vermeintlich originären nationalen Volkes, ganz deutlich im deutschen Fall, nicht als unabgeleiteter legitimatorischer Urknall konstruieren lässt, sondern immer schon international und föderal eingebettet war.

Wenn Verfassunggebung auch ein Produkt von Recht ist, dann muss umgekehrt die so eingesetzte Verfassung Politik nicht nur begrenzen, sondern auch ermöglichen. Einen Staat in drei Gewalten zu gliedern bedeutet dann, Politik und Recht so zu integrieren, dass sie unterschiedliche Funktionen erfüllen, ohne gegenüber dem jeweils anderen einen normativen Vorrang beanspruchen zu können. Zur Gewaltengliederung gehört ein Ort der kollektiven politischen Zukunftsgestaltung ebenso wie einer der retrospektiven Beurteilung von individuellen Konflikten, Legislative also ebenso wie Judikative. Sowohl auf demokratische Legitimation als auch auf Rechtsform sind beide angewiesen, wenn auch in unterschiedlichem Maße: Ohne es konstituierende rechtliche Regeln kann ein Gesetzgebungsorgan nicht operieren, zugleich muss der in ihm vorgesehene politische Willensbildungsprozess offengehalten werden. Auch die Gerichtsbarkeit ist das Produkt einer politischen Entscheidung. Ihr Entscheidungsprozess soll aber nicht nur von informellem politischem Einfluss freigehalten, sondern idealiter allein vom geltenden Recht bestimmt werden. Beide Gewalten lassen sich als Pole eines sich wechselseitig ermöglichenden Nebeneinanders von individuellen und demokratischen Selbstbestimmungsanliegen verstehen. Zwischen diesen Polen operiert die vielgestaltige Exekutive – von der politisch gestaltenden Regierung bis zum rechtlich fest gebundenen Verwaltungsbeamten.

Die vorliegenden Beiträge entwickeln diese Zusammenhänge zunächst mit Blick auf den Demokratiebegriff als Kritik eines verdinglichten Volksbegriffs, der als etwas vorrechtlich Gegebenes repräsentiert werden soll (1., 2.), sowie als Analyse des Verhältnisses verschiedener demokratischer Ebenen zueinander, zwischen denen sich jedenfalls unter Berufung auf den Begriff der Demokratie selbst kein Vorrangverhältnis begründen lässt (3.) und der es deswegen gerade mit Blick auf die EU schwierig macht, demokratische Verantwortlichkeiten zuzurechnen (4.).

Demokratische Verfassungen müssen für sich beanspruchen, auch demokratisch entstanden zu sein. Der Blick in die deutsche

Verfassungsgeschichte illustriert zwei Probleme eines solchen Anspruchs: *Zum einen* lässt sich die Behauptung der demokratischen Entstehung nicht einfach in die formale Ordnung einfangen. Überschießende Ansprüche können sich zur legalisierten Verfassungsordnung auch unter dem Grundgesetz in Konkurrenz stellen, so dass auch eine formalisierte Ordnung einen sie potentiell unterlaufenden Verfassungspopulismus produziert (5.). Welche Folgen es haben kann, wenn ein demokratischer Anspruch sich von der formalen Verfassungsordnung löst, zeigt sich im Austrocknen parlamentarischer Gesetzgebung in der Weimarer Republik (6.). *Zum anderen* lässt sich die Behauptung, die Verfassung sei demokratisch entstanden, vor den historischen Umständen nicht immer halten. So ist es im deutschen Fall. Glorreiche Momente demokratischer Verfassunggebung wurden mehrmals verpasst, diese Unterlassung führte aber nicht zu einer Anpassung der Idee der Verfassunggebung, sondern zu eigentümlichen Umdeutungen der historischen Abläufe im Namen einer französisch inspirierten Idee von Verfassunggebung, die auf den deutschen Fall nicht passt (7.). Noch einmal anders, nämlich rechtstheoretisch, setzt der letzte Beitrag des ersten Teils an: Erbringt die Form des Rechts eine eigene legitimatorische Leistung oder ergibt sich diese nur aus demokratischen Verfahren und der Durchsetzung politisch gesetzter Zwecke? Sie tut es, indem sie der Erfüllung demokratisch gesetzter Zwecke zugleich eine eigene institutionelle Reflexionsebene entgegenstellt (8.).

Dies führt zum zweiten Teil, in dem es um die oft missverstandene Figur der Gewaltenteilung, oder genauer: Gewaltengliederung, geht. Der verfassungstheoretische Gehalt der Figur dient auch als begriffliche Folie für den Verfassungsvergleich. Dies erfordert eine Rekonstruktion der individuellen und demokratischen Selbstbestimmungsanliegen, die sich hinter dem Grundsatz verbergen (9.). Dass es auch bei der Gewaltengliederung um Ermöglichung von Politik geht, wurde und wird selten verstanden, ausdrücklich aber von Hannah Arendt (10.). Dieser theoretische Unterbau ist auch für eine systematische Aufarbeitung der Gewaltengliederung des Grundgesetzes von Bedeutung, die vorführt, wie sich ein theoretischer Ansatz in eine rechtsdogmatische Rekonstruktion integrieren lässt (11.). Das im internationalen Kontext am intensivsten diskutierte Problem der Gewaltengliederung, nämlich die Frage der Rechtfertigung der Verfassungsgerichtsbarkeit, wird zumeist demokratietheoretisch traktiert. Das ist im Ansatz hilfreich, eine Rekonstruktion der Diskussion zeigt aber, dass man demokratietheoretische Argumente nur begrenzt aus ihrem verfassungsrechtlichen Kontext reißen kann. Die sehr abstrakt geführt Debatte entpuppt sich bei näherer Hinsicht als zu stark von spezifisch US-amerikanischen Vorannahmen geprägt (12.). Seltener wird die allgemeinere Frage untersucht, wie sich normale Gerichte als Agenturen zur Entscheidung weitgehend spezifizierter Konflikte rechtfertigen lassen – dies gelingt wohl nur, wenn man die Bedingung der Möglichkeit ihres Handelns, nämlich die Initiative eines den Rechtsstreit vortragenden Rechtsträgers, in den Blick nimmt (13.). Die abschließende Untersuchung widmet sich der Frage, inwieweit die besonderen regulatorischen Probleme des Klimawandels die verfassungsgerichtliche Kontrolle herausfordern (14.).

Die hier veröffentlichten Beiträge wurden zum größeren Teil bereits in anderen Zusammenhängen publiziert und werden insoweit allenfalls marginal korrigiert wieder abgedruckt. Dies gilt nicht für die drei Beiträge, die zum ersten Mal in deutscher Sprache erscheinen (5., 9., 12.) und die mit ihrer Übersetzung von mir überarbeitet wurden. Hinzu kommen zwei noch nicht veröffentlichte Originalbeiträge (8., 14.).

Sehr viele Kolleginnen und Kollegen haben mich über die Jahre bei der Entwicklung meiner Überlegungen begleitet und unterstützt. Viele Beiträge konnte ich im Wissenschaftskolleg zu Berlin überdenken, einer entstand im Hamburger The New Institute (14.), einer im Thomas Mann House in Pacific Palisades in langen Diskussionen mit Rainer Forst und Michael Zürn (8.). Besonderer Dank gilt den Mitarbeitenden meines Lehrstuhls für viele Korrekturen, vor allem Max Lenz für seine entscheidende Hilfe bei der Fertigstellung dieses Bandes.

I. Demokratie

1. Expressive versus repräsentative Demokratie* (2008)

Von der »Krise der Repräsentation« ist viel die Rede. Doch wird mit dieser Diagnose in der theoretischen Philosophie ganz etwas anderes verstanden als in der politischen Theorie: In der theoretischen Philosophie verweist sie auf eine grundsätzliche Kritik am Konzept der Abbildbarkeit, die sich subjekt- oder sprachphilosophisch formulieren lässt.[1] In der politischen Theorie steht sie dagegen für eine Krise der Möglichkeiten, demokratische Repräsentation unter bestimmten politischen Bedingungen – etwa der Globalisierung – noch institutionell verwirklichen zu können, selbst wenn der Gedanke der Repräsentation »an sich« stimmig bleibt.

Doch ist es nicht bloß schlechte Theorie, Begriffe zu bewahren, wenn Institutionen sich ändern? Vielleicht ist aus der sprachphilosophischen Kritik am Konzept der Repräsentation auch etwas für eine Demokratietheorie zu lernen, die sich mit der Internationalisierung des Rechts auseinanderzusetzen hat und die über die Legitimation des Nationalstaats hinausgehen will.[2] Und vielleicht muss, ganz ähnlich wie in der theoretischen Philosophie[3], der Begriff der Repräsentation für die politische Theorie nicht völlig aufgegeben, sondern nur modifiziert werden, wenn man diesen theoretischen Schritt gehen will.[4]

Diese Vermutung soll im Folgenden in drei Schritten expliziert werden: Zunächst sind Mängel und Leistungen des Repräsentationskonzepts in der Demokratietheorie in Erinnerung zu rufen (1). Anschließend kann auf dieser Grundlage ein Konzept der Weiterentwicklung formuliert werden, das im Anschluss an Robert Brandom als *expressive* Demokratie zu bezeichnen ist (2). Schließlich

* Hauke Brunkhorst zum 60. Geburtstag. Die Vortragsform ist beibehalten.

1 Richard Rorty, *Der Spiegel der Natur*, Frankfurt/M. 1981; Robert B. Brandom, *Making it Explicit: Representing, and Discursive Commitment*, Cambridge (MA) 2001.

2 Eines der zentralen Themen von Hauke Brunkhorst, *Solidarität. Von der Bürgerfreundschaft zur globalen Rechtsgenossenschaft*, Frankfurt/M. 2002.

3 Vgl. nur Brandom, *Making it Explicit*, S. 330 ff.

4 Zum Auseinanderfallen theoretischer und praktischer Philosophie siehe Jürgen Habermas, *Wahrheit und Rechtfertigung*, Frankfurt/M. 2004, S. 302.

sind vor einer Bilanz (4) zwei konkretere institutionelle Konsequenzen dieser Umformulierung vorzuführen (3).

1. Demokratische Repräsentation: Probleme und Leistungen

Mit dem Konzept demokratischer Repräsentation handeln wir uns theoretische Probleme samt praktischen Konsequenzen ein: Jede Theorie demokratischer Repräsentation leidet an all den Defiziten, an denen der Repräsentationsbegriff in der Subjekt- und Sprachphilosophie krankt. Praktisch verselbstständigt sich die Idee der Repräsentation entweder von der Demokratie oder sie belastet die Demokratietheorie mit Erwartungen, die – wenn überhaupt – nur von geschlossenen Nationalstaaten zu erfüllen sind. Nicht zufällig ist der Begriff der Repräsentation ein fester Bestandteil aller Konzeptionen, die Demokratie auf Nationalstaatlichkeit zu beschränken suchen.[5] Trotzdem bewahrt das Konzept der Repräsentation die Demokratietheorie vor technokratischen oder rationalistischen Verkürzungen. Es hütet einen Bedeutungsüberschuss, der auch für eine Demokratietheorie jenseits des Nationalstaats noch gebraucht wird: Die Idee der Repräsentation schützt vor der Reduktion von Demokratie auf Vernünftigkeit, Richtigkeit oder Effizienz und fungiert somit als die alt gewordene Wächterin des demokratischen Voluntarismus. Jede Arbeit an einer den Nationalstaat überschreitenden Demokratietheorie bedarf deswegen, so steht zu vermuten, keiner Aufgabe, aber doch einer deutlichen Modifikation des Repräsentationskonzepts. All dies ist nunmehr eingehender zu betrachten.

1.1 Theoretische Probleme des Repräsentationskonzepts

In Verfahren demokratischer Re-Präsentation,[6] wörtlich der Ver-Gegenwärtigung, findet das Legitimationssubjekt zur Institution wie das Ich zur Außenwelt.[7] Die Repräsentante dient als Spiegel der

5 Vgl. etwa Marcel Kaufmann, *Europäische Integration und Demokratiedefizit*, Baden-Baden 1997.

6 Vgl. Adalbert Podlech, *Geschichtliche Grundbegriffe*, Bd. 5, Stuttgart 1972, s. v. ›Repräsentation‹, S. 509-547; Hasso Hofmann, *Repräsentation*, Berlin 1998.

7 Rorty, *Der Spiegel der Natur*, S. 149 ff.

Politik – oder gar als Spiegel des Volkes. Sie ist »die Arena, in der jede Meinung der Nation sich in vollem Licht produzieren kann«.[8] In der Repräsentante tritt der Volkswille sich selbst gegenüber für alle sichtbar zutage. Er wird dort nicht produziert, sondern enthüllt.

Solche und ähnliche Formulierungen laden zu einer Form der Kritik ein, die wir aus der Diskussion um die Selbstvergegenwärtigung, die »lebendige Gegenwart«, des Subjekts kennen;[9] aber auch zur Dekonstruktion einer Metaphorik, die bestimmte räumliche Gegebenheiten mit Licht,[10] Licht aber mit Wahrheit identifiziert.[11] Man wird mit solcherart Analysen sehr vorsichtig umgehen müssen, zumal sie auch in der theoretischen Philosophie keineswegs als Entlarvung eines eigentlich unmetaphorisch zu denkenden Denkens gedacht sind. Trotzdem mögen sie eine andere Perspektive auf die Idee demokratischer Repräsentation bringen: Es ist klar, dass ein Paradigma der Repräsentation, der Abbildbarkeit, das auf einer dualistischen Weltkonstruktion beruht und zugleich für den Zusammenhang zwischen beiden Teilen, sei es innen und außen oder Text und Referenz, ein eindeutiges Vermittlungsverfahren voraussetzt, stets mit schweren konstruktiven Problemen zu kämpfen hat – Probleme, in denen die Vermittlung der beiden Seiten ihren Dualismus stets zu konsumieren droht.[12] Anders formuliert: Zwei kategorial distinkte Entitäten können in ein angemessenes, eben »repräsentatives« Verhältnis wohl nur um den Preis ihrer kategorialen Distinktheit gebracht werden. Der ontologische Status mindestens einer der beiden Kategorien ist in einem dualistischen Modell zumindest prekär.

8 John Stuart Mill zit. n. Hanna Fenichel Pitkin, *The Concept of Representation*, Berkeley 1967, S. 63.

9 Mit Blick auf die Zeitlichkeit die Analyse von Edmund Husserl bei Jacques Derrida, *Die Stimme und das Phänomen*, Frankfurt/M. 1979, S. 67 f.

10 Man denke nur an Jacques-Louis Davids Darstellung des Ballhausschwurs als eines zentralen demokratischen Gründungsereignisses.

11 Hans Blumenberg, *Paradigmen zu einer Metaphorologie*, Frankfurt/M. 1999 [1960], S. 18, 58 f.; Jacques Derrida, »White Mythology: Metaphor in the Text of Philosophy«, in: ders., *Margins of Philosophy*, Chicago 1982, S. 207-237, hier S. 207.

12 Dieses Problem findet sich beispielsweise in der Kritik Hegels am kantischen Dualismus, Georg Friedrich Wilhelm Hegel, *Phänomenologie des Geistes*, in: ders., *Werke*, Bd. 3, Frankfurt/M. 1970 [1807], S. 34 ff.

Übersetzt in die Problematik demokratischer Legitimation stellen sich entsprechende Fragen: Wie ist der Dualismus zwischen kollektivem Willen und seiner Repräsentation zu konzipieren? Wie hängt der demokratische Willen mit bestimmten Verfahrensmechanismen zusammen? Solche Fragen sind weder praktisch irrelevant noch werden sie durch einen Verzicht auf den Repräsentationsbegriff überflüssig. Das Konzept der Repräsentation scheint sie eher zu provozieren als zu beantworten.

Das Problem kann man an der Frage veranschaulichen, wie sich ein Wille vergegenwärtigt – eine Frage, die man eben nicht nur für das Individual-, sondern auch für das kollektive Legitimationssubjekt (»Volk«) stellen kann und anhand deren Beantwortung sich institutionelle Aporien des Repräsentationskonzepts zeigen. So scheint es ebenso unbefriedigend, die Vergegenwärtigung des Volkswillens auf den Moment des Wahlakts zu beschränken wie auch sie mit einem permanenten plebiszitären Populismus zu identifizieren. Hier zeigt sich ein alter theoretischer Konflikt, dessen Pole man theoriegeschichtlich etwa zwischen der Deliberationstheorie Edmund Burkes[13] und dem Gedanken des *plébiscite de tous les jours* bei Ernest Renan[14] festmachen könnte. Bei Burke wird die demokratische Legitimation aus der parlamentarischen Repräsentation weitestgehend zurückgedrängt, bei Renan findet sich jedenfalls im Ansatz Erstere gegen Letztere ausgespielt. Es ist gleichfalls unklar, wie wir den Wahlakt mit Blick auf parlamentarische Entscheidungen zeitlich verstehen sollen: als eine in die Zukunft gerichtete Programmierung des öffentlichen Handelns[15] oder als demokratisches Urteil über vergangene politische Entscheidungen.[16] Solche Fragen werden, wenn überhaupt, eingehend in der deskriptiven politischen Theorie, etwa mit Mitteln der *Rational*

13 Zur Loslösung der parlamentarischen Deliberation von der Wählerschaft Edmund Burke, »Speech to the Electors of Bristol« (3. November 1774), in: David Bromwich (Hg.), *On Empire, Liberty and Reform. Speeches and Letters of Edmund Burke*, New Haven (CT) 2000, S. 39-46, hier S. 45 f.

14 Perpetuierung der unmittelbaren Willensbildung als *plébiscite de tous les jours*: Ernest Renan, *Qu'est-ce qu'nation?*, Paris 1993 [1882].

15 Gründe aus dem Legitimationsverfahren bei Christoph Möllers, *Gewaltengliederung. Legitimation und Dogmatik im nationalen und internationalen Rechtsvergleich*, Tübingen 2005, S. 105 ff.

16 Bernard Manin, *Principes du gouvernement représentatif*, Paris 1995.

Choice,[17] diskutiert, doch zu wenig in einer sich normativ verstehenden Demokratietheorie. Repräsentation ist für diese Fragen nur ein *unexplained explainer*,[18] der dazu dient, eine Lösung zu unterstellen, ohne sie explizit machen zu können.

1.2 Institutionelle Probleme des Repräsentationskonzepts

In dieser Problemsicht zeigen sich auch institutionelle Probleme des Repräsentationskonzepts, von denen hier nur drei angeführt seien:

Zum Ersten scheint die Vermittlungsleistung politischer Repräsentation auch nach ihren eigenen theoretischen Voraussetzungen nur zu gelingen, wenn man irgendeine *materielle* oder objektive Übereinstimmung zwischen Repräsentierten und Repräsentierendem annimmt: Theoretiker wie Locke, Sieyes oder Mill legten jedenfalls ausdrücklich Wert darauf, dass Repräsentation nur funktionieren könne, wenn alle an ihr Beteiligten ein gemeinsames *objektives* Interesse verbinde.[19] Diese Modelle vertrauen sich in durchaus typischer Weise nur sehr eingeschränkt einer reinen Verfahrenskonzeption demokratischer Legitimation an. Dass dies bis in die Gegenwart folgenreich ist, zeigt sich nicht zuletzt an der erstaunlichen Langlebigkeit des Gemeinwohlbegriffs:[20] Gemeinwohl ist eine Chiffre für den objektiven Interessenüberhang, der Repräsentation erst ermöglichen soll, obwohl es andererseits repräsentativer Verfahren doch genau deshalb bedarf, weil objektive Gemeinwohldefinitionen nicht zur Verfügung stehen.[21]

Zum Zweiten ist Repräsentation keineswegs notwendig gerade mit *demokratischer* Legitimation verknüpft. In späteren Strängen der theoretischen Diskussionen wird der objektivistische Kern

17 Unter dem Stichwort Selbstbindung etwa bei Jon Elster, *Ullyses and the Sirens*, Cambridge (MA) 1984, S. 36 ff. Zur Kritik Hubertus Buchstein »Selbstbindung als verfassungstheoretische Figur«, in: Jürgen Gebhardt, Rainer Schmalz-Bruns (Hg.), *Demokratie, Verfassung und Nation*, Baden-Baden 1994, S. 231-252, dazu auch unten.

18 Robert B. Brandom, *Articulating Reasons*, Cambridge (MA) 2000, S. 46.

19 Zum Überblick: Podlech, *Geschichtliche Grundbegriffe*, Bd. 5, s. v. ›Repräsentation‹, S. 519 f., 526, 528; Pitkin, *The Concept of Representation*, S. 92 ff.

20 Hasso Hofmann, »Verfassungsrechtliche Annäherungen an den Begriff des Gemeinwohls«, in: Herfried Münkler (Hg.), *Gemeinwohl und Gemeinsinn im Recht*, Berlin 2002, S. 225-241, hier S. 225 ff.

21 Marcelo Neves, *Zwischen Themis und Leviathan*, Baden-Baden 2000.

der frühen Repräsentationskonzepte zu einem existenzialistischen Politikbegriff ausgebaut, namentlich in manchen Teilen der Staatsrechtslehre der Weimarer Republik bei Autoren wie Gerhard Leibholz[22] oder Carl Schmitt.[23] Für diese verselbstständigt sich Repräsentation von Verfahren egalitärer demokratischer Beteiligung. Dies ist theoriegeschichtlich kaum zufällig, denn der Gedanke repräsentativer Herrschaft ist deutlich älter als derjenige repräsentativer Demokratie, und auch in der repräsentativen *Monarchie* ist es keine ungewöhnliche Vorstellung, dass der König das Volk repräsentiert.[24]

Diese Hypostasierung von Politik gegenüber Demokratie mittels des Repräsentationsbegriffs führt, *zum Dritten*, wenn nicht zu einem existenzialistischen Demokratiekonzept wie bei Schmitt, dann gerade umgekehrt zu einer Verengung demokratischer Mitbestimmungskonzeptionen, die ihren gängigsten Ausdruck in den Gegenüberstellungen von *repräsentativer versus plebiszitärer* oder *repräsentativer versus partizipativer* Demokratie finden. In solchen Formulierungen ist Demokratie *nur noch* als Repräsentation denkbar – mit der fatalen Konsequenz, dass dort, wo diese nicht gelingt, Demokratie eben unmöglich ist und man auf nicht demokratische Substitute der Herrschaftsorganisation zurückgreift. Dies ist genauer zu betrachten.

Eine solche Sicht impliziert den Ausschluss plebiszitärer Verfahren mangels Repräsentativität,[25] obwohl auch Plebiszite dem demokratischen Grundkriterium gleicher Freiheit genügen. Es ist kein Zufall, dass solche Argumentationsgänge, die repräsentative Demokratie als »eigentliche« Demokratie verstehen, ganz massiv

22 Gerhard Leibholz, *Das Wesen der Repräsentation unter besonderer Berücksichtigung des Repräsentativsystems*, Berlin, Leipzig 1929.

23 Ein solcher emphatischer Repräsentationsbegriff wird entwickelt in Carl Schmitt, *Römischer Katholizismus und politische Form*, Stuttgart 1984, und gegen das Parlament gewendet in: ders., *Die geistesgeschichtliche Lage des heutigen Parlamentarismus*, München, Leipzig 1926.

24 Pitkin, *The Concept of Representation*, S. 45 f.

25 Ernst-Wolfgang Böckenförde, »Mittelbare/repräsentative Demokratie als eigentliche Form der Demokratie«, in: Georg Müller u. a. (Hg.), *Staatsorganisation und Staatsfunktionen im Wandel. Festschrift für Kurt Eichenberger*, Basel 1982, S. 301-328, hier S. 301; Oliver Lepsius, »Die erkenntnistheoretische Notwendigkeit des Parlamentarismus«, in: Martin Bertschi u. a. (Hg.), *Demokratie und Freiheit*, Zürich 1999, S. 123-180, hier S. 123.

mit philosophischer Subjekttheorie arbeiten,[26] ohne sich mit der Kritik an dieser in der theoretischen Philosophie des 20. Jahrhunderts wirklich auseinanderzusetzen. Diese Argumentation kann in der Feststellung gipfeln, die Repräsentante sei das »bessere Ich« des Volkes. Da Repräsentation nicht fern ist von Mimesis, darf man sich hier an eine Feststellung des Aristoteles zum Portrait erinnert fühlen: »Denn auch diese geben die individuellen Züge wieder und bilden sie ähnlich und zugleich schöner ab.«[27]

Auch in der Unterscheidung zwischen repräsentativer und partizipativer Demokratie setzt sich der Repräsentationsgedanke durch, jedoch mit ganz anderen Beweislasten und abweichenden Konsequenzen: Die Unterscheidung spielt sowohl in der Globalisierungsdebatte als auch in der demokratietheoretischen Diskussion des Verwaltungsrechts eine Rolle.[28] Hier wird Demokratie mit Hilfe des Repräsentationskonzepts nicht selten derart anspruchsvoll definiert, dass am Ende Partizipation als einzig praktisch »mögliches« Konzept übrig bleibt. Dabei wird mit Partizipation aber zumeist ein Entscheidungsverfahren bezeichnet, das Betroffenen zwar die Gelegenheit zur Anhörung gibt, nicht aber ein wirkliches Entscheidungsrecht. *Vulgo* lautet in dieser Argumentation der Schluss: Wo demokratische Mitbestimmung in Form der Repräsentation unmöglich ist, nämlich außerhalb des Nationalstaats, muss Partizipation durch Anhörung und die Einspeisung von Argumenten genügen, um ausreichende Legitimation zu stiften. Diese Argumentation durchzieht die Globalisierungsdebatte.[29]

1.3 Gründe für das Festhalten am Repräsentationskonzept

Warum hat die theoretische Kritik der Repräsentation die politische Theorie nicht wirklich erreicht? Warum ging es in der politischen Theorie zumeist darum, das Konzept der Repräsentation derart stark zu machen, dass der Anwendungsbereich demokratischer Standards beschränkt wurde? Zur Beantwortung dieser Frage erscheint es hilfreich, an die eingangs dieses Versuchs gemachte Behauptung

26 Bei Böckenförde Hegel'scher, bei Lepsius neukantischer Provenienz.

27 Aristoteles, *Poetik*, übers. v. M. Fuhrmann, Stuttgart 1982, Kap. 15, 49.

28 Namentlich in der Diskussion um Partizipationsmöglichkeiten im Verwaltungsverfahren, dazu Möllers, *Gewaltengliederung*, S. 189 ff.

29 Kritik bei Brunkhorst, *Solidarität*, S. 184 ff.

zu erinnern: Unter einer Krise der Repräsentation versteht man in der politischen Theorie etwas ganz anderes als in der theoretischen Philosophie. In der politischen Theorie bezeichnet Krise der Repräsentation die institutionell-praktischen Probleme eines eigentlich stimmigen Konzepts, dem der angemessene Kontext abhandengekommen ist, namentlich durch die De-Nationalisierung politischer Entscheidungen. In der theoretischen Philosophie handelt es sich dagegen um eine Krise des Konzepts selbst. Dieser unterschiedliche Umgang dokumentiert eine terminologische Ungleichzeitigkeit innerhalb ausdifferenzierter Disziplinen. Sie hat mit den Kontexten beider Diskurse zu tun, mit kategorialen Unterschieden zwischen Wahrheits- und Rechtfertigungsdiskursen.[30]

Doch der Umstand, dass eine grundsätzliche Kritik des Konzepts der Repräsentation für die politische Theorie nicht wirklich durchgeschlagen hat, mag auch einen der politischen Theorie immanenten Grund haben: Denn mit dem Verzicht auf den Begriff der Repräsentation droht auch ein Verzicht auf jeden demokratischen *Voluntarismus* einherzugehen, auf die Idee eines demokratischen Willens, der so, aber auch anders entscheiden kann, ohne sich externen Standards der Rationalität oder Moralität zu beugen. Auch für die repräsentative Demokratie gilt: *sit pro ratione voluntas*.[31] Der Verweis auf den demokratischen Willen hat die Demokratietheorie immer wieder davor bewahrt, Demokratie auf eine Sozialtechnologie mit besonders herausgehobenen Problemlösungskapazitäten zu reduzieren,[32] sie als einen bloßen Liberalismus von Verfahrensanforderungen zu verstehen, in dem die Willkür des Kollektivs individualrechtlich aufgesogen wird,[33] oder sie auf den Austausch von Rechtfertigungsgesichtspunkten zu beschränken.[34] All diesen

30 Habermas, *Wahrheit und Rechtfertigung*, S. 48 ff. Dieser Unterschied wird allerdings nicht zufällig durch Brandom unterlaufen, so auch kritisch ebd. S. 161 ff.

31 Juvenal, *Satiren*, übers. v. H. C. Schnur, Leipzig 1986, S. VI.

32 So ließe sich Schumpeter lesen.

33 Chantal Mouffe, *The Democratic Paradoxon*, London 2000.

34 Zum insoweit nicht völlig geklärten Verhältnis zwischen Deliberation und Demokratie Cristina Lafont, »Is the Ideal of a Deliberative Democracy Coherent?«, in: Samantha Besson, José Luis Martí (Hg.), *Deliberative Democracy and its Discontents*, Aldershot 2006, S. 3-26. In dieser Rekonstruktion dienen demokratische Entscheidungen der Klärung der Beweislasten in der Deliberation. Damit bleibt aber die Demokratie nur ein Mittel zum Zweck der Deliberation, zur Kritik: Christoph Möllers, *Die drei Gewalten. Legitimation der Gewaltengliederung in*

Konzepten konnte und kann die Theorie repräsentativer Demokratie, aber auch die Praxis demokratischer Verfassungsstaaten, die Willkür kollektiver Willensbildung entgegensetzen. Das Gegeneinander von Regierung und Opposition, der legitime Anspruch, eine politische Praxis zu unterbrechen und rückgängig zu machen, lassen sich nicht auf solche Instrumentalisierungen demokratischer Selbstbestimmung reduzieren. Dies scheint aber infrage gestellt, will man sich ernsthaft auf die oben skizzierte Kritik des Repräsentationsbegriffs einlassen. Denn natürlich sind von der Philosophie des 20. Jahrhunderts zusammen mit dem Repräsentationskonzept in Mitleidenschaft gezogene Konzepte wie Intentionalität, Autonomie und Subjekt von einer voluntaristischen Demokratietheorie als Qualitäten der an demokratischen Verfahren beteiligten Individuen und als Eigenschaften eines demokratischen Kollektivsubjekts gleich doppelt vorausgesetzt. Am Begriff der Repräsentation hängt demnach etwas, auf das wir ungern verzichten – jedenfalls solange Demokratie mit dem Selbstzweck der Selbstbestimmung notwendig verbunden bleibt.

Aber wie notwendig ist dieser Zusammenhang? Hängt das Erbe der voluntaristischen Demokratietheorie wirklich an der Idee der Repräsentation oder schleppen wir die Kategorie nicht doch aus einer Art emanzipatorischer Sentimentalität mit uns herum, die sich auch dann ungern von den Errungenschaften des späten 18. Jahrhunderts trennt, wenn sie nicht mehr wirklich weiß, was mit ihnen anzufangen ist? Diese Vermutung scheint sich auch mit Blick auf die einschlägige Literatur zu bestätigen, die fast nur ideengeschichtlich vorgeht, ohne eigene begriffliche Angebote zur theoretischen Konzeption von Repräsentation zu machen.[35] Man wird demnach nach Ansätzen suchen müssen, die das Erbe des demokratischen Voluntarismus bewahren, ohne die Probleme des Repräsentationsbegriffs mitzunehmen.

Verfassungsstaat, Europäischer Integration und Internationalisierung, Weilerswist 2008, Kap. 2.II.

35 Deutlich bei Hofmann, *Repräsentation*; zu größeren Teilen bei Pitkin, *The Concept of Representation*; Manin, *Principes du gouvernement représentatif.*

2. Expressive Demokratie

Der erste Abschnitt von Robert Brandoms Buch *Making it Explicit* liefert eine pragmatistische Erörterung des Ausdrucks »we«, die sicherlich nicht als Beginn einer Demokratietheorie gemeint ist, aber ohne weiteres so gelesen werden kann. Dort ist zu lesen:

> In understanding ourselves we should look for conditions at once more abstract and more practical, which concern what we are able *to do*, rather than where we come from or what we are made of. Candidates for recognition as belonging among us should be required to share only fundamental abilities that make possible participation in those central activities by which we (thereby) define ourselves.[36]

Diese Passage bietet demokratietheoretisch Folgendes: Demokratien sind Gemeinschaften von Personen, die auf der Grundlage wechselseitiger Anerkennung operieren, die nur minimalen Voraussetzungen genügt. Diese Gemeinschaften dienen der Definition von Gemeinsamkeiten, vor allem der Möglichkeit, gemeinsam zu handeln. Beschrieben wird eine Form elementarer demokratischer Ursituation, die dadurch, dass sie regelbildend tätig wird, auch eine freiheitskonstituierende Wirkung hat.[37]

Brandoms Theorie, die hier auch nicht im Ansatz dargestellt werden kann,[38] übernimmt aus der philosophischen Diskussion des 20. Jahrhunderts[39] eine Kritik des Repräsentationsbegriffs als Kategorie der Sprachphilosophie, also der Vorstellung, Sprache bilde Realität ab. Das philosophische Gegenangebot enthält den Versuch, dieses Problem dadurch zu lösen, dass die Wahrheit von Aussagen und die Rationalität von Praktiken nur als Ergebnis bestimmter Selbstverpflichtungen verstanden werden kann. Aus diesen folgen bestimmte Ansprüche und bestimmte inhaltliche Konsequenzen, die aber immer nur innerhalb einer Praxis zu bestimmen sind. An diesen Praktiken nehmen diejenigen teil, die durch das Geben und Nehmen von Gründen anzeigen, dass sie für eine Praxis Verant-

36 Brandom, *Making it Explicit*, S. 4. Anleihen Brandoms bei der praktischen Philosophie bemerkt auch Habermas, *Wahrheit und Rechtfertigung*, S. 302.

37 Brandom, *Making it Explicit*, S. 50.

38 Siehe etwa Habermas, *Wahrheit und Rechtfertigung*, S. 138 ff.

39 Dazu Richard Rorty, »Introduction«, in: ders., *Objectivity, Relativism, and Truth. Philosophical Papers*, Cambridge (MA) 1991, S. 3 ff.

wortung übernehmen können. Handlungsfähigkeit im Sinne von Begründungsfähigkeit ist also das Erfordernis zur Teilnahme an der Gemeinschaft, im vorliegenden Fall der demokratischen Gemeinschaft.

Von *expressiver* statt repräsentativer Demokratie soll im Folgenden gesprochen werden, weil diese demokratische Ausgangssituation nur immanent funktioniert. Das bedeutet, dass wir eine bestimmte Verfahrenspraxis auf ihren demokratischen Gehalt prüfen können, ohne dass wir die Möglichkeit hätten, sie mit etwas zu vergleichen, einer politischen Realie oder Referenz, die über diese Praxis hinausgeht. Wir können nichts repräsentieren, weil wir nichts voraussetzen können, was repräsentiert werden soll. Wir fragen also nicht danach, was eine demokratische Praxis repräsentiert, sondern was sie zum Ausdruck bringt, nicht, wofür sie steht, sondern was sie bedeutet. Einige demokratietheoretische Implikationen dieses Ansatzpunkts können wir im Folgenden entwickeln.

(1) Für die Frage nach der demokratischen Wertigkeit einer gesellschaftlichen Praxis haben wir nur das Kriterium der Einbeziehung aller der Gemeinschaft Zugehörigen,[40] damit auch der gleichen Beteiligungschance, da die Einbeziehung kein Distinktionskriterium vorsieht. Anders als im Brandom'schen Modell, muss in einem demokratischen Verfahren diese Gleichheit durch einen besonderen Sanktionsmechanismus gesichert werden. Man könnte auch sagen, aus dem allgemeinen Regelwerk des kommunikativen Umgangs heraus wird eine demokratische Sonderregel zur Erzeugung von Regeln herausgenommen, die die normative Gleichheit besonders hervorhebt und die mit einem speziellen Sanktionsmechanismus versehen wird,[41] die man in bestimmten Zusammenhängen als Staat bezeichnen kann. Anders als in gesellschaftsvertraglichen Konstruktionen, ist der demokratische Zustand aber permanent und fluide. Das bedeutet, dass im Prinzip alle Regeln jederzeit disponibel sind. An diesem Punkt ist zwischen einer demokratischen Ursprungsentscheidung und dem durch diese Entscheidung konstituierten weiteren Entscheidungsverfahren

40 Zum Problem der Unterscheidung von Zugehörigen und Betroffenen und der Frage des legitimen Ausschlusses siehe unten knapp unter Punkt 5.

41 Auch wenn die Befolgung von Regeln im Wittgenstein'schen Sinn bei Brandom stets durch irgendeinen Sanktionsmechanismus geschützt werden muss, Brandom, *Making it Explicit*, S. 34 ff.

zu unterscheiden: Auf Grundlage einer demokratischen Primärentscheidung können Sekundärverfahren eingerichtet werden, die ihrerseits bestimmte Verfahren als demokratisch definieren können. Die Kriterien freier Gleichheit geben nur eine weite, wenn auch vergleichsweise deutliche Grenze vor. Was darüber hinaus unter demokratischer Praxis verstanden wird, *steht der Definition der Gemeinschaft offen*. Man kann in diesem Zusammenhang zwischen der demokratischen *Legitimation* einer konstitutiven Primärentscheidung, die bestimmten Minimalkriterien genügen muss, und der durch diese Entscheidung definierten demokratischen *Bedeutung* von Sekundärverfahren unterscheiden. Beispielhaft: Die Regeln zur Wahl von Abgeordneten müssen in einem egalitären Verfahren definiert werden. Wie sie definiert werden, ist durch diese Standards nicht abschließend determiniert. Ob Abgeordnete durch ein Mehrheits- oder ein Verhältniswahlrecht gewählt werden, ist unabhängig von deren Legitimation auch für die Bedeutung von Demokratie in der jeweiligen Gemeinschaft wichtig. Aber es kann aus den demokratischen Basiskriterien nicht hergeleitet werden. Umgekehrt kann ein Vorgang demokratische Bedeutung erlangen, ohne demokratische Legitimation beanspruchen zu können: Wenn in einer gegebenen Gemeinschaft bestimmte Entscheidungsprozeduren von allen Beteiligten als relevant betrachtet werden, ohne dass sie egalitär legitimiert sind, so mag die Notwendigkeit erkannt werden, diesen durch die Anbindung an egalitäre Verfahren auch demokratische Legitimation zu verleihen. Die Frage, welche Praktiken demokratischer Legitimation bedürfen, ist im Prinzip offen und ihrerseits demokratischer Entscheidung bedürftig. Dabei entstehen unvermeidlich Asymmetrien und Ungleichzeitigkeiten zwischen der Praxis demokratischer Legitimation und der Beobachtung demokratischer Bedeutung. Dem unvermeidlichen Auseinanderfallen von demokratischer Legitimation und demokratischer Bedeutung entspricht in einer anderen Formulierung die Schwierigkeit, Demokratie und Populismus scharf zu unterscheiden.[42]

Im Ergebnis definiert sich jede demokratische Praxis selbst durch einen Prozess, der von all denjenigen mitbestimmt wird, die in der Lage sind, einen eigenen Willen zu bilden, also für Entschei-

42 Zur problematischen Unterscheidbarkeit zwischen Populismus und Demokratie Ernesto Laclau, *On Populist Reason*, London 2005, S. 157 ff.

dungen Gründe geben zu können.[43] Die beiden Grundkriterien der demokratischen Selbstbestimmung, Freiheit und Gleichheit, sind der Praxis von Beginn an eingeschrieben, ohne dass man daraus bereits folgern könnte, dass diese deswegen grundsätzlich demokratisch oder egalitär wäre.

(2) Kommunikative Praktiken, und damit auch demokratische, können also nicht über sich hinaus verweisen. Sie können insbesondere nichts abbilden, was bereits apriorisch als gegeben angenommen werden kann. Die Vermutung eines bestehenden Volkswillens, dem man sich mit bestimmten Verfahren – vielleicht besser, vielleicht schlechter – annähern könne, ist ausgeschlossen. Damit fällt aber das zentrale Element jeder anspruchsvollen Theorie demokratischer Repräsentation fort. Vielmehr bildet sich ein kollektiver Wille erst in einer bestimmten demokratischen Praxis[44] – und zwar je nach Praxis durchaus unterschiedlich: Das bedeutet, demokratische Verfahren dienen der Explizitmachung von nach egalitären Verfahren zu ermittelnden Gemeinsamkeiten aller an der demokratischen Gemeinschaft Beteiligten. »At least in the more interesting cases, specification of what is implicit may depend on the possibility of making it explicit. [...] On such a view, what is expressed must be understood in terms of the possibility of expressing it.«[45] Daraus folgt einerseits ein normativer Individualismus, denn nur Individuen sind, bis auf weiteres, in der Lage, Gründe zu geben und zu nehmen, und damit Ausgangspunkt jeder demokratischen Praxis. Daraus folgt andererseits aber auch, dass die Bedeutung individueller Beiträge nicht fest definiert ist, sondern nicht unabhängig von der Kenntnis des Verfahrens verstanden werden kann, zu dem sie beitragen. Dies ist eine Fassung der – vielleicht nicht ganz glücklich bezeichneten – Gleichursprünglichkeit von individueller und demokratischer Selbstbestimmung.[46] In einer Demokratie erkennen sich Individuen als im Prinzip gleichberechtigte Wesen an, die über die Fähigkeit zum

43 Brandom, *Making it Explicit*, S. 32, 270 – Bestimmung von Willen unter Hinweis auf die Metaphysik der Sitten.

44 Diese Einsicht findet sich in der Demokratietheorie, etwa bei so unterschiedlichen Autoren wie Kelsen und Schumpeter.

45 Brandom, *Articulating Reasons*, S. 9. Auch dies ist dort nicht demokratietheoretisch gemeint.

46 So Jürgen Habermas, *Faktizität und Geltung. Beiträge zur Diskurstheorie des Rechts und des demokratischen Rechtsstaats*, Frankfurt/M. 1992, S. 112 ff.

Geben und Nehmen von Gründen verfügen. Was darüber hinaus Gegenstand demokratischer Entscheidung ist und was nicht, ist – bis auf die Anerkennung der Fähigkeit zum Begründen, der Personalität – potenziell Gegenstand demokratischer Entscheidungen.[47] Es ist diese Grenze des demokratischen Zugriffs auf die Beteiligungsfähigkeit durch Begründung, die unter dem Stichwort Menschenwürde diskutiert wird.[48] Der Zusammenhang zwischen individueller und kollektiver Willensbildung ist damit nur wechselseitig zu verstehen, derart, dass beide auf beide Rückwirkung nehmen. Er ist nicht stabil definierbar, sondern immer wieder Gegenstand eines Verfahrens, das sich seinerseits als demokratisch rechtfertigen muss – eines anaphorischen oder rekursiven Verfahrens.[49] Anders als bei jedem Konzept von Repräsentation ist damit ausgeschlossen, dass sich kollektiver Wille einfach aus den individuellen Beiträgen vorhersehbar zusammensetzt. Die Wechselseitigkeit ist vielmehr mit dem stets nur einsinnig zu denkenden Konzept der Repräsentation durch Abbildung nicht vereinbar. Die größere Dauerhaftigkeit individueller Selbstbestimmung ist wohl auf die Körperlichkeit von Individuen zurückzuführen, die dieser Willensbildung eine andere Beständigkeit gibt. Die Bindung von Personalität an Körper ist stabiler als die Bindung an bestimmte überindividuelle Institutionen.

(3) Unzweifelhaft folgt aus dem Expressionskonzept eine – in solchem Zusammenhang durchaus gefährliche, aber eben auch unvermeidliche – kulturalistische Öffnung des Demokratiebegriffs auf der zweiten der beiden Ebenen. Die *Bedeutung* bestimmter demokratischer Verfahren ist kontextabhängig. Schon die Frage, ob sich ein demokratisches Verfahren so verdichtet, dass dabei so etwas wie ein stabiles kollektives Legitimationssubjekt, ein Staatsvolk, entsteht, ist offen. Die Frage ist im Vergleich zwischen Kontinentaleuropa und den USA, über deren Unterschiede man nicht zuletzt mit Hilfe des Repräsentationsbegriffs leicht hinweg theoretisieren kann, ganz unterschiedlich zu beantworten. Von einem

47 Das ist nichts anderes als der kantische Rechtsbegriff, der Personalität voraussetzt, aber dann den Inhalt des Rechts in die Willkür der Allgemeinheit begibt: Immanuel Kant, *Die Metaphysik der Sitten*, in: *Werke*, Bd. 8, Frankfurt/M. 1977 [1797], Einleitung, §§ B, C.

48 Christoph Menke, »Von der Würde des Menschen zur Menschenwürde: Das Subjekt der Menschenrechte«, in: *WestEnd* 2 (2006), S. 3-21.

49 Dazu Brandom, *Making it Explicit*, S. 449 ff.

einheitlichen Staatsvolk kann man etwa im US-amerikanischen Verfassungsrecht mit seiner föderalen Gliederung und seiner Dreiteilung der Wahlverfahren kaum sprechen.[50]

Mit dieser Einsicht in die Kontextabhängigkeit verbindet sich auch eine mögliche Umkehrung der Lernrichtung nicht nur von der Demokratietheorie zur Demokratie, sondern auch umgekehrt von Praxen, die als demokratische Anerkennung finden, zur Demokratietheorie. Die politische Philosophie muss damit beginnen, von konkreten Verfahren zu lernen. *More geometrico* – auch das ist eine Konsequenz des anaphorischen Charakters von Demokratie – lässt sich ein richtiges demokratisches Verfahren nicht herleiten. Es ist allein auf der ersten Ebene möglich, seine Entstehung und seine Änderbarkeit in einem egalitären Verfahren zu verlangen. Daraus folgt ein dezidierter demokratietheoretischer Agnostizismus, ein *Vorrang der Demokratie vor der Demokratietheorie*.[51] Die Frage, ob ein Verfahren demokratisch ist, kann nicht unabhängig vom Selbstverständnis, das in einem bestimmten Verfahren zum Ausdruck kommt, definiert werden, von bestimmten Kontexten, die dem Verfahren selbst nicht entnommen werden können. Dies ist nichts Neues, bedenkt man etwa die Vielfalt von Wahlsystemen und föderalen Ausgestaltungen in verschiedenen Systemen, denen man doch die – natürlich widerlegbare – Vermutung zubilligt, in gleicher Weise demokratisch zu sein.

(4) Wenn die Fähigkeit zum Geben und Nehmen von Gründen auch konstitutiv für eine demokratische Praxis ist, so bedeutet dies nicht, dass ein rechtlich sanktionierter demokratischer Prozess diese Fähigkeit abrufen müsste. Es gibt Gründe, warum er es tun kann, etwa in einem Gesetzgebungsverfahren, aber das ist für den demokratischen Charakter nicht konstitutiv. Wenn man einmal die Zugehörigkeit zur demokratischen Gemeinschaft erlangt hat, erscheint jedenfalls jede Verpflichtung, Gründe zu geben, auch als eine Beschränkung der partizipativen Gleichheit. Zentraler als Begründungserfordernisse sind Koordinationsleistungen,[52] in denen

50 Vgl. James Madison, »The Utility of the Union as a Safeguard Against Domestic Faction and Insurrection«, in: Hamilton u. a., *The Federalist Papers*, hg. v. Robert Scigliano, New York 2000 [1787], Nr. 10.

51 In Anlehnung an Richard Rorty, »Der Vorrang der Demokratie vor der Philosophie«, in: ders., *Solidarität oder Objektivität*, Stuttgart 1988, S. 82.

52 Manin, *Principes du gouvernement représentatif*, S. 112 ff.

verschiedene Beiträger übereinander erfahren und sich aufeinander einstellen können. Es geht um den Austausch von Positionen, nicht um einen darüber hinausgehenden Begriff von Verständigung.[53] Es kann gerade undemokratisch, weil gleichheitswidrig sein, von Teilnehmern für bestimmte Formen von institutionalisierter Selbstbestimmung wie der Abgabe einer Stimme Gründe zu verlangen. Soll nur die Stimme gültig sein, die Gründe angeben kann? Soll nur demonstrieren dürfen, wer zur Meinungsbildung beiträgt? Insoweit hat auch die Beteiligung der Öffentlichkeit eine relative kognitive, nicht normative Wertigkeit. Sie ist nicht demokratie-konstitutiv, sondern ein Mittel der wechselseitigen Information über kollektive Entscheidungen. Darüber hinaus ist vor einem für Repräsentationstheorien typischen Fehlschluss zu warnen: wo Öffentlichkeit, dort Demokratie. Denn natürlich können demokratische Verfahren auch eine entsprechende Öffentlichkeit provozieren.

(5) Verschiedene demokratische Verfahren können sich vertikal und horizontal überlappen. Individuen können an verschiedenen demokratischen Verfahren teilnehmen, an Verfahren, die im Ganzen Teil eines übergeordneten Verfahrens sind, aber auch an Verfahren mit sich überschneidenden Teilnehmern. Hier entstehen Probleme im Verhältnis der Verfahren zueinander, für die es keine rein demokratietheoretische Lösung gibt. Zwei Probleme liegen auf der Hand: Zum Ersten das ungewisse Verhältnis übergreifender, etwa nationaler Prozesse, zu besonderen, etwa kommunalen, demokratischen Prozessen. Hier liegt das klassische Souveränitätsproblem in demokratisch-föderalen Mehrebenen-Rechtsordnungen. Zum Zweiten stellt sich die Frage nach den Beteiligungsmöglichkeiten von Teilnehmern, die horizontal zwischen verschiedenen Prozessen wechseln, aber nicht sofort in das neue Verfahren integriert werden. Ein Beispiel ist die Frage nach politischen Rechten für Ausländer. Beide Probleme bedürften zu ihrer Lösung eines aussagekräftigen Begriffs kollektiver Identität:[54] Eines Begriffs, der rechtfertigen könnte, warum eine der Ebenen den anderen vorgeht, und einen

53 Robert B. Brandom, »Facts, Norms and Normative Facts. A Reply to Habermas«, in: *European Journal of Philosophy* 8 (2000), S. 356-374, hier S. 360 ff.

54 Differenzierte Überlegungen zu den Grenzen des Identitätskonzepts bei M. Rainer Lepsius, »The Ability of a European Constitution to Forge a European Identity«, in: Hermann-Josef Blanke, Stelio Mangiameli (Hg.), *Governing Europe under a Constitution*, Berlin 2006, S. 23-35, hier S. 23.

Begriff, der rechtfertigt, warum nicht jeder vielleicht nur einmalig in den Entscheidungsbereich einer demokratischen Einheit geratene Betroffene schon dadurch Mitglied dieser Gemeinschaft wird. Nach der hier vertretenen demokratietheoretischen Modellierung kann es einen solchen Begriff demokratischer Identität nicht geben. Vielmehr bedarf auch diese Frage demokratischer Entscheidung, die sich dann allenfalls nach Kriterien wie Selbstwidersprüchlichkeit oder Reziprozität der Regelungen beurteilen lassen könnte. In jedem Fall hätten sich andeutende demokratische Identitäten Anspruch auf Verfahren, in denen sie sich artikulieren könnten, auch um überhaupt erkennen zu können, ob Interesse an einer solchen Identität besteht. Wie gesagt: Es gibt anders als in der klassischen Repräsentationstheorie kein Volk, keine Nation, die sich ein Organ schafft. Umgekehrt müssen sich gegebenenfalls überlappende, institutionelle Angebote daraufhin beobachtet werden, ob um sie herum kollektive egalitäre Willensbildungsprozesse entstehen oder nicht.

3. Institutionelle Konsequenzen

Welche institutionellen Konsequenzen hat diese Re-Formulierung? Zwei sollen genannt werden, eine vertikale und eine horizontale. Sie betreffen das Verständnis von Gewaltenteilung (1) und den Umgang mit demokratietheoretischen Problemen der Internationalisierung von Politik und Rechtserzeugung (2).

3.1 Gewaltenteilung

In keiner staatstheoretischen Figur ist der subjekttheoretische Überschuss des demokratischen Repräsentationskonzepts so wirkmächtig wie in der Gewaltenteilungslehre. Dass der Gesetzgeber gleichsam der Kopf ist, der denkt, vor allem aber will, während die Exekutive handelt, ist eine in der Literatur des 18. Jahrhunderts gängige Formulierung[55] mit institutionell durchaus handfesten Konsequenzen. Denn einerseits ist die Unterscheidung zwischen

55 So etwa Jean-Jacques Rousseau, *Du contrat social ou principes du droit politique*, in: ders., Écrits Politiques, Paris 1964 [1762], III/I; Kant, *Die Metaphysik der Sitten*, § 45 f.

Wille und Tat durchaus geeignet, das wollende Organ zu entmachten, es also von der Tat zu befreien: Mit diesem Argument lehnt etwa Mill Initiativrecht und Änderungsbefugnis des Parlaments ab, das einem Gesetz nur zustimmen oder es ablehnen können soll.[56] Auf der anderen Seite kann sich mit dem Begriff der Repräsentation immer auch die Privilegierung der Institution verbinden, in der Repräsentation im Sinne einer Willensbildung stattfinden kann. Dies evoziert eine metaphorische Vorstellung, die in der Diskussion nach wie vor besonders gängig ist, wenn Verfassungsrecht auf politische Theorie trifft: Demokratisch repräsentiert wird der Wille des Volkes in den lichten Hallen parlamentarischer Deliberation, während er sich irgendwo zwischen den Büros der Regierung und den Stuben nachgeordneter Beamten langsam verflüchtigt, um in einem Gerichtssaal endgültig verloren zu gehen. Der Repräsentationsbegriff legt es offensichtlich nahe, die Gewaltenteilung als eine langsame Ausdünnung demokratischer Willensbildung zu verstehen, die eine graduelle Abnahme der Legitimation staatlichen Handelns erzeugt. Jedenfalls Letzteres ist kaum eine angemessene Vorstellung.[57] Sie suggeriert, dass eine Omnipräsenz parlamentarischer Entscheidungen allein aus praktischen Gründen nicht möglich ist, demokratietheoretisch aber wünschenswert wäre, damit die Sonne kollektiver Selbstbestimmung auch in den letzten Winkel der Ordnung scheinen könnte. Zugleich verbindet sich mit dem Begriff ein Generalverdacht gegen die Exekutive, vielleicht auch deswegen, weil das Parlament, das nach altem Repräsentationsverständnis nur *wollen*, aber nicht *handeln* muss, davon freigestellt ist, Demokratie als eine Form von *Herrschaft* zu praktizieren.[58]

In der gängigen, aber durchaus unglücklichen Unterscheidung zwischen Rechtssetzung und Rechtsanwendung begleitet uns diese Dichotomie von Wille und Tat weiterhin. Mit dieser Unterscheidung stoßen lokale Prozeduren staatlichen Handelns wie Gerichts- oder Verwaltungsverfahren jedoch auf ein zu geringes

56 Das entspricht der Rechtslage der EU mit dem Initiativmonopol der Europäischen Kommission.

57 Armin von Bogdandy, »Demokratisch, demokratischer, am demokratischsten?«, in: Joachim Bohnert (Hg.), *Verfassung – Philosophie – Kirche. Festschrift für Alexander Hollerbach*, Berlin 2001, S. 363-365, hier S. 363.

58 Nur mit einer deliberierenden Legislative ausgestattet wäre eine demokratische Ordnung eine herrschaftslose Ordnung.

demokratietheoretisches Interesse. Sie sind bloß tote Enden eines letztlich legitimatorisch irrelevanten unpolitischen Anwendungsvorgangs. Praktisch unterschätzt diese Vorstellung den notwendig immer rechtserzeugenden Gehalt jedes Umgangs mit Recht, also auch durch Gerichte und Verwaltungen.[59] Es gibt keine Dichotomie zwischen der Setzung und der Anwendung von Recht, sondern allenfalls eine arbeitsteilige Konkretisierung des Rechts zwischen Gesetzgeber, Verwaltung und Gerichten, die auch nicht in jedem Fall gleich ausgestaltet sein muss. *Legitimationstheoretisch* kann eine solche Vorstellung der legitimationsstiftenden Funktion anderer als parlamentarischer Verfahren nicht gerecht werden. Das Handeln von Exekutiven und Gerichten lässt sich nicht auf die Anwendung eines demokratischen Gesetzesbefehls reduzieren. Wäre es anders, wäre das Ideal des demokratischen Rechtsstaats nicht mehr als ein Parlament mit einer hierarchischen Verwaltung. Es ist deswegen auch kein Zufall, dass sich viele Repräsentationstheorien schwertun, den Unterschied zwischen Gerichten und Verwaltungen begrifflich zu fassen, weil beide nur mit Anwendung beschäftigt sind.

Für die Theorie der Gewaltenteilung bindet der Repräsentationsbegriff also zu viel Aufmerksamkeit beim Parlament, ohne damit das Parlament notwendig zu stärken. Es geht damit auch darum, den Parlamentarismus vor den überzogenen Erwartungen des Repräsentationsbegriffs zu bewahren.[60] Keine Gewalt ist näher am Volk als eine andere. Alle sind gleich nah. Es ist sinnlos, ein Organ innerhalb einer demokratischen Ordnung als Repräsentationsorgan den anderen gegenüberzustellen. Es gibt keine demokratische Vorhand der Legislative.

3.2 Demokratie jenseits des Nationalstaats

Probleme des Repräsentationskonzepts zeigen sich auch vertikal, in der Internationalisierung von Recht und Politik. Der Begriff der Repräsentation impliziert eine eindeutige Zuordnung von Legitimationssubjekt (Volk) und Organ, die ihrerseits die Kontextlosigkeit demokratischer Prozeduren, eine Geschlossenheit und Isolierung des Willensbildungsprozesses, voraussetzt. Der Repräsentationsvor-

59 Hans Kelsen, *Allgemeine Staatslehre*, Berlin 1925, S. 229 ff.
60 So Hauke Brunkhorst in der Diskussion zu diesem Vortrag.

gang ist ein geschlossener Vorgang der Abbildung des Volkswillens. Die Bedeutung demokratischer Äußerungen ist nicht durch Ereignisse verfremdet, die sich außerhalb der demokratischen Gemeinschaft abspielen. In der oben skizzierten Unterscheidung: Demokratische Legitimation und demokratische Bedeutung fallen in ihm zusammen. Eine solche Annahme hat ihre Plausibilität durch die Internationalisierung nationaler Gesellschaften ebenso verloren wie durch die wechselseitige Verschränkung nationaler Rechtsordnungen. Sie war zudem für viele föderale Rechtsordnungen niemals überzeugend. Anders als mit einem repräsentativen kann mit einem expressiven Demokratieverständnis beschrieben werden, dass sich die Bedeutung nationaler Legitimationsverfahren auch dann wandeln kann, wenn die Verfahren selbst unangetastet bleiben, sich aber ihr Kontext verändert.

Was bedeutet das? Nehmen wir das Referendum über den Verfassungsvertrag in Frankreich als Beispiel. Hier erzeugte ein klassisches Repräsentationskonzept eine interessante Koalition zwischen Gegnern der europäischen Integration und Anhängern einer rein expertokratisch legitimierten Europäischen Union.[61] Für Erstere ist das Referendum nicht nur die demokratische Ablehnung der Integration, sondern eben auch Ausdruck der Tatsache, dass es demokratischen Ausdruck nur auf einer nationalen Ebene geben kann. Mit dem Referendum hätte sich demnach ein nationaler demokratischer Politikprozess selbst als einzig möglicher beschrieben. Für die Zweitgenannten ist das Referendum gleichfalls ein Hinweis darauf, dass demokratische Politik nicht in die europäische Politik gehört. Stattdessen setzen sie, wie die Europäische Kommission, auf technokratische und korporatistische Formen der Entscheidungsfindung.[62] Beide Ansätze setzen ein enges Konzept repräsentativer Demokratie voraus: Repräsentation als eindeutige Abbildung einer geschlossen definierten Gemeinschaft in ihren politischen Prozeduren – und eben auch umgekehrt solche Abbildbarkeit als die einzige Möglichkeit, Demokratie zu organisieren. Eine mit diesem Repräsentationskonzept nicht zu erfassende Entwicklung der Europäischen Integration besteht jedoch darin, dass sich die *Bedeutung* na-

61 Paradigmatisch Kaufmann, *Europäische Integration und Demokratiedefizit*.

62 *Weißbuch »Europäisches Regieren«*, KOM (2001) 428 endgültig; Christian Joerges u. a. (Hg.), *Mountain or Molehill? A Critical Appraisal of the Commission White Paper on Governance*, New York 2001.

tionaler demokratischer Entscheidungen auch geändert hat, wenn die Verfahren gleich geblieben sind. Mit der Entscheidung über nationale Politik wird immer auch über Europapolitik entschieden. Damit gewinnen nationale demokratische Entscheidungen ebenfalls für andere Demokratien an Bedeutung, in einem gewissen Sinn werden aus nationalen *transnationale* Völker.[63]

Die Ablehnung des europäischen Verfassungsvertragsentwurfs durch das französische Volk ist insoweit eine durchaus mehrdeutige – aber trotzdem demokratische – Entscheidung. Die französische Entscheidung kann nicht als eine rein innenpolitische abgetan werden: Die Vieldeutigkeit der demokratischen Antwort ist Ausdruck der Vieldeutigkeit einer Frage, die die nationale Politik über eine europäische Frage stellt. So gesehen ist das Ergebnis eben die Ablehnung der französischen Europapolitik. Aus ihr folgt sicher das Ende des Verfassungsvertrags als Ausdruck dieser Politik, doch eben keine Aussage über die Art des Fortgangs der Integration. Vielleicht eher eine Fortsetzung der Integration mit mehr egalitären Mitentscheidungsmöglichkeiten, also etwa eine Parlamentarisierung der Europäischen Union.

Diese Vieldeutigkeit demokratischer Entscheidung ist ein Problem, weil die Interpretation einer demokratischen Entscheidung ihrerseits kein demokratisches Mandat hat: demokratietheoretische Überlegungen haben keine demokratische Legitimation. Aber dieses Problem stellt sich nur auf den ersten Blick dringlicher als gewohnt, denn zum einen ist der formale Ausgang eines Verfahrens fast immer klar, keine Zustimmung Frankreichs zum Verfassungsvertrag. Wie oben entwickelt, ist die demokratische Legitimation mit einem Sanktionsmechanismus versehen. Zum anderen ist der über diese hinausgehende Überschuss, eben die demokratische Bedeutung, immer undeutlich und seine Interpretationsbedürftigkeit ebenso unvermeidlich, aber so lange erträglich, wie die relevanten Interpreten ihrerseits demokratisch verantwortlich sind.

Diese demokratische Bedeutungsamalgamierung ist für ebenenverschränkte föderale Systeme typisch. Ähnliche Zusammenhänge erkennen wir etwa bei der bundespolitischen Bedeutung von Landtagswahlen. Egalitäre Verfahren demokratischer Selbstbestimmung können in ebenengegliederten Strukturen, in denen

63 Brunkhorst, *Solidarität*, S. 201, im Anschluss an Friedrich Müller.

die obere durch die untere Ebene konstituiert wird, gar keine eindeutig zurechenbaren Entscheidungen erzeugen. Je mehr wir eine Internationalisierung des Rechts und eine Internationalisierung der Wahrnehmung haben, desto mehr wird diese Vieldeutigkeit zum demokratischen Alltag gehören.

Was folgt daraus institutionell? Jedenfalls nicht, dass man von einem definierten Volk, einer Nation, ausgehend Institutionen bauen soll, wie es von einer klassischen Theorie demokratischer Repräsentation nahegelegt wird. Schon eher liegt es nahe, dass institutionelle Angebote egalitärer Beteiligung auf verschiedenen föderalen Ebenen gemacht werden müssen, deren politische Relevanz sich entwickeln kann, aber nicht muss. Verschiedenen Zugehörigkeiten können jeweils Verfahren angeboten werden. Ihre demokratische Bedeutung kann sich nur aus einem offenen Prozess ergeben. Ein Beispiel für eine solche Entwicklung ist das Europäische Parlament. Wer will sagen, ob es ein »europäisches Volk« gibt, geben wird oder geben soll? Es ist vielmehr ein wesentlicher Ertrag des Verzichts auf den Repräsentationsbegriff, dass schon diese Frage sinnlos erscheint. Auf der ersten Ebene kann das Europäische Parlament demokratische Legitimation beanspruchen, weil es nach einem egalitären Verfahren kreiert wurde.[64] Auf der zweiten Ebene stellt sich die Frage nach der demokratischen Bedeutung seiner Entscheidungen. Hier lässt sich gut erkennen, wie ein egalitäres institutionelles Angebot angenommen wird und damit seine demokratische Bedeutung wandelt, im Fall des Europäischen Parlaments einerseits mit einer geringen Wahlbeteiligung, andererseits mit einer langsam entstehenden Willensbildung, die sich von nationalen Zusammenhängen emanzipiert und die Rechts-links-Unterscheidung auf Fragen der europäischen Gesetzgebung oder der Bestätigung der Europäischen Kommission anwendet.[65] Die demokratische Wertigkeit des Europäischen Parlaments wandelt sich durch die Praxis des Parlaments und dieser Wandel kann auch die relative demokratische Wertigkeit im Verhältnis zu anderen Organen betreffen.

Auch für die Diskussion auf internationaler Ebene bedeutet

64 Mit der Einschränkung, dass das Wahlrecht nicht völlig egalitären Prinzipien folgt.

65 Dazu, allerdings seinerseits unter starker Inanspruchnahme des Repräsentationskonzepts, Berthold Rittberger, *Building Europe's Parliament*, Oxford/New York 2005.

dies, dass die – wie gesagt sinnlose – Feststellung, es gäbe kein globales Legitimationssubjekt, kein Universalvolk, keine institutionellen Folgen hat, sondern vielmehr der Bedeutungswandel einer Institution wie des Sicherheitsrats der Vereinten Nationen auf seine demokratische Wertigkeit zu untersuchen ist. Dies führt zu einem demokratischen Experimentalismus,[66] in dem man über institutionelle Angebote globaler Beteiligung nachdenken sollte, und in dem bestehende Institutionen wie etwa der Sicherheitsrat sowohl auf ihre interne Willensbildung als auch auf ihre Wahrnehmung in der Öffentlichkeit hin beobachtet werden müssen. In der öffentlichen Wahrnehmung des Sicherheitsrats der Vereinten Nationen während des Irak-Krieges konnten wir das Entstehen demokratischer Bedeutung ohne demokratische Legitimation erkennen. Der Sicherheitsrat wurde als das Forum wahrgenommen, in dem die Frage der Intervention zu erörtern und zu entscheiden war, von den USA, die zunächst versuchten, eine Legitimation über den Sicherheitsrat zu erhalten, und von den anderen, die ihre Kritik am Krieg mit der fehlenden Entscheidung des Sicherheitsrats begründeten und begründen. Demokratische Bedeutung erhält eine Institution dadurch, dass sie tatsächlich benutzt wird, dass sie etwa damit beginnt, ihre Kompetenzen eingehend zu nutzen.[67] Dies ist beim Sicherheitsrat ebenso der Fall[68] wie eine globale öffentliche Wahrnehmung, die in diesem Organ die Stelle erkennt, die bestimmte Entscheidungen treffen sollte.[69] Damit kann die Diskussion um seine demokratische Legitimation, also um die Frage der Anbindbarkeit der Vereinten Nationen an egalitäre Verfahren, erst beginnen.

4. Schluss

Das hier nur skizzierte Konzept ist nicht grundsätzlich neu. Allerdings bedurfte es der Explikation, warum ein starkes Konzept demokratischer Repräsentation bei einer Weiterentwicklung demokratietheoretischer Fragestellung eher ein Hindernis darstellt

66 Hauke Brunkhorst, *Demokratischer Experimentalismus*, Frankfurt/M. 1998.

67 Zu diesem Kriterium Möllers, *Gewaltengliederung*.

68 Stefan Talmon, »The Security Council as World Legislature«, in: *American Journal of International Law* 99 (2005), S. 175-193, hier S. 175.

69 Insoweit war der Irak-Krieg trotz allem auch ein Erfolg für den Sicherheitsrat.

und in welche Richtungen es weiterentwickelt werden könnte. Eine demokratische Praxis kann ihrem eigenen Anspruch nach, der eben immer auf eine Rechtfertigung durch die an ihr Beteiligten beschränkt ist, auch nicht über sich hinausweisen. Kann sie aber nicht über sich hinausweisen, dann bedarf sie des Begriffes der Repräsentation nicht. Daraus folgt für die Demokratietheorie eine institutionell-pragmatistische Wende, ein größeres Interesse an einzelnen Verfahren und an der Beobachtung demokratischer Praxis. Theoriegeschichtlich formuliert: weniger Theorie à la Kant und Rousseau und mehr institutionelle Sensibilität à la Madison und Brunkhorst. Die Treue zum ergebnisoffenen voluntaristischen Gehalt eines egalitären Demokratiekonzepts hängt nicht am Begriff der Repräsentation.

2. Drei Dogmen der etatistischen Demokratietheorie (2013)

Drei demokratietheoretische Dogmen finden sich in der juristischen Demokratietheorie, namentlich in der staatsrechtlichen Kritik an der europäischen Integration und der Rechtsprechung des Bundesverfassungsgerichts, mit einer gewissen Regelmäßigkeit. Diese Dogmen sind, so die hier zu begründende These, nicht richtig: Weder kann die Demokratie auf einen definierten Volksbegriff zurückgreifen (1.) noch bilden demokratische Repräsentationsmechanismen einen Volkswillen ab (2.) noch funktionieren demokratische Institutionen notwendig nach einem einfachen Schema von Mehrheit und Minderheit oder Regierung und Opposition (3.). Dass diese Dogmen nicht richtig sind, bedeutet aber umgekehrt weniger für die Demokratisierung der Europäischen Union, als man auf den ersten Blick annehmen sollte (4.).

1. Das gegebene Volk

Die These, dass es kein europäisches Volk »gebe«, setzt die Figur des demokratischen Legitimationssubjekts in den Status des Faktischen, wenn nicht Naturwüchsigen. Aber die Eigenschaften, die im Angebot sind, um zu erklären, wie denn ein so gegebenes Volk beschaffen sein müsste, erweisen sich in unserer vielfältigen Welt demokratischer Ordnungen als weder notwendig noch hinreichend. Demokratien müssen weder ethnisch homogen sein noch müssen sie in einer gemeinsamen Sprache sprechen, sie müssen weder sozial ausgeglichen sein noch einer gemeinsamen religiösen Tradition entstammen, sie müssen noch nicht einmal ein säkulares Verständnis von Politik und Religion unterhalten: Indien, die Schweiz, die Vereinigten Staaten oder Israel aus der Kohorte demokratischer Ordnungen wegzudefinieren, und dies wäre die Konsequenz einer Anwendung der genannten Kriterien, erscheint nicht nur im Ergebnis irritierend, es ist vor allem systematisch wenig überzeugend:[1] Denn Theorien demokratischer Legitimation, die mit materiellen Kriterien der Konstitution eines Volkes argumentieren, verkennen die entscheidende Größe jeder Demokratietheorie: eben den politischen Charakter demokratischer Selbstbestimmung.[2] Ein demokratisches Legitimationssubjekt ist die Form der Konstruktion einer Entscheidungseinheit, die sich so oder anders hätte konstituieren können. Ein demokratisches Volk ist weder eine Sprach- noch eine Religionsgemeinschaft, noch nicht einmal eine ökumenische. Hierin liegt im Übrigen ein bekannter Selbstwiderspruch der Schmitt'schen politischen Theorie, die auf der einen Seite einen emphatisch offenen Politikbegriff entwickelt hat, um diesen dann ethnisch oder national zu verengen. Jenseits aller berechtigten moralischen Einwände erscheint dies auch theoretisch inkonsequent.[3]

Mit der Anwendung solcher Kriterien verbindet sich auch eine für Theorien juridischen Ursprungs eigentümliche Kategorialität auf einem Gebiet, auf dem man nur in Abstufungen sprechen kann. Zwar kann eine Norm nur gegen das Demokratieprinzip verstoßen oder nicht, *tertium non datur*; trotzdem ist es völlig unproblematisch, im Entstehen und Vergehen graduelle Demokratisierungsprozesse beobachten zu können. Den dichotomischen Charakter des juridischen Denkens auf die politische Theorie zu übertragen, bleibt so daher unergiebig. Im Ergebnis verfehlt der Versuch zu definieren, wo ein Volk beginnt und wo es endet, beides, die Realität eines Vergemeinschaftungsprozesses und die Normativität des Volksbegriffs, weil er am jeweils falschen Ende normativ respektive empirisch argumentiert: Die zu normative Selbstdefinition als Legitimationssubjekt wird empirischen Kriterien unterworfen, der

1 Was einst nur politisch konservativ wirkte, muss unter der anerkannten Notwendigkeit, verfassungstheoretische Argumente vergleichend zu überprüfen, mittlerweile als wissenschaftlich zurückgeblieben bezeichnet werden.

2 Dies ist der Unterschied der Analysen von Ernst-Wolfgang Böckenförde zu denen, die letztlich in der Tradition der politischen Romantik stehen, wie Christian Hillgruber oder Otto Depenheuer. Wenn Letztgenannte Schmitt zitieren, verfehlen sie gerade dessen Politikverständnis.

3 Eine entsprechende Kritik findet sich schon bei Hermann Heller, *Staatslehre*, Leiden 1934; für die Gegenwart siehe Felix Hanschmann, *Der Begriff der Homogenität in der Verfassungslehre und Europarechtswissenschaft. Zur These von der Notwendigkeit homogener Kollektive unter besonderer Berücksichtigung der Homogenitätskriterien »Geschichte« und »Sprache«*, Berlin, Heidelberg 2008.

empirische Vergemeinschaftungsprozess dagegen in ein zweiseitiges normatives Raster gepresst.

2. Repräsentation des wirklichen Volkswillens

Das deutsche Verfassungsrecht hat mit der Figur der Erfolgswertgleichheit im Verfassungsrecht eine Kategorie entwickelt, die gebietet, dass jeder Stimme grundsätzlich »ein anteilsmäßig gleicher Erfolg zukommt«.[4] Dieses Kriterium führt zu Ende gedacht zu einer Repräsentationskonzeption, die die im Wahlrecht zu verwirklichende demokratische Repräsentation als möglichst wahrheitsgetreue Abbildung des Willens der beteiligten einzelnen Wähler versteht. Man könnte insoweit mit einer Begrifflichkeit aus der ästhetischen Theorie von einem mimetischen Modell sprechen, das in der aristotelischen Tradition steht: Das Porträt des Volkes soll ähnlich werden – nur schöner.[5] Dass mimetische Theorien der Kunst gegen Ende des 18. Jahrhunderts ihr Ende fanden, mag eine erste Irritation hervorrufen, dass eigentlich alle relevanten Demokratietheorien der Neuzeit gleichfalls nicht an ein solches Abbildungsmodell glauben, ist ernster zu nehmen: Für die Demokratietheorie ist es ist eine Sache, dass politische Organe aus einem Verfahren entstehen, welches allen eine gleiche Beteiligungschance einräumt; es ist aber eine ganz andere, von einem so kreierten Organ zu verlangen, dass es einen Volkswillen über den Wahlakt hinausgehend abbilde. Ein solches Konzept steht jedenfalls in der Gefahr, die Theorie der Demokratie zu einem Modell des Populismus zu machen: Denn eine angemessene Theorie der Demokratie muss demokratische Herrschaft gerade gegenüber dem Legitimationsakt verselbstständigen, der sie einrichtet. Ein demokratisches Repräsentationsorgan muss nichts abbilden, sie muss eine Praxis gleicher Freiheit zum Ausdruck bringen.[6] Hierzu gehört eben die Unterscheidbarkeit von Herrschenden und Beherrschten durch institutionelle und zeitliche Distanzierung. Ein *plébiscite de tous les jours* dagegen ist kein demokratischer Akt. Ein Parlament aber, das

4 Zuletzt BVerfGE 131, 316 (Rn. 61) – *Landeslisten* [2012].

5 Aristoteles, *Poetik*, 15, »Denn auch diese geben die individuellen Züge wieder und bilden sie ähnlich und zugleich schöner ab«.

6 Der unfertige Versuch, diese Unterscheidung zu entwickeln, bei Christoph Möllers, »Expressive versus repräsentative Demokratie«, in diesem Band.

die Wähler perfekt abbildet, ist nicht notwendig eines, das demokratische Herrschaft ausüben kann oder soll. Die Sicht, die sich hinter dieser Annahme entdecken lässt, entspricht tendenziell der Idee des Parlaments als Organ der Daueropposition: Solange meine Gegenansicht im Parlament vertreten ist, bleibt mir egal, wer regiert. Aus dieser Perspektive ist auch die Gründung neuer Parteien ein Gewinn an Demokratie, weil sie meinen individuellen Überzeugungen näher kommen, unabhängig davon, wer eine Mehrheit bilden kann.

Nun gehört es zur notwendigen Offenheit einer angemessenen Demokratietheorie, auch ein solches Demokratieverständnis zulassen zu können. Wenn eine demokratische Gemeinschaft es so will, soll sie es so einrichten. Davon deutlich zu unterscheiden ist es, aus einer solchen Sicht ein Prinzip, wenn nicht gar ein Definiens des Demokratiebegriffs selbst zu machen. Konzeptionen der Mehrheitswahl, aber auch föderale Arrangements werden es in aller Regel anders sehen. Sie werden größeren Wert auf die Verselbstständigung des demokratischen Repräsentationsorgans legen, das es zu kreieren gilt. Aus diesem Grund folgen sie nicht einem entsprechend strikten materiellen Gleichheitsmaßstab. Sie setzen auf der anderen Seite an: beim Repräsentationsorgan. Ein solches ist, wenn es aus einem Mehrheitswahlrecht kreiert wurde oder wenn der Wahlmodus aus Gründen föderaler Gleichheit modifiziert wird, noch nicht weniger demokratisch. Demokratie muss nicht als Perfektionierung individueller Repräsentationschancen verstanden werden, sie kann auch auf die Ermöglichung kollektiver Handlungsfähigkeit abzielen.

3. Regierung und Opposition

Aber auch die umgekehrte Sicht kann zum Dogma werden. Ihr zufolge verwirklichen demokratische Prozesse das Ideal alternativer Entscheidungsmöglichkeiten im Repräsentationsorgan. An die Wahl muss ein programmatischer politischer Wechsel anschließen können. Eine Opposition muss im Verfahren kenntlich werden. Auch dieses Argument kann gegen die demokratische Verfasstheit der Europäischen Union ins Feld geführt werden.[7] Auch diese

7 Christian Hillgruber, »Leidet die Europäische Union unter einem Demokratiedefizit?«, in: Hans Michael Heinig, Jörg Philipp Terhechte (Hg.), *Postnationale*

Sicht erscheint freilich mit Blick auf die Praxis vieler Demokratien nicht zwingend: Dazu gehört das schweizerische System, in dem die Zusammensetzung der Regierung, des Bundesrates, nur sehr beschränkt vom Ergebnis der Parlamentswahlen abhängt. Es gilt natürlich auch für die deutsche Konkordanzdemokratie, die oft als »Allparteiendemokratie« (Böckenförde) funktioniert. Das liegt maßgeblich am Zustimmungserfordernis des Bundesrates. Auch das von seinen Schöpfern auf Blockadefähigkeit angelegte amerikanische Regierungssystem gehört in diesen Zusammenhang.

Die Unterscheidung zwischen Mehrheitsdemokratien und Konkordanzdemokratien ist den politischen Wissenschaften entsprechend lange bekannt.[8] Diese hat zu Recht darauf verzichtet, bestimmen zu wollen, welche Form der Demokratie denn demokratischer sei. Natürlich haben Zwei-Parteien-Systeme den Charme der frischen Entscheidung, auf den etwa die politische Theorie Hannah Arendts so großen Wert legte: Ein Regierungswechsel ist ein neuer Anfang. Aber wiederum kann sich eine demokratische Gemeinschaft auch dazu entscheiden, die demokratische Repräsentation auf verschiedene Organe zu verteilen und zwischen diesen einen Konsens vorzusehen.

4. Falsche Gegenschlüsse

Die Herrschaftsform gleicher Freiheit kennt viele Möglichkeiten ihrer Verwirklichung. Sie zu verengen und diese Verengungen noch dazu zu konstitutionalisieren, stellt in jedem Fall einen Verlust an Demokratie dar.[9] Doch darf diese Offenheit nicht zu falschen Umkehrschlüssen verführen, die im Ergebnis den Demokratiebegriff einfach jeder institutionellen Entwicklung anpassen. Für unsere drei Dogmen soll diese Warnung abschließend noch einmal knapp konkretisiert werden:

Demokratie, Postdemokratie, Neoetatismus. Wandel klassischer Demokratievorstellungen in der Rechtswissenschaft, Tübingen 2013, S. 123-130.

8 Gerhard Lehmbruch, *Verhandlungsdemokratie. Beiträge zur vergleichenden Regierungslehre*, Berlin, Heidelberg 2003.

9 Darauf hat im deutschen Zusammenhang insbesondere Brun-Otto Bryde immer wieder hingewiesen: Brun-Otto Bryde, »Das Demokratieprinzip des Grundgesetzes als Optimierungsaufgabe«, in: Redaktion Kritische Justiz (Hg.), *Demokratie und Grundgesetz*, Baden-Baden 2000, S. 59.

Zum Ersten impliziert die Einsicht, dass es unrichtig ist, demokratische Herrschaft an den Begriff eines vorgegeben sozial definierten Volksbegriffs zu binden, nicht, dass kollektive politische Herrschaft einfach voraussetzungslos möglich ist, wenn man einfach entsprechende rechtliche Institutionen einrichtet. Demokratische Föderationen können auseinanderbrechen, demokratische Verfahren können einfach nicht anspringen: die Wahlen zum Europäischen Parlament sind ein aktuelles Beispiel dafür. Ein häufiger kategorialer Fehler liegt darin, auf Kollektivsubjekte bei der Konstruktion demokratischer Herrschaft einfach zu verzichten, wie es die Rede eines »Europas der Bürger« suggeriert.[10] Demokratische Herrschaft bedarf aber einer demokratischen Gemeinschaft und des thematischen Bezugs der ihr Zugehörigen. Aus der Gemeinschaft der *Citoyens* einfach eine solche der *Bourgeois* zu machen, ist keine Lösung des Legitimationsproblems.

Zum Zweiten darf die Kritik an einem »mimetischen« Repräsentationsverständnis nicht dazu verleiten, auf den egalitären Kern jeder demokratischen Selbstbestimmung zu verzichten. Auch diese Tendenz findet sich namentlich in der Diskussion zur Demokratie in Europa und im internationalen Recht. Deliberative Demokratietheorien insbesondere haben die Tendenz, demokratischen Voluntarismus durch Vernunftkonzeptionen zu ersetzen und dadurch im Ergebnis technokratische Arrangements zu rechtfertigen. Dass es viele Möglichkeit gibt, demokratische Gleichheit zu ersetzen, ist aber begrifflich klar, wenn auch institutionell nicht immer in gleicher Deutlichkeit von einem Verzicht auf das Kriterium zu unterscheiden.

Zum Dritten schließlich kann der Hinweis auf die mögliche Vervielfältigung demokratischer Akteure nicht darüber hinwegtäuschen, dass demokratische Herrschaft einer nachvollziehbaren Verantwortungszurechnung bedarf. Die Konzeption der Konkordanzdemokratie kann auch ein Problem bezeichnen, denn zu viele Akteure, selbst wenn sie über eine eigene demokratische Legitimation verfügen, machen den Zusammenhang zwischen der Teilnahme am Legitimationsakt und den aus ihr resultierenden Entscheidung implausibel.

10 Beispielhaft für einen solchen Fehler: Ingolf Pernice, »Europäisches und nationales Verfassungsrecht«, in: *Veröffentlichungen der Vereinigung der deutschen Staatsrechtslehrer* 60 (2001), S. 148-188, hier S. 170 ff., insb. S. 176.

Der Begriff der Demokratie ist nicht beliebig, aber das bedeutet nicht, dass man ihn durch Regeln festschreiben könnte, noch dazu durch justiziable Regeln. Ein solcher Versuch ist Ausdruck einer *déformation professionelle*, die nur sehen will, was Gerichte sehen können. Diese Blickbeschränkung aber ist ihrerseits wenig demokratisch. Sie schließt die Diskussion um den Begriff der Demokratie zu früh.

3. Demokratische Ebenengliederung (2011)

I. Fragestellung

Zur Beantwortung von Rainer Wahls Frage nach der rechtlichen Stellung des »Einzelnen in der Welt jenseits des Staates«[1] wollen die folgenden Überlegungen einen Beitrag leisten. Es soll dabei konkreter um das Problem der demokratischen Partizipation des Einzelnen an Gebilden gehen, in denen sich mehrere demokratische Prozesse überlagern. Aus der Perspektive eines Individuums rekonstruiert, das als Mitglied verschiedener ebenengegliederter Hoheitsgebilde politische Entscheidungen trifft, kann der Beitrag nicht von einem bestimmten Begriff von Volk oder Volkssouveränität ausgehen. Die Verdeutlichung dieses Ausgangspunktes setzt zunächst einige Vorüberlegungen zu den Konzepten einer individuellen Perspektive auf Demokratie und den Begriff der Ebene voraus (II.), bevor im ersten Hauptteil über die Reichweite der Mehrheitsregel in demokratischen Mehr-Ebenen-Gebilden nachzudenken ist (III.). Dies führt im zweiten Hauptteil zur Frage, wann überhaupt von einem Legitimationssubjekt gesprochen werden kann – und was daraus für die institutionelle Organisation von Mehr-Ebenen-Gebilden folgt (IV.), bevor ein Fazit (V.) gezogen werden soll.

II. Demokratie in Mehrebenenordnungen: begriffliche Vorüberlegungen

1. Individuelle Perspektive

Was soll eine »individuelle« Perspektive auf demokratische Legitimation bedeuten?

Aus der Perspektive des Individuums versteht sich Demokratie als gleiche Mitgliedschaft in einer oder in mehreren politischen Gemeinschaften. Davon zu unterscheiden ist der Kreis an sons-

1 Vgl. Rainer Wahl, *Verfassungsstaat, Europäisierung, Internationalisierung*, Frankfurt/M. 2003, S. 53.

tigen subjektiven Rechten, die ein Individuum geltend machen kann, die von der Verfassung oder dem Gesetz eingerichtet und durch Gerichte durchgesetzt werden.[2] Für beide Status gibt es in der politischen Theorie unterschiedliche Formulierungen: die Freiheit der Alten und der Modernen,[3] positive und negative Freiheit[4] oder private und öffentliche Autonomie.[5] Beide Rechtspositionen hängen miteinander legitimatorisch zusammen, private Rechte bedürfen demokratischer Ausgestaltung und demokratische Politik ist ohne einen Schutz privater Autonomie nicht möglich. Beide Formen hängen in ihrer Legitimationsleistung voneinander ab. Beide können aber weder miteinander identifiziert noch gegeneinander ausgespielt werden. So sitzt die Feststellung, die Europäische Union legitimiere sich durch den Bezug auf Individuen gegenüber den Nationalstaaten,[6] einer Kategorienverwechselung auf. Subjektive Rechte wie die Grundfreiheiten können politische Mitgliedschaftsrechte nicht ersetzen. Auch die Konzeption einer doppelten Legitimation des Völkerrechts steht in der Gefahr, einen solchen Kategorienfehler zu begehen, wenn sie das Individuum anruft.[7]

Die hier eingenommene individuelle Perspektive auf Demokratie beschränkt sich auf die Frage der öffentlichen Autonomie, setzt dabei aber nicht staatstheoretische Kategorien wie Volk oder Souveränität voraus, sondern fragt nach den individuellen Präferenzen für oder gegen eine bestimmte politische Gemeinschaft.[8]

2 Zu den legitimatorischen Unterschieden: Christoph Möllers, *Gewaltengliederung. Legitimation und Dogmatik im nationalen und internationalen Rechtsvergleich*, Tübingen 2005, S. 15 ff., S. 25 ff.

3 Vgl. Benjamin Constant, »De la liberté des Anciens comparée à celle des Modernes«, in: ders., *Écrits politiques*, Paris 1997 [1819], S. 591 ff.

4 Berlin bezeichnet mit dieser Unterscheidung das oben Entwickelte, nicht dagegen die Unterscheidung zwischen negativen und positiven Grundrechten wie sie in der deutschen Grundrechtsdogmatik üblich ist, vgl. Isaiah Berlin, »Two Concepts of Liberty«, in: ders., *Liberty*, Oxford 2002 [1969], S. 166 ff.

5 Jürgen Habermas, *Faktizität und Geltung. Beiträge zur Diskurstheorie des Rechts und des demokratischen Rechtsstaats*, Frankfurt/M. 1992, S. 151 ff.

6 Ingolf Pernice, »Europäisches und nationales Verfassungsrecht«, in: *Veröffentlichungen der Vereinigung der deutschen Staatsrechtslehrer* 60 (2001), S. 148-188, hier S. 170 ff., insb. S. 176.

7 Vgl. dazu auch Anne Peters, *Elemente einer Theorie der Verfassung Europas*, Berlin 2001, S. 561 ff.

8 Deutlich werden die unterschiedlichen Perspektiven in der durchaus anders akzentuierten Rechtsprechung zu demokratischer Legitimation zwischen dem

Aus der Perspektive des Einzelnen stellt sich Demokratie also nicht als Selbstbestimmung eines Volkes dar, sondern als Rechtsstatus gleicher Teilhabe an einem politischen Legitimationssubjekt. Die Gleichheit des Rechtsstatus aller Mitglieder des Legitimationssubjektes impliziert eine Mehrheitsregel für deren Entscheidungen.[9] Diese Konsequenz ist demokratietheoretisch zwar nicht völlig unumstritten, doch ist diese Diskussion jedenfalls für die Praxis demokratischer Institutionen kaum von Bedeutung. Varianzen finden sich allenfalls in der Qualifikation der Mehrheit, nicht aber in der Regel selbst. Von Demokratie soll hier im Folgenden also ganz schlicht im Sinne einer Herrschaft der Mehrheit gesprochen werden – unabhängig von der sehr umstrittenen Frage, ob eine solche Bestimmung, die wohl in jedem Fall ein notwendiges Element demokratischer Herrschaft enthalten dürfte, auch hinreichend für demokratische Herrschaft ist oder ob andere deliberative oder outputbezogene Kriterien erfüllt sein müssen.[10]

Ersten und dem Zweiten Senat des Bundesverfassungsgerichts, dazu etwa Brun-Otto Bryde, »Das Demokratieprinzip des Grundgesetzes als Optimierungsaufgabe«, in: Redaktion Kritische Justiz (Hg.), *Demokratie und Grundgesetz*, Baden-Baden 2000, S. 63 ff. Der Erste Senat, der Grundrechtssenat, nähert grundrechtliche und staatsrechtliche Position eher einander an, weil er auch prozessual aus der Perspektive des Verfassungsbeschwerdeführers denkt, anders der Zweite Senat. Auch die Anerkennung von Art. 38 Abs. 1 S. 2 GG als Recht gegen den Integrationsgesetzgeber seit BVerfGE 89, 155 – *Maastricht* [1993] hat hier nicht zu einer Individualisierung des Staatsrechts geführt, sondern eher zu einer Etatisierung des Individualrechts. Ähnlich Holger Grefrath, »Expos eines Verfassungsprozessrechts von den Letztfragen? Das Lissabon-Urteil zwischen actio pro socio und negativer Theologie«, in: *Archiv des öffentlichen Rechts* 135 (2010), S. 221-250, hier S. 245 ff.

9 Werner Heun, *Das Mehrheitsprinzip in der Demokratie*, Berlin 1983, S. 93 ff.

10 Zur Bedeutung des Mehrheitsprinzips für die Demokratie grundlegend Hans Kelsen, »Vom Wesen und Wert der Demokratie«, in: Matthias Jestaedt, Oliver Lepsius (Hg.), *Verteidigung der Demokratie*, 2006 [²1929], S. 149-230; Heun, *Das Mehrheitsprinzip in der Demokratie*, S. 93 ff.; aus neuerer Zeit etwa Christian Hillgruber, »Die Herrschaft der Mehrheit. Grundlagen und Grenzen des demokratischen Majoritätsprinzips«, in: *Archiv des öffentlichen Rechts* 127 (2002), S. 460-473; Wolfgang Fach, »Demokratie und Mehrheitsprinzip«, in: *Archiv für Rechts- und Sozialphilosophie* 61 (1975), S. 201-222; Ulrich Scheuner, *Das Mehrheitsprinzip in der Demokratie*, Opladen 1973; eine systematische Übersicht zu den demokratietheoretischen Ansätzen der Rechtfertigung des Mehrheitsprin-

3. Ebene

In einem demokratischen Mehr-Ebenen-System operiert ein Individuum als Mitglied verschiedener Abstimmungsgemeinschaften unterschiedlicher Allgemeinheit: in Europa etwa als Bürger einer Gemeinde, einer Region oder eines Landes, eines Staates und des supranationalen Verbandes der Europäischen Union. Von einer »Ebene« als Teil eines Mehr-Ebenen-Systems kann man erst sprechen, wenn sich dort Legitimationssubjekte konstituiert haben, wenn es mit anderen Worten verselbstständigte Formen der Rechtserzeugung mit eigenen politischen Legitimationsmechanismen gibt.[11] Man könnte zwar auch von der »Ebene« des Völkerrechts sprechen, aber wohl nicht von einem Mehr-Ebenen-System, dem auch das Völkerrecht angehört. Plausibler bleibt es, auch die föderalen Glieder und die Gemeinden als eigene Ebenen zu verstehen.

Dass Länder und Gemeinden bei der Diskussion in Deutschland, immerhin einem der wenigen formellen Bundesstaaten unter den Mitgliedern der EU, manchmal unterschlagen werden,[12] dürfte auch mit der überkonsolidierten Verfassung des unitarischen Bundesstaates hierzulande zusammenhängen,[13] in dem es keinen echten politischen Konflikt über die Regelungskompetenzen zwischen Bund und Ländern gibt.[14] Manche Überlegungen zur Konstitution von Mehr-Ebenen-Rechtsordnungen scheinen, wie wir noch sehen werden, zu einseitig vom Zustand des bundesdeutschen Föderalismus inspiriert zu sein.

zips: Robert Alan Dahl, *Democracy and its Critics*, New Haven (CT) 1989, S. 135 ff.

11 Zum Ebenenbegriff: Franz C. Mayer, »Europäische Verfassungsgerichtsbarkeit. Gerichtliche Letztentscheidung im europäischen Mehrebenensystem«, in: Armin von Bogdandy (Hg.), *Europäisches Verfassungsrecht*, Berlin, Heidelberg 2003, S. 229-282, hier S. 269 f.; Möllers, *Gewaltengliederung*, S. 210 ff.

12 So bei Wahl, *Verfassungsstaat, Europäisierung, Internationalisierung*, S. 46 ff.

13 Ob die Rekonstruktion des Art. 28 Abs. 1 GG, der gerade nicht von Selbst-Verwaltung spricht, so zwingend ist, mag man auch vor den hier entfalteten Überlegungen bezweifeln, ähnlich Brun-Otto Bryde, »Das Demokratieprinzip des Grundgesetzes als Optimierungsaufgabe«, S. 67.

14 Ausländische Beobachter zweifeln denn auch mitunter daran, ob man bei der Bundesrepublik überhaupt noch von einem Bundesstaat sprechen kann. Olivier Beaud, *Théorie de la federation*, Paris 2007, S. 330 ff.; siehe auch Anton Greber, *Die vorpositiven Grundlagen des Bundesstaates*, Basel 2000.

Die Einbeziehung von Gemeinden in eine Mehr-Ebenen-Betrachtung mag aber auch aus einem anderen Grund zweifelhaft erscheinen; denn die Gemeinden lassen sich – jedenfalls nach deutschem Verständnis – als Teile der Länder verstehen, sie sind eben bloße Formen der Selbst-Verwaltung und keine eigenen Staaten.[15] Für unsere Perspektive liefert freilich die Unterscheidung zwischen staatlichen und nicht-staatlichen Ebenen jedenfalls im ersten Zugriff aus zwei Gründen kein legitimationsrelevantes Kriterium:

Zum Ersten zeigt der föderale Rechtsvergleich, dass die deutsche Bundesstaatstheorie mit ihrer Unterscheidung zwischen Bundesstaat und Staatenbund und dem in ihr enthaltenen Kunstgriff, zwischen souveränen und nicht-souveränen Staaten zu differenzieren, keinen universalen Beschreibungsanspruch erheben kann. Das wäre auch seltsam, verdankt sich diese Konstruktion doch, wie die Zeitgenossen noch scharf sahen, den Besonderheiten der politischen Konstellation nach 1866. Nicht zufällig stieß diese Unterscheidung beim politisch sensiblen Teil der Staatsrechtslehre – von Hugo Preuß bis Hermann Heller, von Hans Kelsen bis Carl Schmitt – auf Ablehnung.[16] So ist es kein Zufall, wenn sich die Diskussion um die Konstruktion föderaler Gebilde in anderen Bundesstaaten durchaus anders darstellt; wenn die Frage nach der Souveränität einer Ebene etwa in den Vereinigten Staaten nicht in gleicher Eindeutigkeit zu beantworten ist, auch weil sie politisch umstritten bleibt.[17] Der Hinweis auf die Souveränität einer Ebene – dies hat schon Preuß an der herrschenden Lehre des Kaiserreichs zutreffend kritisiert – gerät schnell zu einer *petitio principii*: Die Ebene ist souverän, weil sie unabgeleitet ist, weil sie staatlich

15 Dazu etwa Eberhard Schmidt-Aßmann, Hans Christian Möhl, »Kommunalrecht«, in: dies., *Besonderes Verwaltungsrecht*, Berlin [14]2008, S. 22 f.

16 Hermann Heller, *Die Souveränität. Ein Beitrag zur Theorie des Staats- und Völkerrechts*, Berlin, Leipzig 1927, S. 110 ff.; Hans Kelsen, *Allgemeine Staatslehre*, Berlin 1925, S. 194; Adolf Merkl, »Zum rechtstechnischen Problem der bundesstaatlichen Kompetenzverteilung«, in: *ZöR* 2 (1921), S. 336-359, hier S. 337 ff. Differenzierter: Carl Schmitt, *Verfassungslehre*, Berlin 1927, S. 389 ff. Zurückhaltend auch: Rudolf Smend, *Verfassung und Verfassungsrecht*, Berlin, Leipzig 1927, S. 119, 223 ff.

17 Mit vergleichendem Blick: Daniel Halberstam, Roderick M. Hills, »State Autonomy in Germany and the United States«, in: *The Annals of the American Academy of Political and Social Science* 574 (2001), S. 173-184; siehe *U.S. Term Limits v. Thornton*, 514 U.S. 779 (1995).

ist, weil sie souverän ist.[18] Die Suche nach eindeutigen Kriterien begründet ein Erkenntnishindernis, das die Vielfalt föderaler Ausgestaltungen nicht zu bewältigen vermag.[19]

Der zweite Grund für einen Verzicht auf die Staatssemantik liegt in der individuellen Perspektive, die im Folgenden eingenommen werden soll. Aus der Perspektive eines Bürgers kann nicht vorgegeben werden, welche Mitgliedschaft, welche politische Identität für ihn am wichtigsten ist, ob er sich primär als Bayer, Deutscher, Europäer oder als Milaneserin, Nord(!)-Italienerin oder Weltbürgerin fühlt. Diese Selbstbeschreibungen haben offensichtlich keine unmittelbaren institutionellen Implikationen, sie erzeugen als solche keine Rechtsfolgen. Aber es kann passieren, dass sich eine Bürgerin eine dominante institutionelle Rolle einer bestimmten Ebene zu Lasten einer anderen wünscht. Es mag auch sein, dass sie ein besonderes Interesse an Fragen hat, die auf einer bestimmten Ebene verhandelt werden, etwa für die rechtlichen Bedingungen von Gewerbe- und Baugenehmigungen, für die maßgeblich die kommunale Ebene zuständig ist. Solche Selbstbeschreibungen und Interessen sind aber legitimationstheoretisch alles andere als unbeachtlich. Spätestens, wenn Mehrheiten in einem territorial begrenzbaren Gebilde ihre politische Identität anders definieren, als die Institutionenordnung dies vorsieht, stellt sich die Frage nach möglichen Veränderungen. Es ist bemerkenswert, dass diese Frage, die mit Blick auf Entwicklungen in Kanada, in Spanien oder in Belgien weltweit diskutiert wird,[20] in Deutschland eher als pathologisches Problem unbeachtet bleibt, weil der deutsche Föderalismus seinen politischen Antrieb wohl schon seit der Reichsgründung verloren hat.[21] Aber auch die europäische Integration, deren Gründerväter, Schuman, Adenauer, de Gasperi, aus Grenzregionen kamen und die ein deutlich relativierender Blick auf ihre na-

18 Sehr klar bei Hugo Preuß, »Selbstverwaltung, Gemeinde, Staat, Souveränität«, in: ders., *Gesammelte Schriften*, Bd. 2, Dian Schefold (Hg.), Tübingen 2009, S. 261.

19 In diesem Sinne gegen die Dichotomie: Christoph Schönberger, »Die Europäische Union als Bund. Zugleich ein Beitrag zur Verabschiedung des Staatenbund-Bundesstaat-Schemas«, in: *Archiv des öffentlichen Rechts* 129 (2004), S. 81-120.

20 Aus der unüberschaubaren Literatur nur: Will Kymlicka, »Federalism and Secession«, in: *The Canadian Journal of Law and Jurisprudence* 13 (2000), S. 207-224.

21 Die Verlustdiagnose ist schon bei Konrad Hesse, *Der unitarische Bundesstaat*, Karlsruhe 1962 zu finden.

tionalstaatliche Identität verband, verdankt solchen uneindeutigen oder auch nur gedoppelten politischen Selbstbeschreibungen viel. Schließlich dokumentiert das Beispiel der *Comunidades Autónomas* in Spanien, dass Einheiten, die von Rechts wegen als Selbstverwaltungskörperschaften definiert werden, trotzdem, wenn ein entsprechendes politisches Anliegen besteht, zu legitimationsrelevanten Ebenen werden können.[22] Auch dies spricht dagegen, Selbstverwaltungskörperschaften aus einer legitimationstheoretischen Ebenenbetrachtung auszuschließen und die für sie eingerichteten demokratischen Verfahren als legitimatorisch nur zweitrangig oder abgeleitet zu behandeln.

Natürlich ist es möglich, die in diesem Beitrag vermiedene Souveränitätsfrage auch aus einer individual-zentrierten Perspektive zu reformulieren: Es geht dann darum, welcher Ebene ein Individuum die letzte Loyalität schuldet, für welche es etwa in den Krieg zu ziehen bereit ist[23] – aber selbst wenn man eine solche Frage unter heutigen Bedingungen für sinnvoll hielte, selbst wenn man vergäße, dass sie aus Zeiten stammt, in denen niemand die Wahl hatte, nicht in den Krieg zu ziehen, sodass sie schon damals problematisch war, würde sich bei ihrer Beantwortung doch ein Bild ergeben, das durch die Idee der Souveränität zumindest einer Ebene nicht zu bewältigen wäre – nämlich ein fundamental uneinheitliches, in dem manche Bürger einer, manche einer anderen Ebene, manche gar keiner Ebene hoheitlichen Handelns letzte Loyalität zu schulden meinen. Diese Einsicht enthält, dies ist noch einmal zu betonen, keine juristische These. Die Figur der völkerrechtlichen Souveränität hat ihren eigenen Sinn und macht, daran ist hier nicht zu zweifeln, viele legitimatorisch offene Fragen für den Normalfall juristisch handhabbar[24]– die Diskussion um ein Selbstbestimmungsrecht der Völker wie um die Sezession von Regionen zeigt aber

22 Manuel Medina Guerrero, »§ 11, Grundstrukturen staatlichen Verfassungsrechts: Spanien«, in: Armin von Bogdandy u. a. (Hg.), *Handbuch Ius Publicum Europaeum, Bd. 1, Grundlagen und Grundzüge staatlichen Verfassungsrechts*, Heidelberg 2007, S. 625-685.

23 Eine solche Konzeption wird bei Ulrich Haltern, *Was bedeutet Souveränität?*, Tübingen 2007, S. 47 ff. vorgestellt.

24 Dazu Stefan Oeter, »Souveränität – ein überholtes Konzept?«, in: Hans-Joachim Cremer u. a. (Hg.), *Tradition und Weltoffenheit des Rechts. Festschrift für Helmut Steinberger*, Berlin, Heidelberg 2002, S. 259-290.

auch, dass auch der Souveränitätsbegriff Probleme demokratischer Legitimation nicht endgültig lösen kann.[25]

III. Grenzen der Mehrheitsregel in Mehr-Ebenen-Rechtsordnungen

Bürger in einer demokratischen Föderation haben sich, wie gesehen, gleich mehrfach einer Mehrheitsregel unterworfen. Sie können auf der Ebene eines Nationalstaates und einer regionalen Organisation demokratische Entscheidungen mitgestalten und diesen gegen ihre individuellen Überzeugungen unterworfen sein. Allerdings ergibt sich hier auf den ersten Blick ein fundamentaler Unterschied, etwa zwischen dem Prozess der europäischen Integration auf der einen Seite und dem der Devolution in Großbritannien auf der anderen Seite. Schotten sind zumindest damit vertraut, durch englische Mehrheiten im britischen Parlament regiert zu werden. Dafür wurden sie traditionell in Westminster überrepräsentiert.[26] Zudem haben sie ein Interesse an einer Devolution von Kompetenzen, um mehr eigene Entscheidungsgewalt als Mitglieder eines schottischen Legitimationssubjektes zu bekommen. Engländer mögen diesem Prozess gleichfalls zustimmen, weil es für sie keine Rolle spielt, wenn bestimmte Fragen, die die Schotten allein angehen, von den Schotten allein entschieden werden.[27] Aber beide, Engländer und Schotten, mögen sich auf der anderen Seite schwer damit tun, durch Entscheidungen regiert zu werden, die durch eine Mehrheit von Nicht-Briten getroffen wurden, etwa durch eine Koalition aus Deutschen, Franzosen und Italienern auf europäischer Ebene. Dergestalt wollen sie nicht überstimmt werden. Mit anderen Worten: Ihnen sind die Mitgliedschaften in Großbritannien

25 Zuversichtlicher wohl Dieter Grimm, *Souveränität. Herkunft und Zukunft eines Schlüsselbegriffs*, Berlin 2009, S. 99 ff. Vgl. aber die Beiträge zu ICJ, Accordance with International Law of the UDI in Respect of Kosovo, No. 2010/25, Advisory Opinion, 2010 I.C.J. 141 im *German Law Journal* 8 (2010).

26 Neil MacCormick, *Questioning Sovereignty*, Oxford 1999, S. 51 f.

27 Allerdings beschert dies den Engländern das Problem, dass rein englische Fragen weiterhin von allen Briten entschieden werden – die sogenannte West-Loathian Question, dazu: Vernon Bogdanor, »The West Lothian Question«, in: *Parliamentary Affairs* 63 (2010), S. 156-172.

und in England/Schottland unter Umständen wichtiger als diejenige in der Europäischen Union.

Der Gefahr, solcherart überstimmt zu werden, wird meistens mit Hilfe von Veto-Positionen entgegengewirkt, die Institutionen gegeben werden, die ihrerseits demokratische Mehrheiten repräsentieren wie namentlich demokratische Regierungen.[28] Einem genuin föderalen Modus entsprechend können verschiedene politische Einheiten auf einer Ebene repräsentiert werden, um die Integrität ihrer internen politischen Willensbildung zu schützen.[29] Im Prinzip gibt es dann zwei grundsätzliche Mechanismen der Repräsentation, eine demokratisch-egalitäre, die jedem individuellen Angehörigen eine Stimme gibt, und eine föderal-korporative, die jedem repräsentierten politischen Gebilde eine Stimme gibt. Wie nun zu zeigen sein wird, gibt dieser Ausgangspunkt großen Raum für institutionelle Flexibilität – oder anders formuliert: In einer Mehr-Ebenen-Ordnung lassen sich aus der demokratischen Organisation der Ebenen nur begrenzt Rückschlüsse auf das Verhältnis zwischen den Ebenen ziehen. Für diese These lassen sich zwei Gründe anführen:

Zum Ersten: Selbst wenn wir eine Regel, die einem Staat eine Stimme auf der oberen Ebene zuspricht, als demokratische Vorgabe akzeptierten, wäre der demokratische Prozess innerhalb eines Staates doch nur wirksam geschützt, wenn es auf der oberen Ebene auch eine Einstimmigkeitsregel gäbe, wie es nach wie vor in den allermeisten Fällen der abgeleiteten Rechtsetzung internationaler Organisationen der Fall ist.[30] In diesem Fall könnten wir allerdings, wie gesehen, nicht von einer echten Ebene als Teil eines Mehr-Ebenen-Systems sprechen, denn jeder Ansatz einer politischen Gemeinschaftsbildung wäre mit dieser Abstimmungsregel letztlich unterbunden. Wir würden es weiterhin mit einer Kooperation souveräner Einheiten zu tun haben, die sich zwar durch andere Formen der Verrechtlichung verselbstständigen kann, so wie wir es in der europäischen Integration vor der Einheitlichen Europäischen Akte

28 George Tsebelis, *Veto Players: How Political Institutions Work*, Princeton 2002.

29 Zur entsprechenden Organstruktur vorzüglich: Hartmut Maurer, »Das föderative Verfassungsorgan im europäischen Vergleich«, in: Alexander Blankenagel u. a. (Hg.), *Verfassung im Diskurs der Welt, Liber Amicorum für Peter Häberle zum siebzigsten Geburtstag*, Tübingen 2004, S. 551-578.

30 Überblick bei José E. Alvarez, *International Organizations as Law-Makers*, Oxford 2005.

und im Moment in der WTO beobachten können, die über keine verselbstständigte politische Entscheidungsebene verfügten oder verfügen.[31]

Der zweite Grund führt zurück zu unserer Vorüberlegung: Nehmen wir an, dass eine Bürgerin Mitglied einer politischen Untergemeinschaft innerhalb ihres Nationalstaates wäre, also zum Beispiel eine Schottin oder eine Katalanin. In diesem Fall wäre nachzufragen, ob sie sich durch ihre nationale Regierung auf der europäischen Ebene angemessen vertreten fühlt und ob sie deshalb überhaupt ein Interesse an einer Einstimmigkeitsregel auf einer Ebene oberhalb des Nationalstaats wie der europäischen hätte. Natürlich ist es richtig, dass eine demokratische Regierung dazu befugt ist, alle Bürgerinnen zu repräsentieren, nicht nur diejenigen, die sie gewählt haben – dies ist die Essenz der Mehrheitsregel. Dies sollte, so will es auch das Völkerrecht, insbesondere für auswärtige Verpflichtungen gelten. »Wenn wir eine Nation sein wollen, müssen wir eine Nation im Verhältnis zu anderen Nationen sein«, wie James Madison in den *Federalists* festgestellt hat.[32] Aber liefern diese beiden Einwände tatsächlich ein durchschlagendes Argument? Rechtfertigt die Tatsache, dass unsere Bürgerin nicht von den Bürgern anderer Nationalstaaten auf europäischer Ebene überstimmt werden will, den Umstand, dass es auf dieser Ebene keine Repräsentation von sei es oppositionellen, sei es sub-staatlichen Stimmen aus den Nationalstaaten geben sollte?[33]

Sowie das Mehrheitsprinzip weder die Repräsentation einer Opposition im Parlament noch eine Herrschaft durch wechselnde Mehrheiten ausschließt, kann es auch nicht verhindern, dass unterschiedliche politische Identitäten innerhalb eines Nationalstaa-

31 Für die WTO: Armin von Bogdandy, »Law and Politics in the WTO. Strategies to Cope with a Deficient Relationship«, in: *Max-Planck Yearbook of United Nations Law* 5 (2001), S. 609-674.

32 James Madison, »The Powers Conferred by the Constitution Further Considered«, in: Hamilton u. a., *The Federalist Papers*, hg. v. Robert Scigliano, New York 2000 [1787], Nr. 42.

33 Ein Argument zugunsten föderaler Ordnung kann daher darin bestehen, es für fair zu halten, dass Angehörige unterschiedlicher politischer Identitäten unterschiedliche Ebenen haben, in denen sie Aussicht darauf haben, eine Mehrheit zu erringen, so Helder De Schutter, »Federalism as Fairness«, in: *The Journal of Political Philosophy* 19 (2011), S. 167-189.

tes auch außerhalb seiner abgebildet werden können,[34] seien dies politische Parteien, Verbände oder eben im hier interessierenden Fall föderale Untergliederungen, die legitimationstheoretisch den unschätzbaren Vorteil haben, gleiche Individuen nach dem gleichen Prinzip demokratischer Gleichheit zu repräsentieren. Die Beschränkung auf die Repräsentation ganzer Staaten ist schon deswegen legitimationstheoretisch nicht notwendig, weil es – in unserem Beispiel – gar keine zwingende Priorität der einen Präferenz, nicht von anderen Europäern überstimmt zu werden, gegenüber der anderen Präferenz gibt, als Schotte oder Katalane auch oberhalb des Nationalstaates repräsentiert zu werden. Es ist daher kein Zufall, dass wir in vielen föderalen und quasi-föderalen Ordnungen bis hin zu internationalen Organisationen eine Vielzahl von Mechanismen wie Stimmgewichtung oder gar eine aufgeteilte Repräsentation von Mitgliedstaaten entdecken können.[35] Dies ist keine Relativierung demokratischer Gleichheit, sondern vielmehr Umsetzung der Tatsache, dass unter den Bedingungen ebenengegliederter politischer Prozesse die Bedeutung der Mehrheitsregel selbst an Grenzen stößt, soweit unter den Beteiligten Uneinigkeit darüber besteht, welche politische Ebene als relevant angesehen wird. Das Bekenntnis zu demokratischer Gleichheit, welches die Mehrheitsregel fundiert, ist in demokratischen Mehr-Ebenen-Ordnungen beides zugleich: unverzichtbar und in seiner Bedeutung deutlich relativiert. Die unterschiedliche und asymmetrische Verteilung von individuellen politischen Präferenzen lässt sich durch die Mehrheitsregel nicht schlüssig einfangen. Allenfalls lässt sich eine relative Regel formulieren: Je weitergehend eine Ebene eine eigene politische Willensbildung zulässt, desto eher wird sie sich auf eine Mehrheitsregel in einem Verfahren einlassen, welches individuelle Mitglieder unmittelbar adressiert.

34 Ich danke Isabelle Ley für diese Einsicht; zu entsprechenden Anforderungen an die Politisierung des Völkerrechts siehe Isabelle Ley, *Opposition im Völkerrecht. Ein Beitrag zur Legitimation internationaler Rechtserzeugung*, Heidelberg 2015.

35 Ebere Osieke, »Majority Voting Systems in the International Labour Organisation and the International Monetary Fund«, in: *International & Comparative Law Quarterly* 33 (1984), S. 381-408; Henry G. Schermers, »Weighted Voting«, in: *EPIL* IV (2000), S. 1448.

IV. Demokratische Vorrangregeln in Mehr-Ebenen-Rechtsordnungen

Die begrenzte Reichweite der Mehrheitsregel wirft die Frage auf, ob sich andere Kriterien für eine angemessene Entscheidungsverteilung in demokratischen Mehr-Ebenen-Ordnungen finden lassen. Können wir mit Hilfe demokratietheoretischer Argumente einen Anhaltspunkt dafür bekommen, welche hoheitliche Ebene besser legitimiert ist als die anderen?

So weit haben wir die Mehrheitsregel unter den Bedingungen eines gleichberechtigten Nebeneinanders verschiedener hoheitlicher Ebenen behandelt. Allerdings ist auch diese Annahme nicht zwingend. Vielmehr müssen Unterschiede zwischen den Ebenen Berücksichtigung finden – so vielleicht der Umstand, dass die staatliche Ebene immer noch als die zentrale Ebene politischer demokratischer Auseinandersetzung fungiert.[36] Wie oben entwickelt, stellt sich aus einer individuell-legitimationstheoretischen Perspektive die Priorität einer bestimmten Ebene allerdings nicht so eindeutig dar. Dies zeigte sich deutlich an politischen Gebilden mit offenen föderalen Konflikten. In einem Gebilde wie der Europäischen Union, in der manche Mitgliedstaaten ihrerseits solche föderalen Konflikte in ihrem Inneren kennen, genügt allein dieser Hinweis schon, um allgemeine Annahmen von der Ausgezeichnetheit der mitgliedstaatlichen Ebene zwar nicht juristisch, aber eben doch aus einer legitimationstheoretischen Perspektive in Frage zu stellen. Besteht aber dennoch ein Bedarf danach, für die verschiedenen Ebenen verschiedene Kriterien demokratischer Legitimation zu entwickeln?[37]

1. Pragmatischer Ansatz: Legitimation durch die Glieder

Eine erste Antwort könnte – durchaus im Sinne eines pragmatischen Demokratieverständnisses[38] – darauf verweisen, dass der Vor-

36 Wahl, *Verfassungsstaat, Europäisierung, Internationalisierung*, S. 62 f.

37 Eine ähnliche Fragestellung findet sich in Brun-Otto Bryde, »Auf welcher politischen Ebene sind welche Probleme vorrangig anzugehen?«, in: Beat Sitter-Liver (Hg.), *Herausgeforderte Verfassung. Die Schweiz im globalen Kontext*, Freiburg (Schweiz) 1999, S. 223-240.

38 John Dewey, *The Public and its Problems*, Athens 1954 [1927]; Richard Posner, *Law, Pragmatism, and Democracy*, Cambridge (MA) 2005.

gang der europäischen Integration durch demokratische Mitgliedstaaten nach deren verfassungsrechtlichen Regeln gestaltet wurde und aus diesem Grund demokratische Legitimation beanspruchen kann. Diese Annahme ist aus einer deutschen verfassungsrechtlichen Perspektive, die Demokratie als ein justiziables verfassungsrechtliches Prinzip versteht,[39] durchaus anfechtbar. Allerdings leidet diese Konzeption unter dem Widerspruch, dass sie einerseits Demokratie nur innerhalb des Nationalstaats für möglich hält, andererseits aber die demokratische Außenpolitik eines Nationalstaats unter den Vorbehalt eines Prinzips stellen will, das dem nationalen politischen Prozess entgegengestellt werden kann.[40] Ein solches Verständnis des Demokratieprinzips ist zudem eine im Rechtsvergleich eher ungewöhnliche Konstellation.[41] Schließlich war es – trotz der scheinbaren Interventionen des Bundesverfassungsgerichts in seinen Urteilen zu den Verträgen von Maastricht[42] und Lissabon[43] – immer klar, dass die demokratischen Maßstäbe, die an den Vorgang der europäischen Integration anzulegen sind, andere sein müssen als diejenigen, die für nationale Entscheidungen gelten. Mit einer solchen Maßstabsverdoppelung handelt man sich freilich seinerseits große Probleme ein. Woher soll ein anderer als der nationale Maßstab aus dem nationalen Recht auch kommen? Folgerichtig kennen demokratische Verfassungsordnungen in aller Regel jenseits ihrer politischen Verfahrensregeln kein eigenständig überprüfbares Demokratieprinzip. Man könnte dies theoretisch auch als positiv-rechtliche Umsetzung der pragmatistischen Idee eines Vorrangs der Demokratie vor der Philosophie, in diesem Fall in Form eines theoretischen Demokratieprinzips, ver-

39 Vgl. etwa Ernst-Wolfgang Böckenförde, »Demokratie als Verfassungsprinzip«, in: Josef Isensee, Ferdinand Kirchhof (Hg.), *Handbuch des Staatsrechts der Bundesrepublik Deutschland*, Bd. 1, Heidelberg 1987, § 24.; kritisch Bryde, »Das Demokratieprinzip des Grundgesetzes als Optimierungsaufgabe«, S. 61 f., 68.

40 Dazu etwa Christoph Schönberger, »Die Europäische Union zwischen ›Demokratiedefizit‹ und Bundesstaatsverbot. Anmerkungen zum Lissabon-Urteil des Bundesverfassungsgerichts«, in: *Der Staat* 48 (2009), S. 535-558.

41 Vgl. etwa Luc Heuschling, »Die Struktur der demokratischen Legitimität im französischen Recht: zwischen Monismus und Pluralismus, zwischen Subjekt-Symbolik und Gewaltenmechanik«, in: *EuGRZ* 2006, S. 338-353.

42 BVerfGE 89, 155 – *Maastricht* [1993].

43 BVerfGE 123, 267 – *Lissabon* [2009].

stehen.[44] Anders formuliert: Auf solche Fragen »gibt es keine logischen Antworten, sondern nur pragmatische«.[45]

Freilich verdrängt dieser Ansatz den Umstand, dass wir es in Europa mit einem schnell und vor allem autonom wachsenden Gebilde zu tun haben, das sich mittels der Rechtsprechung des EuGH wie auch der Sekundärrechtsetzung fortschreibt und dadurch jedenfalls weitgehend von den demokratischen Grundlagen der Mitgliedstaaten entfernt.[46] Dies könnte nach anderen Kriterien verlangen, die helfen zu bestimmen, inwieweit es demokratisch vertretbar ist, Ebenen jenseits des demokratischen Staates mit weiteren Handlungsbefugnissen auszustatten. Für ein solches Kriterium kämen in Frage: die Existenz eines Legitimationssubjektes, also eines Volkes auf einer bestimmten Ebene (2.), die Konzeption der Subsidiarität (3.) oder die Einrichtung gerichtlicher Kontrolle als Hüter einer demokratisch sanktionierten Aufgabenverteilung (4.). Freilich dürfte die Bilanz für alle drei Kriterien negativ ausfallen. Stattdessen soll an deren Stelle hier die Idee einer Co-Evolution von demokratischem Legitimationssubjekt und demokratisch-egalitären institutionellen Arrangements vorgeschlagen werden (5.).

2. Die Unergiebigkeit materieller Konzepte von »Volk«

In der politischen Theorie wird im Zusammenhang neuer Formen legitimationsbedürftiger Herrschaft nicht selten auf die notwendigen gesellschaftlichen Voraussetzungen hingewiesen, welche die Bedingung für das Funktionieren einer Demokratie sind. Sowie man nicht einfach ein aufblasbares Parlament über Afghanistan abwerfen kann,[47] um dort eine Demokratie einzurichten, genügt es auch nicht, auf irgendeiner Ebene demokratische Prozesse schlicht vorzuschreiben. Vielmehr setzt Demokratie einer verbreiteten An-

44 Richard Rorty, »Der Vorrang der Demokratie vor der Philosophie«, in: ders., *Solidarität oder Objektivität*, Stuttgart 1988, S. 82.

45 Bryde, »Das Demokratieprinzip des Grundgesetzes als Optimierungsaufgabe«, S 65.

46 Klassisch dargestellt bei Joseph A. Weiler, »A Quiet Revolution: The European Court and Its Interlocutors«, in: *Comparative Political Studies 26* (1994), S. 510-534.

47 Peter Sloterdijk, Gesa Mueller von der Hagen, »Instant Democracy. The Pneumatic Parliament«, in: Bruno Latour, Peter Weibel (Hg.), *Making Things Public, Atmospheres of Democracy*, Karlsruhe 2005, S. 952-957.

sicht zufolge einen gewissen gesellschaftlichen Zusammenhang voraus, der etwa aus einer den Beteiligten gemeinsamen Geschichte, einer gemeinsamen Sprache oder anderen Formen »kultureller«[48] Verwurzelung besteht.[49]

An dieser Stelle ist freilich Vorsicht geboten. Denn der unbestreitbare Umstand, dass eine Demokratie ihre eigenen Voraussetzungen nicht garantieren kann – schon, weil es sonst keine Voraussetzungen wären –[50], führt eben nicht im Umkehrschluss dazu, bestimmte gesellschaftliche Voraussetzungen für eine Demokratie normativ zu setzen. Dagegen sprechen aus der hier gewählten Perspektive schon zwei Beobachtungen, die eine gewisse Parallelität zu den oben zur geteilten föderalen Angehörigkeit gemachten Überlegungen kennzeichnet:

Zum Ersten dürfte die Frage, was die definitiven Eigenschaften einer bestimmten politischen Eigenschaft darstellen, in aller Regel auch innerhalb dieser Gemeinschaft umstritten sein – und auch hier mag ein Blick aus einer individualistischen Perspektive weiterhelfen: Angehörige eines Legitimationssubjekts, etwa des deutschen Volkes, werden, auch wenn sie ihre Mitgliedschaft ausdrücklich reflektieren und bejahen, ganz unterschiedliche Gründe für diese Bejahung nennen. Manche sind eben gerne Verfassungspatrioten, andere nationalistisch gestimmt.[51] Solche Divergenzen,

48 Zu den Doppeldeutigkeiten des Kulturbegriffs in diesem Zusammenhang: Christoph Möllers, »Pluralität der Kulturen als Herausforderung an das Verfassungsrecht?«, in: Horst Dreier, Eric Hilgendorf (Hg.), *Kulturelle Identität als Grund und Grenze des Rechts, Archiv für Rechts- und Sozialphilosophie*, Beiheft 113 (2008), S. 223-244.

49 Ernst-Wolfgang Böckenförde, »Die Entstehung des Staates als Vorgang der Säkularisation«, in: ders., *Recht, Staat, Freiheit*, Frankfurt/M. 1991, S. 92; Josef Isensee, »Nachwort: Europa. Die politische Erfindung eines Erdteils«, in: ders., *Europa als politische Idee und als rechtliche Form*, Berlin 1993, S. 103; Marcel Kaufmann, *Europäische Integration und Demokratieprinzip*, Baden-Baden 1997, S. 48, 261 f.; s. hierzu insgesamt kritisch: Felix Hanschmann, *Der Begriff der Homogenität in der Verfassungslehre und Europarechtswissenschaft*, Heidelberg 2008.

50 Zur Tautologie des Satzes von Böckenförde: Hans Michael Heinig, *Öffentlich-rechtliche Religionsgemeinschaften*, Berlin 2003, S. 39 ff.

51 Ob die Theorie des Verfassungspatriotismus in der Lesart von Jürgen Habermas eine Anhänglichkeit an nationale Spezifika gestattet, erscheint ihren eigenen Voraussetzungen zufolge eher zweifelhaft, wird von ihm aber dennoch bejaht: Jürgen Habermas, »Über den doppelten Boden des demokratischen Rechtsstaates«, in: ders., *Eine Art Schadensabwicklung. Kleine politische Schriften*, Bd. 6,

die unter Umständen sogar zu einer ausdrücklichen Kontroverse werden können, müssen für eine demokratische Gemeinschaft noch nicht einmal dysfunktional wirken. James Madison hat wohl, durch Hume beeinflusst, für die USA den Gedanken entwickelt,[52] dass ideologische und soziale Vielfalt gerade dazu führen können, demokratische Verfahren offen und beweglich zu halten und die Identifikation demokratischer Mehrheiten mit bestimmten Ideologien oder Interessen zu verhindern. Ob die grundgesetzliche Ordnung das Christentum als Grundlage hat oder genuin säkular zu verstehen ist, war unter den Mitgliedern des Parlamentarischen Rates ebenso umstritten,[53] wie es die Frage nach dem Status bestimmter Regionen in Spanien oder Großbritannien ist. Solche Konflikte werden in aller Regel nicht in der Sache entschieden, hierin liegt wohl der zentrale Irrtum der Schmitt'schen Verfassungstheorie,[54] sie bleiben entweder offen oder werden – wo sie einer Regelung zugänglich und bedürftig sind – durch die allgemeinen politischen Verfahren klein gearbeitet.[55]

Zum Zweiten findet sich, wenn man einen Blick in die Welt demokratischer Staaten wirft, auch kein objektives empirisches Muster für die Voraussetzungen, denen eine Population genügen muss, um zu einem demokratischen Volk werden zu können. Eine einheitliche Sprache findet sich weder in Indien noch in der Schweiz. Ein gemeinsamer Traditionsbestand ist selbst für das geeinte Deutschland schwer zu bestimmen. Der Vergleich zwischen Indien und Pakistan zeigt, dass jede Idee gesellschaftlicher Homogenität nichts zur Theorie des demokratischen Legitimationssubjektes beitragen kann.[56] Auch die kommunikationstheoretische Variante, die

Frankfurt/M. 1987, S. 18-24, siehe auch Jan-Werner Müller, »Constitutional Patriotism«, Princeton 2009.

52 Vgl. insbesondere James Madison, »The Utility of the Union as a Safeguard Against Domestic Faction and Insurrection«, in: Hamilton u. a., *The Federalist Papers*, hg. v. Robert Scigliano, New York 2000 [1787], Nr. 10; David Hume, Idea of a Perfect Commonwealth, in: Knud Haakonsen (Hg.), *Political Essays*, Cambridge 1994, S. 221 ff.

53 Vgl. nur Klaus Stern, *Das Staatsrecht der Bundesrepublik Deutschland*, Bd. III/1, München 1988, S. 20 f.

54 Schmitt, *Verfassungslehre*.

55 Cass Sunstein, *Legal Reasoning and Political Conflict*, Oxford 1996; Cass Sunstein, *One Case at a Time*, Oxford 1999.

56 Zur Kritik dieser Figur vorzüglich: Felix Hanschmann, *Der Begriff der Homo-*

statt eines homogenen Volkes einen gemeinsamen Kommunikationsraum fordert, der eine demokratische Auseinandersetzung ermöglichen soll, dürfte hier nicht weiterhelfen. Zum einen ist diese Konzeption demokratischer Öffentlichkeit so unbestimmt, dass sie von manchen zugunsten,[57] von anderen zu Lasten[58] der Möglichkeit demokratischer Selbstherrschaft jenseits des Nationalstaats verwendet wird. Zum anderen ist diese Konzeption stark von der noch vergleichsweise wenig fragmentierten Öffentlichkeit der Bundesrepublik und von den verfassungsrechtlichen Versuchen geprägt, diese namentlich mit den Mitteln des Rundfunkverfassungsrechts zu bewahren.[59] Ob dies angemessene Standards sind, um demokratische Politik in Gebilden wie den Vereinigten Staaten oder Indien zu beschreiben, bleibt sehr zweifelhaft.

All dies spricht sehr dafür, dass die Suche nach einem demokratischen Volk schnell zu einem Zirkelschluss verführt: Es gibt ein Volk, weil es demokratische Mechanismen gibt, die ein Volk voraussetzen. Oder umgekehrt: Es gibt kein europäisches Volk, weil es keine gemeinsame demokratische Öffentlichkeit gibt, weil es kein europäisches Volk gibt. Solche Aussagen verweben Deskriptives und Normatives auf charakteristische Art und Weise. Ihr Erkenntnisgewinn liegt freilich sowohl normativ als auch deskriptiv bei null.

3. Subsidiarität als Verteilungsprinzip?

Eine Lösung, um überhaupt noch ein Kriterium für eine legitimationsangemessene Ebenengliederung zu entwickeln, könnte im

genität, S. 110 ff.; vgl. auch schon Hermann Heller, *Staatslehre*, Tübingen ⁶1983 [1934], S. 180 ff.

57 Jürgen Habermas, »Braucht Europa eine Verfassung? Eine Bemerkung zu Dieter Grimm«, in: ders., *Die Einbeziehung des Anderen*, Frankfurt/M. 1999, S. 185-190.

58 Dieter Grimm, »Braucht Europa eine Verfassung?«, in: *JuristenZeitung* 1995, S. 588; daran anschließend BVerfGE 123, 267 (358 ff.) – *Lissabon* [2009].

59 Das Kommunikationskonzept im Lissabon-Urteil ist augenscheinlich stark von der Konzeption der Rundfunkfreiheit des Bundesverfassungsgerichts geprägt, vgl. BVerfGE 57, 295 (323) – *Rundfunk III* [1989]; 90, 60 (86 f.) – *Rundfunk VIII* [1994]; 119, 181 (214 ff.) – *Rundfunkfinanzierungsstaatsvertrag* [2007]. Zur Kritik etwa Thomas Vesting, »Abschied vom Integrationsmodell. Verfassungstheoretische Überlegungen zur Zukunft des öffentlich-rechtlichen Rundfunks«, in: *Medium* 1992, S. 53-57.

allerdings vordemokratischen Grundsatz[60] der Subsidiarität liegen, der nicht zuletzt dank der Bemühungen der europäischen Regionen in die europäischen Gründungsdokumente aufgenommen wurde.[61] Der Grundsatz, dass die höhere Ebene nur handeln soll, wenn die niedrigere die Aufgabe nicht erledigen kann, lässt nicht nur alle Fragen offen. Es ist auch legitimationstheoretisch keineswegs plausibel, dass »kleine« oder »nahe« Einheiten besser legitimiert sein sollen als größere. Vielfalt der Perspektiven und Distanzierung gegenüber Einzelinteressen mag gerade auch für Entscheidungen der oberen Ebene sprechen. Dagegen scheint sich hinter der Privilegierung von Nähebeziehungen noch ein Stück katholisches konkretes Ordnungsdenken zu verbergen.

So hilft der Grundsatz zwar das Problem zu beschreiben, nicht aber, es zu lösen, denn welche die »richtige« Ebene der Entscheidung ist, soll ja gerade geklärt werden.[62] Vor allem verkennt der Grundsatz, dass diese Frage gerade in einer politisch lebendigen Föderation in aller Regel umstritten ist: Welche Ebene regelt die Einstellung von Richtern in Spanien: die nationale, weil es um die Garantie einheitlicher rechtsstaatlicher Standards im ganzen Land geht, oder die katalanische, weil sichergestellt werden soll, dass alle Richter, die in Katalonien richten, auch die katalanische Sprache beherrschen, um somit eine kompetente, den Parteien angemessene Rechtsfindung zu ermöglichen?[63] Hier stoßen offensichtlich zwei Organisationsprinzipien aufeinander, für deren Auflösung man vom Subsidiaritätsproblem keinen Beitrag erhoffen kann.[64]

So ist es auch kein Zufall, dass im amerikanischen, aber auch im Schweizer Föderalismus die Frage nach der politischen Ausrichtung

60 Josef Isensee, *Subsidiaritätsprinzip und Verfassungsrecht*, Berlin ²2001, S. 264 ff.

61 Christian Calliess, *Subsidiaritäts- und Solidaritätsprinzip in der Europäischen Union*, Baden-Baden ²1999, S. 61 f.

62 Peter Lerche, »Föderalismus als nationales und internationales Ordnungsprinzip«, in: *Veröffentlichungen der Vereinigung der deutschen Staatsrechtslehrer* 21 (1964), S. 73-104.

63 Ich danke Neus Torbisco Casals für dieses Beispiel.

64 Dies dürfte auch für ökonomische Modelle des Föderalismus gelten, vgl. die Bestandsaufnahme bei Stefan Oeter, »Erprobung der Konstitutionellen Politischen Ökonomie an Einzelfragen – Föderalismus«, in: Christoph Engel, Martin Morlok, *Öffentliches Recht als ein Gegenstand ökonomischer Forschung*, Tübingen 1998, S. 119-155, hier: S. 141 ff.

und die Frage nach der angemessenen Ebene[65] seit jeher zusammenhängen. Das Zweiparteiensystem der USA kannte stets eine Partei, die den zentralen Regelungen des Bundes gegenüber misstrauisch blieb. Beispiel: Wer den Sozialstaat bauen oder ausbauen will, oder wer den Umgang mit Waffen kontrollieren möchte, dürfte damit in aller Regel auch ein bestimmtes Verhältnis zur Zentralisierung politischer Entscheidungen entwickeln.[66] Gleiches zeigt sich für die Schweiz mit Blick auf die Rolle des Staates.

Wenn sich diese Erfahrungen verallgemeinern lassen, dann gibt es in einer demokratischen Föderation eben keine vom politischen Prozess verselbstständigten Kriterien einer ebenenangemessenen Entscheidung. Die Rekonstruktion als bloße Kompetenzausübungsregelung in Art. 5 Abs. 1 S. 2 EUV illustriert im Übrigen den begrenzten Erkenntniswert der Formel im positiven Recht.

4. Gerichtliche Kontrolle der Kompetenzverteilung

Für das deutsche Verfassungsverständnis liegt die eigentliche Lösung unseres Problems in der verfassungsrechtlichen oder vertraglichen Positivierung der Ebenengliederung. An der herausgehobenen demokratischen Legitimation der Verfassunggebung[67] oder des Vertragsschlusses nehmen die dort festgelegten Kompetenzverteilungsregeln teil. Sie binden den normalen politischen Prozess und werden von Gerichten überprüft. Man kann die Rolle der Gerichte hier als die von Schiedsrichtern eines föderalen Paktes verstehen. Das Interesse der individuellen Angehörigen einer Mehr-Ebenen-Ordnung, nicht von den Mehrheiten einer Ebene einen Bedeutungsverlust der Zugehörigkeit zu einer anderen Ebene zugefügt zu bekommen, wird durch eine unabhängige gerichtliche Kontrolle gesichert. Aus diesem Grund ist es kein Zufall, dass die Institution

65 Dazu Pradeeb K. Chibber, Ken Kollman, *The Formation of National Party Systems: Federalism and Party Competition in Canada, Great Britain, India, and the United States*, Princeton 2004.

66 Zu diesem Zusammenhang für Deutschland bereits Ernst-Wolfgang Böckenförde, »Sozialer Bundesstaat und parlamentarische Demokratie«, in: Jürgen Jekewitz, *Politik als gelebte Verfassung: Aktuelle Probleme des Modernen Verfassungsstaates. Festschrift für Friedrich Schäfer*, Opladen 1980, S. 182-199.

67 Auch diese ist freilich nicht unbestreitbar, kritisch etwa Klaus von Beyme, *Die verfassunggebende Gewalt des Volkes*, Tübingen 1968.

der gerichtlichen Kontrolle am Maßstab der Verfassung, des Vorrangs der Verfassung, zunächst in föderalen Ordnungen entstanden ist.[68]

Der Schutz der demokratischen Integrität einer Ebene durch die unabhängige Überwachung von Kompetenznormen funktioniert, aber eben trivialerweise nur, wenn diese Überwachung funktioniert, wenn also die Kompetenznormen die Gerichte binden können, wenn sie als Prüfungsmaßstäbe taugen und wenn die Gerichte dazu bereit sind, die Kompetenzen zu überprüfen. An beiden Punkten setzt eine seit langem bekannte Kritik an der europäischen Integration ein: Es fehle wegen des finalen Charakters des Europarechts an überprüfbaren Kompetenznormen. Zudem sei der EuGH nicht bereit, die vorhandenen Normen angemessen *stricte* auszulegen.[69] Auch das Bundesverfassungsgericht hat diese Bedenken artikuliert, allerdings jüngst seinen Prüfungsanspruch hinsichtlich der europäischen Gerichte wieder weitestgehend aufgegeben.[70]

Allerdings erfährt auch dieser Zusammenhang zwischen Ebenenschutz und gerichtlicher Kompetenzkontrolle durch einen rechtsvergleichenden Blick eine deutliche Relativierung. Zunächst erscheint die Formulierung der Normen selbst kaum als Ursache für eine unterschiedlich intensive gerichtliche Kontrolle fungieren zu können: »Binnenmarkt«, »Recht der Wirtschaft« oder *»interstate commerce clause«*[71] dürften sich in ihrer Bestimmtheit nicht signifikant unterscheiden. Zudem kennen auch andere Verfassungsordnungen eine nur beschränkte gerichtliche Kontrolle der föderalen Kompetenzen, so ist es in den Vereinigten Staaten oder in Kanada.[72] Dies spricht dafür, dass Unterschiede in der Kompetenzkontrolle andere Ursachen haben. Die deutsche verfassungsrechtliche Kontrolle bundesstaatlicher Kompetenzen ist aus verschiedenen Grün-

68 Olivier Beaud, »De quelques particularités de la justice constitutionnelle dans un système fédéral«, in: Constance Grewe u. a. (Hg.), *La notion de ›justice constitutionnelle‹*, Paris 2005, S. 49-72; Zum Zusammenhang zwischen Vorrang und dessen gerichtlicher Kontrolle grundlegend Rainer Wahl, »Der Vorrang der Verfassung«, in: *Der Staat* 20 (1981), S. 485-516.

69 Rechtsvergleichend ahnungslos: Roman Herzog, Lüder Gerken, »Stoppt den Europäischen Gerichtshof«, in: *Frankfurter Allgemeine Zeitung*, 8. 9. 2008, S. 8.

70 BVerfGE 126, 286 – *Honeywell* [2010].

71 Art. 114 AEUV; Art. 74 Abs. 1 Nr. 11 GG; Art. I, § 8, cl. 3 U. S. Const.

72 Möllers, *Gewaltengliederung*, S. 379 ff.; Peter W. Hogg, *Constitutional Law of Canada*, Toronto 2010, S. 5, 23 ff.

den vergleichsweise intensiv: weil das deutsche Verfassungsrecht ein ganz ungewöhnliches Vertrauen in textuale Herleitungen hat, weil es keinen echten politischen Konflikt um die Zuständigkeit von Bund und Ländern gibt, weil der Kompetenzbestand des Bundes einigermaßen gesättigt ist, weil der Verfassunggeber das Gericht ausdrücklich aufgefordert hat, auch schwer justitiable Voraussetzungen einer Bundeskompetenz zu prüfen,[73] und – vor allem – weil es vergleichsweise einfach ist, das Grundgesetz zu ändern, und dadurch notwendige Anpassungen im politischen Wege vorgenommen werden können, was sehr häufig geschieht.[74] Für unsere Fragestellung bedeutet dies zunächst: Die intensive verfassungsgerichtliche Überprüfung von Kompetenzbestimmungen kann nicht als Normalfall föderaler Ordnungen behandelt werden, von dem das europäische Modell abweicht. Eher ist die hohe Prüfungsdichte im deutschen Verfassungsrecht ungewöhnlich. Sie ist auch dadurch zu erklären, dass der verfassungsändernde politische Prozess recht anpassungsfreudig ist.[75]

Was folgt daraus? Eine definierte Kompetenzkontrolle durch Gerichte ist weder eine rechtsvergleichende Selbstverständlichkeit noch legitimationstheoretisch absolut geboten. Demokratietheoretisch lässt sich die Intensität der Kompetenzkontrolle eben nicht ohne einen Blick in die Änderungsregeln des auszulegenden Verfassungsdokumentes rechtfertigen. Eine einstimmige Änderungsregel – wie sie in den europäischen Verträgen gegeben ist – fordert eine offenere Auslegung natürlich heraus, weil sich der in allen föderalen Ordnungen erkennbare beständige Anpassungsbedarf an die Kompetenzverteilung an keiner Stellung ventilieren könnte.

Insoweit macht die grundgesetzliche Lösung, ein vergleichsweise anspruchsloses Verfahren der Verfassungsänderung mit einer strikten Verfassungsauslegung durch das Bundesverfassungsgericht zu verbinden, in dieser Hinsicht[76] einen durchaus überzeugenden Eindruck, weil dies sowohl die Handlungsfähigkeit qualifizierter

73 Vgl. Art. 72 Abs. 2, 93 Abs. 1 Nr. 2a GG.

74 Übersicht bei Horst Dreier, Fabian Wittreck, *Grundgesetz. Textausgabe mit sämtlichen Änderungen und andere Texte zum Verfassungsrecht*, Tübingen [5]2010.

75 Vgl. die Aufstellung bei Astrid Lorenz, *Verfassungsänderungen in etablierten Demokratien*, Wiesbaden 2008, S. 22.

76 Zu Problemen der sehr leichten Änderbarkeit aber Dieter Grimm, *Die Zukunft der Verfassung*, Frankfurt/M. 1991, S. 334 ff.

demokratischer Mehrheiten als auch eine gewisse Methodenstrenge der gerichtlichen Auslegung sichert. Aber diese Einsicht bedeutet zugleich, dass sich das Modell nicht einfach auf andere Föderationen übertragen lässt. Für die europäische Integration ergibt sich eher der folgende Zusammenhang, der aus einer europakritischen Perspektive auch als Dilemma gelesen werden mag: Gerade wenn man kein Verfahren der Vertragsänderung will, dass auf das Einstimmigkeitserfordernis der Vertragsparteien verzichtet, muss sich auf der anderen Seite ein bestimmter Anpassungsbedarf bei der Kompetenzauslegung ventilieren. Wenn dies zu Auslegungspraktiken durch den EuGH führt, die einer Mehrheit von Mitgliedstaaten nicht willkommen sind, bleiben diese aber wegen des Einstimmigkeitserfordernisses nicht in der Lage, im Wege der Vertragsänderung Korrekturen vorzunehmen.

5. Co-Evolution von Institutionen und politischen Prozessen

Soweit stehen wir mit leeren Händen da. Ein substantieller Begriff des Volkes hilft uns bei der Bestimmung der besser legitimierten Ebene ebenso wenig weiter wie das Subsidiaritätsprinzip – und auch die gerichtliche Kompetenzkontrolle stößt an legitimationstheoretische Grenzen. Soweit erscheinen alle Katzen grau, alle Ebenen gleichberechtigt. Dies entspricht aber durchaus nicht unserer demokratischen Erfahrung, der Bedeutung, die wir unterschiedlichen Ebenen zuweisen. Haben wir oben dem Umstand Rechnung getragen, dass unsere politische Selbstbeschreibung als Zugehörige unterschiedlicher politischer Gemeinschaften durchaus unterschiedlich bleibt, so können wir umgekehrt kaum abstreiten, dass es stets relevante Mehrheiten geben dürfte, die eine bestimmte politische Ebene für überragend relevant halten. Wie gehen wir mit dieser Einsicht um?

Ein wesentlicher Grundfehler der demokratietheoretischen Debatte um die Legitimation von Föderationen dürfte darin liegen, Legitimationssubjekte, »Völker«, entweder als etwas »Vorgegebenes« zu verstehen,[77] an das rechtliche Institutionen bloß anknüpfen

77 Dies ist die traditionelle Linie der deutschen Staatsrechtswissenschaft: Christoph Möllers, *Staat als Argument*, München 2000, Kap. 11.

müssen, oder umgekehrt Legitimationssubjekte einfach als bloße Funktion juristischer Vorgaben zu verstehen, so als wäre es erst sinnvoll, vom deutschen Volk zu sprechen, wenn ein Gesetz dessen Zugehörigkeit regelt und eine Norm wie Art. 20 Abs. 2 S. 1 GG das Volk zum Tatbestandsmerkmal macht.[78] Die kritische Gegenüberstellung beider Positionen erinnert nicht nur von Ferne an die Debatten um den Konstruktivismus in den Sozialwissenschaften – und hier wie dort gilt: Der Umstand, dass wir Fakten und Objekte nicht unabhängig von sozialen (rechtlichen) Kontexten beschreiben können, bedeutet nicht, dass Fakten und Objekte einfach durch soziale (rechtliche) Kontexte kreiert werden können.[79]

Für unsere demokratietheoretische Fragestellung ist dies wie folgt zu reformulieren: Demokratische Verfahren wie beispielsweise Parlamentswahlen bilden keinen bereits vor ihnen bestehenden Volkswillen ab – und trotzdem ist es nicht sinnlos, davon zu sprechen, dass ein solcher Volkswille in ihnen zum Ausdruck kommt.[80] Vielmehr können sich egalitäre Prozeduren und die demokratischen Legitimationssubjekte, welche diese rechtfertigen sollen, aneinander entlang entwickeln. Verfahren definieren Legitimationssubjekte, die diese Verfahren annehmen und verändern – oder auch nicht. Individuelle Teilnehmer an verschiedenen politischen Gemeinschaften werden die Frage, welche Ebene für sie von Belang ist, ja welche überhaupt in einem emphatischen Sinn den Namen »Ebene« verdient, immer wieder anders beurteilen. Entlang dieser Veränderungen werden neue Institutionen etabliert und demokratische Verfahren ermöglicht. Die, wie oben gesehen, ohnehin undurchsichtig asymmetrische Verteilung von politischen Zugehörigkeitspräferenzen von Individuen muss zu allem Überfluss an Komplexität auch noch veränderungsoffen gedacht werden. Was das bedeutet und was daraus folgt, soll hier anhand zweier auf den ersten Blick sehr unterschiedlicher Beispiele entwickelt werden.

78 So im Anschluss an Kelsen wohl Oliver Lepsius, »Staatstheorie und Demokratiebegriff in der Weimarer Republik«, in: Christoph Gusy (Hg.), *Demokratisches Denken in der Weimarer Republik*, Baden-Baden 2000, S. 366-414.

79 Zur neueren Kritik am Konstruktivismus: Ian Hacking, *The Social Construction of What?*, Cambridge (MA) 1999; John R. Searle, *The Construction of Social Reality*, London 1995.

80 Ausdruck ist hier daher auch der angemessenere Ausdruck als Repräsentation, dazu Christoph Möllers, »Expressive versus repräsentative Demokratie«, in diesem Band.

Indien stellt nach ausdrücklicher Entscheidung seiner Verfassungsväter und -mütter keine Föderation, sondern eine Union dar.[81] Das bedeutet einerseits, dass es eigene gliedstaatliche politische Prozesse geben muss, andererseits, dass die Ausgestaltung der gliedstaatlichen Verfassung wie auch die Gliederung der Gliedstaaten auf der nationalen Ebene definiert werden. So ändern sich die Grenzen zwischen den Gliedstaaten seit den 1950er Jahren permanent, nicht zuletzt auch nach Kriterien sprachlicher oder religiöser Homogenität.[82] Man mag hierin eine Bestätigung für die oben abgelehnten Konzeptionen demokratischer Homogenität sehen, die auf entsprechende Kriterien abstellen. Schaut man aber genauer hin, so sind diese Grenzziehungen Ergebnisse eines korrekturoffenen demokratischen Prozesses auf der nationalen Ebene, der versucht, für die Disparitäten auf der gliedstaatlichen Ebene Lösungen zu entwickeln. Indien ist als Zentralstaat schwerlich vorstellbar, aber die unübertroffene Vielfalt der indischen Gesellschaft bedarf eines zentralen politischen Prozesses, der dabei hilft, die Legitimationssubjekte auf gliedstaatlicher Ebene immer wieder zu bestimmen. Diese Bestimmungen sind nicht willkürlich, sondern reagieren auf Probleme auf der unteren Ebene. Aber wir erkennen hier einen Prozess der Co-Evolution zwischen institutionell eingerichteten Verfahren in der Unions- und der gliedstaatlichen Verfassungsstruktur und den Legitimationssubjekten, der eben diese Verfahren erst rechtfertigen kann.

Ganz anders – und doch für unsere Fragestellung ganz ähnlich – lässt sich die Legitimation des Europäischen Parlamentes rekonstruieren. Das Europäische Parlament hat lange Zeit einen institutionellen Status gehabt, der sich mit der Bezeichnung als Parlament nicht vereinbaren ließ. Bis heute ist es nach einem stark gewichteten Wahlrecht zusammengesetzt, der die unterschiedliche Größe der Mitgliedstaaten berücksichtigt und damit die Frage aufwirft, wer eigentlich als das Parlament kreierende Legitimationssubjekt verstanden werden kann. Zudem verstanden sich Mitglieder des Europäischen Parlaments lange als Repräsentanten einer nationalen Wählerschaft, die mit ihren Landsleuten politisch mehr

81 Austin Granville, *The Indian Constitution*, Oxford ²2010, S. 186 ff.

82 Ein regionaler Überblick bei Sujit Choudry, »Managing Linguistic Nationalism Through Constitutional Design. Lessons from South Asia«, in: *International Journal of Constitutional Law* 7 (2009), S. 577-618.

gemeinsam hatten als mit ihren Fraktionsgenossen.[83] Dies hat sich gewandelt, eine spürbare Politisierung und De-Nationalisierung des politischen Prozesses ist zu beobachten. Bis heute leidet das Parlament allerdings an einer sehr schwachen Wahlbeteiligung, die seiner nunmehr erlangten starken institutionellen Rolle nicht wirklich gerecht wird.

Was können wir aus diesen Entwicklungen demokratietheoretisch machen?

Eine Antwort könnte darauf verweisen, dass es eben kein europäisches Volk gibt und dass es aus diesem Grund kein Zufall ist, dass demokratische Repräsentation im Europäischen Parlament nicht funktioniere.[84] Aus dieser Sicht wäre die Einführung eines strikt egalitären Wahlrechts für das Europäische Parlament übrigens ein Verlust an Legitimation, weil es eine Repräsentationsstruktur einführen würde, die nichts zu repräsentieren hätte. Die niedrige Wahlbeteiligung bestätigt diese Sicht eindrucksvoll.

Trotzdem bleibt nach dem oben Entwickelten zweifelhaft, ob diese Rekonstruktion der legitimatorischen Struktur des Europäischen Parlamentes angemessen ist. Eine andere Deutung könnte darauf verweisen, dass die Einrichtung des Europäischen Parlaments durch die Mitgliedstaaten gerade einen demokratisch konsentierten Bedarf nach einer europäischen Diskursplattform mit legislativen Kompetenzen zum Ausdruck bringt. Es sind – paradoxerweise – dieselben Europäer, die bei den Wahlen zum Europäischen Parlament ausbleiben, die die nationalen Regierungen und Parlamente wählten, die das Europäische Parlament eingerichtet haben. Die interne Entwicklung des Europäischen Parlaments hin zu einem Ort politischer Auseinandersetzung jenseits mitgliedstaatlicher Zugehörigkeit und sein Kompetenzbestand sind jedenfalls gute Argumente für größeres politisches Interesse an den Wahlen – und es ist so weit auch nachvollziehbar, dass zwischen der institutionellen Entwicklung und ihrer Verarbeitung in Form einer politisch aktiven europäischen Öffentlichkeit eine gewisse Zeit vergehen muss. Auch die bis auf weiteres größere politische Macht sowie der

83 Philip Dann, »Die politischen Organe«, in: Armin von Bogdandy, Jürgen Bast (Hg.), *Europäisches Verfassungsrecht*, Berlin 2009, S. 335-387, hier S. 383 f.

84 BVerfGE 123, 267 (358 ff.) – *Lissabon* [2009], zustimmend Christian Hillgruber, Klaus Ferdinand Gärditz, »Volkssouveränität und Demokratie ernst genommen – Zum Lissabon-Urteil des BVerfG«, *JuristenZeitung* 2009, S. 872-881.

weitergehende institutionelle Kompetenzbestand des Rates rechtfertigen sich vor diesem Hintergrund. Der Rat verhindert, dass das Europäische Parlament als Gesetzgeber ohne funktionierendes Legitimationssubjekt handeln kann. Zugleich zeigt die Entwicklung des Unionsrechts, namentlich der bemerkenswerte Umstand, dass Mehrheitsentscheidung im Rat und parlamentarische Mitentscheidung gleichzeitig und im selben Politikbereich zum ersten Mal in die Verträge eingeführt wurden,[85] das Kompensationsverhältnis zwischen beiden Verfahren. Sollte sich das Europäische Parlament zu einer auch in der öffentlichen Wahrnehmung relevanten Institution entwickeln, könnten sich diese Gewichte verschieben, und es ist klar, dass es zwischen institutioneller und gesellschaftlicher Entwicklung eine zeitliche Verzögerung geben kann. Andererseits gibt es natürlich keine Garantie, dass dieses Experiment in supranationaler Demokratie funktionieren wird.

V. Ausblick: Grenzen des öffentlichen Rechts

Aus der Perspektive des deutschen Verfassungsrechts ist der Ertrag der vorliegenden Überlegungen ausnehmend mager. Grenzen der Integration aus dem Demokratieprinzip oder auch nur Verteilungsregeln für demokratische Ebenen konnten nicht ermittelt werden. Stattdessen begleiten die vorliegenden Überlegungen den Prozess der europäischen Integration weitgehend affirmativ. Der Grund dafür liegt aber nicht in irgendwelchen europapolitischen Präferenzen, sondern in der begrenzten Reichweite von beidem, legitimationstheoretischen Argumenten und ihrer Verrechtlichung. Es scheint für die deutschen Rechtswissenschaften an der Zeit, die Hoffnungen in die Verrechtlichung demokratischer Ebenengliederung aufzugeben, nicht zuletzt, um besser verstehen zu können, wie Demokratien funktionieren.

85 Durch Art. 100a EWGV nach der Einheitlichen Europäischen Akte.

4. Krisenzurechnung und Legitimationsproblematik in der Europäischen Union[1] (2015)

1. Einleitung

Die Europäische Union befindet sich in einer institutionellen Krise. Die Feststellung klingt trivial. Sie ist nicht zuletzt der gemeinsame Nenner einer ansonsten kontroversen Debatte über den Stand der Integration, die in Deutschland[2] wie in anderen Teilen Europas[3] und der Welt[4] geführt wurde. Doch verstehen sich weder Krisendiagnose noch Krisenzurechnung noch Lösungsbedürftigkeit noch Lösungsunfähigkeit[5] der unterstellten Krise von selbst. Sie ergeben sich nicht einfach aus einer Beschreibung des Stands der europäischen Integration im Rahmen der Europäischen Union, sondern nur in Anwendung von Zurechnungsmaßstäben und normativen Bewertungen.

Die Zurechnung von Krisen zu Institutionen und Akteuren ist

1 Ich danke für Hilfe und Kritik: Dieter Grimm, Philip Manow und Christopher Unseld.

2 Dieter Grimm, »Sovereignty in the European Union«, in: Johan van der Walt, Jeffrey Ellsworth (Hg.), *Constitutional Sovereignty and Social Solidarity in Europe*, Baden-Baden 2015, S. 39-54; Fritz W. Scharpf, »Political Legitimacy in a Non-Optimal Currency Union«, in: Olaf Cramme, Sara B. Hobolt (Hg.), *Democratic Politics in a European Union under Stress*, Oxford 2014, S. 19-47; Jürgen Habermas, »Warum der Ausbau der Europäischen Union zu einer supranationalen Demokratie nötig und wie er möglich ist«, in: *Leviathan* 42 (2014), S. 524-538; Hans-Ulrich Wehler, »Überfällig: Ein Kurswechsel«, in: *ZEIT online 2014*, ⟨https://www.zeit.de/2014/02/europa-politik-zentralismus⟩, letzter Zugriff 13. 12. 2024; Wolfgang Streeck, »Wie wird der Kapitalismus enden?«, in: *Blätter für deutsche und internationale Politik* 3 (2015), S. 99-111, und 4 (2015), S. 109-120.

3 Antoine Vauchez, *Démocratiser l'Europe*, Paris 2014.

4 Peter L. Lindseth, »Equilibrium, Demoi-cracy, and Delegation in the Crisis of European Integration«, in: *German Law Journal* 15, 4 (2014), S. 529-567; Bruce Ackerman, *Europe Needs to Provide for its own Defense*, 2014, ⟨https://www.latimes.com/opinion/op-ed/la-oe-ackerman-nato-20140909-story.html⟩, letzter Zugriff 13. 12. 2024.

5 Letzteres wird auch von Streeck und Scharpf angenommen, die die Krise letztlich als unlösbare Aporie deuten.

eine komplexe, häufig nur implizit vorgenommene Leistung. Für Zurechnungen gibt es keine empirisch überprüfbaren Regeln. In der Anerkennung eines Akteurs und der Unterstellung seiner Zurechnungsfähigkeit werden Erfahrungen mit kausalen Abläufen und normativen Erwartungen verbunden. Was wir einem Akteur zu können unterstellen, hängt auch davon ab, was er können soll; was wir einem Akteur zu sollen anmuten, hängt auch davon ab, was wir von seinem Können erwarten.[6] Eine Sozialtheorie könnte darauf verzichten, Zurechnungen vorzunehmen, und beanspruchen, nur zu erklären, wie sozial zugerechnet wird.[7] Ob ihr dies restlos gelingt oder ob sich systembedingte und funktionale Erklärungen nicht doch immer auf normativ angeleitete Zurechnungen stützen müssen, bleibt aber die Frage.

Eine ähnliche Ambivalenz zeigt sich im Umgang mit dem Krisenbegriff. Einen Zustand als krisenhaft zu beschreiben, bewertet ihn negativ. Diese Bewertung versteht sich so wenig von selbst wie die Bezeichnung des Gegenstands, der sich in einer Krise befinden soll. Das zeigt sich schön an der politisch umstrittenen Frage, ob wir besser von einer Schulden- oder einer Bankenkrise sprechen sollten. Zudem werden einerseits Krisen als zurechenbar behandelt, indem man davon spricht, dass sie »verschuldet« wurden, andererseits als Ausdruck systemischer, damit aber unzurechenbarer Widersprüche gedeutet.

Zurechnungsfragen fordern die wissenschaftliche Arbeitsteilung heraus. Denn Zurechnung ist schwer ohne einen Blick auf die Selbstbeschreibung der zugerechneten Institutionen zu etablieren. Im Kontext der europäischen Integration wird dies besonders deutlich, weil die Fragen, welche Leistungen Institutionen erbringen können, welche sie von Rechts wegen erbringen dürfen und welche sie tatsächlich erbringen, oft gemeinsam verhandelt werden. So finden sich in der Debatte juristische Beiträge mit sozioökonomischen Annahmen und soziologischen Beobachtungen auf Grundlage juristischer Thesen.[8] Das ist bis zu einem gewissen Grade unvermeid-

6 Christoph Möllers, *Die Möglichkeit der Normen. Über eine Praxis jenseits von Moralität und Kausalität*, Berlin 2015, S. 33-35.

7 Niklas Luhmann, *Soziale Systeme*, Frankfurt/M. 1984, S. 306-311.

8 Henrik Enderlein, »Solidarität in der Europäischen Union. Die ökonomische Perspektive«, in: Christian von Callies (Hg.), *Europäische Solidarität und nationale Identität*, Tübingen 2013, S. 83-97.

bar und kann nur in der Auseinandersetzung zwischen Disziplinen gelöst werden, aber es macht die Art von Synthese komplexer, um die es sich bei einer Krisendiagnose stets handelt.

Die vorliegende Analyse der Krisenzurechnung in der EU geht in drei Schritten vor. Zunächst sind exemplarisch institutionelle Akteure zu analysieren, die mit »der EU« identifiziert werden. Inwieweit ist es gerechtfertigt, sie als gegenüber den Mitgliedstaaten verselbstständigte Einheiten zu verstehen (2.)? In einem zweiten Schritt sind zwei der Krisen, in denen sich die EU im Moment befinden soll, auf politische Zurechenbarkeiten hin zu rekonstruieren (3.), bevor schließlich die Bedeutung der erhobenen Befunde für das Problem demokratischer Legitimation in der EU zu erörtern ist (4.). Die These des Beitrags lautet, dass sich viele der krisenhaften Entwicklungen in Europa nicht »der EU«, sondern noch am plausibelsten inkonsistenten, aber jeweils demokratisch legitimierten politischen Erwartungen an die Europäisierung in den Mitgliedstaaten zurechnen lassen.

2. Zurechenbarkeit zur »Europäischen Union«

Die Frage der Zurechnung lenkt die Aufmerksamkeit auf die supranationalen Organe, auf die Europäische Kommission, den Europäischen Gerichtshof, das Europäische Parlament oder die Europäische Zentralbank. Ihnen wird nicht erst seit kurzem, aber doch mit wachsender Dringlichkeit eine eigene Agenda, vor allem aber eine institutionelle und politische Verselbstständigung gegenüber den sie legitimierenden politischen Prozessen und Rechtsgrundlagen vorgeworfen.[9] Freilich ist es methodisch nicht einfach, solche Diagnosen zu belegen. Mit Blick auf die europäischen Verträge müsste dazu eine eigene juristische Hermeneutik entwickelt werden – und es wäre zu zeigen, warum diese im Vergleich zur Hermeneutik der europäischen Organe die angemessenere sein sollte. Mit Blick auf die politischen Prozesse wären politische Akteure vorzuführen, die gegen die Mitgliedstaaten krisenrelevante Entscheidungen fällen

9 Martin Höpner, »Der integrationistische Fehlschluss«, in: *Leviathan* 43 (2015), S. 29-42; Grimm, »Sovereignty in the European Union«; Vauchez, *Démocratiser l'Europe*; Fritz W. Scharpf, »Das Dilemma der supranationalen Demokratie in Europa«, in: *Leviathan* 43 (2015), S. 11-28.

und durchsetzen können. Dazu werfen wir nun einen Blick auf die Europäische Kommission, den Gerichtshof der EU (EuGH) und die Europäische Zentralbank (EZB) und überprüfen die Befunde dann mit Blick auf die regulatorischen Ergebnisse der Rechtsetzung in der EU.

2.1 Europäische Kommission

Die Europäische Kommission ist seit langem Objekt wissenschaftlicher und politischer Kritik.[10] Zugleich ist ihr Beitrag zur Integration im Verhältnis zu dem der Mitgliedstaaten innerhalb der empirischen Sozialwissenschaften notorisch umstritten. Schon den Zeitgenossen war nicht verborgen geblieben, dass sich die Einrichtung ihrer Vorläuferin, der Hohen Behörde, außerhalb der klassischen Wege des Völkerrechts bewegte und besondere Legitimationsprobleme schuf.[11] Doch spricht vieles dafür, dass die Kommission jedenfalls seit dem Vertrag von Maastricht zu den relativen institutionellen Verlierern der Integration gehört hat. Das bedeutet, dass, soweit die EU als Ebene an Kompetenzen gewonnen hat, die Kommission relativ an solchen verloren hat. Neben der kaum zufälligen Einsetzung politisch schwacher Kommissionspräsidenten wie Barroso und Santer durch die Mitgliedstaaten zog die intergouvernementale Seite mehr und mehr Handlungsmacht an sich und wurde zum maßgeblichen politischen Agenda-Setter, der der Kommission ihre alte Kernkompetenz, das Initiativmonopol, teilweise entwand.[12] So ist die Zahl von Gesetzgebungsakten der

10 Wissenschaftliche Kritik: Veith Mehde, »Responsibility and Accountability in the European Commission«, in: *Common Market Law Review* 40 (2003), S. 423-442; Populärkritik: Hans Magnus Enzensberger, *Sanftes Monster Brüssel oder Die Entmündigung Europas*, Berlin 2011.

11 Konrad Adenauer, *Erinnerungen 1945-1953*, Stuttgart 1965, S. 499. Vgl. auch den Wortlaut der Schuman-Erklärung; Robert Schuman, *Schuman-Deklaration – 9. Mai 1950*, ⟨http://europa.eu/about-eu/basic-information/symbols/europe-day/schuman-declaration/index_de.html⟩, letzter Zugriff 13. 12. 2024, drittletzter Absatz.

12 Simon Hix, Bjørn Høyland, *The Political System of the European Union*, Hampshire ^{3}2011, S. 46 f., 68-74. Vgl. auch die jüngste Entscheidung des EuGH, RS. C-409/13 – *Rat gegen Kommission*, EU:C:2015:217, wonach die Kommission einmal gemachte Initiativen nicht ohne ausreichende Begründung zurückziehen darf.

Kommission in den letzten Jahren stetig gesunken.[13] Viele dieser Initiativen wurden zudem durch den Rat zunächst informell, dann nach dem durch den Vertrag von Lissabon formalisierten Verfahren in Art. 241 AEUV (Vertrag über die Arbeitsweise der Europäischen Union) angeregt.[14]

Die Kommission ist natürlich weiterhin eine politisch mächtige Behörde, die auf verschiedenen Gebieten weitreichende Entscheidungen in eigener Verantwortung trifft. Doch haben sich diese Entscheidungen gegenüber den Mitgliedstaaten in keiner sinnvollen Bedeutung des Wortes »verselbstständigt«. Vielmehr scheint es immer noch so zu sein, dass die Kommission dort am mächtigsten ist, wo die Verträge ihr unmittelbare Handlungskompetenzen zubilligen wie im Gebiet des Wettbewerbsrechts oder auf dem Feld des Außenhandels, während sie in weniger integrierten Gebieten wie der klassischen Außenpolitik oder der Steuerpolitik, aber auch bei der Koordination der Wirtschaftspolitik wenig an politischer Relevanz gewonnen, wenn nicht verloren hat. Der Streit um den Bolkestein-Entwurf der Dienstleistungsrichtlinie Mitte der 2000er Jahre oder die langwierigen Verhandlungen um die Datenschutz-Grundverordnung zeigen, dass die Mitgliedstaaten auch auf Feldern der Binnenmarkt-Regulierung effektiven politischen Widerstand organisieren können.[15] Natürlich sind sie dabei auf Koalitionsbildung und auf eine intergouvernementale Politikform angewiesen, die völlig anders funktioniert als die Außenpolitik eines einzelnen Staates und die an gravierenden eigenen Legitimationsproblemen leidet.[16] Und

13 Damian Chalmers, Mariana Chaves, »Union Democratic Overload and the Unloading of European Democracy«, in: Olaf Cramme, Sara B. Hobolt (Hg.), *Democratic Politics in a European Union under Stress*, Oxford 2014, S. 155-179, hier S. 162 ff.

14 Paul Craig, Gráinne de Búrca, *EU Law: Text, Cases, and Materials*, Oxford ^{3}2011, S. 122.

15 Vgl. auch den gescheiterten Vorschlag einer Monti-II-Verordnung im Kontext der umstrittenen EuGH-Urteile RS. C-438/05 – *Viking Line*, Slg. 2007, I-10779 und RS. C-341/05 – *Laval*, Slg. 2007, I-11767. Zum ersten Mal haben die nationalen Parlamente hier die mit dem Lissabon-Vertrag eingeführte Subsidiaritätsrüge (»gelbe Karte«) genutzt.

16 Christoph Möllers, *The Three Branches*, Oxford 2013, S. 150 ff. Dies wird vom liberalen Intergouvernementalismus unterschätzt; vgl. nur Andrew Moravcsik, *The Choice for Europe: Social Purpose and State Power from Messina to Maastricht*, Ithaka 2002.

natürlich ist die Kommission in einer Verhandlungssituation, in der sie am Kopfende sitzt, mächtiger als die meisten einzelnen Mitgliedstaaten – aber was ist damit gesagt? Die Mitgliedstaaten haben die Kommission von Anfang an mit dieser Rolle betraut. Ihre hieraus entstandene Verhandlungsmacht wächst mit der Zahl der Mitgliedstaaten. Für die Entscheidung zur Erweiterung ist die Kommission aber nicht verantwortlich. Mehr als eine – in der Tat beispiellos ausgebaute – Form des Paradoxons internationaler Organisationen, die den diese gründenden Staaten genau dadurch dienen sollen, dass sie sich von ihnen lösen,[17] ist hier nicht zu erkennen.

Dies gilt umso mehr, seit die Erosion der Initiativpraxis und der Aufstieg des Europäischen Rates zum Agenda-Setter[18] in der Euro-Krise allgemein sichtbar wurden. Deren Behandlung ging zu wesentlichen Teilen an der Kommission vorbei, verlief intergouvernemental und führte zur Einrichtung einer internationalen Organisation, des ESM (Europäischer Stabilitätsmechanismus), der von den Regierungen der Länder der Euro-Zone kontrolliert wird.[19] Als Mitglied der sogenannten Troika hat die EU-Kommission wiederum vor allem eine ausführende Funktion erfüllt, und der jüngste Versuch des Kommissionspräsidenten, zwischen den Griechen und den anderen Staaten des Euro zu vermitteln, unterstrich die ungewisse Funktion der Kommission in diesem politischen Kontext.

Gegen diese Funktionslosigkeit könnte freilich die Rolle der Kommission bei der Kontrolle der nationalen Budgethoheit im Fiskalvertrag und den sogenannten Sixpack-Verordnungen sprechen, in denen sie Budgetdisziplin und die Ausgewogenheit der Wirtschaftspolitik der Mitgliedstaaten überprüft und unter bestimmten Bedingungen sanktionieren kann. Freilich ist dies schon deshalb kaum als eine regierungsähnliche politische Gestaltungsrolle zu verstehen, weil sich hier nur negative Vorgaben definieren lassen. Eine solche Definition bedroht außerdem ihre institutionelle Rolle,[20]

17 Jan Klabbers, *An Introduction to International Institutional Law*, Cambridge ²2009, S. 41.

18 Uwe Puetter, *The European Council and the Council – New Intergovernmentalism and Institutional Change*, Oxford 2014.

19 Carlino Antpöhler, »Emergenz der europäischen Wirtschaftsregierung«, in: *Zeitschrift für ausländisches öffentliches Recht und Völkerrecht* 72 (2012), S. 353-393.

20 Dass die Berichte der Kommission länderspezifisch seien, zeige, dass die Kommission nicht regelgebunden arbeite (Scharpf, »Political Legitimacy in a Non-Optimal Currency Union«, S. 28) und diese Akte nicht demokratisierbar seien

denn die Kommission wird zum Kontrolleur von Mitgliedstaaten auf das Betreiben anderer Mitgliedstaaten. Der Fiskalvertrag ist zudem so eng am deutschen Modell der Schuldenbremse modelliert, dass er kaum anders als ein Stück Hegemonie verstanden werden kann.[21] Mit Hilfe der Verordnungen kann die Kommission bei mehrfachen Verstößen Sanktionen verhängen, die der Rat nicht mehr mit einer qualifizierten Mehrheit bestätigen muss, sondern nur mit einer solchen aufzuhalten vermag. Damit verringern diese Regeln die Spielräume der nationalen Gesetzgeber. Aber es ist auch unter diesen veränderten Entscheidungsregeln zweifelhaft, inwieweit die Kommission hier trotz erkennbarer Politisierung ihres Personals[22] zu einem relevanten Akteur werden kann. Im Budgetregime, das der Maastrichter Vertrag für den Euro einrichtete, ist ihr genau das nicht gelungen, und Indizien für einen Rollenwechsel sind nicht zu erkennen.

Scharpfs Feststellung, die Kommission habe ihre Rolle als objektiver Sachwalter verloren,[23] provoziert die Gegenfragen, welcher der beteiligten Akteure diese Wahrnehmung eigentlich teilt und ob die Kommission die Objektivität ihrer Rolle nicht gerade darin sehen muss, es keinem der Mitgliedstaaten ganz recht zu machen. Durch die Krise ist die Kommission vom Vollstrecker europäischer Regeln zu einem Moderator des Konflikts zwischen mitgliedstaatlichen Gruppen geworden. Den einen predigt sie die Einhaltung von Regeln, gegenüber den anderen verzögert sie deren Durchsetzung. Diese Rolle hat sich die Kommission nicht ausgesucht, und sie spricht weniger für Verselbstständigung als für eine Identitätskrise angesichts der fortdauernden Bedeutung intergouvernementaler Macht.

(Höpner, »Der integrationistische Fehlschluss«, S. 38). Warum Planungsentscheidungen nicht demokratisch legitimiert werden können und Exekutiven bei Verordnungen und Plänen Regeln anwenden und keine Abwägungen treffen können, ist jedenfalls nach deutschem Rechtsverständnis unklar.

21 Das bemerkt auch das Bundesverfassungsgericht in seinen kurzen Ausführungen dazu: BVerfGE 135, 317 – *ESM*, Rz. 243 [2014]. Zudem wird in ihm allein die Umsetzung in nationales Recht, nicht aber die Beachtung der Standards mit Sanktionen versehen; Antpöhler, »Emergenz der europäischen Wirtschaftsregierung«, S. 391.

22 Miriam Hartlapp, Yann Lorenz, »Die Europäische Kommission – ein (partei-)politischer Akteur?«, in: *Leviathan* 43 (2015), S. 64-87.

23 Scharpf, »Political Legitimacy in a Non-Optimal Currency Union«, S. 39.

2.2 Europäischer Gerichtshof

Dass der EuGH die vertraglichen Grundlagen der EU unangemessen europafreundlich auslege und sich damit von den Verträgen löse, ist ein alter Vorwurf.[24] Untechnisch formuliert: Der EuGH beanstandet das Handeln der Mitgliedstaaten häufiger und prüft es strenger als das Handeln der europäischen Organe. Dies ist wenig verwunderlich. Dient der EuGH wie der frühe U.S. Supreme Court doch zunächst der Sicherung eines einheitlichen Rechtsraums gegenüber Rechtsbrüchen der Mitgliedstaaten und weniger der Bindung der eigenen politischen Organe an übergeordnete Regeln.[25] Er ist als eine Art oberstes Bundesgericht, nicht als spezialisiertes Verfassungsgericht entworfen – eine zentrale Unterscheidung zu seinem Verständnis.[26] Die europäischen Verträge haben in der Auslegung des EuGH seit den 1960er Jahren eine Normenhierarchie zwischen EU und den Mitgliedstaaten etabliert, viel weniger selbstverständlich ist es, von einer solchen innerhalb der Eigeninstitutionen der EU auszugehen.[27] Dieser Beobachtung entspricht die rechtsvergleichende Einsicht, dass es keinen föderalen Normalfall einer strengen Kompetenzprüfung gibt, die sich aus einer schlichten Hermeneutik

24 Joxerramón Bengoetxea, *The Legal Reasoning of the European Court of Justice: Towards a European Jurisprudence*, Oxford 1993, S. 181 ff.; Ulrich Haltern, Andreas Bergmann, »Einleitung: Der EuGH in der Kritik«, in: dies. (Hg.), *Der EuGH in der Kritik*, Tübingen 2012, S. 1-24.

25 Dass die Verträge überlastet sind und mehr regeln als »normale« Verfassungen, wird von der Kritik oft bemerkt; Dieter Grimm, »Über einige Asymmetrien der europäischen Integration«, in: ders., *Die Zukunft der Verfassung II – Auswirkungen von Europäisierung und Globalisierung*, Berlin 2012, S. 262-274, hier S. 269; zustimmend: Scharpf, »Das Dilemma der supranationalen Demokratie in Europa«, S. 13. Aber abgesehen davon, dass unklar ist, was als normal zu gelten hat (siehe die indische Verfassung), liegt die Ursache dafür eben darin, dass die Mitgliedstaaten Einzelfragen nicht aus der Hand geben wollen.

26 Dazu Christoph Schönberger, »Höchstrichterliche Rechtsfindung und Auslegung gerichtlicher Entscheidungen«, in: *Veröffentlichungen der Vereinigung der deutschen Staatsrechtslehrer* 71 (2012), S. 296-335; Leslie Manthey, Christopher Unseld, »Grundrechte vs. ›effet utile‹ – Vom Umgang des EuGH mit seiner Doppelrolle als Fach- und Verfassungsgericht«, in: *Zeitschrift für Europarechtliche Studien* 14,2 (2011), S. 323-341.

27 Christoph Schönberger, »Normenkontrollen im EG-Föderalismus. Die Logik gegenläufiger Hierarchisierungen im Gemeinschaftsrecht«, in: *Europarecht* 2003, S. 600-627.

von Verfassungs- oder Vertragstexten ergeben kann. Letzteres ist eine Phantasie des Staatsrechts des deutschen unitarischen Bundesstaats, in dem föderale Fragen nicht mehr ernsthaft politisch umstritten sind.[28] Kompetenznormen sind in verschiedenen Verfassungstexten häufig ähnlich formuliert, unterliegen aber jeweils stark differerierenden juristischen Kontrollregimen, die nicht auf die Agenda des erkennenden Gerichts zurückgeführt werden können. Dass das Bundesverfassungsgericht die Kompetenzen des Bundes schärfer prüft als der EuGH die europäischen Kompetenzen und der U. S. Supreme Court für lange Zeit die amerikanischen, hängt mit der Möglichkeit zur Verfassungsänderung zusammen, die das Grundgesetz gewährt, um ein Kompetenzproblem politisch anzupassen. Das Grundgesetz ist einfach zu ändern und wurde oft geändert, meistens um die Kompetenzordnung zu zentralisieren. Dies ist in der EU und den USA deutlich schwieriger zu verwirklichen, weil die Quoren für eine Änderung so hoch sind. Veränderungsbedarf ventiliert sich bei der Auslegung der unveränderten Kompetenzordnung dort also nicht durch Verfassungsänderung, sondern durch gerichtliche Auslegung der Kompetenzen.

Auch die Zurückhaltung des EuGH bei der Anwendung des Subsidiaritätsprinzips dürfte Verfassungvergleicher wenig erstaunen. Das Bundesverfassungsgericht hat sich jahrzehntelang ausdrücklich geweigert, die vergleichbare alte Fassung der Erforderlichkeitsklausel des Art. 72 Abs. 2 GG zu prüfen, und diese Haltung erst nach einer Verfassungsänderung zögerlich aufgegeben.[29] Der

28 Christoph Möllers, *Gewaltengliederung. Legitimation und Dogmatik im nationalen und internationalen Rechtsvergleich*, Tübingen 2005, S. 376 ff., 392 ff. Besonders deutlich in den die deutsche Rechtslage nicht nur einfach verallgemeinernden, sondern auch idealisierenden Formulierungen von Roman Herzog, Lüder Gerken, »Stoppt den Europäischen Gerichtshof«, in: *Frankfurter Allgemeine Zeitung* vom 8. September 2008, Nr. 210, S. 8. Nur jüngst hat die föderale Frage vor dem Bundesverfassungsgericht wieder an Bedeutung gewonnen; vgl. BVerfG, Beschluss vom 14. 01. 2015 (1 BvR 931/12) – *Thüringer Ladenöffnungsgesetz* und bei der noch anhängigen Frage der Bundeskompetenz zur Regelung des Betreuungsgeldes. Beide Debatten werden mit Bezug auf die EU und den Grundsatz der Subsidiarität reflektiert. Siehe dazu einerseits das Sondervotum von Richter Paulus bezüglich des Thüringer Ladenschlusses und die Rezeption der mündlichen Verhandlung zum Betreuungsgeld; vgl. nur Reinhard Müller, »Ein Fall für Karlsruhe«, in: *Frankfurter Allgemeine Zeitung* vom 15. April 2015, Nr. 87, S. 1.

29 Art. 72 Abs. 2 GG stellt die Wahrnehmung einer Kompetenz durch den Bund unter den Vorbehalt ihrer praktischen oder rechtlichen Erforderlichkeit, vgl.

U. S. Supreme Court hat sehr früh eine entsprechende Klausel der amerikanischen Bundesverfassung, nach welcher der Kongress seine Kompetenzen nur wahrnehmen darf, soweit dies notwendig und angemessen ist, ignoriert.[30] Die Frage, ob eine Regelung auf der höheren Ebene »notwendig« ist, ist so offensichtlich politisiert, dass sie von Gerichten gemieden wird.

Worin besteht dann die besondere Anmaßung des EuGH? Die Ur-Sünde der frühen 1960er Jahre, als der Gerichtshof Vorrang und unmittelbare Anwendbarkeit der Verträge statuierte, dürfte diesen Vorwurf kaum rechtfertigen. Vorrang und unmittelbare Anwendung waren umstritten, aber sie wurden sehr wohl vor den Entscheidungen politisch erörtert.[31] Diese Entscheidungen müssen zudem im Zusammenhang mit der Einrichtung des Vorabentscheidungsverfahrens verstanden werden, das mitgliedstaatlichen Gerichten von Anfang an die Möglichkeit einräumte, sich direkt an den EuGH zu wenden. Diese bemerkenswerte Innovation war eine Weichenstellung,[32] durch die nationale Gerichte permanent dazu angehalten bleiben, die Bedeutung des Europarechts für die eigene Rechtsordnung zu bedenken und damit in Kategorien von Vorrang und unmittelbarer Anwendbarkeit des Europarechts zu argumentieren. Auch aus diesem Grund war der EuGH nie ein typisches internationales Gericht. Schließlich kannten zumindest die 22 Mitgliedstaaten, die später den europäischen Verträgen beitraten, diese Konsequenz genau, sie konnten das Gericht jahrelang beobachten. Für sie ist diese Rechtsprechung eben auch demokratisch legitimiert.[33]

BVerfGE 106, 62 (136 ff.) – *Altenpflegegesetz* [2002]. Etwas lockerer die Prüfung bei BVerfGE 138, 136, Rz. 109 f. – *Erbschaftssteuerbefreiung für Betriebsvermögen* [2014]. Zu deutlicher Zurückhaltung bei der Kompetenzprüfung im Steuerrecht jüngst Christian Waldhoff, »Rechtsprechungsanalyse Steuerrecht und Verfassungsrecht 2008-2014«, in: *Die Verwaltung* 48 (2015), S. 85-113, hier S. 99 f.

30 Erwin Chemerinsky, *Constitutional Law. Principles and Policies*, New York ^{4}2011, S. 233 ff.

31 Hjalte Rasmussen, *On Law and Policy in the European Court of Justice*, Dordrecht 1986.

32 Karen J. Alter, *Establishing the Supremacy of European Law. The Making of an International Rule of Law in Europe*, Oxford 2006; Ulrich Haltern, »Integration durch Recht«, in: Hans-Jürgen Bieling, Marika Lerch (Hg.), *Theorien der europäischen Integration*, Wiesbaden 2012, S. 339-360.

33 Neil MacCormick, *Questioning sovereignty*, Oxford 1999, S. 139.

Doch vielleicht zeigt sich die Wahrheit über den EuGH weniger in Kompetenznormen als in seiner politisch-institutionellen Agenda. Gesehen wird dies vor allem in seinem Umgang mit den Grundfreiheiten, in ihrer Umdeutung von Diskriminierungs- in Beschränkungsverbote.[34] Dieser oft kritisch hervorgehobene Schritt kann freilich nur angemessen eingeordnet werden, wenn man diese Beobachtung ergänzt: Zum einen ist die Unterscheidung zwischen Beschränkungen und Diskriminierungen keine sonderlich harte, zum anderen ist die Entwicklung der Rechtsprechung weniger durch eine lineare Ausweitung als durch ein Auf und Ab gekennzeichnet.[35] Die Unterscheidung zwischen Beschränkung und Diskriminierung wird in allen Handelsregimen dadurch vage, dass vermeintlich allgemein gehaltene staatliche Regulierungen darauf zugeschnitten sind, ausländische Wettbewerber außen vor zu lassen.[36] Die Anwendung der Grundfreiheiten durch den EuGH lässt sich nicht verstehen, ohne diese Ausweichstrategien zu kennen. Die Entscheidungssammlung des EuGH ist voll mit Entscheidungen, in denen Mitgliedstaaten oder Regionen allgemein formulierte Subventionstatbestände beschlossen hatten, die praktisch doch nur auf daheim ansässige Unternehmen anwendbar waren[37] und deswegen aufgehoben wurden.

34 Diskriminierungsverbote schließen eine Ungleichbehandlung der Staaten untereinander aus. Beschränkungsverbote schließen auch Marktbeschränkungen aus, die nicht diskriminierend sind, die also alle Staaten gleichermaßen betreffen. Hauke Brunkhorst, *Das doppelte Gesicht Europas. Zwischen Kapitalismus und Demokratie*, Berlin 2014, S. 66 ff.; Harm Schepel, »Constitutionalising the Market, Marketising the Constitution, and to Tell the Difference«, in: *European Law Journal* 18 (2012), S. 177-200; Alexander Somek, *Individualism. An Essay on the Authority of the European Union*, Oxford 2008, S. 111 ff.

35 Damian Chalmers, »Judicial Performance, Membership, and Design at the Court of Justice«, in: Michal Bobek (Hg.), *Selecting Europe's Judges*, Oxford 2015, S. 51-77, hier S. 56 ff., insb. 64 f., 66 f., 70 f.

36 Donald H. Regan, »Judicial Review of Member-State Regulation of Trade Within a Federal or Quasi-Federal System: Protectionism and Balancing«, in: *Michigan Law Review* 99 (2001), S. 1853-1902.

37 Aus diesem Grund eignet sich die Rechtsprechung des EuGH zu den Vorzugsaktien bei Volkswagen kaum als Gegenstand einer fundamentalen Kritik (so bei Benjamin Werner, »Ein zahnloser Tiger? Das Bundesverfassungsgericht und seine Europa-Rechtsprechung«, in: *Leviathan* 41 [2013], S. 358-382): Denn entscheidend ist, dass die nationale Regelung weiterhin eine Übernahme durch Unternehmen anderer Mitgliedstaaten erschwert. Dass der Gerichtshof in einem

Zudem haben sich Beschränkungs- und Diskriminierungsprüfungen seit der Entscheidung »Cassis de Dijon« 1979 insoweit einander angeglichen, als es bei beiden darum geht, ob eine mitgliedstaatliche Regelung transnationalen Wirtschaftens einer materiellen Rechtfertigung bedarf.[38] Unter diesem Standard hat der EuGH eine Vielzahl mitgliedstaatlicher Regelungen bestehen lassen[39] und anerkannt, dass Ziele wie Umwelt-[40] und Gesundheitsschutz oder die Bewahrung kultureller Eigenheiten[41] es rechtfertigen, etwas national zu regeln. Nachgewiesen wurde in der Forschung auch, dass der EuGH sich in seiner Rechtsprechung stark daran orientiert, welcher Regelungsbestand mehrheitlich in den Mitgliedstaaten vorherrscht.[42]

Fritz Scharpf stimmt dem Lissabon-Urteil des Bundesverfassungsgerichts insoweit zu, wie es einen Bereich der Eigenstaatlichkeit der Mitgliedstaaten verteidige. Scharpf bemerkt aber auch, dass sich ein solcher Bereich kaum über gegenständliche Politikbereiche benennen lasse,[43] zumal diese in verschiedenen Mitgliedstaaten

zweiten Urteil seine Vorgaben für umgesetzt erklärte und nicht in der Sache entschied, ist entgegen Martin Höpner, *Wie der Europäische Gerichtshof und die Kommission Liberalisierung durchsetzen. MPIfG Discussion Paper 14/8*, Köln 2014, S. 21 f., in Anmerkung 22 kein entscheidender Unterschied.

38 RS. 120/78 – *Cassis de Dijon*, Slg. 1979, 649.

39 Vgl. Damian Chalmers u. a., *European Union Law. Text and Materials*, Cambridge ³2014, S. 773 ff.

40 Vgl. ein ähnliches Argument für die globale Ebene schon bei Michael Zürn, »›Positives Regieren‹ jenseits des Nationalstaates. Zur Implementation internationaler Umweltregime«, in: *Zeitschrift für internationale Beziehungen* 1 (1997), S. 41-67.

41 EuGH, verb. RS. 60 und 61/84 – *Cinéthèque*, Slg. 1985, 2605, Rz. 21-23; EuGH, RS. C-531/07 – *Fachverband der Buch- und Medienwirtschaft (Buchpreisbindung)*, Slg. 2009, I-3717, Rz. 34.

42 Miguel Maduro, *We the Court: The European Court of Justice and the European Economic Constitution*, Oxford, Portland 1998, S. 78 ff.

43 Dies wird auch in der ansonsten positiven Besprechung des Urteils bei Dieter Grimm, »Das Grundgesetz als Riegel vor einer Verstaatlichung der Europäischen Union. Zum Lissabon-Urteil des Bundesverfassungsgerichts«, in: *Der Staat* 47 (2009), S. 475-495, hier S. 490 f. kritisiert; allgemeinere Kritik bei Daniel Halberstam, Christoph Möllers, »The German Constitutional Court Says ›Ja zu Deutschland!‹«, in: *German Law Journal* 10 (2009), S. 1241-1258. Zur Aussichtslosigkeit solcher Argumente Christoph Möllers, *Staat als Argument*, München 2000, Kapitel 17.

verschieden aussehen. Damit beschränkt sich die Kritik auf die Forderung nach einer »besonders sensible[n] Abwägung zwischen europäischen und nationalen Belangen, wenn die europäische Politik oder das europäische Recht in die Kernbereiche der nationalen demokratischen Selbstbestimmung eingreifen«.[44] Ein wesentlicher Teil der Rechtsprechung des EuGH zu Kompetenzen stellt sich aber genau als eine solche Abwägung dar.[45]

Damit bleibt von der Kritik am EuGH nicht viel mehr als die Kritik an einzelnen Entscheidungen, die solche Kritik natürlich verdienen mögen. Doch hat die Aufzählung aufgehobener mitgliedstaatlicher Regelungen ohne jeden Blick darauf, welche Regelungen Bestand haben, wenig Beweiswert. Zudem sind diese Fälle eben stets umstritten, und aus dem hermeneutischen Dilemma, dass jede höchstrichterliche Entscheidung einen juristisch bereits intensiv geführten Konflikt entscheidet, kommt man nicht heraus. Für die Behauptung, der EuGH würde mehr methodische Kritik auf sich ziehen als das Bundesverfassungsgericht oder der U.S. Supreme Court, wenn sie sich überhaupt belegen ließe, fehlen die Beweise. Und der eine Fall, der alles beweist, wird sich schon wegen der Menge an Rechtsprechung kaum finden lassen.[46]

44 Fritz W. Scharpf, »Wo das Verfassungsgericht Recht hat und wo nicht«, in: *Kampf um Souveränität. Politische Vierteljahrsschrift* 51 (2010), S. 342-347, hier S. 342-344.

45 Verica Trstenjak, Erwin Beysen, »Das Prinzip der Verhältnismäßigkeit in der Unionsrechtsordnung«, in: *Europarecht* 47 (2012), S. 265-285, hier S. 266 ff. Dies gilt umso mehr in Krisenzeiten; vgl. Christopher Unseld, »Verhältnismäßig krisensicher – Wie Gerichte auf den Ausnahmezustand reagieren«, in: Jonathan Bauerschmidt u. a., *Konstitutionalisierung in Zeiten globaler Krisen*, Baden-Baden 2015, S. 141-187, hier S. 168 ff. Es gilt auch für die viel gescholtenen, wenn auch in ihren praktischen Folgen überschätzten Entscheidungen Viking und Laval; dazu Philipp Dann, »Parlamentarische Legitimation der Binnenmarkt- und Wettbewerbspolitik der EU«, in: Jürgen Bast, Florian Rödl (Hg.), *Wohlfahrtsstaatlichkeit und soziale Demokratie in der Europäischen Union. Beiheft 1 zu Europarecht*, Baden-Baden 2013, S. 93-108, hier S. 102 ff.

46 Dies gilt ebenso für das hochproblematische Gutachten des EuGH zum Beitritt der EU zur Europäischen Menschenrechtskonvention (2/13). Dass der EuGH die Frage der Kompetenzverteilung zwischen der EU und den Mitgliedstaaten nicht von einem dritten Gericht, dem Europäischen Gerichtshof für Menschenrechte, beurteilen lassen will, erscheint nachvollziehbar. Jedenfalls würden nationale Gerichte das kaum zulassen; dazu Daniel Halberstam, »›It's the Autonomy, Stupid!‹ A Modest Defense of Opinion 2/13 on EU Accession to the ECHR, and the Way Forward«, in: *German Law Journal* 16 (2015), S. 105-146. Zudem hat die Anwen-

Es geht dabei nicht darum, die Macht des EuGH zu leugnen, sondern seine Darstellung als Agent beispielloser Kompetenzanmaßung methodisch infrage zu stellen. Eine solche Kritik am EuGH hätte zumindest einzupreisen, dass dieser schon in der Anlage kein typisches internationales Gericht war, dass die entscheidenden methodischen Wegmarken definiert wurden, bevor die allermeisten Mitgliedstaaten beitraten, und dass er den Konsens der Mitgliedstaaten gerade im Binnenmarktrecht respektiert, aber bei fehlendem Konsens nicht anders kann, als den Interessen einiger Mitgliedstaaten zu widersprechen. Dass der EuGH eigene institutionelle Interessen verfolgt, die dem Gericht ansozialisiert wurden,[47] ist schwer zu bezweifeln. Die richterliche Unabhängigkeit dürfte eine solche Tendenz noch verstärken. Aber seine Methodik lässt sich nicht mit einer vermeintlichen nationalen »Normalhermeneutik« vergleichen.

Wenn man Kritikwürdiges beim EuGH suchen wollte, müsste man nicht bei Entscheidungen, sondern bei der Binnenorganisation ansetzen, insbesondere bei der Wahl des Präsidenten, der Zuweisung von Fällen an bestimmte Richter und der Möglichkeit der Wiederwahl der Richter. Diese Eigenheiten stellen die Unabhängigkeit der einzelnen Richterinnen und Richter infrage – wieder geht es also nicht um »Verselbstständigung« – und erscheinen daher rechtsstaatlich bedenklich. Der Versuch dagegen, den EuGH als ein Gericht darzustellen, das Recht nicht mehr anwendet, sondern erfindet, erinnert an den Theaterkritiker, der bemerkt, dass das aber nun wirklich kein Hamlet mehr sei. Es wird nicht gelingen, ein Gericht von außen beobachten zu wollen und zugleich erklären zu wollen, wie es richtig zu entscheiden hätte.[48]

dung von Grund- und Menschenrechten immer einen kompetenzbegründenden Effekt, so deutlich in der viel gelobten zweiten Entscheidung des EuGH zur Vorratsdaten-Richtlinie, in der nun der europäische Gesetzgeber Straftaten spezifizieren muss (RS. C-293/12 u. a. – *Digital Rights Ireland u. a.*, EU:C: 2014:238).

47 Martin Höpner, »Der europäische Gerichtshof als Motor der europäischen Integration: Eine akteursbezogene Erklärung«, in: *Berliner Journal für Soziologie* 21 (2011), S. 203-229, hier S. 8 ff.

48 Nur zwei Beispiele bei Höpner, »Der europäische Gerichtshof als Motor der europäischen Integration«, aus den von ihm entwickelten höheren Stufen gerichtlicher Anmaßung: (1) Die Entscheidung zur Kompetenzfrage bei der Vorratsdatenspeicherung (C-301/06) sei *contra legem* vom Gerichtshof auf die damals erste Kompetenzsäule verlegt worden, um das Einstimmigkeitserfordernis im Rat

2.3 Europäische Zentralbank

In den Mittelpunkt der Betrachtungen ist in jüngerer Zeit die EZB geraten. In der Tat übt sie gerade in der Krise eine immense politisch relevante Macht ohne entsprechende politische Kontrolle aus. Diese Macht lässt sich auf vier Ebenen kritisieren. Man kann es für grundsätzlich unangemessen halten, die Währungs- und Geldpolitik einer unabhängigen Agentur zu übertragen. Dafür spricht manches, es ist aber kein spezifischer Einwand gegenüber der EZB, sondern führt eine alte Kritik an unabhängigen Verwaltungsagenturen fort, die mindestens so alt ist wie der New Deal. Man kann spezifischer kritisieren, dass die EZB ihre Macht ausübt, ohne dass ihr ein demokratischer Prozess oder ein gleichwertiges »Präsidentenamt« auf europäischer Ebene gegenübersteht. Damit gewinnt ihre Unabhängigkeit eine eigene Qualität. Diese Kritik hat vieles für sich. Sie trifft eine Facette der Asymmetrie im Stand der Integration zwischen Währungs- und Wirtschaftspolitik. Diese zeigt sich nicht zuletzt darin, dass der Konflikt zwischen Gruppen von Mitgliedstaaten zu einem internen Problem der EZB geworden ist, in deren Rat faktisch Staatenvertreter gegeneinander ringen. Die Abbildung nationaler Interessenkonflikte stellt die Legitimation der EZB dramatisch infrage, weil sie solche Interessen gerade außen vor lassen soll. Aber zum einen ist dieses Problem kaum der EZB selbst zuzurechnen. Sie entstand aus einem typischen mitgliedstaatlichen Kompromiss, namentlich zwischen Deutschland und Frankreich. So schuf man eine unabhängige europäische Zentralbank ohne entsprechende Vergemeinschaftung der wirtschaftlichen

zu vermeiden (ebd., S. 173). Aber die Wahl der Säule erfolgte durch die Kommission in Übereinstimmung mit dem Juristischen Dienst des Rates (DoC 7688/05). Sie war in der Sache damit begründet, dass Hauptadressat der Regelung Unternehmen sind und die Richtlinie andere Datenschutzrichtlinien ändert. Natürlich kann man es anders sehen – aber wohl kaum ein Fundamentalargument daraus drehen. (2) Die Mangold-Entscheidung (RS. C-144/04, Slg. 2005, I-9981; ebd., S. 175), mit der der Gerichtshof das Alter in den Kanon der arbeitsrechtlichen Diskriminierungsverbote aufnahm. Es wurde nicht nur vom Zweiten Senat des Bundesverfassungsgerichts akzeptiert (BVerfGE 126, 286 – *Honeywell* [2010]). Es war auch eine Reaktion auf die bevorstehende Inkraftsetzung der Altersklausel in Art. 19 Abs. 1 AEUV. Dass die Rechtsprechung, wie Höpner bemerkt, nicht durch einen politischen Prozess korrigierbar ist, ist richtig, aber ohne weiteren Kontext irreführend, wenn der EuGH gerade auf einen politischen Prozess reagierte.

Kompetenzen.[49] Zum anderen erscheint der politische Konflikt als Ausdruck von zu wenig, nicht von zu viel Verselbstständigung, weil die nationalen politischen Prozesse, von denen sich die Institution auch entfernen soll, in ihrem Inneren fortgesetzt werden. Schließlich ist zu bezweifeln, ob Länder wie Frankreich und Italien diesen Kompromiss heute rückgängig machen und ihre Währungs- und Zinshoheit wiedergewinnen wollen.[50]

Auf einer dritten Ebene steht die Frage, ob die EZB mit ihren Kompetenzen besonders freizügig umgegangen ist, als sie ankündigte, Staatsanleihen überschuldeter Staaten im Rahmen des OMT-Programms *(Outright Monetary Transactions)* zu erwerben. Dies ist ausdrücklich die Sicht des Zweiten Senats des Bundesverfassungsgerichts, die freilich ihrerseits in der Fachwelt hochumstritten ist und zumindest auf einer nicht völlig einwandfreien Faktengrundlage begründet wurde.[51] Dass der Ankauf von Staatsanleihen vom Sekundärmarkt unerhört und mit dem Mandat der EZB nicht vereinbar ist, bleibt aber in der juristischen Literatur eine eher selten vertretene Ansicht.[52] Dass solche Ankäufe Strukturprobleme nicht lösen, aber doch akute Krisen bewältigen helfen, ist keine von der EZB erfundene idiosynkratische Theorie. Vor allem aber bleibt die Frage, wie auf das Problem institutionell zu reagieren ist, noch dazu in einer Situation, in der die Bank nicht von einem politischen Prozess in eine bestimmte Richtung gedrängt wird, sondern zwischen zwei Lagern agiert. Ihre Unabhängigkeit infrage zu stellen, weil sie nicht den eigenen Präferenzen folgt, erschiene hier besonders eigenartig. Dies macht aber in der Tat eine gerichtliche Kontrolle des Mandats umso wichtiger.[53]

Eine vierte Ebene der Kritik sei kurz erwähnt. Mit der Einfüh-

49 Harold James, *Making the European Monetary Union*, Cambridge 2012, S. 265 ff.

50 Auch wegen der möglichen inflationären Effekte und der fehlenden Nachhaltigkeit der Wettbewerbseffekte; dazu Paul De Grauwe, *Economics of Monetary Union*, Oxford [10]2014, S. 34 ff.

51 BVerfG, Vorlagebeschluss vom 14. Januar 2014 (2 BvR 2728/13) – *OMT-Programm*; dazu Werner Heun, »Eine verfassungswidrige Verfassungsgerichtsentscheidung – Der Vorlagebeschluss des BVerfG vom 14. 1. 2014«, in: *JuristenZeitung* 69 (2014), S. 331-337.

52 Überblick bei Alexander Thiele, *Das Mandat der EZB und die Krise des Euro*, Tübingen 2013, S. 57 ff.

53 Gerade eben hat das Europäische Gericht eine Regulierung der EZB aufgehoben, RS. T-496/11 – *Vereinigtes Königreich gegen EZB*.

rung der Bankenunion hat die EZB auch wesentliche Funktionen der Bankenaufsicht übernommen.[54] Für diese Art der Regulierung stehen aber nicht dieselben rechtfertigenden Argumente zugunsten eines unabhängigen Verwaltungsvollzugs zur Verfügung wie für die Geldpolitik. Sie bedürfe politischer Aufsicht. Hier zeigt sich, dass das Problem neuer exekutiver Agenden für die EU darin liegt, dass die Beteiligten sich wechselseitig so wenig vertrauen, dass sie allein unabhängigen Institutionen neue Kompetenzen zubilligen wollen[55] – freilich ohne dass die Europäische Kommission noch als eine solche wahrgenommen würde.

2.4 Ein Blick auf die europäische Regulierung

Einer einflussreichen Deutung zufolge privilegiert das institutionelle Arrangement der EU negative gegenüber positiver Integration.[56] Es schafft mitgliedstaatliche Regulierungen aus dem Weg in der Absicht, den gemeinsamen Markt von Beschränkungen zu befreien, ohne dass europäische Regeln folgten. Wo aber sind die nicht regulierten Räume, die Lücken, die die europäische Integration etwa in den deutschen Sozialstaat im weitesten Sinne gerissen hat? Zunächst fällt auf, dass Regulierungsfelder, die mächtigen Mitgliedstaaten wie der Bundesrepublik besonders am Herzen liegen, häufig Gegenstand politischer Kompromissbildung geworden sind, in der die mitgliedstaatlichen Interessen auch da substanziell verarbeitet wurden, wo es um Gegenstände ging, die in vielen anderen Mitgliedstaaten weitergehend als in der Bundesrepublik der Marktlogik unterworfen werden. Zu nennen sind die öffentlich-rechtlichen Rundfunkanstalten, die Buchpreisbindung, die Sparkassen.[57]

54 Überblick: Niamh Moloney, »European Banking Union: Assessing its Risks and Resilience«, in: *Common Market Law Review* 51 (2014), S. 1609-1670.

55 Vauchez, *Démocratiser l'Europe*.

56 Scharpf, »Das Dilemma der supranationalen Demokratie in Europa«, S. 13.

57 Natürlich kann man es als Durchsetzung einer Agenda sehen, wenn die Kommission Veränderungen erzwingt. So spricht Höpner von einer »Unterwerfung« durch die Kommission, die die Front von Landesbanken und Sparkassen spaltete, als sie den öffentlichen Anstaltsstatus, nicht aber die Gewährträgerhaftung bewahrte; Höpner, »Der integrationistische Fehlschluss«, S. 17 unter Hinweis auf Daniel Seikel »Wie die Europäische Kommission supranationales Recht durchsetzt: Der Konflikt um die Liberalisierung des öffentlich-rechtlichen Bankenwesens in Deutschland«, in: *Politische Vierteljahresschrift* 54 (2013), S. 292-316., hier

Das ist für ein Gebilde wie die EU, in dem jedes Zugeständnis an einen Mitgliedstaat Zugeständnisse an alle anderen mit sich bringen kann, keine Bagatelle. Zudem finden sich nicht wenige Politikbereiche, in denen die europäische Rechtsetzung – entgegen dem Narrativ der Bundesrepublik als sozialstaatlichem Musterregulierer – auch für das deutsche Recht überhaupt erst nennenswerte Regulierungen geliefert hat. Dies gilt für Teile des Verbraucherschutzes, für den Schutz vor Diskriminierungen im Arbeitsrecht, für den Datenschutz, ja selbst für das öffentliche Vergabewesen, das durch das Europarecht eben nicht nur dem Markt geöffnet wurde, sondern auch, aus einer deutschen Tradition exekutiver Intransparenz befreit, zu einem Regime werden konnte, mit dessen Hilfe politische Entscheidungen etwa für Umweltschutz oder Antidiskriminierung mit einer öffentlichen Ausschreibung verbunden werden können.

Dass es problematische Formen der De-Regulierung im europäischen Recht gibt, ist unbestritten, schwieriger ist es schon, ihren Ursprung zu verorten. Der Glaube an die Fähigkeiten deregulierter Kapitalmärkte in den 1980er und 1990er Jahren war kein Spezifikum der EU-Kommission. Die Privatisierung von Staatsmonopolen wie Bahn und Telekommunikation wurde in der Tat auch gegen Mitgliedstaaten gerichtlich durchgesetzt, die allerdings vorher Ermächtigungsgrundlagen zugestimmt hatten, aus denen hervorging, was kommen würde. Schließlich sind gerade auf dem Gebiet der Privatisierung sowohl Wirkung als auch Bewertung gemischt. Sie war im Bahnwesen zumeist ein Misserfolg, aber in Deutschland auch deshalb, weil die privatisierte Bahn das Netz behielt und vollständig im Eigentum des Staates blieb. Warum wir uns dagegen eine Rückverstaatlichung der Telekommunikationsstrukturen aus sozialstaatlichen Motiven wünschen sollten, wenn die Möglichkeit besteht und ergriffen wurde, die aus dem Rundfunkrecht kommende Institution der Grundversorgung einzubauen[58] und die Regulierung so sozialstaatlich akzeptabel zu machen, wäre die Frage.

S. 302-305. Ausgerechnet die »staatsmonopolkapitalistischen« Landesbanken, die für einen wesentlichen Teil der budgetrelevanten deutschen Schulden der Krise verantwortlich sind, als institutionelle Opfer darzustellen entbehrt so wenig der Ironie wie ihre funktionale Identifikation mit den Sparkassen.

58 Martin Eifert, *Grundversorgung mit Telekommunikationsleistungen im Gewährleistungsstaat*, Baden-Baden 1998.

Noch diffuser wird das Bild, wenn man den Blick auf andere Mitgliedstaaten lenkt, also eine europäische Perspektive auf die europäische Integration wirft. Wesentliche Unterschiede in der Art des Wirtschaftens sind innerhalb der EU bestehen geblieben, das ist ja gerade das Problem der Euro-Zone.[59] Warum dies so ist, kann die Theorie der negativen Integration schwer erklären. Zugleich sind ganze Regulierungskomplexe wie das Umweltrecht oder das Arzneimittelzulassungsrecht für viele Mitgliedstaaten durch europäische Regelungen erst praktisch relevant geworden. Von negativer Integration ist hier kaum die Rede. Das ganze Narrativ scheint wesentlich davon abzuhängen, wo man den historischen und politischen Normalzustand eines demokratischen Sozialstaates sieht.[60] Dass dies nicht notwendig der Zustand der Bundesrepublik Anfang der 1970er Jahre sein muss, der nach meinem Eindruck einen wichtigen Subtext der deutschen Kritik an der EU darstellt, sollte sich eigentlich von selbst verstehen.

Vielleicht finden sich die Probleme bei den mittelbaren Folgen. So kann man den immensen ökonomischen Druck, unter dem die Bundesrepublik Anfang der 2000er Jahre stand, als Folge des Euro-Beitritts lesen.[61] Aber zwang dieser die Bundesrepublik zur Hartz-Gesetzgebung der zweiten Schröder-Regierung und damit zu einem massiven Liberalisierungsschub? Wiederum stellen sich die Bewertungs- und Zurechnungsprobleme: Lässt sich die Reformagenda der Euro-Struktur zurechnen? Und kann eine politische oder moralische Kritik an den Gesetzen einfach als Grundlage vorausgesetzt werden, ohne dass Erkenntnis nahtlos in Bekenntnis übergeht?[62]

59 Torben Iversen, David Soskice, »A Structural-Institutional Explanation of the Eurozone Crisis«, in: Philip Manow u. a. (Hg.), *Welfare Democracies and Party Politics: Explaining Electoral Dynamics in Times of Changing Welfare Capitalism*, Oxford 2018, S. 257-280; Werner Abelshauser, *Europa in Vielfalt einen. Eine Denkschrift*, Bielefeld 2014.

60 Zu diesem Baseline-Problem: Cass R. Sunstein, *The Partial Constitution*, Cambridge 1993, S. 348 ff.

61 Scharpf, »Das Dilemma der supranationalen Demokratie in Europa«, S. 14 ff.; Wolfgang Streeck, *Gekaufte Zeit. Die vertagte Krise des demokratischen Kapitalismus*, Berlin, S. 151 ff.

62 Umso mehr, wenn nach Hartz die Sozialausgaben stiegen und nicht klar ist, ob die Ungleichheit zunahm; Sven Astheimer, »Mehr als 400 Milliarden Euro für Hartz IV«, in: *Frankfurter Allgemeine Zeitung* vom 23. Dezember 2014, ⟨www.faz.net/-gqg-7xvec/⟩, letzter Zugriff 13. 12. 2024.

Dass der Euro dem deutschen Gesetzgeber keine Alternativen ließ, erscheint schon mit Blick auf die Politik vergleichbarer Mitgliedstaaten wie der Niederlande, die das Problem zu hoher Lohnkosten vor Einführung des Euro zu lösen hatten, ungewiss – so wie die Abstimmung von Sozialhilfe und Arbeitslosenversicherung, deren hoher Symbolwert ja einer der wesentlichen Gründe der Rezeption der Hartz-Gesetze war, schon seit den 1980er Jahren auf der politischen Agenda stand.

Damit besteht die negative Integration nicht in der Schaffung regulatorischer Leerstellen, sondern vielleicht darin, dass wir aus einem so geschaffenen Zustand nicht mehr hinauskommen. Bleibt die Frage, wer »wir« sind und aus welchem Zustand wir hinauswollen. Demokratietheoretisch spricht nichts gegen eine Austrittsdebatte. Nur kann der Austrittswillige nicht behaupten, mit den Kosten von Eintritt und Austritt nichts zu tun zu haben.

3. Demokratische Verantwortung im europäischen Krisengeschehen

3.1 Welche Krisen?

Das Unbehagen am europäischen Integrationsprozess hat viele Ursachen, aber es versteht sich keineswegs von selbst, dass die europäische Integration selbst zu diesen Ursachen zählt. Es gehört zu den häufig übersehenen Selbstverständlichkeiten von Unzufriedenheit und politischem Protest, dass er auch ohne Anlass möglich ist – wie der Protest der Fremdenfeinde in Gegenden ohne Fremde. Zum eigentümlichen Erbe des revolutionären Zeitalters gehört, dass öffentlich geäußerter kollektiver Unmut mit der Vermutung belegt wird, er sei begründet. Dies, obwohl wir wissen, dass die Form informellen Protestes mittlerweile als ein Mittel ohnehin privilegierter Teile der Gesellschaft entdeckt wurde,[63] dass vergleichsweise gut gestellte Mittelschichten also gelernt haben, zu demonstrieren und zu boykottieren. Dies auch, obwohl wir wissen, dass es unbegrün-

63 Armin Schäfer, Harald Schoen, »Mehr Demokratie, aber nur für wenige? Der Zielkonflikt zwischen mehr Beteiligung und politischer Gleichheit«, in: *Leviathan* 41 (2013), S. 94-120.

dete politische Unzufriedenheit gibt, die sich nicht mit politischen Mitteln bekämpfen lässt.

Für die europäische Integration stellt sich damit die Frage, in welchem Verhältnis die Krisen in Europa zu den Institutionen der EU einerseits und zu einer allgemeinen Abneigung gegenüber der europäischen Integration andererseits stehen. Es ist nicht zu bezweifeln, dass die europäische Integration im Moment eine Menge struktureller Probleme hat, die die Bezeichnung »Krise« verdienen und die miteinander zusammenhängen, ohne deswegen aufeinander reduziert werden zu können: vom Komplex der Wirtschafts-, Währungs- und Haushaltspolitik über die erodierenden politischen Zustände in Mitgliedstaaten wie Ungarn, den wachsenden Zulauf fremdenfeindlicher Parteien, den Umgang mit Flüchtlingen bis zur internen Befindlichkeit von Institutionen wie der Kommission. Ob die wachsende Skepsis gegenüber der europäischen Integration selbst als Krise verstanden werden kann, erscheint dagegen zweifelhaft. Unbeliebtheit ist so wenig ein eindeutiger Krisenindikator wie Beliebtheit ein Zeichen institutioneller Gesundheit. Und gerade wenn eine Institution demokratische Legitimation bekommen möchte, sollte sie sich auf Unbeliebtheit einrichten.[64] In der Identifikation von Kritik und Krise begehen Europa-Ideologen, die mehr Integration einfach als die beste Lösung eines einzigen großen Problems verkaufen wollen, und Skeptiker, die ihre eigene Kritik als Zerfallssymptom überschätzen, den gleichen Fehler. Sehen wir uns daher zwei Krisen, die den Namen verdienen, mit Blick auf die politische Verantwortlichkeit etwas genauer an.

3.2 Flüchtlingskrise

Der Tod von nunmehr tausenden Flüchtlingen im Mittelmeer, an der Außengrenze der EU, ist mittlerweile zu einem so geläufigen Vorgang geworden, dass Dauerhaftigkeit und Opferzahl es gestatten mögen, von einer krisenhaften Situation zu sprechen. Die Frage, wer sie zu verantworten hat, ist für die Beschreibung der Europäischen Union von besonderem Interesse.

64 Auch in demokratischen Staaten sind undemokratische, unpolitische Institutionen wie Streitkräfte und Polizei sehr viel beliebter als streitbare Institutionen wie Parlamente und Parteien; vgl. nur Moravcsik, *The Choice for Europe*, S. 232.

Das vergleichsweise geringe Interesse der nationalen Bevölkerungen an den Geschehnissen im Mittelmeer lässt sich, so die Vermutung, gut durch das europäische Migrationsregime erklären, so wie es von den Mitgliedstaaten und deren Völkern gewollt ist. Ausländerrechtlich verläuft die Außengrenze der Bundesrepublik Deutschland heute durch das Mittelmeer. In der politischen Wahrnehmung dagegen bleibt es dabei, die physischen Grenzen des Bundes für politisch primär relevant zu halten. Damit gelingt es zugleich, die Vorteile eines brutalen Grenzregimes, das mehr Tote produziert hat als die DDR, zu erhalten und Sichtbarkeit und Verantwortlichkeit für diese Toten zu externalisieren.

Formell ist dieses Politikfeld in hohem Maße durch die Mitgliedstaaten geprägt.[65] Es handelt sich um intergouvernementale Politik, die typisch intergouvernemental geprägten Zielen folgt. Versuche, die Krise humanitär zu entschärfen, wie durch die erfolgreiche, allein von Italien finanzierte Marineoperation *MARE NOSTRUM*, wurden von den anderen Mitgliedstaaten, namentlich der Bundesrepublik, beendet.[66] Die Begründung der Bundesregierung für den Ausstieg lag darin, keine falschen Anreize für Schlepper zu setzen.[67] An ihre Stelle trat die gemeinsame militärische Operation TRITON, deren Ziel nicht mehr die Rettung von Flüchtlingen aus der Not, sondern nur noch die Überwachung der Küsten ist.[68]

Nun ist es hochzweifelhaft, ob die bundesrepublikanische Öffentlichkeit eine vergleichbare Anzahl von Toten vor der eigenen nationalen Grenze mit dem entsprechenden Gleichmut ertragen

65 Jürgen Bast, »Solidarität im europäischen Einwanderungs- und Asylrecht«, in: Stefan Kadelbach (Hg.), *Solidarität als Europäisches Rechtsprinzip?*, Baden-Baden 2014, S. 19-32.

66 Siehe ⟨www.marina.difesa.it/EN/operations/Pagine/MareNostrum.aspx⟩, letzter Zugriff 13. 12. 2024.

67 Bundesinnenminister Thomas de Maizière: »Mare Nostrum war als Nothilfe gedacht und hat sich als Brücke nach Europa erwiesen«, zitiert nach Martin Anetzberger, »Das Mittelmeer wird wieder unsicherer«, in: *Süddeutsche Zeitung* vom 31. Oktober 2014, ⟨http://sz.de/1.2199997⟩, letzter Zugriff 13. 12. 2024. Dass dies faktisch falsch ist, zeigt der Zahlenvergleich: Nora Marquard, »Flüchtlingspolitik in der EU: Heiliger Sankt Florian, verschon' mein Haus, zünd' and're an!«, in: *VerfBlog* 21. 4. 2015, ⟨https://verfassungsblog.de/fluechtlingspolitik-in-der-eu-heiliger-sankt-florian-verschon-mein-haus-zuend-andre-an/⟩, letzter Zugriff 13. 12. 2024.

68 Anetzberger, »Das Mittelmeer wird wieder unsicherer«.

könnte – so wie es die italienische und die maltesische Öffentlichkeit eben kaum vermögen. Vielmehr stünde schnell ein anderes Grenzregime auf der politischen Agenda. Natürlich wird man bei einer Beurteilung nicht außer Acht lassen können, dass die Entscheidung zur Migration keine solche des Zielstaates ist. Aber die Entscheidung zwischen humanitärer Hilfe mit der Konsequenz, Anreize für mehr Migration zu schaffen, und die Entscheidung für Abschreckung durch Todesfälle liegt allein bei den Mitgliedstaaten der EU. Die politische Verantwortung für die Opfer der Abschreckungspolitik liegt damit auch bei Regierung, Parlament und den Wählerinnen und Wählern. Das bestehende institutionelle Arrangement erscheint angesichts des allgemeinen Unwillens, Flüchtlinge aufzunehmen, und der Furcht vor xenophoben Bewegungen geradezu ideal, wenn es das Problem »löst« und den moralischen Leidensdruck, den die Sichtbarkeit der Opfer schafft, vermeidet. Dieser Zustand wäre ohne die Institutionen der EU nicht zu erreichen. Aber das Arrangement ist von nationalen Politikprozessen intendiert und demokratisch legitimiert. Die EU dient hier - wie nicht selten - als eine Agentur der geplanten Verantwortungsdiffusion nationaler Politik. Sie verwirklicht den Bedarf danach, eine Entscheidung zu treffen, ohne ihre Folgen sehen zu wollen – und die Verantwortung dafür tragen nicht nur Regierungen, sondern auch Wähler.

3.3 Griechenland, die Troika und die demokratische Legitimation

In den Handlungen der Troika aus Europäischer Kommission, EZB und Internationalem Währungsfonds gegenüber den vom Staatsbankrott bedrohten Mitgliedstaaten wie Griechenland wird oft ein dramatischer Verlust an demokratischer Legitimation gesehen. Kritiker haben hervorgehoben, dass hier ein expertokratisches autoritäres Direktorium mit Hilfe von Konditionalitäten weitreichende, klassisch innenpolitische Verteilungsentscheidungen ohne hinreichende Legitimation getroffen hat – Entscheidungen, die sich nicht nur im Nachhinein als wirtschaftspolitisch fehlerhaft erwiesen haben,[69] sondern die dramatische soziale Verwerfungen erzeugten.[70]

69 Der Widerruf des IWF, *Country Report No. 13/156* (Juni 2013).
70 Joseph E. Stiglitz, *A Greek Morality Tale*, 2015, ⟨https://www.project-syndi

Doch kann die berechtigte moralische Empörung über diese Zusammenhänge eine eingehendere Legitimationsanalyse nicht ersetzen. Die technokratische Konstruktion der Troika ist – wie so viele technokratische Agenturlösungen[71] – nicht ohne den politischen Rahmen zu erklären und zu beurteilen, in dem sie eingesetzt wurde. Die Troika ist eine Konstruktion der Geberländer, die aus völkerrechtlichen und politischen Gründen die Kontrolle der Einhaltung ihrer Sparvorgaben nicht selbst übernehmen wollten. Als solche ist sie zwar mit allen Legitimationsmängeln völkerrechtlicher Verträge belastet, aber diese Legitimationsprobleme sind eben ganz andere als die sachlichen der Austeritätspolitik. Die Troika hat als Agentin der Vertragsparteien deren demokratisches Mandat im Rücken. Im deutschen Fall wurde dies – jedenfalls nach der Intervention des Bundesverfassungsgerichts[72] – mit vergleichsweise extensiven parlamentarischen Beteiligungsverfahren ausgestattet.[73] Aus Sicht der normativen Konstruktion des »deutschen Staatsvolks« stellt sich die Troika als Agentur zur Sicherung des Umgangs mit vom deutschen Gesetzgeber erhobenen Steuergeldern dar – eine Sicht, die nicht nur formale Legitimationsstandards beschreiben, sondern auch ein mehrheitsfähiges Sentiment in der Bundesrepublik Deutschland bedienen dürfte. Dabei ist weder zu bestreiten, dass die Schulden nicht die Ursache der Krisen waren, wie sich an Irland zeigt, noch, dass die Zahlungen von Mitgliedstaaten wie Deutschland oder Frankreich an deutsche und französische Banken gehen, während Griechenland zumeist nur die Rolle einer Zahlstelle spielt. All das ändert nichts an der Zurechnung.

Diese wäre fraglich, wenn die Deutschen im Prinzip keine andere Wahl gehabt hätten. So geht Scharpf davon aus, dass unter den Bedingungen der Fehlkonstruktion des Euro-Raums die Austeritätspolitik ökonomisch notwendig sei, wenn man die gemeinsame Währung behalten wolle. Transfers in schwächere Staaten würden nämlich mit wachsenden Löhnen und steigender Nachfrage auch

cate.org/commentary/greece-eurozone-austerity-reform-by-joseph-e--stiglitz-2015-02⟩, letzter Zugriff 13. 12. 2024.

71 Möllers, *The Three Branches*, S. 121-126.

72 BVerfGE 135, 317 – *ESM* [2014].

73 Deirde Curtin, »The Challenge of Executive Dominance in Europe«, in: *Modern Law Review* 77 (2014), S. 1-32.

wieder wachsende Defizite erzeugen[74] und eine zwingende Abwärtsspirale bei Löhnen und Regulierung erzeugen.[75] Freilich lassen sich diese Effekte nicht beobachten, und es ist mehr als ungesichert, warum sie aus der Bindung an eine gemeinsame Währung in einem nicht geschlossenen Wirtschaftsraum entstehen sollten.

All diese Feststellungen betreffen zudem nicht die Frage nach der griechischen Verantwortlichkeit, die von der aktuellen griechischen Regierung gar nicht bestritten wird. Der Zustand der griechischen Staatsfinanzen folgt aus Handlungen des griechischen politischen Prozesses, die man nur mit einem gewissen Maß an Paternalismus irgendwem anders zuweisen kann. Wenn es der griechischen Gesellschaft nicht gelingt, ihren weiterhin vorhandenen immensen privaten Reichtum[76] so zu verteilen, dass Kinder eine angemessene Gesundheitsversorgung bekommen[77] und Flüchtlinge systematisch menschenwürdig behandelt werden,[78] dann wird die Frage, wo genau in diesem verhängnisvollen Zusammenhang die Euro-Krise hineinkommt, alles andere als einfach zu beantworten sein. Die Krise verschärfte Probleme, die schon vorher bestanden und durch die bestehenden Strukturen zumindest mitverursacht wurden. Griechenland wäre – und war – auch ohne den Euro eine vergleichsweise ungerechte Gesellschaft.[79] Natürlich ließe sich weiter fragen, inwieweit die griechische Politik überhaupt demokratisch ist. Aber selbst wenn nicht, wäre die Verantwortung dafür kaum außerhalb Griechenlands zu suchen. Griechenland als gestörte Demokratie zu behandeln, erscheint zudem nicht nur in der Sache zweifelhaft, sondern wäre dann auch als Argument geeignet, der aktuellen Regierung ihr Mandat abzusprechen. Dass die neu gewählte griechische Regierung wegen der Schulden daran scheitern

74 Scharpf, »Das Dilemma der supranationalen Demokratie in Europa«, S. 15.

75 Scharpf, »Political Legitimacy in a Non-Optimal Currency Union«, S. 33 f.

76 Vgl. Europäische Zentralbank, *The Eurosystem Household Finance and Consumption Survey*, 2013, ⟨www.ecb.europa.eu/pub/pdf/scpsps/ecbsp2.pdf⟩, letzter Zugriff 13. 12. 2024. Diese Angaben sind freilich Gegenstand methodischer Kritik geworden, die aber im Ergebnis kaum etwas daran ändern dürfte, dass griechische Privatvermögen hinreichend wären, die Krise zu bewältigen.

77 Alexander Kentikelenis u. a., »Greece's Health Crisis: From Austerity to Denialism«, in: *Lancet* 383 (2014), S. 748-753.

78 EuGH, RS. C-4/11 – *Puid*, EU:C:2013:740.

79 Vergleichende Gini-Koeffizienten unter ⟨https://doi.org/10.2908/TESSI190⟩, letzter Zugriff 13. 12. 2024.

könnte, einen radikalen politischen Wechsel zu beginnen, ist gut vorstellbar. Das spricht politisch dafür, Griechenland Spielräume zu öffnen. Trotzdem ist an dem Umstand, dass diese Spielräume gegenüber den anderen Krisenstaaten schwer zu rechtfertigen sind, nichts Undemokratisches. Selbst wenn zum Beispiel die spanische Regierung im Herbst für ihre Sparpolitik abgewählt wird, hat sie für diese doch zuvor ein demokratisches Mandat besessen.

Legitimationsdefizite entstehen nicht dadurch, dass demokratisch legitimierte politische Organe moralisch falsche Entscheidungen treffen. Dass die Überschuldung mit Konstruktionsfehlern der Euro-Zone und falschen Anreizen zu tun hat, dass diese von Banken ausgenutzt wurden und in einem von Korruption und sozialer Ungleichheit geprägten Umfeld blühen konnten, ist klar. Das entlässt die Griechen aber nicht aus der Verantwortung für Griechenland. Ein wesentlicher Konstruktionsmangel der Euro-Zone liegt darin, dass die gemeinsame Währung für den Fall einer Krise keine Instrumente hat, dass es namentlich keine europäischen Steuererhebungsrechte gibt, um Mittel zur Krisenbekämpfung zu erheben. Das Legitimationsproblem ist so wiederum eines von in sich widersprüchlichen Präferenzen der Mitgliedstaaten, die demokratisch legitimiert zum Ausdruck gekommen sind.

4. Zwei Schlussfolgerungen

4.1 Zurechnung in der EU

Die Krisen der Europäischen Union kennen keinen einheitlichen Verursacher. Aber das weit verbreitete Narrativ einer Verselbstständigung supranationaler Akteure gegenüber dem politischen Willen der Mitgliedstaaten lässt sich nicht halten. Typischer als eine Verselbstständigung der supranationalen Organe erscheint seit längerem eine Bedeutungszunahme machtvoller informaler Intergouvernementalität, bei der sich die Mitgliedstaaten in ihre jeweils demokratisch legitimierten, aber perplexen, mit unerwünschten Nebenfolgen versehenen Ziele verstrickt haben. Diese wollen eine sektorale Europäisierung politischer Entscheidungen, ohne sich gleichermaßen auf die politischen und institutionellen Folgekosten einzulassen und ohne dazu bereit zu sein, die ihrer Zielerreichung gerade im Wege stehende Kontrolle durch nationale politische Prozesse aufzugeben. Ob man hierin auch eine Machtergreifung von Exekutiven gegenüber den Parlamenten sehen will, weil sich dadurch eine parlamentarisch nicht hinreichend kontrollierte mitgliedstaatliche Außenpolitik Bahn bricht, ist eine weitere Frage.[80] Diese Vermutung setzt aber zumindest für parlamentarische Regierungssysteme einen legitimatorischen Gegensatz zwischen Parlament und Regierung voraus, der sich so klar nicht festmachen lässt.[81] Der zutreffende Umstand, dass sich auswärtiges Handeln auch im europäischen Kontext schlechter parlamentarisch kontrollieren lässt, kann jedenfalls nicht einfach mit einer exekutiven Machtergreifung gegen den Willen parlamentarischer Mehrheiten und ihrer Wählerinnen und Wähler gleichgesetzt werden. Die relevanten Zurechnungsalternativen sind damit nicht supranationale Agenturen oder nationale Parlamente, sondern eine europäische Föderation mit supranationalen Einrichtungen oder ein intergouvernementales System mit politisch relevanten Parlamenten.[82]

4.2 Jenseits von moralischer Europäisierungspflicht und kapitalismuskritischem Fatalismus

Dass demokratische Mehrheiten sich irren, ohne dass dies einer Fehlkonstruktion des politischen Prozesses zugerechnet wird, scheint in der zeitgenössischen politischen Theorie schwer denkbar zu sein. Darum fallen in ihr die eigenen politischen Präferenzen so oft mit der wahrhaft demokratischen Lösung zusammen, hinter der sich doch Juristen-, Philosophen- und Soziologenkönige verbergen. Dies macht es so verlockend, nach der »Verselbstständigung« der europäischen Institutionen zu suchen und die Verantwortung der eigenen Legitimationssubjekte zu verdrängen.

Natürlich ist es einfach, vielfache Beschränkungen in der Realität demokratischer Selbstbestimmung zu benennen. Schwieriger wäre es dagegen, ein Modell der Normalität beschränkter politischer Selbstbestimmung zu entwickeln, das zur Kenntnis nimmt,

80 So Curtin, »The Challenge of Executive Dominance in Europe«.

81 Philipp Dann, *Parlamente im Exekutivföderalismus. Eine Studie zum Verhältnis von föderaler Ordnung und parlamentarischer Demokratie in der Europäischen Union*, Berlin 2004; Möllers, *The Three Branches.*

82 Ich danke einem anonymen Reviewer für diese Klarstellung.

wie Selbstbestimmungsanteile in differenzierten Gesellschaften stets exemplarisch und punktuell funktionieren, ohne dass das System darum despotisch wird. Das Problem verliert an Dramatik, wenn man sich darauf einzulassen bereit ist, dass falsche Politik demokratisch legitimierte Politik sein kann. So stellten sich aus der Sicht nationaler Politikprozesse die Flüchtlings- und die Griechenland-Krise dar – als verfehlte, aber demokratisch legitimierte Entscheidungen.

Natürlich sprechen gute Gründe dafür, über diese Zustände hinwegzukommen. Politische Zynismen wie die der Flüchtlingskrise und Dysfunktionalitäten wie die des Euro-Raums bedürfen eines europäisierten demokratischen Prozesses. Aber hat diese Einsicht einen demokratischen Wert? Ebenso unhaltbar wie die Abwertung der nationalen politischen Prozesse zur bloßen Funktion kapitalistischer Marktgesetze erscheint es umgekehrt, Demokratie nur noch als europäische Demokratie denken zu dürfen. So läuft Habermas' mittlerweile abgeschwächte Argumentation[83] doch immer noch darauf hinaus, einerseits einen offenen demokratischen Prozess auf europäischer Ebene zu fordern, um diesem andererseits keine andere Wahl zu geben, als sich *für* die Europäisierung zu entscheiden. Hier wird, wie üblich in der deliberativen Demokratietheorie, Vernunftkriterium und politische Entscheidung in eins gesetzt.

Dass keine demokratische Pflicht zur Vertiefung der europäischen Integration besteht, bedeutet nicht, dass diese schon aus theoretischen Gründen ausgeschlossen wäre. Fritz Scharpf weist in seiner Auseinandersetzung mit Habermas unter Hinweis auf die Demokratietheorie Tom Cristianos darauf hin, dass legitime lokale oder nationale Lebensformen, er nennt beispielhaft den konstitutionellen Schutz der schwedischen Gewerkschaften oder den (teil-)britischen *National Health Service*, durch eine europäische Demokratie nicht geschützt seien.[84] Aber dieses Argument ist überschießend, denn es gilt auch für bayerische Schulkreuze und Dresdner Stollen im Verhältnis zum Bundesgesetzgeber. Es gibt keine Garantie dafür, dass eigene Lebensformen eine demokratische Gemeinschaft überstehen, aber es gibt Vorkehrungen, um sie zu schützen, namentlich Grundrechte und föderale Beteiligungs-

83 Zutreffend bemerkt bei Scharpf, »Das Dilemma der supranationalen Demokratie in Europa«, S. 21.

84 Ebd., S. 22.

strukturen. Dass dieser Schutz in großen heterogenen Föderationen schwächer sein muss als in kleinen Zentralstaaten, erscheint doppelt zweifelhaft. Auf der gesellschaftlichen Seite fällt der Blick auf demokratische Zentralstaaten wie Frankreich. Die Geschichte des französischen Republikanismus ist auch eine Leidensgeschichte minoritärer Lebensformen. Auf der institutionellen Seite haben föderale Strukturen mehr Schutz zu bieten. Es gibt keinen Grund zu der Annahme, dass große Föderationen wie die Indiens oder der USA entweder sozial und politisch weniger heterogen als die EU sind oder *a priori* nicht demokratiefähig. Diese Ordnungen sehen vielmehr in ihrer Heterogenität eine demokratische Tugend.[85] Hier erinnert die Debatte um die EU an die frühneuzeitliche Diskussion um die Vorzüge kleiner und großer Republiken,[86] die die Verfechter der kleinen Republik nicht einfach gewonnen haben.

Umgekehrt müssen aufgeklärte Föderalisten einsehen, dass sich durch Zentralisierung nicht alle Probleme besser lösen lassen. Im Ergebnis wird die falsche Alternative debattiert:[87] Weder ist die Europäisierung demokratisch zwingend geboten,[88] noch ist Europa nicht demokratisierbar.[89] Weder sind die Krisen der EU historisch unerhört, noch muss es deswegen mit der EU ein gutes Ende nehmen. Weder sind die Legitimationsverluste im Prozess der Föderalisierung als Bagatellen abzutun, noch müssen Nationalstaaten in ihrer Organisationsform verharren, um diese Übergänge zu vermeiden.

Wenn Angehörige in einem Mehrebenen-System ihre maßgebli-

85 James Madison, »The Utility of the Union as a Safeguard Against Domestic Faction and Insurrection«, in: Hamilton u. a., *The Federalist Papers*, hg. v. Robert Scigliano, New York 2000 [1787], Nr. 10.; Sunil Khilnani, *The Idea of India*, New York 1999, vielleicht nicht zufällig vorbereitet durch einen liberalen Theoretiker wie David Hume, »Idea of a Perfect Commonwealth«, in: ders., *Selected essays*, Oxford 2008 [1751], S. 301-315.

86 Jacob T. Levy, »Beyond Publius: Montesquieu, Liberal Republicanism, and the Small-Republic Thesis«, in: *History of Political Thought* 1 (2006), S. 50-90.

87 Zuletzt Jürgen Habermas, »Der Demos der Demokratie – eine Replik«, in: *Leviathan* 43 (2015), S. 145-154; Fritz W. Scharpf, »Deliberative Demokratie in der europäischen Mehrebenenpolitik«, in: *Leviathan* 43 (2015), S. 155-165.

88 Habermas, »Warum der Ausbau der Europäischen Union zu einer supranationalen Demokratie nötig und wie er möglich ist«, in: *Leviathan* 42 (2014), S. 524-538; Brunkhorst, *Das doppelte Gesicht Europas.*

89 Grimm, »Über einige Asymmetrien der europäischen Integration«; Scharpf, »Das Dilemma der supranationalen Demokratie in Europa«.

che politische Identität teilweise oben, teilweise unten und teilweise in der Mitte einordnen, wenn sich in Europa manche als Europäer, manche als Schotten und manche als Spanier verstehen, dann versagen Mehrheitsregeln gegenüber der offenen Frage, welches die Ebene ist, auf der eine Mehrheitsentscheidung getroffen werden sollte.[90] Statt einer richtigen Antwort in der Sache kann der demokratische Imperativ dann nur noch darin bestehen, das Institutionengefüge offen zu halten. Diese Offenheit muss natürlich die institutionelle Ermächtigung europakritischer Stimmen einschließen. Soweit selbst eine intergouvernemental gesteuerte Krise zu einer europaweiten politischen Mobilisierung führt[91] und solange das Europäische Parlament der Ort ist, der die politische Europaskepsis besser repräsentiert, als es mitgliedstaatliche Parlamente tun,[92] versteht sich für keine politische Sicht auf Europa mehr von selbst, wo der eigentliche Ort der Demokratie in Europa liegt.

90 Christoph Möllers, »Multi-Level Democracy«, in: *ratio iuris* 24 (2011), S. 247-266.

91 Christian Rauh, Michael Zürn, »Zur Politisierung der EU in der Krise«, in: Martin Heidenreich, *Krise der europäischen Vergesellschaftung? Soziologische Perspektiven*, Wiesbaden 2014, S. 133 ff.

92 Philip Manow, Holger Döring, »Electoral and Mechanical Causes of Divided Government in the European Union«, in: *Comparative Political Studies* 41 (2008), S. 1349-1370.

5. »We are (afraid of) the people«: verfassunggebende Gewalt und konstitutioneller Populismus in der deutschen Verfassungsgeschichte (2007)

Das Bedürfnis, ein System demokratischer Selbstregierung zu organisieren, und die Notwendigkeit, politische Macht in einem System der Kontrolle und des Ausgleichs durch Recht zu bändigen, führen zu Konflikten und Widersprüchen in liberal-demokratischen Verfassungsordnungen. Freilich ist die Existenz solcher Konflikte zwischen demokratischer Macht und Rechtsform nicht unbestritten. Man könnte ihr entgegenhalten, dass es keine demokratische Selbstregierung ohne Rechtsform geben kann.[1] Aber auch wenn man anerkennt, dass Demokratie ohne Recht nicht denkbar ist, bedeutet dies nicht, dass die konstitutionellen Formen der Selbstregierung deckungsgleich mit demokratischer Politik sein müssen. Unter demokratischer Herrschaft wird es immer einen Rest an staatlicher Macht geben, der nicht hinreichend demokratisch legitimiert ist. Umgekehrt lässt demokratisches Regieren stets Raum für eine Ergänzung, einen Überschuss an politischer Praxis, der nicht in Rechtsform überführt werden kann. Man kann diesen Überschuss mit der Unterscheidung zwischen konstitutioneller Form einerseits und Verfassungspopulismus andererseits bezeichnen.

Dazu muss der Begriff des Populismus, der hier nicht pejorativ gemeint ist,[2] verfassungstheoretisch zugeschnitten werden. Verfassungspopulismus ist von Populismus als solchem zu unterscheiden. Gemeint ist damit nicht jede Form politischer Beteiligung, die demokratische Mittel oder Ziele für sich beansprucht. Der Begriff des Verfassungspopulismus bezeichnet vielmehr eine politische Praxis, die sich speziell auf die Verfassung beruft, ohne sich mit der Arbeit ihrer formalen Organisation durch Parlamente und Gerichte zufriedenzugeben. Eine Figur, auf die sich ein solcher Verfassungspopulismus in demokratischen Ordnungen berufen kann, ist die

1 Dies ist ein Punkt einer breit verstandenen kantischen Verfassungstradition, siehe Jürgen Habermas, *Faktizität und Geltung. Beiträge zur Diskurstheorie des Rechts und des demokratischen Rechtsstaats*, Frankfurt/M. 1992.

2 Ernesto Laclau, *On Populist Reason*, London 2005.

der verfassunggebenden Gewalt des Volkes. Kann diese Gewalt, wenn sie die Verfassung gegeben hat, diese auch wieder nehmen? Kann sie gar in die institutionelle Arbeit einer Verfassungsordnung intervenieren? Oder ist die verfassunggebende Gewalt, nachdem sie der Verfassung ihre legitimatorische Grundlage gegeben hat, mit dem Prozess der Verfassunggebung einfach verschwunden, nämlich durch die etablierte Verfassungsordnung konsumiert? Auf diese durchaus schwierigen Fragen will der vorliegende Beitrag keine Antwort geben, sondern erst einmal darauf bestehen, dass sich keine der möglichen Antworten von selbst versteht.[3] In der Sache soll es im Folgenden darum gehen zu analysieren, wie diese Frage in der neueren deutschen Verfassungsgeschichte behandelt wurde.

Um die Mechanismen der verfassunggebenden Gewalt und der konstitutionellen Form in der so spezifizierten Weise mit Blick auf die *deutschen* Verfassungszustände zu verstehen, ist es notwendig, sowohl den theoretischen Diskurs über die verfassunggebende Gewalt als auch dessen institutionellen Kontext zu betrachten. Eine Orientierung alleine an theoretischen Auseinandersetzungen wäre nicht in der Lage, die gesuchte Interaktion zwischen formellem und informellem Konstitutionalismus zu erfassen. Auch wenn sich dieser Beitrag auf die Bundesrepublik Deutschland und ihr Grundgesetz konzentriert, beginnt er mit einem Blick auf die deutsche Verfassungsgeschichte seit Gründung des ersten deutschen Nationalstaates. Daran schließt sich eine Analyse des Grundgesetzes an. Bevor abschließende Schlussfolgerungen gezogen werden können, soll im letzten Teil auf zwei zentrale Themen des Problems für das Grundgesetz eingegangen werden: demokratische Öffentlichkeit und Sozialstaatlichkeit.

Vorgeschichten: Reich, Weimar und Nationalsozialismus

Das Kaiserreich

Während des langen 19. Jahrhunderts war das zentrale verfassungspolitische Thema in Deutschland der institutionelle Konflikt zwischen der monarchischen Exekutive und der demokratischen oder

3 Die beste Kurzbeschreibung des Themas findet sich in Claude Klein, *Théorie et pratique du pouvoir constituant*, Paris 1996, S. 91-113.

quasidemokratischen parlamentarischen Legislative.[4] Als nach 1866 der erste deutsche Nationalstaat gegründet war, erfand sich das deutsche Staatsrecht als eigene Disziplin neu, um nunmehr vermeintlich methodisch losgelöst von historischen oder politischen Kontexten argumentieren zu können.[5] Mit der Reichsgründung war der institutionelle Konflikt zwischen Exekutive und Parlament aber nicht gelöst. Und mit der methodischen Selbstreinigung der Staatsrechtslehre war die Frage, wie sich Legitimationsprobleme theoretisch thematisieren lassen, nicht beantwortet. Die Suche nach einer populistischen Ergänzung der Ordnung und die Schwierigkeit, diese in eine staatstheoretische Begrifflichkeit einzuordnen, blieben erhalten. Auf der einen Seite war die deutsche Nationalstaatsgründung von einer überwältigenden Mehrheit des Volkes gewollt. Sie hatte fast ein ganzes Jahrhundert lang als populäres politisches Projekt fungiert und war auch ein zentrales Ziel der gescheiterten demokratischen Revolution von 1848.[6] Zudem wurde der Entwurf der neuen nationalen Verfassung in einer parlamentarischen Versammlung diskutiert und beschlossen, die aus allgemeinen demokratischen Wahlen hervorgegangen war.[7] Andererseits war das revolutionäre Projekt, die Schaffung eines demokratischen Nationalstaates, insoweit gescheitert, als die verfassunggebende Gewalt des neuen Deutschen Reichs formal bei den Fürsten der deutschen Territorien lag, die das Reich durch Vertrag gegründet hatten. Eine verfassunggebende Gewalt des Volkes gab es nicht.

Der Dualismus zwischen Monarchie und Parlament blieb als zentrales Problem erhalten, während die föderalen Ursprünge des Reiches zugunsten einer nationalen Einheitskonstruktion bald in Vergessenheit gerieten.[8] Für das Konzept des Verfassungspopulis-

4 Ernst-Wolfgang Böckenförde, »Verfassungsprobleme und Verfassungsbewegung des 19. Jahrhunderts«, in: *Juristische Schulung* (1971), S. 560-566; ders., *Recht, Staat, Freiheit: Studien zur Rechtsphilosophie, Staatstheorie und Verfassungsgeschichte*, Frankfurt/M. 1991, S. 244.

5 Siehe Walter Pauly, *Der Methodenwandel im deutschen Spätkonstitutionalismus*, Tübingen 1993, S. 178, 245; Michael Stolleis, *Geschichte des öffentlichen Rechts in Deutschland, Zweiter Band*, München 1992, S. 343 ff.

6 Jörg-Detlef Kühne, *Die Reichsverfassung der Paulskirche. Vorbild und Verwirklichung im späteren deutschen Rechtsleben*, Bonn 1983.

7 Thomas Nipperdey, *Deutsche Geschichte 1866-1918, Zweiter Band*, München 1995, S. 31 ff.

8 Für einen aufschlussreichen Bericht aus einer anderen (schweizerischen) föderalen

mus ist nun wichtig, dass die Verfassungsordnung die demokratischen und monarchischen Elemente der Verfassung in unterschiedlicher Weise formalisierte. Hier ist die Rolle des Reichstags besonders aufschlussreich.[9] Der Reichstag war das erste Parlament in der deutschen Geschichte, das nach demokratischen Standards des allgemeinen Männerwahlrechts gewählt wurde. Aber seine begrenzte Rolle in der Reichsverfassung bedeutete, dass er keine Verantwortung für die Bildung der Regierung übernehmen konnte. Der Reichstag war ein hybrides Gebilde: Er fungierte einerseits als eines der gesetzgebenden Organe und wurde andererseits zur institutionalisierten Opposition, die sich entsprechend der deutschen Parlamentskonzeption als ständiges »gesellschaftliches« Gegenstück zur »staatlichen« Exekutive verstand.[10] Da die Reichstagsdebatten im Zentrum der nationalen politischen Auseinandersetzung standen, war der Reichstag politisch einflussreich. Dieser Einfluss war jedoch informeller Natur und wurde jenseits der Mit-Gesetzgebung nicht durch eine konstitutionelle Form kanalisiert. Der Reichstag hatte politischen Einfluss, aber er regierte nicht.[11] Und keine der im Reichstag vertretenen Parteien, auch nicht die Sozialdemokraten, wollte dies ändern.[12]

Damit war der Reichstag des Kaiserreichs weniger eine Institution demokratischer Selbstregierung als ein quasipopulistisches Organ, das die »Stimme des Volkes« in einer entstehenden Massendemokratie zum Ausdruck brachte – indem es strittige Fragen aufwarf, die Regierung kontrollierte und zensierte –, doch ohne die eigene Rolle so reformieren zu wollen, dass er selbst hätte herrschen können.[13] Demokratische Politik diente in diesem Modell dazu,

Perspektive siehe: Anton Robert Greber, *Die vorpositiven Grundlagen des Bundesstaats*, München 2000, S. 25 ff.

9 Christopher Schönberger, *Das Parlament im Anstaltsstaat*, Frankfurt/M. 1997.

10 Zur entscheidenden Unterscheidung zwischen Staat und Gesellschaft siehe: ebd., S. 79 ff.

11 Der erste Wissenschaftler, der diesen Zusammenhang klar erkannt hat, scheint ein Historiker gewesen zu sein: Otto Hintze, »Das monarchische Prinzip und die konstitutionelle Verfassung«, in: Fritz Hartung (Hg.), *Staat und Verfassung*, Göttingen 1970, S. 349.

12 Christopher Schönberger, »Die überholte Parlamentarisierung. Einflussgewinn und fehlende Herrschaftsfähigkeit des Reichstags im sich demokratisierenden Kaiserreich«, in: *Historische Zeitschrift* 272 (2001), S. 623-666.

13 Für einen Vergleich mit dem Europäischen Parlament siehe: Philipp Dann,

das Handeln der Regierung zu begrenzen, aber nicht dazu, selbst zu regieren. In der deutschen Verfassungspraxis bis zum Ende des Ersten Weltkriegs war für die Idee der parlamentarischen Regierung kein Platz.[14]

Diese institutionelle Unsicherheit spiegelte sich in der akademischen Diskussion wider. Trotz Interesse an den französischen Ursprüngen der Theorie des *pouvoir constituant*[15] gab es praktisch keine zeitgenössische Diskussion über eine demokratische verfassunggebende Gewalt. Radikale Konzeptionen demokratischer Selbstregierung fanden sich in der staatsrechtlichen Debatte vor 1919 so gut wie nicht. Erst nach dem Ersten Weltkrieg begann ein beachtlicher Teil der Staatsrechtswissenschaft, sich für demokratietheoretische Fragen zu interessieren.[16] Das bedeutet nicht, dass das Problem des Verhältnisses von konstitutioneller Form und politischer Legitimation irrelevant war. Solche Fragen wurden nach 1900 immer dringlicher, als die Instabilität des politischen Systems offensichtlicher wurde und der juristische Formalismus eine erste Krise erlebte.[17] Doch standen kaum Begrifflichkeiten zur Verfügung, um sie demokratietheoretisch aufzuarbeiten.

Anschaulich wird diese Lücke in einer berühmten Denkfigur aus dem Werk Georg Jellineks, der »normativen Kraft des Faktischen«.[18] Als Kritiker parlamentarischen Herrschaft[19] nahm Jellinek das Aufkommen der Massendemokratie durchaus wahr und erkannte, dass diese Entwicklung für die Staatstheorie nicht irrelevant sein konnte. Er versuchte, das Problem weder normativ noch institutionell zu

»Looking Through the Federal Lens: The Semi-Parliamentary Democracy of the EU«, in: *Jean Monnet Working Paper* 5/02.

14 Woodrow Wilson, *Congressional Government*, New York 1885.

15 Robert Redslob, *Die Staatstheorien der französischen Nationalversammlung von 1789*, Leipzig 1912; Egon Zweig, *Die Lehre vom Pouvoir Constituant – Ein Beitrag zum Staatsrecht der französischen Revolution*, Tübingen 1909.

16 Siehe zum Beispiel Richard Thoma, »Das Reich als Demokratie«, in: Gerhard Anschütz, Richard Thoma (Hg.), *Handbuch des Deutschen Staatsrechts, Bd. I*, Tübingen 1930, S. 186-200.

17 Siehe Stefan Korioth, »Erschütterungen des staatsrechtlichen Positivismus im ausgehenden Kaiserreich«, in: *Archiv des öffentlichen Rechts* 117 (1992), S. 212-238.

18 Georg Jellinek, *Allgemeine Staatslehre*, Berlin 1905, S. 337 ff.; für eine Analyse siehe: Christoph Möllers, *Staat als Argument*, München 2000, S. 15 ff.

19 Georg Jellinek, *Regierung und Parlament in Deutschland. Geschichtliche Entwicklung ihres Verhältnisses*, Leipzig 1909.

lösen, sondern behandelte es auf einer quasisozialpsychologischen Ebene. Mit der Figur der normativen Kraft des Faktischen entwarf er ein Modell von Normen, das das Erfordernis von Akzeptanz integrierte, ohne diesem eine institutionalisierte demokratische Form geben zu wollen. Einerseits konnte ein Staat nicht einfach von oben regieren, ohne sich auf die Verhältnisse der Regierten einzulassen, andererseits folgte daraus aber kein Gebot zur Politisierung oder gar Demokratisierung der Normerzeugung. Der Jurist Jellinek erkannte die Notwendigkeit, Fragen der Legitimität anzusprechen, bot als Lösung aber nur ein sehr allgemeines Modell der notwendigen informellen Akzeptanz von Normen an. Seine politische Skepsis gegenüber dem Parlamentarismus einerseits und seine methodologische Vorliebe für den Formalismus andererseits führten dazu, die Frage der Legitimation aus der Theorie politischer Institutionen hinauszunehmen und als allgemeines Akzeptanzproblem von Normen zu entpolitisieren. Die Idee der normativen Kraft des Faktischen kann so auch als theoretischer Ausdruck eines vordemokratischen Verfassungspopulismus verstanden werden.

Die Weimarer Republik

Die Weimarer Republik entstand aus einer demokratischen Revolution. Diese Revolution warf die Frage auf, welcher Teil des bestehenden institutionellen Gerüsts über Bord geworfen und welcher bestehen bleiben sollte. In einer in Deutschland gängigen, aber nicht selbstverständlichen Unterscheidung ließ sich die Struktur, die blieb, als »Staat« bezeichnen, das, was sich veränderte, aber als »Verfassung«. So konnte jede Kritik an der Legitimität der Weimarer Republik zwischen dem überlieferten deutschen Staat und seinem ihm nicht angemessenen normativen Gewand, der Weimarer Reichsverfassung, unterscheiden.[20] Die Einführung der demokratischen Weimarer Reichsverfassung war damit von vornherein das weniger fundamentale Ereignis als die Reichsgründung. Kritik an der Verfassung war nicht unbedingt Kritik an der politischen Gemeinschaft. Der Geist der Bismarck'schen Staatseinigung

20 Siehe Peter C. Caldwell, *Popular Sovereignty and the Crisis of German Constitutional Law*, Durham 1997, S. 13 ff. Für die Anspielung auf das Gewand siehe die antisemitische Karikatur von Hugo Preuß, der als jüdischer Schneider der Germania ein Kleid anmisst, das ihr nicht passt, auf der Titelseite.

diente damit auch als Legitimitätsreserve für Gründungserzählungen.

Obwohl die Trägerschaft der verfassunggebenden Gewalt nunmehr von der dynastischen Legitimation der deutschen Fürsten auf das deutsche Volk übergegangen und die Verfassunggebung durch die Weimarer Nationalversammlung so überzeugend demokratisch legitimiert war wie keine Verfassunggebung in Deutschland vor oder nach ihr, blieb das Problem von konstitutioneller Form und Populismus nicht nur erhalten, sondern verschärfte sich. Der kaiserreichliche Dualismus von regierenden monarchischen und populistisch-demokratischen Institutionen erfuhr im demokratischen Rahmen der Weimarer Verfassung eine spezifische Wendung.[21] Die Weimarer Verfassung replizierte die Struktur der doppelten dynastischen und demokratischen Legitimation des Kaiserreichs in einer Doppelung des demokratischen Elements. Einerseits etablierte sie formelle demokratische Institutionen, insbesondere das Parlament und die parlamentarische Verantwortung der Regierung. Andererseits war es für die Gestalter der Weimarer Verfassung, namentlich für Hugo Preuß, offensichtlich, dass die verbreitete antiparlamentarische Stimmung eine institutionelle Antwort im demokratischen Rahmen erforderte. Dies ist der Grund für den Dualismus der Weimarer Verfassung, der neben dem repräsentativen Parlamentarismus die plebiszitären Elemente der Direktwahl des Reichspräsidenten und der Volksabstimmung einführte. Es ist bemerkenswert, wie schnell der demokratische Populismus – mit seiner Tendenz zur grundsätzlichen Opposition gegen die konstitutionellen Institutionen – in den Institutionen selbst ankam. Bereits 1920 verloren die drei Parteien, die das parlamentarische Regierungssystem in der Nationalversammlung durchgesetzt hatten, für den gesamten Rest der Weimarer Republik ihre Mehrheit im Parlament. Und 1925 wurde mit Hindenburg ein Mann in demokratischer Wahl zum Reichspräsidenten gewählt, der den Parlamentarismus ablehnte und der eben nicht die Weimarer Verfassung, dafür aber sehr wohl den 1918/19 besiegten deutschen Staat symbolisierte. Der Reichspräsident, der oft als »Ersatzkaiser« bezeichnet wurde,[22] hatte ein

21 Für eine historische Darstellung der Demokratie in der Weimarer Republik siehe: Christopher Gusy (Hg.), *Demokratisches Denken in der Weimarer Republik*, Baden-Baden 2000.

22 Das 1871 geschaffene Amt des deutschen Kaisers war kein traditionelles dynasti-

Amt inne, dessen demokratische Legitimität dabei half, die Legitimität der parlamentarischen Institutionen infrage zu stellen.

Es war daher kein Zufall, dass sich die sehr heterogene Verfassungsdiskussion der Weimarer Republik um die Unterscheidung zwischen der konstitutionellen Form und der Legitimität der Verfassung drehte. Nicht allen Beiträgen ging es dabei um die verfassunggebende Gewalt: Rudolf Smend ist ein Beispiel für einen einflussreichen Verfassungstheoretiker, der über die Legitimität der Weimarer Verfassung kritisch nachdenkt, ohne sich für demokratische Kategorien zu interessieren.[23] Die beiden zentralen Weimarer vertraten in der Debatte um Rechtsform und informelle Legitimität dagegen gegensätzliche theoretische Optionen, die sich auf demokratietheoretische Kategorien berufen konnten: Hans Kelsen und Carl Schmitt.[24] Schmitts Kritik am Parlamentarismus der Weimarer Verfassung verweist immer wieder auf deren demokratischen Charakter. Schmitt unterstellt eine überlegene Legitimität des Reichspräsidenten als Konsequenz seiner direkten demokratischen Legitimation. Diese steht bei ihm in scharfem Kontrast zum undemokratischen Liberalismus des Parlamentarismus.[25] Schmitts Begriff der Verfassung als »politische Grundentscheidung eines Volkes«[26] impliziert, dass die Legitimität der politischen Praxis aus dem Sinn dieser konkreten Verfassungsentscheidung abgeleitet werden muss. Diese kann dann auch gegen den Verfassungstext und die institutionelle Praxis gewendet werden. Die Entscheidung für die Demokratie in der Weimarer Verfassung kann als Entscheidung gegen den Parlamentarismus interpretiert werden, weil die verfassunggebende Gewalt des Volkes in der materiellen Entscheidung für die Demokratie präsent bleibt. Die politische Unbeliebtheit der

sches Amt (wie das des preußischen Königs), sondern eine Ad-hoc-Konstruktion mit cäsaristischem oder napoleonischem Charakter: siehe Elisabeth Fehrenbach, *Wandlungen des deutschen Kaisergedankens 1871-1918*, München 1969.

23 Siehe Rudolf Smend, *Verfassung und Verfassungsrecht*, München 1928.

24 Für eine Analyse der philosophischen Dimensionen ihrer Meinungsverschiedenheiten in der Frage der verfassunggebenden Gewalt siehe: Hans Lindahl, »Constituent Power and Reflexive Identity: Towards an Ontology of Collective Selfhood«, in: Martin Loughlin, Neil Walker (Hg.), *The Paradox of Constitutionalism: Constituent Power and Constitutional Form*, Oxford 2008, S. 9-24.

25 Siehe Carl Schmitt, *Die geistesgeschichtliche Lage des heutigen Parlamentarismus*, Berlin 1923.

26 Carl Schmitt, *Verfassungslehre*, Berlin 1928, S. 12 ff.

Weimarer Verfassung ist also im Namen der Demokratie ins Verfassungsrecht zu übersetzen, so dass beispielsweise die Notstandsbefugnisse des Reichspräsidenten weit auszulegen sind.

Kelsens Ansatz argumentiert umgekehrt. Aus seiner Theorie der Grundnorm folgt, dass die Verfassunggebung ein Ereignis darstellt, das vollständig außerhalb der Rechtsordnung stattfindet.[27] Die verfassunggebende Gewalt ist eine historische, politische oder soziologische Kategorie, für die im Verfassungsrecht kein Platz ist. Im Recht unter Berufung auf die Demokratie zu argumentieren, bedeutet, politische Motive unter dem Deckmantel eines juristischen Arguments zu verfolgen. Die systematisch zentrale Rolle des Parlaments in der Weimarer Verfassung ist die ultimative Antwort auf die Frage nach der Legitimität der Ordnung.

Ein erheblicher Teil der theoretischen Diskussion in der Weimarer Republik – nicht nur Schmitt, sondern auch linke Theoretiker wie Hermann Heller[28] – unterscheidet gegen Kelsen zwischen Demokratie und Parlamentarismus und wendet den Hinweis auf die demokratische Legitimation argumentativ gegen den Wert parlamentarischer Repräsentation. Die Entscheidung der demokratischen verfassunggebenden Gewalt für ein demokratisches System bekommt dabei eine konkrete rechtliche Relevanz: Die Spannung zwischen verfassunggebender Gewalt und konstitutioneller Form darf durch populistische Institutionen, insbesondere durch die Identifikation der formlosen demokratischen Öffentlichkeit mit charismatischen Personen[29] und dem Einsatz von Volksabstimmungen, aufgelöst werden. Da die Weimarer Verfassung für unterschiedliche Formen der demokratischen Mitbestimmung offen war, kann Schmitt die autoritäre Phase parlamentsloser Herrschaft der Exekutive nach 1930[30] als Ausdruck eines legitimen demokratischen Misstrauens gegenüber den parlamentarischen Institutionen interpretieren.

27 Hans Kelsen, *Allgemeine Staatslehre*, Berlin 1925.

28 Hermann Heller, »Politische Demokratie und soziale Homogenität«, in: Christoph Müller, u. a. (Hg.), *Gesammelte Schriften, Zweiter Band*, Tübingen 1992, S. 421.

29 Siehe Detlev J. K. Peukert, *Die Weimarer Republik*, Frankfurt/M. 1987, S. 215 ff.

30 Dazu Christoph Möllers, »Das Parlamentsgesetz als demokratische Entscheidungsform in Weimar – Ein Beitrag zur Institutionenwahrnehmung der Weimarer Republik«, in diesem Band.

Man muss vorsichtig sein, wenn man den Nationalsozialismus in diesen Beschreibungsrahmen einbeziehen will. Die nationalsozialistischen Institutionen und ihr Umgang mit der Frage der Legalität staatlichen Handelns werfen die grundlegende Frage nach der Verfassungsfähigkeit von totalitären Systemen auf, die hier nicht geklärt werden kann. Anstelle einer eingehenderen Analyse sollen zwei Beobachtungen genügen:

Der frühe Nationalsozialismus bezeichnete sich selbst als dynamisches und demokratisches System, und schon angesichts der politischen Mobilisierungsfähigkeit der Nationalsozialisten war diese Selbstbeschreibung keineswegs nur als Zynismus zu verstehen. Zudem war die Weimarer Demokratietheorie eben offen für nichtparlamentarische Formen der Demokratie. Kategorien wie Volksgemeinschaft und Homogenität, die in der nationalsozialistischen Propaganda weit verbreitet waren, hatten bereits im Weimarer Verfassungsdiskurs einen Platz.[31]

Eines der Erkennungsmerkmale des Nationalsozialismus war sein ambivalenter Umgang mit der Rechtsform. Das nationalsozialistische System verstand sich als revolutionäre Bewegung, die den Liberalismus und Formalismus der Weimarer Republik überwinden wollte. Gleichzeitig war das System bereit, sich der Rechtsform zu bedienen, wenn ein direktes politisches Eingreifen nicht notwendig erschien,[32] sowohl, um sich selbst institutionell zu entlasten als auch um die Akzeptanz konservativer Funktionseliten zu gewinnen. Das Verhältnis zwischen Rechtsform und politischer Zielsetzung war also nicht abschließend geklärt, nicht zuletzt auch, weil die Umgehung des Legalismus nicht nur als legitim, sondern auch als legal konstruiert werden konnte. Die Konstruktion eines »Führerprinzips« erlaubte die Etablierung eines permanenten revolutionären Subjekts, das sich auf das deutsche Volk als Quelle der eigenen Legitimität berufen konnte und an das, soweit es opportun erschien, auch eine formalisierte Legalität anschließen konnte.

Zwischen der Reichsgründung und der Niederlage des Nationalsozialismus war die Idee einer demokratischen verfassunggebenden

31 Oliver Lepsius, *Die gegensatzaufhebende Begriffsbildung*, München 1994.

32 Ernst Fraenkel, *Der Doppelstaat. Recht und Justiz im »Dritten Reich«*, Frankfurt/M. 1974 [1941].

Gewalt – wie das gesamte Konzept der demokratischen Verfassung überhaupt – auf den ersten Blick nicht zentral für den deutschen Verfassungsdiskurs. Doch wurden Fragen der verfassungsrechtlichen Legitimität und der Akzeptanz der politischen Ordnung spätestens in der zweiten Hälfte des Kaiserreichs diskutiert. Sowohl aus politischen als auch aus methodischen Gründen verfügte die Rechtswissenschaft des Kaiserreichs aber über keine demokratietheoretischen Kategorien, um die Unterscheidung zwischen konstitutioneller Form und legitimer politischer Macht zu erfassen. Und obwohl der Weimarer Diskurs eine Vielzahl ganz verschiedener Verfassungstheorien hervorbrachte, die den Anspruch erhoben, auf einem demokratischen Fundament zu beruhen, blieb die Gegenüberstellung zwischen parlamentarischer Herrschaft und demokratischem Populismus ein wesentliches Merkmal der Debatte. Der demokratische Populismus war in der Weimarer Verfassung kein bloßer Protestpopulismus, sondern er verfügte über verfassungsmäßige Institutionen, um sich auszudrücken. Der revolutionäre Beginn des Nationalsozialismus konnte daher auch als Sieg eines demokratischen Verfassungspopulismus über den Formalismus der Weimarer Republik verstanden werden.

Die Bundesrepublik Deutschland

Die Entscheidung für den Legalismus und die Popularität der Verfassungsgerichtsbarkeit

Nach 1945 hatten die beiden deutschen Staaten keine grundlegende institutionelle Wahl. Für den westlichen Teil waren die zentralen Bestandteile des neuen Grundgesetzes, das parlamentarische Regierungssystem, eine schwache Position des Bundespräsidenten und ein starker Schutz individueller Rechte, durch die Alliierten weitgehend vorgegeben. Hier entstand ein für die deutsche Verfassungskultur der Nachkriegszeit[33] charakteristischer Legalismus,[34]

33 Wenn im folgenden Text von Deutschland nach 1945 die Rede ist, bezieht sich das zunächst auf Westdeutschland.

34 M. Rainer Lepsius, »Institutional Structures and Political Culture«, in: Herbert Döring, Gordon Smith (Hg.), *Party Government and Political Culture in Western Germany*, London 1982, S. 116-129, hier S. 124ff.

der die neue Verfassung als justiziable Rechtsnorm verstand und mit politischen Modellen des Konstitutionalismus wenig anfangen konnte und kann.[35] Die juridische Formalität des deutschen Nachkriegsverfassungsrechts wurde durch eine einzigartig starke gerichtliche Kontrolle und durch die Monopolisierung demokratischer Legitimation in den Parlamentswahlen institutionalisiert. Das Grundgesetz schaffte die populistischen Institutionen der Weimarer Verfassung – Volksabstimmung und Direktwahl des Staatsoberhaupts – bewusst ab.

Sieht man, wie das Grundgesetz historisch entstanden ist, so hätte es nahegelegen, die Verfassunggebung als föderalen Prozess zu verstehen.[36] Die Westalliierten bestanden auf einem föderalen System, und die Nachkriegsentwicklung folgte einem föderalen Weg, in dem die Länder vor dem Bund entstanden und den Parlamentarischen Rat konstituierten, der das Grundgesetz kodifizierte und in einem föderalen Ratifikationsverfahren in Geltung setzte. Die Idee einer föderalen verfassunggebenden Gewalt blieb jedoch nur in Bayern lebendig. Die Art, wie die Verfassunggebung im Folgenden betrieben wurde, erinnert dagegen deutlich an die Entwicklung im Kaiserreich: Ein formal föderaler Verfassungsprozess wurde von einer stark unitarischen nationalen Verfassungsidentität begrifflich und symbolisch absorbiert.[37] Die Verfassungspraxis und die wissenschaftliche Theorie der verfassunggebenden Gewalt lehnten eine föderale Rekonstruktion der Verfassunggebung ab und erklärten das »deutsche Volk« zum Schöpfer des Grundgesetzes. Die gemeinsame nationale Erfahrung des verlorenen Krieges, die eher künstliche Konstruktion der neuen Länder und das Fehlen eines föderalen Bewusstseins schon vor 1933 legten diese Konstruktion nahe. Mit den historischen Realitäten hatte sie nichts zu tun.

Wenn aber die föderale Option nicht von Interesse war, welche Legitimation hatte dann das neue Grundgesetz? Wie war seine Entstehung mit Blick auf die Theorie der verfassunggebenden Gewalt

35 Die Verfassung also eher als »Anwaltsvertrag denn als Laiendokument« versteht, so die Formel bei Franklin D. Roosevelt, »*Address on Constitution Day*«, Washington D. C., 17. September 1937.

36 Siehe dazu auch Christoph Möllers, »Der deutsche Traum von der französischen Souveränität«, in diesem Band.

37 Stefan Oeter, *Integration und Subsidiarität im deutschen Bundesstaatsrecht*, Tübingen 1998.

des Volkes zu verstehen? Eine typisch konservative akademische Antwort auf diese Frage verwies fünf Jahre nach Verabschiedung des Grundgesetzes auf dessen allgemeine politische Akzeptanz, die sich in der hohen Wahlbeteiligung bei den Bundestagswahlen widerspiegele.[38] Offensichtlich bietet diese Feststellung keine befriedigende Antwort auf die Frage. Das Problem der verfassungsrechtlichen Legitimität war aber eben auch kein Thema von allgemeinem Interesse, weder in der Wissenschaft noch in der Öffentlichkeit, und wurde es im weiteren Verlauf der Geschichte der Bundesrepublik auch nicht mehr.

Diese Beobachtung lässt sich kaum besser illustrieren als mit dem Hinweis auf das weitgehende Fehlen einer Diskussion über die Legitimität des Bundesverfassungsgerichts.[39] Bis heute gibt es so gut wie keine wissenschaftliche Auseinandersetzung über die Rechtfertigung verfassungsgerichtlicher Kontrolle der Gesetzgebung, obwohl das Bundesverfassungsgericht als das wohl mächtigste Verfassungsgericht in Europa noch an Bedeutung für die gesamte Ordnung gewonnen und in vielen politisch umstrittenen Fragen wie Abtreibung, Religionsausübung in öffentlichen Schulen, europäischer Integration oder Verschuldungsgrenzen interveniert hat. Entscheidungen des Bundesverfassungsgerichts werden wissenschaftlich kritisiert,[40] doch beschränkt sich diese Kritik bis heute zumeist auf den Rahmen der Verfassungsauslegung, manchmal vorsichtig ausgedehnt auf die Frage nach der Funktionsfähigkeit der gerichtlichen Kontrolle. Die Diskussion erreicht dagegen nur sehr selten die viel diskutierte Frage der Legitimation eines Gerichts, das Mehrheitsentscheidungen aufheben kann.[41] Die über-

38 Hans Schneider, »Fünf Jahre Grundgesetz«, in: *Neue Juristische Wochenschrift* (1954), S. 937-945. Zu Schneider siehe: Frieder Günther, *Denken vom Staat her*, München 2004; Hans Peter Ipsen, »40 Jahre Grundgesetz der Bundesrepublik Deutschland«, in: *Jahrbuch des öffentlichen Rechts der Gegenwart* 38 (1989), S. 1-43, hier S. 9; Michael Kloepfer, »Zur historischen Legitimation des Grundgesetzes«, in: *Zeitschrift für Rechtspolititk* 57 (1983), S. 57-59.

39 Christoph Möllers, »Zur Theorie verfassungsgerichtlicher Kontrolle – eine kritische Einführung«, in diesem Band. Ein Versuch, diese Lücke zu füllen, war Matthias Jestaedt, Oliver Lepsius, Christoph Möllers, Christoph Schönberger, *Das entgrenzte Gericht*, Berlin 2013.

40 Richard Häußler, *Der Konflikt zwischen Bundesverfassungsgericht und politischer Führung*, Berlin 1994.

41 Ausnahmen sind fast immer von den amerikanischen Debatten inspiriert: Ulrich

wältigende Dominanz textbezogener oder auf Abwägung setzender methodischer Zugänge zum materiellen Verfassungsrecht lieferte keine Begriffe für eine solche Debatte. Institutionell blieb das deutsche Verfassungsrecht unter dem Grundgesetz weitgehend sprachlos. Die ambivalente Erfahrung des Weimarer Verfassungsdiskurses schien eine Lehre zu sein: Man halte sich an den Verfassungstext oder entwickele Modelle, die sich klar von politischen Theorien unterscheiden.[42] Dieses Desinteresse an Fragen der Legitimität verfassungsrechtlicher Institutionen passt auch zur allgemeinen politischen Atmosphäre: Das Bundesverfassungsgericht ist seit seiner Gründung die beliebteste Regierungsinstitution in Deutschland.[43] Auch in Momenten, in denen das Gericht auf direkten Konfliktkurs mit politischen Mehrheiten geriet, wie in den 1970er Jahren, kam keine grundlegende Kritik an der Verfassungsgerichtsbarkeit auf.[44] Man könnte auch sagen: Der Verfassungspopulismus wanderte vom Reichspräsidenten zum Verfassungsgericht.[45] Die verfassunggebende Gewalt nahm die konstitutionelle Form zu ihrem Ideal und machte jeden Konflikt zwischen verfassungsmäßiger Gewalt und konstitutioneller Form unsichtbar.

Verfassunggebende Gewalt als Auslegungsproblem: Art. 146 GG

Der Umstand, dass die Frage nach der Legitimität der grundgesetzlichen Ordnung (oder, anders gefasst, nach der Präsenz der verfassunggebenden Gewalt des Grundgesetzes) durch die konstitutionelle Form der gerichtlichen Kontrolle quasi geschluckt wurde, ist, wie gesehen, eng mit dem Erfolg der Methoden des verfassungsrecht-

R. Haltern, *Verfassungsgerichtsbarkeit, Demokratie und Mißtrauen*, Berlin 1998; Jörg Riecken, *Verfassungsgerichtsbarkeit in der Demokratie*, Berlin 2003.

42 Bernhard Schlink, »Die Entthronung der Staatsrechtswissenschaft durch die Verfassungsgerichtsbarkeit«, in: *Der Staat* 28 (1989), S. 161-172.

43 Helmut Schulze-Fielitz, »Wirkung und Befolgung verfassungsrechtlicher Entscheidungen«, in: Peter Badura, Horst Dreier (Hg.), *Festschrift 50 Jahre Bundesverfassungsgericht*, Tübingen 2001, S. 385-420.

44 Eine bemerkenswerte Ausnahme ist: Ulrich K. Preuß, *Die Internalisierung des Subjekts*, Frankfurt/M. 1974.

45 Zur Idee des judicial populism jetzt Florian Meinel, »The Merkel Court: Judicial Populism since the Lisbon Treaty«, in: *European Constitutional Law Review* 19(1) (2023), S. 111-140.

lichen Textualismus und der Abwägung verbunden.[46] Textualismus und Abwägung verfassungsrechtlicher Werte waren die Mittel, mit denen die politischen Kräfte eines Legitimationsdiskurses an das Verfassungsgericht gebunden werden konnten, ohne institutionelle Fragen aufzuwerfen. Die Dominanz solcher Auslegungsmethoden ergab sich auch daraus, dass theoretische Kategorien im Grundgesetz positiviert wurden und dadurch Legitimationsfragen mit der verfassungsrechtlichen Kontrolle verknüpft werden konnten. Beispiele hierfür sind die Kodifizierung einer materiellen Verfassung in der »Ewigkeitsklausel« des Art. 79 Abs. 3 GG, die Kodifizierung der Rolle der politischen Parteien (Art. 21 Abs. 1 GG) und das nachträglich hinzugefügte, in seiner Bedeutung rätselhaft gebliebene Widerstandsrecht (Art. 20 Abs. 4 GG).

Dies gilt auch für die verfassunggebende Gewalt selbst. Das Grundgesetz beruft sich nicht nur in seiner Präambel auf seine – wie gesehen historisch zweifelhafte – demokratische Entstehung, sondern regelt in Art. 146 GG auch seine mögliche Ablösung durch die verfassunggebende Gewalt des deutschen Volkes. Art. 146 GG ist nur aus der Konstellation der offenen deutschen Frage nach dem Krieg verständlich und sollte den provisorischen Charakter des Grundgesetzes verarbeiten, das eben nur für den westlichen Teil Deutschlands galt. Obwohl Art. 146 GG auf einen demokratischen Prozess der Wiedervereinigung abzielte, geriet auch diese sehr begrenzte Funktion im Kontext der deutschen Teilung bald in Vergessenheit. Obwohl sie nie angewandt wurde, erfüllte sie fast unbemerkt doch eine Funktion: Indem sie das grundlegende Problem der Legitimation der Verfassungsordnung in den Verfassungstext integrierte, schloss sie es aus, ebendiese demokratische Legitimation des Grundgesetzes mit verfassungstheoretischen Begriffen in Frage zu stellen. Der Verfassungsdiskurs wurde entpolitisiert und in die Form der Verfassungsinterpretation gebracht.

Dies zeigt sich deutlich an der staatsrechtswissenschaftlichen Auseinandersetzung mit der Figur der verfassunggebenden Gewalt in der Bundesrepublik.[47] In dieser blieb weitgehend unbestritten,

46 In einer späteren Publikation wurde das glücklich als »*value formalism*« bezeichnet: Michaela Hailbronner, *Traditions and Transformations: The Rise of German Constitutionalism*, Oxford 2015.

47 Repräsentative Autoren sind: Udo Steiner, *Verfassunggebung und verfassunggebende Gewalt des Volkes*, Berlin 1966, S. 220ff.; Dietrich Murswiek, *Die verfassung-*

dass die rechtliche Relevanz der Idee einer verfassunggebenden Gewalt das Ergebnis ihrer Kodifizierung im Grundgesetz war.[48] Wir haben bereits gesehen, dass die Frage nach der Legitimität des Grundgesetzes mit einer Kombination aus politischem Pragmatismus und dem Glauben an den Nutzen verfassungsgerichtlicher Kontrolle beantwortet (oder zum Verschwinden gebracht) wurde. Diese Lösung implizierte auch die Annahme, dass die verfassunggebende Gewalt mit dem Zustandekommen des Grundgesetzes endete. Mit der Schaffung der Verfassung hörte das verfassunggebende Subjekt auf zu existieren.

Die damit verbundene Immunisierung des deutschen Verfassungsrechts gegenüber der Idee einer verfassunggebenden Gewalt oder anderen Formen der Legitimitätskritik wird noch deutlicher, wenn man eine der wenigen diskutierten Auslegungsfragen zu Art. 146 GG betrachtet: die Frage, ob das Handeln der verfassunggebenden Gewalt an die Grundsätze der Ewigkeitsklausel des Art. 79 Abs. 3 GG gebunden ist. Wie gesehen, setzt diese Verfassungsänderungen rechtliche Grenzen: Der *pouvoir constitué*, die verfassungsändernde Gewalt, im Grundgesetz eine qualifizierte Mehrheit von Bundestag und Bundesrat, ist nicht berechtigt, das Grundgesetz in einer Weise zu ändern, die bestimmte seiner Grundprinzipien wie die Menschenwürde oder das Demokratieprinzip aushebelt. Ein erheblicher Teil der Lehre geht davon aus, dass auch die verfassunggebende Gewalt des Volkes nach Art. 146 GG an die grundlegenden Normen des Art. 79 Abs. 3 GG gebunden ist.[49] Der Verrechtlichung der verfassunggebenden Gewalt sind damit keine Grenzen gesetzt: Auch der revolutionäre Akt der Verfassunggebung hat sich an die

gebende Gewalt nach dem Grundgesetz für die Bundesrepublik Deutschland, Berlin 1978, S. 143 ff.

48 Josef Isensee, *Das Volk als Grund der Verfassung*, Opladen 1995, S. 43 ff.; Josef Isensee, »Schlußbestimmung des Grundgesetzes: Art. 146 GG«, in: Josef Isensee and Paul Kirchhof (Hg.), *Handbuch des Staatsrechts, Band XII*, Heidelberg 1993, § 166 Rn. 46; Gerd Roellecke, »Verfassunggebende Gewalt als Ideologie«; in: Otto Depenheuer (Hg.), *Gerd Roellecke – Aufgeklärter Positivismus*, Heidelberg 1995, S. 149-164, hier S. 152, 160 ff.; Ulrich Scheuner, »Art. 146 GG und das Problem der verfassunggebenden Gewalt«, in: *Die öffentliche Verwaltung* (1953), S. 584; Friedrich Müller, *Fragment (über) Verfassunggebende Gewalt des Volkes*, Berlin 1995, S. 11, 85.

49 Eine kritische Darstellung des Meinungsstandes bei Horst Dreier, in: ders. (Hg.), *Grundgesetz, Bd. 3*, Tübingen [2]2000, Art. 146 Rn. 33.

Prinzipien von Demokratie, Rechtsstaatlichkeit, Sozialstaatlichkeit und Föderalismus zu halten – wobei nicht feststellbar ist, wer in einer solchen Situation über eine Verfassungsfrage entscheiden könnte. Obwohl dieser Umgang mit Art. 146 GG umstritten ist, zeigt gerade diese Diskussion, wie sehr sich der Diskurs zwischen Legitimität und Rechtsform in Richtung Rechtsform neigt und wie dringlich die Notwendigkeit empfunden wird, jeden Ausdruck von demokratischer Selbstherrschaft außerhalb repräsentativer Politik zu umgehen. Erst wurden die politischen Gefahren der Figur der verfassunggebenden Gewalt durch ihre Aufnahme in den Text gebannt, dann wurde der Text durch die Doktrin bedeutungslos gemacht.

Obwohl Hans Kelsen im deutschen Staatsrecht bis in die 1990er Jahre als *auteur maudit* behandelt und auch als leer oder überformalistisch sowie nicht mit selten antisemitischen Untertönen denunziert wurde,[50] argumentierte der Mainstream-Ansatz der deutschen Doktrin zutiefst kelsenianisch,[51] freilich ohne dies mit seiner Hilfe theoretisch zu fundieren.

Es ist kein Zufall, dass nur ein einflussreicher Beitrag diesen Mainstream in Frage stellte, dessen Autor von Carl Schmitt geprägt wurde. Ernst-Wolfgang Böckenförde unternahm 1986 den Versuch, die Permanenz eines konstituierenden Prozesses für das deutsche Verfassungsrecht zu rekonstruieren.[52] Er verzichtet auf die krypto-kelsenianische Annahme der Außergesetzlichkeit der verfassunggebenden Gewalt und definiert den *pouvoir constituant* als *Grenzbegriff*, als Kategorie, die die Unterscheidung zwischen Nor-

50 Für eine kurze Geschichte des bundesrepublikanischen Anti-Normativismus der Nachkriegszeit siehe: Günther, *Denken vom Staat her*, Rn. 37.

51 Die einzige Ausnahme, die Kelsens Theorie nutzt, um die Idee einer verfassunggebenden Gewalt an sich zu kritisieren, ist Josef Isensee, »Schlußbestimmung des Grundgesetzes: Art. 146 GG«, in: Josef Isensee, Ferdinand Kirchhof (Hg.), *Handbuch des Staatsrechts der Bundesrepublik Deutschland, Bd. VII*, Heidelberg 1987, § 166 Rn. 44.

52 Ernst-Wolfgang Böckenförde, »Die verfassunggebende Gewalt des Volkes als Grenzbegriff des Rechts«, in: ders. (Hg.), *Staat, Verfassung, Demokratie*, Frankfurt/M. 1991, S. 90; in ähnlicher Weise ein anderer Schüler von Schmitt: Helmut Quaritsch, »Der fortschreitende Verfassungsstaat«, in: *Der Staat* 17 (1978), S. 421-433, hier S. 427 ff.; eine positive Darstellung des Ansatzes von Böckenförde ist zu finden in: Andreas Kalyvas, »Popular Sovereignty, Democracy, and the Constituent Power«, in: *Constellations* 12 (2005), S. 223-244, hier S. 237 ff.

mativität und Faktizität der Verfassung überbrückt. Die verfassunggebende Gewalt ist das gemeinsame Element von konstitutioneller Form und politischer Realität.[53] Das demokratische Subjekt, das die Verfassung in Kraft gesetzt hat, ist identisch mit dem Rechtssubjekt, das im Rahmen des Grundgesetzes als Quelle der demokratischen Legitimation fungiert. Die verfassunggebende Gewalt hat nicht aufgehört zu bestehen, und demokratische Verfassungsverfahren wie allgemeine Wahlen bringen ebendie verfassunggebende Gewalt zum Ausdruck, die von der orthodoxen Lehre auf Art. 146 GG verwiesen wird.

Dieser Beitrag stellte die eher eintönige deutsche Diskussion zu unserem Thema in Frage. Es ist aber seinerseits nicht einfach, Böckenfördes Lösung zu verstehen, schon weil die Dichotomie zwischen Fakten und Normen, die er zur Definition der verfassunggebenden Gewalt verwendet, den Traditionen geschuldet zu sein scheint, die er zu überwinden sucht. Einerseits ist es schwierig zu erkennen, auf welches faktische Volk Böckenförde sich bezieht, wenn er von der verfassunggebenden Gewalt des Grundgesetzes spricht. Da es im historischen Verfassunggebungsprozess des Grundgesetzes kein aktives demokratisches Subjekt, kein deutsches Volk, gab, scheint Böckenfördes Bezug eher fiktiv und damit quasi normativ zu argumentieren.[54] Das Volk, auf das er sich bezieht, ist Resultat einer Setzung. Andererseits ist es auch alles andere als offensichtlich, welche normativen Implikationen Böckenfördes Identifikation des historischen mit dem normativen demokratischen Subjekt haben könnten. Es geht ihm nicht darum, die demokratische Legitimation des Grundgesetzes in Frage zu stellen oder die Macht des verfassunggebenden demokratischen Subjekts mit der Macht der richterlichen Kontrolle zu vergleichen. Böckenförde hat keine Demokratietheorie, an der sich das Grundgesetz als Norm oder als politische Praxis messen ließe, und die legitimatorische Herausforderung einer mächtigen Verfassungsgerichtsbarkeit ist für ihn erkennbar kein Problem. Die einflussreiche Rechtsprechung des Bundesverfasssungsgerichts zum Demokratieprinzip im Grundgesetz, an der Böckenförde als Richter maßgeblich mitwirkte, lässt zudem keinen Raum für die Einbeziehung nicht rechtlich forma-

53 Zur Einordnung in einen vergleichenden Kontext Lucia Rubinelli, *Constituent Power. A History*, Cambridge 2020.

54 Dies ist typisch für den Diskurs, siehe: Möllers, *Staat als Argument*, Kapitel 11.

lisierter Legitimationsfragen.[55] Am deutlichsten zeigt sich dies an einem Problem, das Böckenförde wie der verfassungsrechtliche Mainstream behandelt: seine Kritik an der direkten Demokratie. Für ihn ist die repräsentative Regierung die wahre Form der Demokratie,[56] und dies entspricht der verbreiteten Überzeugung, dass die Weimarer Erfahrung es notwendig macht, ohne Volksabstimmungen auszukommen.[57]

Wiedervereinigung und Maastricht: zwei verpasste konstitutionelle Momente?

Man könnte argumentieren, dass dieser Stand der deutschen Debatte nicht von der Tatsache zu trennen ist, dass der politische Kontext des Grundgesetzes stabil war und es daher keinen Bedarf gab, eine Theorie der verfassunggebenden Gewalt zu entwickeln. Das Interesse an verfassungsrechtlichen Legitimationsfragen bei Autoren wie Jellinek, Schmitt oder Smend war Ausdruck der schwierigen politischen Bedingungen des späten Kaiserreichs und der Weimarer Republik, die in der Bundesrepublik überwunden wurden. Die potentielle politische Bedeutung eines formalistischen Verfassungsverständnisses wurde jedoch in zwei Situationen deutlich, die sich als Aktivierung der verfassunggebenden Gewalt hätten erweisen können: im Vertrag von Maastricht und in der Wiedervereinigung.

Die Wiedervereinigung war das Ergebnis einer demokratischen Revolution, in der die verfassunggebende Gewalt der Ostdeutschen das sozialistische politische System der Deutschen Demokratischen Republik umstürzte. Die populärste Parole der Demonstrationen im Oktober/November 1989 lautete »Wir sind das Volk«. Mit dem Ende des Sozialismus stand auch die Frage nach der recht-

55 Böckenförde war von 1983 bis 1996 Richter am Bundesverfassungsgericht und gehörte zu den Richtern des Maastricht-Urteils, BVerfGE 89, 155 [1993]. Siehe Ernst-Wolfgang Böckenförde, »Demokratie als Verfassungsprinzip«, in: Josef Isensee, Paul Kirchhof (Hg.), *Handbuch des Staatsrechts der Bundesrepublik Deutschland, Band 1*, Heidelberg 1987, § 24.

56 Ernst-Wolfgang Böckenförde, »Mittelbare/repräsentative Demokratie als eigentliche Form der Demokratie«, in: Georg Müller u. a. (Hg.), *Festschrift für Kurt Eichenberger*, Basel 1982, S. 301-328.

57 Zur Kritik an dieser Vorstellung Christian Pestalozza, *Der Popularvorbehalt. Direkte Demokratie in Deutschland*, Berlin 1981.

lichen Form der Wiedervereinigung zur Diskussion. Doch obwohl Art. 146 GG genau für diesen Fall entworfen war, wurde er nicht genutzt. Während des Wiedervereinigungsprozesses wurde über die Notwendigkeit einer neuen deutschen Verfassung diskutiert,[58] auch eine Volksabstimmung über eine neue Verfassung war dabei eine Option. Dieser Ansatz fand jedoch keine politische Unterstützung im Westen und fast keinen Rückhalt in der westdeutschen Verfassungsdoktrin. Statt neuer Verfassung durch Volksabstimmung begründete ähnlich der Reichsgründung ein völkerrechtlicher Vertrag zwischen den beiden Teilen Deutschlands die neue Ordnung. Aus verfassungstheoretischer Sicht könnte man argumentieren, dass die Vertragsform zumindest so lange mangelhaft ist, wie das relevante demokratische Subjekt beiden Vertragsparteien gemeinsam ist.[59] Mit anderen Worten: Der rechtliche Modus der Wiedervereinigung schloss es aus, ein gesamtdeutsches demokratisches Subjekt zu schaffen. Alle politischen Probleme einer nationalen deutschen Identität zwischen Ost und West fanden Ausdruck in einer Rechtsform, die darauf abzielte, das Grundgesetz des Westens als Verfassung des wiedervereinigten Deutschlands beizubehalten.

Dieses Vorgehen blieb der ursprünglichen Fassung des Grundgesetzes so treu, dass sogar Art. 146 GG in einer Neufassung erhalten wurde. Obwohl die Norm im einzigen denkbaren Anwendungsfall nicht zur Anwendung kam und obwohl ihre Anwendung in diesem Fall eine seltene Chance für eine konstruktiven Umgang mit der verfassunggebenden Gewalt und der Frage eines konstitutionellen Populismus hätte bieten können, wurde ein neuer Art. 146 GG geschaffen. Offen bleibt, was die Funktion dieser Norm sein könnte.[60]

58 Siehe Ulrich K. Preuss, »The Exercise of Constituent Power in Central and Eastern Europe«, in: Martin Loughlin, Neil Walker (Hg.), *The Paradox of Constitutionalism: Constituent Power and Constitutional Form*, Oxford 2008, S. 211-228.

59 In Bezug auf Europa siehe: Günter Frankenberg, »The Return of the Contract«, in: *European Law Journal* 6 (2000), S. 257-276.

60 Zur Neufassung von Art. 146 GG siehe: Albrecht Randelzhofer, »Das Grundgesetz unter Vorbehalt? Zum neuen Art. 146 GG«, in: Klaus Stern (Hg.), *Deutsche Wiedervereinigung, Erster Band*, München 1991, S. 141-159, hier S. 145 ff.; Martin Heckel, *Die deutsche Einheit als Verfassungsfrage*, Heidelberg 1995, S. 33 ff., 41 ff.; Peter Lerche, »Art. 146 GG: Auftrag zur Neuverfassung Deutschlands«, in: Karl Graf Ballestrem, Hennung Ottmann (Hg.), *Theorie und Praxis. Festschrift für Nikolaus Lobkowicz*, Berlin 1996, S. 299-310, hier S. 304 ff.; kritisch Karlheinz

Der wenig später geschlossene und nur im politischen Zusammenhang mit der Wiedervereinigung zu denkende Vertrag von Maastricht aus dem Jahr 1992 war der in Deutschland am intensivsten diskutierte Schritt im Prozess der europäischen Integration. Da alle politischen Parteien im Parlament für ihn stimmten, war er politisch weitgehend konsentiert, obwohl er vor allem wegen der Abschaffung der nationalen Währung sowohl einen hohen symbolischen Wert als auch eine große politische Bedeutung hatte. In der Gemeinschaft der Verfassungsjuristen war der Vertrag dagegen umstrittener – bis hin zur Frage, ob Maastricht als Staatsstreich zu verstehen sei,[61] der den Geltungsgrund des Grundgesetzes europäisiere. Institutionell wurden diese Bedenken durch eine bis dahin unbekannt intensive verfassungsgerichtliche Überprüfung begleitet,[62] die der Beginn einer langen, bis in die Gegenwart anhaltenden Rechtsprechungslinie des Bundesverfassungsgerichts war, die Vertragsänderungen und auch Akte der EU am unabänderlichen Kern des Demokratieprinzips überprüft. Mit dieser Praxis wurden die verfassungstheoretischen Begrifflichkeiten auf den Kopf gestellt. Die verfassunggebende Gewalt des deutschen Volkes manifestiert sich nunmehr in einem formalisierten gerichtlichen Prüfprogramm, das als eine Grenze der europäischen Integration dienen musste, die sich im positiven Verfassungsrecht nicht überzeugend festmachen lässt. Gegen die europäische Integration gewendet und gerichtlich implementiert, bekam die Figur der Verfassunggebung damit eine Relevanz, die sie in der Bundesrepublik nie hatte.[63] Das Bundesverfassungsgericht wurde zum Ort eines institutionellen Verfassungspopulismus, der darin zum Ausdruck kam, dass das Gericht es im Namen der demokratischen Legitimation des Grundgesetzes den repräsentativen Organen der verfassungsändernden Gewalt verwehrte, die europäische Integration über eine bestimmte Schwelle hinweg weiter zu verfolgen.

Merkel, *Die verfassunggebende Gewalt des Volkes: Grundlagen und Dogmatik des Art. 146 GG*, Baden-Baden 1996, S. 74 ff.; vorsichtig Ewald Wiederin, »Die Verfassunggebung im wiedervereinigten Deutschland«, in: *Archiv des öffentlichen Rechts* 117 (1992), S. 410-448, hier S. 430 ff.

61 Peter M. Huber, *Maastricht – ein Staatsstreich?*, Stuttgart 1992.

62 BVerfGE 89, 155 – *Maastricht* [1993].

63 Dietrich Murswiek, »Maastricht und der pouvoir constituant«, in: *Der Staat* 32 (1993), S. 161-190; Udo Di Fabio, »Der neue Art. 23 des Grundgesetzes«, in: *Der Staat* 32 (1993), S. 191-217.

We are (afraid of) the people: der Niedergang und Fall des Verfassungspopulismus

Die deutsche Entwicklung der Idee der verfassunggebenden Gewalt kann als Konsequenz einer historischen Lektion verstanden werden: Das Streben nach einer außerkonstitutionellen politischen Legitimität scheiterte unter der Verfassung des Kaiserreichs und trug zum Scheitern der Weimarer Republik bei, in der der autoritäre demokratische Populismus politisch stärker war als die konstitutionelle Form der Herrschaft des Parlaments. Nach einer umstrittenen, aber plausiblen Interpretation beruhte auch das nationalsozialistische System auf politischer Akzeptanz, die jenseits eines formellen konstitutionellen Rahmens wirkte. In diesen historischen Zusammenhängen erscheinen der strenge Formalismus und der Legalismus des bundesdeutschen Konstitutionalismus, sein ungewöhnlich starkes Vertrauen in verfassungsgerichtliche Kontrollen und eine juristische Rekonstruktion der Verfassung als konsequente Reaktion.

Doch ist auch eine abweichende Deutung denkbar. Andere Möglichkeiten, den Rahmen der Verfassungstheorie zu erweitern, ohne in den autoritären Diskurs der Weimarer Republikfeinde zurückzufallen, standen zur Verfügung, wurden aber selten durchdacht oder gar verwirklicht. Nach wie vor werden die legitimatorischen Fragen verfassungsgerichtlicher Kontrolle kaum diskutiert. Zugleich bleibt es bei einem weitreichenden Konsens gegen Volksabstimmungen, obwohl der Text des Grundgesetzes diese nicht völlig ausschließt. Der Vorrang des Rechtsstaates[64] vor der Demokratie, ein altes Thema des deutschen Konstitutionalismus nach 1848,[65] ist immer noch ein dominanter Faktor für den Sieg der konstitutionellen Form über die verfassunggebende Gewalt. Umgekehrt kehrt die Frage nach demokratischer Legitimation jenseits des Handelns des Parlaments in der Rechtsprechung des Bundesverfassungsgerichts zur europäischen Integration wieder. Hier wird das Gericht zum Hüter der legitimatorischen Grundlagen der Ordnung des Grundgesetzes.

64 Zum Rechtsstaat und seinen Affinitäten zu rechtsstaatlichen Konzepten siehe: Luc Heuschling, *État de droit, Rechtsstaat, Rule of Law*, Paris 2002.

65 Ingeborg Maus, *Rechtstheorie und politische Theorie des Industriekapitalismus*, München 1986, S. 11.

Zwei Kontexte

Zwei wichtige Fragen, die mehr zur Umgebung als zum inneren Kern des juristischen Diskurses über die verfassunggebende Gewalt gehören, müssen die Darstellung ergänzen: die Bedeutung der Idee der Öffentlichkeit bei Habermas und die sozialstaatliche Dimension des deutschen Konstitutionalismus.

Habermas' Öffentlichkeit

Als Jürgen Habermas 1962 seinen *Strukturwandel der Öffentlichkeit* veröffentlichte,[66] eröffnete er damit auch eine neue verfassungstheoretische Perspektive. Habermas' Darstellung des Aufstiegs und Niedergangs der bürgerlichen Öffentlichkeit von der Aufklärung bis zur Gegenwart enthielt offensichtlich einen Rahmen, um die Legitimität des deutschen parlamentarischen Systems der Nachkriegszeit zu kritisieren. Dieser Ansatz wurde mitunter auch als Fortsetzung von Schmitts Kritik an der bürgerlichen Öffentlichkeit gedeutet,[67] obwohl im Ergebnis klar ist, dass Habermas' Theorie nicht für eine charismatische exekutive politische Ordnung sprechen konnte. Die zeitgenössische Forschung zum Stand der europäischen Konstitutionalisierung ist immer noch stark von diesem Ansatz beeinflusst, und Habermas' eigene Darstellung der Möglichkeiten einer Öffentlichkeit im gegenwärtigen demokratischen System ist optimistischer geworden[68] und hat sich als Kernstück seiner späteren eigenen Verfassungstheorie erwiesen.[69]

Ein Element informeller populistischer Legitimation einer politischen Ordnung – der Patriotismus – war für die neue Bundesrepublik aus vielen Gründen problematisch. Während der Weimarer Debatten war es Rudolf Smend, der sich besonders für die verfassungsrechtliche Dimension patriotischer Symbole (wie etwa Fahnen) interessierte.[70] Es ist dagegen charakteristisch für Haber-

66 Jürgen Habermas, *Strukturwandel der Öffentlichkeit*, Berlin 1962.

67 Ellen Kennedy, »Carl Schmitt and the Frankfurt School«, in: *Telos* 71 (1987), S. 37-66.

68 Vorwort zur zweiten Auflage von Jürgen Habermas, *Strukturwandel der Öffentlichkeit*, Frankfurt/M. ^{2}1990.

69 Habermas, *Faktizität und Geltung*, Kapitel 8.

70 Rudolf Smend, *Verfassung und Verfassungsrecht*, S. 24, 162 ff.

mas' Vision der Öffentlichkeit, dass seine Theorie die Verfassung selbst als angemessenen Gegenstand des Patriotismus bezeichnete; er spricht von »Verfassungspatriotismus«.[71] Für unser Thema ist die konservative Kritik[72] an diesem Vorschlag weniger relevant als eine andere Beobachtung: Der Verweis auf die Verfassung als Objekt des Patriotismus bedeutet bei Habermas eine Rationalisierung, wenn nicht gar eine versteckte Formalisierung der politischen Öffentlichkeit. Informalität und Voluntarismus innerhalb der Öffentlichkeit, für die der Patriotismus ein gutes Beispiel ist, werden gezähmt und in ein Schema praktischer Vernunft eingefügt. Nicht zufällig interessiert sich Habermas in seiner Verfassungstheorie deutlich mehr für die Legitimation der Verfassungsgerichtsbarkeit als die Staatsrechtswissenschaft.

Habermas' Verwendung der Öffentlichkeit kann damit als Schritt zu einem erneuten Interesse an vernachlässigten Fragen der Verfassungstheorie gesehen werden – als eine Theorie, die in der Lage ist, eine immer noch dominierende Verfassungsformalisierung auf reflektierte Weise zu kritisieren. Diese Ansätze sind nicht mehr auf ein Habermas'sches Demokratieverständnis beschränkt,[73] viele von ihnen stehen nicht in der kantischen Tradition, die Habermas für sich reklamiert, und einige sind nicht einmal normativ im Hinblick auf die Verfassungstheorie, sondern eher kritisch oder dekonstruktiv. Wenn aber das positive Erbe, insbesondere des Weimarer Diskurses, in seiner Offenheit für Fragen der Legitimität jenseits des positiven Rechts liegt, dann ist es die Frage der Öffentlichkeit, wie sie nicht von Juristen, sondern von politischen Philosophen diskutiert wird, die diese Tradition am Leben erhalten hat.[74]

71 Jürgen Habermas, »Über den doppelten Boden des demokratischen Rechtsstaates«, in: ders., *Eine Art Schadensabwicklung, Kleine politische Schriften*, Bd. 6, Frankfurt/M. 1987, S. 18-24. Der Begriff wurde von Dolf Sternberger erfunden: ders., *Verfassungspatriotismus*, Hannover 1982; ders., *Schriften, Band X: Verfassungspatriotismus*, Frankfurt/M. 1990.

72 Siehe zum Beispiel: Otto Depenheuer, »Integration durch Verfassung?«, in: *Die Öffentliche Verwaltung* (1995), S. 854-860, hier S. 857 ff.; Josef Isensee, »Die Verfassung als Vaterland«, in: Armin Mohler (Hg.), *Wirklichkeit als Tabu*, München 1986, S. 11-36.

73 Der einflussreichste alternative Strang bezieht sich auf die Arbeit von Niklas Luhmann: ders., *Grundrechte als Institution*, Berlin 1999; ders., *Soziale Systeme*, Frankfurt/M. 1987.

74 Am nächsten an den Verfassungsdiskursen ist Hauke Brunkhorst, *Solidarity: From Civic Friendship to a Global Legal Community*, Cambridge 2005.

Obwohl historisch schwer nachweisbar und nicht nahtlos in eine verfassungsrechtliche Argumentation zu integrieren, scheint die sozialstaatliche Dimension von Anfang an von besonderer Bedeutung für die Legitimationskonstruktion des deutschen Verfassungsrechts gewesen zu sein. Der Bedrohung der politischen Ordnung des Kaiserreichs durch die soziale Frage wurde bewusst durch die Einführung eines modernen Sozialsystems begegnet.[75] Und auch wenn der Untergang der Weimarer Verfassung nicht einfach mit der Weltwirtschaftskrise erklärt werden kann, wie schon der Vergleich mit Großbritannien und den USA zeigt, so liegt es doch auf der Hand, dass die Akzeptanz der demokratischen Verfassung mit dem Rückgang der allgemeinen Wohlfahrt in den 1930er Jahren erodierte. Die sozialstaatliche Dimension des Nationalsozialismus wird heute breit diskutiert,[76] und es ist klar, dass dieser auch auf eine breite ökonomische und soziale Inklusion derjenigen Teile der deutschen Bevölkerung ausgerichtet war, die nicht Opfer rassischer oder politischer Verfolgung wurden. Umgekehrt wurden Rassismus und politische Verfolgung durch ein System niedriger Steuern und der Umverteilung von konfisziertem Eigentum der Verfolgten und Ermordeten an die Allgemeinheit für diese Allgemeinheit akzeptabel. Das Thema blieb nach dem Zweiten Weltkrieg durch den Wiederaufbau eines umfassenden Sozialsystems bedeutsam.[77] Schließlich hatte auch im Prozess der Wiedervereinigung die sozialstaatliche Dimension eine legitimatorische Funktion.

Wie lassen sich diese Beobachtungen verfassungstheoretisch ausmünzen? Die Verfassungstheorie hat sich in Deutschland spätestens seit der Weimarer Republik mit diesem Thema ausdrücklich beschäftigt. Die Weimarer Reichsverfassung war voll von Verweisen auf soziale Fragen, und insbesondere Hermann Heller hatte für eine Konstitutionalisierung der sozialstaatlichen Dimension plädiert.[78] Seit den 1920er Jahren ist zudem die Verwendung des Begriffs »Ver-

75 Gerhard A. Ritter, *Der Sozialstaat. Entstehung und Entwicklung im internationalen Vergleich*, München 1991.

76 Götz Aly, *Hitlers Volksstaat*, Frankfurt/M. 2005.

77 Zum Vergleich siehe Tony Judt, *Postwar: A History of Europe Since 1945*, London 2005, S. 72-77.

78 Hermann Heller, *Staatslehre*, Tübingen 1983.

fassung« nicht mehr auf die politische Ordnung beschränkt. Im Deutschen wird nun auch von einer Wirtschafts- oder Sozialverfassung gesprochen.[79] Die Verfasser des Grundgesetzes trafen die ungewöhnliche Entscheidung, den Sozialstaat als Klausel in die Unabänderlichkeitsgarantie aufzunehmen. Diese Klausel wurde sofort zum Gegenstand einer Kontroverse über das Verhältnis von Rechts- und Sozialstaat, in der Ernst Forsthoff, als wichtiges Mitglied der Schmitt-Schule, die Unvereinbarkeit beider Prinzipien behauptete.[80] Für Forsthoff markiert die Sozialstaatsklausel das Ende eines Systems rationaler Aufgabenteilung zwischen Gesetzgeber und Judikative. Die unterbestimmte Formel ermächtige die Gerichte, selbst als Sozialingenieure zu agieren, und untergrabe damit die Funktion des allgemeinen Parlamentsgesetzes als zentralem Element des Rechtsstaats. Forsthoffs Kritik war nicht erfolgreich. Der Sozialstaat wurde zu einem wichtigen Argument einer mit Abwägungen operierenden Rechtsprechung. Dagegen entdeckte die Schmitt-Schule in einer charakteristisch systemoppositionellen Bewegung in demjenigen Moment, in dem das neue politische System seine verfassungsrechtliche Legitimationsgenerierung auf Gerichte verlagerte, die Bedeutung von Formalismus und Textualismus für die gerichtliche Auslegung wieder, die auf eine verfassungsgerichtliche Rechtsprechung nicht passt.[81]

Obwohl institutionell erfolglos und politisch fragwürdig, hatten die Schmittianer das Phänomen gut verstanden: Die Sozialklausel im Grundgesetz verband einen wichtigen Strang des demokratischen Populismus mit der institutionellen Praxis der Gerichte und schuf damit eine besondere Form der Verfassungslegitimation. Die Gerichte garantierten und garantieren in Debatten um die Sozialstaatsreform weiterhin, dass der parlamentarische politische Prozess nur begrenzte Möglichkeiten hat, sozialstaatliche Ansprüche zurückzunehmen.

79 Christian Joerges, »Continuities and Discontinuities in German Legal Thought«, in: *Law and Critique* 14 (2003), S. 297-308.

80 Ernst Forsthoff, »Begriff und Wesen des sozialen Rechtsstaates«, in: *Veröffentlichungen der Vereinigung der Deutschen Staatsrechtslehrer* 12 (1954), S. 8-33.

81 Carl Schmitt, »Die Tyrannei der Werte«, in: *Säkularisation und Utopie. Erbacher Studien. Ernst Forsthoff zum 65. Geburtstag*, Stuttgart 1967, S. 37-62.

Fazit

Die Suche nach dem konstitutionellen Populismus und der fortdauernden Präsenz der verfassunggebenden Gewalt in der deutschen Verfassungsgeschichte hat uns zu den Schattenseiten der deutschen Verfassungsgeschichte geführt: in ihrer langen Tradition des Antiparlamentarismus[82] diente der Verweis auf den Volkswillen regelmäßig als Argument gegen egalitäre Verfahren und für die charismatische Führung durch einen exekutiven Führer, sei es der Kaiser, der Weimarer Reichspräsident oder der Führer. Es ist daher kein Zufall, dass der Verfassungsdiskurs der Bundesrepublik einen durch und durch formalistischen Umgang mit der Frage der verfassunggebenden Gewalt pflegte, in dem Fragen der politischen Legitimität der Verfassungsordnung in der Praxis der »normalen« Textauslegung des Grundgesetzes konsumiert wurden.

82 Hans Boldt, »Parlamentarismustheorie«, in: *Der Staat* 19 (1980), S. 385-412.

6. Das Parlamentsgesetz als demokratische Entscheidungsform in Weimar – Ein Beitrag zur Institutionenwahrnehmung der Weimarer Republik (2000)

1. Problemstellung

Über das Parlamentsgesetz in der Weimarer Republik sprechen zu sollen, bedeutet, über eine Vielzahl von Themen sprechen zu können: über Parteienkonstellationen, über verfassungsrechtliche Institutionen oder über politische Theorien. Die Ganzheitlichkeit des Themas wirft die Notwendigkeit auf, eine Fragestellung zu präzisieren, die eine Rückbindung an das Thema dieses Bandes bietet: also demokratisches Denken umfasst, ohne sich notwendig auf dieses zu beschränken. Wie es der Gegenstand Parlamentsgesetz nahelegt, wollen die folgenden Überlegungen den Versuch unternehmen, das in Frage stehende demokratische *Denken* in einen institutionellen Kontext zu stellen. Damit ist das Problem aufzuwerfen, welche Spielräume die institutionellen Arrangements der Gesetzgebung in Weimar dem Denken in Staatstheorie und Verfassungsrecht ließen oder umgekehrt, welche Möglichkeiten das Denken von Institutionen der institutionellen Praxis eröffnete und verschloss.

Das Parlamentsgesetz mag sich dabei aus zwei Gründen als lohnenswerter Gegenstand erweisen: zum einen, weil sich im Gesetz Politik und Recht institutionell vermitteln, das Verhältnis von institutioneller Situation und rechtlicher Form also besonders gut abgelesen werden kann. Zum anderen, weil erst der Zusammenhang zwischen Praxis der Gesetzgebung und Theorie des Parlamentsgesetzes die Möglichkeit gibt, die Diskussion aus rein semantischen Kontinuitäten und Diskontinuitäten zu befreien, sie dadurch zugleich besser historisier- und vergleichbar zu machen und die eigenartigen Vieldeutigkeiten des Bezugs auf Begriffe wie Demokratie[1] oder Volkswille, der ja seit Hegel und der Frühromantik in Deutschland omnipräsent ist, zu vermeiden. Anders gesagt: Der

1 Vgl. zur Kritik: David Blackbourn, Geoff Eley, *The Pecularities of German History*, Oxford 1984, S. 75 ff., 80 ff.

theoretische und praktische Umgang mit dem Parlament ist stets demokratierelevant, aber zugleich konkreter und aufschlussreicher als das Konzept der Demokratie selbst.

Die Untersuchung wird wie folgt vorgehen: Zunächst wird die parlamentarische Praxis der Gesetzgebung kurz darzustellen und zu analysieren sein (2), dem schließen sich Überlegungen zu speziellen institutionellen Bedingtheiten an, die für die Gesetzgebung prägend waren (3). Vor diesem Hintergrund ist schließlich die staatstheoretische und verfassungsrechtliche Diskussion um das parlamentarische Gesetz einzuordnen (4) und ein Résumé zu ziehen (5). Der Beitrag beschränkt sich auf die parlamentarische Gesetzgebung im Reich bis zum Bruch der Großen Koalition unter Reichskanzler Müller im Jahr 1930. Zum einen ist mit dem anschließenden Regierungsantritt von Brüning die Zeit parlamentarischer Gesetzgebung so gut wie vorbei.[2] Zum anderen soll vermieden werden, die Weimarer Verfassungsgeschichte allein aus der Perspektive ihres Untergangs zu betrachten.[3]

2. Praxis: Parlamentsgesetzgebung und Exekutivermächtigung

2.1 Gesetzgebung in der Weimarer Republik bis 1930[4]

Dass die Geschichte der Gesetzgebung der Weimarer Republik mit dem Kriegsermächtigungsgesetz vom 4. August 1914[5] beginnt, ist eine nicht selten aufgestellte Behauptung, obwohl das Problem ei-

2 Vgl. die Aufstellungen bei Horst Möller, *Weimar. Die unvollendete Demokratie*, München [4]1993, S. 192, und Peter-Christian Witt, »Kontinuität und Diskontinuität im politischen System der Weimarer Republik«, in: Gerhard A. Ritter (Hg.), *Regierung, Bürokratie und Parlament in Preußen und Deutschland von 1848 bis zur Gegenwart*, Düsseldorf 1983, S. 117-148, hier S. 139 in Anm. 98.

3 Vgl. auch die Bemerkung bei Christoph Gusy, *Die Weimarer Reichsverfassung*, Tübingen 1997, Vorwort, sowie das schöne Eingangszitat von Thomas Mann bei Detlev J. K. Peukert, *Die Weimarer Republik*, Frankfurt/M. 1987, S. 9.

4 Eine eigene Darstellung der Geschichte der Gesetzgebung der Weimarer Republik gibt es nicht. Die Tatsache, dass sich im parlamentarischen Gesetz Rechtsform und Politik schneiden, bildet sich auf die Interessensgebiete derjenigen Disziplinen ab, die eine solche Geschichte schreiben könnten. Die von der Rechtswissenschaft betriebene Rechtsgeschichte beschränkt sich auf die dogmatischen Probleme der

ner zu allgemein bleibenden gesetzlichen Ermächtigung der Exekutive dem Kaiserreich durchaus nicht unbekannt war. Carl Schmitt nahm diese These im Jahr 1936 zum Anlass, das Ende des liberalen Gesetzgebungsstaats rechtsvergleichend[6] nachzuweisen,[7] und schon in der Frühzeit der Weimarer Republik finden sich gleichlautende Stimmen.[8]

Tatsächlich enthielt dieses Gesetz[9] einen Ermächtigungstatbestand, dessen Weite dem Kaiserreich bis dahin unbekannt war. Die aufgrund des Gesetzes bis Kriegsende ergangenen Verordnungen waren jedoch in der Sache (mit vielleicht einer Ausnahme, den Verordnungen zur Justizorganisation, die unter anderem das bis

Gesetzgebung. Die historische Forschung interessiert sich für Politikgeschichte, ohne die Gesetzesform als thematischen Aufhänger zu nehmen. Vgl. aber die Problemskizze des Forschungsprojekts von Manfred Kittel u.a., »Faktoren der Stabilität und Instabilität in der Demokratie der Zwischenkriegszeit«, in: *VfZ* 46 (1998), S. 807-831, hier S. 819-824; zur institutionellen Stellung des Reichstags die ebenso materialreiche wie analytisch scharfe Darstellung von Witt, »Kontinuität und Diskontinuität im politischen System der Weimarer Republik«. Eine hier vorgenommene Zählung formeller Gesetzesbeschlüsse des Reichstags ergab folgendes Ergebnis: 1919, 79; 1920, 44; 1921, 127; 1922, 91; 1923, 181; 1924, 54; 1925, 114; 1926, 121; 1927, 114; 1928, 69; 1929, 84; 1930, 98. Eine abweichende, nach Monaten aufgeschlüsselte und Verordnungen mitumfassende Zählung für den Zeitraum 1919-1926 bei Bernhard Staedler, *Die Versuche zur Vereinfachung der Reichsgesetzgebung*, Breslau 1928, S. 160 (Anlage).

5 Georg Lindenberg, »Die Gefahren der Rahmengesetze«, in: *DJZ* 1914, Sp. 457.

6 RGBl., 327.

7 Carl Schmitt, »Vergleichender Überblick über die neueste Entwicklung des Problems der gesetzgeberischen Ermächtigungen (Legislative Delegationen)«, in: *Zeitschrift für ausländisches öffentliches Recht und Völkerrecht* 6 (1936), S. 252-268, hier S. 261; ders., »Die Lage der europäischen Rechtswissenschaften« (1943/44), in: ders., *Verfassungsrechtliche Aufsätze*, Berlin 1958, S. 386-429, hier S. 404f.

8 Erwin Jacobi, »Das Verordnungsrecht im Reiche seit dem November 1918«, in: *Archiv des öffentlichen Rechts* 39 (1920), S. 273-361, hier S. 275f. Zur Zäsur des Kriegsbeginns: Michael Stolleis, *Geschichte des öffentlichen Rechts in Deutschland*, Bd. 3, München 1999, S. 37ff., zur Ermächtigungspraxis ebd., S. 58f.

9 Dazu Jörg Biesemann, *Das Ermächtigungsgesetz als Grundlage der Gesetzgebung im nationalsozialistischen Staat*, Münster 1987, S. 2-5; Michael Frehse, *Ermächtigungsgesetzgebung im Deutschen Reich 1914-1933*, Pfaffenweiler 1985, S. 12-41; Wilhelm Mößle, *Inhalt, Zweck und Ausmaß. Zur Verfassungsgeschichte der Verordnungsermächtigung*, Berlin 1990, S. 11-18; Ernst-Rudolf Huber, *Deutsche Verfassungsgeschichte seit 1789*, Bd. 5, Stuttgart 1978, S. 62-73. Zur damit verbundenen Ausweitung staatlicher Tätigkeiten: Michael Stolleis, »Die Entstehung des Interventionsstaats und das öffentliche Recht«, in: *ZNR* 11 (1989), S. 129-147, hier S. 143ff.

heute der deutschen Rechtsordnung bekannte Institut des Strafbefehls einführten[10]) unter den Staatsrechtlern des Kaiserreichs in ihrer Reichweite unumstritten. Im Prinzip – so die fast allgemeine Ansicht in der Staatsrechtslehre des Kaiserreichs[11] – hatte das Parlament unumschränkte Delegationsmöglichkeiten, es hatte sich bisher nur noch nicht die Notwendigkeit gestellt, diese Möglichkeiten auszuschöpfen.

Die junge Republik[12] übernahm dieses Verfahren zunächst notgedrungen im Übergang ohne legitimierte Legislative,[13] behielt es aber auch noch in demjenigen Moment bei, in dem sie nach den Wahlen zur Verfassunggebenden Deutschen Nationalversammlung vom 19. Januar 1919 über eine demokratische legitimierte Volksvertretung verfügte, die sich selbst im Gesetz über die vorläufige Reichsgewalt das Recht zur Gesetzgebung verliehen hatte.[14] Mit dem Übergangsgesetz vom 4. März 1919 wurde zunächst die Gültigkeit sowohl der kaiserlichen Verordnungen wie auch der Verordnungen des Rates der Volksbeauftragten sichergestellt.[15] Zugleich ermöglichte die Nationalversammlung, obwohl sie über eine handlungsfähige Mehrheitsstruktur verfügte, wie sie keinem späteren Reichstag in Weimar mehr gegeben war, der Regierung wiederum im Gesetz zur Durchführung der Waffenstillstandsbedingungen und im Gesetz über eine vereinfachte Form der Gesetzgebung zum

10 Verordnung v. 4.6.1915 (RGBl., 325). Zeitgenössische Kritik bei Eberhard Schmidt, »Zur Theorie der Kriegsnotgesetze«, in: *ZStW* 37 (1916), S. 69-100, hier S. 84 ff. Zu weiteren verfahrensrechtlichen Verordnungen augrund der Ermächtigung: Frehse, *Ermächtigungsgesetzgebung im Deutschen Reich*, S. 33-35.

11 Ausnahme: Ludwig Rönne, *Das Staatsrecht des deutschen Reiches*, Bd. 2, Leipzig ²1877, S. 13 ff. Zum Meinungsstand im Kaiserreich im Rückblick: Mößle, *Inhalt, Zweck und Ausmaß*, S. 14 ff.

12 Zu den ersten republikanischen Rechtssetzungen die Übersicht bei Walter Jellinek, »Revolution und Reichsverfassung«, in: *JöR* 9 (1920), S. 1-128.

13 Die Verordnungen des Rates der Volksbeauftragten bei Jellinek, »Revolution und Reichsverfassung«, S. 7-31. Vgl. auch die Übersichten bei K. Hock, *Die Gesetzgebung des Rates der Volksbeauftragten*, Pfaffenweiler 1987, S. 39-83; zum politischen Hintergrund Arthur Rosenberg, *Entstehung und Geschichte der Weimarer Republik*, Frankfurt/M. 1955, S. 5-13; Heinrich-August Winkler, *Weimar 1918-1933*, München 1993, S. 33 ff.

14 G. v. 10.2.1919 (RGBl., 169), abgedruckt und kommentiert bei Jellinek, »Revolution und Reichsverfassung«, S. 31 f.

15 G. v. 4.3.1919 (RGBl., 285), abgedruckt und kommentiert bei Jellinek, »Revolution und Reichsverfassung«, S. 37 ff. samt der so aufrechterhaltenen Verordnungen.

Zwecke der Übergangswirtschaft breite Verordnungsmöglichkeiten, die diese auch zu einer Vielzahl von Regelungen nutzte.[16] Bezogen sich die allermeisten ergangenen Verordnungen auch tatsächlich auf spezifisches Krisenmanagement in den Übergängen von Krieg zu Frieden und von Monarchie zu Demokratie, die allerdings zentrale Vorentscheidungen für die Ausgestaltung der Arbeits- und Sozialverfassung enthielten, so waren darüber hinaus zumindest noch drei Verordnungen von bleibenderer Bedeutung:[17] die Verordnung über den vorläufigen Reichswirtschaftsrat,[18] die mangels parlamentarischer Einigung bis zum Ende der Republik in Kraft blieb; die Verordnung zur Bildung des Reichswirtschaftsgerichts[19] sowie die Verordnung über die Errichtung des Reichsamtes für Arbeitsvermittlung,[20] die erst 1927 durch ein Gesetz abgelöst wurde.

Die politische Handlungsfähigkeit der Nationalversammlung erwies sich dennoch in einigen – neben der Vielzahl von Rechtsverordnungen ergangenen – wichtigen Gesetzen. Zu nennen sind vor allem die Erzbergerschen Finanzreformen[21] und staatsorganisatorische Gesetze wie das Reichswahlgesetz.[22] Andere von der Nationalversammlung erlassene Gesetze lassen sich dagegen wohl am ehesten als Restbestände größerer Reformvorhaben verstehen,

16 G. v. 6.3.1919 (RGBl., 286); G. v. 17.4.1919 (RGBl., 394); vgl. die Übersicht bei Fritz Poetzsch-Heffter, »Vom Staatsleben unter der Weimarer Verfassung«, in: *JöR* 13 (1925), S.1-272, hier S.206-211. Vgl. auch Jacobi, »Das Verordnungsrecht im Reiche«, S.312 ff.; Heinrich Triepel, »Der Weg der Gesetzgebung nach der neuen Reichsverfassung«, in: *Archiv des öffentlichen Rechts* 39 (1920), S.456-546, hier S.468 f.

17 So die überzeugende Einschätzung bei Frehse, *Ermächtigungsgesetzgebung im Deutschen Reich*, S.65 f.

18 Verordnung v. 4.5.1920 (RGBl., 858).

19 Verordnung v. 21.5.1920 (RGBl., 1167); Verordnung v. 5.5.1920 (RGBl., 876).

20 Verordnung v. 5.5.1920 (RGBl., 876).

21 Dazu Peter-Christian Witt, »Staatliche Wirtschaftspolitik in Deutschland 1918-1923«, in: Gerald D. Feldman (Hg.), *Die deutsche Inflation*, Berlin, New York 1982, S.151-179, hier S.171 ff. Zu Umsetzungsproblemen aufgrund der Struktur der Verwaltungsorganisation ders., »Reichsfinanzminister und Reichsfinanzverwaltung«, in: *VfZ* 23 (1975), S.1-61, hier insb. S.41 ff. Knapp: Winkler, *Weimar*, S.110 f. Eingehend Ernst-Rudolf Huber, *Deutsche Verfassungsgeschichte seit 1789*, Bd. 6, Stuttgart 1981, S.486 ff.

22 G. v. 28.4.1920 (RGBl., 627). Zur Entstehung: Eberhard Schanbacher, *Parlamentarische Wahlen und Wahlgesetzgebung in der Weimarer Republik*, Düsseldorf 1982, S.83-89. Zu nennen wäre in diesem Zusammenhang auch das Bannmeilengesetz.

die als Ganze nicht politisch durchsetzbar waren und blieben: so die Gesetze zur Sozialisierung der Wirtschaft, die teilweise erlassen, aber nicht vollzogen wurden,[23] und das Betriebsrätegesetz.[24] Völliges Scheitern ist namentlich bei dem Versuch einer gesetzlichen Regelung des Reichswirtschaftsrates zu konstatieren, der bis zum Ende der Weimarer Republik ein aufgrund Rechtsverordnung errichtetes Provisorium blieb.[25] Ebensowenig gelang bis zum Ende der Beschluss eines Ausführungsgesetzes zu Art. 48 WRV.[26]

Schon die Mehrheitsverhältnisse im 1. Reichstag machten die Gesetzgebung deutlich schwieriger. Mehrheiten fanden sich aber zur zweifachen Verlängerung des Ermächtigungsgesetzes zur Übergangswirtschaft, auf dessen Grundlage jedoch nur noch wenige Verordnungen ergingen, deren Bedeutung beschränkt war.[27] Politisch wichtige Entscheidungen in Gesetzesform gelangen mit dem Erlass des Gesetzes zur Auflösung der Einwohnerwehren, dessen Vollzug jedoch gerade in Bayern behindert wurde,[28] beim Gesetz über den Staatsgerichtshof[29] oder beim Reichsjugendwohlfahrtsgesetz.[30] Nachdem sich die parlamentarische Gesetzgebung bis in die erste Hälfte des Jahres 1922 quantitativ konsolidiert hatte, um nach der Ermordung Rathenaus wiederum dramatisch zurückzuge-

23 So bei der Sozialisierung der Elektrizitätswirtschaft. Dazu Ernst-Rudolf Huber, *Deutsche Verfassungsgeschichte seit 1789*, Bd. 7, Stuttgart 1984, S. 14. Vgl. allgemein auch Lothar Albertin, *Liberalismus und Demokratie am Anfang der Weimarer Republik*, Düsseldorf 1972, S. 293 ff.

24 G. v. 4. 2. 1920 (RGBl., 147); zum politischen Kontext: Ludwig Preller, *Sozialpolitik in der Weimarer Republik*, Düsseldorf 1978 [1949], S. 258 ff.; Huber, *Verfassungsgeschichte*, Bd. 6, S. 850 ff., 943 ff.; ders., *Verfassungsgeschichte*, Bd. 7, S. 13 f., 164 ff.

25 Dazu Hans Mommsen, *Aufstieg und Untergang der Weimarer Republik*, Berlin 1998, S. 85.

26 Zu späteren Initiativen Peter Haungs, *Reichspräsident und parlamentarische Kabinettsregierung*, Wiesbaden 1968, S. 204-208.

27 Vgl. Frehse, *Ermächtigungsgesetzgebung im Deutschen Reich*, S. 72, 79. Übersichten bei Poetzsch-Heffter, »Vom Staatsleben unter der Weimarer Verfassung«, S. 211-214.

28 G. v. 7. 8. 1920 (RGBl., 1553). Zum Konflikt: Gerhard Schulz, *Zwischen Demokratie und Diktatur*, Berlin ^{2}1987, S. 333-363; Huber, *Verfassungsgeschichte*, Bd. 7, S. 158 f.

29 G. v. 9. 7. 1921 (RGBl., 917).

30 G. v. 9. 7. 1922 (RGBl. I, 647), das allerdings durch Notverordnung vom 14. 2. 1924 (RGBl. I, 110) in Kraft trat.

hen,[31] bildete das Krisenjahr 1923 den Höhepunkt in der Ermächtigungspraxis des Reichstags, obwohl danach in jedem weiteren Jahr der Republik deutlich weniger Gesetze ergehen sollten als in diesem.[32] Das Reichsjugendgerichtsgesetz ist die vielleicht bedeutendste regulär vom Parlament beschlossene Kodifikation dieses Jahres.[33] Weiterhin ergingen das Gesetz zur Einheitsfront[34] sowie die beiden berühmten, eben auch ausdrücklich als Ermächtigungsgesetze bezeichneten Gesetze vom 13. Oktober[35] und 8. Dezember 1923,[36] die Carl Schmitt als deutlichste Beispiele für das Ende der parlamentarischen Gesetzgebung in Deutschland dienten.[37] Diese Regelungen bildeten die Grundlage für eine Fülle teilweise bis in die Bundesrepublik gültiger Verordnungen:[38] So aufgrund des ersten Gesetzes, das der Reichsregierung auch die Abweichung von den Grundrechten der Reichsver-

31 Auswertung bei Staedler, *Die Versuche zur Vereinfachung der Reichsgesetzgebung*, S. 123 f. Zur anschließenden politischen Umorientierung der liberalen Parteien im Reichstag: Lothar Albertin, »Die Auflösung der bürgerlichen Mitte und die Krise des parlamentarischen Systems in Weimar«, in: Eberhard Kolb, Walter Mühlhausen (Hg.), *Demokratie in der Krise: Parteien im Verfassungssystem der Weimarer Republik*, München 1997, S. 59-112, hier S. 75 ff.

32 Dieser Umstand unterstreicht noch einmal deutlich die sowieso auf der Hand liegenden Probleme einer quantitativen Auswertung: Bei den meisten gesetzlichen Regelungen des Jahres 1923 handelt es sich um situative Anpassungen bereits bestehender Kodifikationen.

33 G. v. 16. 2. 1923 (RGBl. I, 135).

34 G. v. 24. 2. 1923 (RGBl. I, 635). Zu den politischen Hintergründen: Winkler, *Weimar*, S. 192 f.; Huber, *Verfassungsgeschichte*, Bd. 7, S. 288-290.

35 RGBl. I, 943. Zur Vorgeschichte: Günter Arns, »Die Krise des Weimarer Parlamentarismus im Frühherbst 1923«, in: *Der Staat* 8 (1969), S. 181-216. Zu den Hintergründen: Winkler, *Weimar*, S. 222 f.; Biesemann, *Das Ermächtigungsgesetz*, S. 29-31; Huber, *Verfassungsgeschichte*, Bd. 7, S. 363 f.; Karl Dietrich Erdmann, Martin Vogt, »Einleitung«, in: *Akten der Reichskanzlei, Die Kabinette Stresemann I u. II*, Bd. 1, München 1978, XXXVI f., LI ff. Vgl. insb. ebd., Bd. 2, Nr. 116 (Ländervertreter im Reichstag, 6. 10. 1923), Nr. 117 (Kabinettssitzung, 6. 10. 1923).

36 (RGBl. I, 1179). Zum politischen Hintergrund Winkler, *Weimar*, S. 246 f.; Huber, *Verfassungsgeschichte*, Bd. 7, S. 451-455. Günter Abramowski, »Einleitung«, in: *Akten der Reichskanzlei, Die Kabinette Marx I und II*, München 1973, XII, sowie ebd., Nr. 1 (Kabinettssitzung, 1. 12. 1923); Nr. 4 P. 1 (Kabinettssitzung, 3. 12. 1923); Nr. 7 P. 1 (Ministerbesprechung, 41923).

37 Schmitt, »Vergleichender Überblick über die neueste Entwicklung des Problems der gesetzgeberischen Ermächtigungen«, S. 262.

38 Übersicht bei Poetzsch-Heffter, »Vom Staatsleben unter der Weimarer Verfassung«, S. 212-216. Vgl. auch Winkler, *Weimar*, S. 246-252.

fassung gestattete, die Verordnung zur Erwerbslosenversicherung,[39] die Kartellverordnung[40] und verschiedene Regelungen zur Reform der Währung wie die Verordnung zur Errichtung der Rentenbank.[41] Von sowohl politischem wie auch institutionellem Interesse ist namentlich die im Verlauf der Weimarer Republik weiterhin politisch zentrale Schlichtungsverordnung,[42] die in manchem exemplarisch ist: Sie wurde erlassen, weil sie im Reichstag nicht durchsetzbar war.[43] Ihre eigentliche Pointe, die Möglichkeit einer einseitigen Schlichtungsentscheidung durch den Staat, wurde jedoch in der 2. Ausführungsverordnung[44] zur Schlichtungsverordnung versteckt, die ihrerseits erst im Jahr 1929 im Verlauf des Ruhreisenkonflikts durch das Reichsarbeitsgericht für unwirksam erklärt wurde.[45]

Aufgrund des 2. Ermächtigungsgesetzes ergingen unter anderen die Emmingerschen Justizreformen,[46] die Neuregelung der Arbeitszeit,[47] die Gründung der Reichsbahn[48] und die Goldbilanzenverordnung,[49] zu der Heinrich Triepel sein berühmtes Gutachten vorlegte.[50] Besonders hervorzuheben ist hier die 3. Steuernotverordnung,[51]

39 Verordnung v. 13.10.1923 (RGBl. I, 946).

40 Verordnung v. 2.11.1923 (RGBl., 1067). Dazu Huber, *Verfassungsgeschichte*, Bd. 6, S. 1074ff.

41 Verordnung v. 15.10.1923 (RGBl. I, 963).

42 Verordnung v. 30.10.1923 (RGBl. I, 1043).

43 Zu den Hintergründen: Johannes Bähr, *Staatliche Schlichtung in der Weimarer Republik*, Berlin 1989, S. 72-83, der von einem »Coup« spricht.

44 § 21 Abs. 5 S. 4 Verordnung v. 29.12.1923 (RGBl. I, 9). Dazu Bähr, *Staatliche Schlichtung*, S. 80f.

45 RAGE 3, 178 (185ff.). Zu den Hintergründen wiederum Bähr, *Staatliche Schlichtung*, S. 274ff.

46 Verordnung v. 4.1.1924 (RGBl. I, 15). Dazu *Akten der Reichskanzlei, Die Kabinette Marx I und II*, Nr. 18 P. 4 (Kabinettssitzung v. 11.12.1923); Nr. 35 P. 6 und Anm. 7 (Kabinettssitzung v. 22.12.1923).

47 Verordnung v. 21.12.1923 (RGBl. I, 1249). Dazu Irmgard Steinisch, *Arbeitszeitverkürzung und sozialer Wandel*, Berlin 1986, S. 480ff., 486ff.

48 Verordnung v. 12.2.1924 (RGBl., I, 57).

49 Verordnung v. 28.12.1923 (RGBl. I, 1253).

50 Heinrich Triepel, *Goldbilanzenverordnung und Vorzugsaktien*, Berlin/Leipzig 1924. Vgl. auch Ernst Cohn, »Die Delegation von Verordnungsrechten«, in: *PrVBl.* 46 (1924/25), S. 178-190, hier S. 180f.

51 Verordnung vom 14.2.1924 (RGBl I, 74). Dazu Huber, *Verfassungsgeschichte*, Bd. 7, S. 455f. Zum Hintergrund der Aufwertungsdebatte: Winkler, *Weimar*, S. 249f., knapp Mommsen, *Aufstieg und Untergang der Weimarer Republik*, S. 234.

die erst auf politischen Druck der Richter des Reichsgerichts[52] wiederum ein politisch völlig umstrittenes und parlamentarischer Entscheidung nicht zugängliches Gebiet,[53] nämlich die Frage der Aufwertung,[54] regelte. Goldbilanzenverordnung und 3. Steuernotverordnung enthielten Selbstermächtigungen der Reichsregierung,[55] die den exekutiven Zugriff über die Befristung des Ermächtigungsgesetzes hinaus verlängerten. Die entsprechende Regelung in der 3. Steuernotverordnung wurde vom Reichsgericht, dessen Richter die Regelung ja mitprovoziert hatten, später für ungültig erklärt.[56]

Beide Ermächtigungsgesetze gingen mit einer Selbstvertagung des Reichstags einher, so dass dieser nicht nur als Gesetzgebungsorgan, sondern auch als politisches Diskussionsforum ausfiel.[57]

52 *Akten der Reichskanzlei, Die Kabinette Marx I und II*, Nr. 49 (Richterverein beim Reichsgericht, 8.1.1924) = *DRiZ* 1924, Sp. 7. Zur Besonderheit dieses Vorgehens anschaulich: Erich Eyck, *Geschichte der Weimarer Republik I*, Zürich, Stuttgart 1954, S. 380 ff., 385. In Österreich ging die Rechtsprechung anders vor, vgl. Oscar Mügel, »Der Gegensatz zwischen dem Oesterreichischen Obersten Gerichtshof und dem Reichsgericht in der Frage der Hypothekenaufwertung«, in: *DJZ* 1924, S. 718-734. Hinweis auf die Distanzierung des Präsidenten des Reichsgerichts von dem Aufruf bei Dieter Grimm, *Das Reichsgericht in Wendezeiten*, Leipzig 1997, S. 42 f., diese bei Walter Simons, »Das Reichsgericht im 45. Lebensjahr«, in: *DRiZ* 1924, Sp. 419, hier Sp. 423 f.

53 Abramowski, »Einleitung«, S. XXVIII; Michael Stürmer, *Koalition und Opposition in der Weimarer Republik 1924-28*, Düsseldorf 1967, 34 ff. Vgl. auch *Akten der Reichskanzlei, Die Kabinette Marx I und II*, Nr. 48 (Emminger an Reichskanzler, 7.1.1924), Nr. 71 (Kabinettssitzung, 25.1.1924), Nr. 78 (Kabinettssitzung, 29.1.1924).

54 Zur rechtswissenschaftlichen Diskussion der Aufwertung David B. Southern, »The Impact of the Inflation: Inflation, the Courts and Revaluation«, in: Richard Bessel, Edgar J. Feuchtwanger (Hg.), *Social Change and Political Development in Weimar Germany*, London 1981, S. 55-77, hier S. 59 ff. Zum Einfluss auf die politische Lage: Peter Fritzsche, *Rehearsals for Fascism. Populism and Political Mobilization in Weimar Germany*, Oxford 1990, S. 132 ff.

55 Vgl. § 20 GoldbilanzenVO, § 64 Abs. 1 3. SteuerNVO, dort die jeweils wortgleiche Ermächtigung an die Reichsregierung, »für besondere Fälle allgemeine Anordnungen ergänzenden oder abweichenden Inhalts« zu erlassen.

56 RGZ 109, 216 (218 f.). Vgl. auch KG, *DJZ* 1925, S. 118. Zur damaligen Diskussion etwa Adolf Lobe, »Der Untergang des Rechtsstaates«, in: *DJZ* 1925, S. 17, hier S. 18; Oscar Mügel, »Die erste Durchführungsverordnung zu den Aufwertungsvorschriften«, in: *DJZ* 1924, S. 420. Dagegen wurde eine ähnliche Praxis für die GoldbilanzenVO obergerichtlich abgesegnet: KG, *JW* 1925, S. 1175.

57 Der Reichstag vertagte sich vom 14.8.-27.9.1923 sowie vom 8.12.1923-20.2.1924: Huber, *Verfassungsgeschichte*, Bd. 7, S. 335, 454 f.

Ein eigens 1923 beschlossenes Gesetz zur Wahrung der Rechte des Reichstags, das den ständigen Ausschuss nach Art. 35 Abs. 2 WRV auch für die Zeit nach Auflösung des Reichstags durch den Reichspräsidenten vorsah, konnte daran nichts ändern.[58] Kurz vor der Auflösung des 1. Reichtags gelang es der Regierung noch, im Schnellverfahren einige Gesetze zur Währungs- und Finanzreform zu beschließen, ohne dass eine Ausschussberatung im Reichstag stattfand.[59] Alle Ermächtigungsgesetze ergingen im übrigen mit verfassungsändernder Mehrheit ohne Änderung des Verfassungstextes, also als Verfassungsdurchbrechung.[60]

Mit dem Auslaufen des zweiten Ermächtigungsgesetzes am 15. Februar 1924 endete die Ermächtigungsepoche. Bis zur ersten unter Reichskanzler Brüning ergangenen Notverordnung vom 16. Juli 1930[61] ergingen im Reich weder weitgehende[62] parlamentarische Ermächtigungen zu gesetzesvertretenden Verordnungen noch solche Verordnungen durch den Reichspräsidenten nach Art. 48 WRV.[63] Doch wird man diesen Zeitraum kaum als einen solchen gesetzgeberischer oder parlamentarischer Blüte beschreiben kön-

58 G. v. 15.12.1923 (RGBl. I, 1185), dazu Möller, *Weimar*, S. 188.

59 Huber, *Verfassungsgeschichte*, Bd. 7, S. 485 f.

60 Überblick bei Huber, *Verfassungsgeschichte*, Bd. 6, S. 439. Überblick über Verfassungsdurchbrechungen ebd., S. 422-424. Unter Verfassungsdurchbrechung versteht der vorliegende Text eine mit verfassungsändernder Mehrheit beschlossene, der Verfassung widersprechende gesetzliche Regelung. In der neueren Terminologie handelt es sich um eine zugleich materielle und formelle Verfassungsdurchbrechung. Dazu Horst Dreier, »Bestandssicherung kodifizierten Verfassungsrechts am Beispiel des Grundgesetzes«, in: Okko Behrends, Wolfgang Sellert (Hg.), *Der Kodifikationsgedanke und das Modell des Bürgerlichen Gesetzbuches (*BGB*)*, Göttingen 2000, S. 119-141, hier S. 128 ff.; Christoph Gusy, »Die Änderung der Weimarer Reichsverfassung«, in: *ZNR* 1996, S. 44-65, hier S. 48 f.

61 Vgl. Peter-Christian Witt, »Finanzpolitik als Verfassungs- und Gesellschaftspolitik«, in: *Geschichte und Gesellschaft* 8 (1982), S. 386-414, hier S. 406.

62 Wiewohl es auch in diesem Zeitraum gesetzliche Ermächtigungen an die Exekutive gab, die nach heutigem Verständnis als sehr weitgehend bezeichnet würden: Poetzsch-Heffter, »Vom Staatsleben unter der Weimarer Verfassung«, S. 112-116; Staedler, *Die Versuche zur Vereinfachung der Reichsgesetzgebung*, S. 139-145. Dazu auch unten 4.2.1.

63 Insoweit zumindest missverständlich Ernst Friesenhahn, »Zur Legitimation und zum Scheitern der Weimarer Reichsverfassung«, in: Karl Dietrich Erdmann, Hagen Schulze (Hg.), *Weimar. Selbstpreisgabe einer Demokratie*, Düsseldorf 1980, S. 81-108, hier S. 97 (1925-30 als »zweite Phase des Einsatzes von Art. 48«).

nen:[64] Das Jahr 1924 ist das Jahr zweier Reichstagsauflösungen, von denen die erste sich nicht zuletzt der Entschlossenheit des Reichstags verdankt, die 3. Steuernotverordnung zu verändern, also eine verfassungsrechtliche Kompetenz auszuüben.[65] Ergehen im Jahr 1924 demnach sehr wenige Gesetze, so lässt sich auch nach den Wahlen zum 3. Reichstag bis 1926 eine nur geringe qualitative Zunahme der Gesetzgebung feststellen.[66] Eine Rückführung von Regelungspotentialen aus der Exekutive in das Parlament fand nicht statt, festzustellen sind einfach nur weniger Regelungen. Gilt das Jahr 1927 als erfolgreich wegen der ergangenen Sozialgesetzgebung,[67] so blieb die Gesetzgebung bis zum Ende der Großen Koalition unter Reichskanzler Müller trotzdem auf einem quantitativen Niveau, das deutlich unter demjenigen der frühen Republik lag.

Zugleich endete mit dem Jahr 1924 nicht die Praxis der gesetzesvertretenden Rechtsverordnung:[68] Weiterhin war es üblich, an die Exekutive die Abänderung einzelner gesetzlicher Vorschriften zu delegieren. So ermächtigte ein Gesetz die Reichsregierung, die

64 So beginnt das Jahr 1926 mit einer Debatte im Reichstag über den Zustand der parlamentarischen Demokratie. Vgl. die Ausschnitte der Debatte vom 27.1.1926, in: Herbert Michaelis, Ernst Schraepler (Hg.), *Ursachen und Folgen*, Siebter Band, Berlin 1962, S. 224-229. Weitere Zeugnisse des parlamentarischen Krisenbewusstseins gerade in der sogenannten stabilen Phase bei Hans Boldt, »Parlament und Parteien in der Weimarer Reichsverfassung«, in: Eberhard Kolb, Walter Mühlhausen (Hg.), *Demokratie in der Krise: Parteien im Verfassungssystem der Weimarer Republik*, München 1997, S. 19-58, hier S. 45 f.

65 Dazu Stürmer, *Koalition und Opposition*, S. 37. Vgl. auch Huber, *Verfassungsgeschichte*, Bd. 7, S. 442.

66 Die Übersicht bei Frehse, *Ermächtigungsgesetzgebung im Deutschen Reich*, Anhang I, Graphik 3 zeigt, dass die Abnahme von Verordnungen nicht zu einer Zunahme gesetzlicher Regelungen führte. Seit 1926 sinkt die Gesetzgebungsaktivität des Reichstags kontinuierlich ab. Vgl. auch die Untersuchung der Gesetzgebung nach dem Ende der Ermächtigungen bei Staedler, *Die Versuche zur Vereinfachung der Reichsgesetzgebung*, S. 141 ff., sowie die Statistik ebd., S. 160 (Anlage), sowie die Aufstellung oben in Fn. 4.

67 Vgl. aber die letztlich zurückhaltenden Darstellungen zu den Weimarer Sozialreformen bei Gerhard A. Ritter, *Der Sozialstaat. Entstehung und Entwicklung im internationalen Vergleich*, München ^{2}1991, S. 103-131 aus sozialhistorischer und Joachim Rückert, »Weimars Verfassung zum Gedenken«, *RJ* 18 (1999), S. 216-244, hier S. 228 ff. aus rechtshistorischer Sicht.

68 Vgl. zum Folgenden Staedler, *Die Versuche zur Vereinfachung der Reichsgesetzgebung*, S. 142-145; vgl. auch ebd., S. 121 f.

Reichsversicherungsordnung unter Weglassung überholter Vorschriften neu zu verkünden,[69] ein anderes ermächtigte zwei Mitglieder der Reichsregierung, ein Gesetz in Kraft zu setzen.[70] Zudem galten seit dem Jahr 1923 neue Regelungen für die Veröffentlichung von Rechtsverordnungen, die diese nicht mehr zwingend im Reichsgesetzblatt erforderlich machten.[71]

Qualitativ lassen sich für diesen Zeitraum nur noch einige gesetzgeberische Großprojekte bezeichnen, die von weitreichender Bedeutung gewesen wären. Langfristig vielleicht am wichtigsten dürften die Schlieben'schen Reichsfinanzreformen[72] und die Umstellung der Erwerbslosenfürsorge in ein System der Arbeitslosenversicherung gewesen sein.[73] Beide Gesetze wurden mit großer parlamentarischer Mehrheit beschlossen. Politisch bedeutend blieb auch die neue, mit knapper Mehrheit beschlossene gesetzliche Regelung der Arbeitszeit[74] und die Einführung der Arbeitsgerichtsbarkeit.[75] Eine qualitativ erfolgreiche Reihe von Gesetzen, die man als kontinuierliche Gesetzgebung bezeichnen kann, lässt sich aber wohl nur noch für das 4. Kabinett Marx feststellen,[76] in dessen

69 Art. 161 Abs. 2 G. v. 14.7.1925 (RGBl. I, 97).

70 §122 G. v. 23.12.1926 (RGBl. I, 507), der das Gesetz in Kraft setzt, „soweit der Reichsarbeitsminister und der Reichsminister der Justiz gemeinsam keinen späteren Zeitpunkt bestimmen«.

71 §2 G. v. 13.10.1923 (RGBl. I, 959). Typisch für das Formverständnis der Zeit dürfte es sein, dass die Publikationserfordernisse einerseits aufgeweicht werden, dies aber andererseits mit einem schlechtem Gewissen geschieht, das in der regierungsamtlichen Versicherung mündet, man werde »möglichst« wie zuvor publizieren: Mitteilung über die Veröffentlichung von Rechtsverordnungen v. 1.12.1923 (RGBl. I, 1236). Zum Problem Friedrich Schiller, »Verkündung und Inkrafttreten der Rechtsverordnungen des Reiches«, *Archiv des öffentlichen Rechts n.F.* 8 (1925), S. 283-304, hier S. 286ff., 293f., der vermutet, dass es vor allem um die Aushebelung richterlicher Prüfung gehe.

72 Dazu Huber, *Verfassungsgeschichte*, Bd. 7, S. 566-568 (m.w.N.).

73 G. v. 16.7.1927 (RGBl. I, 187). Zum politischen Hintergrund: Karl Christian Führer, *Arbeitslosigkeit und die Entstehung der Arbeitslosenversicherung in Deutschland*, Berlin 1990, S. 170ff.; Stürmer, *Koalition und Opposition*, S. 210ff.; Winkler, *Weimar*, S. 323f.

74 G. v. 14.4.1927 (RGBl. I, 109). Dazu Preller, *Sozialpolitik in der Weimarer Republik*, S. 350f.; Stürmer, *Koalition und Opposition*, S. 203ff.

75 G. v. 23.12.1926 (RGBl. I, 507).

76 Überblick über gelungene und gescheiterte Gesetzgebungsvorhaben bei Haungs, *Reichspräsident und parlamentarische Kabinettsregierung*, S. 208-245, 285f.

Amtszeit neben den genannten Gesetzen zu Arbeitszeit und Arbeitslosenversicherung auch die Reform der Beamtenbesoldung[77] und die Verlängerung des 1. Republikschutzgesetzes fiel. Neben anderen zumindest tagespolitisch wichtigen Regelungen, wie dem umstrittenen Jugendschutzgesetz, das allerdings am Einspruch des Reichsrates scheiterte,[78] oder den Gesetzen über die Osthilfe und den Zollerhöhungen zugunsten der Landwirtschaft,[79] brach aber mit Antritt des 3. Kabinetts Müller eine auch die Legislative berührende politische Agonie aus, die etwa die weitere Verlängerung des 1. Republikschutzgesetzes zunächst misslingen ließ.[80] In den letzten Monaten der letzten Großen Koalition führten die politischen Auseinandersetzungen namentlich um die Sozial-[81] und die Schulgesetzgebung[82] kaum noch zu wichtigen parlamentarischen Entscheidungen in Gesetzesform.[83] Mit dem Regierungsantritt Brünings kam die gesetzgeberische Aktivität des Reichstags nicht augenblicklich, aber nachhaltig zum Erliegen; der Reichstag trat zudem immer weniger zusammen.[84]

Die Vorgeschichte des Endes der Weimarer Republik reicht damit auch mit Blick auf die Gesetzgebung tief in den Zeitraum hinein, in dem eine reguläre parlamentarische Gesetzgebungspraxis zumindest nach den Mehrheitsverhältnissen möglich erschien.[85]

77 G. v. 16.12.1927 (RGBl. I 349). Dazu Jane Caplan, *Government without Administration. State and Civil Service in Weimar and Nazi Germany*, Oxford 1988, S. 85 ff.

78 G. v. 18.3.1926 (RGBl. I, 505). Dazu Huber, *Verfassungsgeschichte*, Bd. 7, S. 599 f. Dazu Elizabeth Harvey, *Youth and the Welfare State in Weimar Germany*, Oxford 1993, S. 152 ff.; Detlev Peukert, *Grenzen der Sozialdisziplinierung. Aufstieg und Krise der deutschen Jugendfuersorge von 1878 bis 1932*, Köln 1986, S. 175 ff.

79 G. v. 18.4.1929 (RGBl. I, 97). Dazu Winkler, *Weimar*, S. 362.

80 Christoph Gusy, *Weimar – die wehrlose Republik?*, Tübingen 1991, S. 147-149.

81 Helga Timm, *Die deutsche Sozialpolitik und der Bruch der Großen Koalition im Jahre 1930*, Düsseldorf 1952, S. 124 ff.

82 Dazu Stürmer, *Koalition und Opposition*, S. 230 ff.; Günther Grünthal, *Reichsschulgesetz und Zentrumspartei in der Weimarer Republik*, 1968, S. 237 ff.

83 Von bleibenderem juristischen Interesse mag noch die Handwerks-Novelle zur Gewerbeordnung sein: G. v. 11.2.1929 (RGBl. I, 21). Das 2. Republikschutzgesetz trat erst in Kraft, nachdem das letzte Kabinett Müller zurückgetreten war, vgl. Gusy, *Weimar – die wehrlose Republik?*, S. 173-175.

84 Witt, »Kontinuität und Diskontinuität im politischen System der Weimarer Republik«, S. 29 in Anm. 29.

85 Haungs, *Reichspräsident und parlamentarische Kabinettsregierung*, S. 278 f.; Michael Stürmer, »Der unvollendete Parteienstaat«, in: ders. (Hg.), Die Weima-

Zwei für die Weimarer Zeit besondere Formen der Gesetzgebung bedürfen gesonderter Erwähnung: Dies sind zum einen die Zustimmungsgesetze zu den außenpolitischen Verträgen. Für die Regelungen zu den Versailler Verträgen,[86] zum Dawes-Plan,[87] zum Vertrag von Locarno[88] und zum Young-Plan[89] findet sich in der Weimarer Republik jene besondere außenpolitische Mehrheit, die die bürgerlichen Parteien und die SPD zusammenführt.[90] Ja, man wird etwa für die Zustimmung zu dem Versailler Gesetz sagen können, dass auch die Parteien, die die Zustimmung verweigerten, dies in der Gewissheit taten, dass sich eine Mehrheit ohne sie finden werde.[91] Die Gesetzespakete zu den außenpolitischen Verträgen gaben nicht selten Anlass zu weiterführenden Regelungen, etwa in der Änderung von Reichsbahn und Reichsbankgesetz innerhalb der Dawes-Gesetze, von denen einige hier schon erwähnt wurden. Es steht zu vermuten, dass die völkerrechtlichen Vorgaben und die damit verbundene Notwendigkeit, Gesetzespakete zu beschließen, die Gesetzgebung wesentlich befördert haben, auch wenn die Umsetzung von Völkerrecht gerade keinem Ideal parlamentarischer Gesetzgebung entspricht. Spezifischere parteipolitische Mehrheitsverhältnisse galten zum Zweiten jedenfalls teilweise auch für die beiden Gesetze zum Schutz der Republik aus den Jahren 1922 und 1930.[92]

rer Republik, Königstein ²1985, S. 310, hier S. 310-312 (= *VfZ* 21 [1973], S. 118). Vgl. auch schon Werner Conze, »Die Krise des Parteienstaates in Deutschland 1929/1930«, *HZ* 178 (1954), S. 47-84, hier S. 50 ff., 74 ff., der hier ohne Zustimmung zur zugrundeliegenden Beurteilung Brünings zitiert wird.

86 Zur Diskussion Peter Krüger, *Die Außenpolitik der Republik von Weimar*, Darmstadt ²1993, S. 65 ff., 237 ff.; Stürmer, *Koalition und Opposition*, S. 54 ff.

87 Winkler, *Weimar*, S. 306-312.

88 Huber, *Verfassungsgeschichte*, Bd. 7, S. 561 ff.

89 Krüger, *Die Außenpolitik der Republik*, S. 476 ff.; Winkler, *Weimar*, S. 368.

90 Zur außenpolitischen Mehrheit in Weimar Stürmer, *Koalition und Opposition*, S. 266.

91 Feststellung bei Winkler, *Weimar*, S. 156.

92 Zu den politischen Diskussionen um die beiden Gesetze: Gusy, *Weimar – die wehrlose Republik?*; Gotthard Jasper, *Der Schutz der Republik*, Tübingen 1963, S. 69 ff. (zum 1. Gesetz).

2.2 Zum politischen Hintergrund der Gesetzgebungspraxis

Die vorgenommene Bestandsaufnahme der Gesetzgebungsaktivität des Reichstags erklärt zunächst wenig. Sie bedarf in tatsächlicher Hinsicht der Ergänzung und ist näher in die parteipolitischen Zusammenhänge des Reichstags einzubetten. Dabei fallen einige Umstände besonders auf:

1. Zunächst ist bemerkenswert, dass sich die Haltung zur Form des Ermächtigungsgesetzes oder allgemeiner zur exekutiven Normsetzung in der Weimarer Republik nicht parteipolitisch abbilden lässt. Sie ist weder eine Frage von rechts oder links, noch eine solche von republikfreundlicher politischer Mitte oder republikfeindlichen Flügeln.

So polemisierten die republikfeindlichen DNVP und USPD als einzige Parteien gegen das Gesetz über die Übergangswirtschaft von 1919.[93] Die Ermächtigungsgesetze des Jahres 1923 ergingen jeweils mit verfassungsändernder Mehrheit unter Zustimmung der SPD. Gegenstimmen zum ersten Gesetz kamen wiederum von den Flügeln, wobei die Kommunisten die Ausschaltung des Parlaments ausdrücklich zurückwiesen,[94] während die Vertreter der DNVP diese als solche nicht beanstandeten, jedoch keine unter Beteiligung der Sozialdemokraten ergehenden Maßnahmen unterstützen wollten.[95] Eine entsprechende Konstellation ergab sich bei der Abstimmung über das zweite Ermächtigungsgesetz.[96]

Der sozialdemokratische Reichspräsident Ebert löste den 1. Reichstag auf,[97] nachdem dieser mit der Aufhebung von Verordnungen gedroht hatte. Der sozialdemokratische Reichsinnenminister Severing kündigte eine Verordnung nach Art. 48 WRV an, sollte sich der Reichstag weigern, das 1. Republikschutzgesetz zu

93 Vgl. die Zusammenfassung der Debatten bei Frehse, *Ermächtigungsgesetzgebung im Deutschen Reich*, S. 58-60. Knapp bei Huber, *Verfassungsgeschichte*, Bd. 5, S. 1087-1089.

94 Verh. d. RT, Stenogr. Ber. 361, 12038 (Frölich KPD).

95 Verh. d. RT, Stenogr. Ber. 361, 11973 (Gr. Westarp DNVP).

96 Frehse, *Ermächtigungsgesetzgebung im Deutschen Reich*, S. 119-124.

97 Die Auflösungsverfügung Eberts vom 13. 3. 1924 abgedruckt bei Poetzsch-Heffter, »Vom Staatsleben unter der Weimarer Verfassung«, S. 161. Dazu Horst Möller, *Parlamentarismus in Preußen 1919-1932*, Düsseldorf 1985, S. 587.

verlängern.[98] Auch die republikfreundliche Politik bediente sich also exekutiver Mittel zur Beschränkung der parlamentarischen Zugriffsmöglichkeiten.

Auf der anderen Seite zeigte sich in den politischen Äußerungen immer wieder so etwas wie ein institutionelles schlechtes Gewissen, das die weitreichende parlamentarische Ermächtigung der Exekutive nicht für etwas Selbstverständliches hielt, sondern für ein notwendiges Übel, eine Einstellung, die in den Reichstagsdebatten zumindest auch eine Rolle spielte.[99] Die negative Bewertung war dabei allerdings nicht besonders ausgeprägt, die Ablehnung bloß relativ. Dies zeigt sich deutlich an zwei Faktoren: Zum einen gab es auch leerlaufende Ermächtigungsgesetze, auf deren Grundlage so gut wie keine Rechtsverordnungen erlassen wurden.[100] Damit erwies sich die unterstellte Notwendigkeit zur Ermächtigung zumindest ex post als zu unvorsichtig eingeschätzt. Zum anderen zentrierten sich die Reichstagsdebatten zu den Ermächtigungsgesetzen weniger um die institutionelle Frage der Ermächtigung als um die politische Frage, inwieweit es wünschenswert sei, gerade die aktuelle Reichsregierung in einer solchen Weise zu unterstützen.[101]

2. Hiermit hängt ein weiterer Gesichtspunkt eng zusammen: Die Frage, ob das Parlament gesetzliche Regelungen oder gesetzliche Ermächtigungen oder keines von beidem traf, hing nicht davon

98 Verh. d. RT, Stenogr. Ber. 425, 3077 ff. Zu diesem Vorgang Huber, *Verfassungsgeschichte*, Bd. 7, S. 667.

99 Entsprechende Äußerungen etwa zum Vereinfachungsgesetz 1920 zitiert bei Fritz Poetzsch, »Die Verfassungsmäßigkeit der vereinfachten Gesetzgebung«, in: *Archiv des öffentlichen Rechts* 40 (1921), S. 156-172, hier S. 159 f. Zum Ruhr-Gesetz die Feststellung: »Haben Sie denn gar kein Gefühl mehr dafür, dass Sie mit derartigen Maßnahmen [...] das Ansehen des Parlaments untergraben«, Verh. d. RT, Stenogr. Ber. 357/9484. Zum Ermächtigungsgesetz vom Oktober 1923 oben Fn. 35. Zum Ermächtigungsgesetz vom Dezember 1923 einerseits die Bedenken Verh. d. RT, Stenogr. Bert 361, 12299 f. (Scheidemann, SPD), andererseits die Feststellung, es handele sich um einen »Akt der Selbstdisziplin« des Parlaments: Verh. d. RT, Stenogr. Ber. 361, 12301 (Kaas, Z).

100 Vgl. die Aufstellung zu den beiden Verlängerungen des Gesetzes über die Übergangswirtschaft bei Poetzsch-Heffter, »Vom Staatsleben unter der Weimarer Verfassung«, S. 209-212 und die Bewertung bei Frehse, *Ermächtigungsgesetzgebung im Deutschen Reich*, S. 72, 79.

101 Besonders deutlich bei der Debatte um das Ermächtigungsgesetz vom Dezember 1923: Frehse, *Ermächtigungsgesetzgebung im Deutschen Reich*, S. 124.

ab, ob die Reichsregierung im Reichstag eine Mehrheit hatte.[102] Eine – in vielen Fällen sogar verfassungsändernde – Mehrheit für ein Ermächtigungsgesetz fand sich sowohl in solchen Fällen, in denen die Reichsregierung keine parlamentarische Mehrheit hatte,[103] als auch in den selteneren, in denen dies der Fall war.[104] Es ergab sich also die institutionell paradoxe Struktur, dass eine Reichsregierung, die nicht das Vertrauen des Reichstags genoss, von diesem mit extensiven Verordnungsermächtigungen versehen wurde. Auf der anderen Seite wurde die Zustimmung zu einem Ermächtigungsgesetz in einem Fall an die »parteipolitische Zusammensetzung der Reichsregierung« gekoppelt;[105] ein anderes Mal wurde einem wichtigen Gesetz (der Zustimmung zum Vertrag von Locarno) seitens der SPD nur unter der Bedingung zugestimmt, dass die Reichsregierung (Luther I) nach Beschluss des Gesetzes zurücktrat, was auch tatsächlich geschah.[106] Zugleich wiesen die Zeiten einer parlamentarischen Mehrheit wie die Große Koalition unter Müller keineswegs eine besonders große Menge an parlamentarischer Gesetzgebung auf.[107] Gesetze dienten also sowohl der Unterstützung als auch der Beendigung einer bestimmten Reichsregierung.

3. Wie immer man Bedeutung oder Wichtigkeit eines Gesetzes definieren mag, sei es durch die Intensität des ihm zugrundeliegenden politischen Konflikts, sei es in seiner Bedeutung für die kodi-

102 Ebenso wenig übrigens der Einfluss der Reichsregierung auf Fragen der Geschäftsordnung des Reichstags: Witt, »Kontinuität und Diskontinuität im politischen System der Weimarer Republik«, S. 129 f.

103 So das 1. Kabinett Marx bei Erlass des zweiten Ermächtigungsgesetzes 1923, vgl. oben Fn. 36.

104 So das 2. Kabinett Stresemann bei Erlass des ersten Ermächtigungsgesetzes 1923, vgl. oben Fn. 35. Zum Verständnis der Koalition unter Stresemann auch Winkler, *Weimar*, S. 217, sowie Huber, *Verfassungsgeschichte*, Bd. 7, S. 335.

105 § 2 S. 1 G. v. 13. 10. 1923. Hierin sah einer der wenigen Befürworter politischer Parteien eine begrüßenswerte Berücksichtigung der politischen Parteien durch ein Gesetz: Gustav Radbruch, »Die politischen Parteien im System des deutschen Verfassungsrechts«, in: Gerhard Anschütz, Richard Thoma (Hg.), *Handbuch des Deutschen Staatsrechts (HBDStR)*, Bd. 1, Tübingen 1931, S. 285-294, hier S. 293. Anders bewertete es die Opposition: Verh. d. RT, Stenogr. Ber. 361, 11973 (Gr. Westarp, DNVP): »Höhe des parteipolitischen Egoismus«.

106 Zu den Abläufen im Einzelnen: Klaus E. Rieseberg, »Die SPD in der ›Locarnokrise‹«, in: *VfZ* 30 (1982), S. 130-160, hier S. 134 ff.; Winkler, *Weimar*, S. 309 f. Vgl. auch Haungs, *Reichspräsident und parlamentarische Kabinettsregierung*, S. 96.

107 Vgl. oben bei Fn. 4, 66.

fikatorische Entwicklung eines bestimmten Regelungsgegenstands: Offensichtlich ist, dass zwischen Parlamentsgesetz, gesetzesvertretender Verordnung und normaler Rechtsverordnung eine Unterscheidung nach der »Bedeutung« der Regelung für die Weimarer Zeit nicht zu treffen ist. Kodifikatorisch bedeutende Regelungen wie die Emmingersche Strafrechtsreform ergingen ebenso im Verordnungsweg wie politisch umstrittene und tagespraktisch bedeutsame Regelungen wie etwa die Schlichtungsverordnung und einige der stets umstrittenen Regelungen zur Arbeitszeit. Dass der politische Konflikt nicht mit dem Gesetzesbeschluss zu Ende war, wie es das parlamentarische System eigentlich voraussetzte, zeigte schon das Phänomen des Protests von Fraktionen des Reichstags gegen Verordnungen, die aufgrund einer Ermächtigung ergingen, der die protestierende Fraktion zugestimmt hatte.[108] Umgekehrt lassen sich eine Vielzahl von Parlamentsgesetzen finden, die weder nach heutigen verfassungsrechtlichen Maßstäben noch nach denjenigen des Kaiserreichs notwendig als formelles Gesetz hätten ergehen müssen.[109] Dies mag man im Hinblick darauf relativieren, dass die politische Situation in der Weimarer Republik zu groß angelegten gesetzlichen Regelungen gerade nicht einlud, sondern sich wie gesagt einmal auf dem Gebiet des politischen Krisenmanagements, zum anderen auf dem der Umsetzung völkerrechtlicher Verträge bewegte. Beide Regelungsgegenstände haben mit dem Ideal des allgemeinen Parlamentsgesetzes, auf das noch zurückzukommen sein wird, offensichtlich wenig zu tun. Man kann sie als Einzelfall- oder Maßnahmegesetze bezeichnen,[110] muss dann aber beachten, dass man damit eine gegen das Parlament gerichtete dogmatische Figur zu einer historischen Beschreibungskategorie erhebt.[111]

108 Dazu Frehse, *Ermächtigungsgesetzgebung im Deutschen Reich*, S. 109 ff.; Huber, *Verfassungsgeschichte*, Bd. 7, S. 441 f.

109 Charakteristisch die alljährlich vorgenommene gesetzliche Regelung der Zuckerungsfristen für Weine.

110 Gusy, *Die Weimarer Reichsverfassung*, S. 155; Huber, *Verfassungsgeschichte*, Bd. 6, S. 416 f.

111 Dazu sogleich unter 4.2.3.

2.3 Zwischenfazit

Bei dieser zunächst auf den parlamentarischen Output bezogenen Darstellung ergibt sich somit ein wenig eindeutiger Befund. Auf der einen Seite sind die weitreichenden Ermächtigungen des Reichstags an die Reichsregierung durchaus als Krisenphänomen zu verstehen. Dies zeigt sich besonders mit Blick auf die Entwicklungen des Jahres 1923 und das anschließende Ende der Ermächtigungsgesetzgebung im Laufe des Jahres 1924. Insoweit geht die eingangs erwähnte Rechnung Schmitts[112] nicht auf, es sei denn, man versteht die Ausschaltung des Reichstags unter Brüning als direkte Fortsetzung der Ermächtigungspraxis bis zum Jahr 1924 und damit die Zeit dazwischen als bloße Episode.

Auf der anderen Seite springt die parlamentarische Gesetzgebung auch mit dem Ende des Ermächtigungsabschnitts nicht wirklich an und das Hantieren mit gesetzesmodifizierenden Rechtsverordnungen bleibt für die Rechtssetzung bedeutsam. Die Beendigung eines politischen Konflikts durch einen Gesetzesbeschluss des Reichstags bleibt die Ausnahme, so wie die wichtigen politischen Erfolge der frühen Republik wie die Demobilmachung und die Beendigung der Inflation sich exekutiver Normsetzung unter weitgehender Ausschaltung des Reichstags verdanken – offensichtlich eine nicht zu unterschätzende institutionelle Erfahrung in der Weimarer Republik.

3. Kontext: Institutioneller Hintergrund

Besser zu verstehen ist das Phänomen der Parlamentsgesetzgebung in der Weimarer Republik, wenn man es in seinen institutionellen Kontext einbettet. Dies soll im Folgenden zunächst mit Blick auf die Behandlung der Gesetzgebung in der WRV, anschließend mit Blick auf den praktisch-institutionellen Umgang des Reichstags mit diesen Vorgaben unternommen werden.

112 Vgl. oben Fn. 7.

3.1 Verfassungsrechtlicher Kontext

In der Verfassunggebenden Nationalversammlung war ein Bekenntnis zum parlamentarischen System – als institutionalisierte Abhängigkeit der Regierung von der Mehrheit im Parlament[113] – bekanntlich fast nie ohne Relativierung zu hören gewesen. Im Anschluss an Robert Redslobs Unterscheidung zwischen echtem und unechtem Parlamentarismus[114] wurde stattdessen die Vorstellung vom notwendigen Gleichgewicht zwischen Regierung und Parlament gegen die vermeintliche Bedrohung des Parlamentsabsolutismus ausgespielt[115] und damit ein Parlamentskonzept kodifiziert, das sich in der deutschen Theorie schon seit den 1830er Jahren diskutiert fand.[116] In den Worten Friedrich Meineckes handelte es sich bei der Weimarer Reichsverfassung um eine konstitutionelle Demokratie,[117] manch-

113 Zum Begriff und Rezeptionsgeschichte in Deutschland: Klaus von Beyme, »Der Begriff der parlamentarischen Regierung«, in: Kurt Kluxen (Hg.), *Parlamentarismus*, Frankfurt/M. 1967, S. 188-195, hier S. 189 ff., 192 ff.

114 Robert Redslob, *Die parlamentarische Regierung in ihrer wahren und unechten Form*, Tübingen, 1918. Zu dessen Einfluss auf Preuß: Haungs, *Reichspräsident und parlamentarische Kabinettsregierung*, S. 27 ff.; Christoph Schönberger, *Das Parlament im Anstaltsstaat*, Tübingen 1997, S. 384 ff. Vgl. auch Ulrich von Alemann, *Parteiensysteme im Parlamentarismus. Eine Einführung und Kritik von Parlamentarismustheorien*, Düsseldorf 1973, S. 62-72. Treu zu Redslobs Lehre für viele etwa Wilhelm Hasbach, *Die parlamentarische Kabinettsregierung*, München 1919; Adelheid Meuschel, »Die Regierungsbildung im Deutschen Reich und seinen Ländern nach den Vorschriften der gegenwärtig gültigen Verfassungen«, in: *Archiv des öffentlichen Rechts* 41 (1921), S. 1-52, hier S. 2 f.

115 Vgl. nur die Darstellung bei Wolfgang J. Mommsen, *Max Weber und die deutsche Politik 1890-1920*, Tübingen ^{2}1974, S. 370 ff. Die Furcht vor dem Parlaments-Absolutismus bei Hugo Preuß, *Staat, Recht und Freiheit*, Berlin 1926, S. 426.

116 Zur Geschichte dieses Topos und zu dessen Anwendung in Weimar: Hans Boldt, »Parlamentarismustheorie«, in: *Der Staat* 19 (1980), S. 385-412, hier S. 390 ff., 397 ff. Vgl. auch Adolf M. Birke, »Die Souveränität des viktorianischen Parlaments und die moderne Parlamentarismuskritik«, in: *Der Staat Beiheft* 1 (1975), S. 59-73, hier S. 60 ff. Zu den in Weimar zum Ausdruck kommenden spezifisch deutschen Problemen des Parlamentarismus: Gerhard A. Ritter, »Entwicklungsprobleme des deutschen Parlamentarismus«, in: ders. (Hg.), *Gesellschaft, Parlament und Regierung. Zur Geschichte des Parlamentarismus in Deutschland*, Düsseldorf 1974, S. 11-54; Ernst Fraenkel, »Historische Vorbelastungen des deutschen Parlamentarismus«, in: ders., *Deutschland und die westlichen Demokratien*, Frankfurt/M. ^{2}1991, S. 23-47, hier S. 31 ff.

117 So Friedrich Meinecke zitiert nach Haungs, *Reichspräsident und parlamentarische Kabinettsregierung*, S. 289, 352 in Anm. 44.

mal aber wohl auch um eine konstitutionelle Diktatur.[118] Der parlamentarischen Herrschaft wurden »Hemmungen« eingebaut.[119] Mit Blick auf die hier interessierende parlamentarische Gesetzgebung führte dies – neben den im Augenblick der Verfassunggebung ohnehin zahlreich bestehenden gesetzlichen Verordnungsermächtigungen – bekanntlich zur Installation zweier weiterer Gesetzgeber, dem Volk nach Art. 73 WRV und dem Reichspräsidenten für gesetzesvertretende Notverordnungen nach Art. 48 WRV.[120] Beide hatten Rückwirkungen auf die Gesetzgebung durch den Reichstag: Zwar wurde die Volksgesetzgebung nicht erfolgreich praktiziert, doch ist die politische Bedeutung gescheiterter Plebiszite nicht zu unterschätzen. Das Plebiszit zur Fürstenenteignung führte sowohl zu einer Umorientierung der politischen Parteien als auch zu einer allerdings erfolglosen Neubefassung durch den Reichstag.[121] Ähnliche Effekte lassen sich für das gescheiterte Plebiszit zum Young-Plan feststellen, etwa in den politischen Vorstellungen Hindenburgs.[122] Schon die Möglichkeit der Volksgesetzgebung hatte also Rückwirkungen auf die politische Umwelt der parlamentarischen Arbeit.[123] Sie schuf – wie die Volkswahl des Reichspräsidenten – zudem zum Reichstag in Konkurrenz stehende nationale Gegenöffentlichkeiten.

Solche Rückwirkungen lassen sich zumindest indirekt auch für die Kompetenzen des Reichspräsidenten jenseits des Notverordnungsrechts aufweisen: Dies gilt einmal für die wechselhafte Beteiligung des Reichspräsidenten an der Regierungsbildung, einem der zentralen staatsorganisationsrechtlichen Probleme der Weimarer Verfassungs-

118 Ausdruck bei Stürmer, »Der unvollendete Parteienstaat«, S. 312.

119 Zu den »vier Hemmungen« der Parlamentsherrschaft Richard Thoma, »Staat (Allgemeine Staatslehre)«, in: *Handwörterbuch der Staatswissenschaften*, Bd. 7, Jena 1926, S. 724-756, hier S. 736.

120 Zu Theorie und Praxis der Präsidialverordnungen: Hans Boldt, »Der Art. 48 der Weimarer Reichsverfassung«, in: Michael Stürmer, (Hg.), *Die Weimarer Republik*, Königstein ^{2}1985, S. 288-308, hier S. 292-296, 298 ff.

121 Ulrich Schüren, *Der Volksentscheid zur Fürstenenteignung*, Düsseldorf 1978 [1926], S. 227 ff.; Reinhard Schiffers, *Elemente direkter Demokratie im Weimarer Regierungssystem*, Düsseldorf 1971, S. 262 ff.

122 Horst Möller, *Europa zwischen den Weltkriegen*, München 1998, S. 47 f.

123 So auch Gerd Roellecke, »Konstruktionsfehler der Weimarer Verfassung«, in: *Der Staat* 35 (1996), S. 599-613, hier S. 608. Diese differenzierende Sicht muss sich auch gegen die Rezeptionsgewohnheiten in der Bundesrepublik richten, die entweder aus Weimar auf die kategorische Ablehnung von Plebisziten schließt oder behauptet, Plebiszite seien in Weimar letztlich irrelevant gewesen.

praxis.[124] Dies gilt zum anderen für die Möglichkeit des Reichspräsidenten nach Art. 25 WRV, den Reichstag aufzulösen.[125] Die Drohung mit der Auflösung war schon unter Ebert ein bestimmender institutioneller Faktor für die Arbeit des Reichstags und spätestens die beiden Auflösungen des Jahres 1924[126] und ihre Rechtfertigung durch die Staatsrechtslehre[127] machten deutlich, dass den Befugnissen des Reichspräsidenten in dieser Hinsicht keine juristisch operable Grenze zu ziehen war, zumal die nach der Verfassung notwendige Gegenzeichnung der Auflösungsorder nach herrschender Ansicht nicht notwendig vom Reichskanzler zu leisten war, sondern von irgendeinem Mitglied der Reichsregierung gegeben werden konnte.[128] Dieser

124 Zur zeitgenössischen Diskussion: Friedrich Glum, *Die staatsrechtliche Stellung der Reichsregierung sowie des Reichskanzlers und des Reichsfinanzministers zur Reichsregierung*, Berlin 1925; Heinrich Herrfahrdt, *Die Kabinettsbildung nach der Weimarer Verfassung unter dem Einfluß der politischen Praxis*, Berlin 1927; Rudolf Wertheimer, *Der Einfluß des Reichspräsidenten auf die Gestaltung der Reichsregierung*, Heidelberg 1929. Vgl. auch zur diesbezüglichen latenten Meinungsverschiedenheit zwischen Thoma und Poetzsch-Heffter im Handbuch des Deutschen Staatsrechts: Walter Pauly, »Einführung. Die neue Sachlichkeit der Staatslehre in der Demokratie«, in: Gerhard Anschütz, Richard Thoma (Hg.), *Handbuch des Deutschen Staatsrechts (HDStR)*, Bd. 1, Nachdruck, 1998, S. 3*, hier S. 10* f. Zur strittigen historischen Aufarbeitung der Verfassungspraxis: Haungs, *Reichspräsident und parlamentarische Kabinettsregierung*, S. 43 ff.; Bernd Hoppe, *Von der parlamentarischen Demokratie zum Präsidialstaat*, Berlin 1998. Letztgenannte Arbeit verkennt – aufgrund eines ungenügend ausgearbeiteten Begriffs des parlamentarischen Systems (vgl. ebd., S. 26) –, dass das Problem präsidialer Einflussnahme auf die Kabinettsbildung schon in der WRV angelegt war und daher nicht schlicht als mutwillige politische Degeneration durch die politische Rechte verstanden werden kann.

125 Zur staatstheoretischen Diskussion: Schönberger, *Das Parlament im Anstaltsstaat*, S. 397 ff.

126 Zu den Ereignissen: Huber, *Verfassungsgeschichte*, Bd. 7, S. 486 f., 530 f.

127 Carl Schmitt, »›Einmaligkeit‹ und ›gleicher Anlaß‹ bei der Reichstagsauflösung nach Art. 25 der Reichsverfassung«, in: *Archiv des öffentlichen Rechts n. F.* 8 (1925), S. 162-174, hier S. 171 ff. Zur damaligen Diskussion auch die Nachweise bei Gerhard Anschütz, *Die Verfassung des Deutschen Reichs vom 11. August 1919. Ein Kommentar für Wissenschaft und Praxis*, Berlin [14]1933, S. 201.

128 Dazu Witt, »Kontinuität und Diskontinuität im politischen System der Weimarer Republik«, S. 122 in Anm. 19. Aus der staatsrechtlichen Literatur der Zeit: Heinrich Pohl, »Die Zuständigkeiten des Reichspräsidenten«, in: Gerhard Anschütz, Richard Thoma (Hg.), *Handbuch des Deutschen Staatsrechts (HBDStR)*, Bd. 1, Tübingen 1931, S. 482, hier S. 486 f., sowie die Verweise bei Gusy, *Die Weimarer Reichsverfassung*, S. 133 in Anm. 40.

Auflösungspraxis entspricht die ebenfalls schon erwähnte Drohung Severings, sollte der Reichstag ein zweites Republikschutzgesetz nicht verabschieden, ein solches durch Notverordnung zu erlassen.[129] Wurde die Auflösung dann auch noch mit der Drohung des Reichstags begründet, Rechtsverordnungen aufzuheben, die aufgrund eines Ermächtigungsgesetzes ergingen,[130] so wurde die reichspräsidiale Auflösungsbefugnis ausdrücklich auf Kosten der parlamentarischen Gesetzgebungsbefugnis ausgeübt. Bekanntlich wurden alle Reichstage der Weimarer Republik vorzeitig aufgelöst.[131]

Die Frage stellt sich, welche institutionellen Konsequenzen dieser verfassungsrechtliche Rahmen für die parlamentarische Gesetzgebung hatte. Naheliegend ist zunächst einmal die Feststellung, dass der verfassungsrechtlich gegebene Zwang zur gesetzgeberischen Entscheidung in der Weimarer Reichsverfassung geringer war als etwa in der Verfassung des Kaiserreichs. Damit war die in beiden Fällen schwierige parlamentarische Mehrheitsbildung nicht mehr der einzige Ausweg aus einer politischen Krise. Diese Vermutung findet ihre indirekte Bestätigung in der Untersuchung Horst Möllers zum Parlamentarismus in Preußen. Möller schließt aus der vergleichsweise stabilen und der erfolgreichen Gesetzgebungspraxis des preußischen Landtags auf Konstruktionsfehler in der Weimarer Reichsverfassung.[132] Dass dieser viel kritisierte[133] Schluss nicht zwingend ist, zeigt für das Reich der Zeitraum von 1925 bis 1930, in dem auf diese Ausweichmethoden gerade verzichtet werden konnte. Aber umgekehrt belegt die Entwicklung in Preußen doch zu-

129 Vgl. oben Fn. 98

130 Vgl. oben bei Fn. 97.

131 Übersicht bei Ernst-Rudolf Huber, Dokumente zur deutschen Verfassungsgeschichte, Bd. 4, Stuttgart ³1991, Nr. 162.

132 Möller, *Parlamentarismus in Preußen*, S. 577 ff., 589. Ähnlich Haungs, *Reichspräsident und parlamentarische Kabinettsregierung*, S. 272 ff.; Reinhard Mußgnug, »Beziehungen zwischen Parlament, Regierung und Verwaltung«, in: Kurt G. A. Jeserich u. a. (Hg.), *Deutsche Verwaltungsgeschichte*, Bd. 4, Stuttgart 1985, S. 308-329, hier S. 315. Zeitgenössisch die bekannte Äußerung bei Richard Grau, »Die Diktaturgewalt des Reichspräsidenten«, in: Gerhard Anschütz, Richard Thoma (Hg.), *Handbuch des Deutschen Staatsrechts (HBDStR)*, Bd. 2, Tübingen 1931, S. 274-295, hier S. 292. Dazu differenziert Boldt, »Parlament und Parteien in der Weimarer Reichsverfassung«, S. 48 f.

133 Zahlreiche Nachweise bei Thomas Kühne, »Parlamentarismusgeschichte in Deutschland«, in: *GG* 24 (1998), S. 323-338, hier S. 332 f.

mindest die schwächere These, dass das dualistische Konzept der Weimarer Nationalversammlung, das ja nicht Ausdruck völliger Ablehnung des parlamentarischen Systems war, sondern andere Formen der Gesetzgebung auch bemühte, um das parlamentarische System zu beschützen, seinerseits nicht geeignet war, dieses parlamentarische System zu stabilisieren.[134]

Gab es somit Alternativen zur parlamentarischen Gesetzgebung, die den Zwang zur Konsensbildung verkleinerten, so hatte die Parlamentarisierung eine weitere Konsequenz. Dem Parlament eröffneten sich neue Möglichkeiten, Einfluss auszuüben: namentlich durch die Besetzung der Kabinette und andere Personalentscheidungen. Man könnte sagen, dass unter der Weimarer Verfassung die Rechtssetzung nicht auf den Reichstag und der Reichstag nicht auf die Rechtssetzung angewiesen war. Dies führt zur institutionellen Praxis des Reichstags.

3.2 Institutionelle Praxis: Einfluss statt Herrschaft

Genauso wichtig wie diese verfassungsrechtlichen Vorgaben war das institutionelle Selbstverständnis des Reichstags. Es lässt sich als skeptisch gegenüber den für ein parlamentarisches System funktionsnotwendigen formalen Unterscheidungen kennzeichnen. Um dieses Phänomen besser auf den Begriff bringen zu können, soll es an einigen Beispielen praktischer Entformalisierung im Reichstag veranschaulicht werden.

3.2.1 Relativierte Unterscheidung zwischen Regierung und Opposition

Stürmer hat in seiner bekannten Studie[135] zur mittleren Republik festgestellt, dass die durchgehende Unterscheidung zwischen Re-

134 Diese viel vertretene Bewertung etwa bei Ernst Fraenkel, »Die repräsentative und die plebiszitäre Komponente im demokratischen Verfassungsstaat«, in: ders., *Deutschland und die westlichen Demokratien*, Frankfurt/M. ²1991, S. 153, hier S. 194 f., zustimmend zitiert bei Winkler, *Weimar*, S. 106; Horst Möller, »Parlamentarismus-Diskussion in der Weimarer Republik«, in: Manfred Funke u. a. (Hg.), *Demokratie und Diktatur (FS Bracher)*, Düsseldorf 1987, S. 140-157, hier S. 147 f.

135 Stürmer, *Koalition und Opposition*, S. 30 f., 265 ff.; ders., »Probleme der parlamentarischen Mehrheitsbildung in der Stabilisierungsphase der Weimarer

gierung und Opposition für die Parteikonstellationen des Weimarer Reichstags von untergeordneter Bedeutung war. Diese folgten vielmehr weiterhin auch der konstitutionellen Unterscheidung von Regierung und Parlament. Dementsprechend verstanden sich Abgeordnete und Fraktionen des Weimarer Reichstags in vielen Fällen als Interessenvertreter, die nicht bereit waren, die jeweilige Reichsregierung prinzipiell zu unterstützen.[136] In den Worten Stürmers führte dies dazu, »den politischen Prozess in eine Reihe von Einzelkonflikten« zu zerlegen.[137] Die den Parteien zugemutete Kanalisierung von Interessen ging dabei verloren.[138] Die Mehrheitsbildung erfolgte oftmals nicht zur Gestaltung von Entscheidungen, sondern zu deren Verhinderung.[139]

Deutlich und vielfach beschrieben ist dies etwa für das Selbstverständnis der sozialdemokratischen Reichstagsfraktion gerade auch im Vergleich zur SPD-Fraktion im Preußischen Landtag.[140] Für die Reichstagsfraktion, mit ihrem bekannten Selbstverständnis als »geborene Oppositionspartei«,[141] waren die Alternativen Stützung oder Sturz der jeweiligen Reichsregierung offensichtlich selten die entscheidenden Handlungsoptionen. Dies zeigt sich drastisch an dem legendären Abstimmungsverhalten zum Panzerkreuzer A Mitte November 1928, als Reichskanzler und sozialdemokratische Reichsminister als Mitglieder der sozialdemokratischen Fraktion im Reichstag gegen ihre eigene Kabinettsvorlage stimmten.[142]

Republik«, in: *PVS* 8 (1967), S. 71-87, hier S. 74ff.; Winkler, *Weimar*, S. 338. Vgl. auch Boldt, »Parlament und Parteien in der Weimarer Reichsverfassung«, S. 44f.

136 Knappe Übersicht zu den Koalitionsmöglichkeiten der mittleren Republik: Peter Longerich, *Deutschland 1918-1933: die Weimarer Republik*, Köln 1995, S. 223.

137 Stürmer, *Koalition und Opposition*, S. 165.

138 Zu den soziologischen Hintergründen: M. Rainer Lepsius, »Parteiensystem und Sozialstruktur«, in: ders., *Demokratie in Deutschland*, Göttingen 1993, S. 25.

139 Eine Typisierung der Mehrheitsbildung im Reichstag bei Witt, »Kontinuität und Diskontinuität im politischen System der Weimarer Republik«, S. 132f.

140 Thomas Albrecht, *Für eine wehrhafte Demokratie: Albert Grzeszinski und die preussische Politik in der Weimarer Republik*, Bonn 1999, S. 145ff.; Hagen Schulze, »Stabilität und Instabilität in der politischen Ordnung von Weimar. Die sozialdemokratischen Reichstagsfraktionen im Reich und in Preußen«, in: *VfZ* 26 (1978), S. 419-432.

141 Vgl. das Zitat bei Winkler, *Weimar*, S. 256, sowie die weiteren Hinweise ebd., S. 263, 311, 598.

142 Karl Dietrich Bracher, *Die Auflösung der Weimarer Republik*, Düsseldorf [5]1984, S. 264.

Für die parlamentarische Gesetzgebung bedeutete dies: Gesetze waren das Ergebnis einer immer neu anzustrebenden Kompromissbildung. Es gab Gesetze, aber keine Gesetzgebung.

3.2.2 Relativierte Unterscheidung zwischen Vertrauen und Misstrauen des Reichstags

Besonders deutlich wird die Diagnose eines funktional parlamentarismusfremden Selbstverständnisses des Parlaments am praktischen Umgang des Reichstags mit der Kernnorm der Parlamentarisierung: Art. 54 WRV, dem zufolge Reichskanzler und Reichsminister des Vertrauens des Reichstags bedurften. Die Praxis des Reichstags überspielte diese Regelung, die ja ganz offensichtlich ein Entweder-oder von Vertrauen oder Misstrauen installieren sollte, das der Unterscheidung zwischen Regierung und Opposition entspricht, bekanntlich zugunsten einer differenzierten Skalierung von Bekundungen. So erklärte der Reichstag der Reichsregierung in nur vier von dreizehn Fällen ausdrücklich das Vertrauen. In anderen Fällen nahm er die Reichsregierung stattdessen zur Kenntnis oder billigte sie.[143] Entsprechend dem Umgang mit der Gesetzgebung verzichtete der Reichstag auch hier auf die verfassungsrechtlich vorgesehenen parlamentarischen Handlungsformen.

3.2.3 Relativierte Unterscheidung zwischen Legislative und Exekutive

Schwieriger zu fassen ist die Praxis der Funktionenaufteilung zwischen Parlament und Reichsregierung. Auf der einen Seite wurde die Vorstellung von der Reichsregierung als Ausschuss des Parlaments für die Praxis der Reichsverfassung vielfach verwendet.[144] Sie

143 Zu diesem Phänomen Friesenhahn, »Zur Legitimation und zum Scheitern der Weimarer Reichsverfassung«, S. 85; Christoph Gusy, *Die Weimarer Reichsverfassung*, S. 131 f.; Stürmer, »Probleme der parlamentarischen Mehrheitsbildung in der Stabilisierungsphase der Weimarer Republik«, S. 80 f. u. Anm. 24.

144 Zu diesen Phänomenen Stürmer, *Koalition und Opposition*, S. 200 ff., 265 ff.; Witt, »Kontinuität und Diskontinuität im politischen System der Weimarer Republik«, S. 138; Mußgnug, »Beziehungen zwischen Parlament, Regierung und Verwaltung«, S. 317. Zur theoretischen Seite Friedrich Glum, *Das parlamentarische Regierungssystem in Deutschland, Großbritannien und Frankreich*, München ²1965, S. 182 f. Zum Zusammenhang mit der Ermächtigungspraxis

bezeichnet wiederum die Relativierung einer verfassungsrechtlich institutionalisierten Unterscheidung, nämlich derjenigen zwischen Parlament und Regierung, in der die regierungsfreundlichen Fraktionen sich darauf beschränken, die Regierung zu wählen und Gesetze zu beschließen. Stattdessen findet sich eine ausgedehnte informale Einflussnahme der Fraktionen, die zumeist nicht durch Koalitionsvereinbarungen sachlich bestimmt war[145] und die die Zusammensetzung des Kabinetts,[146] sonstige Personalentscheidungen[147] und die Ermessensausübung[148] der Verwaltung betraf. Als nach heutigen Maßstäben besonders ungewöhnliche Handlungsform sind Anweisungen des Reichstags per Gesetzesbeschluss auf die Vorbereitung bestimmter Handlungen der Regierung hervorzuheben.[149]

Auf der anderen Seite arbeiteten die Fraktionen, selbst wenn sie die Reichsregierung zunächst mittrugen, gegen die Regierung. Ungewiss war das Verhältnis von Regierungsmitgliedern zur Fraktion, das sich in den Bezeichnungen als (der Fraktion politisch völlig unterworfener) Vertrauensmann einerseits, als (unpolitischer) Fachminister andererseits ausdrückte. Für die gesamte Dauer der Weimarer Republik war ein großer Teil der Mitglieder des Reichskabinetts nicht Mitglied des Reichstags.[150] Die sich daraus ergebenden Probleme im Verhältnis von Reichsregierung und Reichstag führten zu einer »Intensivierung der formalisierten Kontakte zwischen Reichsregierung und den Parteien des Reichtags [...], die zwar im Prinzip noch auf die Regierung stützende Parteien beschränkt blieben, aber bald unbedenklich auf andere Parteien ausgedehnt wurden und da-

auch Staedler, *Die Versuche zur Vereinfachung der Reichsgesetzgebung*, S. 113. Die Beziehung zur Frage der parlamentarischen Regierungsbildung bei Boldt, »Parlament und Parteien in der Weimarer Reichsverfassung«, S. 24 m. w. N.

145 Für die Zeit von 1924 bis 1929 Haungs, *Reichspräsident und parlamentarische Kabinettsregierung*, S. 81 f., 94, 108 f., 116, 137 f., 160, 280.

146 Vgl. die Nachweise oben Fn. 124.

147 Dazu für Preußen: Horst Möller, »Verwaltungsstaat und parlamentarische Demokratie«, in: Gerald A. Ritter (Hg.), *Regierung, Bürokratie und Parlament in Preußen und Deutschland von 1848 bis zur Gegenwart*, Düsseldorf 1983, S. 149-180, hier S. 154-167.

148 Beispiele bei Poetzsch-Heffter, »Vom Staatsleben unter der Weimarer Verfassung«, S. 130.

149 Beispiele bei ebd., S. 188 f.

150 Witt, »Kontinuität und Diskontinuität im politischen System der Weimarer Republik«, S. 136 f. in Anm. 84 u. 86.

durch die Grenzen zwischen Regierungs- und Oppositionsparteien verwischten«.[151] Diese Kontakte führten auch zur Einrichtung von Vermittlungsinstanzen zwischen Reichstag und Reichsregierung, namentlich mit der Installierung der – schon dem Kaiserreich bekannten[152] – sogenannten Interfraktionellen Ausschüsse,[153] die in den Jahren 1920/21 und 1926-28 die die Regierung unterstützenden Fraktionen des Reichstags und die Reichsregierung koordinieren sollten.[154] Dies verstärkte die Tendenz der Weimarer Verfassungspraxis, Minister als unpolitische höchste Behördenchefs – eben als Fachminister – zu verstehen.[155]

Eine Beteiligung von Ausschüssen war zudem regelmäßig beim Erlass von Verordnungen sowohl aufgrund von Ermächtigungsgesetzen als auch sonst[156] vorgesehen: teilweise als beratende, teilweise als beschließende Instanzen, häufig ausdrücklich unter Ausschluss der Öffentlichkeit. Damit delegierte der Gesetzgeber die Gesetzgebungskompetenzen praktisch zur gesamten Hand an zwei »Ausschüsse«: an einen eigenen und an die Reichsregierung. Denn die Pointe für die Ermächtigungsgesetzgebung bestand ja gerade darin, dass das Parlament sich auf die Besetzung dieses Ausschusses beschränkte, ohne sich um die Inhalte der Rechtssetzung zu kümmern.[157]

Solches Vorgehen realisierte den Vorwurf[158] des Parlaments-Absolutismus in einem gewissen Grade, weil sich die Parlamentari-

151 Witt, »Kontinuität und Diskontinuität im politischen System der Weimarer Republik«, S. 136 f. (Anmerkungen weggelassen).

152 Dazu Udo Bennbach, *Vorformen parlamentarischer Kabinettsbildung in Deutschland*, Wiesbaden 1967.

153 Dazu Haungs, *Reichspräsident und parlamentarische Kabinettsregierung*, S. 161-174, 280 f.; Stürmer, »Probleme der parlamentarischen Mehrheitsbildung in der Stabilisierungsphase der Weimarer Republik«, S. 84.

154 Dazu Haungs, *Reichspräsident und parlamentarische Kabinettsregierung*, S. 161 ff., 238 ff.; Stürmer, *Koalition und Opposition*, S. 200 ff.; Witt, »Kontinuität und Diskontinuität im politischen System der Weimarer Republik«, S. 134 f.

155 Haungs, *Reichspräsident und parlamentarische Kabinettsregierung*, S. 280; Stürmer, *Koalition und Opposition*, S. 82 f.; ders., »Parliamentary Government in Weimar Germany, 1924-1928«, in: Anthony Nichols, Erich Matthias (Hg.), *German Democracy and the Triumph of Hitler*, London 1971, S. 59, hier S. 72 ff.

156 Poetzsch-Heffter, »Vom Staatsleben unter der Weimarer Verfassung«, S. 129 f.

157 So Staedler, *Die Versuche zur Vereinfachung der Reichsgesetzgebung*, S. 135.

158 Man ist hier versucht, das soziologische Konzept der self-fulfilling prophecy anzubringen: Robert K. Merton, »The Self-Fulfilling Prophecy«, in: ders., *Social Theory and Social Structure*, New York ^{2}1968, S. 475.

sierung nunmehr nicht auf das institutionelle Ventil der Stützung oder Ablehnung der Regierung beschränkte, sondern vielmehr in die gesamte Tätigkeit der Exekutive diffundierte. Dies führte auch zu Rückkopplungen von der Exekutive zum Parlament, etwa wenn Staatssekretäre an Sitzungen des Ältestenrats des Reichstags teilnahmen oder wenn es einem Beamten des Reichsfinanzministeriums gelang, im Reichstag einen ihm genehmen Änderungsantrag im Namen der SPD einzubringen.[159]

Diese gegenläufigen Tendenzen von Vereinnahmung und Distanzierung der Reichsregierung durch die Fraktionen des Reichstags weisen gerade mit Blick auf die Form des Gesetzes Gemeinsamkeiten auf. Stets ging es weniger darum, die Arbeit der Exekutive materiell zu programmieren, als um eine permanente Beeinflussung insbesondere in Personalfragen. Charakterisiert sich die Funktionenverteilung zwischen Regierung und Parlament idealiter dadurch, dass das Parlament Gesetze erlässt und deren Vollzug der Exekutive übergibt,[160] so kennzeichnete die Reichstagspraxis das Fehlen beider Elemente: der Reichstag beschränkte sich nicht auf die Gesetzgebung und die Reichsregierung legeferierte. Beide Gewalten näherten sich einander praktisch an.

3.2.4 Relativierte Unterscheidung zwischen Verfassungsrecht und Gesetzesrecht

Eine weitere in der Weimarer Verfassung zumindest angelegte Unterscheidung spielte in der Praxis des Reichstags nur eine eingeschränkte Rolle: diejenige zwischen einfachem Gesetzesrecht und Verfassungsrecht. Dies zeigt sich zunächst deutlich in der üblichen und zumindest politisch[161] und gerichtlich völlig unangefochtenen Praxis der Verfassungsdurchbrechung.[162] Diese modifizierte das Verhältnis von Verfassungs- und Gesetzesrecht zu einer Regel-Ausnahme-Beziehung zwischen rechtlich Üblichem und politisch Notwendigem.

Den Eindruck einer solchen Relativierung bestätigt ein näherer Blick auf die Ermächtigungspraxis: So wurde das zeitlich erste

159 Beide Beispiele bei Witt, »Kontinuität und Diskontinuität im politischen System der Weimarer Republik«, S. 120 in Anm. 12, S. 129 f.

160 Vgl. nur Bagehot, *The English Constitution*, S. 65 f.

161 Zur wissenschaftlichen Diskussion unten Fn. 227.

162 Zur Übersicht oben bei Fn. 60.

Ermächtigungsgesetz des Jahres 1923 zwar mit verfassungsändernder Mehrheit beschlossen, aber nicht als Verfassungsänderung von der Reichsregierung eingebracht.[163] Das erste auch so bezeichnete Ermächtigungsgesetz desselben Jahres enthielt die ausdrückliche Möglichkeit, von den Grundrechten durch Rechtsverordnung abzuweichen[164] – eine Regelung, die später vom Reichsgericht ohne irgendwelche Einwände zur Kenntnis genommen wurde.[165] Eine Ermächtigung zur verfassungsändernden Rechtsverordnung begegnete also keinen Bedenken. Die auch nach 1923/24 fortgeführte Ermächtigungspraxis zu gesetzesmodifizierenden Verordnungen[166] bestätigt diesen Eindruck ebenso wie der Fall eines verfassungsändernden Gesetzes, das mangels Mehrheit von der Reichsregierung schließlich als einfaches Gesetz eingebracht und vom Reichstag beschlossen wurde.[167] In diesem Fall wurden sich verschiedene Senate des Reichsgerichts über die Verfassungswidrigkeit nicht einig.[168] Dass die Frage, ob ein Gesetz verfassungsändernd war oder nicht, umstritten war, kam regelmäßig vor.[169]

Schließlich weist auch der Konflikt zwischen Reichsregierung und Reichsstaatsgerichtshof im Dezember 1928, der schließlich zum Rücktritt des Präsidenten des Reichsgerichts Simons führte,[170] in eine entsprechende Richtung. In der zwischen Reich und Preußen umstrittenen Besetzung von Stellen im Verwaltungsrat der Reichs-

163 Fehlanzeige zum Problem bei Karl-Heinz Harbek (Hg.), *Akten der Reichskanzlei. Das Kabinett Cuno*, München 1968, Nr. 47 P. 2 (Kabinettssitzung vom 17.1. 1923), Nr. 55 P. 2. u. Anm. 6 (Kabinettssitzung vom 26.1.1923). Vgl. dazu aber Poetzsch-Heffter, »Vom Staatsleben unter der Weimarer Verfassung«, S. 235; Huber, *Verfassungsgeschichte*, Bd. 7, S. 439 f., Verh. d. RT, Stenogr. Ber. 358, 9874.

164 § 1 Abs. 1 S. 2 G. v. 13.10.1923.

165 RGZ 107, 315 (316, 321 f.). Rechtsfrage blieb, ob Art. 105 WRV den verordnungsdisponiblen Grundrechten zuzuordnen ist.

166 Dazu oben bei Fn. 68-71.

167 G. v. 6.7.1929 (RGBl. I, 131). Ablauf bei Huber, *Verfassungsgeschichte*, Bd. 6, S. 423 f. Zeitgenössische Kritik bei Karl Loewenstein, *Erscheinungsformen der Verfassungsänderung*, Tübingen 1931, S. 88-90. Vgl. auch Martin Vogt (Hg.), *Akten der Reichskanzlei, Das Kabinett Müller II*, Bd. 1, München 1970, Nr. 240 P. 1 u. Anm. 1 (Ministerbesprechung vom 4.7.1929).

168 RGZ 126, 161 (für die Verfassungswidrigkeit); 128, 165 (dagegen).

169 Beispiele bei Poetzsch-Heffter, »Vom Staatsleben unter der Weimarer Verfassung«, S. 230-236.

170 Zum Problem hatte dieser sich zuvor bereits literarisch geäußert: Walter Simons, »Der Rechtsgedanke in der Politik«, in: *ZfP* 14 (1925), S. 231-246.

bahngesellschaft führte eine einseitige Stellenbesetzung durch die Reichsregierung zur vorzeitigen Erledigung des von Preußen angestrengten Verfahrens vor dem Staatsgerichtshof.

Aus heutiger Sicht ist es durchaus bemerkenswert, mit welcher Gelassenheit die gesamte Reichsregierung die Entscheidungsmöglichkeiten des Staatsgerichtshofs unter Berufung auf die Dispositionsmaxime vereitelte, obwohl eine vorliegende Entscheidung des Staatsgerichtshofs in einem entsprechenden Fall die Rechtslage eindeutig geklärt hatte,[171] und mit welcher Selbstverständlichkeit der Reichspräsident das Kabinett unterstützte.[172]

Aber auch für das Reichsgericht war der Vorrang der Verfassung keine absolute Kategorie, wie sich in den fehlenden Bedenken zur Ermächtigungspraxis erweist. Dies zeigt auch ein Blick in den bereits erwähnten Aufruf der Richter des Gerichts in der Aufwertungsfrage.[173] Denn es ist eines, im Rahmen der Auslegung zivilrechtlicher Generalklauseln das Konzept Aufwertung umzusetzen, doch etwas anderes, dem Gesetzgeber unter Berufung auf einen »außerhalb einer positiv-rechtlichen Bestimmung« bestehenden Rechtsgrundsatz die Regelung einer Frage in einem bestimmten Sinne im Voraus zu untersagen.

Das dieser Praxis zugrundeliegende Konzept von Verfassungs-

171 StGH, RGZ 116, Anh. 1* (9* ff.).

172 Zu den Abläufen Huber, *Verfassungsgeschichte*, Bd. 7, S. 649 ff.; Martin Vogt, »Einleitung«, in: ders., *Akten der Reichskanzlei, Das Kabinett Müller II*, Bd. 1, München 1970, XL f.; die Feststellung von Reichsminister der Justiz Koch-Weser, es sei »gutes Recht der Reichsregierung die Anträge gegenstandslos zu machen« ebd., Nr. 86 (Ministerbesprechung, 15. 12. 1928); die Berufung auf die Dispositionsmaxime ebd., Nr. 93 P. 2 (Der Reichskanzler an das Büro des Reichspräsidenten, 19. 12. 1928); die eigenartige Aussprache zwischen den Beteiligten ebd., Nr. 97 (Besprechung beim Reichspräsidenten, 22. 12. 1928), in der es weniger um die Rechtsfrage als um die »Ehre« des Reichsgerichts geht; zur staatsrechtlichen Diskussion: Friedrich Glum, »Staatsrechtliche Bemerkungen zum ›Konflikt‹ zwischen dem Staatsgerichtshof und der Reichsregierung in der vor dem Staatsgerichtshof schwebenden Streitsache wegen der Besetzung der Stellen im Verwaltungsrat der deutschen Reichsbahngesellschaft«, in: *Zeitschrift für ausländisches öffentliches Recht und Völkerrecht* 1 (1929), S. 458-475, hier S. 461-464, wo festgestellt wird, dass die Reichsregierung frei handeln könne, da sie nicht »Hüterin der Verfassung« sei und daher über den Streitgegenstand disponieren dürfe; ebd., S. 474 f.: Hinweis auf den politischen Charakter des Verfassungsrechts und das Staatsrechtslehrerreferat Triepels.

173 Vgl. oben bei Fn. 52.

bindung[174] gilt es nicht zu bewerten, sondern auf den Begriff zu bringen. Möglich erscheint zunächst die folgende Deutung: Die Verfassungsorgane der Weimarer Republik betrachteten die Normen des Staatsorganisationsrecht – anderes gilt für die Grundrechte – als eine besondere Art dispositiven Rechts, das zumindest für diejenigen Fälle derogiert werden konnte, in denen ein politischer Konsens innerhalb und zwischen den Staatsorganen über die Staatspraxis bestand, so wie es hier stets der Fall war.[175] Zugleich war die Unterscheidung zwischen Verfassungsrecht und Gesetzesrecht eine relative, so wie etwa bei Verordnungsermächtigungen nicht immer deutlich wurde, wann sie den Boden der Verfassung verließen, anders gesagt, wie gesetzesvertretend sie sein mussten, um eine verfassungsändernde Ausnahme von der Regel parlamentarischer Gesetzgebung zu sein. Dieses Verfassungsverständnis impliziert nicht, dass das Argument der Verfassungswidrigkeit in der politischen Auseinandersetzung keine Rolle spielte. Aber es impliziert in der Tat, dass der Status des Arguments ein politischer, kein rechtlicher war. Verfassungswidrigkeit war ein Gesichtspunkt unter anderen möglichen. Die von der Staatsrechtslehre der Zeit gepflegte Formel vom Verfassungsrecht als politischem Recht[176] gewinnt hier eine ganz konkrete praktische Bedeutung. Der Vorrang der Verfassung nach heutigem Verständnis war dagegen dieser Praxis nicht bekannt.[177]

3.3 Zwischenbetrachtung: Die Institution des Gesetzes in der politischen Modernisierungskrise

Die vorgestellten Phänomene zeugen insgesamt von einem Institutionenverständnis, das materielle Einflussnahme gegenüber formalisierter Kompetenzausübung favorisiert.[178]

174 Andere Beispiele finden sich namentlich in den permanenten Diskussionen zur Reform des Reichs, die sich um die verfassungsrechtlich vorgesehenen Änderungsprozeduren mitunter sehr wenig kümmern. Eingehend: Schulz, *Zwischen Demokratie und Diktatur*, S. 453-612.

175 Dies erinnert selbstverständlich an den Umgang des konstitutionellen Staatsrechts mit dem Vorrang der Verfassung.

176 Dazu unten 4.2.2.

177 Vgl. auch Horst Dreier, »Der Ort der Souveränität«, in: ders., Jochen Hofmann (Hg.), *Parlamentarische Souveränität und technische Entwicklung*, Berlin 1986, S. 11-43, hier S. 34 f.

178 Insofern stellt sich die Frage, inwieweit der Analyserahmen bei Witt, »Kon-

Man wird darin – wie gesagt – zunächst ein konstitutionelles Schema wiedererkennen können. Sowohl die Praxis des Parlaments wie auch das Verständnis des Verfassungsvorrangs weisen darauf hin. Will man sich für diesen Befund theoretische Beschreibungshilfe suchen, so finden sich durchaus vielfache Möglichkeiten terminologischer Einfassung. In einer von Max Weber eingeführte Unterscheidung könnte man die Privilegierung von Macht gegenüber Herrschaftsausübung diagnostizieren.[179] Auch Otto Hintzes Feststellung – »Im parlamentarischen System regieren die Parteien geradezu; im monarchisch-konstitutionellen üben sie höchstens einen Einfluss aus«[180] – passt auf das eben konstitutionelle Selbstverständnis des Reichstags der Weimarer Republik. Hier könnte die ältere Debatte um das problematische deutsche Politikverständnis[181] angeschlossen, aber vielleicht auch präzisiert werden: Die Schwierigkeiten, politische Konflikte institutionell zu umhegen, haben an diesem Punkt konkrete Konsequenzen.

Wie stets in Weimar amalgamiert sich das Erbe der Monarchie aber mit etwas Neuem, vielleicht dem Erbe des Krieges[182] und der

tinuität und Diskontinuität im politischen System der Weimarer Republik«, S. 139 ff. trägt, wenn dort der »Einfluß« (!) des Reichstags auf die Gesetzgebung, d. h. auf die Inhalte der Gesetze, überprüft wird. Gerade anders Christoph Schönberger, »Die überholte Parlamentarisierung«, in: *HZ* 272 (2000), S. 623-666, bei dem die Tendenz des Reichstags im Kaiserreich, Gesetzesvorlagen der Reichsleitung zu verändern, gerade als Symptom einer nicht abgeschlossenen Parlamentarisierung verstanden wird. Beide Ansätze sind augenscheinlich nicht völlig zufriedenstellend, wohl auch, weil ihre Rechtfertigung einer Theorie der Funktion des Parlaments bei der Bestimmung des Gesetzesinhalts bedürfte, die nicht zur Verfügung steht.

179 Max Weber, *Wirtschaft und Gesellschaft*, Tübingen [5]1972, S. 28, 542.

180 Otto Hintze, »Das monarchische Prinzip und die konstitutionelle Verfassung«, in: ders., *Staat und Verfassung*, 1941, S. 359-389, hier S. 370.

181 Thomas Ellwein, *Das Erbe der Monarchie in der deutschen Staatskrise*, München 1954; Hajo Holborn, »Der deutsche Idealismus in sozialhistorischer Perspektive«, *HZ* 174 (1952), S. 359-384; Leonard Krieger, *The German Idea of Freedom*, Boston 1957; Fritz Stern, »Die politischen Folgen des unpolitischen Deutschen«, in: Michael Stürmer (Hg.), *Das kaiserliche Deutschland*, Düsseldorf [2]1976, S. 168-186.

182 Vgl. die Überlegung bei Heinz Dieter Kittsteiner, »Was heißt und zu welchem Ende studiert man Kulturgeschichte?«, in: *GG* 23 (1997), S. 5, hier S. 24 ff., 25 in Anm. 63, zur Plausibilität der Theorien Cassirers und Heideggers für ihre Zeitgenossen, die sich auf die Theorien Schmitts einerseits, Kelsens andererseits übertragen lässt.

Erfahrung der Inflation,[183] einem neuen Verständnis von Politik jedenfalls, das organisierter Vermittlung von Interessen misstraut: Wenn sich die Verhandlungen zwischen den Reichstagsfraktionen deutlich mehr auf Personal- als auf Sachfragen konzentrieren,[184] wenn der Reichspräsident, also eine Institution, die zugleich eine Person ist,[185] zum unumstrittensten Verfassungsorgan der Republik wird, wenn Gustav Stresemann in seiner berühmten Rede vor dem Zentralvorstand der DVP im Februar 1929 erklärt: »Die Ersetzung der Persönlichkeit durch die Organisation ist das Grundübel des heutigen politischen Lebens.«[186] Und wenn schließlich eine materiell verstandene »Einheit«[187] zum Schlüsselbegriff der Staatstheorie[188] und der politischen Diskussion[189] wird, so kann man dahinter eine Konzeption von Politik erkennen, die die körperliche Präsenz von Personen der vermittelnden Funktion von Institutionen ent-

183 Politische Kultur entsteht ihrerseits nur aus politischen Erfahrungen. Dazu die Hinweise bei Karl Rohe, »Politische Kultur und der kulturelle Aspekt von politischer Wirklichkeit«, in: Dirk Berg-Schlosser, Jakob Schissler (Hg.), *Politische Kultur in Deutschland (PWSonderheft)*, Wiesbaden 1987, S. 39-48, hier S. 43 f.

184 Witt, »Kontinuität und Diskontinuität im politischen System der Weimarer Republik«, S. 134 in Anm. 14.

185 Zum Verhältnis beider Gesichtspunkte für das Amt des Reichspräsidenten: Christoph Gusy, »La conception de la démocratie dans la constitution de Weimar«, in: Gilbert Krebs, Gérard Schneilin (Hg.), *Weimar ou de la démocratie en Allemagne*, Paris 1994, S. 11-46, hier S. 41 ff.

186 Hier zit. nach Peukert, *Die Weimarer Republik*, S. 216.

187 Vgl. auch Peter Gay, *Die Republik der Außenseiter*, Frankfurt/M. 1970, S. 95-137.

188 Christoph Möllers, *Staat als Argument*, München 2000, S. 116 f.; Kay Waechter, *Studien zum Gedanken der Einheit des Staates*, Berlin 1994. Zur problematischen Symbolisierung staatlicher Einheit in der Weimarer Republik: Wolfgang Ribbe, »Flaggenstreit und Heiliger Hain«, in: Dietrich Kurze (Hg.), *Aus Theorie und Praxis der Geschichtswissenschaft (FS Herzfeld)*, Berlin 1972, S. 175-188.

189 Thomas Childers, »The Social Language of Politics in Germany: The Sociology of Discourse in the Weimar Republic«, in: *AHR* 95 (1990), S. 331-358, hier S. 352. Dort auch die allgemeinere Feststellung, dass sich alle politischen Parteien in Weimar weniger an Bürger im Allgemeinen als an bestimmte Berufs-»Stände« richten – ebenfalls kaum eine gute Voraussetzung für parlamentarische Repräsentation, die sich ihrerseits an die bekannte Analyse der Parteien von M. R. Lepsius anschließen lässt, Lepsius, »Parteiensystem und Sozialstruktur«. Vgl. auch Michael Geyer, »Nation, Klasse und Macht. Zur Organisation von Herrschaft in der Weimarer Republik«, in: *ASG* 26 (1986), S. 27-48, hier S. 37 f., zur politisch desorganisierten interessenverwaltenden Konsensbildung der frühen Republik. Vgl. auch Haungs, *Reichspräsident und parlamentarische Kabinettsregierung*, S. 64 f.

gegenstellt und die gerade mit der Institutionalisierung von Konflikten im Parlament wenig anfangen kann.[190]

An diesem Punkt lässt sich auch das für die Weimarer Republik verwandte Konzept der Modernisierungskrise in Anschlag bringen.[191] Steht in der Krise immer in Frage, welche Teile des Institutionenbestands den Veränderungsbedarf bewältigen können und welche nicht, so spricht in der zeittypischen Wahrnehmung wohl nicht allzu viel für das parlamentarische Gesetz mit seinen ausgedehnten Förmlichkeiten und seinem langsamen konstitutionellen Charme. Näherliegend ist es, an den schnellen, motorisierten[192] und vielleicht sogar charismatischen[193] Verordnungsgeber zu denken. Denn wenn es vor allem darauf ankommt, dass entschieden wird,[194] so tritt nicht allein das *was*, sondern vor allem auch das *wie* der Entscheidung in den Hintergrund.

Diese Vorstellung von Politik als existentieller Form der Willensdurchsetzung,[195] die weniger über die Setzung von Regeln als

190 Ganz anderes scheint für die Freude am parlamentarischen Konflikt zu Beginn der III. Republik zu gelten, die insbesondere keinen strengen Fraktionszwang kannte, vgl. Nicola Roussellier, *Le parlement de l'éloquence*, Paris 1997.

191 Gerald Feldman, »The Weimar Republic: A Problem of Modernization?«, in: *ASG* 26 (1986), S. 1-26, hier insb. S. 9 f., wo auf die aus Modernisierungsperspektive ambivalente Intervention der Gerichte in der Aufwertungsfrage hingewiesen wird; Peukert, *Die Weimarer Republik*, S. 10 f., 87-91.

192 Ausdruck: Schmitt, »Lage der europäischen Rechtswissenschaften«, S. 407 f. Zur Geschwindigkeit als Thema der Weimarer Diskussion, insb. bei Benjamin und Musil: Andrea Gnam, *Die Bewältigung der Geschwindigkeit*, München 1999.

193 Zum Charisma: Peukert, *Die Weimarer Republik*, S. 215-217.

194 Zum zeitgenössischen Topos: Christian Graf Krockow, *Die Entscheidung. Eine Untersuchung über Ernst Jünger, Carl Schmitt, Martin Heidegger*, Frankfurt/M., New York 1990 [1958], S. 90-92.

195 Vgl. mit Blick auf die hier interessierende Skepsis gegenüber Formalisierung die Überlegungen bei Bernhard Spies, »Le développement d'une pensée démocratique chez les écrivains dans la république de Weimar 1918-1924«, in: Gilbert Krebs, Gérard Schneilin (Hg.), *Weimar ou de la démocratie en Allemagne*, 1994, S. 75-88, 86 f.; Michael Makropoulos, »Haltlose Souveränität«, in: Manfred Gangl, Gérard Raulet (Hg.), *Intellektuellendiskurse in der Weimarer Republik*, Darmstadt 1994, S. 197-213, hier S. 205 f.; Sabine Marquard, *Polis contra Polemos. Politik als Kampfbegriff der Weimarer Republik*, S. 172, 267 ff.; Dietmar Schirner, »Politisch-kulturelle Deutungsmuster: Vorstellungen von der Welt der Politik in der Weimarer Republik«, in: Detlef Lehnert, Klaus Megerle (Hg.), *Politische Identität und nationale Gedenktage*, Berlin 1989, S. 31-60, hier S. 48 ff.; ders., *Mythos – Heilshoffnung – Modernität*, Opladen 1992, S. 185-201.

über die Bestimmung von Personen funktioniert, bildet sich institutionell konkret ab, wenn etwa die Regierungsbildung für politisch wesentlicher gehalten wird als die Verabschiedung von Gesetzen. Institutionentheoretisch wird die Konzeption von Präsenz und Dauer[196] nicht mit Organisationen in Verbindung gebracht. Das Selbstverständnis des Reichstags als heterogene Einflussmacht, nicht als mehrheitsbildendes Beschlussorgan findet zum Gesetz als zentraler parlamentarischer Handlungs*form* keinen Zugang. Die Kritik des Formalismus, mit der sich ja auch große Teile der Weimarer Intellektuellendiskurse vom Kaiserreich absetzten, verwirklicht sich hier.

Dies hat auch Auswirkungen auf das Verständnis des Verhältnisses der Politik zum Recht. Rechtsformen stehen politischer Willensbildung entgegen, aber Politik ist – dieser Lesart zufolge – immer stärker als die Rechtsform. In der unhistorischen Terminologie der Systemtheorie fehlt es an der Systemgrenze von Politik und Recht (oder zumindest an deren Wahrnehmung), die gerade durch die Verfassung institutionalisiert[197] und durch die Gesetzgebung synchronisiert wird.[198] Wechselt durch den Gesetzesbeschluss ein Sachproblem vom politischen System in das Rechtssystem, so gelingt dieser Wechsel in Weimar gerade nicht, weil die Politisierung des Problems auch nach seiner Rechtsförmlichwerdung andauert: Man denke nur an die fortlaufende Veränderung von Gesetzen oder an die andauernde parlamentarische Diskussion gesetzesvertretender Verordnungen. Die Wahrnehmung des Gesetzes spielt sich demnach in einer historischen Situation ab, in der das Gesetz nicht mehr zum Bestand moderner Massendemokratie gehören soll[199] – eine Sicht, die sich gerade durch den konstitutionellen, also altmodischen Umgang mit dem Parlamentarismus verfestigt.

196 Karl-Siegbert Rehberg, »Die stabilisierende ›Fiktionalität‹ von Präsenz und Dauer«, in: Reinhard Blänkner, Bernhard Jussen (Hg.), *Institutionen und Ereignis*, Göttingen 1998, S. 381-407.

197 Niklas Luhmann, »Verfassung als evolutionäre Errungenschaft«, in: *RJ* 9 (1990), S. 176.

198 Niklas Luhmann, *Das Recht der Gesellschaft*, Berlin 1994, S. 427.

199 Obwohl es dazugehören könnte. Zur Möglichkeit der Integration beider Konzepte: Markus Llanque, »Massendemokratie zwischen Kaiserreich und westlicher Demokratie«, in: Christoph Gusy (Hg.), *Demokratisches Denken in der Weimarer Republik*, Baden-Baden 2000, S. 38-70.

Besonders ausdrücklich wird der unterstellte Antagonismus zwischen Recht und Politik in den wissenschaftlichen Diskussionen der Staatsrechtslehre und dies gerade im Umgang mit dem parlamentarischen Gesetz. Dies ist im nun folgenden und abschließenden Teil zu zeigen.

4. Theorie: Argumentative Spielräume von Staatstheorie und Verfassungsrecht

Welche Spielräume hatten vor diesem Hintergrund staatstheoretische und verfassungsrechtliche Überlegungen zum parlamentarischen Gesetz oder, anders gefragt, wie bildete sich die institutionelle Gesetzgebungspraxis in der theoretischen Diskussion ab? Bevor sich die Darstellung den eigentlichen verfassungsrechtlichen Problemen zuwendet (4.2), soll noch ein kurzer Blick auf die staatstheoretische Beschreibung des Parlamentsgesetzes geworfen werden (4.1).

4.1 Staatstheorie des parlamentarischen Gesetzes

Das durch Redslob vermittelte Erbe[200] beeinflusste nicht nur die konkrete Ausgestaltung der Weimarer Verfassung, sondern auch die theoretische Begriffsbildung. Was eigentlich das parlamentarische System auszeichnet, blieb unklar[201] – eine formelle Definition über das Kriterium Abwählbarkeit der Regierung durch das Parlament die Ausnahme.

Bemerkenswert ist dies, weil theoretische Begriffsbildung und institutionelle Praxis hier genau parallel verliefen: So wie der Reichstag sich unter Relativierung seiner verfassungsrechtlichen Handlungsformen als Machtzentrum verstand, so definierten selbst parlamentsfreundliche Autoren – wie Hatschek[202] oder Thoma[203] – den Parlamentarismus ebenso wie die Parlamentskritiker

200 Vgl. oben Fn. 114.

201 So auch die Feststellung bei Gusy, *Die Weimarer Reichsverfassung*, S. 133 f. Vgl. auch die Nachweise bei Boldt, »Parlament und Parteien in der Weimarer Reichsverfassung«, S. 21 und Fn. 5, sowie die konzise Analyse der zeitgenössischen staatsrechtlichen Diskussion der Art. 53, 54 WRV ebd., S. 24-33.

202 Julius Hatschek, *Deutsches und Preussisches Staatsrecht*, Bd. 1, Berlin 1922, S. 577 f.

203 Richard Thoma, »Besprechung«, in: *Archiv des öffentlichen Rechts* 40 (1921),

durch den Grad seiner politischen Macht. Nur ganz wenige Verfasser – wie Scheuner[204] und Wittmayer[205] – verwiesen dagegen auf die verfassungsrechtliche Kompetenz des Art. 54 WRV, konnten dadurch – wie Scheuner – zwischen politischem Einfluss (auf die Kabinettsbildung) und verfassungsrechtlicher Kompetenz (zur Abberufung der Regierung) unterscheiden und damit erst die theoretische Voraussetzung für eine Analyse der Funktionsbedingungen des parlamentarischen Systems auch mit Blick auf die politischen Parteien leisten.

Das parlamentarische Gesetz stand dagegen nicht eben im Zentrum des Interesses der staatstheoretischen Diskussion der Weimarer Zeit.[206] Dies ist kaum verwunderlich, ist doch das Phänomen des vom Parlament beschlossenen Gesetzes als solches kein Novum der Weimarer Verfassung. Zwar sagt man, der Reichstag rücke in der Weimarer Verfassung ins Zentrum der Gesetzgebung,[207] während sein Platz in der Diskussion des Kaiserreichs im Verhältnis zum Bundesrat weniger gewiss war.[208] Doch bedeutete dies für die

S. 228-242, hier S. 236 distanziert sich zwar von der Unterscheidung zwischen echtem und unechtem Parlamentarismus, ohne jedoch den Begriff in der Sache anders zu definieren: ebd., S. 235: Parlamentarismus als »entscheidendes Übergewicht« des Parlaments. Zu Thoma Christoph Schönberger, »Elitenherrschaft für den sozialen Ausgleich: Richard Thomas ›realistische Demokratietheorie‹ im Kontext der Weimarer Diskussion«, in: Christoph Gusy (Hg.), *Demokratisches Denken in der Weimarer Republik*, Baden-Baden 2000, S. 156-190.

204 Ulrich Scheuner, »Über die verschiedenen Gestaltungen des parlamentarischen Regierungssystems«, in: *Archiv des öffentlichen Rechts* 52 (1927), S. 209-233. Vgl. auch die kritische Randbemerkung zu Redslob bei Leo Wittmayer, »Besprechung«, in: *Archiv des öffentlichen Rechts* n. F. 8 (1925), S. 231-233, hier S. 232. Heraushebung von Scheuner auch bei Möller, »Parlamentarismus-Diskussion in der Weimarer Republik«, S. 153 f.

205 Leo Wittmayer, *Die Weimarer Reichsverfassung*, Berlin 1922, S. 309 ff. Eine solche formelle Definition von Parlamentarismus unter ausdrücklicher Zurückweisung des »Übergangs des Regierens vom Kabinett auf die Fraktionen« auch in der bereits zitierten Rede Gustav Stresemann, vgl. oben Fn. 186.

206 Eine neben dem hier behandelten Schmitt weitere wichtige und auf Weimar bezogene Ausnahme ist zumindest nominal Franz L. Neumann, *Die Herrschaft des Gesetzes*, Frankfurt/M. 1980 [engl. 1936].

207 Richard Thoma, »Grundbegriffe und Grundsätze«, in: Gerhard Anschütz, ders. (Hg.), *Handbuch des Deutschen Staatsrechts*, Bd. 1, Tübingen 1930, S. 108, hier S. 116. Andere Akzentsetzung im Nachhinein bei Dreier, »Ort der Souveränität«, S. 33 ff.

208 Schönberger, *Das Parlament im Anstaltsstaat*, S. 70 ff.

theoretische Diskussion nicht allzu viel. Die eigentliche Neuerung war die Parlamentarisierung der Regierung,[209] das vornehmlich diskutierte Phänomen weniger die Gesetzgebung als vielmehr die Regierungsbildung. Der Unmut oder zumindest das Misstrauen gegenüber dem Parlamentarismus westlicher Prägung, der die überwiegende Mehrheit der theoretischen Literatur prägte, betraf zunächst einmal diese Neuerung.[210] Die in der Tat schwierige Frage, inwieweit sich die parlamentarische Gesetzgebung durch die Parlamentarisierung verändert hatte, wurde in der Literatur der Zeit so gut wie gar nicht erörtert.[211]

Es ist wichtig zu erkennen, dass die Kritik an der parlamentarischen Verantwortlichkeit der Regierung, die ja auch, wenn auch nicht nur, als wehmütiger Rückblick auf die Zustände im Kaiserreich in Erscheinung trat,[212] in der Weimarer Diskussion auf die Institution des Parlamentsgesetzes übergreifen konnte und so – anders als im Kaiserreich – eine vollständige Deparlamentarisierung der Verfassungsordnung denkbar werden ließ.[213] So wie

209 Zur staatsrechtlichen Diskussion um den Begriff Demokratie den Überblick bei Richard Thoma, »Das Reich als Demokratie«, in: Gerhard Anschütz, ders. (Hg.), *Handbuch des Deutschen Staatsrechts*, Bd. 1, Tübingen 1930, S. 186-200, hier S. 189 in Anm. 5; zum Parlamentarismus ders., »Die rechtliche Ordnung des parlamentarischen Regierungssystems«, in: ebd., S. 503-511, hier S. 503 in Anm. 1.

210 Zur unübersehbaren parlamentskritischen Literatur vgl. Kurt Sontheimer, *Antidemokratisches Denken in der Weimarer Republik*, Frankfurt/M. ²1978, S. 147 ff. Antiparlamentarische Äußerungen der Zeit finden sich gesammelt in Herbert Michaelis, Ernst Schraepler (Hg.), *Ursachen und Folgen*, Bd. 7, Berlin 1962, S. 223-251; Hartmut Wasser, *Parlamentarismuskritik vom Kaiserreich zur Bundesrepublik. Analyse und Dokumentation*, Stuttgart 1974, S. 71-105.

211 Vgl. aber Walter Schelcher, »Das parlamentarische System«, in: *Archiv des öffentlichen Rechts* 41 (1921), S. 257-363, hier S. 272 f., die übliche Parlamentskritik dann aber ebd., S. 290 ff., 301 ff.

212 So etwa durchgehend bei Smend: Rudolf Smend, »Verfassung und Verfassungsrecht« (1927), in: ders., *Staatsrechtliche Abhandlungen*, Tübingen ³1994, S. 119-276. Zur Unterscheidung zwischen traditional rückwärtsgewandtem und modernistischem Konservatismus in der Weimarer Zeit hier nur: Stefan Breuer, *Anatomie der Konservativen Revolution*, Darmstadt 1993; Axel Schildt, *Konservatismus in Deutschland*, München 1998, S. 157 ff.

213 Zur selteneren proparlamentarischen (dabei durchaus resignativen) Literatur zählen Praxisberichte konservativer und liberaler MdR: Walther Lambach, *Die Herrschaft der Fünfhundert*, Hamburg 1926; Ernst Müller-Meiningen, *Parlamentarismus*, Berlin 1926. Vgl. auch Martin Schumacher, »Einleitung«, in: ders.

die Praxis der Gesetzgebung nicht selten hinter die Zustände des Konstitutionalismus zurückfiel, so zog das Parlament im Ganzen durch die Einführung der parlamentarischen Abhängigkeit der Regierung Kritik auf sich, wodurch nicht nur die parlamentarische Regierungsbildung, sondern auch der parlamentarische Gesetzesbeschluss theoretisch in Mitleidenschaft gezogen werden konnte. Die für die »Idee der Demokratie« hergeleitete Feststellung von Ferdinand Tönnies: »Bedingung für die Rechtsgültigkeit von Gesetzen wäre die Zustimmung des Parlaments so wenig wie für die Rechtsgültigkeit von Verordnungen«,[214] ist hier nur ein typisches Beispiel.

Deutlich wird dies auch an der hier einmal mehr[215] exemplarisch heranzuziehenden Parlamentskritik Carl Schmitts,[216] deren Besonderheit wohl weder in ihrer Polemik gegenüber dem Parlament noch in ihrer Präferenz gegenüber anderen Formen von Demokratie besteht. All dies ist bekannt und findet sich etwa in Grundelementen schon in der Schrift zur Verfassungswandlung von Georg Jellinek. Neuer war dagegen die Kritik an der Form des Gesetzes und an der Verbindung von Parlamentskritik und Gesetzeskritik, die sich allerdings auch schon bei Jellinek angekündigt hatte.[217] In charakteristischer Weise schlägt hier der Diskurs zur Parlamentarisierung um und radikalisiert sich. Schmitts Argumentation nimmt dabei den Gegensatz von Formalismus und echten politischen Interessen, der für die Institutionensicht der Weimarer Republik so bezeichnend ist, auf und wendet ihn gegen das Parlament: Gegen die parlamen-

(Hg.), *Parlamentspraxis in der Weimarer Republik. Die Tagungsberichte der deutschen Parlamentsdirektoren 1925 bis 1933*, Düsseldorf 1974, S. 3, hier S. 16 f.

214 Ferdinand Tönnies, »Demokratie«, in: *Verhandlungen des Fünften Deutschen Soziologentages vom 26. bis 29. September 1926 in Wien*, Tübingen 1927, S. 12, hier S. 34. Vgl. aber auch den Hinweis bei Hans Kelsen, »Demokratie«, ebd., S. 37, hier S. 46, dass die Organisation einer Demokratie ohne Parlament gerade wegen der Notwendigkeit zur Gesetzgebung schwer vorstellbar sei.

215 Vgl. nur Hartmuth Becker, *Die Parlamentarismuskritik bei Carl Schmitt und Jürgen Habermas*, Berlin 1994.

216 Carl Schmitt, *Die geistesgeschichtliche Lage des heutigen Parlamentarismus*, Berlin [2]1926. Einschränkungen für die gesetzgebenden Möglichkeiten des Parlaments wegen der Parlamentarisierung werden auch bei Schelcher, »Das parlamentarische System«, S. 344 ff. unterstellt.

217 Georg Jellinek, *Verfassungsänderung und Verfassungswandlung*, Berlin 1906. Dazu die Analyse bei Schönberger, *Das Parlament im Anstaltsstaat*, S. 294-300. Für den Hinweis auf Letzteres danke ich Christoph Schönberger.

tarische Öffentlichkeit wird eingewandt, diese sei eine »leere Formalität«,[218] während die wirklichen Machtgruppen »hinter verschlossenen Türen tagten«.[219] Dabei ist es bemerkenswert, dass Schmitt gegen das Parlament in einer fast moralisierenden Art ausspielt, was man an der Praxis des Weimarer Reichstags gerade vermisst, wenn er feststellt, dass »es sich heute nicht mehr darum handelt, den Gegner von einer Richtigkeit oder Wahrheit zu überzeugen, sondern die Mehrheit zu gewinnen, um mit ihr zu herrschen«.[220] Der Vorwurf zeigt, dass Schmitt in nicht untypischer,[221] aber vielleicht auch nicht völlig beabsichtigter Zweideutigkeit nicht nur ein imaginäres Konzept des Parlamentarismus des 19. Jahrhunderts zum Ideal stilisiert,[222] sondern tatsächlich nicht versteht, dass der Reichstag eher an einem Zuwenig denn an einem Zuviel von mehrheitsbildendem Herrschaftswillen leidet. Schmitts Überlegungen führen folgerichtig zur überlegenen Legitimität exekutiver Rechtssetzung, zu den zahlreichen Ansätzen zur Verfassungsreform, die das Parlament zurückdrängen, und schließlich zum Notverordnungswesen des Präsidialregimes.[223] Auch die bekannte Anti-Kritik Thomas[224] entgeht Schmitts geschichtsphilosophischem Argumentationsmuster nicht, wenn sie gegen Schmitt auf die Möglichkeit eines parlamentarischen Funktionswandels hinweist. Denn damit akzeptiert sie den schwer haltbaren Ausgangspunkt eines »idealistischen«, nur an der Wahrheit interessierten Parlaments im 19. Jahrhundert.

4.2 Verfassungsrechtliche Ansatzpunkte

Ergiebiger als die staats*theoretische* Diskussion ist die staats*rechtliche* Debatte um das Parlamentsgesetz. Welche Möglichkeiten hatte die staatsrechtliche Dogmatik, die parlamentarische Gesetzgebung

218 Schmitt, *Die geistesgeschichtliche Lage des heutigen Parlamentarismus*, S. 10.

219 Schmitt, *Die geistesgeschichtliche Lage des heutigen Parlamentarismus*, S. 62.

220 Schmitt, *Die geistesgeschichtliche Lage des heutigen Parlamentarismus*, S. 11. Vgl. auch die Kritik an Schmitt bei Wittmayer, »Besprechung«, S. 232.

221 Vgl. Fn. 217.

222 Zur Kritik: Matthias Kaufmann, *Recht ohne Regel? Die philosophischen Prinzipien in Carl Schmitts Staats- und Rechtslehre*, Baden-Baden 1988, S. 71 ff.

223 Carl Schmitt, »Legalität und Legitimität« (1932), in: ders., *Verfassungsrechtliche Aufsätze*, Berlin 1958, S. 263, hier S. 326 ff.

224 Richard Thoma, »Zur Ideologie des Parlamentarismus und der Diktatur«, in: *ASSP* 53 (1925), S. 212-218.

dogmatisch zu überwölben? Es lassen sich drei verfassungsrechtliche Fragestellungen, die zwar voneinander nicht zu trennen sind, zumindest analytisch unterscheiden: die verfassungsrechtliche Grenze der Ermächtigung, die bestimmt, wie viel Regelungsgehalt das Parlament an die Regierung überweisen darf, der Vorbehalt des Gesetzes, der – als negatives Korrelat – bestimmt, zu welchen Entscheidungen die Form des Gesetzes gewählt werden muss, und schließlich das Postulat der Allgemeinheit des Gesetzes, das die Zugriffsmöglichkeiten des Gesetzgebers aus dem Begriff des Gesetzes heraus begrenzt.

4.2.1 Grenzen der gesetzlichen Ermächtigung der Exekutive

Bei der Entwicklung verfassungsrechtlicher Grenzen der gesetzlichen Ermächtigung der Exekutive sind aus heutiger Sicht zwei Fragen zu unterscheiden, die in der damaligen Diskussion regelmäßig und nicht ohne Zufall in einem Atemzug behandelt wurden.

Die Frage, ob überhaupt gesetzes*vertretende* Rechtsverordnungsermächtigungen an die Exekutive delegiert werden dürfen, wurde in der Literatur einhellig bejaht.[225] Da die Verfassung die Gesetzgebung allerdings dem Reichstag überantwortet hatte, bedurfte es dazu eines verfassungsändernden Gesetzes.[226] Weil die Zulässigkeit

225 Eine ausdrückliche Abweichung von diesem Verständnis erkennt man in Art. 129 Abs. 3 GG, der alle zu gesetzesvertretenden Verordnungen ermächtigenden Normen für erloschen erklärt. Zum frühen Verständnis der Norm: Hans Holtkotten, in: *Bonner Kommentar zum Grundgesetz*, Art. 129, Anm. II. D. 2.; Hartmut Bauer, in: Dreier (Hg.), *Grundgesetzkommentar*, Bd. 3, 2000, Art. 129, Rn. 14-16. Ausdrückliche Abgrenzung von Weimar auch in einer frühen Entscheidung des Bundesverfassungsgerichts: BVerfGE 2, 307 (330 ff) – *Gerichtsbezirke* [1953].

226 Erwin Jacobi, »Die Rechtsverordnungen«, in: Gerhard Anschütz, Richard Thoma (Hg.), *Handbuch des Deutschen Staatsrechts (HBDStR)*, Bd. 2, Tübingen 1931, S. 236-255, hier S. 242; ders., »Das Veordnungsrecht im Reiche seit dem November 1918«, in: *Archiv des öffentlichen Rechts* 39 (1920), S. 278-361 (rechtspolitisch kritisch); Walter Jellinek, »Das einfache Reichsgesetz«, in: Gerhard Anschütz, Richard Thoma (Hg.), *Handbuch des Deutschen Staatsrechts (HBDStR)*, Bd. 2, Tübingen 1931, S. 160-182, hier S. 163; Poetzsch-Heffter, »Vom Staatsleben unter der Weimarer Verfassung«, S. 161 ff.; ders., *Handkommentar der Reichsverfassung*, Berlin ^{3}1928, S. 303 f.; Wolgast Schoenborn, »Sonstige außerordentliche Ermächtigungen«, in: Gerhard Anschütz, Richard Thoma (Hg.), *Handbuch des Deutschen Staatsrechts (HBDStR)*, Bd. 2, Tübingen 1931, S. 310-313, hier S. 312 f.;

von verfassungsdurchbrechenden Gesetzen zunächst weitgehend anerkannt war, entsprach diese Ansicht der in der frühen Phase der Republik herrschenden Ermächtigungspraxis. Das Problem der Verfassungsdurchbrechung geriet erst allmählich in den Blick.[227]

Offener verlief die Diskussion der weiteren Frage, ob es verfassungsimmanente Grenzen der gesetzlichen Delegation gesetzes*ausfüllender* Rechtsverordnungen gebe. Namentlich Poetzsch-Heffter und Triepel versuchten auf dem Juristentag 1922 in Bamberg Grenzen zu entwickeln.[228] Beide gingen davon aus, dass weitreichende Ermächtigungen an die Exekutive auch unter der Weimarer Reichsverfassung zulässig seien, dass es jedoch einen sachlichen Gegenstand geben müsse, auf den die Ermächtigung sich zu beschränken habe. Daraus entwickelte sich eine zumindest weitverbreitete Meinung, die Grenzen der Rechtsverordnungsdelegation postulierte, aber sich naturgemäß schwertat, diese wirklich zu formulieren.[229] Selten wurde ausdrücklich gesehen, dass die Forderung nach Delegationsgrenzen eigentlich nur sinnvoll war, insoweit man deren Kontrolle einer zentralisierten Gerichtsbarkeit überließ.[230] Dagegen ist es ganz charakteristisch für die Diskussion, dass die Staatsrechtslehre, auch wenn sie für Grenzen der Delegation eintrat, dies we-

Staedler, *Die Versuche zur Vereinfachung der Reichsgesetzgebung*, S. 50 ff.; Triepel, »Der Weg der Gesetzgebung nach der neuen Reichsverfassung«, S. 31 f. Vgl. auch RGSt 55, 246; RGZ 107, 315 (316 ff.).

227 Deutlich erkannt wird dies bei Carl Bilfinger, »Verfassungsumgehung«, in: *Archiv des öffentlichen Rechts n. F.* 11 (1926), S. 163-191, hier S. 183-185.

228 Heinrich Triepel, »Empfiehlt es sich, in die Reichsverfassung neue Vorschriften über die Grenzen zwischen Gesetz und Rechtsverordnung aufzunehmen?«, in: *Verhandlungen des Zweiunddreißigsten Deutschen Juristentags* (Bamberg), 1922, S. 11-35, hier S. 17 ff.; eine parlamentskritische Bemerkung selbst in diesem Kontext ebd., S. 20; Fritz Poetzsch-Heffter, ebd., S. 35-52, hier S. 37 ff.

229 Für gegenständliche Grenzen der gesetzlichen Delegation aber wohl Jacobi, »Die Rechtsverordnungen«, S. 242 (»noch übersehen können, welche Gegenstände [...] übertragen werden«); Poetzsch-Heffter, *Handkommentar der Reichsverfassung*, S. 303; Eberhard Roethe, »Die Ausführungsverordnung im heutigen Staatsrecht«, in: *Archiv des öffentlichen Rechts* n. F. 20 (1931), S. 194-270, hier S. 234 ff.; Richard Thoma, »Der Vorbehalt der Legislative und die Gesetzmäßigkeit der Verwaltung«, in: Gerhard Anschütz, ders. (Hg.), *Handbuch des Deutschen Staatsrechts (HBDStR)*, Bd. 2, Tübingen 1931, S. 221-236, hier S. 227. Ohne Begrenzung wohl Jellinek, »Das einfache Reichsgesetz«, S. 163, 187 f.

230 So aber Paul Schoen, »Das Verordnungsrecht und die neuen Verfassungen«, in: *Archiv des öffentlichen Rechts* n. F. 6 (1924), S. 133-192, hier S. 148 ff., 156 f.

niger in der Form fixierender Dogmatik tat als vielmehr als verfassungspolitische Ermahnung.[231] Unbegrenzte Ermächtigungen widersprachen dem Geist der Weimarer Verfassung, aber es fand sich kein Buchstabe, der diesen Geist fixieren konnte.

Der Weimarer Diskussion eigentümlich ist aber vor allem der Umstand, dass die hier darstellungshalber zunächst vorgenommene Differenzierung zwischen gesetzesvertretenden Verordnungen mit verfassungsdurchbrechendem Charakter einerseits und lediglich gesetzesausfüllenden Verordnungen nicht immer ausdrücklich gezogen wurde. Vielmehr wurde die Praxis einfachgesetzlicher gesetzesvertretender Verordnungsermächtigungen stillschweigend[232] oder auch ausdrücklich[233] geduldet.[234] Die Unterscheidung zwischen verfassungsändernden und einfachgesetzlichen Regelungen blieb damit auch dogmatisch fließend.

Es ist im Übrigen wohl kein Zufall, dass gerade Triepel so nachdrücklich für die Bestimmung von Delegationsgrenzen eintrat: Auf der einen Seite kam Triepel aus dem konstitutionellen Staatsrecht und hatte daher, obwohl er den Reichstag nicht eben mochte, keinen Sinn für eine unbegrenzte Verordnungsgebung. Auf der anderen Seite zweifelte Triepel in einer für seine Generation untypischen Weise am Gesetzespositivismus. Die Vorstellung, den Gesetzgeber rechtlich zu binden, war ihm nicht fremd. Diese Mischung zeichnete ihn aus: Denn die älteren konstitutionellen Staatsrechtler taten

231 Vgl. die defensiv mahnende Ausdrucksweise etwa bei Cohn, »Die Delegation von Verordnungsrechten«, S. 181; Schoen, »Das Verordnungsrecht und die neuen Verfassungen«, S. 156 f. (»politisches Postulat«); Staedler, *Die Versuche zur Vereinfachung der Reichsgesetzgebung*, S. 117 (»Staatspraxis«); Thoma, »Der Vorbehalt der Legislative und die Gesetzmäßigkeit der Verwaltung«, S. 227 (»äußerst schwer formulierbare Grenzen«); Triepel, »Empfiehlt es sich, in die Reichsverfassung neue Vorschriften über die Grenzen zwischen Gesetz und Rechtsverordnung aufzunehmen?«, S. 25 (»kann [...] kaum abgegrenzt werden«).

232 So Mößle, *Inhalt, Zweck und Ausmaß*, S. 24.

233 So etwa bei Jacobi, »Die Rechtsverordnungen«, S. 240 f.; Jellinek, »Das einfache Reichsgesetz«, S. 163; Roethe, »Die Ausführungsverordnung im heutigen Staatsrecht«, S. 339; Triepel, »Empfiehlt es sich, in die Reichsverfassung neue Vorschriften über die Grenzen zwischen Gesetz und Rechtsverordnung aufzunehmen?«, S. 26 f., 55.

234 Einzige Ausnahme Poetzsch-Heffter, »Empfiehlt es sich, in die Reichsverfassung neue Vorschriften über die Grenzen zwischen Gesetz und Rechtsverordnung aufzunehmen?«, S. 67; ders., *Handkommentar der Reichsverfassung*, S. 303.

sich schwer damit, das Parlament rechtlich zu binden. Die nachkommende Generation aber war nicht bereit, ihre materiellen Theorien auch zugunsten parlamentarischer Gesetzgebung zu verwenden.

Auch wenn man die Praxis der Exekutivermächtigung in der frühen Weimarer Zeit im Vergleich mit westlichen Verfassungsordnungen durchaus nicht für außerordentlich halten muss,[235] bleibt der dargestellte Meinungsstand innerhalb der Staatsrechtslehre bemerkenswert: Die Verfassungsrechtslehren der Vereinigten Staaten[236] und Frankreichs[237] vermochten in der Ermächtigungspraxis ihrer Parlamente zumindest ein juridifizierbares Problem zu erkennen, dem man sich mit verfassungsrechtlichen Mitteln nähern konnte. Die deutsche Staatsrechtslehre nahm die Praxis bestenfalls zum Anlass, eine juristisch inoperable Klage über den Verlust des Geistes der Verfassung zu führen oder über die Berechtigung des politischen Systems im Ganzen nachzudenken.

4.2.2 Vorbehalt des Gesetzes: zurückgewiesene Verrechtlichung von Politik

Einen allgemeinen Vorbehalt des Gesetzes, verstanden als eine verfassungsrechtliche Pflicht des Reichstags, in bestimmten Fällen ein Gesetz zu erlassen, kannte die Weimarer Staatsrechtslehre nicht. Zwar war die konstitutionelle Formel des Gesetzesvorbehalts für Eingriffe in Freiheit und Eigentum weitgehend anerkannt,[238] doch

235 Zu den Krisen des parlamentarischen Systems in der Zwischenkriegszeit: Theodor Eschenburg, »Die europäischen Demokratien zwischen den Weltkriegen«, in: ders., *Die improvisierte Demokratie*, München 1963, S. 73-96; Theodor Schieder, »Der liberale Staat und seine Krise«, in: ders. (Hg.), *Handbuch der Europäischen Geschichte*, Bd. 7, Teilb. 1, Stuttgart ²1992, S. 201-239; Karl Dietrich Bracher, *Europa in der Krise*, München 1979; Möller, *Europa zwischen den Weltkriegen*.

236 Zur Diskussion um Delegationsgrenzen in der Zwischenkriegszeit, vgl. Oliver Lepsius, *Verwaltungsrecht unter dem Common Law*, Tübingen 1997, S. 184-189; Hermann Pünder, *Exekutive Normsetzung in den Vereinigten Staaten von Amerika und der Bundesrepublik Deutschland*, Berlin 1995, S. 40-47.

237 Vgl. aber die Entwicklung Carré de Malbergs, dargestellt bei Christoph Schönberger, »Vom repräsentativen Parlamentarismus zur plebiszitären Präsidialdemokratie«, in: *Der Staat* 34 (1995), S. 359-390.

238 Anschütz, *Die Verfassung. Kommentar*, S. 544; Thoma, »Der Vorbehalt der Legislative und die Gesetzmäßigkeit der Verwaltung«, S. 223 m. w. N.

ergab sich diese mittlerweile sowieso schon aus den im Zweiten Teil der Weimarer Reichsverfassung enthaltenen zahlreichen grundrechtlichen Einzelvorbehalten.[239] Da diese, wie soeben gezeigt, aber weitgehend delegierbar waren, folgten daraus keine weitergehenden verfassungsrechtlichen Grenzen zugunsten des parlamentarischen Gesetzes. Die Frage, wann das Parlament in den politischen Prozess eingreifen muss, war darüber hinaus nach allgemeinem Verständnis nicht rechtlich zu lösen. Hellers Vortrag vor der Staatsrechtslehrertagung in München im Jahr 1927[240] ist in dieser Hinsicht durchaus für die gesamte staatsrechtliche Diskussion bezeichnend. Heller überantwortete das Problem des Gesetzesvorbehalts »Tradition, Zweckmäßigkeit, Machtlage und Rechtsbewusstsein«.[241] Dass keine rein begriffliche Abgrenzung des Gesetzesvorbehalts zur Verfügung stand, war jedoch nicht neu. Thoma hatte dies für die preußische Verfassung von 1850 bereits herausgearbeitet, damit zugleich die Möglichkeit entwickelt, aufgrund der Staatspraxis eine Systematisierung des Vorbehalts vorzunehmen.[242] Auch Triepel hatte sich früh in der Republik entsprechend geäußert.[243] Entgegen seiner Selbstdarstellung liegt Hellers Abrechnung mit dem doppelten Gesetzesbegriff[244] damit weitgehend innerhalb der Meinungsbildung der spätpositivistischen Staatsrechtslehre:[245] Wie bei den

239 Überblick bei Huber, *Verfassungsgeschichte*, Bd. 6, S. 97-99.

240 Hermann Heller, »Der Begriff des Gesetzes in der Reichsverfassung«, in: *Veröffentlichungen der Vereinigung der deutschen Staatsrechtslehrer* 4 (1928), S. 98-133.

241 Heller, »Der Begriff des Gesetzes in der Reichsverfassung«, S. 121 f.

242 Richard Thoma, »Der Vorbehalt des Gesetzes im preußischen Verfassungsrecht«, in: *Festgabe für Otto Mayer*, Berlin 1916, S. 165-222, hier S. 176 ff. Für die Weimarer Verfassung findet sich ein entsprechender Versuch unter ausdrücklicher Kritik an Heller bei Roethe, »Die Ausführungsverordnung im heutigen Staatsrecht«, S. 200 ff. Zur frühen Kritik am doppelten Gesetzesbegriff: Ernst-Wolfgang Böckenförde, *Gesetz und gesetzgebende Gewalt*, Berlin ²1981, S. 282 ff.

243 Zur Irrelevanz eines materiellen Gesetzesbegriffs für die WRV: Triepel, »Der Weg der Gesetzgebung nach der neuen Reichsverfassung«, S. 460.

244 Zur Lehre aus Weimarer Sicht: Thoma, »Grundbegriffe und Grundsätze«, S. 124 f.

245 Vgl. etwa Smend, »Verfassung und Verfassungsrecht«, S. 236 f., wo das Verhältnis von parlamentarischem Gesetzesvorbehalt und exekutiver Organisationsgewalt unter Bezug auf historisch gewachsene Zuständigkeiten gelöst werden soll. Bei Anschütz, *Die Verfassung. Kommentar*, S. 435 f. erscheint der doppelte Gesetzesbegriff, spielt aber nicht die Rolle, die ihm von den Kritikern zwecks eigener Abgrenzung unterstellt wird. Entsprechende Kritik an Anschütz findet

Grenzen der Gesetzesdelegation konvergieren auch bei der Lehre vom allgemeinen Vorbehalt des Gesetzes die konstitutionalistischen Theoretiker und die Neuerer. Denn die einen waren wiederum nicht bereit, das Parlament, wenn auch zu seinem eigenen institutionellen Machtzuwachs, zu binden. Die anderen arbeiteten zwar mit materiellen Theorien, dies jedoch nicht zugunsten, sondern – wie sich sogleich zeigen wird – nur zu Lasten einer parlamentarischen Entscheidung.

Zumindest gegen die letztgenannte Tendenz hält Hellers Begriffsbestimmung des Gesetzes allerdings ein eigenes Argument bereit. Seine Definition des Gesetzes als »oberste alle andere Staatstätigkeit determinierende von der Volkslegislative gesetzte Rechtsnorm«[246] erweist sich als »substantialistische Verteidigung einer formalistischen Methode«[247] und schloss jede Möglichkeit aus, den Gesetzgeber auf allgemeine oder »richtige« Gesetze zu beschränken. Anders formuliert: Weil Heller begrifflichen Bestimmungen des Rechtssatzes misstraut, bestimmt er das Gesetz formell, als diejenige Regel, die das Parlament erlässt. Damit kann das Verfassungsrecht den Gesetzgeber nicht unterstützen, aber auch nicht einschränken. Entsprechende Kritik an den Überlegungen Schmitts und Kaufmanns wurde von Heller ausdrücklich geübt.[248]

Für das Erkenntnisinteresse dieses Beitrags ist es wichtig festzuhalten, dass das hinter dieser Diskussion steckende *institutionelle* Problem von der Staatsrechtslehre ausdrücklich reflektiert wurde: Der Gesetzesvorbehalt hing in Weimar institutionell in der Luft. Das Bedürfnis nach einer allgemeinen Gesetzesvorbehaltslehre stellt sich nämlich nur, wenn die Frage nach der Gesetzesform strittig ist, und wenn sich eine Institution findet, die dazu vorgesehen ist, diesen Streit zu entscheiden. Beides war in Weimar nicht der Fall: Auf der einen Seite gab es – trotz aller konstitutionellen Restbestände – den Antagonismus zwischen Regierung und Parlament nicht mehr, der der Lehre im Kaiserreich ihre politische Funktion

sich außer bei Heller auch in Schmitts Rezension des Anschütz'schen Kommentars: Carl Schmitt, »Besprechung«, *JW* 55 (1926), S. 2270-2273, hier S. 2271 f.

246 Heller, »Der Begriff des Gesetzes in der Reichsverfassung«, S. 116.

247 Peter C. Caldwell, *Popular Sovereignty and the Crisis of German Constitutional Law*, Durham 1997, S. 139: »Heller's substantive defense of formalist methods[...]«.

248 Heller, »Der Begriff des Gesetzes in der Reichsverfassung«, S. 108 f.

verliehen hatte. Der parlamentarische Funktionsverzicht erfolgte in Weimar ja gerade freiwillig, er ließ sich – wie gezeigt – politisch nicht abbilden, weil das Parlament im Ganzen um politische Macht kämpfte, ohne stets auf die Gesetzesform zurückgreifen zu wollen. Auf der anderen Seite fehlte es an einer voll eingerichteten Verfassungsgerichtsbarkeit, die erst die Verfassungsmäßigkeit staatlichen Handelns zum institutionellen Selbstzweck hätte machen können. Um die Gesetzesform gab es keinen Streit. Es fehlte hier sowohl an einem Kläger als auch an einem Richter.

Damit bildete sich das dispositive Verfassungsverständnis der Staatsorgane aber notwendig auch in der staatsrechtlichen Diskussion ab. Unter dem Stichwort des Verhältnisses von Staat und Politik[249] entwickelte die Staatsrechtslehre – wieder einmal mit Ausnahme Kelsens[250] – eine äußerst skeptische Grundhaltung zu einer allgemeinen Staats- oder Verfassungsgerichtsbarkeit, die eigentlich alle Neuerer der staatsrechtlichen Methodendiskussion teilten.[251]

249 Vgl. nur Carl Bilfinger, »Betrachtungen über politisches Recht«, in: *Archiv des öffentlichen Rechts* 1 (1929), S. 57-76, hier S. 58 ff.; Hsü Dau-Lin, *Die Verfassungswandlung*, Berlin 1931, S. 154 ff.; Rudolf Laun, »Der Staatsrechtslehrer und die Politik«, in: *Archiv des öffentlichen Rechts* 43 (1922), S. 145-199; Smend, »Verfassung und Verfassungsrecht«, S. 219 ff.; ders., »Die politische Gewalt im Verfassungsstaat und das Problem der Staatsform« (1923), in: *Staatsrechtliche Abhandlungen*, Tübingen ³1994, S. 68-88, hier S. 77 ff.; Heinrich Triepel, *Staatsrecht und Politik*, Berlin 1926, S. 19 ff.; ders., »Wesen und Entwicklung der Staatsgerichtsbarkeit«, in: *Veröffentlichungen der Vereinigung der deutschen Staatsrechtslehrer* 5 (1929), S. 2-29, hier S. 6 ff. Vgl. auch die auf Schmitt und Smend bezogene Aussage bei Albert Hensel, »Staatslehre und Verfassung«, in: *ASSP* 61 (1929), S. 168-197, S. 196: »Methodisch bedeutsam ist in dieser Beziehung die bisher gleichfalls in den Hintergrund getretene Einheit von politischer Ideologie und verfassungsrechtlicher Institution.« In diese Richtung auch Gerhard Leibholz, *Strukturprobleme der modernen Demokratie*, Tübingen ³1967, S. 168 ff. Zur Behandlung des Topos in der Weimarer Staatsrechtslehre vgl. auch Christoph Gusy, »Staatsrecht und Politik«, in: *ÖZöR* 35 (1984/85), S. 81-114, hier S. 82 ff., 92 ff.

250 Hans Kelsen, *Allgemeine Staatslehre*, Berlin 1925, S. 27 ff.; ders., »Wesen und Entwicklung der Staatsgerichtsbarkeit«, in: *Veröffentlichungen der Vereinigung der deutschen Staatsrechtslehrer* 5 (1929), S. 30-84, hier S. 78 ff.

251 Vgl. nur Carl Schmitt, *Der Hüter der Verfassung*, Berlin 1931, S. 35 ff.; Smend, »Verfassung und Verfassungsrecht«, S. 272; Heinrich Triepel, »Wesen und Entwicklung der Staatsgerichtsbarkeit«, in: *Veröffentlichungen der Vereinigung der deutschen Staatsrechtslehrer* 5 (1929), S. 2-27, hier S. 5, 26 ff. Allgemein zur Diskussion Helge Wendenburg, *Die Debatte um die Verfassungsgerichtsbarkeit und*

Die Vorstellung, dass Politik und Recht sich antagonistisch zueinander verhalten und sich das Recht im Zweifel von der Politik zurückziehen muss, liegt auch hier zugrunde. Politik war auch in der Vorstellungswelt der Staatsrechtslehre etwas nicht Institutionelles, nicht Formalisierbares, in der Sprache der Zeit etwas Existenzielles. Politik geschieht durch Ausübung von Macht, nicht durch die Einhaltung von Regeln. Darum ist der Einsatz von Politik zumindest insoweit nicht zu verrechtlichen.[252] Diese Sicht trifft sich im Ergebnis mit denjenigen Vertretern des staatsrechtlichen Positivismus, denen eine verfassungsrechtliche Einschränkung des Gesetzes fremd ist.[253] Die einzige ausdrückliche Ausnahme bildet die Theorie Kelsens.[254] Offensichtlich wird auch, dass die Staatsrechtslehre mit diesem Konzept durchaus dem institutionellen Selbstverständnis der politischen Akteure etwa im Reichstag entspricht. Diese erweist sich insoweit keineswegs als konzeptionell zurückgeblieben, weil sie das Problem unter den Stichworten Staatsgerichtsbarkeit und Verhältnis von Recht und Politik ausdrücklich auch institutionell reflektierte. Zu einem Verständnis dieser Kategorien, wie es uns heute entspricht,[255] kommt jedoch auch in der Frage der Verfassungsgerichtsbarkeit einzig Kelsen.

Damit soll nicht behauptet werden, dass eine ausgebaute Verfassungsgerichtsbarkeit, die erst zu einer Verrechtlichung des Gesetzesvorbehalts hätte führen können, die Weimarer Republik hätte retten können.[256] Eher im Gegenteil ist es so, dass sich die Institu-

der Methodenstreit der Staatsrechtslehre in der Weimarer Republik, Göttingen 1984. Neben der Rspr. des Reichsstaatsgerichtshofs finden sich Ansätze in den Ländern: StGH für Oldenburg, in: *Archiv des öffentlichen Rechts* n.F. 9 (1925), S. 224.

252 Vgl. die Nachweise in Fn. 249.

253 Bekannt das Zitat von Anschütz: »Die Verfassung steht nicht über der Legislative, sondern zur Disposition derselben«: Anschütz, *Die Verfassung. Kommentar*, S. 401. Zu einer differenzierenderen Beurteilung von Anschütz aber Horst Dreier, »Ein Staatsrechtslehrer in Zeiten des Umbruchs«, in: *ZNR* 20 (1998), S. 28-48, hier S. 42f.

254 Vgl. Fn. 250.

255 Dazu Möllers, *Staat als Argument*, S. 177ff.

256 Gegen eine solche Annahme Friesenhahn, »Zur Legitimation und zum Scheitern der Weimarer Reichsverfassung«, S. 102f. sowie Dieter Grimm, *Die Bedeutung der Weimarer Verfassung in der deutschen Verfassungsgeschichte*, München 1990, S. 30.

tionenwahrnehmung in der Staatsrechtslehre wie in der politischen Praxis darauf *bewusst* nicht einlassen wollte.

4.2.3 Allgemeinheit des Gesetzes: deformalisierende Verrechtlichung zu Lasten des Parlamentsgesetzes

Und doch kannte die Staatsrechtslehre, ebenso wie die Spruchpraxis des Reichsgerichts, eine rechtliche Kontrolle der Parlamentsgesetzgebung:[257] Diese verlief aber zum einen nur zu Lasten der Regelungsmöglichkeiten des Parlaments.[258] Zum anderen handelte es sich bei dem, was in diesem Zusammenhang unter Recht verstanden wurde, nicht um positiviertes Verfassungsrecht, sondern um über-positive Gerechtigkeitsprinzipien.

Eine eingehende wissenschaftliche Diskussion findet sich zunächst unter dem Stichwort der Allgemeinheit des Gesetzes.[259] Diese Figur hatte – wie Heller sieht,[260] Schmitt aber verkennt[261] – in der konstitutionellen Staatsrechtslehre so gut wie keine Rolle gespielt.[262] Sie wurde vielmehr für die Weimarer Diskussion, wiederum namentlich von Schmitt, neu erfunden, zugleich aber als althergebrachter Begriff ausgewiesen. Mit dem staatsrechtlichen Konzept des allgemeinen Gesetzes konnte der Versuch unternommen werden, den parlamentarischen Gesetzgeber an materielle Prinzipien zu binden.[263] Eine solche Bindung wird von allen Neuerern

257 Wohl anders Grimm, *Die Bedeutung der Weimarer Verfassung*, S. 19: »keinerlei inhaltliche Erwartung an das Gesetz«.

258 Knapp: Stolleis, *Geschichte des öffentlichen Rechts in Deutschland*, Bd. 3, S. 112 f.

259 Die anti-parlamentarische Stoßrichtung der Kategorie wird bei Mußgnug, »Beziehungen zwischen Parlament, Regierung und Verwaltung«, S. 318-321 verkannt, der einfach die Perspektive Schmitts übernimmt.

260 Heller, »Der Begriff des Gesetzes in der Reichsverfassung«, S. 107.

261 Vgl. etwa Schmitt, »Legalität und Legitimität«, S. 328 ff.; ders., *Hüter der Verfassung*, 125 f.

262 Grundlegend: Hasso Hofmann, »Das Postulat der Allgemeinheit des Gesetzes«, in: Christian Starck (Hg.), *Die Allgemeinheit des Gesetzes*, Göttingen 1987, S. 9-48, hier S. 10 ff. Insbesondere ist auf die im Kaiserreich geradezu topische Verwendung der Formel hinzuweisen, die Allgemeinheit sei »höchstens Naturale, kein Essentiale« des materiellen Gesetzes.

263 Der einzige Autor, der den Begriff aufgreift, ohne ihn gegen das Parlament zu richten, ist Kelsen, freilich ohne dass recht deutlich würde, wofür er ihn braucht: Kelsen, *Allgemeine Staatslehre*, S. 231 f.

der Staatsrechtslehre, wenn auch mit unterschiedlichen Akzenten, vertreten. Schmitt entwickelt das Konzept – wohl nicht ohne Zufall zu einem Zeitpunkt, zu dem das Parlament in seiner Bedeutung relativ gestärkt ist[264] –, um die Spielräume des Gesetzgebers namentlich bei der Frage der Fürstenenteignung einzuschränken. Hierbei kann er auf Vorarbeiten Triepels zurückgreifen, der in seinem Gutachten zur Goldbilanzenverordnung zur Verfassungswidrigkeit der Verordnung nicht nur wegen der Weite der ermächtigenden Norm oder der Selbstermächtigung der Exekutive gelangt, sondern auch, weil diese willkürlich sei, mithin gegen ein materiell verstandenes Gleichheitsprinzip verstoße.[265] Diese Ansätze entwickelt die Staatsrechtslehre bei der Diskussion des Gleichheitssatzes weiter, der in den Darstellungen von Leibholz[266] und Kaufmann[267] gleichsam als kodifizierte Gerechtigkeitsnorm verstanden wird, die daher auch gelten würde, wenn die Verfassung sie nicht vorgesehen hätte.

Komplettiert wird diese Einengung parlamentarischer Handlungsmöglichkeiten durch eine weitere verfassungsrechtliche Figur, die die methodische und institutionelle Stoßrichtung der ganzen Richtung auf den Begriff bringt: Zur Einschränkung der Untersuchungsbefugnisse des Reichstags entwickelt Erich Kaufmann schon früh in der Weimarer Zeit die Figur des Formenmissbrauchs.[268] Schon der Ausdruck zeigt, worum es geht: Eine dem Reichstag

264 So die plausible Vermutung zu Schmitt bei Caldwell, *Popular Sovereignty and the Crisis of German Constitutional Law*, S. 109. Eine kleine Konkordanz von staatsrechtlicher Literatur und politischer Ereignisgeschichte bei Bernhard Schlink, »Weimar – von der Krise der Theorie zur Theorie der Krise«, in: Wolfgang Erbguth u. a. (Hg.), *Rechtstheorie und Rechtsdogmatik im Austausch (GS Heun)*, Berlin 1999, S. 43-55, hier S. 49.

265 Triepel, *Goldbilanzenverordnung und Vorzugsaktien*, S. 26 ff. Zur Argumentation dort die konzise Analyse bei Caldwell, *Popular Sovereignty and the Crisis of German Constitutional Law*, S. 148-153.

266 Gerhard Leibholz, *Die Gleichheit vor dem Gesetz*, Tübingen ^{2}1959 [1929], S. 72 ff.

267 Erich Kaufmann, »Die Gleichheit vor dem Gesetz im Sinne des Art. 109 der Reichsverfassung«, in: *Veröffentlichungen der Vereinigung der deutschen Staatsrechtslehrer* 3 (1927), S. 2-24, hier S. 20: »Der Gesetzgeber ist nicht Schöpfer des Rechts.«

268 Erich Kaufmann, *Untersuchungsausschuß und Staatsgerichtshof*, Berlin 1920, S. 57. Vgl. zum Kontext Stephen Schröder, »Das parlamentarische Untersuchungsrecht der Weimarer Reichsverfassung im Spiegel der zeitgenössischen Staatsrechtslehre und Rechtsprechung«, in: *ZfParlF* 30 (1999), S. 715-738, hier S. 721 ff.

positiv verfassungsrechtlich zugewiesene Kompetenz wird einem materiellen Vorbehalt unterzogen und damit eingeschränkt.

All diesen Entwürfen ist gemeinsam, dass sie den Gesetzgeber an Prinzipien binden, deren Inhalt theoretisch nicht eingehender geklärt wird,[269] und die für Nichteingeweihte in Richard Thomas Worten »chinesisch«[270] bleiben, während sie sich im konkreten politischen Kontext stets gegen den parlamentarischen Gesetzgeber richten. Institutionell wird der Gesetzgeber damit an eine gerichtliche Kontrolle gebunden, aber nicht an die Kontrolle eines letztlich politisch zu besetzenden Staats- oder Verfassungsgerichts, sondern – wie in der Praxis[271] – an die Kontrolle der einzelnen ordentlichen Gerichte. Es geht um das Prüfungs- und Verwerfungsrecht der ordentlichen Gerichte.[272] Dass gerade derjenige Teil der Staatsrechtslehre, der der Verfassungsgerichtsbarkeit misstraut, hierbei der ordentlichen Gerichtsbarkeit gegenüber sein Vertrauen zum Ausdruck bringt, mag zumindest auch mit deren politischen Überzeugungen zusammenhängen.[273]

Die hier theoretisch geforderte und praktisch betriebene Verrechtlichung von Politik ist demnach anderer Art. Es ist weniger eine Formalisierung als – dies wird im Werk Kaufmanns besonders deutlich – eine Moralisierung der Gesetzesüberprüfung.

269 Richard Thoma, »Diskussionsbeitrag«, in: *Veröffentlichungen der Vereinigung der deutschen Staatsrechtslehrer* 5 (1929), S. 88-122, hier S. 96. Zum Diskussionsbeitrag Kaufmanns, ebd., S. 87, 92.

270 Thoma, »Diskussionsbeitrag«, S. 58 f.

271 Caldwell, *Popular Sovereignty and the Crisis of German Constitutional Law*, S. 145-170. Vgl. auch die Übersicht bei J. J. Étienne Lenoir, »Judicial Review in Germany under the Weimar Constitution«, in: *Tulane Law Review* XIV (1940), S. 361-383, hier S. 365 ff.

272 Zu dieser Diskussion die Übersicht bei Huber, *Verfassungsgeschichte*, Bd. 6, S. 566 f.

273 Zur Politisierung der Weimarer Justiz zeitgenössisch: Ernst Fraenkel, *Zur Soziologie der Klassenjustiz*, Berlin 1927. Des Weiteren Otto Kirchheimer, *Political Justice*, Princeton 1961; Friedrich Kübler, »Der deutsche Richter und das demokratische Gesetz«, in: *AcP* 162 (193), S. 104-128, hier S. 112-121; Gotthard Jasper, »Justiz und Politik in der Weimarer Republik«, in: *VfZ* 30 (1982), S. 167-205, hier S. 171 ff.; Gusy, *Weimar – die wehrlose Republik?*, S. 109 ff.; Peukert, *Die Weimarer Republik*, S. 219 ff.

5. Fazit: Form und Substanz als Beschreibungsmetaphern für die Weimarer Verfassung

Das Ergebnis der vorangegangenen Überlegungen lautet: Ein Theorie und Praxis, Wissenschaft und Politik, Staatsrechtslehre und Reichstag gemeinsames Institutionenverständnis erlaubte keine verfassungsrechtliche Umhegung des Gesetzesbegriffs. Dieses Verständnis verweigerte sich der Formalisierungsleistung politischer Institutionen und griff stattdessen – oftmals unter Ausblendung organisierter Vermittlung – auf materielle Konzepte von politischer Herrschaft zurück. In der politischen Praxis des Reichstags zeigt sich dies in der Auflösung institutioneller Unterscheidungen, auf denen das parlamentarische, verfassungsrechtlich garantierte Regime aufbaute. In der staatsrechtlichen Dogmatik zeigt sich dies in der großen Skepsis gegenüber formalisierender Verrechtlichung. Der im Untertitel dieses Beitrags verwendete Begriff der Institutionenwahrnehmung hat demnach eine doppelte, genitivus subjectivus und objectivus umfassende Bedeutung. Es ging um die Wahrnehmung der Institutionen durch die Institutionen.

In der Skepsis oder zumindest Gleichgültigkeit gegenüber dem parlamentarischen Gesetz verbanden sich dabei überkommene konstitutionelle und massendemokratische[274] Denkweisen unter der neuen Bedingung der Parlamentarisierung. Für die politische Praxis ist es ironischerweise gerade ein am Konstitutionalismus hängender Parlamentsalltag, der die institutionenfremde Kritik bestätigt. In der Staatsrechtslehre können sowohl die in der konstitutionellen Tradition stehenden Theoretiker wie auch die antiformalistischen Neuerer nicht zu einer verfassungsrechtlichen Bindung der Gesetzesform kommen. Für die einen enthält die rechtliche Ungebundenheit des Gesetzgebers auch die Freiheit, auf Gesetze zu verzichten. Für die anderen sind materielle Bindungen des Gesetzgebers zwar gegeben, diese werden jedoch nicht zugunsten parlamentarischer Handlungsformen eingesetzt. Aus diesem Ergebnis lassen sich abschließend noch einige weitergehende Schlüsse und Perspektiven ziehen:

1. Die Darstellung hat sich bemüht, das Gemeinsame und uns heute zugleich Fremde verschiedener politischer und methodischer

274 Vgl. Anm. 199.

Positionen herauszuarbeiten. Es kommt – und das entspricht wohl auch neueren Überlegungen in der historischen Forschung[275] – nicht nur auf den Gegensatz von Freunden und Feinden der Republik an, sondern auch auf die ihnen allen gemeinsame Wahrnehmung von Institutionen wie Parlament und Gesetz. Alle Beteiligten waren mit einer sozialen und ökonomischen Dauerkrise konfrontiert, die einen institutionellen Veränderungsdruck erzeugte, der durch die Parlamentarisierung nicht befriedigt wurde.[276]

Auf dieser Fährte erscheint es möglich, Institutionen- und Kulturgeschichte in eine gemeinsame Perspektive zu stellen, die die Wahrnehmung der Funktionsbedingungen politischer Herrschaft zu ihrem Gegenstand macht. Ist das Parlamentsgesetz eine Entscheidungs*form*, so ist mit der Verabschiedung des Gesetzes noch nichts dazu gesagt, ob mit dem Gesetzesbeschluss irgendeine gesellschaftliche Veränderung verbunden werden kann. Da die Zurechnung gesellschaftlicher Veränderungen aber ungewiss bleibt, ist die Wahrnehmung politischer Entscheidungsformen für die politische Entwicklung von größter Bedeutung. Hier finden auch die sachpolitischen Probleme einen Ort. Da sich die »Schwere« sachpolitischer Auseinandersetzungen kaum befriedigend bewerten lässt (man vergleiche in dieser Hinsicht nur 1932, 1930 oder 1923), ist die Erfahrung mit dem institutionellen Umgang mit vergangenen Krisen für die Erklärung der politischen Entwicklung zentral. Mochte man in den Jahren 1926/27 etwa den Eindruck gewinnen, das Parlament sei – in dieser vergleichsweise ruhigen Zeit – das eigentliche Problem,[277] so konnte sich das Parlament kaum als Lösung anbieten, wenn andere und größere Probleme entstanden. Vor diesem Hintergrund ließe sich demnach auch der durch Unschärfe bedrohte Begriff der »politischen Kultur« auf das Konzept eines

275 Vgl. dies als den roten Faden der Literaturübersicht bei Peter Fritzsche, »Did Weimar Fail?«, in: *The Journal of Modern History* 68 (1996), S. 629-656, insb. 630f., sowie Christoph Gusy, »Einleitung: Demokratisches Denken in der Weimarer Republik«, in: ders. (Hg.), *Demokratisches Denken in der Weimarer Republik*, Baden-Baden 2000, S. 11-36.

276 Die differenzierteste Gesamtanalyse des Zusammenbruchs der Weimarer Republik neben dem Buch von Bracher bei M. Rainer Lepsius, »From Fragmented Party Democracy to Government by Emergency Decree and National Socialist Takeover: Germany«, in: Juan J. Linz, Alfred Stepan (Hg.), *The Breakdown of Democratic Regimes: Europe*, Baltimore 1978, S. 34-79.

277 Vgl. oben Fn. 64.

gesellschaftlichen Erfahrungshorizontes politisch-institutioneller Problembewältigung hin konkretisieren[278] – eine Aufgabe, die hier nicht zu leisten war.

2. Der immer noch gegen die Weimarer Epoche erhobene Vorwurf eines formalistischen Verfassungsverständnisses[279] trifft kaum den Kern der Sache. Wenn Heinrich August Winkler den Carl Schmitt des Jahres 1932 beifällig mit der Feststellung zitiert, in Weimar zeige sich die »funktionalistisch-formalistische Entleerung des parlamentarischen Gesetzgebungsstaates«,[280] so muss man feststellen: Das Gegenteil ist richtig. Von parlamentarischem Formbewusstsein ist wenig zu erkennen, vom Anspruch auf Substanz dafür umso mehr. Sicher wurde der eigentliche politische Gehalt der Weimarer Reichsverfassung, der Bruch mit der Monarchie, von ihren Anhängern nicht deutlich genug vertreten. Aber auf der anderen Seite war es gerade der Glaube an Substanz, an Macht hinter der Form, an »wirkliche« Konflikte jenseits rechtsförmlicher Auseinandersetzung, der Jargon politischer Eigentlichkeit,[281] der die Verfassung theoretisch und praktisch ausgehöhlt hat und gegen den sich ein reflektierter Formalismus – von Kelsen bis Cassirer[282] – nicht durchsetzen konnte.

3. Wie sich die ohnehin theoretisch problematischen Begriffe Form und Inhalt mit Blick auf Theorie und Praxis des neueren Verfassungsrechts in Deutschland rekonstruieren ließen, erkennt

278 Dazu gerade mit Blick auf die Institution Parlament Werner J. Patzelt, *Institutionen als erkenntnisgewinnende Systeme*, MS. 2000, sub IV.

279 Dieter Grimm, »Missglückt oder glücklos?«, in: FAZ Nr. 187 v. 14. 8. 1999, Bilder und Zeiten, S. 111.; ders., *Die Bedeutung der Weimarer Verfassung*, S. 19. Vgl. auch die Schlußfolgerung bei Witt, »Kontinuität und Diskontinuität im politischen System der Weimarer Republik«, S. 147, die das Versagen des parlamentarischen Systems der rechtspositivistischen Auslegung der Verfassung und der Verrechtlichung des Politischen mit anlastet, also zu einem diametral gegenteiligen Ergebnis gelangt, das aber von seiner Untersuchung des Materials kaum getragen wird. Witt meint damit vielleicht, dass die Verfassungspraxis sich zu sehr an den Möglichkeiten des verfassungsrechtlichen Wortlauts orientiert hätte. Dies unterschätzt aber – wie zu zeigen versucht wurde – die Komplexität der Debatte gerade in der Staatsrechtslehre.

280 Winkler, *Weimar*, S. 107.

281 Diese Adorno'sche Formel bei Geyer, »Nation, Klasse und Macht«, S. 28 in Anm. 5.

282 Zum Formalismus bei Cassirer, vgl. Oswald Schwemmer, *Ernst Cassirer. Ein Philosoph der europäischen Moderne*, München 1997, S. 214 ff.

man vielleicht am besten, wenn man vergleichend auf das Grundgesetz schaut.[283] Auf den ersten Blick wurden viele Einsichten der Weimarer Zeit für das Grundgesetz fruchtbar gemacht. Die Weimarer Reichsverfassung diente in einer glücklichen Formulierung als »Erfahrungsreservoir«:[284] Stichworte sind Grenzen der Verfassungsänderung, Willkürverbot, substantialistisches Grundrechtsverständnis, breite richterliche Kontrolle. In dieser Perspektive ist auch die politisch zumeist konservative Theorie und Praxis gerichtlicher Überprüfung von Gesetzen in Weimar doppeldeutig:[285] Sie stellt für die Zukunft ein Instrument bereit, das jedoch eines anderen Kontextes bedarf, um demokratisch funktionieren zu können.

Auf den zweiten Blick erkennt man nämlich, dass die Weimarer Errungenschaften in der bundesrepublikanischen Gegenwart nur vor dem Hintergrund eines äußerst formvertrauenden Institutionenverständnis funktionieren, das davon ausgeht, dass man diese Fragen einem Gericht überlassen könne, das mehr als Beliebigkeiten oder Politik herauszubringen vermag.[286] Die Weimarer Erfahrungen konnten nur vor dem Hintergrund des bundesdeutschen Legalismus[287] erfolgreich genutzt werden. Gerade der legalistische Weg war aber für Weimar ganz bewusst nicht eingeschlagen worden.

283 Zu Kontinuitäten und Diskontinuitäten von Weimar zur Bundesrepublik auch Möllers, *Staat als Argument*, S. 123 ff.

284 Grimm, *Die Bedeutung der Weimarer Verfassung*, S. 4.

285 So auch die Deutung bei Caldwell, *Popular Sovereignty and the Crisis of German Constitutional Law*, S. 169 f.

286 Selbst dann, wenn – wie im Falle des Gesetzesvorbehalts – allen klar ist, dass eine schlüssige juristische Systematisierung nicht gelingen kann.

287 Dazu M. Rainer Lepsius, »Institutional Structures and Political Culture«, in: Herbert Döring, Gordon Smith (Hg.), *Party Government and Political Culture in Western Germany*, London 1982, S. 116-129, hier S. 124 ff.

7. Der deutsche Traum von der französischen Souveränität. Abhängige Verfassunggebung in der neueren deutschen Geschichte (2023)

1. Die missverstandene Verfassunggebung

In der mündlichen Einführung zu dieser Tagung* hat Thomas Maissen davon gesprochen, dass der Begriff der Souveränität eine französische Lösung für ein französisches Problem sei. Diese Beobachtung möchte ich im Folgenden aus einer deutschen Perspektive ex negativo bestätigen. Meine These lautet, dass die Verfassungsgeschichte der Bundesrepublik von dem Verlangen geprägt ist, eine französische Konzeption von Souveränität zur Anwendung zu bringen, dass diese Lösung aber nicht zur deutschen institutionellen Realität passt. Dabei wird es um einen besonderen Fall der Rezeption des Souveränitätsparadigmas gehen, nämlich die Verfassunggebung, in der sich ein souveränes Staatsvolk oder eine Nation eine neue Grundordnung gibt. Diese Idee der volkssouveränen Verfassunggebung stammt aus Frankreich[1] und sie wurde in Deutschland vielfach rezipiert, nicht zuletzt von Carl Schmitt.[2] Schlägt man heute einen Kommentar zum Grundgesetz auf, so wird diese Doktrin aufgerufen.[3] Warum aber passt sie nicht auf die deutschen Zustände? Der Grund dafür liegt darin, dass das deutsche Verfassungsrecht seit dem 19. Jahrhundert im weitesten Sinne föderal und international geprägt ist.[4] In jeder Verfassunggebung fand sich ein

* Interdisziplinäre Tagung zum Begriff der »Souveränität« am Deutschen Historischen Institut Paris, 6.-8. April 2022.

1 Für eine neuere Geschichte des Gedankens und seiner Rezeption bis in die Gegenwart Lucia Rubinelli, *Constituent Power. A History*, Cambridge 2020.

2 Carl Schmitt, *Verfassungslehre*, Berlin ^{7}1989 [1928], S. 75 ff.; Egon Zweig, *Die Lehre vom Pouvoir Constituant. Ein Beitrag zum Staatsrecht der französischen Revolution*, Tübingen 1909.

3 Beispielhaft Matthias Herdegen, »Präambel«, in: Günter Dürig u. a. (Hg.), *Grundgesetz. Kommentar*, Stand September 2022, Rn. 49-58 zur Einleitung GG oder ebd., »Art. 146«, Rn. 1-12 zum Art. 146 GG; siehe auch unten bei Fn. 22.

4 Grundlegend für die These, dass konstitutionelle Momente in Deutschland seit

Miteinander und Gegeneinander verschiedener politischer Ebenen, an dem der Begriff der Souveränität abgleiten musste.

Diese Beobachtung ist für sich nicht neu, wenn sie auch selten gut verstanden wurde.[5] Im Folgenden wird aber zu zeigen sein, wie einflussreich ein französisches Modell souveräner Selbstbestimmung für die Verfassungspraxis der Bundesrepublik blieb, obwohl es ungeeignet war, die verfassungspolitischen Entwicklungen von der Entstehung des Grundgesetzes bis heute zu beschreiben oder gar normativ zu orientieren.[6] Im aus Frankreich importierten Ideal fallen im Akt der Verfassunggebung äußere und innere Souveränität zusammen, indem ein souveräner Staat seine Hoheitsgewalt durch eine neue Verfassung auch nach innen ordnet. Unter verschiedenen Vorzeichen hat man in Deutschland an diesem Modell dreimal festgehalten, damit aber jedes Mal verfehlt, was politisch und rechtlich geschah: bei der Entstehung des Grundgesetzes 1948/49, bei der Wiedervereinigung 1989/1990 und bei der Frage der Europäischen Integration seit dem Vertrag von Maastricht 1992 bis heute.

Um das Problem aufzuschlüsseln, ist zuerst etwas zur Vorgeschichte des deutschen Umgangs mit der Unterscheidung zwischen Staatlichkeit und Souveränität zu sagen (2.). Im Anschluss werde ich zwischen innerer (3.) und äußerer (4.) Souveränität unterscheiden: Die Entstehung des Grundgesetzes war ein Akt der Verfassunggebung ohne Souveränität (3.1), die Wiedervereinigung ein solcher der Souveränitätserlangung ohne Verfassunggebung (3.2). Dabei blieben beide Ereignisse nicht ohne eine internationale Einbindung denkbar, die klare und gemeinhin unterschätzte Auswirkungen auf das Verfassungsrecht des Grundgesetzes nahmen, wenn sie auf Bündnistreue (4.1) und europäische Integration (4.2) verpflichteten. Im Ergebnis wiederholte sich das Auseinanderfallen

jeher auch internationale sind, Horst Dreier, »Kontexte des Grundgesetzes«, in: *Deutsche Verwaltungsblätter* (1999), S. 667-679.

5 Sehr deutlich jetzt Dieter Langewiesche, *Vom vielstaatigen Reich zum föderativen Bundesstaat. Eine andere deutsche Geschichte*, Stuttgart 2020.

6 Offenbleiben muss in diesem Zusammenhang, wie »französisch« eigentlich diese Rezeption war, wenn sie Verfassunggebung als voluntaristischen Akt eines Volkes bestimmt. Immerhin wird in der neueren Literatur die repräsentative und liberale Seite von Sieyès sehr betont. Pasquale Pasquino, »The Constitutional Republicanism of Emmanuel Sieyès«, in: Biancamaria Fontana (Hg.), *The Invention of the Modern Republic*, Cambridge 1994, S. 107-117.

von Verfassunggebung und Souveränitätsanspruch, blieb aber begrifflich verdrängt.

2. Begriffliche Einführung: Staatlichkeit und Souveränität in Deutschland

Die deutsche Unterscheidung zwischen Staatlichkeit und Souveränität entstammt der dominanten staatswillenspositivistischen Bundesstaatstheorie nach der Nationalstaatsgründung ab 1867.[7] Indem sich die deutschen Territorien erst zum Norddeutschen Bund, dann zum Deutschen Reich zusammenschlossen, so die Theorie, gaben sie ihre Staatlichkeit nicht auf, übertrugen aber ihre Souveränität auf das Reich. Diese Begriffsbesetzung löste das Problem, dass die dynastischen Herrscher nicht einfach ihren Status als Hoheitsträger aufgeben konnten, als sie per Vertrag in das Reich eintraten: Bayern, Preußen und die anderen blieben so nichtsouveräne Staaten im Reich. Damit vollzog sich in einer Terminologie, die bis heute in Deutschland vorherrscht, der Übergang vom Staatenbund zum Bundesstaat mit nunmehr eigener Souveränität.[8] Indiz für diesen Übergang sollte namentlich der Umstand sein, dass Reichsorgane ohne Konsens der Glieder die Verfassung ändern konnten, also in einer zeitgenössischen Kategorie das Reich die »Kompetenz-Kompetenz« innehatte.[9]

An dieser Theorie, die heute vom deutschen Staatsrecht auch auf die Europäische Union angewendet wird und von der gerne unterstellt wird, sie sei eine verfassungstheoretische Universalie, wirkt manches zweifelhaft. Schon zeitgenössisch funktionierte sie nicht.[10]

7 Manfred Friedrich, *Geschichte der deutschen Staatsrechtswissenschaften*, Berlin 1997, S. 291 ff. Zeitgenössisch etwa Otto Mayer, Monarchischer und demokratischer Bundesstaat, in: *Archiv des öffentlichen Rechts* 18 (1903), S. 337-372, hier S. 337, S. 339 f.; knapp Thomas Nipperdey, *Deutsche Geschichte 1866-1918, Bd. 2*, München ³1995, S. 85 ff., S. 87 f.

8 So auch Dieter Grimm, Souveränität im Verfassungsrecht des Kaiserreichs und der Weimarer Republik, in: Thomas Maissen u. a. (Hg.), *Souveränität im Wandel*, Göttingen 2023, S. 262-278.

9 Zu den politischen Motiven des deutschen Liberalismus nach 1867 für die Erfindung dieses Begriffs jetzt Christian Neumeier, *Kompetenzen*, Tübingen 2022, S. 54 ff., 103 ff., 153 f., 204 ff.

10 Eine juristische Analyse, die diejenigen der Juristen hinter sich lässt, stammt

Damit sie passte, mussten Vorbehaltsrechte einzelner Gliedstaaten in der Reichsverfassung ignoriert werden, die eine Verfassungsänderung aufhalten konnten. Es blieb auch unklar, wie man die behauptete nichtsouveräne Staatlichkeit der Glieder herleiten sollte. Zudem trennte das Modell ausgerechnet den Begriff der Souveränität von seinem politischen Kern, indem es die Machtverhältnisse zwischen Reich und Gliedern, namentlich den immensen politischen Einfluss Preußens, seine Hegemonie im und gegenüber dem Reich, aus dem Staatsrecht verdrängte. Dazu nur zwei Beispiele: Noch im Ersten Weltkrieg litt die Kriegsführung des Deutschen Reichs an den Ansprüchen der Territorialfürsten, ihre »eigenen« Truppen kommandieren zu können.[11] Am Ende der Weimarer Republik stellte sich nach dem Preußenschlag 1932 im Konflikt zwischen dem von der Rechten geführten Reich und dem sozialdemokratischen Preußen die Frage, ob das Land mit seiner beträchtlichen Polizeigewalt gegen die Maßnahmen des Reichs vorgehen könne.[12] Dass es angesichts der wieder aufgebauten Reichswehr und der politischen Unzuverlässigkeit der eigenen Polizei nicht dazu kam, mag die Annahme rechtfertigen, dass das Reich gegenüber Preußen in einem politischen Sinne souverän geworden war. Beide Beispiele zeigen aber, wie der Hinweis auf Verfahren der Verfassungsänderung dazu führt, die politische Seite des Souveränitätsbegriffs zu ignorieren.

Die Unterscheidung zwischen Staat und Souveränität erscheint vor diesem Hintergrund sowohl sehr spezifisch deutsch als auch in ihrer Anwendung auf deutsche Verhältnisse sehr anfechtbar. Sie ist weder dem Völkerrecht bekannt, noch spielt sie in anderen föderalen Verfassungsordnungen eine Rolle. Oft ist es dort gerade üblich, die obere Ebene nicht als Staat zu bezeichnen, so in den USA oder Indien: »Federal Government« und »Union«. Vor allem ist namentlich im amerikanischen Recht alles andere als klar, ob sich die Souveränität überhaupt auf einer föderalen Ebene verorten lässt.[13] In

von einem Historiker: Oliver F. R. Haardt, *Bismarcks ewiger Bund. Eine neue Geschichte des Deutschen Kaiserreichs*, Darmstadt 2020, S. 700 ff., insb. S. 703 f.

11 Dazu Herfried Münkler, *Der Große Krieg. Die Welt 1914-1918*, Berlin 2013, S. 112.

12 Dazu Hagen Schulze, *Otto Braun oder Preußens demokratische Wendung*, Frankfurt/M. 1977, S. 747 ff.

13 Zur Offenheit der föderalen Souveränitätsfrage in den USA bis in die nähere Gegenwart Kathleen Sullivan, Dueling Sovereignties. United States Term Limits, Inc. v. Thorton, in: *Harvard Law Review* 109 (1995), S. 78-109.

den USA entstanden deswegen Theorien geteilter Souveränität, die das deutsche Staatsrecht des 19. Jahrhunderts noch rezipierte.

Mit dem Begriff der Souveränität wurde ein Problem föderaler deutscher Institutionenpolitik also weniger gelöst als begrifflich verarztet. Dies geschah zudem im Kontext der Verfassunggebung der Reichsgründung, die in Form eines Vertrags zwischen Fürsten so gar nichts mit dem französischen Ideal zu tun hatte – und die auf die Frage, wer innerhalb des Reichs eigentlich das souveräne Organ war, gleichfalls keine überzeugende Antwort geben konnte.[14] Vielleicht war die Frage nach der Souveränität einfach die falsche Frage. Doch wurde sie auch in der jüngeren deutschen Verfassungsgeschichte gerne weiter gestellt.

3. Verfassunggebung und innere Souveränität: 1949 und 1990

3.1 Das Grundgesetz 1949: Verfassunggebung ohne Souveränität

Die Entstehung des Grundgesetzes war ein Fall von Verfassunggebung ohne Souveränität. Freilich geriet dieser Zusammenhang schnell in Vergessenheit. In den Beratungen des Parlamentarischen Rats sollte der provisorische Charakter des Prozesses noch sicherstellen, dass die Konstituierung Westdeutschlands einer weiterhin für möglich gehaltenen Wiedervereinigung nicht im Wege stehen würde. Praktisch hatten neben den Alliierten die Ministerpräsidenten der bereits verfassten Länder die Hoheit über den Prozess. Das Grundgesetz wurde durch die Länderparlamente ratifiziert. Das deutsche Volk trat erst bei der ersten deutschen Bundestagswahl am 14. August 1949 als Akteur in Erscheinung, aber selbst diese Wahl erfolgte aufgrund eines Gesetzes, das von den Landesregierungen nach Billigung der Besatzungsmächte erlassen wurde.[15]

Innerhalb der Beratungen des Parlamentarischen Rats spielte die französische Theorie souveräner Verfassunggebung dennoch eine Rolle: Sie wurde namentlich vom einflussreichen und französisch

14 Haardt, *Bismarcks ewiger Bund*, S. 711 ff.; Stefan Oeter, *Integration und Subsidiarität im deutschen Bundesstaatsrecht*, Tübingen 1998, S. 29 ff., S. 32 f.

15 Adolf M. Birke, *Nation ohne Haus. Deutschland 1945-1961*, München 1989, S. 243 f.

geprägten Sozialdemokraten Carlo Schmid immer wieder in die Diskussion eingebracht. Er wollte eine »richtige« Verfassunggebung *à la française* einem wiedervereinigten Deutschland vorbehalten.[16] Hinter dieser Präferenz standen auch politische Unterschiede eines Sozialdemokraten gegenüber den Christdemokraten: Das Ideal einer demokratischen nationalen Verfassunggebung entsprach den stärker national denkenden Sozialdemokraten mehr. Charakteristisch wirkte diese Präferenz in beide Richtungen: Nach unten führte sie zu einem stärkeren Zentralismus des Bundes gegenüber den Ländern, nach oben zu weniger Sinn für die Westbindung des entstehenden westdeutschen Staats. Die Christdemokraten dachten zugleich föderaler und internationaler und bedurften deswegen namentlich im rheinischen Flügel Adenauers keines starken Begriffs von Verfassung und Nation.

Dennoch übernahmen die Mütter und Väter des Grundgesetzes Schmids Vorstellung eines Zusammenhangs zwischen Verfassunggebung und Souveränität im Negativen, indem sie in der Schlussbestimmung des Grundgesetzes dem deutschen Volk ausdrücklich die Möglichkeit einer neuen gesamtdeutschen Verfassunggebung einräumten. Erst wenn das Volk wieder im Ganzen bei sich war, sollte es ihm möglich werden, sich eine echte Verfassung zu geben. Davor erschien es geboten, das zu erarbeitende Dokument mit einer vom Hamburger Bürgermeister Max Brauer vorgeschlagenen vormodernen Semantik zu bezeichnen: Es war bloß eine Lex fundamentalis, ein Grundgesetz. Damit blieb namentlich die in Kaiserreich und Weimarer Republik zu beobachtende Aneignung »französischer« Konzepte durch Autoren wie Egon Zweig und Carl Schmitt einflussreich. War das Grundgesetz wegen der offengebliebenen deutschen Frage aus Sicht des Parlamentarischen Rats kein Produkt der Volkssouveränität, so blieb er der Theorie treu, wenn er es nicht als echte Verfassung anerkannte.

Die Annahme, beim Grundgesetz handele es sich nicht um eine echte Verfassung, ließ sich freilich nicht lange durchhalten. Schon im ersten Band seiner Entscheidungssammlung stellte das Bundesverfassungsgericht fest:

16 Zu Schmids Verfassungsverständnis Carlo Schmid, *Erinnerungen*, Bern 1979, S. 327 ff.; Gerhard Hirscher, *Carlo Schmid und die Gründung der Bundesrepublik. Eine politische Biographie*, Bochum 1986, S. 142 ff.; S. 280 f.; Petra Weber, *Carlo Schmid 1896-1979*, München 1996, S. 337, S. 354 f.

Das Grundgesetz will seinem gesamten Inhalt nach die Verfassung eines souveränen Staatswesens sein. Es war zwar entsprechend den Beschlüssen der Koblenzer Ministerpräsidentenkonferenz vom 8.-10.7.1948 (Huber aaO S. 200) zunächst lediglich als Organisationsstatut eines besetzten Landes gedacht, hat dann aber doch schließlich die Gestalt der Verfassungsurkunde eines souveränen Staates angenommen. Keine seiner Bestimmungen nimmt auf die Tatsache der Besetzung Bezug; insbesondere regeln sie nicht die Beziehungen zur Besatzungsmacht. Es geht ausnahmslos von der Gleichberechtigung der Bundesrepublik in der Völkerrechtsgemeinschaft aus.[17]

Diese Argumentation war ebenso wirkmächtig wie eigenartig. Dass sich die Souveränität der Bundesrepublik aus den Bestimmungen des Grundgesetzes ergeben könne, wie das Gericht unterstellt, setzte ja gerade die Souveränität der Verfassunggebung voraus, an die die Mitglieder des Parlamentarischen Rats nicht glaubten. Sie zu unterstellen erschien auch nicht plausibel, wenn man den maßgeblichen Einfluss der Alliierten auf Initiierung und Ablauf des Prozesses bedachte. Zudem räumte das Gericht an anderen Stellen der Entscheidung auch ausdrücklich ein, dass die Alliierten »Herrschaftsgewalt« oder »Kontrolle« in Westdeutschland ausübten.[18] Die Souveränität der Bundesrepublik bereits vor der Ablösung des Besatzungsstatuts zu behaupten, bleibt eine kühne These, für die es in jedem Fall anderer Argumente bedurft hätte. Eher wird man diesen Teil der Begründung als einen symbolischen Akt verstehen, der daran erinnert, dass Adenauer bei der Übergabe des Besatzungsstatuts protokollwidrig seinen Fuß auf den Teppich setzte, der den Hohen Kommissaren vorbehalten war.[19] Interessant ist die Begründung für uns aber vor allem deswegen, weil die erzwungene Souveränitätsthese für das Gericht die einzige Möglichkeit darzustellen schien, den Charakter des Grundgesetzes als echte Verfassung zu begründen.

Mit der Annahme, beim Grundgesetz handele es sich um eine echte Verfassung, konnte sich das Gericht dennoch durchsetzen, während die Frage der äußeren Souveränität, wie wir noch sehen werden, weniger gelöst als verdrängt wurde. Das Grundgesetz fand aber nicht nur bald als vollgültige Verfassung Anerkennung. Es er-

17 BVerfGE 1, 351 (368) – *Petersberger Abkommen* [1952].

18 Ebd., S. 367.

19 Zu dieser Episode Birke, *Nation ohne Haus*, S. 254.

hielt seit den 1970er Jahren sogar die Funktion als eine Art Ersatzobjekt für die Kristallisation patriotischer Gefühle, für die sich angesichts der deutschen Teilung nichts Besseres fand. Im Begriff »Verfassungspatriotismus« kam dies zum Ausdruck.[20]

Damit verlor die Annahme eines notwendigen Zusammenhangs zwischen Verfassunggebung und Volkssouveränität ihre praktische Bedeutung. Der nichtsouveräne Parlamentarische Rat hatte eine Norm produziert, die von einer echten Verfassung nicht zu unterscheiden war. Statt dies zum Anlass zu nehmen, die eindeutige Zuordnung von Verfassunggebung und Souveränität in Frage zu stellen, wurde aber die historische Rekonstruktion der Theorie angepasst. Liest man etwa eine viel zitierte Darstellung Ernst-Wolfgang Böckenfördes,[21] so wird dort wie in fast allen gegenwärtigen Kommentierungen die Entstehung des Grundgesetzes unverdrossen als Ergebnis der verfassunggebenden Gewalt des deutschen Volkes verstanden.[22] Oft wird dies als bloße normative Zurechnung bezeichnet, um zu signalisieren, dass man das Problem sieht, wenn man es auch nicht lösen kann. Das ist allerdings nicht mehr als die Behauptung einer Rechtfertigung, für die sich historische Evidenz nicht auffinden lässt. Für die politische Abhängigkeit der Verfassunggebung von den Alliierten und für die föderale Struktur der Entscheidungsfindung auf deutscher Seite wurde kein begrifflicher Rahmen entwickelt. Praktisch bleibt es ebenso wenig plausibel, das Grundgesetz nicht als Verfassung zu verstehen, wie es historisch unzutreffend ist, sein Entstehen als Akt der Volkssouveränität zu deuten. Das Grundgesetz ist eine Verfassung, die nicht aus einem souveränen Akt entstand.[23]

20 Geprägt von Dolf Sternberger, »Verfassungspatriotismus«, in: ders., *Schriften*, Bd. 10, Frankfurt/M. 1990, S. 13-16, zuerst in: *Frankfurter Allgemeine Zeitung*, 23. Mai 1979, S. 1.

21 Ernst-Wolfgang Böckenförde, »Demokratie als Verfassungsprinzip«, in: Josef Isensee, Paul Kirchhof (Hg.), *Handbuch des Staatsrechts der Bundesrepublik Deutschland, Band 1,* Heidelberg 1987, § 24, Rn. 4.

22 Beispielhaft Dietrich Murswiek, *Die verfassunggebende Gewalt nach dem Grundgesetz für die Bundesrepublik Deutschland*, Berlin 1978, S. 32 f.; Horst Dreier, »Präambel«, in: ders., *Grundgesetz*, Bd. 1, Tübingen ^{3}2013, Rn. 66, nochmals Herdegen, »Präambel«.

23 Dass dies nichts Ungewöhnliches ist, zeigt Andrew Arato, *Post Sovereign Constitution Making: Learning and Legitimacy*, Oxford 2016.

3.2 Das Grundgesetz 1989/90: Souveränität ohne Verfassunggebung

Die Entkoppelung von innerer Souveränität und Verfassunggebung bestätigte sich nach der Wiedervereinigung mit umgekehrten Vorzeichen. Eine gesamtdeutsche Verfassung galt im Westen als überflüssig, die neuen Länder wurden in die Ordnung des Grundgesetzes inkorporiert. Dabei kann hier offenbleiben, ob dies ein politischer Fehler war. Die Chance einer gemeinsamen Verfassunggebung, in der der Westen das Grundgesetz aufgegeben hätte, um mit dem Osten eine gemeinsame neue Ordnung zu schaffen, hätte jedenfalls einen Akt politischer Anerkennung der neuen Teile der Bundesrepublik gebracht, der heute politisch zu fehlen scheint. Eine politisch verständige Minderheit der Staatsrechtslehre, darunter Autoren wie Hasso Hofmann und Ulrich K. Preuß, hatte das schnell verstanden.

Für unsere Fragestellung ist dies von Bedeutung, weil durch diese Entwicklung die bei der Entstehung des Grundgesetzes auszumachende Entkoppelung von Verfassunggebung und innerer Volkssouveränität nun nicht mehr als Produkt der Kontingenzen der deutschen Niederlage von 1945 verstanden werden konnte, sondern als ein Strukturmerkmal, das 1989/90 bewusst vollendet wurde. Denn mit der Wiedervereinigung entstand ein vollständiger und vollständig konstitutionalisierter Nationalstaat ohne jeden nationalen Verfassunggebungsprozess. Die Anrufung der verfassunggebenden Gewalt des deutschen Volkes, seiner Souveränität, konnte endgültig nur durch halsbrecherische Begriffskonstruktionen aufrechterhalten werden, die nicht mehr nur die institutionellen Realitäten des Parlamentarischen Rats, sondern auch die der Wiedervereinigung ausblenden mussten. Die Rolle der Staatsrechtswissenschaft bestand ganz überwiegend darin, den westdeutschen Status quo zu legitimieren. Um nur nicht den Bestand des Grundgesetzes zu gefährden, war die Wissenschaft dabei sogar bereit, eine ihrer Kerndoktrinen aufzugeben, den »Vorrang des Staates vor der Verfassung«.[24] In Nachfolge der Jellinek'schen Staatstheorie behauptet sie, der Staat habe als solcher gegenüber wechselnden Verfassungen ein Eigenleben.[25]

24 Sofort bemerkt wurde das bei Hasso Hofmann, »Über Verfassungsfieber«, in: *Ius Commune* XVII (1990), S. 310-317; für Nachweise Christoph Möllers, *Staat als Argument*, Tübingen ^{2}2011, S. 256 ff.

25 Diese Entwicklung machte aus einem prominenten Schmittianer sogar einen

Wenn man aber die Staatlichkeit der Bundesrepublik, wie es die herrschende Doktrin tat und tut, mit deren Souveränität gleichsetzt, so erweist sich der Verzicht auf eine gesamtdeutsche Verfassunggebung zugunsten des Grundgesetzes wiederum als mehr oder minder unfreiwillige Aufgabe des Souveränitätsanspruchs. Die Volkssouveränität war nur so lange zu ertragen, wie sie in den Lehrbüchern still überwinterte. Dagegen hätte ein neuer Verfassunggebungsprozess *horribile dictu* zu einer anderen Verfassung als dem Grundgesetz führen können. Die Norm des Grundgesetzes, Art. 146 GG, in welcher der Zusammenhang zwischen Volkssouveränität und Verfassunggebung vom Parlamentarischen Rat gut französisch festgeschrieben worden war, musste entsprechend durch Verfassungsauslegung marginalisiert werden.[26] Praktisch blieb die Möglichkeit der Verfassunggebung eine disponible Option und dadurch die Bundesregierung Herrin des politischen Prozesses der Wiedervereinigung.

4. Verfassungsrecht und äußere Souveränität

Es gehört zu den bemerkenswerten Umständen im deutschen Umgang mit dem Souveränitätsbegriff, dass die Frage, wann die Bundesrepublik Deutschland ihre äußere Souveränität »wiedererlangt« habe, nicht einheitlich beantwortet wird. Als entscheidende Momente werden die Ablösung des Besatzungsstatus durch die Pariser Verträge 1954/55 oder der Zwei-plus-Vier-Vertrag aus dem Frühherbst 1990 genannt. Beide stehen aber gerade nicht für eine schlichte Rückkehr zu einem souveränen Zustand, sondern für ein fortdauerndes Hineinwirken internationaler Verpflichtungen in das Verfassungsrecht der Bundesrepublik – und dehnen damit von der anderen Seite den Zusammenhang zwischen Souveränität und Verfassunggebung in der deutschen Verfassungsgeschichte.

Ad-hoc-Kelsenianer. Josef Isensee, *Das Volk als Grund der Verfassung*, Opladen 1995, schwört im Schatten der Wiedervereinigung der von ihm zuvor vertretenen staatstheoretischen Fundierung des Grundgesetzes ab und entdeckt die Grundnorm.

26 Es blieb österreichischen Beobachtern vorbehalten, sich darüber zu wundern, so Ewald Wiederin, »Die Verfassunggebung im wiedervereinigten Deutschland«, in: *Archiv des öffentlichen Rechts* 117 (1992), S. 410-448, hier S. 410.

4.1 Das Grundgesetz im langen Schatten des Kalten Kriegs

Vor der Ablösung des Besatzungsstatuts durch die Pariser Verträge verfügten die Alliierten über Hoheitsrechte, welche die innere und äußere Souveränität der Bundesrepublik ausschlossen. Zu den bemerkenswerten Befugnissen, die sich die westlichen Alliierten eingeräumt hatten, gehörte die Bewahrung der Einhaltung des Grundgesetzes und der Länderverfassungen selbst, die das Statut unter 2 f.) als Zuständigkeit aufzählte. Die Alliierten verstanden sich also als Hüter der deutschen Verfassungen und beanspruchten, diese Garantie auch gegenüber den deutschen Behörden durchzusetzen.[27] Doch wurden die formellen Befugnisse des Statuts so gut wie nie genutzt, denn die Einflussnahme geschah zumeist informell politisch. Die Ausnahme von dieser Regel war eine Razzia der britischen Besatzungsmacht bei der Landesparteizentrale der FDP in Düsseldorf, wo es im Januar 1953 zu Verhaftungen wegen neonazistischer Umtriebe kam.[28] Das Vorgehen traf auf unterschiedliche innenpolitische Reaktionen, die an die oben vorgestellten politischen Unterschiede erinnern. Während nicht nur die FDP, sondern auch die SPD und namentlich Carlo Schmid über einen Eingriff in die deutsche Souveränität klagten, verhielt sich Adenauer zurückhaltend und äußerte keine ausdrückliche Kritik. Souveränität blieb weiterhin nicht für alle politischen Lager ein gleich wichtiges Problem.

Nach 1955 verfügte die Bundesrepublik mit Abschluss der Pariser Verträge über eine außenpolitische Handlungsfähigkeit, die durch die Verträge aber weiterhin förmlich eingeschränkt blieb.[29] Dass der Wiedergewinn der Souveränität im politischen Kontext nicht ohne

27 Zitiert nach ⟨https://www.1000dokumente.de/Dokumente/Besatzungsstatut⟩, letzter Zugriff 13. 12. 2024.

28 Dazu Ulrich Herbert, *Best. Biographische Studien über Radikalismus, Weltanschauung und Vernunft 1903-1989*, Bonn ^{2}1996, S. 467 ff. und Anm. 206, S. 636.

29 BGBl. II, [1955], S. 258. Für eine zeitgenössische, quasi amtliche Beurteilung aus dem Auswärtigen Amt, die den Text genau analysiert und den Souveränitätsgewinn rekonstruiert, aber zugleich die fortbestehenden Einschränkungen stark relativiert, siehe Ellinor von Puttkamer, »Vorgeschichte und Zustandekommen der Pariser Verträge vom 23. Oktober 1954«, in: *Zeitschrift für ausländisches öffentliches Recht und Völkerrecht* 17 (1956/57), S. 448-475, hier S. 463 ff.

das deutsche Bekenntnis zur Westbindung und die Einbindung in die NATO denkbar war, ist allgemein anerkannt.[30] Daneben gab es aber auch formelle Einschränkungen. Zwar beginnt der Vertrag mit der Aufhebung des Besatzungsstatuts: Die Bundesrepublik erlangte die »volle Macht eines souveränen Staates über ihre inneren und äußeren Angelegenheiten« (Art. 1 Abs. 2). Doch folgen dieser Garantie die Einschränkungen auf den Fuß: Der Bundesrepublik stand es nicht frei, sich selbst mit Ostdeutschland zu vereinigen und über West-Berlin zu verfügen (Art. 2). Sie wurde auf die Ziele der Vereinten Nationen und des Europarats verpflichtet und musste bei der Aufnahme diplomatischer Beziehungen mit Drittstaaten die Alliierten konsultieren (Art. 3). Die Truppenstationierung auf deutschem Boden wurde eingehend geregelt. Besonders bemerkenswert ist die Beibehaltung von Sonderrechten zum Schutz der Truppen, die erst abgelöst werden sollten,

> sobald die zuständigen deutschen Behörden entsprechende Vollmachten durch die deutsche Gesetzgebung erhalten haben und dadurch in Stand gesetzt sind, wirksame Maßnahmen zum Schutz der Sicherheit dieser Streitkräfte zu treffen, einschließlich der Fähigkeit, einer ernstlichen Störung der öffentlichen Sicherheit und Ordnung zu begegnen. [Art. 5 Abs. 2]

Es war diese Klausel, die einen für die Bundesrepublik innenpolitisch immens bedeutsamen Kampf auslöste, an dessen Ende 1968 der hochumstrittene Erlass der sogenannten Notstandsverfassung stand.[31]

Auch ein anderer innenpolitischer und verfassungsrechtlicher Konflikt der Bundesrepublik hing mit diesem Vertrag zusammen: die Frage der NATO-Nachrüstung.[32] In seiner Entscheidung darüber, ob die Stationierung taktischer Atomraketen auf deutschem

30 Dazu Gregor Schöllgen, *Deutsche Außenpolitik. Von 1945 bis zur Gegenwart*, München 2013, S. 45 f., S. 54 ff.

31 17. Gesetz zur Ergänzung des Grundgesetzes, Gesetz vom 24. 6. 1968, verkündet am 27. 6. 1968, BGBl. I 709. Dazu Martin Diebel, *»Die Stunde der Exekutive«. Das Bundesinnenministerium und die Notstandsgesetze 1949-1968*, Göttingen 2019, S. 64 ff. Zum internationalen Zusammenhang auch Manfred Görtemaker, *Geschichte der Bundesrepublik Deutschland. Von der Gründung bis zur Gegenwart*, Frankfurt/M. 2004, S. 453 f.

32 Zu den politischen Umständen Ulrich Herbert, *Geschichte Deutschlands im 20. Jahrhundert*, München 2014, S. 948 ff.

Boden ohne parlamentarische Zustimmung zulässig sei, verwies das Bundesverfassungsgericht auf den Kontext der Verträge.[33] Dabei ließ es am Ende der Begründung sogar ausdrücklich die Frage offen, ob der Deutschlandvertrag es auch ermöglicht hätte, die Atomwaffen ohne deutsche Zustimmung in Deutschland zu stationieren.[34] Ein später Ausläufer dieser Rechtsprechung findet sich schließlich im großzügigen Umgang des Bundesverfassungsgerichts mit der Massenüberwachung deutscher Staatsbürgerinnen und Staatsbürger durch die amerikanischen Geheimdienste.[35] In allen drei Entscheidungen spielen die – in ihrem normhierarchischen Rang unter dem Grundgesetz stehenden, aber politisch eben doch fundamentalen – Bindungen an das Völkerrecht die Funktion einer überkonstitutionellen Superlegalität.

Was zeigen diese Beispiele? Sie zeigen, dass die 1955 »fast« wiedererlangte Souveränität der Bundesrepublik nicht nur weiterhin rechtlichen Beschränkungen unterlag, die im Regelfall angesichts der außenpolitischen Abhängigkeit nicht aktiviert werden mussten, sondern dass die verfassungsrechtlichen Folgen dieser Beschränkungen durchaus auch nach innen wirken konnten.[36] Die fehlende Souveränität der Verfassunggebung des Grundgesetzes war nicht nur ein geltungstheoretisches Problem, sondern gewann eine konkrete innenpolitische und verfassungsrechtliche Bedeutung. Eine Kritik verbindet sich mit diesen Beobachtungen nicht. Das Problem liegt nicht in der Politik, sondern in den Versuchen, deren Brüche mit einem Schema vermeintlich souveräner Verfassunggebung unsichtbar zu machen.

33 BVerfGE 68, 1 (79 f.) – *Atomwaffenstationierung* [1984].

34 Ebd., S. 110 f.

35 BVerfGE 143, 101 – *NSA-Untersuchungsausschuss* [2016], zur langen Vorgeschichte im Kalten Krieg Josef Foschepoth, *Überwachtes Deutschland. Post- und Telefonüberwachung in der alten Bundesrepublik*, Göttingen 2012.

36 Peter Graf Kielmansegg, *Nach der Katastrophe. Eine Geschichte des geteilten Deutschland*, Berlin 2000, S. 148; ähnlich Dennis L. Bark, *Die Berlin-Frage 1949-1955*, Berlin 1972, S. 223.

4.2 Souveränität zwischen Wiedervereinigung und europäischer Konstitutionalisierung

»Von der Souveränität Deutschlands kann erst die Rede sein, wenn Deutschland in Freiheit wiedervereinigt ist.«[37] Die kritische Feststellung des SPD-Vorsitzenden Erich Ollenhauer in der Bundestagsdebatte um die Pariser Verträge 1955 brachte noch einmal die Sicht zum Ausdruck, welche die deutsche Souveränität nur als gesamtdeutsche Selbstbestimmung verstehen wollte. Diese Sicht verlor in den nächsten drei Jahrzehnten mehr und mehr an politischer Bedeutung. Aktuell wurde Ollenhauers Anliegen erst wieder im Jahre 1989, als das Verhältnis zwischen Souveränität, Wiedervereinigung und Verfassunggebung mit dem Zusammenbruch der DDR neu auf den Plan der Politik geriet. War eine Wiedervereinigung laut Deutschland-Vertrag nur mit Zustimmung der Alliierten zulässig, so bedurfte sie einer völkerrechtlichen Grundlegung. Im Zwei-plus-Vier-Vertrag[38] wurde diese Zustimmung erteilt. Eine einfache und bedingungslose Freigabe der Souveränität der wiedervereinigten Bundesrepublik enthält freilich auch dieser Vertrag nicht. Das erste Anliegen des Vertrags ist die Definition der deutschen Grenzen, geregelt wird der Status der russischen Besatzungsmächte, die beiden unterzeichnenden deutschen Regierungen verpflichten sich zur Begrenzung ihrer Truppenstärke – und erst in Art. 7 Abs. 2 des Vertrags wird dem vereinten Deutschland »volle Souveränität über seine inneren und äußeren Angelegenheiten« eingeräumt. Ausdrücklich verpflichtet Art. 1 Abs. 4 des Vertrags das wiedervereinigte Deutschland, seine Verfassung den Bestimmungen des Vertrags

37 Verhandlungen des Deutschen Bundestages, Stenographischer Bericht, 2. Wahlperiode, 80. Sitzung, 5. 5. 1955, S. 4415. Das gesamte Zitat macht den Zusammenhang noch deutlicher: »Für das deutsche Volk bietet die Ablösung des bisherigen Besatzungsrechts im Geltungsbereich des Grundgesetzes keinen Anlass zum Feiern. Die der Bundesrepublik mit den Pariser Verträgen zuerkannte politische Bewegungsfreiheit ist schwerwiegend eingeschränkt durch die Verpflichtungen zur Leistung eines militärischen Beitrags im Rahmen des Nordatlantikpakts und durch in Vertragsrecht umgewandeltes bisheriges Besatzungsrecht. Deutschland ist nach wie vor gespalten. Von der Souveränität Deutschlands kann erst die Rede sein, wenn Deutschland in Freiheit wiedervereinigt ist. (Beifall bei der SPD.) Dieses Ziel zu erreichen, bleibt die vordringlichste politische Aufgabe des ganzen deutschen Volkes«.

38 BGBl. II [1990], S. 318.

anzupassen. Genannt werden dabei die Präambel und die Artikel 23 und 146 GG. Entsprechend wurden diese Normen bei der Vorbereitung der Wiedervereinigung geändert.[39]

Dieser letzte Punkt ist in dreierlei Hinsicht bemerkenswert: Zum Ersten ist es keineswegs üblich, ein Land durch Völkerrecht auf eine genau benannte Verfassungsänderung zu verpflichten. Auf welcher Normebene Staaten ihre völkerrechtlichen Pflichten erfüllen, bleibt in der Regel ihnen selbst überlassen. Zum Zweiten ist die Pflicht zur Änderung von Art. 146 GG für unsere Frage besonders bemerkenswert. Wie gesehen, war dies die abschließende Norm, mit der die Mütter und Väter des Grundgesetzes die Einheit von Volkssouveränität und Verfassunggebung zumindest für die Zukunft aufrechterhalten wollten. Dass diese Norm ohne einen neuen verfassunggebenden Prozess auf Grundlage einer völkerrechtlichen Verpflichtung geändert wurde, zeigt, mit welcher Konsequenz dieser Prozess der Idee souveräner Verfassunggebung widersprach – und unterstreicht das fortgesetzte Paradox einer Norm, die Souveränität beansprucht, aber auf nichtsouveräner Grundlage gemacht und geändert wurde. Zum Dritten schließlich bereitete die aufgrund des Vertrags erneuerte Präambel, wenn sie Deutschland »als gleichberechtigtes Glied in einem vereinten Europa« bezeichnet, den Weg für eine verfassungsrechtliche Verpflichtung der Bundesrepublik auf die europäische Integration, die kurze Zeit später mit den Grundgesetzänderungen zum Vertrag von Maastricht weiter ausgebaut wurde.[40]

Die Epoche der Wiedervereinigung fällt in die Zeit der Aushandlung des Vertrags von Maastricht. Dieser bis heute letzte große Schritt zur Vertiefung der europäischen Integration führte insbesondere eine europäische Währung ein. Die Pläne dazu begannen vor dem Prozess der Wiedervereinigung und damit unabhängig von ihm.[41] Dennoch lassen sich die endgültigen Entscheidungen nur vor ihrem Hintergrund verstehen.[42] Alle relevanten völkerrecht-

39 36. Gesetz zur Änderung des Grundgesetzes vom 23. 9. 1990, verkündet am 28. 9. 1990, BGBl. II, S. 885.

40 38. Gesetz zur Änderung des Grundgesetzes vom 21. 12. 1992, verkündet am 24. 12. 1992, BGBl. I, S. 2086.

41 Vgl. namentlich zur Planung des Euros Harold James, *Making the European Monetary Union*, Cambridge 2012, S. 228 f.

42 Herbert, *Geschichte Deutschlands*, S. 1131 ff.; Eckart Conze, *Die Suche nach Sicher-*

lichen Dokumente zum Status von Deutschland, namentlich der Zwei-plus-Vier-Vertrag, heben die europäische Einbindung der Bundesrepublik deutlich hervor. Die Souveränität für das wiedervereinigte Deutschland konnte es nach Überzeugung der Alliierten nur im Rahmen ihrer europäischen Integration geben. Umgekehrt erkannte das Grundgesetz in der verfassungsändernden Formulierung, die ihm mit der Zustimmung zum Vertrag von Maastricht gegeben wurde, ausdrücklich an, dass auch für die Europäischen Verträge verfassungsrechtliche Standards wie Demokratie und Rechtsstaatlichkeit gelten müssen. Schließlich verpflichtete sich die Bundesrepublik nun auch verfassungsrechtlich dazu, an der »Verwirklichung eines vereinten Europa« im Rahmen der nunmehr als Europäische Union bezeichneten Organisation mitzuwirken.[43]

Damit ergibt sich eine bemerkenswerte Überkreuzung, die den engen Zusammenhang zwischen Souveränität und Verfassunggebung sowohl auf deutscher als auch auf europäischer Ebene dementierte: War die Restitution der deutschen Souveränität aus Sicht der Alliierten nur in deren europäisierter Einbindung möglich, so gab es umgekehrt aus Sicht des deutschen Verfassunggebers eine europäische Konstitutionalisierung auch ohne europäische Souveränität. Auf beiden Seiten fallen Souveränität und Verfassunggebung auseinander. Dieser Zusammenhang bliebe freilich unvollständig beschrieben, wenn man nicht das Ende des anschließenden europäischen Verfassunggebungsprozesses einbeziehen würde.[44] Dieser scheiterte an den ablehnenden Referenden in Frankreich und den Niederlanden. Dies spricht dafür, dass ein französisches Verständnis von verfassunggebender Volkssouveränität in Frankreich wie in anderen Mitgliedstaaten weiterhin von Bedeutung ist. Diese Asymmetrie bleibt für das Verständnis der europäischen Integration von Bedeutung.

heit. Eine Geschichte der Bundesrepublik Deutschland von 1949 bis in die Gegenwart, München 2009, S. 709 ff.

43 Die damalige Diskussion, ob die europäischen Verträge eine Verfassung darstellen oder darstellen sollten, gewinnt angesichts dieser Entscheidung etwas Akademisches.

44 Zum Scheitern des europäischen Verfassungsprozesses knapp Mathias Jopp, Gesa-S. Kuhle, »Wege aus der Verfassungskrise. Die EU nach den gescheiterten Referenden in Frankreich und den Niederlanden«, in: *Integration* 28 (2005), S. 257-261.

An die europäische Entwicklung seit Maastricht knüpft der bis auf weiteres letzte deutsche Versuch an, mit dem Begriff der souveränen Verfassunggebung zu operieren. Der Rechtsprechung des Bundesverfassungsgerichts dient der Begriff der Volkssouveränität seit dem Maastricht-Urteil als juristisches Mittel zur Abwehr bestimmter Zumutungen der europäischen Integration.[45] In einer Dogmatik, die in den 1980er Jahren angestoßen wurde, soll die Souveränität der Bundesrepublik der europäischen Integration Grenzen ziehen.[46] Die Formulierung dieser Grenzen – und hier schließt sich der Kreis – wendet in der Rechtsprechung des Bundesverfassungsgerichts wiederum die alte Unterscheidung zwischen Bundesstaat und Staatenbund an. Die Bundesrepublik, ein Bundesstaat, würde mit der Umwandlung der EU in einen seinerseits souveränen Bundesstaat ihre eigene Souveränität verlieren.[47] Einen solchen Verlust soll sie aber nur durch eine neue Verfassunggebung legitimieren können, die das Grundgesetz ablösen müsste. Dass die deutschen Unterscheidungen auf den Prozess der europäischen Integration anwendbar sind, wird mit guten Gründen bezweifelt.[48] Aber das ist hier weniger von Interesse als die nunmehr erneuerte Behauptung eines engen Zusammenhangs zwischen Souveränität und Verfassunggebung.

Dieser Zusammenhang wird vom Bundesverfassungsgericht in einer leider allgemein verkannten Ironie aus dem Grundgesetz hergeleitet. Aus einer Verfassung, die nicht in einem Verfahren souveräner Verfassunggebung entstand und die ebenso wenig durch einen verfassunggebenden Akt gesamtdeutsch erstreckt wurde, wird die Notwendigkeit souveräner Verfassunggebung für die europäische Integration deduziert. Die Anforderungen, die das deutsche Verfassungsrecht an die europäische Verfassunggebung stellt, sind damit anspruchsvoller gefasst als diejenigen, die es zur Rechtfertigung der

45 BVerfGE 89, 155 – *Maastricht* [1993].

46 Zu den frühen Beiträgen die Nachweise bei Möllers, *Staat als Argument*, S. 376 ff.

47 Udo Di Fabio, »Der neue Artikel 23 des Grundgesetzes. Positivierung vollzogenen Verfassungswandels oder Verfassungsneuschöpfung?«, in: *Der Staat* 32 (1993), S. 191-217, hier S. 201. Sehr deutlich benennt BVerfGE 123, 267 (364) – *Lissabon* [2009] den Zusammenhang.

48 Christoph Schönberger, »Die Europäische Union als Bund. Zugleich ein Beitrag zur Verabschiedung des Staatenbund-Bundesstaat-Schemas«, in: *Archiv des öffentlichen Rechts* 129 (2004), S. 81-120.

eigenen Normativität liefern kann. Das ist auch deswegen eigenwillig, weil damit der innerstaatliche Begriff der Volkssouveränität ausgespielt wird gegen den völkerrechtlichen Begriff der Souveränität als rechtliche Fähigkeit, sich selbst mit Mitteln des Völkerrechts zu binden. Europapolitisch ist der deutsche Gebrauch des Souveränitätsbegriffs damit defensiv geworden. Er dient nicht der Gestaltung einer europäischen Integration, welche die gemeinsamen Handlungsspielräume erweitern könnte, sondern der Abwehr dieser Integration. Das unterscheidet seinen aktuellen deutschen Gebrauch vom französischen Konzept einer europäischen Souveränität.[49]

5. Ausblick

Seit dem Dreißigjährigen Krieg war der konstitutionelle Zustand Deutschlands stets auch außenpolitisch und völkerrechtlich geprägt. Dass der Westfälische Frieden Religionsangelegenheiten der Territorien regelte, war in dieser Hinsicht der bemerkenswerte Anfang. Dabei entsprach die spätere Verfassunggebung nicht dem nachrevolutionären Ideal einer selbstbestimmten Volkssouveränität, sondern blieb immer bundesstaatlich und international gebrochen: von der durch Napoleon erzwungenen Verfassungsbewegung und dem Wiener Kongress über den bundesstaatlichen Vertrag, der den ersten deutschen Nationalstaat gründete, und über die Abhängigkeit der Weimarer und Bonner Verfassungen von ihren jeweiligen internationalen Nachkriegsordnungen bis hin zum Zustand nach der Wiedervereinigung innerhalb der europäischen Integration. Deutsche Verfassungen waren in Form oder Inhalt nicht einfach demokratische Gesetze, sondern Verträge oder von Verträgen abhängig. Die Form des Vertrags unterbricht aber jeden starken begrifflichen Zusammenhang zwischen innerer Souveränität, äußerer Souveränität und Verfassunggebung.

Aus der deutschen Verfassungsgeschichte hätte eine Doktrin

49 Dazu Bertrand Badie, »Das Konzept der Souveränität bei Charles de Gaulle und in der Fünften Republik: Eine internationale Neupositionierung«, in: Thomas Maissen u. a. (Hg.), *Souveränität im Wandel*, Göttingen 2023, S. 376-388 und Gisela Müller-Brandeck-Bocquet, »Europäische Souveränität: Zauberwort oder belastbares Leitbild für die Europäische Union? Die deutsche Sicht«, in: Thomas Maissen u. a. (Hg.), *Souveränität im Wandel*, Göttingen 2023, S. 420-443.

föderaler Verfassunggebung, des Verfassungsvertrags, entstehen können, die ihren Eigenheiten besser hätte gerecht werden können als die unverdaute Rezeption eines demokratisierten Bodin. Stattdessen wurde der Begriff der Souveränität als universale Antwort auf ein universales Problem gelesen. Gerade die national gestimmte deutsche Staatstheorie hat so die nationalen Eigenheiten ihrer eigenen Verfassungsgeschichte verfehlt.

8. Zweckverfolgung und Zweckreflexion
Zur abgeleiteten Eigenlegitimität der Rechtsform jenseits demokratischer Legitimation
(Originalbeitrag, 2024)[1]

I. Einführung: Die ambivalenten Versprechen des Rechts

Die Vorstellung, Recht könne »als solches« Anerkennung verdienen, also einen normativen Eigenwert haben, ist so seltsam wie schwer zu vermeiden. Auf der einen Seite sind wir im weitesten Sinne sowohl mit gelungenen als auch mit misslungenen Rechtsnormen oder im Ganzen mit zugleich gelungenen und misslungenen Rechtsordnungen konfrontiert. Wir beobachten Ordnungen, die in plausiblen politischen Verfahren überzeugende Ergebnisse produzieren, und Ordnungen, in denen autoritäre Rechtsetzungsprozeduren zu ungerechtem Recht führen. Vor allem aber begegnen wir Rechtsordnungen, in denen Gelingen und Scheitern unterschiedlicher moralischer und politischer Ansprüche eng verbunden nebeneinanderstehen. Heute kann vielleicht am klarsten die Rechtsordnung der Europäischen Union dafür als Beispiel dienen, die von manchen als Verwirklichung eines Ideals der Verrechtlichung jenseits des Staates, von anderen als Ausdruck des Scheiterns eines solchen wahrgenommen wird.

Doch auf der anderen Seite – und trotz dieser gemischten Erfahrung – verspricht der Begriff des Rechts mehr als bloß zufälliges Gelingen. In die Verrechtlichung der internationalen Beziehungen wurden hohe normative Erwartungen gesetzt. Gerichte sind beliebtere Institutionen als Parlamente oder Regierungen, und Konzepte wie »Rechtsstaatlichkeit« und *rule of law* erlangen Anerkennung nicht nur aus politischen, sondern auch aus moralischen Gründen. Wiederum ist die Enttäuschung dieser normativen Erwartungen an das Recht nichts Neues. Wir sehen, dass Gerichte nicht notwendig überzeugender agieren als andere institutionelle Akteure. Wir er-

1 Großer Dank geht an Rainer Forst und Michael Zürn für die Diskussion vieler Varianten dieses Beitrags.

kennen die unerwünschten Nebenfolgen und ungelösten Probleme verschiedener Formen von Verrechtlichung – und wir sind heute sowohl innerstaatlich als auch international Zeuge einer nicht mehr neuen allgemeinen Ernüchterung, die der institutionellen Euphorie im internationalen Recht nach dem Ende des Kalten Krieges auf dem Fuß folgte. Wir verbinden mit der Etablierung von Recht etwas normativ Gehaltvolles, wobei »normativ« einerseits über die bloße Rechtsgeltung hinausgeht, aber andererseits sicherlich nichts moralisch Einwandfreies bezeichnet. Dafür sind Irrtümer auch des besten Rechtssystems zu offensichtlich. Lässt sich diese ambivalente Intuition systematisch fruchtbar machen? Gibt es rechtseigene Ressourcen von Legitimität und wenn ja, wie lassen sie sich mit unserer so durchwachsenen Erfahrung mit Recht übereinbringen? Gibt es eine immanente Legitimität des Rechts, die das alltägliche moralische und politische Scheitern von Rechtsordnungen als Unfall einkalkuliert, ohne darin eine grundlegende Herausforderung sehen zu müssen?

Die rechtsphilosophische Diskussion dieser Frage schwankt grundsätzlich zwischen zwei Antworten. Auf der einen Seite wird nach einer rechtsimmanenten moralischen Rechtfertigung des Rechts gesucht. Dem Recht selbst wird ein moralischer Eigenwert zugesprochen; es ist moralisch gerechtfertigt, weil und insoweit es Recht ist. Verschiedene Spielarten dieser Theorie finden sich etwa bei Lon Fuller, Ronald Dworkin und Gustav Radbruch, aber natürlich auch schon in der vernunftrechtlichen Tradition. Auf der anderen Seite wird Recht als ein Mittel zur Erfüllung von Zwecken verstanden, wobei der Zweckbegriff hier unterschiedlich besetzt werden kann: funktionalistisch-objektivierend oder politisch-voluntaristisch. Die Legitimität von Recht ergibt sich dann nur, *insoweit* es der Erfüllung von Zwecken dient, wobei die Legitimität dieser Zwecke sich aus anderen Quellen ergeben muss. Insoweit bliebe Recht ohne eigenen überschießenden normativen Wert. Es wäre ein Mittel im Dienst anderer Legitimitäten.[2] Beide Antworten liegen, wie sich hier zeigen soll, aus unterschiedlichen Gründen

2 Eine allgemeine, aber mir zu einfache Kritik an der Verwendung von Recht als Mittel zum Zweck auf Grundlage eines unklaren Gemeinwohlbegriffs findet sich bei Brian Z. Tamanaha, *Law as a Means to an End*, Cambridge 2006. Dagegen zur Rechtfertigung eines auch instrumentalistischen Rechtsverständnisses Joseph Raz, *Between Authority and Interpretation*, Oxford 2009, S. 102-104.

letztlich neben der Sache, erfassen also die spezifische Leistung von Recht nicht. Sie geben aber zugleich wichtige Hinweise für ein Modell abgeleiteter Legitimität des Rechts, das hier entwickelt werden soll.

Zwei miteinander verbundene Thesen sind dazu im Folgenden zu begründen. Zum Ersten liegt die Ambivalenz, mit der wir das Recht betrachten, in seinem Verhältnis zur Zweckrationalität begründet. Wir Modernen können nicht anders, als Recht zumindest auch[3] als ein Mittel zur Verwirklichung wechselnder politischer Handlungsabsichten zu verstehen.[4] Moderne Rechtsordnungen sind zumindest auch positive Rechtsordnungen, also solche, in denen Recht in einem politischen Prozess gesetzt und geändert werden kann. Mit den politisch gesetzten Zwecken, die es erfüllen soll, steht es, fällt es aber eben auch.

Ein Verständnis des Rechts als Mittel zum politischen Zweck wäre legitimatorisch hinreichend, wenn sich die institutionelle Seite des Rechts auf politisch gesetzte und durchgesetzte Regeln beschränken ließe. Damit lassen sich aber, zum Zweiten, rechtliche Institutionen, etwa die Einrichtung von Gerichten, wie wir sehen werden, nicht erklären. Selbst legitimatorisch anspruchsvollere Konzeptionen, die ausdrücklich demokratische Rechtsetzung fordern, tun sich mit dieser Aufgabe schwer. So ist die Habermas'sche Rekonstruktion des demokratischen Verfassungsstaates nicht in der Lage, die Spezifik rechtlicher Institutionen zu integrieren, also etwa zu begründen, warum Gerichte unabhängig entscheiden sollten.[5] Für bescheidenere instrumentalistische Theorien des Rechts gilt dies umso mehr.

Deswegen wird im Folgenden zu zeigen sein, dass rechtliche Institutionen so gebaut sind, dass sie der Verfolgung von politisch gesetzten Zwecken zugleich dienen und diese nur auf Umwegen gestatten, verzögern und mit zusätzlichen institutionellen Reflexionsschleifen versehen. Bernhard Schlink hat einmal im Anschluss an

3 Das schließt nicht aus, Recht auch als Selbstzweck zu verstehen. Eine Theorie in diese Richtung liefert Alon Harel, *Why Law Matters*, Oxford 2014.

4 Zur intimen Beziehung zwischen Zweck- und Handlungsbegriff gerade unter Bedingungen moderner Rechtsetzung: Thomas Wischmeyer, *Zwecke im Recht des Verfassungsstaates*, Tübingen 2015, S. 213-215.

5 Zu dieser Kritik schon Christoph Möllers, »Recht und Demokratie«, in: Hauke Brunkhorst u. a. (Hg.), *Habermas-Handbuch*, Stuttgart 2009, S. 254-263.

Schmitt von der katechontischen Funktion des Rechts gesprochen.[6] Das klingt für die hiesigen Zwecke zu kulturkritisch, doch verdient der Gedanke, dass Recht so etwas wie ein Innehalten (nicht Aufhalten) politischer Zweckverwirklichung ermöglichen soll, nähere Betrachtung. Die erste These, die es hier zu verfolgen gilt, lautet dann genauer: Eine spezifische Legitimität können moderne Rechtsordnungen beanspruchen, insoweit sie sich gegenüber einer externen politischen Zweckverfolgung öffnen, also als deren Mittel dienen können, und der Verwirklichung dieser Zwecke *zugleich* institutionelle Mechanismen entgegensetzen, diese Zweckverwirklichung also verzögern oder es durch eigene weitere Entscheidungsebenen ermöglichen, diese zu reflektieren und unter Umständen zu beschränken. Durch die Einführung von puffernden Entscheidungsschleifen ermöglichen sie es, politische Zwecke in eine weitere institutionelle Reflexionsebene zu bringen und von einer Perspektive außerhalb des politischen Zwecks in Frage zu stellen. Mit dieser Infragestellung, das wäre die zweite These, erweisen sie sich dann aber auch auf eine spezifische Weise gerechtfertigt, weil sie gerade durch diese Pufferung die Freiheit der der Rechtsordnung Unterworfenen anerkennen, ja institutionell ermöglichen.

Mit dieser These ist eine bestimmte Annäherung an ein instrumentalistisches Rechtsverständnis verbunden, das sich in der Sache am nächsten noch an Lon Fullers Theorie des Rechts anschließen ließe. Für diese Annäherung ist der Umstand, dass das Recht als Instrument zur Verwirklichung politischer Zwecke verwendet wird, weder grundsätzlich ein Problem noch hinreichend für eine Lösung der Frage nach der Legitimität von Recht, sondern der systematische Ausgangspunkt, der aber die Art, wie Recht funktioniert, allein nicht zu erklären vermag.

Um mich beiden Thesen anzunähern, will ich im ersten Hauptteil (II.) stellvertretend für eine Vielzahl von Theorien Ronald Dworkins Ansatz betrachten, der der Rechtsform unmittelbar einen moralischen Gehalt einschreiben will (1.), um dann in Auseinandersetzung mit Lon Fuller der Bedeutung von politischen Zwecken für die Legitimität von Recht nachzugehen (2.). Nach einer

6 Bernhard Schlink, »Die Bewältigung der wissenschaftlichen und technischen Entwicklungen durch das Verwaltungsrecht«, in: *Veröffentlichungen der Vereinigung der deutschen Staatsrechtslehrer* 48 (1990), S. 235-264, hier S. 250, mit einer Anlehnung an 2 Thess 2, 6-7.

kurzen Zwischenbilanz (III.) werde ich versuchen, den spezifischen Umgang des Rechts mit politischer Zweckverfolgung (IV.) und dessen spezifische legitimierende Leistung zu rekonstruieren (V.). Dies erlaubt einen abschließenden Blick auf die Argumentation (VI.).

II. Bestandsaufnahmen: Recht zwischen moralischer und politischer Rechtfertigung

1. Zum Verhältnis von Recht und Moral

Theorien, die Recht und Moral in einen engen begrifflichen Zusammenhang bringen, sollen hier nur kurz abgehandelt werden, ohne ihnen systematisch gerecht werden zu können. Die weiterhin avancierteste, diejenige Ronald Dworkins,[7] behandelt Recht als eine argumentative Praxis, in der nicht allein sozial gesetzte Normen, sondern auch deren materieller Geltungsgrund problematisiert werden. Dadurch gerät das juristische Argument nolens volens zu einem moralischen, die Frage nach dem Inhalt rechtlicher Normen zu derjenigen nach ihrer Rechtfertigung.[8] An die Stelle einer systematischen Kritik in der Sache, die hier nicht zu leisten ist,[9] setze ich drei Beobachtungen zu Dworkins Theorie des Rechts, die uns das Feld eröffnen sollen.

Erstens zentriert Dworkin die soziale Praxis »Recht« um den Austausch von Argumenten in gerichtlichen Verfahren. Die Rolle des politischen Gesetzgebers bleibt dagegen wenig bedeutsam. Das liegt auch daran, dass im Dworkin'schen Umgang mit Rechtsnormen – darin ist dieser mit der literarischen Hermeneutik ungut verschwistert[10] – kein Raum für Irrtümer und Fehler des Interpreten

7 Vgl. auch Mark Greenberg, »The Moral Impact Theory of Law«, in: *Yale Law Journal* 123 (2014), S. 1288-1342; Scott Hershowitz, *Law Is a Moral Practice*, Cambridge (MA) 2023, der aber die Unterscheidung zwischen Recht und Moral so grundlegend unterläuft, das die Pointe der Verbindung verloren geht.

8 Ronald Dworkin, *Law's Empire*, Cambridge (MA) 1986, Kap. 1.

9 Und auch schon überzeugend geleistet wurde: Scott J. Shapiro, »The ›Hart-Dworkin‹ Debate, A Short Guide for the Perplexed«, in: Arthur Ripstein (Hg.), *Ronald Dworkin*, New York 2007, S. 22-55.

10 Carlos Spoerhase, »Even Homer Sometimes Nods: Against Hermeneutic Perfectionism«, in: *Philosophy and Literature* 38 (2) (2014), S. 549-562.

mehr gegeben sein kann.[11] Der Interpret macht aus der Norm das Beste und begradigt die Idiosynkrasien des Normsetzers durch Auslegung, was sowohl die Frage aufwirft, welche Funktion der Normsetzer noch ausfüllen kann, als auch die, woher die Legitimation des Interpreten stammt. Ein juristisches Argument ist dann ein Argument, das für einen Konflikt die moralisch beste Lösung findet. Diese Lösung kann sich nicht darauf berufen, dass ein politischer Gesetzgeber eine moralisch anfechtbare, aber politisch legitimierte Entscheidung getroffen hat.

Zweitens ist für Dworkin die Praxis des Rechts durch eine Auseinandersetzung mit den eigenen Geltungsgrundlagen gekennzeichnet.[12] Eine juristische Argumentation führt, wenn es Zweifel gibt, stets zu den moralischen Gründen für die Geltung einer Rechtsnorm. Aber warum sollte das so sein? Quantitativ lässt sich diese These sicherlich nicht rechtfertigen, Fragen der Geltung der Ordnung im Ganzen werden in Rechtsordnungen höchst selten diskutiert. Natürlich gibt es solche Auseinandersetzungen, es gibt juristische Debatten, die sich der Frage stellen müssen, was in ihnen eigentlich unter »Recht« zu verstehen ist. Ihre Seltenheit dürfte uns aber nur dann nicht irritieren, wenn solche Auseinandersetzungen zumindest qualitativ für eine Rechtsordnung im Ganzen repräsentativ wären. Ich vermute, dass für die Frage, ob dem so ist, keine allgemeine, also verschiedene Rechtsordnungen übergreifende Antwort im Angebot ist. Vielmehr hat der Dworkin'sche Zugriff viel mit typischen Eigenschaften des US-amerikanischen Verfassungsrechts zu tun, um das sich seine Beispiele drehen und für das die Theorie letztlich gemacht ist. Dieses tendiert jedenfalls aus Sicht eines kontinentaleuropäischen Juristen dazu, auch die fundamentalsten Fragen offen und strittig zu halten. In anderen Rechtsordnungen sind solche Fragen dagegen oftmals beantwortet – und »beantwortet« heißt hier nicht in einem fundamentalen Sinne gelöst, sondern eben in der Ordnung für die Ordnung abgeschichtet, so dass sie nicht mehr innerhalb des rechtlichen Argumentationskanons thematisiert werden. Für diese Rechtsordnungen ist es nicht mehr typisch, Geltungsgrundlagen des Rechts zu thematisieren, es gibt keinen überzeugenden Zugang, um sie zu beschreiben. Viel eher erfüllt Recht gerade umgekehrt die Funktion, eine solche Ex-

11 Dworkin, *Law's Empire*, S. 50 ff.

12 Deutlich ebd., S. 90, 109 f., 218, 225.

plizierung der eigenen Geltungsgrundlagen regelmäßig vermeiden zu können.[13] Anderes mag für Übergangssituationen gelten wie bei der Frage des Umgangs mit nationalsozialistischem Recht in der frühen Bundesrepublik. Hier wurde die Geltung von im Nationalsozialismus erlassenen Recht anerkannt – trotz starker Zweifel, ob es überhaupt nach rechtsintern korrekten Verfahren zustande gekommen war, schon weil dies von der ungewissen Legalität der Machtergreifung, namentlich des Ermächtigungsgesetzes, abhing.[14] Die Anwendbarkeit solchen Rechts wurde dann mit Blick auf seinen Inhalt überprüft. Das Beispiel zeigt aber auch, dass der Gebrauch moralischer Kriterien in der Rechtsanwendung, anders als Dworkin annimmt, zu einer völlig uneinheitlichen Rechtspraxis führen kann. Orientierung lieferte eine moralisch inspirierte Anwendung des Rechts gerade nicht.[15] Es ist hier nicht die Frage, wann das Vorgehen der Gerichte gerechtfertigt war. Es mag Gründe dafür geben, Recht aus einer Diktatur in bestimmten Fällen anzuwenden. Entscheidend ist, dass selbst eine solche Rechtspraxis mit Dworkins Theorie nur sehr eingeschränkt beschrieben werden kann.

Drittens stellt sich damit auch die Frage, warum die Auseinandersetzung um die Geltungsgrundlagen des Rechts eigentlich notwendig eine *moralische* Auseinandersetzung sein muss. Sie kann ja auch als eine methodische, also rechtsinterne, geführt werden und die Frage behandeln, unter welchen Bedingungen wir eine Norm als Rechtsnorm akzeptieren. Juristisch gesprochen ist dies ein Problem der Rechtsquellenlehre, die in vielen Bereichen des Rechts, namentlich im Völkerrecht, weiterhin hochaktuell ist und die maßgeblich auch mit Argumenten geführt wird, die ihrerseits nicht in einem moralischen Sinn normativ sind.

Dworkin dagegen wirft diese rechtstheoretische interne Auseinandersetzung, die er selbst mit moraldistanten Rechtstheoretikern

13 Insoweit ist der weitgehende Konsens über rechtliche Gehalte das eigentlich rechtstheoretisch Erklärungsbedürftige: Bill Watson, »In Defense of the Standard Picture«, in: *Legal Theory* 28 (2022), S. 59-88.

14 Vgl. Oberlandesgericht Tübingen, in: *Deutsche Rechtszeitschrift* 1948, S. 141; BGHZ 5, 76 (96 ff.). Später auch das Bundesverfassungsgericht: BVerfGE 6, 309 (331) – *Reichskonkordat* [1957]. Dazu auch Carsten Bäcker, *Gerechtigkeit im Rechtsstaat. Das Bundesverfassungsgericht an der Grenze des Grundgesetzes*, Tübingen 2015, S. 147-164.

15 Hans-Peter Haferkamp, *Das BGB*, Wien ^{2}2023, S. 294-296.

führt, aus dem Rechtsbegriff heraus und setzt an ihre Stelle seine eigene Theorie, womit sie gleichzeitig auch nicht mehr methodisch adressierbar ist. Denn diese Auseinandersetzung dreht sich gerade darum, ob die Geltung einer Rechtsordnung oder einzelner Rechtsnormen ein schlichtes soziales Faktum darstellt oder bestimmte moralische Mindestvoraussetzungen hat.[16] Dworkins Begründung dafür, diese Debatte nicht als eine um den Rechtsbegriff anzuerkennen, verbindet die soeben kritisierten Behauptungen über das Wesen der gerichtlichen Argumentationspraxis mit der These, dass schon die theoretische Auseinandersetzung um den richtigen Rechtsbegriff einen moralischen Rechtsbegriff impliziere.[17] Dies ist wenig überzeugend.[18] Der Umstand, dass wir uns über den Inhalt eines Begriffs streiten, impliziert nicht, dass wir Wesentliches an diesem Begriff miteinander teilen müssen. Dies gilt sowohl für den theoretischen Streit um den Begriff des Rechts als auch für einen konkreten Rechtsstreit um ein bestimmtes rechtliches Begehren, der sich aber, anders als Dworkin behauptet, in aller Regel von der theoretischen Frage isolieren lässt. Es geht in einem Rechtsstreit so gut wie nie um eine normative Frage als solche,[19] sondern fast immer um die Klärung einer Frage in einem bestimmten faktischen Zusammenhang. Dieser versteht sich nicht von selbst, sondern wird in modernen Rechtsordnungen vor allem durch ein hohes Maß an – oftmals wiederum rechtlich angeleiteter – Formalisierung sichergestellt, durch Aktenzeichen, Grundbucheinträge, Gerätenummern und Orts- und Zeitangaben, an die sich dann weitere Fragen anschließen.[20] Diese Formalisierungsleistung ist eine

16 Die daran hängende Frage, ob es moralische Fakten gibt, lassen wir hier offen; zu Dworkins eigener Sicht: Ronald Dworkin, *Justice for Hedgehogs*, Cambridge (MA) 2011.

17 Siehe nochmals ders., *Law's Empire*, S. 90f., sowie *Justice for Hedgehogs*, S. 403f. Vgl. für ein verwandtes Argument Mark Greenberg, »How Facts Make Law«, in: *Legal Theory* 10 (2004), S. 157-198. Recht könne kein reines soziales Faktum sein, weil es in dieser Form die soziale Praxis nicht orientieren könne.

18 Vgl. die mich überzeugende Kritik bei David Plunkett, Timothy Sundell, »Dworkin's Interpretivism and the Pragmatics of Legal Dispute«, in: *Legal Theory* 19 (2013), S. 242-281, hier S. 261-266.

19 Verfassungsrechtliche Normenkontrollen sind hier eine Ausnahme, diese werden aber auch durch den Anlass der Antragstellung geprägt.

20 Zu solchen Mechanismen: Christoph Möllers, *Die Möglichkeit der Normen*, Berlin 2015, S. 297-299.

der Hauptfunktionen rechtlicher Normativität, die in Dworkins Konzept ausgeblendet bleibt.

Wenn diese Beobachtungen zutreffen, liefert Dworkins Theorie eine hoffnungslos enge Konzeption von Recht. Er reduziert rechtliche Praxis auf gerichtliche Rechtsstreitigkeiten und diese wiederum auf Streitigkeiten und Debatten um einige wenige, moralisch angelehnte und aufgeladene fundamentale Grundsätze moderner westlicher Verfassungsordnungen. Nur so gelingt es ihm, die rechtliche Praxis auf ein in der Moral mündendes Gespräch zwischen Richtern und Prozessparteien – genauer: deren Anwälten – zu reduzieren. Diese Konzeption verliert ihre Plausibilität, sobald man davon ausgeht, dass Recht auch außerhalb von Gerichtssälen stattfindet und zudem einer externen Rechtfertigung bedarf, etwa durch politische Verfahren der Rechtsetzung. Sie verliert wesentliche Leistungen einer Rechtsordnung aus dem Blick, nämlich Grundsatzfragen offenzuhalten und Probleme klein zu arbeiten. Sie kann sich schließlich auch keinen Begriff von der Möglichkeit moralischen Versagens des Rechts machen, das zu jeder Rechtspraxis gehört. Eine Entscheidung zu treffen, die der Rechtsordnung entspricht, aber in der Sache für falsch gehalten wird, ist nicht allein für den Neukantianer Radbruch die typische richterliche Erfahrung:[21] Es ist die Erfahrung, die jede Richterin kennt. Auch darum kann es nicht befriedigen, das moralische Scheitern einer Rechtsordnung so zu deuten, dass es sich bei der in Frage stehenden Praxis gar nicht mehr um Recht gehandelt habe. Jede vergleichende Analyse von autoritären und totalitären Rechtsordnungen wäre sonst schon begrifflich ausgeschlossen, vor allem geriete in Vergessenheit, dass die Möglichkeit von Rechtsordnungen, in Autoritarismus abzugleiten, in der Rechtsform angelegt ist, also zu einer vollständigen theoretischen Auseinandersetzung mit dem Recht dazugehört.[22] Was aber bedeutet das für unsere Analyse?

21 Gustav Radbruch, *Rechtsphilosophie*, Stuttgart [6]1963, S. 182 f.

22 Für diesen Hinweis danke ich Johannes Buchheim.

2. Recht und Politik: Recht als Mittel zum Zweck, notwendig, aber nicht hinreichend

2.1 Politische Zwecksetzung

All diese Probleme scheinen zu verschwinden, wenn man sich darauf beschränkt, Recht als Mittel zu verstehen, mit dem eine politische Gemeinschaft kollektiv handelt, um damit selbst gesetzte Zwecke zu verfolgen. Unter dieser Prämisse lässt sich die Frage der Legitimität des Rechts nach außen wenden. Die Legitimität des Rechts ist Funktion der Legitimität seiner in politischen Verfahren gesetzten politischen Zwecke. Sie ergibt sich aus den Verfahren, in denen Recht politisch gesetzt wird, und den Inhalten, die als Recht politisch gesetzt werden. Ein solches Verständnis versteht sich nicht von selbst. Um hinter einer Rechtsnorm eine politische Mittel-Zweck-Beziehung etablieren zu können, bedarf es eines intentionalen Gebrauchs von Recht durch ein rechtserzeugendes Subjekt – eine Vorstellung, die für europäische Rechtsordnungen erst mit dem Heraufkommen eines politischen Gesetzgebers im Lauf des 19. Jahrhunderts Verbreitung findet.[23] Lange Zeit wurde Recht als eine sich langsam entwickelnde vernünftige Ordnung verstanden, als etwas zu Findendes, nicht als etwas politisch zu Fabrizierendes,[24] das daher auch nicht in der Souveränität politischer Herrschaft aufgehen konnte.[25] Eine Konzeption, die Recht als Mittel zum politischen Zweck versteht, ist anders gesagt nur unter bestimmten institutionellen Bedingungen plausibel. Solche Bedingungen muss man umgekehrt nicht als Verlust abwerten, wie es in der Rechtstheorie des 19. Jahrhunderts mitunter geschehen ist, insbesondere im Zivilrecht.[26] Diese Bedingungen entstehen, wenn Gesellschaften damit beginnen, über ihren eigenen Normbestand zu reflektieren und diesen nicht als naturwüchsig, sondern als Produkt von Selbstbe-

23 Wischmeyer, *Zwecke im Recht des Verfassungsstaates*, S. 22.

24 Selbst bei strengen Theoretikern des Absolutismus wie Bodin geht es maßgeblich um politische Herrschaft, die nicht nur in der Form von Rechtsetzung ausgeübt wird.

25 Vgl. aus der vernunftrechtlichen Tradition die interessante, für Kontingenz Raum lassende negative Formulierung bei Hugo Grotius, *Vom Recht des Krieges und des Friedens*, 1625, Kap. 1, III, dass Recht sei, was nicht Unrecht ist.

26 Julius von Kirchmann, *Die Werthlosigkeit der Jurisprudenz als Wissenschaft*, Berlin 1848.

stimmung zu deuten. Die Öffnung der Rechtstheorie durch liberale Denker wie Beccaria, Bentham und Mill ist auch als eine solche hin zu gesellschaftlicher Emanzipation zu verstehen, weil Recht so zu einem Mittel bewusster Gestaltung der Gesellschaft werden kann. In dieser Deutung steht im Zentrum der rechtstheoretischen Aufmerksamkeit nicht mehr die Rechtsprechung und die angemessene Entscheidung von Fällen, sondern die Gesetzgebung, die sich für politische und moralische Argumente öffnet. Wir können an dieser Stelle offenlassen, inwieweit ein solches Verständnis auf demokratische Rechtsetzungsverfahren angewiesen ist. Es bringt in jedem Fall politische Kontingenz in die Praxis des Rechts.

Der amerikanische Rechtsphilosoph Lon Fuller hat den Versuch unternommen, einen immanenten Legitimitätsanspruch von Recht und ein instrumentelles Rechtsverständnis miteinander zu verbinden. Er entwickelte die These, dass Rechtsnormen ihren Zweck, Verhalten zu regulieren, nur erfüllen könnten, wenn sie bestimmten formalen Anforderungen genügten: etwa, wenn sie öffentlich gemacht, klar formuliert und nicht retrospektiv anwendbar wären.[27] Damit wollte er aus typischen Eigenschaften von Rechtsnormen einen moralischen Eigenwert des Rechts herleiten. In der Diskussion seiner Thesen wurde aber deutlich, dass dieses Argument doppelt brüchig ist: *Zum Ersten* ist nachzufragen, was genau mit einer Rechtfertigung des Rechts selbst gemeint sein soll, wenn Recht bloß als effizientes Mittel verstanden wird. Die Rechtfertigungsleistung für das Mittel liegt weiterhin beim jeweils verfolgten Zweck, ist also nicht mit der Rechtsform als solcher verbunden.[28] *Zum Zweiten* ist es keineswegs ausgemacht, dass die Bestellung klarer, öffentlich gemachter Ex-ante-Regeln das effektivste Mittel darstellt, um Verhalten zu regulieren. Auf diese letztlich machttechnische Frage könnte es auch eine andere Antwort geben, in der unklare, als Gerücht verbreitete und diffus sanktionierte Normen einen höheren Grad an Befolgung erzielen. Autoritäre Ordnungen verwenden solche Normen jedenfalls mit nicht geringem Erfolg.[29] Dass wie bei Fuller das Gute und das Nützliche einfach

27 Lon Fuller, *The Morality of Law*, Cambridge (MA) 1964.

28 So die bekannte Rezension von H. L. A. Hart, »Positivism and the Separation of Law and Morals«, in: *Harvard Law Review* 71 (4) (1958), S. 593-629.

29 Man mag einwenden, dass dieser Erfolg nur kurzfristig ist, während die Ordnung im Ganzen mit solchen Instrumenten ausgehöhlt würde. Aber selbst wenn man

zusammenfallen, ist keineswegs evident. Die neuere Debatte um den Begriff einer *rule through law*[30] zeigt denn auch empirisch, wie sich autoritäre Systeme rechtsförmiger Strukturen bedienen, um dadurch ihre keineswegs legitimen Zwecke zu erreichen, ohne dass dieses Recht den Fuller'schen Formkriterien genügen würde.

Fullers Argument verfehlt sein Ziel also in zweierlei Hinsicht – doch besteht seine Leistung darin, dass er die Frage nach dem Eigenwert des Rechts aufgeworfen und in einer modernen, politische Zwecksetzung einbeziehenden Art und Weise zu lösen versuchte. So werden wir die Annahme, dass mit Rechtsnormen politische Zwecke verfolgt werden können und dass diese Zweckbindung einen Beitrag zur Legitimität des Rechts liefert, nicht einfach über Bord werfen. Unter den Bedingungen einer modernen positiven Rechtsordnung ist es unvermeidlich, dass bestimmte Rechtsnormen bestimmten Zwecken dienen, die politisch definiert wurden. Unter Absehung von den mit ihm verfolgten politischen Zwecken lässt sich ein Akt der Rechtsetzung weder erklären noch rechtfertigen. Die Frage, die aus dieser Sicht zu klären bleibt, ist, warum sich der politische Zweckverfolger gerade des Rechts bedienen sollte, um seine Zwecke zu erreichen.

Auch wenn es eine schwierige Frage ist, ob unter heutigen Bedingungen alles Recht als positiv gesetztes Recht verstanden werden muss – für Menschenrechte etwa ließe sich dies bezweifeln –, spielt gesetztes Recht eine so wesentliche Rolle, dass wir auf eine solche Zweckbeziehung nicht verzichten können. Sie ist für die Rechtfertigung von Rechtsetzung *notwendig*. Wenn wir auf die Frage nach dem »Wozu« einer politisch gesetzten Norm keine Antwort haben, wird sie unhaltbar. Es bedarf einer Rechtsordnung überhaupt nur, weil deren Formenbestand als Mittel zur Verwirklichung politischer Zwecke dienen kann. Dabei kann – das ist wichtig – dahingestellt sein, wie die politische Rechtfertigung aussieht und ob es für sie ihrerseits eine Rechtfertigung gibt. Das Recht erfüllt mit seiner Zweckbindung eben nur eine sekundäre Rechtfertigungsleis-

dieser optimistischen Erwartung zustimmte, bliebe es dabei, dass es Fuller um die Befolgung einzelner Handlungsanweisungen geht.

30 William Hurst, *Ruling Before the Law. The Politics of Legal Regimes in China and Indonesia*, Cambridge 2018; Nikolas Rajkovic, »›Global Law‹ and Governmentality: Reconceptualizing the Rule of Law‹ as Rule ›Through‹ Law«, in: *European Journal of International Relations*, 18 (1) (2012), S. 29-52.

tung. Zugleich ist eine solche notwendige Zweckbindung, wie wir sehen werden, nicht *hinreichend*, um die Form des Rechts zu erklären.

2.2. *Ein Exkurs zum Ordnungsbegriff*

Gibt es nicht einen naheliegenden, genuin politischen Zweck, den jede Rechtsordnung erfüllt und dessen Erfüllung sie legitimiert: den Zweck, Ordnung zu schaffen? Vom Hobbes'schen Leviathan bis zur zeitgenössischen Debatte um das Verhältnis von Demokratie und Rechtsstaatlichkeit im internationalen Recht wird ein wichtiges Element eines institutionellen Eigenwerts von Recht in seiner konfliktentscheidenden, unter Umständen auch konfliktunterdrückenden, kurzum ordnenden Leistung gesehen. Recht, so suggeriert unser Sprachgebrauch, gibt es nicht in einzelnen Normen, sondern nur als Ordnung. Diese Sprachform transportiert durchaus etwas Richtiges, denn in der Tat ließe sich eine einzelne ordnungslose Rechtsnorm schwer denken.[31] Ordnung könnte dann als ein eigener Wert verstanden werden, schließlich indiziert der Begriff die Abwesenheit von Anarchie, Gewalt und Bürgerkrieg. In der Hobbes'schen Rekonstruktion ist die Zentralisierung der physischen Gewalt Bedingung der Möglichkeit von Frieden, der es wiederum erst ermöglicht, die eigenen Freiheiten wahrzunehmen.

Es geht im Folgenden nicht um eine Kritik des Hobbes'schen Arguments, das letztlich auf die Wahrnehmung von individueller Freiheit abzielt und einen wesentlichen Beitrag zum methodischen Individualismus in der politischen Theorie geleistet hat. Es geht nur um zwei Elemente in einer seit Hobbes gängigen Argumentation: zum Ersten darum, dass es eine systematische Priorität der Befriedung eines politischen Raums vor seiner normativ angemessenen Ausgestaltung gibt. In der überlieferten deutschen Terminologie wäre dies die Annahme eines systematischen oder normativen Vorrangs des staatlichen Gewaltmonopols vor der Demokratisierung und Grundrechtsbindung der Staatsgewalt.[32] Zum Zweiten geht es um das Argument, dass dieser Vorrang als Etablierung einer Rechts-

31 Möllers, *Die Möglichkeit der Normen*, S. 372-374.
32 Zur Kritik Christoph Möllers, *Staat als Argument*, Tübingen ²2011, Kap. 13.

ordnung verstanden werden kann, in der kantischen Terminologie als Übergang in den Zustand des öffentlichen Rechts.[33]

Zum *ersten* Punkt: Auch wenn man anerkennt, dass Ordnung einen Eigenwert hat,[34] könnte eine spezifisch staatlich geschaffene und garantierte Ordnung als solche nur dann einen solchen haben, wenn die Abwesenheit einer Staatsgewalt in jedem Fall normativ anfechtbarer wäre als irgendeine andere Form der Ordnung. Es ist aber schwer einzusehen, warum das so sein sollte, und die Erfahrung mit gut organisierten, zentralisierten totalitären Diktaturen sollte als historischer Gegenbeweis genügen. Den deutschen Nationalsozialismus etwa als »Willkürregime« zu bezeichnen, unterschätzt wohl die Vorhersehbarkeit seiner ideologisch gesteuerten Gräuel; auch ist es nicht überzeugend, seine Vernichtungslager als ordnungsfreie Räume zu beschreiben.[35] Vielmehr wies er ein hohes Maß an zentralisierter politischer Kontrolle auf, die nach bürokratisch definierten Regeln Opfergruppen abgrenzte. Dabei machte sich die Diktatur das Rechtssystem der Weimarer Republik zunutze, das ja nicht einfach abgeschafft wurde, sondern weiterlief, und es etablierte dazu eigene *Strukturen* und *Regelmäßigkeiten* der Machtausübung.[36] Natürlich ist zutreffend zu formulieren, die Opfer des Nationalsozialismus seien von diesem vollkommen entrechtet worden. Aber dies ist nicht gleichbedeutend mit der Abwesenheit einer Rechtsordnung, sondern eben nur mit der Abwesenheit der moralisch gebotenen Allgemeinheit subjektiver Rechte. Diktaturen sind verfehlte Ordnungen, keine Anarchien, und es ist nicht klar, warum Rechtsunsicherheit normativ anfechtbarer wäre als Unrechtssicherheit, zumal so gut wie alle totalitären Systeme bestimmten Teilen ihrer Bevölkerung in bestimmten Feldern rechtliche Garantien einräumen.[37]

33 Immanuel Kant, *Metaphysik der Sitten, Rechtslehre,* §§ 41 f. (*Werkausgabe Bd. VIII*, Wilhelm Weischedel [Hg.], Frankfurt/M. 1997, S. 422-424).

34 Das ist schon wegen der Ungewissheiten des Ordnungsbegriffs eine anspruchsvolle Voraussetzung, die wir hier aber erstmal bestehen lassen.

35 Nikolaus Wachsman, *KL. Die Geschichte der nationalsozialistischen Konzentrationslager*, München 2016, Kap. 2.

36 Lothar Gruchmann, *Justiz im Dritten Reich 1933-1940,* München ³2001.

37 Für die Sowjetunion: Harold Joseph Berman, *Justice in the U.S.S.R. An Interpretation of Soviet Law*, Cambridge (MA) 1963; für den Nationalsozialismus Fraenkel, *Der Doppelstaat*, Hamburg ²2001.

Zum Zweiten ist es nicht zwingend, die Hobbes'sche politische Ordnung zentralisierter Hoheitsgewalt mit einer Rechtsordnung gleichzusetzen. Diese Gleichsetzung ist in der neueren politischen Theorie namentlich durch Michel Foucault populär geworden, der den Begriff der Souveränität mit dem juridischen Machtdispositiv verband.[38] Historisch – und das Foucault'sche Argument tritt ja stets historisch in Erscheinung – ist dies nicht richtig. Denn auf der einen Seite ist, was in der europäischen Neuzeit als »Recht« bezeichnet wird, zuallererst Privatrecht, das von keinem Herrscher gesetzt, sondern von Rechtskundigen überliefert wird.[39] Zum anderen findet sich die Vorstellung eines Herrschers, der Recht einfach in Geltung setzen kann, in der vorrevolutionären Epoche selten wieder.[40] Recht entsteht aus der autoritativen Entscheidung von Konflikten zwischen zwei in aller Regel gleichgeordneten Personen. Später erst wird es zu einem Modus, den die politische Herrschaft schafft und der diese zugleich bindet, zu dem, was wir heute als öffentliches Recht bezeichnen.[41] Aber eine juridische Praxis hängt nicht notwendig an der Existenz einer zentralisierten politischen Ordnung. Die Verstaatlichung der Rechtsordnung ist auch in Europa ein vergleichsweise später Vorgang, der erst in der zweiten Hälfte des 19. Jahrhunderts abgeschlossen war[42] – wenn man angesichts der aktuellen Diskussionen um private Rechtsetzung und um die Fragmentierung öffentlicher Institutionen überhaupt von einem Abschluss der Entwicklung sprechen kann.

Recht, dies kann man ohne weiteres zugestehen, ist immer Teil einer Ordnung, die Konflikte autoritativ entscheidet. Ordnung bezeichnet dabei einen Zusammenhang von Normen, die sich aufeinander beziehen und die nicht nur punktuell Konflikte entscheiden,

38 Michel Foucault, *Die Geburt der Biopolitik. Geschichte der Gouvernementalität II*, Frankfurt/M. 2004, S. 22-30, zur Kritik: Petra Gehring, »Epistemologie? Archäologie? Genealogie? Foucault und das Recht«, in: *Internationale Zeitschrift für Philosophie* 1 (2000), S. 18-33, hier S. 20-26.

39 Dies wird nach meinem Eindruck auch bei Christoph Menke, *Kritik der Rechte*, Berlin 2015, verkannt, wie überhaupt die ganze an Marx orientierte Rechtskritik häufig mit einer seltsam unhistorischen Mélange aus Privatrecht und öffentlichem Recht als Objekt der Kritik operiert.

40 Thomas Simon, »Geltung«, in: *Rechtsgeschichte* 7 (2005), S. 100-137.

41 Mit einer anderen Bedeutung als bei Kant.

42 Wolfgang Reinhardt, *Geschichte der Staatsgewalt*, München 1999, S. 291.

sondern einen übergreifenden Zusammenhang stiften.[43] Aber wie das Beispiel des Römischen Rechts, des dominanten Rechtskorpus im Mittelalter und in der Neuzeit Europas, zeigt, muss diese Ordnung nicht durch eine zentralisierte politische Gewalt eingesetzt werden. Sie kann auch als ein argumentatives Angebot funktionieren. Von einer autoritativen Entscheidung durch Recht zu sprechen, besagt dann, dass mit der Rechtsordnung Gründe verwendet werden, die den Anspruch erheben, sich gegen alle anderen Gründe durchzusetzen.[44] Daher verbinden wir mit Recht einen faktischen Durchsetzungsanspruch, die Möglichkeit der Erzwingung, die moralischen Gründen fehlt.[45] Freilich setzt auch dieser Durchsetzungsanspruch, das zeigt das antike Römische Recht, keine zentralisierte Staatsgewalt voraus.[46] Sie kann auch durch Strukturen gesellschaftlicher Reziprozität eingerichtet werden.[47] Doch folgt aus der Anerkennung eines rechtlichen Anspruchs nicht einfach seine Durchsetzbarkeit. Man bekommt »Recht«, und das heißt die Feststellung eines normativen Zusammenhangs, dessen zwangsweise Durchsetzung zugleich anerkannt wird und eines weiteren Schrittes bedarf. Dieser Punkt wird für mein Argument noch von Bedeutung sein.

Damit werden beide hier untersuchten Annahmen fraglich: die Annahme, dass dem Begriff der Ordnung ein normativer Eigenwert zukomme, und die Annahme, dass Recht stets mit dem Bestehen einer jedenfalls zentralisierten politischen Ordnung verbunden wäre. Einen anderen Zusammenhang kann man dagegen anerkennen: Auch wenn die Etablierung einer zentralisierten politischen Ordnung keinen Eigenwert hat, gewinnt das Recht mit dieser Etablierung und dem damit verbundenen stabilisierten Zugriff auf die Rechtsordnung in Form von formalisierten Rechtsetzungsverfahren seine instrumentalistische Seite. Mit der systematischen Ver-

43 Wie dieser Zusammenhang zu stiften ist, ist dabei überaus schwierig, vgl. in Auseinandersetzung mit den Entwürfen von Kelsen und Hart: Joseph Raz, *The Concept of a Legal System*, Oxford [2]2003.

44 Modellierung wiederum bei Joseph Raz, *Practical Reasons and Norms*, Oxford 1999.

45 Diese kantische Einsicht ist nicht überholt worden. Zu dem spezifisch normativen Anspruch, der so entsteht, Christoph Horn, *Nichtideale Normativität*, Berlin 2014.

46 Christian Meier, »Die Ordnung der Römischen Republik«, in: *Historische Zeitschrift* 300 (2015), S. 593-697.

47 Ralph Ellickson, *Order Without Law*, Cambridge (MA) 1991.

bindung von Politik und Recht in der Institution der Verfassung im Gefolge der atlantischen Revolutionen – und das bedeutet in jeder modernen Rechtsordnung – stellt sich auch praktisch die Frage, wie sich Recht zu den mit ihm politisch verfolgten Zwecken verhält.[48]

III. Zwischenüberlegung: Auf der Suche nach abhängiger, nichtinstrumenteller Legitimität des Rechts

Wenn Recht weder aus einer ihm immanenten Moral heraus noch als bloßes Mittel zum politischen Zweck eine spezifische Legitimität beanspruchen kann, weil beide eben nicht dem Recht spezifisch sind, dann können wir eine erste, vornehmlich negative Zwischenbilanz ziehen.

Soweit die Argumentation unter (II., 1.) zu Dworkin verallgemeinerbar ist, überzeugt es nicht, von einer selbstständigen moralischen Rechtfertigung der Rechtsform auszugehen: Recht ist nicht einfach gerechtfertigt, weil es Recht ist, und umgekehrt hört eine Praxis nicht auf, Recht zu sein, weil es ihr an einer solchen Rechtfertigung gebricht. Recht kann auch in einer Art und Weise verwendet werden, für die es keine Rechtfertigung gibt.

Soweit die Argumentation unter (II., 2.1) zu Fuller verallgemeinerbar ist, lässt sich auch eine auf seine konkreten Zwecke bezogene Legitimität von Recht aus zwei Gründen nicht hinreichend begründen: zum einen, weil schon nicht klar ist, dass Recht immer ein besonders effektives Mittel ist, um politisch gesetzte Zwecke zu erreichen; zum anderen, weil wir uns mit einer Rechtfertigung durch die verfolgten Zwecke auch dann nicht zufriedengeben, wenn wir die Zwecke selbst für gerechtfertigt halten. Vom Recht erwarten wir zugleich weniger und mehr als die Erfüllung von Zwecken – und dieses »Mehr« kann sich nicht darauf beschränken, »Ordnung« zu schaffen (II., 2.2).

Damit ist wenig erreicht, aber doch eine Suchrichtung vorgegeben. Wegen (1.) suchen wir nach einer abhängigen Legitimität des Rechts. Recht muss auf etwas außerhalb seiner selbst verweisen, will es Legitimität beanspruchen. Wegen (2.) suchen wir nach einer

48 Zu diesem Zusammenhang nochmals Wischmeyer, *Zwecke im Recht des Verfassungsstaates*, S. 225 ff.; sowie Jeremy Waldron, *Law and Disagreement*, Oxford 1999.

nicht bloß instrumentellen Legitimität von Recht. Recht dient der Erfüllung von politischen Zwecken, aber dies ist für seine Legitimität nicht hinreichend, weil es nicht spezifisch für Recht ist.[49] Wir suchen also nach einer allgemeinen, abhängigen, nicht konkret-instrumentellen Legitimität von Recht. Diese Formulierung bringt uns freilich gefährlich nah an eine Platitude, die besagt, dass Recht nicht aus sich heraus legitim ist, sondern nur dann, wenn es anderweitig politisch und moralisch gerechtfertigt ist, wie auch immer eine solche Rechtfertigung aussehen könnte. Damit wäre das Problem eine Angelegenheit der praktischen Philosophie und/oder der politischen Theorie. Das wäre jedenfalls dann unbefriedigend, wenn man einer Rechtsordnung spezielle institutionelle Eigenschaften zuordnen könnte und sich dadurch mehr über Recht sagen ließe, als dass es irgendeiner nichtrechtlichen Rechtfertigung bedarf.

Dies führt uns zu einem dritten Hinweis auf den Gang der weiteren Argumentation: Wir suchen nach einem *rechtsspezifischen Legitimitätszusammenhang*. Dabei interessiert sich der Großteil der Rechtstheorie erstaunlich wenig für *institutionelle* Spezifika des Rechts,[50] Fuller ist hier eine positiv hervorzuhebende Ausnahme. Er leitete aus dem Umstand, dass Recht dem Zweck der Verhaltenssteuerung diene, bestimmte rechtsimmanente Formalien her.

Wenn wir uns daher im Folgenden nach institutionellen Eigenschaften umschauen, die Recht als Form auszeichnen, müssen wir darauf achten, dass wir diese nicht von vornherein darauf beschränken, legitimierende Eigenschaften zu bezeichnen. Stattdessen müssen wir die formalen und institutionellen Besonderheiten rechtlicher Normativität so bestimmen, dass auch die Möglichkeit eines moralischen Misslingens nicht ausgeschlossen wird. Andernfalls würden wir uns in die Gefahr eines Zirkelschlusses begeben, indem wir bestimmte legitime Eigenschaften von Recht als besonderer Form von Normativität auftun und damit seine immanente Legitimität belegen würden. Um dies zu vermeiden, bietet es sich an, den

49 Ob es überhaupt notwendig ist, mag man bezweifeln; für ein rechtsspezifisches Gegenmodell: Harel, *Why Law Matters*.

50 Man könnte auch formulieren, dass unter »institutionell« hier etwas anderes, letztlich nur auf die Normenordnung Bezogenes verstanden wird; so bei Joseph Raz, *The Authority of Law: Essays on Law and Morality*, Oxford 1979, S. 103-105, 115-117.

von Fuller eingeschlagenen argumentativen Weg umzukehren. Wir werden drei für Rechtsordnungen typische institutionelle Formen auswählen und sie darauf hin untersuchen, welche spezifischen Leistungen sie erbringen, um dann darüber nachzudenken, ob und wenn ja, wie diese Legitimität stiften, insbesondere, wie sie mit der Bindung des positiven Rechts an eine externe politisch definierte Zweckverfolgung umgehen. Das Problem dieses Vorgehens liegt natürlich darin, dass die Auswahl solcher Eigenschaften entweder willkürlich ist oder eben genau der Argumentationsstrategie folgen kann, die es erst zu belegen gilt. Besteht auch hier die Gefahr eines Zirkelschlusses? Diese ist bei rationalen Rekonstruktionen dieser Art nicht einfach von der Hand zu weisen. Doch ist es fruchtlos, dieses Problem im Vorhinein lösen zu wollen. Ich werde am Ende des Beitrags darauf eingehen.

IV. Drei institutionelle Formen von »Recht« und ihre legitimatorische Leistung

Wie könnte unter diesen Bedingungen eine rechtsspezifische Rekonstruktion der Legitimität des Rechts aussehen? Oder um zu unserer Ausgangsfrage zurückzukehren: Wie lassen sich unsere normativen Erwartungen an Recht und unsere Enttäuschung durch Recht in einem Begriff von Recht vereinen?

Um diese Frage zu beantworten, werden wir im Folgenden drei institutionelle Elemente einer Rechtsordnung näher betrachten, die für eine Rechtsordnung im Unterschied zu anderen normativen Ordnungen typisch sind. Diese Elemente erbringen eine gemeinsame Form der legitimatorischen Leistung: Sie schaffen eine auflösbare Zweckbindung. Sie öffnen rechtsexterne Legitimitätsressourcen und puffern diese Öffnung zugleich durch weitere selbstständige Entscheidungsebenen ab. Man könnte auch sagen: Recht gewinnt seine spezifische Legitimität durch ein Verfahren, in dem es die eigenen Inhalte als kritikwürdig unterstellt und zusätzlichen institutionellen Reflexionsstufen unterwirft.

1. Fremdinitiative und Unabhängigkeit: Die Form des Gerichts

Die Form des Gerichts ist für Rechtsordnungen typisch, ja vielleicht erkennen wir Rechtsordnungen trotz aller theoretischen Bemühungen darum, einen »Begriff des Rechts« zu definieren, vor allem dadurch, dass in ihnen Gerichte entscheiden. Eine Normenordnung ohne Gerichte ließe sich schwerlich als Rechtsordnung verstehen.[51] Dabei wollen wir uns bei der Frage, was ein Gericht zu einem Gericht macht, an zwei von mehreren denkbaren institutionellen Eigenschaften orientieren.[52] Von diesen Eigenschaften würde ich behaupten, dass sie notwendige Eigenschaften eines Gerichts darstellen. Eine Organisation, der sie fehlen, kann nicht sinnvollerweise als Gericht bezeichnet werden.

Die *erste* Eigenschaft ist die selbstständige Entscheidungsfähigkeit des Gerichts, die wir heute als *richterliche Unabhängigkeit* bezeichnen.[53] In einem emphatischen Sinne ist die Entscheidung einer Richterin ihre eigene. Gerichte sind keiner Hierarchie untergeordnet. Sie können in einen Instanzenzug eingebettet sein, aber die untere Instanz nimmt von der oberen keine Anweisungen entgegen, wie zu richten ist, sondern entscheidet selbst. Anschließend kann ihre Entscheidung unter Umständen von einem anderen Gericht überprüft werden. Für die von ihnen getroffenen Entscheidungen dürfen Richter im Regelfall nicht sanktioniert werden. Ihre Unabhängigkeit garantiert ihnen diese Freiheit von Verantwortlichkeit auch für falsche Entscheidungen. Wenn überhaupt, darf eine

51 Die Überlegungen von Luhmann zu den Gerichten als Zentrum des Rechtssystems und zur Gesetzgebung als Synchronisierung von Politik und Recht sind hier auch dann hilfreich, wenn man den systemtheoretischen Rahmen nicht übernehmen will: Niklas Luhmann, *Das Recht der Gesellschaft*, Frankfurt/M. 1993, S. 320-322.

52 Die theoretische Literatur zur gerichtlichen Form ist bemerkenswert überschaubar: Martin Shapiro, *Courts. A Comparative and Political Analysis*, Chicago 1981; Mauro Cappelletti, *The Judicial Process in Comparative Perspective*, Oxford 1988. Wichtig auch Lon Fuller, »The Forms and Limits of Adjudication«, in: ders., *The Principles of Social Order*, Oxford 2001, S. 101-140. Siehe auch in diesem Band Christoph Möllers, »Individuelle Legitimation: Wie rechtfertigen sich Gerichte?«.

53 Zu den massiven Problemen, diese zu bestimmen, nach wie vor: Dieter Simon, *Die Unabhängigkeit des Richters*, Darmstadt 1975.

Sanktion nur durch andere Richter erfolgen. Gerichte sind also in ihren Entscheidungen *institutionell selbstverantwortlich*, also anderen Institutionen gegenüber nicht rechenschaftspflichtig.

Eine *zweite* Eigenschaft von Gerichten ist das Fehlen eigeninitiativer Entscheidungsmacht. Stets muss sich jemand mit einem Anliegen von außen an das Gericht wenden, damit ein Verfahren beginnen kann. Auch dies unterscheidet Gerichte von anderen öffentlichen Autoritäten. Es kann passieren – und es passiert –, dass ein Gericht nichts zu entscheiden hat, weil niemand mit einem Anliegen zu ihm kommt. Für eine politische Herrschaftsordnung sind dies erstaunliche Eigenschaften. Dass sich ein moderner Staat einen ganzen Organisationszweig leistet, dessen Handeln er nur sehr vermittelt kontrollieren und der auch untätig bleiben kann, versteht sich nicht von selbst. Die Institution Gericht wird vom politischen Prozess gewissermaßen freigelassen.[54] Offensichtlich steht dieses institutionelle Arrangement in einem engen Zusammenhang mit der Form des subjektiven Rechts, also mit der *Möglichkeit*, ein Begehren feststellen und vielleicht sogar durchsetzen zu können – dieser Zusammenhang wird für die Frage der unselbstständigen Legitimität von Recht noch von Bedeutung sein.

Ein Gericht spricht Recht, das heißt, es stellt im Kern fest, welche Vorgaben eine Rechtsordnung zu einer gegebenen konkreten Rechtsprätention macht. Die Frage, ob eine solche Feststellung konstitutiv ist, ob das Gericht also seinen eigenen Maßstab in der Entscheidung produziert, oder ob sie deklaratorisch ist, der Maßstab also schon bereit liegt – mit anderen Worten, ob das Gericht Recht macht oder findet –, ist ein umstrittenes Problem der Theorie des Urteilens. Vermutlich ist sie falsch gestellt.[55] Für unser Argument ist nur wichtig, dass die Entscheidung des Gerichts einen Ausspruch hervorbringt, der die Norm ausdrücklich zu den am Verfahren beteiligten Personen und dem im Verfahren umstrittenen Vorgang in Bezug setzt. Einen solchen Bezug gab es vor dem Urteil nicht. Das

54 Die interessanten politischen Gründe, aus denen das passiert, die auch Hinweise geben, wann es nicht mehr funktioniert, sollen hier nicht weiter interessieren. Für einen guten Überblick: Stephen Holmes, »Lineages of the Rule of Law«, in: José Maria Maravall, Adam Przeworski (Hg.), *Democracy and the Rule of Law*, Cambridge 2003, S. 19-62.

55 Möllers, *Möglichkeit der Normen*, S. 335 ff. Grundlegend jetzt Sabine Müller-Mall, *Verfassende Urteile*, Berlin 2023.

Gericht verändert also mit seinem Ausspruch die Rechtslage, es erzeugt mit seiner Entscheidung neues Recht,[56] seine Tätigkeit kann nicht nur als eine bestandsneutrale »Anwendung« einer zuvor und danach unveränderten Rechtslage verstanden werden.

Dieses rechtsproduktive Element gerichtlichen Urteilens ist deswegen von Interesse, weil eine solche Weiterentwicklung der Rechtslage von zwei institutionellen Bedingungen abhängig ist, die ihrerseits durch die Rechtsordnung ausdrücklich nicht determiniert werden, nämlich der Geltendmachung eines Rechts durch eine Person, die vor Gericht ein Verfahren anstrengt und damit das Gericht überhaupt erst in Bewegung setzt, und der Entscheidung über diesen Anspruch durch eine unabhängige Richterin. Denn selbst wenn die Anwendung einer Norm immer ein produktives Element enthält, also auch dann, wenn eine Verwaltung handelt, bekommt dieses durch die ausdrückliche Unabhängigkeit der Gerichte eine besondere normative Unterfütterung.

Wozu bedarf es aber der Unabhängigkeit des Gerichts zur Etablierung einer Rechtsordnung? Man könnte argumentieren, dass die Feststellung der Rechtslage einer Entscheidung bedarf, die unter der Bedingung steht, von außen nachgefragt zu werden. Aber in welchem Sinne ist die Unabhängigkeit des Gerichts eine eigene weitere »Bedingung« für diese Entscheidung? Schließlich könnte diese auch durch eine politisch verantwortliche Behörde getroffen werden. Offensichtlich geht es darum, einen institutionellen Widerspruch zuzulassen: Bei der Unabhängigkeit soll es darum gehen, die Anwendung von in politischen Verfahren gesetztem Recht auch gegen die Absichten dieses politischen Regelsetzers durchzusetzen. Das ist zugleich ein Einflussverlust der politischen Organe, erlaubt es ihnen aber auch, eine Art institutioneller Konfliktbewältigung zu organisieren, für die Politik im Einzelfall nicht verantwortlich ist, während zugleich das Gericht nicht zur Verantwortung gezogen werden kann – so dass am Ende die Konfliktparteien selbst den Konflikt als ihren eigenen annehmen müssen.

In einer modernen politisch gesetzten Rechtsordnung werden durch die Gesetzgebung Zwecke gezielt verfolgt und Erwartungen an die Folgen von Gesetzgebung formalisiert. Diese Folgen werden

56 Der Ausdruck der Rechtserzeugung stammt von Kelsen: Hans Kelsen, *Reine Rechtslehre*, Tübingen 2010 [[1]1934].

vom politischen Prozess beobachtet. So kann Bedarf entstehen, die Gesetzgebung wieder zu korrigieren. Unter diesen Bedingungen ist die richterliche Unabhängigkeit ein praktisch relevanter Faktor für die Art und Weise, in der Recht konkretisiert wird. Soweit das angewandte Gesetz Ausdruck einer politischen Zwecksetzung sein soll, steht die richterliche Unabhängigkeit einer direkten Durchsetzung dieses Zwecks im Wege. Die Entscheidung des Gerichts kann vom politischen Gesetzgeber nicht einfach korrigiert werden. Der Gesetzgeber kann versuchen, durch veränderte Gesetzgebung in der Zukunft andere Entscheidungen zu erreichen. Aber auch dann bleibt die Anwendung der Norm und deren Folgen in der Hand des Gerichts. Was die Gesetzesnorm für einen bestimmten individualisierten Konflikt bedeutet, ist der politischen Rechtsetzung entzogen.

2. Optionalität: Die juridische Form des subjektiven Rechts

Ein weiteres typisches Element moderner Rechtsordnungen sind subjektive Rechte. Wir sprechen im Folgenden von der *juridischen* Form des Rechts, um uns, soweit möglich, Probleme vom Hals zu halten, die damit zu tun haben, dass Rechte auch einen moralischen Ursprung haben könnten. Im Ausgangspunkt geht es um Rechte aus einer Rechtsordnung, die sich auf ihrerseits durch die Rechtsform vermittelte Inhalte beziehen. Solche Rechte müssen keine Grundrechte sein, sie sind es in liberalen Rechtsordnungen in den wenigsten Fällen. Häufiger geht es um gesetzliche und vertragliche Rechte wie das Recht auf die Erteilung einer Baugenehmigung oder auf Erfüllung eines Kaufvertrages.

Die uns hier besonders interessierende Eigenschaft von Rechten ist ihre *Optionalität.* Zum Begriff des subjektiven Rechts gehört notwendig, dass es nicht wahrgenommen werden muss. Man kann ein Recht haben, ohne es zu gebrauchen. Fälle, in denen wir ein Recht wahrnehmen sollen, gibt es allenfalls in dem Sinn, dass die Pflicht zur Wahrnehmung des Rechts einen anderen Ursprung hat als das Recht selbst. Es mag eine staatsbürgerliche Pflicht geben, sich seiner Meinungsfreiheit zu bedienen oder zur Wahl zu gehen, aber eben keine juristische. Unter Bedingung einer Wahlpflicht kann von einem Wahlrecht nicht die Rede sein. Entsprechend können wir uns auch moralische Rechte schwer denken, ohne dass diese auch Handlungen schützen, gegen die moralische Gründe sprechen.[57] In anderen Fällen beziehen sich vermeintliche Pflichten, ein Recht wahrzunehmen, bei näherer Hinsicht auf ein anderes Subjekt: Der Vorstand einer Aktiengesellschaft kann nicht einfach darauf verzichten, Rechte seiner Firma auf Schadensersatz gegenüber einem Schädiger geltend zu machen. Er muss das Vermögen des Unternehmens zusammenhalten. Doch könnte »die Aktiengesellschaft« sehr wohl auf den Ersatz verzichten. Die Pflicht besteht also zwischen Vorstand und Unternehmen, das Recht dagegen ist eines des Unternehmens.

Dass die Möglichkeit, auf die Wahrnehmung eines Rechts zu verzichten, für das subjektive Recht konstitutiv ist, könnte einen Hinweis darauf geben, dass die Einrichtung solcher subjektiver Rechte ihrerseits nicht instrumentalistisch zu rechtfertigen, sondern als freiheitlicher Selbstzweck zu verstehen ist. Dieser Schluss wäre aber zumindest verfrüht. Denn natürlich kann ein Angebot von Rechten politische Zwecke erfüllen:[58] So konstituieren Eigentumsrechte bestimmte Arten von Märkten, die für eine bestimmte Güterverteilung sorgen. Politische Freiheitsrechte konstituieren Foren öffentlicher Auseinandersetzung als Bedingung politischer Teilhabe. Eine zentrale Linie der politischen Auseinandersetzung innerhalb liberaldemokratischer Ordnungen verläuft entlang der Frage, inwieweit sich solche mit Hilfe subjektiver Rechte verfolgten Zwecke durch andere politische Instrumente in gleicher Weise oder besser erfüllen lassen, etwa Güterallokation durch öffentliche Verwaltungen. Die uns hier interessierende Eigenschaft der Optionalität subjektiver Rechte beschränkt sich aber auf den Umstand, dass die Möglichkeit, dass niemand Eigentum haben will, von der Institution des Eigentumsschutzes nicht ausgeschlossen ist – dass umgekehrt eine Erzwingung der mit dem Recht verbundenen Zweckerfüllung, zum Beispiel des Zwecks einer effektiven Güterverteilung, den Charakter des Eigentums, ein subjektives Recht zu sein, beenden würde.[59]

57 Jeremy Waldron, »A Right to Do Wrong«, in: *Ethics* 92 (1981), S. 21-39.

58 Insoweit ist die Feststellung, moderne Rechtsordnungen dienten primär dem Zweck, Rechte zu schützen, unvollständig, Menke, *Kritik der Rechte*.

59 Amartya Sen, »The Impossibility of a Paretian Liberal«, in: *Journal of Political Economy* 78 (1970), S. 152-157.

3. Selbstständigkeit der Sanktion: Juridische Form am Beispiel der Kriminalstrafe

Die dritte, für Rechtsordnungen formgebende Institution ist die Sanktion. Rechtsordnungen stiften Vorgaben, die erzwungen werden *können*, wenn sie auch nicht immer erzwungen werden. Unter Sanktionen sind im Folgenden formalisierte Konsequenzen von Normbrüchen zu verstehen, mit denen im Wege einer Zurechnung eine Person durch die Rechtsordnung belastet wird. Solche Sanktionen – und das ist der hier entscheidende Punkt – erfordern eine eigene Entscheidung, sie erfolgen nicht von selbst. Das zentrale Beispiel für solche rechtlichen Sanktionen ist die Kriminalstrafe, die nach einer strafbaren Handlung in einem gesonderten Verfahren festgestellt wird.

Folgt das Strafrecht einer instrumentalistischen Logik, folgt es einem politischen Zweck? Im Ganzen wird man das auch dann behaupten können, wenn man eine instrumentalistische Rechtfertigung von Strafe ablehnt. So ließe sich sagen, dass das Strafrecht dem Zweck dient, Freiheitssphären zu konstituieren und die Freiheit der Mitglieder einer Rechtsgemeinschaft dadurch anzuerkennen, dass diese in ihren Handlungen ernst genommen und zur Verantwortung gezogen werden können. Dies ist die stark verkürzte Formulierung einer deontischen, an die Tradition des deutschen Idealismus anschließenden absoluten Straftheorie.[60] Man kann sie als instrumentalistisch bezeichnen, weil sie dem Selbstzweck der Anerkennung der Freiheit der Einzelnen dient. In einem engeren Sinne instrumentalistisch sind Straftheorien, in denen das Strafrecht verschiedenen wechselnden gesellschaftlichen Zwecken dienen kann. Personen als Mittel zum Zweck zu bestrafen, gilt absoluten Straftheorien als undenkbar; während es umgekehrt für instrumentalistische Straftheorien gar keine andere Rechtfertigung für Strafe geben kann als die Erfüllung von gesellschaftlichen, demokratisch definierten Zwecken.[61]

60 Dazu etwa Michael Pawlik, »Rückkehr zu Hegel in der neueren Verbrechenslehre?«, in: Michael Kubiciel u. a. (Hg.), *Hegels Erben*, Tübingen 2017, S. 247-275.

61 Für eine Vermittlung (und Diskussion) beider Ansätze Tonio Walter, »Vergeltung als Strafzweck. Prävention und Resozialisierung als Pflichten der Kriminalpolitik«, in: *Zeitschrift für Internationale Strafrechtsdogmatik* 2011, S. 636-647. Zum Überblick: Tatjana Hörnle, *Straftheorien*, Tübingen ²2017.

Diese grundlegende Unsicherheit hinsichtlich der Rechtfertigung von Strafe löst sich freilich in der Praxis bei der Bestimmung der Voraussetzungen für strafbare Handlungen auf. Auf der einen Seite wird dem instrumentalistischen Rechtsverständnis dadurch entgegengekommen, dass mit einem strafbewehrten Verbot irgendeine gesellschaftliche Zweckverfolgung verbunden werden muss. Aus diesem Grund wird heute – anders als bei Kant – eine *Pflicht* zur Bestrafung bestimmter Handlungen nur noch sehr zurückhaltend anerkannt. Die pauschale Immunisierung bestimmter Handlungen von der Strafverfolgung, die *impunidad* von massenhaften Morden wie im Mexiko der Gegenwart, könnte einen solchen Pflichtverstoß begründen. Aber dass ein Staat, soweit das System im Ganzen funktioniert, aus bestimmten Gründen auch einmal davon absehen könnte, eine Straftat zu verfolgen, ist schon deswegen anerkannt, weil die Strafe heute kaum noch als ein Mechanismus gesehen wird, der wie bei Kant und Hegel die moralische Integrität des Täters wiederherstellen soll. Mit der Strafe wird ein *sozialer* Normbruch für die gesamte Gemeinschaft verarbeitet, aber diese Verarbeitung kann dem *moralischen* Normbruch, der sich mit der Tat unter Umständen verbindet, nicht gerecht werden. Darum kann es Gründe geben, von einer Strafe abzusehen, auch wenn eine Untat begangen wurde, namentlich dann, wenn mit der Strafe der Zweck der Strafdrohung nicht erreicht werden kann.

Diese *begrenzende* argumentative Funktion der Zweckbetrachtung ersetzt aber nicht das straf*begründende* Argument. Eine Strafe kann nicht einfach zur Erfüllung eines Zwecks ausgesprochen werden, vielmehr muss die Schuld eines Angeklagten in einem aufwändigen Verfahren festgestellt werden. Die potentielle soziale Nützlichkeit der Bestrafung spielt für die Feststellung der Schuld keine Rolle. Sie ist in dieser Stufe des Verfahrens kein zulässiges Argument. Deswegen kann es passieren, dass auch bei einer allgemeinen Überzeugung von der Schuld des Täters aus Gründen der internen Verfahrenslogik keine Bestrafung erfolgt. Dass dieses Nebeneinander von instrumentalistischer Strafgesetzgebung und deontisch begründetem, schuldfeststellendem Verfahren absoluten Straftheorien nicht genügen dürfte, ist zuzugestehen. Aber es bleibt dabei, dass wir uns die Strafsanktion als ein Verfahren denken müssen, für das der Blick auf Zwecke *notwendig*, aber nicht *hinreichend* für Bestrafung ist und in dem, aus diesem Grund, der Ausspruch der Sanktion einem eigenen gesonderten Verfahren, eben dem Strafprozess, vorbehalten sein muss, der die konkrete Handlung beschreibt und zurechnet. Die Verselbstständigung des Sanktionsausspruchs zeigt sich auch in allen anderen Rechtsgebieten. Die Feststellung der Rechtslage und die Durchsetzung der so festgestellten Rechtspflichten sind in aller Regel jeweils selbstständigen Verfahren unterworfen.[62]

V. Zweckoffenheit und Zweckbegrenzung: Der legitimitätsstiftende Mechanismus hinter den juridischen Formen

»Das Postulat des Rechtsstaats ist letztlich nichts anderes als eine Kritik des Schlusses vom Zweck auf das Mittel.«[63] Luhmanns Feststellung kann uns dabei helfen, die Gemeinsamkeit der drei hier vorgestellten juridischen Formen zu analysieren und sie als ein Formprinzip der abgeleiteten Legitimität des Rechts zu verstehen.

1. Puffer und Reflexionsschleife: Rechtliche Formen als Mittel der Modifizierung politischer Zwecksetzung

In der frühmodernen Theorie der Gewaltenteilung war es geläufig, die Unterscheidung zwischen Gesetzgebung und Exekutive als eine solche zwischen Willen und Handlung zu beschreiben.[64] Will eine Gemeinschaft kollektiv handeln, so wird sie zunächst ein Handlungsprogramm definieren, um es dann zu verwirklichen. Die Definition des Handlungsprogramms nach einer Deliberation ist eine Aufgabe des Gesetzgebers, die Ausführung eine der Exekutive. Wie es scheint, bedarf ein solches institutionelles Zweck-Mittel-Sche-

62 Dazu anschaulich verallgemeinerbar für das deutsche Verwaltungsrecht entwickelt von Ralf Poscher, »Verwaltungsakt und Verwaltungsrecht in der Vollstreckung. Zur Geschichte, Theorie und Dogmatik des Verwaltungsvollstreckungsrechts«, in: *Verwaltungsarchiv* 89 (1998), S. 111-136.

63 Niklas Luhmann, »Die Grenzen einer betriebswirtschaftlichen Verwaltungslehre«, in: *Verwaltungsarchiv* 56 (1965), S. 301-313, hier S. 308.

64 Jean-Jacques Rousseau, *Du contrat social*, Paris 1964 [1762], III/1 (S. 395); Kant, *Metaphysik der Sitten, Rechtslehre*, §§ 45 f.

ma politischer Herrschaftsorganisation keiner weiteren Ergänzung. Deswegen ist es nicht verwunderlich, dass Gerichte erst vergleichsweise spät Teil des heute gebräuchlichen Gewaltenteilungsschemas wurden. Hierin bestand die Innovation Montesquieus. Dies führt uns zu den spezifischen institutionellen Elementen der Rechtsform. Lassen sich alle drei Formen mit einem instrumentalistischen Rechtsverständnis vereinbaren, das dem politischen Gesetzgeber die Möglichkeit gibt, Recht als Mittel zur Verwirklichung politisch definierter Ziele zu verwenden, so besteht das Spezifische aller hier vorgestellten juridischen Institutionen darin, dass sie dieser Zwecksetzung etwas entgegensetzen. Sie treten einerseits mehr als Sand im Getriebe der Zweckverfolgung denn als Mittel einer optimierten Zweckverwirklichung auf.[65] Dabei sind diese Puffer aber keine reinen institutionellen Hindernisse, sondern gesonderte Entscheidungsmöglichkeiten, in denen das Verhältnis der politischen Zwecksetzung zu einer spezifischen Anwendungskonstellation neu reflektiert werden kann.

Mit der Einräumung subjektiver Rechte wird das Handlungsprogramm von Subjekten, wie wir gesehen haben, erweitert, ohne dass sie von dieser Möglichkeit Gebrauch machen müssten. Alle positiven Effekte, die die Wahrnehmung von Rechten für das Subjekt, aber auch für die Gemeinschaft hat, werden damit einer zusätzlichen Überprüfungsinstanz unterstellt, nämlich den Berechtigten selbst. Dafür gibt es natürlich gute Gründe, namentlich deren individuelle Selbstbestimmung. Aber was freiheitstheoretisch wie eine Selbstverständlichkeit wirkt, ist es aus der systemischen Perspektive der Rechtsordnung nicht unbedingt. Diese kann, statt auf individuelle Freiheit zu vertrauen, auch Vollzugsmechanismen installieren, die die Zweckverfolgung übernehmen.

Aus dieser Perspektive funktioniert die Einräumung von Rechten als eine Art Puffer, ein Unterbrecher, eine weitere Entscheidungsebene, die die Möglichkeit eröffnet, dass ein in Rechtsnormen verkörperter Zweck verfehlt wird, wie etwa in einer Rechtsordnung, in der zwar wegen der Geltung von Meinungsfreiheit alle alles sagen dürfen, aber diese Möglichkeit aus anderen Gründen nicht genutzt wird. Dieser Unterbrechermechanismus ist auch bei den

65 Natürlich gibt es auch den Mechanismus, dass die Durchsetzung von Recht in die Hände privater Kläger gelegt wird, aber auch diese Technik hängt an den hier untersuchten institutionellen Arrangements.

anderen von uns vorgestellten institutionellen Mechanismen am Werk. Einem Gericht die Entscheidung über die Rechtlichkeit eines bestimmten Zusammenhangs zu überlassen, bedeutet aus der Perspektive der rechtsetzenden Gewalt, wie wir gesehen haben, ihn gleich einer doppelten Kontingenz zu überlassen, weil das Gericht nur aktiv wird, nachdem es angerufen wurde, und weil diese Aktivität in einer Art und Weise ausgeübt wird, über die der politische Zwecksetzer keine Kontrolle hat. Positiv gewendet, wird mit dem subjektiven Recht aber auch die Möglichkeit eröffnet, eine Freiheit in einer Art und Weise wahrzunehmen, die vom politischen Prozess nicht vorhergesehen oder vielleicht sogar nicht einmal erwünscht war. Die Geschichte der Grundrechtspraxis kennt dafür bis heute viele Beispiele.

Theorien des Rechts, die Recht als eine bestimmte Art von Gründen[66] oder als Produkt einer bestimmten Art von moralischer[67] oder sozialer[68] Geltungsquelle definieren, können dagegen nicht verarbeiten, dass subjektivierte Rechtsgründe nur durchgesetzt werden können, wenn sich jemand dazu entschließt, sie zu aktivieren, indem er die Rechtsordnung durch ein gerichtliches Verfahren um Hilfe bittet. Dabei kann es auch für jemanden, der die Hilfe eines Gerichts benötigte und nach Maßstäben des Rechts beanspruchen könnte, viele Gründe dafür geben, dies nicht zu tun, darunter solche, die nichts mit nichtidealen Bedingungen wie Ressourcenknappheit zu tun haben. Namentlich führt die formalisierte Geltendmachung von Rechten vor Gericht oft zur Störung einer Beziehung: Mit jemandem, den ich verklage, kann ich nicht mehr befreundet sein.[69] Gründe, die es ausschließen, sein Recht zu verfolgen, können Anerkennung verdienen, weil das Nebeneinander von formalisierten und nichtformalisierten Beziehungen, von Rechts- und anderen sozialen Normen, zu Friktionen führt, die sich nicht einfach auflösen lassen.[70] Eine *formalisierte Anerkennung der Grenzen formalisierter Beziehungen* findet sich aber gerade

66 Raz, *Practical Reasons and Norms.*

67 Dworkin, *Law's Empire.*

68 Kelsen, *Reine Rechtslehre*; H. L. A. Hart, *The Concept of Law*, Oxford 1961.

69 Hierauf stellt die kritische Rechtstheorie vielleicht zu einseitig ab: Daniel Loick, *Juridismus*, Berlin 2017.

70 Anders Axel Honneth, *Das Recht der Freiheit*, Berlin 2011, S. 44-46, wo er grundsätzlich gegen die Formalisierung von Freiheitsrechten argumentiert.

darin, dass die Rechtsverfolgung im gerichtlichen Verfahren nicht von selbst erfolgt, sondern eines freiwilligen Anstoßes durch den Rechtsträger bedarf.

Gleiches gilt für die Unabhängigkeit des Gerichts, mit der die Anwendung einer Norm auf einen Fall dem Rechtsetzer aus den Händen genommen wird. Wiederum wird damit eine selbstständige Entscheidungsschleife eingebaut, die sich aus Sicht des Rechtsetzers als institutioneller Umweg darstellt – ein Umweg, der dadurch vermieden werden soll, dass Gerichte direkt oder indirekt unter die Kuratel politischer Gewalten gestellt werden, oder der deswegen nicht politisch stört, weil das politische System Blöcke der Rechtsordnung identifiziert, die sich als irrelevant aus der Hand geben lassen.[71] Schließlich findet sich dieser Mechanismus auch beim Umgang von Rechtsordnungen mit Sanktionen. Wie gesehen, impliziert die Feststellung einer sanktionierbaren Handlung in modernen Rechtsordnungen nur selten die Sanktion selbst. Diese muss in einem gesonderten Verfahren festgestellt werden. Die Sanktion dient einem Zweck, aber die Rechtfertigung der Sanktion kann sich nicht auf die Erfüllung dieses Zwecks beschränken. Auch hier wird eine Entscheidungsschleife eingeführt.

Mit dieser Struktur verbindet sich zugleich eine *Pluralisierung* der in der Rechtsordnung politisch gesetzten Zwecke.[72] Denn der Instrumentalismus des Gesetzgebers wird durch die Berufung auf Rechte mit den Absichten der Berechtigten konfrontiert und durch die Unabhängigkeit der Gerichte um eine Perspektive erweitert, die sich die politische Programmatik des Rechtsetzers gerade nicht zu eigen machen soll. Die Einrichtung eines subjektiven Rechts eröffnet die Möglichkeit, sich dieses Recht zu anderen Zwecken zunutze zu machen als vom Gesetzgeber geplant. Zugleich wird diese Zwecksetzung im gerichtlichen Verfahren einer Prüfung unterzogen. Dabei ist Kants – von seinen Kritikern seit Hegel gegen ihn verwendete – Annahme, dass das Recht von den mit ihm verfolgten Zwecken absehen müsse, weil es eine äußerliche Form darstelle,[73] zweifelhaft. Sie hängt an einer starken Trennung von innen

71 So kann man das Phänomen des nationalsozialistischen Doppelstaats deuten: Fraenkel, *Doppelstaat*.

72 Für diesen Hinweis danke ich einem Diskutanten der Sektion Rechtsphilosophie der DGesPhil 2017 in Berlin.

73 Kant, *Metaphysik der Sitten, Rechtslehre*, § B (S. 337).

und außen, die in einer juristischen Praxis, die sich um Motive und Zwecke von Berechtigten bemüht und bemühen muss, nicht wiederzufinden ist. Damit dienen die drei juridischen Formen der Zweckpufferung, der Zweckvermittlung und der Zweckreflexion. Sie stehen auf instrumentalistischer Grundlage, die sie durch die Pluralisierung der für eine Entscheidung relevanten Zweckerwägungen relativieren: von den Zwecken des Gesetzgebers über die der Vertragsparteien bis zu denen des Angeklagten im Strafverfahren, die zu seinen Gunsten oder Lasten verwendet werden können.

2. Normative Abhängigkeit und Selbstrelativierung als Legitimitätsressourcen des Rechts

Wenn diese Struktur für Rechtsordnungen spezifisch ist, dann ist damit aber noch nicht gesagt, dass sie auch Legitimität schafft. Dazu ist zu bedenken, in welchem Sinn hier überhaupt von Legitimität im Sinne einer abgeleiteten Form der Rechtfertigung die Rede sein kann.[74]

Auf einer *ersten* Ebene soll hier nach einer institutionell immanenten Legitimitätskonzeption gefragt, also eine Antwort auf die Frage gegeben werden, welche Idee von Rechtfertigung der dem Recht spezifischen institutionellen Form zugrunde liegt.[75] Warum versehen sich politische Gemeinschaften mit einer institutionellen Form, die zugleich Zwecke verfolgt und dieser Zweckverfolgung im Wege steht? Die hier entwickelte Vermutung lautet: weil modernes Recht zugleich auf den Anschluss an eine externe politische Zwecksetzung angewiesen, also normativ abhängig ist, und diese Abhängigkeit nicht verabsolutieren darf, sondern institutionell reflektieren muss. Dabei bleibt entscheidend, dass die Rekonstruktion der Legitimitätserzeugung auf typische Formen institutioneller Verfasstheit von Recht eingehen kann. Die Frage wäre, ob dies in gleicher Weise für andere Rekonstruktionen von Recht gilt.

74 Zur Frage, ob Legitimität die Anerkennung eines Zustands oder die Anerkennung der Maßstäbe, die an einen Zustand angelegt werden, betrifft, ist deswegen nichts zu sagen. Vgl. überzeugend für Letzteres David Beetham, *The Legitimation of Power*, London 1991.

75 Zu dieser Variante rationaler Rekonstruktion: Christoph Möllers, *Gewaltengliederung. Legitimation und Dogmatik im nationalen und internationalen Rechtsvergleich*, Tübingen 2005, S. 28-30.

So ließe sich einwenden, das hier beschriebene Schema diene der *Kontrolle* der anderen Gewalten. Aber der Begriff der Kontrolle ist unspezifisch. Kontrolle kann in anderen institutionellen Formen erfolgen und sie dient letztlich nur dazu, eine Zweck-Mittel-Beziehung zu perfektionieren. Gleiches gilt für den in allen Beispielen naheliegenden Hinweis auf Ermöglichung und Schutz individueller Freiheit. In der Tat lassen sich die hier beschriebenen drei Institutionen auch damit rechtfertigen, dass sie individuelle Freiheit schützen, insbesondere ist das gerichtliche Verfahren geradezu darauf zugeschnitten, individualisierte Anliegen von Subjekten zu verarbeiten.[76] Aber auch dieser Zusammenhang ist nur für ein eng gefasstes Verständnis von individueller Freiheit angemessen. Denn zum einen setzt das Verfahren bereits eine robuste Struktur von sozialer Freiheit voraus; dahinter verbirgt sich das praktische Problem der Möglichkeit eines allgemeinen Zugangs zu rechtlichen Institutionen. Zum anderen ist der Zusammenhang nicht völlig stimmig. Dies gilt namentlich für die Unabhängigkeit des Gerichts, denn es ist nicht klar, warum eine unabhängige Justiz mehr Respekt vor individueller Freiheit haben muss als eine politische Bürokratie. Wir können uns auch Zustände mit liberalen politischen Mehrheiten einerseits und einer kastenhaft konservativen unabhängigen Justiz vorstellen, in denen die Unabhängigkeit von Gerichten keinen Zugewinn an individueller Freiheit verspricht – und wir müssen sie uns gar nicht nur vorstellen: Es sind die Zustände der Weimarer Republik, Großbritanniens der 1960er und 1970er Jahre, der neueren argentinischen Geschichte, vielleicht von Teilen der amerikanischen Justiz. Auch die Tatsache, dass in diesen Verfahren rechtfertigende Begründungen geliefert werden, kann dieses institutionelle Arrangement nicht erklären. Denn zum Ersten ist der rechtfertigende Wert nicht garantiert, das Rechtssystem kann auch mit vorgeschobenen Gründen operieren. Zum Zweiten werden nicht alle rechtlichen Entscheidungen begründet, und zum Dritten wäre zu klären, wie sich Begründung und Entscheidung in ihrem rechtfertigenden Gehalt zueinander verhalten.[77]

Aspekte wie Kontrolle, Schutz individueller Freiheit oder Be-

76 Christoph Möllers, *The Three Branches*, Oxford 2013, S. 89-91.

77 Dazu näher Christoph Möllers, »Lassen sich Diskursregeln aus der praktischen Philosophie in juristische und politische Verfahren übersetzen?«, in: Mahmoud Bassiouni u. a. (Hg.), *Die Macht der Rechtfertigung*, Berlin 2024, S. 102-122.

gründung leisten also einen Beitrag dazu, die Legitimität juridischer Institutionen unter bestimmten Bedingungen zu erklären, sie treffen aber nicht ihre spezifische institutionelle Form. Um diese rekonstruieren zu können, müssen wir uns enger an das hier analysierte Phänomen halten. Recht ist einerseits auf Zweckverfolgung angewiesen. Wir haben keine begrifflichen Mittel mehr, Recht als ein selbstzweckhaftes Geschehen zu verstehen. Zugleich besteht der systematische Kern des Arrangements eben darin, diesem Instrumentalismus einen institutionellen Eigenstand entgegenzusetzen. Das Rechtssystem preist die Fehlbarkeit der eigenen Normen institutionell ein, indem es immer neue Entscheidungen, also Reflexionspunkte, in die Rechtskonstruktion integriert. Die Ordnung bleibt damit zugleich auf externe Zwecksetzung und interne Reflexion dieser Zwecke angewiesen. Die Ordnung relativiert die Vermutung der politischen und moralischen Richtigkeit ihrer Inhalte, indem sie die Verfolgung der Inhalte optional stellt.

Wenn man dies als »Eigenlegitimität« der Rechtsform bezeichnen will, muss man klarstellen, worin dieses »Eigen« besteht, welche Institutionen hier auf welche Weise Legitimität beanspruchen können. Dazu ist zunächst festzuhalten, dass juridische Institutionen heute immer nur so weit Legitimität entfalten können, wie sie *auch* politisch legitimiert sind. Selbst Gerichte, die sich jenseits politischer Ordnungen als transnationale und/oder private Akteure verstehen, bedürfen eines zumindest losen Zusammenhangs zu einer politischen Ordnung. Es gibt kein richtiges Gericht in einer falschen politischen Ordnung. Dies bedeutet wiederum nicht, dass die politische Ordnung selbst instrumentalistisch gerechtfertigt sein sollte oder sein müsste. Es geht vielmehr darum, dass sie aus einer anderen nichtinstrumentalistischen Logik heraus Recht auch als ein Instrument versteht, um ihre Entscheidungen zu formalisieren und zu verwirklichen.

In diesem institutionellen Kontext fungieren juridische Institutionen also zugleich als Mittel der Zweckverwirklichung und der Zweckverhinderung, jedenfalls immer als Mittel der Zweckreflexion – und als solche können sie auf einer weiteren Ebene eine abhängige, auf Politik und praktische Rationalität verweisende, eigene Legitimität entwickeln: abhängig, weil diese nicht ohne politische Legitimation funktioniert; eigen, weil sie sich aus der Spezifik juridischer Institutionen ergibt. Damit stiften diese Institutionen für die gesamte politische Ordnung dadurch Legitimität, dass sie deren Entscheidungen zusätzlichen institutionellen Bedingungen unterwerfen. Wohlgemerkt: Es gibt keine Garantie dafür, dass durch diese Kriterien Entscheidungen besser werden. Ganze politische Theorien wie der französische Republikanismus haben daran gezweifelt. Wenn es aber sinnvoll sein soll, mit Recht Legitimitätshoffnungen zu verbinden und zu verstehen, warum diese immer wieder enttäuscht werden, kann es helfen, diesen Doppelschritt zu begreifen.

3. Grade der Rechtfertigung

Auf einer theoretischen Ebene stellt sich die Frage, was der rechtfertigende Gehalt dieser Struktur sein könnte. Was ist der legitimatorische Gehalt einer Struktur, die die Verwirklichung anders gerechtfertigter Zwecke aufhält oder verzögert? Statt einer definitiven Antwort, die ein eigenes Modell politischer Legitimation liefern müsste, das über das Anliegen dieses Beitrags hinausginge, soll ein Spektrum möglicher Antworten vorgestellt werden: An einem Pol dieses Spektrums stünde eine freiheitstheoretische Rekonstruktion. Mit der Einführung zusätzlicher Entscheidungsebenen werden freie rechtsförmige Entscheidungen über freie politische Entscheidungen getroffen.[78] Das Recht als »Dasein des freien Willens«[79] wäre eine Ordnung von freien Entscheidungen über freie Entscheidungen, deren oberflächlicher Instrumentalismus durch eine Struktur übereinandergelegter und gegeneinander gerichteter autonomer Entscheidungen aufgehoben würde. Unter dieser Voraussetzung ließe sich Recht als ein Mechanismus verstehen, in dem bereits getroffene Entscheidungen immer wieder reflektiert und angepasst werden können. Seine – freilich noch genau auszuarbeitende – Legitimation erhielte das Recht aus einer Vervielfachung von Freiheitsgraden. Am anderen Ende des Pols stünde eine viel bescheidenere organisationstheoretische Rekonstruktion, in der die Entscheidungen als Puffer funktionieren, die die Zwecksetzung in

78 An diesem Punkt ließe sich eine legitimationstheoretisch grundierte Modellierung der Gewaltengliederung einführen, die aber eben nur einen Spezialfall der hier entwickelten Überlegungen darstellt. Dazu in diesem Band, Christoph Möllers, »Gewaltengliederung – eine theoretische Skizze in vergleichender Absicht«.

79 Georg Wilhelm Friedrich Hegel, *Grundlinien der Philosophie des Rechts*, Frankfurt/M. 1986 [1820], § 29 (S. 80).

ihrer Definitionskraft relativieren. Die Rechtfertigungsleistung ließe sich hier funktional beschreiben. Diese bescheidenere Rekonstruktion wird Recht immer nur als unvollkommen gerechtfertigt verstehen können, als kleineres Übel. Aber sie hat den Vorteil zu sehen, welche Leistungen Recht in unfreien politischen Ordnungen spielen kann.

VI. Statt eines Fazits

Wir hatten oben die Frage offengelassen, ob das hier entwickelte Argument vielleicht nur Legitimitätsleistungen des Rechts unterstellt, aber nicht begründet, denn natürlich sind die drei institutionellen Einrichtungen – Selbstständigkeit von Sanktionen, subjektive Rechte und Unabhängigkeit der Gerichte – Elemente eines bestimmten Verständnisses einer Rechtsordnung. Diese drei auszuwählen bedeutet, eine normative Selektion vorzunehmen, für die sich dann, wen wird es erstaunen, auch andere normative Rechtfertigungen finden dürften. Handelt es sich also bei den vorstehenden Überlegungen um einen normativen Zirkelschluss? Dagegen sprechen zumindest zwei Gründe:

Zum Ersten stellt sich die Frage, wie repräsentativ die hier ausgesuchten institutionellen Mechanismen für eine Rechtsordnung sind: Können wir uns eine Rechtsordnung auch ohne sie denken? Das ist schon deswegen schwierig, weil unklar ist, wie eine Rechtsordnung ohne unabhängige Gerichte und subjektive Rechte aussehen sollte. Abhängige Gerichte sind keine Form der Gerichtsbarkeit, sondern fallen nicht mehr unter den Begriff des Gerichts. Es sind administrative Tribunale, vor denen Konflikte in einem kontradiktorischen Verfahren entschieden werden. Auch eine Rechtsordnung ohne subjektive Rechte sprengt die Grenzen des Konzepts. Strafgerichte werden nicht auf eigene Initiative aktiv, aber auch nicht durch die Wahrnehmung eines subjektiven Rechts, sondern auf Betreiben einer staatlichen Anklagebehörde. Wenn das Strafgericht politisch abhängig ist, liegen Anklage und Verurteilung in der Hand eines politischen Prozesses. Eine Verselbstständigung des rechtlichen Verfahrens ist nicht zu erkennen. Auch wenn von rechtlichen Strukturen in autoritären Systemen die Rede ist, sind damit nicht staatliche Regelwerke gemeint, die ohne diese institutionellen Mechanismen auskommen, sondern Bereiche, in denen diese Mechanismen noch Raum haben, wie zum Beispiel in Teilen des Privatrechts im Nationalsozialismus. Private Rechtsverhältnisse zwischen Deutschen, die keiner verfolgten Gruppe angehörten, waren in der Diktatur nicht völlig anders geregelt als zuvor. Die Gerichte waren nicht in allen ihren Entscheidungen unabhängig, aber Interventionen waren nur für bestimmte, politisch relevante Fragen vorgesehen.

Zum Zweiten bestand eines der Ziele unserer Überlegungen darin, diese drei institutionellen Mechanismen zunächst in einen Zusammenhang zu stellen, indem sie als zweckaufhaltende und zweckreflektierende verstanden werden. Soweit dies gelungen ist, ist die so begründete Konzeption einer normativ abhängigen, aber institutionell selbstständigen Institutionalisierung der Ertrag dieses Beitrags.

Wenn die Legitimität des Rechts so zu rekonstruieren ist, wie ich es hier versucht habe, dann dürfte dies Konsequenzen für die normativen Erwartungen haben, die wir mit der Form des Rechts verbinden. Die Form des Rechts, dieses Dasein der Freiheit, ist eine Form der institutionellen Verwirklichung anderer Normativitätskonzeptionen, die diese zugleich ermöglicht und in die Schranken weist.[80] Der politische Prozess setzt eine Norm, gibt aber die Fragen, ob diese Norm gebraucht wird, wie sie in der Anwendung zu verstehen ist und was im Einzelfall geschieht, wenn gegen sie verstoßen wird, in wesentlichen Teilen aus der Hand und überlässt sie Berechtigten und Gerichten. Das Recht bezieht seine Legitimität aus beidem: daraus, dass es in einem politischen Prozess entstanden ist, und daraus, dass es dann von einer vom politischen Prozess getrennten Instanz gedeutet und durchgesetzt werden muss.

Recht ist zugleich normativ abhängig und eigenständig normativ. Damit sind die Möglichkeiten, durch die Rechtsform legitime Institutionen anzubieten, von vornherein beschränkt und immer Teil eines *trade-off*. In einer problematischen Unterscheidung der neueren praktischen Philosophie formuliert, sind juridische Formen dann nicht nur *faute de mieux* – nichtideal, sie machen die Nichtidealität vielmehr zu ihrer spezifischen Tugend, um sich den Idealen, von denen diese Formen Rechtfertigung erhalten, nicht

80 Für diese Formulierung danke ich Rainer Forst.

auszuliefern. Die Klage über die Uneigentlichkeit des Rechts, die sich immer wieder findet, wäre insoweit in ihr Gegenteil verkehrt.[81] Damit nehmen wir ein Motiv wieder auf, mit dem wir begonnen haben: die normative Ambivalenz des Rechts. Denn es ist nach dem Gesagten klar, dass Formen des Rechts kaum in der Lage sein werden, eigenständige Legitimitätsressourcen zu eröffnen. Eine Gemeinschaft muss bereits politisch-egalitär oder sensibel für sozialen Ausschluss sein, sie muss über moralische Standards oder zumindest über gute Manieren verfügen, um mit dem Instrument des Rechts etwas anfangen zu können. Solche Voraussetzungen können durch die Rechtsform verstärkt und stabilisiert, aber nicht geschaffen werden.

81 Zu dieser Überlegung in einer kritischen Wendung der Rechtskritik der kritischen Theorie: Benedikt Vischer, *Die Fremdheit des Rechts*, Weilerswist 2021.

II. Gewaltengliederung

9. Gewaltengliederung – eine theoretische Skizze in vergleichender Absicht (2019)

Einführung

Gewaltenteilung oder, wie es hier im Folgenden heißen soll, Gewaltengliederung ist ein Konzept, das im zeitgenössischen vergleichenden Verfassungsrecht viel verwendet, oft kritisiert, aber zu selten theoretisch reflektiert wird.[1] Der Begriff der Gewaltengliederung kann deskriptiv als Kurzbezeichnung für eine gegliederte Staatsorganisation im Ganzen verwendet werden. Politik- und Rechtswissenschaften haben den Begriff weithin in dieser Weise gebraucht. Der Begriff kann auch auf eine verfassungsrechtliche Norm verweisen, die in vielen liberal-demokratischen Ordnungen gilt. Schließlich kann er auch auf einer theoretischen Ebene verwendet werden, nicht selten auch in normativer Absicht als ein Hintergrundprinzip. Als solches ist er für die Verfassungsvergleichung von Bedeutung, die ohne begriffliche Vorarbeit eines bestimmten Abstraktionsgrads nicht wissen kann, was sie vergleicht. Dabei verschleifen sich die drei Verwendungsebenen. Der rechtliche Gebrauch hängt von theoretischen oder empirischen Annahmen ab, empirische Annahmen setzen auf einem theoretischen Vorverständnis auf und/oder umgekehrt. Vor allem in der Tradition des amerikanischen Rechtsrealismus werden juristische Argumente oft mit institutionellen Analysen verbun-

1 Zumindest im Vergleich zur Literatur über Rechte, Föderalismus und verfassungsgerichtliche Kontrolle, aber siehe: Dimitrios Kyritsis, *Where Our Protection Lies. Separation of Powers and Constitutional Review*, Oxford 2017; Jenny S. Martinez, »Horizontal Structuring«, in: Michel Rosenfeld, András Sajó (Hg.), *The Oxford Handbook of Comparative Constitutional Law*, Oxford 2012, S. 547-575; Aileen Kavanagh, »The Constitutional Separation of Powers«, in: David Dyzenhaus, Malcom Thorburn (Hg.), *Philosophical Foundations of Constitutional Law*, Oxford 2016, S. 221-239; Cheryl Saunders, »Theoretical Underpinnings of Separation of Powers«, in: Gary Jacobsohn, Miguel Schor (Hg.), *Comparative Constitutional Theory*, North Hampton (MA) 2018, S. 66-85; Christoph Möllers, *Die drei Gewalten. Legitimation der Gewaltengliederung in Verfassungsstaat, Europäischer Integration und Internationalisierung*, Weilerswist 2008.

den.[2] Das ist möglich, aber es sollte sichergestellt werden, dass jederart Argumentation die Ebenen wenn nicht trennt, so doch unterscheidet. Solange es methodische Differenzen zwischen Verfassungsrecht, empirischer Politikwissenschaft und normativer politischer Theorie gibt, ist auf diese Unterscheidung nicht zu verzichten.[3]

1. Historische Entwicklungslinien

a) Vor was schützt die Gewaltengliederung?

Selbst in der relativ kurzen Geschichte des demokratischen Konstitutionalismus nach den atlantischen Revolutionen in den Vereinigten Staaten und Frankreich zeigen sich sehr unterschiedliche Vorstellungen von der Bedeutung der Gewaltengliederung. Versucht man, verschiedene Modelle nach den institutionellen Gefahren zu ordnen, gegen die sie sich jeweils richten, wird diese Vielfalt anschaulich: Für die französische revolutionäre Tradition sind die Gerichte die gefährlichste Gewalt, weil sie individuelle Privilegien gegenüber dem allgemeinen demokratischen Willen abschirmen.[4] Für die amerikanischen Verfassunggeber war die Legislative die problematische Gewalt, weil sie schlechte Erfahrungen mit den ersten gliedstaatlichen Parlamenten gemacht hatten. Radikalisierte Legislativen verhängten individuelle Strafen und ließen Geld drucken.[5] Daher musste eine sinnvolle Gewaltengliederung das System vor diesen Übeln schützen.[6] Während sowohl die Kritik an zu mächti-

2 Bruce Ackerman, »New Separation of Powers«, in: *Harvard Law Review* 113 (2000), S. 633-729.

3 Die Frage, ob es einen Unterschied gibt, ist natürlich umstritten: Ran Hirschl, *Comparative Matters*, Oxford 2014; Armin von Bogdandy, »Comparative Constitutional Law as a Social Science? A Hegelian Reaction to Ran Hirschl's Comparative Matters«, in: *Der Staat* 55 (2016), S. 103-115; Christoph Möllers, Hannah Birkenkötter, »Towards A New Conceptualism in Comparative Constitutional Law, or Reviving the German Tradition of the Lehrbuch«, in: *International Journal of Constitutional Law* 12 (2015), S. 603-625.

4 Marcel Gauchet, *La Révolution des Pouvoirs*, Paris 1995.

5 Stanley M. Elkins, Eric L. McKittrick, *The Age of Federalism*, Oxford 1993, S. 702 f.

6 James Madison, »The Particular Structure of the New Government and the Distribution of Power Among Its Different Parts«, in: Hamilton u. a., *The Federalist Papers*, hg. v. Robert Scigliano, New York 2000 [1787], Nr. 47.

gen Gerichten als auch die Furcht vor einer Usurpation der Staatsorganisation durch die Legislative immer noch relevante Motive in Verfassungsrecht und Verfassungstheorie der Gegenwart sind, werden sie seit längerem von der kritischen Aufmerksamkeit überschattet, die der Exekutive zuteilwird.[7] Seit dem späten 19. Jahrhundert, also mit dem Aufkommen moderner staatlicher Bürokratien, wurde die Exekutive zur plausibelsten Bedrohung für jedes Verfassungssystem, sei es als Machtapparat eines politischen Führers, sei es als scheinbar neutrale technokratische Bürokratie. In jüngster Zeit sind schließlich auch Verfassungsgerichte als Problem für die Gewaltengliederung wahrgenommen worden.

Diese unterschiedlichen Orientierungen implizieren unterschiedliche Bedeutungen des Konzepts: Bis heute sind Verfassungsordnungen, die aus den frühen republikanischen Traditionen kommen wie Frankreich, die Niederlande oder die Schweiz, zögerlich, wenn es um die Gewährung einer starken gerichtlichen Kontrolle, insbesondere die Einrichtung von Verfassungsgerichten geht, während andere Verfassungsordnungen gerichtliche Schutzmechanismen gegen gesetzgeberische Eingriffe eingeführt haben. Die Idee der Parlamentssouveränität – die ihren Ursprung im vormodernen englischen Konstitutionalismus hat, aber unter modernen Bedingungen neu definiert wurde[8] – ist vielleicht der stärkste Widerpart gegen die Einführung einer Verfassungsgerichtsbarkeit.[9] Was den Aufstieg der Exekutiven angeht, scheint keine grundlegende Abhilfe in Sicht zu sein, obwohl unbestritten ist, dass eine unabhängige richterliche Kontrolle Grenzen ziehen kann.

Zudem kann die institutionelle Geschichte der Gewaltengliederung nicht verstanden werden, ohne einen Blick auf das andere große Organisationsprinzip des modernen Verfassungsstaates zu werfen: den Föderalismus.[10] Für die Gewaltengliederung relevante

7 Für einen vergleichenden Überblick: Jenny S. Martinez, »Inherent Executive Power: A Comparative Perspective«, in: *Yale Law Journal* 115 (2005-2006), S. 2480-2511.

8 Albert Venn Dicey, *Introduction to the Study of the Law of the Constitution*, Indianapolis (IN) 1982.

9 Stephen Gardbaum, *The New Commonwealth Model of Constitutionalism: Theory and Practice*, Cambridge 2013.

10 Raffaele Bifulco, »Federalism«, in: Roger Masterman, Robert Schütze (Hg.), *The Cambridge Companion to Comparative Constitutional Law*, Cambridge 2019, S. 312-331; Robert Schütze, »Constitutionalism(s)«, ebd., S. 60-63.

institutionelle Arrangements hängen oft mit föderalen Strukturen zusammen. Dies gilt für viele gesetzgebende Zweikammersysteme wie für verfassungsgerichtliche Kontrollen.[11] Die Einführung von verfassungsrechtlichen Regeln zur Abgrenzung föderaler Kompetenzen begründet oft auch den Einstieg in eine verfassungsgerichtliche Kontrolle. Folgenreich für die Ausgestaltung der Gewaltengliederung ist auch die Frage, wer die Gesetze der oberen Ebene vollzieht: die obere Ebene selbst oder die Glieder. Hier stellen die Vereinigten Staaten einerseits und die Europäische Union (EU) (und innerhalb der EU Deutschland) andererseits zwei unterschiedliche Idealtypen eines klar getrennten oder eines integrierten Exekutivföderalismus dar,[12] die jeweils wichtige Auswirkungen auf die Organisation der drei Gewalten haben.

b) Die zu geläufige Geschichte von Aufstieg und Fall der Gewaltengliederung

Obwohl die Geschichte der Gewaltengliederung voller Variationen und Pfadabhängigkeiten ist, die jeden Anspruch auf ein einheitliches Konzept in Frage stellen, unterstellt ein nicht kleiner Teil der Literatur eine einfache Geschichte: Einst herrschte in Kontinentaleuropa eine formalistische Vorstellung von getrennten Gewalten, die nunmehr durch verschiedene soziale und institutionelle Realitäten überholt worden ist: namentlich durch die komplexen Regelungsstrukturen des Wohlfahrtsstaates, die Privatisierung öffentlicher Aufgaben, den Aufstieg von Verfassungsgerichten und die Internationalisierung des Rechts.[13] Abgelöst wurde sie dieser

11 Olivier Beaud, »De quelques particularités de la justice constitutionelle dans un système fédéral«, in: Constance Grewe et al. (Hg.), *La notion de »justice constitutionelle«*, Paris 2005, S. 49-72. Zur Verfassungsprüfung im Allgemeinen siehe Cheryl Saunders, »Courts with Constitutional Jurisdiction«, in: Masterman, Schütze (Hg.), *The Cambridge Companion to Comparative Constitutional Law*, S. 414-440.

12 Daniel Halberstam, »Comparative Federalism and the Issue of Commandeering«, in: Kalypso Nicolaidis, Robert Howse (Hg.), *The Federal Vision: Legitimacy and Levels of Governance in the United States and the European Union*, Oxford 2001, S. 213-251.

13 Für neuere Beispiele in der Literatur siehe: Eoin Carolan, *The New Separation of Powers*, Oxford 2009, S. 1-17; Frank Vibert, *The Rise of the Unelected*, Cambridge 2007.

Geschichte zufolge durch die Herrschaft von Bürokratien und Gerichten auf Kosten des Parlaments. Dieses Niedergangsnarrativ ist mindestens seit den 1920er Jahren weit verbreitet und lässt sich bis ins späte 19. Jahrhundert zurückverfolgen. Es findet sich in faschistischen und kommunistischen Verfallsgeschichten des liberalen Konstitutionalismus, in der technokratischen Weltsicht der *New Dealer* und in der neoliberalen Kritik an korrupten politischen Prozessen und schwerfälligen Verwaltungsverfahren. Historisch ist das jedoch kaum zu halten.

Zunächst müsste eine ernsthafte Historisierung des Prinzips viele Unterscheidungen treffen und viele Vorbehalte berücksichtigen: Unterscheidungen zwischen der Theorie und ihrer institutionellen Praxis, zwischen dem normativen und dem deskriptiven Anspruch des Konzepts und zwischen demokratischen und anderen Verfassungssystemen. Sie würde versuchen, eine lineare historische Erzählung zu vermeiden. Der Kernfehler der vorherrschenden Darstellung liegt in der Annahme, dass es in Kontinentaleuropa eine klassische Ära der reinen Gewaltengliederung gab. Doch selbst in den kontintentaleuropäischen Monarchien entwickelten sich Verantwortungsbeziehungen zwischen Parlament und Regierung, keine starke Trennung – ebenso wie eine Justiz, die rechtsschöpferisch tätig wurde.[14] Auch die These eines stetigen Rückgangs parlamentarischer Macht ist schwer zu belegen. Selbst wenn plausibel behauptet werden kann, dass die Exekutive heute sehr mächtig ist, ist es nicht einfach, diese Entwicklung zu quantifizieren, und nicht klar, inwieweit diese Entwicklung auf Kosten der anderen Gewalten geht, schon weil Verteilung von Macht zwischen den Organen kein Nullsummenspiel ist.[15] Schließlich ist es auch qualitativ schwierig, verschiedene Formen politischer Macht zu vergleichen. Insbesondere die politische Macht der Parlamente bleibt ein unterreflektiertes Thema,[16] da sie in der abstrakten Form der Regelsetzung und der politischen Einflussnahme durch Diskurse ausgeübt

14 Dieses Klischee wird z. B. in Alec Stone Sweet, *Governing with Judges*, Oxford 2000, S. 56, 90 f., 127 f., 137, 146 bedient. Für die Situation in Deutschland und Frankreich: Jacques Krynen, *L'emprise contemporaine des juges*, Paris 2011, S. 104, 191; Regina Ogorek, *Richterkönig oder Subsumtionsautomat? Zur Justiztheorie im 19. Jahrhundert*, Frankfurt/M. 1986.

15 George Tsebelis, *Veto-Players: How Political Institutions Work*, Princeton 2002.

16 Siehe aber Maxwell A. Cameron, *Strong Constitutions*, Oxford 2013, S. 39-42.

wird. Wenn man die Macht formaler Regeln unterschätzt,[17] wird man auch die Macht von Parlamenten unterschätzen. Unter diesen Bedingungen bleibt offen, ob das allgemeine Narrativ über den Verlust parlamentarischer Macht richtig ist oder vor welchem historischen Maßstab es nachgewiesen werden könnte.

2. Bedeutungen

a) Der Nutzen begrifflicher Unterscheidungen

Bei der Gewaltengliederung geht es nicht um die »Trennung« oder »Teilung« von Institutionen. Aus diesem Grund wird der verbreitete, aber missverständliche Begriff der Gewaltenteilung hier vermieden.[18] Die meisten Darstellungen distanzieren sich zu Recht von der Vorstellung, dass verschiedene Gewalten getrennt voneinander arbeiten sollten.[19] »Gliederung« soll dagegen zum Ausdruck bringen, dass es um eine geordnete Unterscheidung von Gewalten geht. Der systematische Kern aller Modelle der Gewaltengliederung ist die dreigliedrige Differenzierung zwischen legislativem, exekutivem und judikativem Entscheiden. Die formkritische These, diese Unterscheidung sei reduktionistisch oder spiegele die institutionellen Realitäten hoheitlichen Handelns nicht wider, geht in zweierlei Hinsicht am Sinn einer normativen begrifflichen Unterscheidung vorbei. Erstens wird diese Unterscheidung, wie jede andere auch, nicht durch die Unschärfe ihrer Grenzen widerlegt. Es ist gerade eine wichtige Funktion der Unterscheidung, dass sie es erlaubt, Überschreitungen und hybride Phänomene zu bezeichnen. Zweitens drückt jedenfalls der normative Gebrauch der Unterscheidung einen Anspruch aus, keine faktische Praxis. Wenn der hier transportierte Anspruch ignoriert wird, ist dies Hinweis auf ein normatives Problem.

Dies ist jedoch nur der Ausgangspunkt der begrifflichen Arbeit. Einerseits erscheint es wenig sinnvoll, das traditionelle Begriffsfeld

17 Für eine Gegenkritik am (typisch US-amerikanischen) Regelskeptizismus: Frederick Schauer, *Playing by the Rules*, Oxford 1993; Arthur L. Stinchcombe, *When Formality Works*, Chicago 2001.

18 Laurence H. Tribe, *American Constitutional Law*, Mineola 2000, S. 137.

19 Kavanagh, »The Constitutional Separation of Powers«, S. 221-239.

der Gewaltengliederung zugunsten künstlicher neuer Begriffe aufzugeben.[20] Andererseits muss begriffliche Arbeit geleistet werden, um einen Rahmen zu entwickeln, der dann auch für eine vergleichende Perspektive verwendet werden kann. In einem ersten Schritt soll hier ein genaueres Bild der möglichen Bedeutungen der Gewaltengliederung gezeichnet werden,[21] bevor ich in den folgenden Abschnitten einen Blick auf die weiteren theoretischen Grundlagen werfen kann. Zunächst sind drei Bedeutungsgehalte der Gewaltengliederung zu unterscheiden: institutionelle Autonomie, Gleichgewicht und Verbot funktionaler Usurpation.

b) Autonomie

Die erste und systematisch anspruchsloseste Bedeutung des Gewaltengliederungsgrundsatzes fordert ein gewisses Maß an Autonomie jeder Gewalt gegenüber ihren jeweiligen Gegenspielern. Diese Selbstständigkeit ist begrifflich in der Gewaltenunterscheidung enthalten; jede Gewalt muss selbstständig und das heißt zu einem gewissen Grad unabhängig von den anderen operieren können. Viele Verfassungsordnungen kennen diesen Grundsatz, auch wenn er unterschiedlich ausgestaltet wird. Er kann den Schutz der eigenen politischen oder rechtlichen Willensbildung betreffen oder auch den Schutz vor Informationsanfragen anderer Organe. Das Maß an Autonomie hängt von anderen Systementscheidungen ab: Ein Parlament ist in einem Präsidialsystem autonomer als in einem parlamentarischen Regierungssystem. Es kann sich nach der Legitimität der Institution innerhalb einer Verfassungsordnung bemessen: Ein direkt gewähltes Parlament kann plausibler Autonomie für sich beanspruchen als eine nachgeordnete Verwaltungsbehörde.

Am deutlichsten anerkannt ist eine solche operative Autonomie für die Rechtsprechung: Die richterliche Unabhängigkeit gilt weit-

20 Für eine ausführliche Beschreibung des Phänomens, die das Modell, das sie anzuwenden scheint, nicht wirklich erklärt: Martinez, »Horizontal Structuring«, S. 547-575.

21 Ein Grund für die allgemeine Verwirrung liegt in der komplexen und wechselnden Rechtsprechung der verschiedenen Gerichte. Für einen Versuch, die Rechtsprechung des Supreme Court der USA zu verstehen, siehe Aziz Z. Huq, Jon D. Michaels, »The Cycles of Separation-of-Powers Jurisprudence«, in: *Yale Law Journal* 126 (2016), S. 346.

hin als Begriffsmerkmal gerichtlichen Entscheidens. Ein abhängiges Gericht ist kein schlechtes, es ist gar kein Gericht. Obwohl die Implikationen dieses Prinzips in verschiedenen Verfassungsordnungen sehr unterschiedlich sind und obwohl das Prinzip im Zusammenhang mit dem globalen autoritären Aufschwung unter Druck gerät, scheint es doch einen gewissen Konsens über seinen Kern zu geben. Richter dürfen nicht ex ante von anderen Gewalten darin beeinflusst werden, wie sie einen konkreten Fall zu entscheiden haben, und sie dürfen nicht ex post für ihre Entscheidungen sanktioniert werden. Zugleich ist auch diese Autonomie beschränkt, denn selbstverständlich müssen Gerichte ihren Entscheidungen das von der gesetzgebenden Gewalt produzierte Recht zugrunde legen.

Was das Verhältnis zwischen den beiden anderen Gewalten, der Legislative und der Exekutive, betrifft, so hängt die Frage der Autonomie in hohem Maße von der Unterscheidung zwischen parlamentarischen, präsidentiellen und semipräsidentiellen Systemen ab.[22] Während sich ein Großteil der Debatte um das Problem dreht, welches dieser Systeme funktionaler operiert,[23] ist es aus verfassungstheoretischer Sicht wichtiger, dass die Entscheidung für eine dieser Alternativen Implikationen für viele andere Fragen der Gewaltenteilung hat.[24] Dass in einem präsidialen System Parlament und Präsident je eigene politische Legitimität kraft direkter Wahl beanspruchen können, während in einem parlamentarischen System beide Gewalten ihre Legitimität aus derselben Parlamentswahl ableiten, prägt die Behandlung und Beantwortung von Fragen der Delegation, der parlamentarischen Kontrolle oder der Funktion der Hierarchie für die Exekutive.[25] Dies ist für das vergleichende Verfassungsrecht wichtig, weil dort Standardargumente oft zu abstrakt über die verschiedenen Regierungssysteme hinweg formuliert werden und dadurch viel von ihrem argumentativen Biss verlieren.

22 Für diesen Begriff: Cindy Skach, »The ›Newest‹ Separation of Powers«, in: *International Journal of Constitutional Law* 5 (2007), S. 93-121.

23 Ackerman, »New Separation of Powers«, S. 633-729.

24 Alle drei Systeme haben ihre eigene Form der Gewaltengliederung. Der Begriff »Regierung« selbst scheint besser zu einem parlamentarischen System zu passen als zu einer monokratischen präsidialen Exekutive, vgl. Richard Albert, »Presidential Values in Parliamentary Systems«, in: *International Journal of Constitutional Law* 8 (2010), S. 207-236.

25 Christoph Möllers, *The Three Branches*, Oxford 2013, S. 110-126.

Das gilt insbesondere für die US-Verfassung, die nach wie vor als Referenz gilt, obwohl sich ihr präsidiales System außerhalb Lateinamerikas und Afrikas selten findet und sie damit für das vergleichende Verfassungsrecht nur begrenzt von Interesse ist. Eine genaue Behandlung der unterschiedlichen Ausprägungen institutioneller Autonomie der Gewalten ist aber eine notwendige Voraussetzung für einen ergiebigen Vergleich komplexerer Probleme. Zugleich zeigt die Erfahrung mit sich institutionell ähnelnden Systemen oft sehr abweichende Entwicklungen, die dann nicht ohne weiteres der Ausgestaltung der Gewaltengliederung zugerechnet werden können: Man denke nur an die verblüffenden Ähnlichkeiten zwischen der Weimarer Reichsverfassung, der geltenden französischen Verfassung der V. Republik und der geltenden österreichischen Bundesverfassung.

c) Gleichgewicht

Hat die institutionelle Autonomie eine relativ einfache Bedeutung, so scheint die zweite Bedeutung, die ein »Gleichgewicht« der Gewalten fordert, weniger klar zu sein. Die Gewalten sollen sich nicht nur »unabhängig« voneinander, sondern auch »harmonisch« zueinander verhalten.[26] Das klingt gut, aber was könnte es bedeuten? Es ist nicht überraschend, dass dieser Gedanke bei Verfassungsgerichten wegen seines abwägenden Gehalts besonderen Anklang findet.[27] Wenn es stimmt, dass der Erfolg von Abwägungstests in der verfassungsgerichtlichen Rechtsprechung auch dadurch erklärt werden kann, dass diese einen großen Spielraum für die richterliche Entscheidungsfindung bieten,[28] dann gilt dies auch für seine Verwendung in der Gewaltengliederungslehre.

Der Ursprung der Idee des Gleichgewichts ist vormodern. Sie geht auf antike Mischverfassungslehren zurück, die demokratische,

26 Art. 2 Verfassung von Brasilien.

27 Dies gilt zum Beispiel für den EuGH; für eine Lektüre der Rechtsprechung aus heutiger Sicht siehe David Yuratich, »Article 13(2) TEU: Institutional Balance, Sincere Co-Operation, and Non-Domination During Lawmaking?«, in: *German Law Journal* 18 (1) (2007), S. 99-126; und in Bezug auf das Bundesverfassungsgericht: Möllers, *The Three Branches*, S. 45-47.

28 Sweet, *Governing with Judges*; aber für ernsthafte Zweifel vgl. aktuell Niels Petersen, *Proportionality and Judicial Activism*, Cambridge 2017.

aristokratische und monarchische Elemente kombinieren.[29] Spuren dieses Denkens zeigen sich in der Ausgestaltung von Repräsentantenhaus, Senat und Präsidentschaft im amerikanischen Verfassungsrecht.[30] Heute begründet das Balanceargument eine ganzheitliche Perspektive auf die drei Gewalten, in der Gerichte Modifikationen der Staatsorganisation durch den Gesetzgeber daran messen, ob sie den Grundprinzipien der Organisation gerecht werden. Aus diesem Grund ist es schwierig, den Gehalt der Formel zu bestimmen, ohne sich auf eine konkrete Verfassungsordnung zu beziehen. Deutlich wird jedenfalls, dass aus dem Gewaltengliederungsprinzip nicht nur Gründe für eine Trennung, sondern auch solche für eine Zusammenarbeit von Staatsorganen folgen können.[31] Ein Beispiel für die Verwendung der Formel ist das »institutionelle Gleichgewicht« in der Rechtsprechung des EuGH zur Organisation der EU.[32] Im Ergebnis wird mit diesem Argument die in den Verträgen eingerichtete Organisationsstruktur vor Zugriffen durch den Gesetzgeber geschützt. Obwohl solche Begründungsmuster in Hinblick auf ihre Ergebnisse oft Plausibilität beanspruchen können, ist ihre Herleitung oft nicht gleichermaßen überzeugend. Die Abwägung bleibt ein methodisch unsicheres Verfahren.[33] Dies gilt im Besonderen für das Organisationsrecht, das anders als die Grundrechte keine normative Vermutungsregel zugunsten individueller Freiheit hinter sich hat.

d) Funktionen und Organe: das Usurpationsverbot

Die moderne Theorie der Gewaltengliederung, die auf Montesquieu zurückgeht,[34] betrifft nicht die institutionellen Akteure oder Organe als solche, sondern deren Beziehungen zu den von ihnen

29 Polybios, *Die Verfassung der römischen Republik. Historien, VI. Buch*, Stuttgart 2012, Kap. 6.4.6-II.

30 Gerhard Casper, *Separating Powers*, Cambridge (MA) 1997.

31 Kavanagh, »The Constitutional Separation of Powers«, S. 221-239.

32 Für eine Analyse siehe Koen Lenaerts, Amaryllis Verhoeven, »Institutional Balance as a Guarantee for Democracy in EU Governance«, in: Christian Joerges, Renaud Dehousse (Hg.), *Good Governance in Europe's Integrated Market*, Oxford 2002, S. 35-88.

33 Für eine aktuelle Kritik: Francisco J. Urbina, *A Critique of Proportionality and Balancing*, Cambridge 2017.

34 Charles de Montesquieu, *Vom Geist der Gesetze*, Leipzig 2011 [1748], II, Kap. 11.

ausgeübten »Gewalten« oder »Funktionen«.[35] Gesetzgebung, Vollzug von Gesetzen und Rechtsprechung sind Funktionen oder Gewalten, die von den zuständigen Institutionen oder Organen ausgeführt werden müssen. »Funktion« oder »Gewalt« bezeichnet dabei Formen der Rechtserzeugung. Die meisten Verfassungen – von der US-amerikanischen im Jahr 1787 bis zur südafrikanischen von 1996 – gehen von der mitunter impliziten, manchmal festgeschriebenen Annahme aus, dass sich diese drei Funktionen unterscheiden lassen, sie definieren sie aber nicht.[36] Statt einer Definition weisen sie die Funktion einer bestimmten Institution zu: Gesetzgebung macht das Parlament, Rechtsprechung die Gerichte. Die Tatsache, dass Verfassungen auf diese Unterscheidungen verweisen, ist der zentrale normative Grund dafür, dass es nicht möglich ist, das Konzept der Gewaltengliederung aufzugeben oder zu ersetzen.[37] Um diese Funktionen in einer anwendbaren Weise zu definieren, helfen die Verfahrens- und Organisationsbestimmungen, die die Organe bilden, denen eine dieser Funktionen zugewiesen wird: Wir schauen uns die Regeln an, die das Parlament und seine Verfahren konstituieren, um besser zu verstehen, was »Gesetzgebung« bedeutet, und wir schauen uns die Verfahrensregeln für Gerichte an, um zu verstehen, was mit Rechtsprechung gemeint ist. Aber diese induktive Methode ist natürlich von Zirkelschlüssigkeit bedroht. Einen Sinn hat das Gewaltengliederungsargument nur dann, wenn nicht

35 Die amerikanische Debatte zwischen Funktionalisten und Textualisten im Gewaltengliederungsrecht, die mehr oder weniger eine Variante der Debatte zwischen Originalisten und Funktionalisten ist, scheint dies bemerkenswerterweise zu übersehen und ist wegen ihres Fokus auf amerikanisches Recht (und Politik) hier nicht weiter von Belang.

36 Für einige Beispiele vgl. nur Art. 2 Verfassung von Brasilien; Art. I, II, III US-Verfassung; Art. 20 Abs. 3 Grundgesetz; Kapitel III, Art. 24 (1) Verfassung von Indonesien; Art. 70, 92, 101 Verfassung von Italien; Abschnitte I, II und III Verfassung von Argentinien; Art. 4, 5, 6 Verfassung von Nigeria. Als Gegenaussage, die jedoch die Unterscheidung zwischen Gewalten und Funktionen voraussetzt: »[...] the Indian Constitution does not expressly vest the different sets of powers in the different organs of the State«. In re Dehli Laws Act 1912 AIR 1951 SC 332 [285].

37 Eine andere Frage ist, ob der Begriff weitere Elemente, wie politische Parteien, umfassen sollte: Stephen Gardbaum, »Political Parties, Voting Systems, and the Separation of Powers«, in: *American Journal of Comparative Law* 65 (2017), S. 229-264. Aber diese Inklusivität kann eher bei einer dichten Beschreibung *eines* Systems hilfreich sein als bei einem begrifflichen Rahmen. Ein Begriff wird nicht unbedingt nützlicher, wenn er umfassender ist.

alles, was ein Parlament tut, als Gesetzgebung angesehen werden kann.[38]

Diese Klärung ist der Kern jeder ernsthaften juristischen Auseinandersetzung mit der Gewaltengliederung. Man mag sich über den Wert solcher konstruktiven Fragen wundern, aber solange ein Mindestmaß an Vertrauen in den Sinn begrifflicher Argumente besteht, scheinen die konstruktiven Probleme nicht komplizierter zu sein als in anderen Rechtsbereichen. Hinzu kommt, dass die Bezugnahme auf den Begriff der Gewaltengliederung in den meisten Fällen sehr spezifisch sein wird, weil sie den einschlägigen Gehalt des Prinzips in den Kontext konkreter verfassungsrechtlicher Normen und politischer Praktiken einbetten muss. Das vergleichende Verfassungsrecht sollte in der Lage sein, Unterschiede und Parallelen in der verfassungsrechtlichen Argumentation zu analysieren, aber es wird uns kein Meta-Konzept liefern, das als Passepartout über verschiedene Rechtsordnungen hinweg angewendet werden kann. Bislang ist ein solcher theoriegeleiteter Zugang zum Verfassungsvergleich im Vergleich zu bloßen institutionellen Beschreibungen unterentwickelt. Doch gibt es Raum für Theorie, solange die einzelnen Verfassungen Platz für die Klärung der allgemeinen Konzepte lassen. Wir werden dies in den folgenden Abschnitten näher beleuchten.

Parlamente, Exekutiven und Gerichte sind drei Arten von verfassungseigenen Institutionen, die die drei Funktionen zu erfüllen haben. In einer idealen Welt funktional geordneter Gewalten könnte man von einer perfekten Entsprechung zwischen Funktion und Institution ausgehen: Nur Parlamente arbeiten gesetzgeberisch und sie arbeiten nur gesetzgeberisch. Nur die Exekutive arbeitet vollziehend und sie arbeitet nur vollziehend. Nur Gerichte betreiben Rechtsprechung und sie machen nur dies. Das Rätsel der Gewaltengliederung wäre durch eine funktionale Zuweisung gelöst. Mit einer solchen Lösung gibt es aber zumindest drei Probleme.

Das erste Problem liegt, wie wir bereits gesehen haben, in der Definition der Funktion: Wo fängt die Gesetzgebung an und wo hört sie auf? In vielen namentlich amerikanischen Darstellungen wird diese Frage als unlösbares Problem einer formalistisch vorgehenden Jurisprudenz behandelt. Wenn »Formalismus« aber bedeutet, normative Begriffe zu analysieren, dann wird es schwierig,

38 Möllers, *The Three Branches*, S. 96-101.

diesen zu vermeiden, ohne eine juristische Argumentation ganz aufzugeben. Das zweite Problem liegt in der Definition des Organs: Welche Merkmale müssen erfüllt sein, damit ein Gericht ein Gericht ist? Unabhängigkeit von politischem Druck oder lebenslange Amtszeit der Richter? Das dritte und vielleicht schwierigste Problem betrifft die Beziehung zwischen den beiden Dreiergruppen. In vielen Fällen arbeiten die Organe zusammen, um eine Funktion zu erfüllen. In parlamentarischen Systemen initiieren die Regierungen in der Regel die Gesetzgebung, während die Parlamente regelmäßig an Verwaltungsmaßnahmen beteiligt sind. Diese hybriden Verfahren können unter dem Gesichtspunkt der Legitimität problematisch sein oder auch nicht, aber sie sind sicherlich nicht verfassungswidrig, solange sie ausdrücklichen Verfassungsvorgaben entsprechen.

Will man diese Probleme angehen, bedarf es eines begrifflichen Angebots, das zwischen gesetzgebenden, vollziehenden und rechtsprechenden Entscheidungen zu unterscheiden hilft. Versucht man, Kriterien für eine solche Unterscheidung zu entwickeln, so lassen sich tatsächlich drei benennen, die, wie sich noch zeigen soll, letztlich auf das Verhältnis zwischen individueller und demokratischer Selbstbestimmung verweisen.[39]

Da ist zum Ersten der persönliche und sachliche Geltungsbereich einer Entscheidung: Die gesetzgeberische Rechtsetzung ist potentiell allgemein, sie betrifft die gesamte Gemeinschaft, während sich gerichtliche Entscheidungen auf einen hochgradig individualisierten Gegenstand beziehen, einen Konflikt zwischen zwei Parteien, einen »Fall«. Ein zweites Kriterium ergibt sich aus der zeitlichen Ausrichtung der Entscheidung: Gesetzgeberische Entscheidungen beziehen sich auf die Zukunft, während gerichtliche Entscheidungen vergangene Ereignisse beurteilen. Es ist daher kein Zufall, dass rückwirkende Gesetzgebung in vielen Rechtsordnungen als verfassungsrechtliches Problem gilt. Das dritte Kriterium ist der Verrechtlichungsgrad der zu treffenden Entscheidungen selbst, einschließlich des Verrechtlichungsgrads der beiden anderen Kriterien: Während gesetzgeberisches Handeln idealerweise Ergebnis eines offenen politischen Willensbildungsprozesses ist, der politisch alternative Ergebnisse hätte produzieren können, also dezidiert

39 Ebd., S. 79 f.

nicht als Normanwendung zu verstehen ist, gilt dies für die Rechtsprechung gerade nicht. Deren Entscheidungen werden allein als das Ergebnis der Anwendung von Recht konstruiert.[40] In diesem Modell nimmt die Exekutive in allen drei Punkten eine Zwischenstellung zwischen den beiden anderen Gewalten ein.[41] Dies entspricht der Beobachtung, dass die vollziehende Gewalt sehr unterschiedlich operiert, von der politisch gestaltenden Regierung bis zu dem in seiner Entscheidung weitestgehend gebundenen Sachbearbeiter. Diese Vielfalt wird dann namentlich durch Hierarchiebildung zusammengehalten. Diese Kriterien erlauben es nicht nur, die Gewalten zu unterscheiden, sondern auch, bestimmte Eigenschaften von Institutionen zu rekonstruieren, die diese Gewalten ausführen. Beispielhaft: Die ausgreifende sachliche und personale Reichweite der Gesetzgebung sollte durch eine Institution wahrgenommen werden, die die ganze politische Gemeinschaft repräsentieren kann. Die allein nach rechtlichen Maßstäben auf Fälle beschränkte rechtsprechende Funktion sollte in einem Verfahren wahrgenommen werden, das sich auf Konflikte beschränkt und politischen Einfluss ausschließt.

Trotz dieser Möglichkeit, dem Problem begrifflich näher zu kommen, ist das verfassungsrechtliche Prinzip, das mit der Idee der Zuweisung von Funktionen zu Institutionen verbunden ist, regelmäßig nicht positiv, sondern negativ formuliert. Die funktionale Gewaltengliederung ist kein Prinzip, das – im Alexy'schen Sinne – eine optimale Verteilung der Funktionen auf die Organe verlangt.[42] Sie verbietet die Usurpation oder den Eingriff in eine Funktion durch ein ungeeignetes Organ.[43] Ein solches Argument funktio-

40 Es ist von geringem Interesse, ob die Annahme der rechtlichen Determiniertheit gut begründet ist oder nicht. Von größerer Bedeutung ist die Tatsache, dass gerichtliche Entscheidungen so behandelt werden, mit der wichtigen Folge, dass die Gerichte keinen eigenen institutionellen Willen jenseits des Rechts geltend machen können. Verfassungsrechtliche Überprüfung muss indes auf eine andere Art und Weise analysiert werden.

41 Es ist daher kein Zufall, dass die Exekutive die am schwersten zu definierende Gewalt ist. Die Verknüpfung von politischer Gesetzgebung und relativ determinierter Rechtsanwendung, meist durch eine hierarchische Organisation, macht das Handeln der Exekutive vielfältiger als die Aufgaben der anderen Gewalten.

42 In Bezug auf Rechte: Robert Alexy, »Rights, Legal Reasoning and Rational Discourse«, in: *Ratio Juris* 5 (2) (1992), S. 143-152.

43 Zum Begriff der Usurpation siehe: James Madison, »These Departments Should

niert nur innerhalb des konkreten Rahmens, den eine Verfassung vorgibt – es kann nicht gegen ausdrücklich anders regelnde Verfassungsbestimmungen gewendet werden. In einem parlamentarischen System wird der Adressat dieses Verbots zumeist der Gesetzgeber sein, der die Befugnis hat, bestimmte Aufgaben an Organe zu verteilen. Es ist aber auch möglich, dass andere Organe in die Befugnisse eingreifen. Gerichte können in die Legislative eingreifen, indem sie zu weit gefasste Entscheidungen erlassen. Die Verwaltung kann in die Legislative eingreifen, indem sie Entscheidungen gegen oder ohne eine gesetzliche Grundlage trifft. Die Exekutive kann in die Judikative eingreifen, indem sie deren Unabhängigkeit verletzt oder Einzelpersonen ohne ordnungsgemäßes Verfahren sanktioniert.[44] Auch hier wird sich der Rückgriff auf die Gewaltengliederung als Grundsatz in den meisten Fällen erübrigen, weil konkretere Normen zur Verfügung stehen, die dies ausschließen. Die normative Richtung eines Arguments der Gewaltengliederung wird regelmäßig durch spezifischere Regeln wie eine domaine réservé für ein Parlamentsgesetz oder eine »cases and controversies«-Klausel für Gerichte angegeben. Als Hintergrundprinzip bietet der Begriff jedoch eine normative Orientierung.

Im Allgemeinen kann eine solche normativ missbilligte »Gewaltenusurpation« zwei Formen annehmen. Zum einen kann eine der Funktionen übersprungen werden. Ein Beispiel hierfür wäre ein Gesetz, das unmittelbar in die Rechte des Einzelnen eingreift, ohne dass die Exekutive dazwischentritt, um die Regel für einen bestimmten Fall anzuwenden. Ein weiteres Beispiel wäre eine Exekutivmaßnahme, die in individuelle Rechte eingreift, aber durch Gesetz der gerichtlichen Überprüfung entzogen ist. Zum anderen kann eine Institution so deformiert werden, dass sie ihre Funktion nicht mehr angemessen erfüllen kann. Ein Beispiel hierfür wäre ein politisch abhängiges Organ, dem die Rechtsprechung zugewiesen würde, oder ein Organ mit primär legislativen Aufgaben, in dem keine abweichenden politischen Positionen repräsentiert sind.

Not Be So Far Separated as to Have No Constitutional Control Over Each Other«, in: Hamilton u. a., *The Federalist Papers*, Nr. 48.

44 Susan Rose-Ackerman u. a., *Due Process of Lawmaking*, Cambridge 2015.

3. Kognitive und normative Begründungen für eine Gewaltengliederung

a) Deskriptive Begründungen

Wozu Gewaltengliederung? Es ist nicht selbstverständlich, eine Staatsorganisation in verschiedene Organe aufzuteilen und diesen bestimmte Funktionen zuzuweisen. Jenseits verfassungsrechtlicher Überlieferungen bedarf ein solches Konzept der Begründung. Zumeist wird diese Frage normativ diskutiert, es gibt aber auch nichtnormative Ansätze, die auf die einfache Tatsache verweisen, dass die Unterscheidung zwischen legislativen, exekutiven und judikativen Entscheidungen schlicht ein hilfreiches Instrument zur Beschreibung und Analyse des Handelns hoheitlicher Herrschaft in und jenseits des Staates ist.[45] Die Verwendung des Begriffs hängt also nicht von einer weitergehenden Rechtfertigung ab, weder als normatives Prinzip noch als institutionelle Realität. Im Gegenteil, die Unterscheidung selbst wird in vielen Berichten über ihren »Niedergang« verwendet – etwa, wenn es darum geht, sich über Gesetzgebung durch Organe der Exekutive zu beklagen. Die Unterscheidung ist also auch dann ein hilfreiches Instrument zur Beschreibung institutioneller Praktiken, wenn diese von jedem Ideal abweichen. Selbst die Verwendung nur eines der Elemente – legislatives, exekutives oder gerichtliches Entscheiden – ist dabei ohne einen zumindest implizit unterscheidenden Hinweis auf die beiden anderen und damit auf das gesamte Tripel nicht möglich.

b) Kognitive Begründungen

Von ihrem deskriptiven Wert zu unterscheiden sind mögliche kognitive Qualitäten der institutionellen Differenzierung durch Gewaltengliederung. Die Einrichtung von spezialisierten Legislativ-, Exekutiv- und Rechtsprechungsorganen kann instrumentelle Vorteile haben. Es mag hilfreich sein, innerhalb der staatlichen Organisation zwischen politischen, rechtlichen und technischen Fragen zu unterscheiden, auch wenn diese Unterscheidung in der Anwendung oft anfechtbar sein dürfte und der politische Teufel

45 Cameron, *Strong Constitutions.*

im technischen Detail liegt. Es kann ebenso hilfreich sein, Regelsetzung und Regelanwendung verschiedenen Organisationsformen mit unterschiedlichen Verfahren zuzuordnen. Solche instrumentellen Vorteile bleiben unabhängig von der Frage, ob dadurch auch politische oder andere Legitimität in einem Verfassungssystem erzeugt wird. An einem extremen Beispiel: Die vatikanische Verfassung unterscheidet zwischen Legislative, Exekutive und Judikative, obwohl sie eine solide monokratische (früher hätte man gesagt: despotische) Organisationsform mit spiritueller Legitimität verfasst.[46] Damit ist auch klar: Solche möglichen organisatorischen Vorteile führen nicht dazu, dass autoritäre Systeme um der Effizienz willen Merkmale wie die parlamentarische Kontrolle der Exekutive oder die richterliche Unabhängigkeit einführen: Es gibt keine stabilisierte Harmonie zwischen einer legitimen und einer effizienten Organisation des Staates, die ein allgemeines Festhalten an einer sinnvollen Version unseres Prinzips bewirken könnte. Dennoch ist zu beobachten, dass Systeme, die auf zentralisierten, monokratisch-autoritären Institutionen beruhen, die gleichzeitig Regeln aufstellen, ausführen und kontrollieren, nicht nur politisch fragwürdig, sondern auch organisatorisch defizient sind.

Es ist verlockend, nach funktionalen Äquivalenten für das Konzept der Gewaltengliederung in autoritären Systemen zu suchen. Dezentralisierung könnte ein Beispiel dafür sein.[47] Ein anderes könnte in der Unterscheidung zwischen Einheitspartei und Staatsverwaltung liegen.[48] Ein drittes wären nur informell geltende, aber praktisch wirksame Erwartungen an die konsensuale Entscheidungsfindung etwa innerhalb einer Einheitspartei oder eines Königshauses. Ein ganz anderes Äquivalent liegt in aggressiven politischen Kampagnen gegen Korruption, die das Fehlen einer unabhängigen Justiz kompensieren sollen. Der autoritäre Anspruch auf allgegenwärtige politische Kontrolle über den Staatsapparat und die Gesellschaft stellt offensichtlich hohe organisatorische Anforderungen. In dem Moment, in dem ein solcher Kontrollanspruch mit technischen Mitteln realisiert werden kann, wird die Zukunft der Idee der Gewaltengliederung noch düsterer aussehen.

46 Art. 1 Abs. 1 Grundgesetz des Staates Vatikanstadt.

47 Qianfan Zhang, *The Constitution of China*, Oxford 2012, S. 149-160.

48 Für China vgl. ebd., S. 121-147, obwohl solche Unterscheidungen immer mehr unter Druck zu geraten scheinen.

c) Normative Begründungen

Schließlich gibt es auch normative Begründungen für eine gewaltengegliederte politische Organisation. Die älteste und weiterhin am weitesten verbreitete Begründung des Prinzips der Gewaltengliederung liegt im Schutz individueller Freiheit vor Tyrannei und Despotismus. In einer moderneren Version führt dies zu einem Modell, in dem Konstitutionalismus mit der Begrenzung politischer Herrschaftsbefugnisse gleichgesetzt wird.[49] Diese Idee dominierte bereits in Montesquieus vormodernem und vordemokratischem Modell,[50] sie hat die atlantischen Revolutionen überlebt und ist sogar ein Kernbestandteil ihrer amerikanischen Version geworden. Die Furcht der amerikanischen Verfassungsväter vor gesetzgeberischem Despotismus führte zu einem Verfassungsentwurf, der durch die Einbeziehung verschiedener Vetospieler eine gewisse Neigung zu politischer Untätigkeit geschaffen hat.[51] Diese Gestaltung basiert auf einer negativen, individuellen und rechtsbezogenen Freiheitskonzeption, in der Subjekte ihren Präferenzen so lange besser folgen können, wie staatliches Handeln sie nicht unvorhersehbar beeinträchtigt.[52] Eine der Implikationen dieses Modells ist der faktische Vorrang des nicht notwendig freien gesellschaftlichen Status quo vor seiner politisch herbeigeführten Veränderung.[53] Die Betonung der Begrenzung staatlicher Befugnisse bleibt in der akademischen Debatte auch außerhalb der Vereinigten Staaten die gängigste Rechtfertigung für unser Prinzip. Indem es die Rechtfertigung der Gewaltengliederung mit einer legalistischen Vorstellung von Konstitutionalismus verbindet,[54] stärkt dieses Modell zudem die Juristen und das Recht. Auch deswegen

49 Ungeachtet der Behauptungen über konstitutionalistische Vorläufer in der Antike: Alois Riklin, *Machtteilung: Geschichte der Mischverfassung*, Darmstadt 2005.

50 Montesquieu, *Vom Geist der Gesetze*, I.

51 James Madison oder Alexander Hamilton, »The Structure of the Government Must Furnish the Proper Checks and Balances Between the Different Departments«, in: Hamilton u. a., *The Federalist Papers*, Nr. 59.

52 Für eine extreme Version: Friedrich August von Hayek, *Law, Legislation, Liberty*, Chicago 1983.

53 Cass R. Sunstein, *The Partial Constitution*, Cambridge (MA) 1998.

54 Zur Unterscheidung zwischen politischem und juristischem Konstitutionalismus siehe einerseits Richard Bellamy, *Political Constitutionalism*, Cambridge 2007, und andererseits Hans Kelsen, *Allgemeine Staatslehre*, Heidelberg 1925.

erscheint diese Rechtfertigung in der globalen Rechtsgemeinschaft so dominant.

Doch gibt es eine andere Rechtfertigung der Gewaltengliederung. Versteht man ein differenziertes Modell der Gewaltengliederung als Mittel, um staatliches Handeln zu ermöglichen,[55] dann geht es diesem auch darum, demokratische Selbstbestimmung zu sichern. Dafür spricht historisch der Umstand, dass die Konstitutionalisierung staatlichen Handelns im 19. und 20. Jahrhundert mit einem erheblichen Zuwachs an staatlicher Herrschaftsgewalt einherging. Dies darf nicht mit einem Verweis auf bloße Effizienz verwechselt werden. Während diese nur eine schwache instrumentalistische Rechtfertigung liefert, geht es hier um ein stärker normatives Argument, das auf der Grundlage eines politischen Konstitutionalismus formuliert werden kann: Ein System der Gewaltengliederung schafft die notwendige organisatorische Bedingung für demokratische Selbstherrschaft. In diesem Sinne ist der Konstitutionalismus nicht nur ein System rechtlicher Beschränkungen des politischen Willens, sondern auch das Mittel, politisches Handeln durch die Ermächtigung und den Schutz eines politischen Prozesses zu ermöglichen. Hinter dieser Rechtfertigung verbirgt sich ein positiver Freiheitsbegriff, der Freiheit durch staatliches Handeln und nicht gegen dieses erreicht sieht,[56] und damit die Idee eines demokratischen Gemeinwesens, das seine Mitglieder zu politischem Handeln ermächtigt, um so deren Freiheit zu etablieren. Dass die Gewaltengliederung häufiger als ein beschränkendes Konzept interpretiert wird, mag, wie gesehen, auf die Vorliebe der Rechtswissenschaften für eine solche Begründung zurückzuführen sein.[57] Inhärent ist sie einem Konzept, das ausdrücklich Raum für einen politischen Gesetzgeber lässt, deswegen nicht.

Geht man noch einen Schritt weiter, so liegt es nahe, eine Rekons-

55 Stephen Holmes, *Passions and Constraints*, Chicago 1995, S. 164-166; Christoph Möllers, *Gewaltengliederung. Legitimation und Dogmatik im nationalen und internationalen Rechtsvergleich*, Tübingen 2005; Möllers, *The Three Branches*. Für die wichtige Idee der »articulated governance« siehe Jeremy Waldron, »Separation of Powers in Thought and Practice«, in: *Boston College Law Review* 54 (2013), S. 433-468.

56 Möllers, *The Three Branches*, S. 86-89.

57 Vgl. z. B. Albert, »Presidential Values in Parliamentary Systems«, S. 211-215, der nur beschränkende Werte der Gewaltengliederung und der Effizienz aufzählt; vgl. auch Saunders, »Theoretical Underpinnings of Separation of Powers«, S. 66-85.

truktion des normativen Kerns der Gewaltengliederung zu entwickeln, die den rechtlichen und den politischen Konstitutionalismus beziehungsweise ein negatives individualistisches und ein positives demokratisches Freiheitskonzept verbindet.[58] So verstanden, läge der Kern einer sinnvollen Rechtfertigung der Gewaltengliederung in einem Mechanismus, der die institutionelle Artikulation beider Formen von Freiheit durch Verfahrens- und Organisationsmittel gewährleistet, ohne einer den Vorrang einzuräumen. Wenn der begriffliche Kern des Prinzips eine Differenzierung der öffentlichen Gewalten in drei Funktionen beinhaltet, dann kann man auch den politischen und den juristischen Konstitutionalismus als Pole eines Systems von Funktionen bestimmen, die durch die Legislative und die Judikative repräsentiert werden.[59]

4. Probleme

Gewaltengliederung ist ein potentiell überschießendes Konzept. Sehr viele staatsrechtliche Fragen lassen sich als solche der Gewaltengliederung formulieren, ohne dass diese deswegen eine Antwort parat hätte. Dies wird im Verfassungsrecht, wie gesehen, dadurch aufgefangen, dass konkretere Normen zur Verfügung stehen. Das Konzept bleibt im normativen Hintergrund, seine Bedeutung wird durch seinen Kontext in einer bestimmten Verfassungsordnung bestimmt. Dieser Zusammenhang lässt sich anhand einiger verfassungsrechtlicher Probleme veranschaulichen. Die Auswahl der Beispiele folgt einem einfachen Schema: ein exemplarischer Blick auf ein Problem, das das Verhältnis zwischen Legislative und Exekutive (Delegation) betrifft, auf ein Problem, das das Verhältnis zwischen Exekutive und Judikative (gerichtliche Kontrolle) betrifft, und auf eines, das das Verhältnis zwischen Judikative und Legislative (verfassungsrechtliche Kontrolle) betrifft.[60]

58 Möllers, *The Three Branches*, Kap. II, 3.

59 Damit bleibt die Frage nach der Exekutive offen. Die kurze Antwort lautet: Sie sorgt für ein öffentliches Handeln, das sich weder an die politische Gemeinschaft als Ganze noch an einzelne Subjekte richtet, sondern an Intermediäre.

60 Für einen vergleichbaren Ansatz: Carl Schmitt, *Verfassungslehre*, Berlin 1928, § 15.

a) Delegation

Ein viel diskutiertes Problem der Gewaltengliederung ist die Delegierbarkeit von Rechtsetzungskompetenzen durch die Legislative an die Exekutive. Für die Bedeutung der Gewaltengliederung als Hintergrundprinzip scheinen zwei Aspekte wichtig zu sein. Erstens kann eine Delegation nicht per se als Verzicht gesetzgeberischer Funktionen zugunsten einer anderen Gewalt gelesen werden. Die Delegation setzt einen gesetzgeberischen Akt voraus, und sie verpflichtet die Exekutive zum Handeln. Deswegen ist Delegation weniger als Aufgabe eigener Kompetenzen denn als ein Verfahren zu verstehen, bei dem sich der Gesetzgeber der Exekutive bedient, um seine Ziele zu erreichen.[61] Da es in vielen Rechtsordnungen keine allgemeine Regel dazu gibt, was der Gesetzgeber selbst regeln muss, kann die Delegation auch Hinweis auf einen starken Gesetzgeber sein. Damit wird die Reversibilität des Delegationsakts wichtiger als der Umfang der Delegation. Zweitens funktioniert die Delegation in parlamentarischen und präsidialen Systemen unterschiedlich.[62] Das parlamentarische System setzt ein politisches Vertrauensverhältnis zwischen Parlament und Regierung voraus.[63] Daher kann eine Delegation aus Sicht individueller Rechte mit Blick auf Unbestimmtheit[64] und Vertrauensschutz ein Problem darstellen, aber kaum in Hinsicht auf das demokratische Mandat des Gesetzgebers. Anders verhält es sich in präsidialen Systemen, in denen Präsident und Parlament um die Kontrolle über die nachgeordnete Exekutive konkurrieren. Hier ist eine Delegation oft mit spezifischen Mitteln der parlamentarischen Kontrolle verbunden, die ihrerseits problematisch sein können, wenn das Parlament die Exekutive so stark

61 Cass R. Sunstein, »Nondelegation Canons«, in: *The University of Chicago Law Review* 67 (2000), S. 315-343.

62 Kaare Strøm, »Parliamentary Democracy and Delegation«, in: ders. u. a. (Hg.), *Delegation and Accountability in Parliamentary Democracies*, Oxford 2004, S. 55-106.

63 Ausführlich beschrieben in Walter Bagehot, *The English Constitution*, Ithaca 1966.

64 Z. B. Sessions v. Dimaya, 584 US (2018) (Kagan, J.): Unbestimmtheit einer Abschiebungsregelung; BVerfGE 143, 38 – *Rindfleischetikettierung* [2016]: Unbestimmtheit einer strafrechtlichen Sanktion.

kontrolliert, dass es selbst einer vorgesetzten Behörde immer ähnlicher wird.[65]

b) Gerichtliche Kontrolle der Verwaltung

Kann die gerichtliche Kontrolle der Exekutive, also der Inbegriff der Rechtsstaatlichkeit, zu einem Problem für die Gewaltengliederung werden? Das kann sie zunächst ex negativo, wenn sie übersprungen wird. Das heißt, dass grundsätzlich jede gesetzgeberische Regelung, die ein Handeln der Exekutive von der gerichtlichen Überprüfung ausnimmt, obwohl sie Rechte betrifft, als Problem zu bewerten ist. Andererseits kann die gerichtliche Kontrolle ihrerseits anfechtbar werden, wenn sie den Kontakt zu ihrem verfahrensrechtlichen Ausgang, einem individuellen Anliegen, verliert oder wenn gerichtliches Verfahren einem Verwaltungsverfahren zu ähnlich wird. Wie wir in Indien oder den Vereinigten Staaten beobachten, können Gerichte Funktionen übernehmen, die über die Beurteilung von Fällen deutlich hinausgehen: Sie können faktisch öffentliche Verwaltungen (wie Gefängnisse)[66] leiten oder darüber entscheiden, wie ihre eigenen Entscheidungen durchgesetzt werden sollen. Solche Praktiken wurden als fortschrittliche Entwicklung in der Gerichtsorganisation gerechtfertigt.[67] Doch je ähnlicher Gerichte in ihren Verfahren der Verwaltung werden, die sie kontrollieren sollen, desto weniger sind sie in der Lage, ihre eigene spezifische Funktion zu erfüllen. Der verfahrensrechtliche Sinn der gerichtlichen Kontrolle der Verwaltung liegt in den institutionellen Differenzen zwischen beiden. Eine implizite Annahme aller Modelle der Gewaltengliederung lautet, dass die jeweilige Organisation und das Verfahren der verschiedenen Gewalten nur so lange legitim sind, wie sie sich von Organisation und Verfahren der anderen Zweige unterscheiden.

65 Woodrow Wilson, *Congressional Government*, Boston 1885; INS v. Chadha, 462 US 919 (1983).

66 Zum Beispiel: Ruma Pal, »Separation of Powers«, in: Sujit Choudhry (Hg.), *The Oxford Handbook of the Indian Constitution*, Oxford 2016, S. 264-266.

67 Abram Chayes, »The Role of the Judge in Public Law Litigation«, in: *Harvard Law Review* 89 (1976), S. 1281-1316.

c) Verfassungsgerichtsbarkeit

Die Einführung der Verfassungsgerichtsbarkeit wird mitunter als zentrale Lösung für das Problem der Gewaltengliederung angesehen.[68] Denn nunmehr schaut eine an diesen Grundsatz gebundene Institution auf das Ganze der Ordnung und setzt ihn, wenn nötig, mit Hilfe des Verfassungsvorrangs durch. Wenn es jedoch jemals eine klassische Doktrin der Gewaltengliederung gegeben hätte, hätte sie eine Verfassungsgerichtsbarkeit wohl nicht vorgesehen. Im Gegenteil wirkt ein Organ, das einerseits in der Form des gerichtlichen Verfahrens Fälle entscheidet, andererseits allgemeine Feststellungen über die Verfassungsmäßigkeit von Gesetzen aufstellt, auf den ersten Blick problematisch. Dass ein einziges Organ alle verfassungsrechtlichen Fragen, einschließlich der Bedeutung der Gewaltengliederung, abschließend entscheiden kann, widerspricht dem differenzierenden Konzept der Gewaltengliederung. Die Debatte über diese Probleme ist bekannt.[69] Dennoch gibt es mindestens drei Aspekte, für die das Konzept der Gewaltengliederung zur weiteren Diskussion beitragen könnte.

Erstens kann man versuchen, die Verfassungskontrolle in ein Modell der Gewaltengliederung einzubetten.[70] Dies könnte dazu beitragen, dieser weniger materielle als verfahrensrechtliche Grenzen zu ziehen. Hier wird es viel um vermeintlich technische Fragen wie die Binnenorganisation und das Prozessrecht gehen. Zweitens übersieht jede Kritik an der Verfassungskontrolle, die Verfassungsgerichte als gewissermaßen illegitimen Ersatz für Parlamente behandelt, die verfahrensmäßigen Unterschiede zwischen beiden.[71] Diese Unterschiede mögen die Verfassungskontrolle als solche nicht rechtfertigen, aber sie erinnern uns an die Tatsache, dass der opera-

68 Stephen Gardbaum, »Separation of Powers and the Growth of Judicial Review in Established Democracies (or Why Has the Model of Legislative Supremacy Mostly Been Withdrawn from Sale?)«, in: *American Journal of Comparative Law* 62 (2014), S. 613-640.

69 Eingehend in diesem Band Christoph Möllers, »Zur Theorie verfassungsgerichtlicher Kontrolle – eine kritische Einführung«.

70 Dimitrios Kyritsis, *Where Our Protection Lies*, Oxford 2017; Werner Heun, *Funktionell-rechtliche Schranken der Verfassungsgerichtsbarkeit*, Baden-Baden 1992.

71 Am bekanntesten ist Jeremy Waldron, »The Core of the Case against Judicial Review«, in: *Yale Law Journal* 115 (2006), S. 1346-1406.

tive Modus der Entscheidung von Fällen nicht notwendigerweise in einer parlamentarischen Versammlung oder einem Ausschuss besser aufgehoben ist. Wenn wir schließlich, drittens, akzeptieren, dass die Gewaltengliederung als Hintergrundprinzip fungiert, die explizite rechtliche Vorgaben nicht einfach derogieren kann, dann gilt dies auch für die Zweifel an der Verfassungsgerichtsbarkeit. Sie wird zu einer Kritik an spezifischen Fällen, in denen oberste Gerichte sich selbst als Verfassungsgerichte erfunden haben, wie in Israel und den Vereinigten Staaten. Für die vielen anderen Rechtsordnungen, in denen sich der Verfassunggeber ausdrücklich für eine Verfassungsprüfung entschieden hat, ist sie von geringerer Bedeutung.

5. Neuere Herausforderungen

Während die oben genannten Probleme klassische Probleme der Gewaltengliederung darstellen, die durch einen Blick auf den Grundsatz zumindest analysiert werden können, gibt es andere Entwicklungen, die das Konzept grundsätzlicher in Frage stellen könnten.

a) Internationalisierung

Obwohl sich zumindest ein kanonisches Modell der Gewaltengliederung, das John Lockes, ausdrücklich auf äußere Angelegenheiten bezieht,[72] ist die Idee der dreigliedrigen Staatsgewalt praktisch auf innerstaatliches Handeln zugeschnitten. Die Internationalisierung der Rechtsordnung wird damit zur Herausforderung, die sich auf beiden Ebenen stellt: als Notwendigkeit der Anpassung der innerstaatlichen Strukturen und als Frage, wie die internationale Rechtsetzung zu organisieren ist. Diese zweite Frage führt uns über den Rahmen dieses Beitrags hinaus in den Bereich des internationalen institutionellen Rechts. Dennoch scheint eine Beobachtung hilfreich. Die EU als am weitesten fortgeschrittene internationale Organisation ähnelt mehr und mehr einer differenzierten hoheitlichen Institution, in der die drei Gewalten und ihre jeweiligen Funktio-

72 John Locke, *Zwei Abhandlungen über die Regierung*, Frankfurt/M. 1977, Buch II, Kap. XXII, XXIII.

nen plausibel unterschieden werden können.[73] Argumente aus dem Schatz der Gewaltengliederung spielen hier eine wachsende Rolle. Dies zeigt den Wert unseres Begriffs auch auf der Ebene jenseits des Nationalstaats.[74]

Dringender erscheint die Frage, wie die innerstaatliche Gewaltengliederung an die Internationalisierung der Rechtsetzung anzupassen ist. Dass Staaten im internationalen Recht vornehmlich durch ihre Regierungen nach außen vertreten werden, garantiert die Einheitlichkeit des staatlichen Handelns, stellt aber die beiden anderen Gewalten vor Probleme. Parlamente sind nicht ausreichend in äußeres Handeln mit gesetzgeberischem Charakter wie die Aushandlung von Verträgen eingebunden, und Gerichte erhalten oft erst nach Abschluss des Verfahrens die Möglichkeit, eine Kontrolle auszuüben, die dann oft leerläuft. Darüber hinaus können Regierungen die Reichweite internationaler Regime und Organisationen informell durch zwischenstaatlichen Konsens erweitern, ohne die anderen Gewalten daran zu beteiligen. Die Aufgabe, die anderen Gewalten wieder in eine legitime institutionelle Arbeitsteilung einzubinden, kann dann namentlich mit drei Mitteln angegangen werden: Parlamente müssen ex ante informiert und beteiligt werden, wie es im US-amerikanischen Fast-Track-Verfahren[75] oder im deutschen Verfassungsrecht für die EU[76] der Fall ist. Gerichte müssen die Gelegenheit zu einer antizipierenden Überprüfung oder einer beratenden Kontrolle erhalten. Grundsätzlicher wäre zu fragen, wie notwendig das Konzept einer einheitlichen Außenvertretung der Staaten ist. Vielleicht verdient der interne politische Pluralismus liberaler Staaten vielfältigere Formen der Vertretung auf der internationalen Ebene.[77]

73 Robert Schütze, *European Constitutional Law*, Cambridge ²2015, S. 150-154.

74 Für ein Beispiel dieser Verwendung: Stefan Talmon, »The Security Council as World Legislature«, in: *American Journal of International Law* 99 (2005), S. 175-193.

75 Hal Shapiro, Lael Brainard, »Trade Promotion Authority Formerly Known as Fast Track: Building Common Ground on Trade Demands More Than a Name Change«, in: *George Washington International Law Review* 35 (2003), S. 1-53.

76 Beke Zwingmann, *Separation of Powers the ›German Way‹. The Relationship of the German Federal Government and Parliament in the EU Context*, Diss. Cardiff 2017.

77 Isabelle Ley, »Opposition in International Law – Alternativity and Revisibility as Elements of a Legitimacy Concept for Public International Law«, in: *Leiden Law Journal of International Law* 28 (2015), S. 717-742.

b) Moderne Wirtschaftsregulierung

Unter dieser Überschrift sollen zwei unterschiedliche, eng miteinander verbundene Herausforderungen betrachtet werden: der Aufstieg expertokratischer Verwaltungsbehörden und die Privatisierung von Verwaltungsagenden. Beide sind typisch für Begegnungen zwischen Verwaltungsstaat und Kapitalismus. Der Aufstieg expertokratischer Agenturen ist spätestens seit dem *New Deal* ein zentraler Gegenstand der Theorie der Gewaltengliederung. Obwohl es stets anfechtbar ist, wenn Verwaltungen ihre Legitimität aus vermeintlicher Expertise herleiten, wird dies doch nur zu einem verfassungsrechtlichen Problem, wenn die politische Entscheidung, die Agentur zu entbinden, irreversibel oder zu weit gefasst ist. Ein Vergleich mag verdeutlichen, welche Konstellation problematisch ist: Während der Auftrag und die Unabhängigkeit der Amerikanischen Federal Reserve durch einfaches Gesetz erteilt wurden,[78] sind im Falle der Europäischen Zentralbank[79] beide in den europäischen Verträgen verankert, die nur durch einstimmigen Beschluss der Mitgliedstaaten geändert werden können. Daher erscheint das legitimatorische Problem der unabhängigen Agentur im Falle der EU, in der die institutionelle Gestaltung nicht durch eine politische Entscheidung rückgängig gemacht oder modifiziert werden kann, ernsthafter als in den USA. Dies gilt umso mehr, weil die amerikanische Zentralbank mit dem Präsidenten ein demokratisch legitimiertes Widerlager hat, welches der EU mangels eigener Regierung fehlt. Der Vergleich zeigt aber auch, dass aussagekräftige Kriterien für die Bestimmung solcher Probleme nur durch Vergleiche gewonnen werden können, während pauschale Behauptungen über den »Aufstieg der Ungewählten« oder die Zunahme nichtmajoritärer Institutionen oft einer empirischen Grundlage entbehren. Dies ist auch so, weil der politische Einfluss hinter den Verwaltungsbehörden oft unterschätzt wird.[80]

78 Für eine kritische Bewertung: Peter Conti-Brown, *The Power and Independence of the Federal Reserve*, Princeton 2016.

79 Für einen maximalistischen Ansatz in Bezug auf die Unabhängigkeit der Europäischen Zentralbank, die sich anscheinend jeder Art von Überprüfung und Kontrolle entzieht: Chiara Zilioli, Martin Selmayr, »The Constitutional Status of the European Central Bank«, in: *Common Market Law Review* 44 (2007), S. 355-399.

80 Für den Fall der EU: Deirde Curtin, *Executive Power of the European Union*, Oxford 2009.

Anders verhält es sich bei der Privatisierung öffentlicher Dienstleistungen. Einerseits gibt die Gewaltengliederung selbst keine Kriterien zur Privatisierung vor. Andererseits ist klar, dass staatliche Aufgaben, die von formell privatisierten staatlichen Stellen oder sogar von privaten Organisationen wahrgenommen werden, der parlamentarischen und gerichtlichen Kontrolle leichter entgehen. Man könnte für eine Regel plädieren, wonach zumindest im Falle staatlichen Eigentums die private Form in dieser Hinsicht keinen Unterschied machen sollte.[81] Aber selbst dies scheint unser Konzept zu überfordern und bedarf der argumentativen Unterstützung durch andere normative Quellen.

c) Autoritarismus

Die älteste Infragestellung unseres Prinzips ist zugleich die jüngste: Autoritarismus und Despotismus. Politische Hegemonieansprüche unter Berufung auf den Willen des Volkes haben in vielen Ländern in allen Teilen der Welt liberaldemokratische Verfassungssysteme in Frage gestellt. Oft werden diese Entwicklungen als »populistische« Angriffe auf die Rechtsstaatlichkeit rekonstruiert, obwohl man sich fragen könnte, ob nicht Demokratie gemeint ist, wenn von Populismus die Rede ist.[82] Dennoch darf nicht verkannt werden, dass zentrale Elemente demokratischer Selbstbestimmung nur unter der Bedingung ergebnisoffener verrechtlichter Verfahren gewahrt werden können.[83] Selbst die einfache Mehrheitsregel erfordert die Garantie, dass jede Stimme gezählt wird, und ein Verfahren, in dem die Gewinnchancen auf institutioneller Ebene gleich verteilt werden. Aus diesem Grund haben alle funktionierenden Demokratien auch unabhängige Gerichte.

Dabei ist zweifelhaft, ob verfassungsrechtliche Schutzmechanismen wie die Gewaltengliederung ein Abgleiten in den Autoritarismus verhindern können. Sie dienen ja nicht dem Schutz vor einer anderen Ordnung, sondern sie konstituieren ihre eigene Ordnung

81 Zu den parlamentarischen Kontrollen in einer aktuellen Entscheidung des Bundesverfassungsgerichts, BVerfGE 147, 50 – *Parlamentarisches Auskunftsrecht* [2017].

82 Jan-Werner Müller, *Was ist Populismus?*, Berlin 2016. Für eine Kritik: David van Reybrouck, *Against Elections: The Case for Democracy*, London 2016.

83 Jürgen Habermas, *Faktizität und Geltung*, Frankfurt/M. 1992.

als freiheitlichen Selbstzweck. Hätte eine »bessere« Verfassung die Weimarer Republik vor dem Abgleiten in den Nationalsozialismus bewahren können? Vielleicht war die Weimarer Verfassung die beste Verfassung für die Weimarer Republik. Zumal der Mythos, die Weimarer Rechtsordnung habe sich nicht um ihren eigenen Schutz gekümmert, als widerlegt gelten kann.[84] Wenn uns dieser Fall etwas lehren kann, dann vielleicht, dass es irreführend ist, nach einem ultimativen rechtlichen Bollwerk gegen Despotismus zu suchen. Vielmehr können Verfahren den Sturz eines liberaldemokratischen Systems allenfalls verlangsamen.[85] Von Interesse ist deswegen weniger die Suche nach absoluten Grenzen der Ordnung als vielmehr die Garantie relativer institutioneller Widerstandsfähigkeit. Diese Widerstandsfähigkeit ist eine kontextabhängige Angelegenheit, da die verfassungsrechtliche Ausgestaltung und das politische und soziale Umfeld in einer bestimmten Rechtsordnung so spezifisch sind, dass es schwierig ist, allgemeine Regeln zu finden. Lösungen werden oft eher in Details als in einem großen Entwurf liegen. Beispielhaft: Die Ernennung von Richtern durch Bürokraten kann ein Fluch oder ein Segen sein, das hängt von der Funktionsweise der Bürokratie, der Art des Rechtssystems und der Frage ab, wie die Bürokraten selbst ernannt werden.

Die autoritären Risiken, die wir heute beobachten, gehen von den politischen Organen aus, von Exekutive und Legislative. Was die Exekutive betrifft, so gibt es verschiedene Strategien zur Abschwächung dieser Risiken, obwohl keine von ihnen zu einer »anerkannten« Doktrin der Gewaltengliederung gehört und sie allesamt andere Risiken mit sich bringen. Die erste ist die Diffusion politischer Macht. Eine solche Verteilung sollte nicht durch unabhängige Verwaltungsbehörden organisiert werden, die versuchen, den Wechselfällen der Politik mit Nichtpolitik zu begegnen. Es ist alles andere als klar, wie solche Institutionen eine solche Last tragen könnten, ohne einen eigenen politischen Legitimationsanspruch zu erheben. Die Vorstellung, dass politische Macht in einem nichtpolitischen institutionellen Umfeld organisiert ist, scheint eher dazu angetan, die derzeitige anti-institutionelle Stimmung zu schüren.

84 Christoph Gusy, *Weimar – die Wehrlose Republik?*, Tübingen 1991.

85 Samuel Issacharoff, *Fragile Democracies: Contested Power in the Era of Constitutional Courts*, Cambridge 2015.

Zwei andere Strategien sind vielversprechender: Erstens kann die Diffusion durch eine Vervielfachung politischer Verfahren geschaffen werden. Dies ist die Leistung von föderalen Systemen und lokaler Selbstverwaltung – sie setzen der Politik Politik entgegen. Eine solche Vervielfältigung hängt von einem Verfassungssystem ab, das zu enge Kopplungen zwischen den verschiedenen Regierungsebenen vermeidet – wie in den Vereinigten Staaten und der Schweiz in Bezug auf die Bundesstaaten/Kantone und in Deutschland in Bezug auf die kommunale Selbstverwaltung. Gerade die Möglichkeiten lokaler Dezentralisierung sind im vergleichenden Verfassungsrecht noch zu wenig erforscht. Der Preis, der für diese Vervielfältigung gezahlt wird, liegt normativ in der Zersplitterung der demokratischen Gleichheit und praktisch in einer möglichen Unfähigkeit des Systems, effektiv politisch zu handeln. Ein konservativer Status quo mag die Konsequenz sein, aber das dürfte allemal besser sein als ein autoritärer Putsch.

Zweitens könnte sich die Exekutive auf einen öffentlichen Dienst stützen, der politisch verantwortlich ist, ohne selbst vollständig politisiert zu werden, sondern der eine Kultur institutionenpolitisch sensibler Legalität entwickelt. Die Stärkung der Mitglieder des öffentlichen Dienstes mit einer gewissen institutionellen und habituellen Unabhängigkeit ist ein altes Instrument, um ein Verfassungssystem gegen politische Unbeständigkeit abzuschirmen. Auch dies entspricht keinem rein demokratischen Ideal, und wir können beobachten, wie der öffentliche Dienst in so unterschiedlichen Ländern wie Thailand und der Türkei ein wichtiges Instrument anti-religiöser oder anti-ländlicher politischer Parteien war. Kein Rechtsstaat kann oder sollte den öffentlichen Dienst in eine neutrale Institution verwandeln, aber er kann, insbesondere in Systemen mit einer ausgeprägten demokratischen Tradition, eine stabilisierende Funktion einnehmen, ohne zu einem *Deep State* werden zu müssen.

Der Gedanke der Pluralisierung der politischen Macht hat auch für gesetzgeberische Entscheidungen und ihre Äquivalente Bedeutung. Verfassungssysteme sind besonders empfindlich gegenüber monokratischen Rechtfertigungsansprüchen, ob sie nun von Einkammerparlamenten, der Direktwahl eines Staatsoberhauptes oder Plebisziten ausgehen. Man mag argumentieren, dass dies die einzigen Möglichkeiten sind, den Souverän zum Sprechen zu bringen,[86] aber eine der Kernannahmen jeder sinnvollen Doktrin der Gewaltengliederung ist, dass der Souverän mehr als eine Stimme haben muss, um überhaupt eine Stimme bekommen zu können. Daher können Zweikammersystem, demokratische Repräsentation und eine vorsichtig eingebettete direkte Demokratie Mittel sein, um die Demokratie vor sich selbst zu schützen.

Man könnte sich ein Verfassungsorgan wünschen, das als »Hüter« der Verfassung mit deren Schutz betraut ist.[87] Stattdessen sehen wir ein Trilemma, das sich anhand der drei Staatsgewalten rekonstruieren lässt.[88] Politische Organe haben den besten Anspruch, die politische Ordnung zu schützen, sie sind legitimiert und mächtig, aber sie sind entweder das Problem oder sie werden sich, um ihrer eigenen politischen Interessen willen, zurückhalten (wie ein Mitgliedstaat der EU gegenüber einem anderen). Exekutivorgane können sich auf ihre Rechtstreue berufen, sind aber nicht in der Lage, die Rechtfertigungslast zu tragen, die mit einer solchen Art von Konflikt einhergeht. Die Europäische Kommission ist das sichtbarste Beispiel, aber das Gleiche gilt für nationale Agenturen, die Korruption bekämpfen und Menschenrechtsverletzungen überwachen. Den Gerichten schließlich fehlt es oft sowohl an der Fähigkeit, eine umstrittene Ordnung durchzusetzen, als auch an der Legitimität, einem politisch mobilisierten Angriff auf die Verfassung zu begegnen.

Schlussfolgerung

Der Begriff »Gewaltengliederung« kann normativ als Organisationsprinzip einer legitimen Verfassungsordnung, deskriptiv als Kurzbezeichnung für eine hoheitliche Organisation als Ganze oder positiv-rechtlich als Hinweis auf eine entsprechende Norm in einer Verfassung verwendet werden. Für den Verfassungsvergleich

86 Zur Geschichte dieses Arguments in der politischen Theorie: Richard Tuck, *The Sleeping Sovereign: The Invention of Modern Democracy*, Cambridge 2016.

87 Carl Schmitt, »Der Hüter der Verfassung«, in: *Archiv des öffentlichen Rechts* 55 (N. F. 16), Nr. 2 (1929), S. 161-237, versus Hans Kelsen, »Wer soll Hüter der Verfassung sein?«, in: *Die Justiz* 6 (1931), S. 576-628.

88 Christoph Möllers, Linda Schneider, *Demokratiesicherung in der Europäischen Union*, Tübingen 2018.

erscheint es notwendig, den Begriff und darin vor allem die Unterscheidung zwischen legislativem, exekutivem und judikativem Entscheiden theoretisch zu entfalten und an ein System konstitutioneller Rechtfertigung anzuschließen. Der so entwickelte Begriff kann dann auch die Argumentation innerhalb einer Rechtsordnung anreichern, ja auch der empirischen und historischen Forschung dabei helfen, falsche Erwartungen an Funktionalität zu enttäuschen und irreführende Verfallsgeschichten zu vermeiden. Dabei werden in einer dominanten Lesart die institutionellen Beschränkungen, die die Idee der Gewaltengliederung dem politischen Prozess abverlangt, überbewertet, während die Ermöglichungsfunktion für alle Formen demokratischer Politik zu oft ignoriert wurde. Nur ein Modell, das beide Elemente umfasst, kann dabei helfen, die Herausforderungen zu beschreiben, denen sich der moderne Konstitutionalismus durch Phänomene wie Internationalisierung, Privatisierung und dem jüngsten Anstieg des Autoritarismus gegenübersieht.

10. Hannah Arendts Theorie der Gewaltenteilung und ihre Bedeutung für das Verhältnis von Parlament und Regierung (2013)

I.

Hannah Arendt wurde in der politischen Theorie der Bundesrepublik erst verhältnismäßig spät und zögerlich zur Kenntnis genommen[1] – in der staatsrechtlichen Diskussion spielt sie bis heute so gut wie gar keine Rolle. Beides war, wie nunmehr auch eine schnell wachsende deutsche Literatur zu ihrem Werk zeigt, kaum berechtigt.[2] Dabei eignet sich Arendt wohl weniger als kanonisierte Autorin, zu der man greift, wenn man die eigenen Kategorien ins Lot bringen will, wie dies je nach Temperament und Präferenz in der politischen Theorie bei der Lektüre von Autoren wie Aristoteles, Hobbes, Hegel, Kant oder Mill möglich erscheint. Vielmehr erscheint sie eher als eine uns gegenwärtige Denkerin, an deren Überlegungen sich die Leser schneiden können und die der Historisierung bis auf weiteres entgeht – dies zum einen, weil sie unserer Zeit vergleichbare politische Zustände erlebt und kommentiert hat – und doch aus einer anderen Zeit zu kommen scheint. Dies zum anderen, weil die deutsche Misere sie aus dem Dunstkreis der Heidegger'schen Existenzialphilosophie in den Westen warf – und aus diesem biographischen Schnitt ihre eigentümliche und durchaus spannungsreiche Konzeption von Politik entstanden ist.[3]

Beispielhaft dafür steht Arendts starker politischer Republika-

1 Eine zuverlässige Ausnahme ist auch hier Jürgen Habermas, »Hannah Arendt«, in: ders., *Philosophisch-politische Profile*, Frankfurt/M. 1981, S. 223-248; zur systematischen Produktivmachung: ders., *Faktizität und Geltung. Beiträge zur Diskurstheorie des Rechts und des demokratischen Rechtsstaats*, Frankfurt/M. 1992, S. 182-187.

2 Für viele nur Hauke Brunkhorst, *Hannah Arendt*, München 1999; Christian Volk, *Die Ordnung der Freiheit. Recht und Politik im Denken Hannah Arendts*, Baden-Baden 2009; Jürgen Förster, *Die Sorge um die Welt und die Freiheit des Handelns. Zur institutionellen Verfassung der Freiheit im politischen Denken Hannah Arendts*, Würzburg 2009.

3 Der Titel des Buches von Förster bringt dies zum Ausdruck.

nismus, der von einem aus demokratietheoretischer Sicht durchaus problematischen Elitismus nicht immer gut zu unterscheiden ist. Ähnliches gilt für ihren Begriff des politischen Urteilens, der es mit sich zu bringen scheint, dass politische Entscheidungen jeglicher Form von Rationalisierung entzogen bleiben.[4] Während ihr damit verbundenes Anliegen, Politik und Theorie der Politik aus dem systematischen Klammergriff der praktischen Philosophie zu befreien und den Eigenstand politischen Handelns gegenüber Moralisierungsversuchen stark zu machen, im Moment immer mehr Anhänger findet,[5] bleibt die Frage, wie weit sie auf diesem Weg gehen wollte, wie voluntaristisch ihr Politikbegriff ist, schwer zu bestimmen.

II.

Eines der verlockendsten Motive in Arendts Denken ist ihr Lob der Zäsur, der frischen Handlung, die einen Anfang zeitigt: »Initium ut esset, homo creatus est«, dieses von ihr geliebte Zitat aus dem *Gottesstaat* des Augustinus[6] steht in ihrer Theorie für den kreativen Schnitt, der politisches Handeln als solches auszeichnen sollte. Dass politisches Handeln ungebunden und dadurch in der Lage ist, Neues in die Welt zu bringen – dies ist freilich eine durchaus anspruchsvolle, fast schon sehnsuchtsbegründende Konzeption des Politischen von einer Autorin, die andererseits großen Wert darauf legte, Politik nicht mit Erlösungsphantasien zu befrachten. Auch hier scheint ein Widerspruch verborgen. Will man diesen aber nicht zu sehr prononcieren, sondern moderat formulieren, so zeigt sich an dieser systematischen Stelle ihres Werks ein Begriff von Politik, der schlicht die Spielräume hervorhebt, die diese von und in Institutionen bekommen muss. So wenig originell diese Feststellung auch auf

4 Kritik bei Albrecht Wellmer, »Hannah Arendt on Judgement: The Unwritten Doctrine of Reason«, in: *Endspiele*, Frankfurt/M. 1993, S. 309-329.

5 Siehe z. B. Raymond Geuss, *Philosophy and Real Politics*, Princeton 2008; Jörg Schaub, »Warum es einer von Idealtheorien unabhängigen Theorie politischer Legitimität bedarf«, in: Anna Geis u. a. (Hg.), *Der Aufstieg der Legitimitätspolitik, Leviathan Sonderband 27* (2012), S. 436.

6 Vollständig: »[...] quod *initium* eo modo antea numquam fuit. Hoc *ergo ut esset, creatus est homo*, ante quem nullus fuit.« Augustinus, *Vom Gottesstaat*, München 2007, XII, 21.

den ersten Blick zu sein scheint, so wenig selbstverständlich erscheint sie in einem theoretischen und politischen Kontext wie dem gegenwärtigen, der die Offenheit politischen Handelns aus verschiedenen Seiten in Zweifel zieht: Eine erste Front, die dem Arendt'schen Politikbegriff entgegensteht, findet sich in der politischen Philosophie, die in ihrer dominanten Tradition, am Ende des 20. Jahrhunderts repräsentiert etwa durch Jürgen Habermas oder John Rawls, großen Wert darauf legt, einen Primat rationalen Entscheidens für demokratische Politik zu entwickeln, in dem politische Willensbildung nur noch Lücken philosophischer Vernunftstandards ausfüllen soll, ohne eine diesen gleichwertige Dignität beanspruchen zu können. Eine zweite Front bildet ein global bedeutsamer werdender verfassungstheoretischer Diskurs, der dazu tendiert, im politischen Prozess vor allem eine Bedrohung zu sehen, die durch die Einrichtung starker, mit moralnahen Prinzipien argumentierender Verfassungsgerichte eingefangen werden muss. Beide Tendenzen, dies kann man trotz mancher Ungewissheit über den Gehalt von Hannah Arendts politischer Theorie festhalten, wären kaum in ihrem Sinne gewesen.

III.

Ein Gegenstand, anhand dessen sich diese Front gut illustrieren lässt, sind ihre – allerdings durchaus seltenen – Äußerungen zum Thema Gewaltenteilung. Maßgeblich erscheint hier ein Zitat aus ihrem großen Buch über die Revolution, das hier zunächst auf Deutsch zitiert werden soll:

> Die Gewaltenteilung hat keineswegs den Zweck, den Staat ohnmächtig zu machen, um den Bürgern ein größeres Maß an Freiheit zu sichern – wo Ohnmacht herrscht, gibt es für Montesquieu keine politische Freiheit –, wiewohl man in Europa, wo nachgerade jedermann der Meinung war, daß Zentralisierung der Macht mehr Macht erzeugt, ihn zumeist so mißverstanden hat.[7]

Im englischen Original heißt es ausführlicher:

> Power can be stopped and still be kept intact only by power, so that the principle of the separation of power not only provides a guarantee against

7 Hannah Arendt, *Über die Revolution*, München 1965, S. 198.

the monopolization of power by one part of the government, but actually provides a kind of mechanism, built into every heart of government, through which new power is constantly generated, without, however, being able to overgrow and expand to the detriment of other centres or sources of power. Montesquieu's famous insight that even virtue stands in need of limitation and that even an excess of reason is undesirable occurs in his discussion of the nature of power; to him, virtue and reason were powers rather than mere faculties, so that their preservation and increase had to be subject to the same conditions which rule over the preservation and increase of power. Certainly it was not because he wanted less virtue and less reason that Montesquieu demanded their limitation. This side of the matter is usually overlooked because we think of the division of power only in terms of its separation in three branches of government.[8]

Dies sind zwei ergiebige, dichte Bemerkungen, die eine nähere Untersuchung verdienen, schon weil sie alle oben erwähnten Motive der Arendt'schen politischen Theorie einbeziehen: Das erste Zitat, eine Deutung von Montesquieus berühmten Ausführungen zur Teilung der Gewalten im England-Kapitel des *Geistes der Gesetze*,[9] etabliert zunächst zustimmend einen systematischen Zusammenhang zwischen Gewaltenteilung, Freiheit und Macht. Machtlosigkeit des Staates, so die erste Annahme, begründet keinen Freiheitsgewinn der Bürger, gerade im Gegenteil gibt es nur dort Freiheit, wo der Staat nicht ohnmächtig ist. Arendt zeigt hier ihr charakteristisches politisches oder positives Freiheitsverständnis:[10] Freiheit entsteht nur in der politischen Teilnahme an der Gemeinschaft, nicht in der privatistischen Abgrenzung zu ihr. Genau deswegen ist das zentrale Menschenrecht für Arendt das Recht auf Zugehörigkeit zu einer politischen Gemeinschaft.[11]

In einem zweiten Schritt deutet Arendt die Institution der

8 Hannah Arendt, *On Revolution*, New York 1963, S. 142 f.

9 Charles de Montesquieu, *Vom Geist der Gesetze*, Leipzig 2011 [1748], XI, 1-7, 20; zur Theorie des Rechts, die Arendt hier von Montesquieu aus entwickelt: Volk, *Ordnung der Freiheit*, S. 253 f., vgl. auch ebd., S. 263-267.

10 Positiv im Sinne der Unterscheidung bei Isaiah Berlin, »Two Concepts of Liberty«, in: ders., *Liberty*, Oxford 2002, S. 166; man könnte auch von der Freiheit der Alten, also der Antike, sprechen wie Benjamin Constant; zur deutlich längeren Geschichte dieser Unterscheidung: Wilfried Nippel, *Antike oder moderne Freiheit. Die Begründung der Demokratie in Athen und in der Neuzeit*, Berlin 2008.

11 Hannah Arendt, »Es gibt nur ein einziges Menschenrecht«, in: *Die Wandlung* 1949, S. 754.

Gewaltenteilung als ein Instrument, um diese Ermächtigung der politischen Gemeinschaft zu ermöglichen. Hier scheint eine organisationstheoretische Überlegung auf, die sich aber konsequent in Arendts Begriff der Macht einfügt: Die »Zentralisierung« der Macht macht die mächtige Organisation eher weniger mächtig. Arendts These, dass Macht sich als gemeinsame Handlungsfähigkeit verstehen lässt,[12] muss eben Strukturen vorsehen, die eine solche Handlungsfähigkeit ermöglichen, ohne die interne Pluralität des gemeinsamen Handlungszusammenhangs durch Vereinheitlichung zum Verschwinden zu bringen.

Entgegen einer wohl immer noch dominanten Lesart, die sich wiederum entgegen Arendt wohl doch bei Montesquieu wiederfindet,[13] liest sie die Idee der Gewaltenteilung also als eine politikermöglichende, nicht als eine politikbegrenzende Figur. Politik als das Aggregat der gemeinsamen Handlungsfähigkeit der Bürger verstärkt das Instrument in ihren Händen.

Dieser Grundgedanke wird im zweiten Zitat, dem Original der englischen Version, durch einige Begleitüberlegungen angereichert. Die Gewaltenteilung soll wiederum der Verhinderung einer – wie wir sahen potentiell unergiebigen – Monopolisierung von Macht dienen, daneben aber zusätzlich ihrer stetigen *Erneuerung*. Hier kommt also ein weiteres Motiv ihrer politischen Theorie auf. Schließlich soll die Gewaltenteilung auch Tugend und Vernunft innerhalb des politischen Systems begrenzen, die Montesquieu, so Arendt, nicht nur als Fähigkeiten, sondern als wirkliche Gewalten verstanden hätte, die daher denselben Begrenzungen unterlägen wie die anderen. Arendts Spiel mit dem Wort »power« oder »pouvoir« fügt sich ihrem kommunikativen Verständnis von Macht sehr gut ein. Hier gehören in der Tat kognitive Fähigkeiten, moralische Geltungsansprüche und institutionelle Bewirkungsmöglichkeiten gemeinsam unter ein und dieselbe Kategorie. Weit davon entfernt, beide aus dem politischen System völlig herauszunehmen – so Arendt über Montesquieu –, muss er doch konsequenterweise diese zumindest in ihre Schranken weisen.

An diesem Punkt zeigt sich nun deutlich mehr als ein reines Organisationsmodell der Gewaltenteilung, eher eine ganze poli-

12 Hannah Arendt, *Macht und Gewalt*, München 1970, S. 45.

13 Für eine solche Deutung etwa Aurelian Craiutu, *A Virtue for Courageous Minds, Moderation in French Political Theory 1748-1830*, Princeton 2012, S. 48-54.

tische Ökologie, die noch umfassender ist als diejenige Montesquieus. Dieser lässt sich bekanntlich von modernen Theorien auch dadurch abgrenzen, dass seine Überlegungen die Unterscheidung zwischen dem staatlichen Apparat und der Gesellschaft nicht kannten, er vielmehr vor der typisch frühneuzeitlichen Folie einer aristotelischen *societas civilis* argumentiert, in der eine bloße Theorie der Organisation des Staates nicht zu denken war.[14] Weisen moderne Theorien der Gewaltenteilung genau diese Beschränkung auf, so erscheint Arendts Zitat, wenn auch unter Berufung auf Montesquieu, noch ausgreifender als dieser – und das verwundert kaum, wird ihr Aristotelismus doch in der Rezeption oft bemerkt (und gerügt).[15] Denn nun geht es auch noch um die Beschränkung ganzer Diskursformen: Moral und Vernunft, und damit wiederum die Etablierung der Politik in einem Bereich jenseits von theoretischer und praktischer Philosophie. Eine solche Erweiterung einer Theorie der Gewaltenteilung stellt eine der vielen genialen Anregungen Arendts dar, die einer Ausarbeitung wert sein könnten.

IV.

Was aber tun wir heute mit solchen reichhaltigen, aber eben auch nur skizzenhaften Äußerung zur Theorie der Gewaltenteilung? Nun, die Idee, Gewaltenteilung als ein Konzept zu verstehen, das politisches Handeln ermöglichen und nicht nur begrenzen soll, das es gestattet, neue Handlungszusammenhänge zu stiften, das dabei die Pluralität einer politischen Gemeinschaft erhält, das die Eigenlogik des Politischen bewahrt und gegenüber den Maßstäben des Moralischen, des Juridischen und des Technischen verteidigt – ein solches Verständnis von Gewaltenteilung ist heute wenig selbstverständlich.[16] Dominant bleibt bis in die Gegenwart – und keineswegs nur in Deutschland – ein Verständnis, das diese Figur allein zur Beschränkung politischen Handelns nutzbar machen will, das

14 Charles Eisenmann, »L' Esprit des lois et la séparation des pouvoirs«, in: Raymond Carré de Malberg (Hg.), *Mélanges*, Paris 1933, S. 163.

15 Nachweise bei Förster, *Die Sorge um die Welt und die Freiheit des Handelns*, S. 23 ff.

16 Für einen Entwurf: Christoph Möllers, *Die drei Gewalten – Legitimation der Gewaltengliederung in Verfassungsstaat, Europäischer Integration und Internationalisierung*, Weilerswist 2008, Kap. 2.

Gewaltenteilung als Instrument der Kontrolle, Beschränkung und Verrechtlichung politischen Handelns deutet. Die rechtsstaatlich-monarchistische deutsche Tradition und die individualistische anti-etatistische amerikanische Tradition haben hier von ganz unterschiedlichen Ausgangspunkten aus zu einem durchaus ähnlichen Verständnis geführt. Was Arendts Verständnis der Gewaltenteilung dagegen für ein konkretes institutionelles Problem politischer Institutionen bedeuten könnte, soll im Folgenden am Verhältnis von Parlament und Regierung aufgezeigt werden. Dabei wird eine solche Anwendung nicht ohne Weiterungen auskommen können, die bei Arendt so nicht angelegt sind.

Beginnen wir dabei mit einer kurzen Rekonstruktion des parlamentarischen Regierungssystems im Arendt'schen Geist:[17] Im parlamentarischen Regierungssystem arbeiten parlamentarische Mehrheit und Regierung miteinander zusammen. Walter Bagehot, der große Beobachter des englischen Regierungssystems, bezeichnete das Verhältnis zwischen Parlament und Regierung als »Fusion«.[18] Umgekehrt erscheint die Regierung, deren Mitglieder zumeist auch Mitglieder des Parlaments sind, als eine Art geschäftsführender Ausschuss des Parlaments. Die wichtigen Kompetenzen des Parlaments: Gesetzgebung, Wahl des Regierungschefs und Einrichtung einer Arena für öffentliche Diskussion, kann man nicht verstehen, ohne das Parlament in den Kontext eines informellen Dreiecks zu setzen: Dieses Dreieck besteht aus den Fraktionen des Parlaments selbst, zudem aus der Regierung und der politischen hohen Bürokratie sowie schließlich aus den politischen Parteien.

Doch ist in Deutschland erstaunlicherweise bis heute ein anderes Verständnis des Parlamentarismus dominanter geblieben: ein Verständnis, das aus dem monarchischen Konstitutionalismus kommt, in dem Parlament und Regierung nicht eine, sondern verschiedene Formen der Legitimität in Anspruch nehmen und darum politische Konkurrenten sind. In diesem System muss sich das Parlament als Gegenspieler der Regierung verstehen, als eine Art institutionalisierter Opposition, ähnlich dem Reichstag des Kaiserreichs, in gewisser Weise auch dem europäischen Parlament, oder als Organ des

17 Vgl. auch das Zitat aus Hannah Arendt, *Die ungarische Revolution und der totalitäre Imperialismus*, München 1958, S. 42; Volk, *Ordnung der Freiheit*, S. 242 in Anm. 956.

18 Walter Bagehot, *The English Constitution*, Ithaca 1966 [1867], S. 69.

Mitregierens aus eigenem Recht, wie es der amerikanische Kongress für sich in Anspruch nimmt.[19] Wie lebendig eine solche Sicht in Deutschland bis heute ist, erkennt man beispielsweise an juristischen Lehrbüchern, die das Prinzip der Gewaltenteilung zwischen Parlament und Regierung ansetzen und die Kooperation zwischen Parlament und Regierung als ein Problem deuten, als etwas wenn nicht Illegales, so doch Illegitimes verstehen. Man erkennt es vielleicht noch besser an einem allgemeinen politischen Diskurs, der die Realität der Beziehungen zwischen Parlamentsmehrheit und Regierung als zu nah und nicht im Sinne einer recht verstandenen Gewaltenteilung deutet: Verbreitet ist ein Ideal, in dem Gesetze alleine vom Parlament gemacht werden. Das wäre die Rückkehr des monarchischen Parlamentsverständnisses. Man darf hinzufügen: Ein solches Ideal ist auch nicht ganz untypisch für eine linke Tradition in Deutschland, die sich selbst und das Parlament zur Daueropposition zu machen pflegt: Selbst die SPD des Kaiserreichs zögerte, die parlamentarische Verantwortlichkeit der Regierung zu fordern.

Vielleicht am deutlichsten sieht man diese Tendenz in der Entwicklung unseres Parteiensystems, in dem auf neue gesellschaftliche Probleme mit der Gründung neuer Parteien reagiert wird. Nicht zufällig erscheint hier vielen Beteiligten die Beantwortung der Frage, wer regiert, weniger wichtig zu sein als die Beantwortung der Frage, ob die eigene politische Überzeugung als Opposition im Parlament vertreten ist.

Ein solches Verständnis zerreißt allerdings den Zusammenhang zwischen politischer Handlungsfähigkeit und Pluralitätsrepräsentation, der für Hannah Arendt so wichtig gewesen ist. An die Stelle einer Handlungsermächtigung durch Mehrheitsbildung tritt ein Verständnis des Parlaments als institutionalisierter Herrschaftskritik, in dem politische Unzufriedenheit durch Opposition zum Ausdruck gebracht wird, ohne dass Verantwortung für die Verhältnisse übernommen werden könnte.

19 Vgl. zu den genannten Parlamenten: Christoph Schönberger, »Die überholte Parlamentarisierung«, in: *Historische Zeitschrift* 272 (2001), S. 623-665; Philipp Dann, *Parlament im Exekutivföderalismus. Eine Studie zum Verhältnis von föderaler Ordnung und parlamentarischer Demokratie in der Europäischen Union*, Heidelberg 2004; Woodrow Wilson, *Congressional Government. A Study in American Politics*, New York 1885.

V.

Welche konkreten Implikationen haben diese unterschiedlichen Lesarten der Gewaltenteilung für die Ausgestaltung des Verhältnisses zwischen Parlament und Regierung? Ein monarchisch-konstitutionelles Verständnis versteht Parlament und Regierung, wie gesehen, als getrennte Organe. Das Parlament kämpft aus dieser Sicht um so viele Mitentscheidungsrechte wie möglich, ohne doch die Gesamtverantwortung für den Gang der politischen Entwicklung übernehmen zu wollen. Demokratisierung ist aus dieser Sicht parlamentarische Beteiligung, parlamentarische Beteiligung aber besteht in jeder formalen Beteiligung des Parlaments an Rechten der Regierung, in Formen des Mitregierens.

Aus dieser Perspektive ist, um ein praktisch bedeutsames, wenn auch recht technisches Beispiel anzuführen, die Zustimmung des Parlaments zu einer gesetzlich ermächtigten Verordnung der Regierung ein Mittel, um die demokratische Legitimation dieser Verordnung zu erhöhen. Dies erscheint zweifelhaft. Denn solche formellen Beteiligungsmechanismen können nur durch die Mehrheit entschieden werden. Die Mehrheit hat aber keinen Grund, ihrer eigenen Regierung zu misstrauen, zumal wenn sie diese bereits zum Erlass der Verordnung ermächtigt hat. Außerdem kann sie sich so gut wie immer der Form des Gesetzes bedienen, um das Handeln der Regierung zu gestalten.

Ein Mitregieren des Parlaments jenseits der Form des Gesetzes erscheint daher aus einer politikermöglichenden Konzeption von Gewaltenteilung überflüssig, ein diesem angemesseneres Verständnis darf die Beziehung zwischen Regierungsmehrheit im Parlament und Regierung eben nicht als Gegensatz verstehen – und sie muss trotzdem zugleich der Opposition, der Minderheit, im Parlament eine Funktion geben. Die Lösung für dieses Problem scheint relativ einfach: Die parlamentarische Mehrheit hat die Kontrolle über alle formellen Kompetenzen des Parlamentes. Daher bedarf sie keiner weiteren formellen Kontrollmöglichkeiten. Sie hat ohnehin kein politisches Bedürfnis danach, ihre eigene Regierung zu kontrollieren. Beide zusammen bilden eine politische Handlungseinheit.

Für die Opposition aber geht es darum, sich als politische Alternative im Parlament zu präsentieren. Als Minderheit kann sie kein Recht setzen. Das einzige Recht, das die Opposition haben muss, ist der Zugang zu Informationen und die Möglichkeit, diese öffentlich zu machen und damit den politischen Prozess zu beeinflussen. Parlamentarische Kontrolle im parlamentarischen System, anders als im präsidentiellen, ist also wesentlich das Recht der Opposition, sich und die Öffentlichkeit zu informieren, aber nicht das Recht der parlamentarischen Mehrheit, durch Kompetenzen jenseits der Gesetzgebung und der Wahl der Regierung mitregieren zu können.

Lange Zeit waren die Rechte der Opposition für das Verfassungsrecht von geringem Interesse. Zwar erkannte das Bundesverfassungsgericht früh ein Recht der Minderheit an, im Parlament Fragen zu stellen und Antworten zu bekommen, aber erst relativ spät, seit den 1980er Jahren, wurden solche Auseinandersetzungen Gegenstand von Verfahren vor dem Verfassungsgericht. Heute lässt sich der Stand des deutschen Verfassungsrechts so zusammenfassen: Es gibt zwei Wege, in denen die Opposition Informationen von der Regierung verlangen kann: Im Wege eines Untersuchungsausschussverfahrens, das ein Viertel der Abgeordneten verlangen müssen, oder im Wege einer parlamentarischen Anfrage an die Regierung, die jeder Abgeordnete stellen kann.

Der erste Weg verschafft der Opposition mehr Aufmerksamkeit. Er muss von ihr aber sparsam behandelt werden. Zudem ist es in den Zeiten der Fragmentierung des Parteiensystems und häufiger großer Koalitionen für die Opposition schwierig, ein gemeinsames Mandat zu definieren, das sie braucht, um einen Ausschuss einsetzen zu können. Die fragmentierte Opposition kann sich durch einen gemeinsamen Untersuchungsausschuss seltener politisch profilieren, weil sie ihrerseits zur Koalitionsbildung gezwungen ist.

Der zweite Weg ist weniger formell, er verschafft weniger politische Aufmerksamkeit, ist aber schneller und effektiver. Das Bundesverfassungsgericht hat in mehreren Entscheidungen anerkannt, dass die Regierung im Prinzip jede Frage eines einzelnen Abgeordneten oder einer Fraktion vollständig und begründet beantworten muss.[20] Ansonsten muss die Regierung spezifische individuelle Gründe geben, wegen derer sie eine Frage nicht oder auch nur nicht öffentlich beantwortet. Die Grenzen der Antwortpflicht sind vom Gericht eng bemessen. Es gibt keine allgemeine Prärogative der Geheimhaltung der Exekutive. Rechtlich kann die Opposition

20 BVerfGE 124, 267 – *Lissabon* [2009].

heute eigentlich alles wissen. Praktisch beantwortet die Regierung heikle Fragen sehr zögerlich. Sie wartet, bis die Legislaturperiode zum Ende kommt, um Antworten im Wahlkampf zu verstecken. Die nachlässige Beantwortung von Fragen ist ein permanentes Thema in den Sitzungen des Präsidiums des Deutschen Bundestages.

Hinsichtlich der Informationsrechte scheint der Stand der Rechtsprechung sehr zufriedenstellend zu sein. Die Opposition hat eine starke Stellung, ohne den Nachteil zu verlieren, den sie als Minderheit in der Demokratie gegenüber der Mehrheit haben muss.

Wie steht es mit der zweiten Form der parlamentarischen Kontrolle, dem von mir kritisch beurteilten Mit-Regieren? Dieser Komplex spielt für die Europäisierung eine besondere Rolle. Auch hier gibt es eine informatorische Seite: Im Prozess der Europäisierung leiden Parlamente besonders unter Informationsmangel, weil sie an den Verhandlungen des Rates nicht beteiligt sind und am Ende mit einem *fait accompli* der Regierungen konfrontiert werden, dem sie nur noch zustimmen können. Der Deutsche Bundestag hat sich in den letzten Jahren sehr bemüht, einen besseren Zugang zu solchen Informationen zu bekommen. Die Frage, die sich jedoch stellt, ist, inwieweit das Recht, informiert zu werden, durch formelle Rechte ergänzt werden soll, an der Entscheidung der Regierung im Rat formell beteiligt zu werden: Ein solches Regime formeller Beteiligung hat sich in den letzten Jahren ergeben. Es ist in einem Gesetz kodifiziert, das zum Teil vom Bundestag selbst gewollt war, aber zu anderen wesentlichen Teilen vom Bundesverfassungsgericht in seinem Urteil zum Vertrag von Lissabon angeordnet und in weiteren Entscheidungen zur europäischen Schuldenkrise konkretisiert wurde.[21] Aus diesen Entscheidungen ergibt sich nun ein relativ komplexes und dichtes Netz verfassungsrechtlicher Vorgaben, das den Bundestag im Namen seiner demokratischen Verantwortung für die europäische Integration dazu verpflichtete, sich in verschiedenen Gebieten der Integration unmittelbar zu beteiligen.

Nach dem, was ich zuvor zu den beiden möglichen Möglichkeiten gesagt habe, parlamentarische Kontrolle zu verstehen, der parlamentarischen und der konstitutionell-monarchischen, erscheint die Rechtsprechung des Bundesverfassungsgerichts sehr deutlich in die

21 BVerfGE 123, 267 – *Lissabon* [2009]; 129, 124 – *EFS* [2011].

Richtung des letzteren Verständnisses zu gehen: Sie installiert eine veritable Form der formellen Mitregierung der parlamentarischen Mehrheit, die auf den ersten Blick eben nur sinnvoll erscheint, wenn man zwischen Parlament und Regierung die politische Konkurrenz unterstellt, die es im parlamentarischen System nicht gibt. Auf den zweiten Blick ist aber auch klar, dass die Konstellation der europäischen Integration es deutlich erschwert, politische Handlungsalternativen darzustellen und entscheidungsreif zu machen. Wirkt der Prozess der europäischen Integration wie ein langsamer, inkrementaler, aber auch alternativlos und unaufhaltsam voranschreitender politischer Prozess, der allenfalls von Krisen beschleunigt wird, so mag es sich anbieten, die Funktion nationaler Parlamente zu überdenken. Mitentscheidungsrechte mögen dann auch als ein Mittel dienen, politische Entscheidungen auf europäischer Ebene an den mitgliedstaatlichen politischen Entscheidungsraum rückzukoppeln und überhaupt erst bekannt zu machen. Die eigentlichen Probleme demokratischer Legitimation dürfte ein solcher Mechanismus kaum zu lösen in der Lage sein – auch die Gefahr, durch solche Kompensationsmechanismen das Ziel einer politischen Alternativenbildung auf *europäischer* Ebene aus den Augen zu verlieren, um allein die nationalen Parlamente als echte Parlamente zu verstehen, ist nicht völlig von der Hand zu weisen. Aber auf der anderen Seite müssen politische Entscheidungen sich eben den Aggregatzustand suchen, den sie bekommen können. In diesem Fall auch die nationale Begleitung europäischer Prozesse.

VI.

Hannah Arendts Äußerungen zur Gewaltenteilung bilden keinen gewichtigen Teil ihrer politischen Theorie – die Bemerkungen, die sich zu diesem Thema in ihrem Werk finden, passen sich allerdings dem Kontext ihres Gesamtwerks folgerichtig ein und geben zumindest Anhaltspunkte für ein interessantes und zu wenig geschätztes alternatives Verständnis dieses Grundsatzes: Gewaltenteilung nicht oder zumindest nicht allein als ein politikbegrenzendes, sondern auch als ein politikermöglichendes Prinzip zu deuten, als ein Instrument, das demokratische Handlungen konstituiert und nicht nur beschränkt. Das Verhältnis von Parlament und Regierung in diesem Sinne zu deuten, impliziert, sich von einem Gewaltenteilungsverständnis verabschieden zu müssen, das beide in einen Gegensatz stellt.

11. Dogmatik der grundgesetzlichen Gewaltengliederung (2007)

I. Einleitung

Art. 20 Abs. 2 S. 2 GG, der Grundsatz der Gewaltengliederung,[1] ist eine dogmatisch vernachlässigte Norm. Obwohl sie in der Rechtsprechung des Bundesverfassungsgerichts seit deren Anfängen eine – auch im Vergleich zu anderen Grundentscheidungen des Art. 20 GG – bedeutende Rolle gespielt hat,[2] blieben monographische Aufarbeitungen selten[3] und die einschlägige Aufsatzliteratur überschaubar.[4] Nicht wenige Beiträge stellten die praktische Bedeutung der Norm ebenso in Frage wie ihre Dogmatisierbarkeit.[5] Hiergegen wird der folgende Beitrag den Versuch unternehmen, eine dogmatische Grundlegung von Art. 20 Abs. 2 S. 2 GG zu entwickeln, die die Gewaltengliederung als organisatorische Ausprägung von Demokratieprinzip und Rechtsstaatlichkeit deutet (III.). Aus dieser Deutung sind systematisch Implikationen für die Bestimmung der drei Gewalten und ihre Rechtsbeziehungen zueinander

1 Zur Terminologie unten III., 1.

2 Zur älteren Rechtsprechung die Übersichten bei Burkhard Sinemus, *Der Grundsatz der Gewaltenteilung in der Rechtsprechung des Bundesverfassungsgerichts*, Frankfurt/M. 1985, S. 100 ff.; Dietrich Rauschning, »Das parlamentarische Regierungssystem des Grundgesetzes in der Rechtsprechung des Bundesverfassungsgerichts«, in: Christian Starck u. a. (Hg.), *Bundesverfassungsgericht und Grundgesetz. Festgabe aus Anlaß des 25-jährigen Bestehens des Bundesverfassungsgerichts. Band 2. Verfassungsauslegung*, Tübingen 1976, S. 214-232, hier S. 225 ff. Zur neueren Rechtsprechung die folgenden Anmerkungen.

3 Zu nennen sind: Norbert Achterberg, *Probleme der Funktionenordnung*, München 1970; Gerhard Zimmer, *Kompetenz – Funktion – Legitimation*, Berlin 1979; Hans D. Jarass, *Politik und Bürokratie als Elemente der Gewaltenteilung*, München 1975, S. 4 ff. Dem Zugang dieser Untersuchung am nächsten kommen die Überlegungen bei Werner Heun, *Staatshaushalt und Staatsleitung*, Baden-Baden 1989, S. 85 ff.

4 Nachweise im Folgenden.

5 Thomas Kuhl, *Kernbereich der Exekutive*, Baden-Baden 1993, S. 130 ff. m. w. N.; Fritz Ossenbühl, »Aktuelle Probleme der Gewaltenteilung«, in: *DÖV* 1980, S. 545-553, hier S. 545; Walter Leisner, »Die quantitative Gewaltenteilung«, in: *DÖV* 1969, S. 397-414, hier S. 407 f.; Rupert Stettner, »Not und Chance der grundgesetzlichen Gewaltenteilung«, in: *JöR n. F.* 35 (1986), S. 57-81, hier S. 60 ff.

(IV.), für vertikale Verfassungsrechtsbeziehungen im Bundesstaat und nach außen (V.) und für den organisationsrechtlichen Standort des Bundesverfassungsgerichts (VI.) herzuleiten. Dies gestattet schließlich eine Reflexion des methodischen Umgangs mit Art. 20 Abs. 2 S. 2 GG (VII.). All dies setzt zunächst eine knappe Auseinandersetzung mit dem Stand von Literatur und Rechtsprechung voraus (II.).

II. Stand von Rechtsprechung und wissenschaftlicher Literatur

1. Summarische oder integrale Bedeutung

Hat das Gewaltengliederungsprinzip des Grundgesetzes einen eigenen Regelungsgehalt oder geht es in seinen Einzelvorschriften auf? Anders als für das Rechtsstaats- und das Demokratieprinzip[6] findet sich diese Frage für die Gewaltengliederung selten explizit erörtert. Deutlich ist allerdings, dass sich die wissenschaftliche Diskussion der Norm entlang zweier gegenläufiger Tendenzen bewegt: Auf der einen Seite sind kaum Probleme der Gewaltengliederung denkbar, für deren Lösung nicht auch speziellere Normen des Grundgesetzes einschlägig sind.[7] Die in Frage stehenden Organisations- und Verfahrenszusammenhänge sind im Grundgesetz zumeist ausdrücklich geregelt. Dies könnte es nahelegen, die Gewaltengliederung auf die relevanten Einzelbestimmungen des Grundgesetzes zu reduzieren, sie summarisch, also nur als Inbegriff dieser Normen zu verstehen.[8]

6 Zur Diskussion dort: Eberhard Schmidt-Aßmann, »Der Rechtsstaat«, in: Josef Isensee, Ferdinand Kirchhof (Hg.), *Handbuch des Staatsrechts der Bundesrepublik Deutschland, Bd. II*, Heidelberg ³2004, § 26 Rn. 7; Matthias Jestaedt, *Demokratieprinzip und Kondominialverwaltung*, Berlin 1993, S. 149 f.

7 Zum methodischen Problem: Kuhl, *Kernbereich der Exekutive*, S. 100 ff.; deshalb zurückhaltend zum Regelungsgehalt: Ossenbühl, »Aktuelle Probleme der Gewaltenteilung«, S. 545.

8 In diese Richtung: Zimmer, *Kompetenz – Funktion – Legitimation*, S. 324 ff.; Hans-Detlef Horn, »Gewaltenteilige Demokratie, demokratische Gewaltenteilung«, in: *Archiv des öffentlichen Rechts* 127 (2002), S. 427-459, hier S. 455 ff.; ders., »Über den Grundsatz der Gewaltenteilung in Deutschland und Europa«, in: *JöR* 49 (2001), S. 287-297, hier S. 296 f.; Andreas von Arnauld, »Gewaltenteilung jenseits der Gewaltentrennung. Das gewaltenteilige System in der Bundesrepublik

Auf der anderen Seite zeigt schon ein oberflächlicher Blick auf die Rechtsprechung des Bundesverfassungsgerichts, dass der Rekurs auf Einzelnormen nicht genügt, um solche verfassungsrechtlichen Streitfragen zu entscheiden. Nicht zufällig dient die Gewaltengliederung in der Rechtsprechung als selbständige Hintergrundnorm,[9] die in einer erstaunlichen Vielfalt von Fallgestaltungen aktiviert wird.[10] Hier kommt der praktische Bedarf nach einem systematischen und integralen Verständnis der Gewaltengliederung zum Ausdruck, das jenseits denkbarer theoretischer Fragestellungen[11] schon notwendig erscheint, um die Rechtsprechung zu verstehen.[12] Die Reduktion des Gewaltengliederungsprinzips auf einzelne Normen des Grundgesetzes befriedigt weder den dogmatischen Bedarf nach Systembildung noch entschlüsselt sie die verfassungsgerichtliche Praxis.

Deutschland«, in: *ZfParlR* 2001, S. 678-698; Rolf Wank, »Gewaltenteilung«, in: *Jura* 1991, S. 622-628, hier S. 624 ff.; Wolf Reinhard Wrege, »Das System der Gewaltenteilung im Grundgesetz«, in: *Jura* 1996, S. 436-440.

9 So auch: Udo Di Fabio, »Gewaltenteilung«, in: Josef Isensee, Ferdinand Kirchhof (Hg.), *Handbuch des Staatsrechts der Bundesrepublik Deutschland, Bd. II*, Heidelberg ^{3}2004, § 27 Rn. 4.

10 Zur Verwendung als Kernbereichsgarantie unten, II., 4. Weitere Beispiele: BVerfGE 52, 1 (41) – *Kleingarten* [1979] (Pflicht zur Konkretisierung eines gesetzlichen Genehmigungstatbestandes); 9, 89 (102) – *Gehör bei Haftbefehl* [1959]; 96, 375 (394) – *Kind als Schaden* [1997] (Grenzen der Gesetzesauslegung durch ein Fachgericht); 4, 331 (347) – *Soforthilfegesetz* [1955]; 10, 200 (216 ff.) – *Friedensrichter Baden-Württemberg* [1959] (Verbot der Personalunion zwischen Verwaltung und Gerichtsbarkeit). Der seltene Versuch, verfassungsgerichtliche Entscheidungen zu bezeichnen, in denen das Bundesverfassungsgericht einen konkreten entscheidungserheblichen und unmittelbaren Zugriff auf das Prinzip nimmt, bei Michael Sachs, in: ders., *Grundgesetz-Kommentar*, ^{4}2007, Art. 20 Rn. 93 in Anm. 23.

11 Zu wissenschaftlichen Fragestellungen, die über die Analyse der Rechtsprechung hinausgehen, etwa zum rechtsvergleichenden und legitimationstheoretischen Potential der Gewaltengliederung: Christoph Möllers, *Gewaltengliederung. Legitimation und Dogmatik im nationalen und internationalen Rechtsvergleich*, Tübingen 2005.

12 Zu diesem Vorgehen: Peter Lerche, »Stil und Methode der verfassungsrechtlichen Entscheidungspraxis«, in: Peter Badura, Horst Dreier (Hg.), *Festschrift 50 Jahre Bundesverfassungsgericht. Band 1: Verfassungsgerichtsbarkeit, Verfassungsprozeß*, Tübingen 2001, S. 333-362, hier S. 343.

2. Rechtsstaatliche und demokratische Herleitung

Sucht man in der wissenschaftlichen Standardliteratur nach dem Grundsatz der Gewaltengliederung,[13] so findet er sich unter dem Rechtsstaatsprinzip rubriziert, so als handele es sich nicht um eine eigenständige Norm.[14] Dem liegt die alte Vorstellung zugrunde, die Gewaltengliederung diene der Bändigung, Mäßigung und Verrechtlichung einer ursprünglich vorrechtlichen politischen Gewalt – augenscheinlich eine Sicht aus dem vordemokratischen Schatzkästchen des monarchischen Staatsrechts:[15] Dass demokratische Politik erst durch Rechtsform konstituiert wird, bleibt in diesem Zusammenhang ausgeblendet.[16] Machtbegrenzung durch Recht ist auch im demokratischen Verfassungsstaat notwendig, doch reicht diese nicht hin, um die Idee der Gewaltengliederung verfassungsrechtlich aufzuschlüsseln. Denn der demokratisch legitimierte Staat, genauer die sich durch ihn organisierende demokratische Selbstherrschaft, hat auch Anspruch auf eine den demokratischen Willen zum Ausdruck bringende und verwirklichende Herrschaftsorganisation. Daher dient die Gewaltengliederung auch der Schaffung einer durchsetzungsfähigen Organisation, die allein erst demokratische Herrschaft ermöglicht. Im demokratischen Staat schafft das Recht nicht nur rechtsstaatliche Freiheit *vor* Herrschaft,

13 Sachs, in: ders., *Grundgesetz-Kommentar*, München ^{4}2007, Art. 20 Rn. 79 ff.; Helmuth Schulze-Fielitz, in: Dreier, *Grundgesetz-Kommentar, Bd. II*, Tübingen ^{2}2006, Art. 20 (Rechtsstaat), Rn. 67 ff.; Christoph Degenhart, *Staatsrecht I*, ^{22}2006, S. 113 ff.; Jörn Ipsen, *Staatsrecht I*, ^{18}2006, S. 197 ff.; Karl-Peter Sommermann, in: Hermann v. Mangoldt, Friedrich Klein, Christian Starck (Hg.), *Grundgesetz-Kommentar, Bd. II*, München ^{5}2005, Art. 20 Rn. 197 ff.; Klaus Stern, *Staatsrecht der Bundesrepublik Deutschland, Bd. I*, München ^{2}1984, S. 792 ff.; Hartmut Maurer, *Staatsrecht I*, ^{4}2005, S. 379 ff.; selbständige Kommentierung aber Roman Herzog, in: Theodor Maunz, Günter Dürig (Hg.), *Grundgesetz-Kommentar* (Stand März 2007), Art. 20 V; Hans D. Jarass, Bodo Pieroth, *Grundgesetz für die Bundesrepublik Deutschland*, ^{9}2007, Art. 20 Rn. 23 ff.

14 So auch: Katharina Sobota, *Das Prinzip Rechtsstaat*, Tübingen 1997, S. 70 ff. m. w. N. Relativierend zum Zusammenhang: Philip Kunig, *Das Rechtsstaatsprinzip*, Tübingen 1986, S. 153 ff. Vgl. auch BVerfGE 22, 49 (54) – *Verwaltungsstrafverfahren* [1967]; 34, 52 (59 f.) – *Hessisches Richtergesetz* [1972].

15 Christopher Schönberger, *Das Parlament im Anstaltsstaat*, Frankfurt/M. 1997.

16 So etwa bei Ernst-Wolfgang Böckenförde, »Demokratie als Verfassungsprinzip«, in: Josef Isensee, Ferdinand Kirchhof (Hg.), *Handbuch des Staatsrechts der Bundesrepublik Deutschland, Bd. I*, Heidelberg 1987, § 22 Rn. 92.

sondern auch Freiheit *durch* die demokratische Herrschaft der Freien und Gleichen.[17] Dies muss im Verständnis der zentralen verfassungsrechtlichen Organisationsnorm des Art. 20 Abs. 2 S. 2 GG Berücksichtigung finden.

Folgerichtig wird der Zusammenhang zwischen Demokratieprinzip und Gewaltengliederung in der wissenschaftlichen Literatur zunehmend anerkannt.[18] In der Rechtsprechung des Bundesverfassungsgerichts ist das allerdings noch wenig artikuliert. In seiner kanonisierten Äußerung zur grundgesetzlichen Funktionenordnung stellt das Gericht fest: »Die Demokratie, die das Grundgesetz verfasst hat, ist eine *rechtsstaatliche* Demokratie, und das bedeutet im Verhältnis der Staatsorgane zueinander vor allem eine *gewaltenteilende* Demokratie.«[19] Mit dieser Aussage verknüpft das Gericht eindeutig die Gewaltengliederung allein mit der Rechtsstaatlichkeit und wendet diese gegen das Demokratieprinzip. Diese Sicht ist, wie gezeigt, verkürzt. Ein Verständnis der Gewaltengliederung, das alle drei Gewalten, also auch die demokratisch unmittelbar legitimierte gesetzgebende Gewalt erfassen soll, kann auf den demokratischen Gesichtspunkt der Herrschaftsermöglichung so wenig verzichten wie auf den rechtsstaatlichen Aspekt der Herrschaftsbegrenzung.

17 Christian Starck, »Grundrechtliche und demokratische Freiheitsidee«, in: Josef Isensee, Ferdinand Kirchhof (Hg.), *Handbuch des Staatsrechts der Bundesrepublik Deutschland, Bd. II*, Heidelberg 1987, § 29 Rn. 1 ff. Kritisch aber Horst Dreier, »Die drei Staatsgewalten im Zeichen von Europäisierung und Privatisierung«, in: *DÖV* 2002, S. 537, hier S. 537 in Anm. 5.

18 Zunächst Ulrich Scheuner, »Verantwortung und Kontrolle in der demokratischen Verfassungsordnung«, in: ders., *Staatstheorie und Staatsrecht* 1978, S. 293-316, hier S. 307 f.; Konrad Hesse, *Grundzüge des Verfassungsrechts der Bundesrepublik Deutschland*, [20]1995, Rn. 499; Hans-Detlef Horn, *Die grundrechtsunmittelbare Verwaltung*, Tübingen 1999, S. 260 ff.; Peter Lerche, »Gewaltenteilung – deutsche Sicht«, in: Josef Isensee (Hg.), *Gewaltenteilung heute*, Heidelberg 2000, S. 75-98, hier S. 78; Eberhard Schmidt-Aßmann, *Das allgemeine Verwaltungsrecht als Ordnungsidee*, Heidelberg [2]2004, S. 179 ff.; Schulze-Fielitz, in: Dreier, *Grundgesetz-Kommentar, Bd. II*, Art. 20 (Rechtsstaat), Rn. 67; Heun, *Staatshaushalt und Staatsleitung*, S. 97 f.; Böckenförde, »Demokratie als Verfassungsprinzip«, § 22 Rn. 87; Di Fabio, »Gewaltenteilung«, Rn. 9 f.; dagegen Michael Reinhardt, *Konsistente Jurisdiktion*, Tübingen 1997, S. 48 f.; vgl. auch BVerfGE 56, 54 (81) – *Fluglärm* [1981].

19 BVerfGE 68, 1 (86 f.) – *Atomwaffenstationierung* [1984], Hervorhebung dort.

3. Funktionsgerechte Organverteilung

Spätestens seit der Weimarer Republik[20] versteht die Staatsrechtslehre die Gewaltengliederung nicht mehr allein als Prinzip der *Trennung* der Gewalten. Auch hierin kommt die Notwendigkeit zum Ausdruck, ihre Bedeutung nicht auf rechtsstaatliche Machtbegrenzung zu beschränken. Anders als im Konstitutionalismus stellt die Verfassung nicht eine unabhängige Justiz, eine monarchische Exekutive und ein demokratisch legitimiertes Parlament als unverbundene Solitäre nebeneinander. Vielmehr hat sich mit dem Gedanken der funktionsgerechten Organverteilung ein Konzept etabliert, das die Einzelregelungen der Verfassung, insbesondere den Zusammenhang zwischen Parlament und Regierung in der parlamentarischen Demokratie zu verarbeiten vermag und auf die spezifischen Leistungen der grundgesetzlichen Verfassungsorgane eingehen kann.[21] In der bereits oben angeführten Formulierung des Bundesverfassungsgerichts heißt es entsprechend:

> […]; sie [die Unterscheidung und Trennung der Gewalten, C. M.] zielt auch darauf ab, dass staatliche Entscheidungen möglichst richtig, das heißt von den Organen getroffen werden, die dafür nach ihrer Organisation, Zusammensetzung, Funktion und Verfahrensweise über die besten Voraussetzungen verfügen[…].[22]

Damit ist eine erste Weiche gestellt, darüber hinaus aber wenig gesagt:[23] Denn Kriterien der »Richtigkeit« oder der »Funktionali-

20 Zum Konstitutionalismus Stefan Korioth, »›Monarchisches Prinzip‹ und Gewaltenteilung – unvereinbar?«, in: *Der Staat* 37 (1998), S. 27-55.

21 Grundlegend: Richard Thoma, »Die Funktionen der Staatsgewalt«, in: Gerhard Anschütz, ders. (Hg.), *Handbuch des Deutschen Staatsrechts, Bd. I*, Tübingen 1930, S. 108-159, hier S. 124 ff.; Otto Küster, »Das Gewaltenproblem im modernen Staat«, in: *Archiv des öffentlichen Rechts* 75 (1949), S. 397-413, hier S. 401 ff. Ausgearbeitet bei Rainer Pitschas, *Verwaltungsverantwortung und Verwaltungsverfahren*, München 1990, S. 536 ff. Dazu auch Thomas von Danwitz, »Der Grundsatz funktionsgerechter Organstruktur«, in: *Der Staat* 35 (1996), S. 329-350, hier S. 334 ff.; Stern, *Staatsrecht der Bundesrepublik Deutschland, Bd. II*, S. 521 ff. Historisch: Achterberg, *Probleme der Funktionenordnung*, S. 10 f.; Jarass, *Politik und Bürokratie als Elemente der Gewaltenteilung*, S. 13 f.; vgl. auch Georg Jellinek, *Allgemeine Staatslehre*, Tübingen [3]1912, S. 596.

22 BVerfGE 68, 1 (86) – *Atomwaffenstationierung* [1984]. Übernommen in BVerfGE 95, 1 (15) – *Südumfahrung Stendal* [1996]; 98, 218 (251 f.) – *Rechtschreibreform* [1998].

23 So auch: Heun, *Staatshaushalt und Staatsleitung*, S. 89.

tät« werden in dieser Formulierung wie in ihrer Anwendung zwar vorausgesetzt, aber weder entwickelt noch begründet. Um eine Begründung und Konturierung für solche Kriterien der Angemessenheit zu entwickeln, kann aber nicht auf organisationssoziologische Theoreme oder eine Kosten-Nutzen-Analyse zurückgegriffen werden – auch wenn die verwendeten Begriffe wie »Funktionalität« oder »Richtigkeit« gerade diese Möglichkeit anzudeuten scheinen. Funktionalität im hier verlangten Sinn kann sich nur normativ aus Vorgaben des Grundgesetzes ergeben und das bedeutet, wie noch genauer zu entwickeln sein wird, aus den Bedeutungsschichten von Rechtsstaatlichkeit und Demokratie. Für eine systematische Herleitung solcher Maßstäbe liegen aber bisher relativ wenige Hinweise vor. Mit dem Hinweis auf die Bedingungen »richtiger« Entscheidung durch Funktionsangemessenheit wird das Problem der grundgesetzlichen Gewaltengliederung lediglich bezeichnet, aber nicht gelöst.

4. Kernbereichsgarantie und Gewaltentrennung

Konkretere Gestalt in der Anwendung, wenn auch nicht in der Herleitung, gewinnt die Lehre von der funktionsgerechten Organzuordnung in der vom Bundesverfassungsgericht auf verschiedene Gewalten angewendeten Kernbereichstheorie.[24] Die Funktions-

24 Die Kernbereichsformel findet sich namentlich in BVerfGE 9, 268 (280) – *Bremer Personalvertretung* [1959]; 34, 52 (59) – *Hessisches Richtergesetz* [1972]: »Der Kernbereich der verschiedenen Gewalten ist unveränderbar«; 95, 1 (15) – *Südumfahrung Stendal* [1996]. Für einen »Kernbereich exekutivischer Eigenverantwortung« grundlegend BVerfGE 67, 100 (139) – *Flick-Untersuchungsausschuss* [1984]; 110, 199 (214) – *Aktenvorlage II* [2004] zu einem Untersuchungsausschuss im Anschluss an Rupert Scholz, »Parlamentarischer Untersuchungsausschuß und Steuergeheimnis«, in: *Archiv des öffentlichen Rechts* 105 (1980), S. 564-622, hier S. 598. Dort aber eher als eine Missbrauchsgrenze (»Übermaß«) angelegt. Jedoch verallgemeinernd auf die auswärtige Gewalt: BVerfGE 68, 1 (86 f.) – *Atomwaffenstationierung* [1984]; 90, 286 (389) – *Out-of-area-Einsätze* [1994]: »Eigenbereich«; 95, 1 (16) – *Südumfahrung Stendal* [1996]. Der Ausdruck findet jedoch in BVerfGE 104, 151 – *Nato-Konzept* [2001], einer mit BVerfGE 68, 1 sehr sachverhaltsähnlichen Entscheidung, keine Verwendung mehr. Weiter BVerfGE 22, 49 (77 f.) – *Verwaltungsstrafverfahren* [1967]; 103, 111 (137) – *Wahlprüfung Hessen* [2000], jeweils zur Bestimmung der judikativen Gewalt. BVerfGE 34, 52 (59) – *Hessisches Richtergesetz* [1972] zu den Grenzen gesetzlicher Delegation.

gerechtigkeit der Staatsorganisation wird dadurch garantiert, dass den Verfassungsorganen des Grundgesetzes ein Minimalbestand an Kompetenzen zugesichert wird, den nur sie allein wahrnehmen dürfen.[25] Als Kind der Lehre von der funktionsgerechten Organverteilung leidet die Kernbereichstheorie allerdings an denselben Problemen. Woher kommen die Kriterien zur Bestimmung der Gewalten? Dass die Argumentation mit Kernbereichen in der Rechtsprechung des Bundesverfassungsgerichts im Ergebnis oftmals eine gewisse Plausibilität für sich hat, erscheint weniger der argumentativen Kraft des Kernbereichstopos geschuldet als vielmehr der Gewöhnung an bestimmte traditionelle Vorstellungen der gewaltengegliederten Arbeitsteilung. Aber auch wenn der Parlamentarische Rat durchaus Vorbilder aus der politischen Ideengeschichte vor Augen hatte, als er das Grundgesetz verabschiedete,[26] genügen solche Reminiszenzen keinem verfassungsrechtlichen Begründungserfordernis. Vielmehr kann die Figur des Kernbereichs allenfalls unmittelbar überzeugende Missbrauchsgrenzen bezeichnen. Dagegen ist sie nicht geeignet, eine Systematik der grundgesetzlichen Gewaltengliederung zu fundieren.[27]

Die Rechtsfolge der Kernbereichsgarantie gebietet eine eigenständige, wenn nicht alleinige Wahrnehmung einer bestimmten Funktion durch ein bestimmtes Organ. Sie scheint insoweit eine Trennung der Gewalten nahezulegen. Allerdings betont die Rechtsprechung des Bundesverfassungsgerichts seit ihren Anfängen, dass die Gewaltengliederung keine Trennung, sondern nur eine wechselseitige Kontrolle und Begrenzung der verschiedenen Gewalten fordere.[28] Trotz dieser Einschränkung hat die Idee der Gewaltentrennung auch in der Rechtsprechung eine nicht zu unterschätzende Bedeutung: Sie garantiert die praktische *Unterscheidbarkeit*

25 Selbst die Frage, ob Kernbereichsaufgaben wirklich ausnahmslos immer von dem zuständigen Organ wahrgenommen werden müssen, wird in den Formulierungen offengelassen. Damit ist zu viel Flexibilität und zu wenig normativer Gehalt in der Formel.

26 Volker Otto, *Das Staatsverständnis des Parlamentarischen Rates*, Düsseldorf 1971, S. 92 ff.

27 So auch: Lerche, »Gewaltenteilung – deutsche Sicht«, S. 82.

28 Zunächst BVerfGE 3, 225 (247) – *Gleichberechtigung* [1953]. Daran anschließend BVerfGE 7, 183 (188) – *Zeugenvernehmung Verwaltungsverfahren* [1957]; 9, 268 (279 f.) – *Bremer Personalvertretung* [1959]; 22, 106 (111) – *Steuerausschüsse* [1967]; 34, 52 (59 f.) – *Hessisches Richtergesetz* [1972]; 95, 1 (15) – *Südumfahrung Stendal* [1996].

verschiedener Organe. Dies gewinnt bei der verfassungsrechtlichen Beurteilung von Inkompatibilitäten eine eigene Bedeutung.[29] In keiner anderen Fallgruppe verwendet das Gericht die Figur der Gewaltengliederung so häufig, namentlich für die Auslegung von Art. 137 Abs. 1 GG.[30] Die Gewaltengliederung wird regelmäßig als verstärkender Gesichtspunkt für deren Verfassungswidrigkeit herangezogen.[31] In manchen Entscheidungen spielt sie sogar eine entscheidende, über den Verfassungswortlaut hinausgehende Rolle.[32] In dieser Argumentation verknüpfen sich Trennungs- und Kontrollgebot, indem Ersteres Letzteres ermöglicht.[33]

5. Zwischenergebnis

Damit lässt sich folgende Zwischenbilanz ziehen. Ein systematisches Verständnis der Gewaltengliederung ist praktisch geboten, namentlich um den argumentativen Umgang des Bundesverfassungsgerichts mit dem Grundsatz verstehen und kritisieren zu können. Es wird zudem allein der selbständigen Stellung des Prinzips in Art. 20 Abs. 2 S. 2 GG gerecht. Der Grundsatz bringt mehr zum Ausdruck als die Summe der grundgesetzlichen Organisations- und Verfahrensvorschriften. Um eine Konkretisierung unter den Bedingungen des demokratischen Verfassungsstaats zu entwickeln, ist es aber nicht möglich, seine Funktion auf den Gesichtspunkt rechtsstaatlicher Gewaltenbändigung zu beschränken. Vielmehr wird sich eine Herleitung auf die beiden Grundentscheidungen des Grundgesetzes zugunsten von Rechtsstaatlichkeit und Demokratie zurückführen lassen müssen. Der dogmatische Rückbezug auf beide wird es ermöglichen, der weithin vertretenen Lehre der funktionsgerechten Organzuordnung und der Garantie von Kern-

29 So auch: Carl Schmitt, *Verfassungslehre*, Berlin 1927, S. 186, 189 f.

30 Dazu Gertrude Lübbe-Wolff, in: Dreier, *Grundgesetz-Kommentar, Bd. III*, Tübingen 2000, Art. 137, Rn. 7 ff.

31 BVerfGE 12, 73 (77) – *Kommunalbeamter* [1961]; 38, 326 (338 f.) – *Landtagsmandat* [1975]; 40, 296 (321) – *Abgeordnetendiäten* [1975]; 42, 312 (338) – *Kirchliches Amt* [1976]; 57, 43 (62) – *Ruhestandsbeamter* [1981]; 58, 177 (201) – *Kreisangestellter* [1981]; 98, 145 (160) – *Vorstandstätigkeit* [1998].

32 Deutlich in BVerfGE 18, 172 (183) – *Oberstadtdirektor* [1964]: »Mit dem Grundsatz der Gewaltenteilung ist es nicht vereinbar [...]«; ähnlich BVerfGE 48, 64 (83) – *Kommunal beherrschtes Unternehmen* [1978].

33 So BVerfGE 98, 145 (160) – *Vorstandstätigkeit* [1998].

bereichen handhabbare verfassungsrechtliche Kriterien zuzuweisen, die bisher allenfalls in Ansätzen zu erkennen sind.

III. Eine systematische Deutung der grundgesetzlichen Gewaltengliederung

1. Zur Auslegung von Art. 20 Abs. 2 S. 2 GG: Gewaltengliederung

Art. 20 Abs. 2 S. 2 GG legt die Ausübung deutscher Staatsgewalt in die Hände besonderer Organe: der Gesetzgebung, der vollziehenden Gewalt und der Rechtsprechung. Drei Formen staatlicher Herrschaft werden durch das Grundgesetz bindend unterschieden[34] und bestimmten Organen zugewiesen. Das Grundgesetz *gliedert* also die Staatsgewalt, ohne die Gewalten voneinander zu trennen. Die Idee einer »geteilten« Staatsorganisation findet sich im Grundgesetz nicht – auch nicht als hintergründige, nur mit Ausnahmen verwirklichte Regel.[35] Die dritte Gewalt wird von den anderen in der Tat getrennt, Art. 97 GG. Die erste und zweite Gewalt aber sind ausdrücklich miteinander verbunden, Art. 63 Abs. 1 GG. Aus diesem Grund sollte vom Grundsatz der grundgesetzlichen *Gewaltengliederung* gesprochen werden. Die Begriffe Teilung und Trennung werden dem Grundgesetz nicht gerecht.[36] Auch der Begriff der »Funktionsgerechtigkeit« erscheint dem Grundgesetz unangemessen. Der Text des Grundgesetzes spricht von »Gewalten«, nicht von Funktionen. »Funktionsgerechtigkeit« ist zudem ein technisch klingender Ausdruck, der allein an Effizienz orientiert zu sein scheint und der sich für den rechtsvergleichenden Gebrauch nicht übersetzen lässt. Im Folgenden wird aus diesen Gründen konsequent der Begriff *Gewaltengliederung* Verwendung finden, um den grundgesetzlichen Regelungsgehalt zu kennzeichnen. Die entscheidende, durch

34 So schon der Ausdruck bei Carl Schmitt, *Verfassungslehre*, S. 186: »Gewaltenunterscheidung«.

35 So aber etwa: BVerfGE 3, 225 (247) – *Gleichberechtigung* [1953]; 7, 183 (188) – *Zeugenvernehmung Verwaltungsverfahren* [1957]; 34, 52 (59) – *Hessisches Richtergesetz* [1972]. Dagegen wie hier kritisch: Heun, *Staatshaushalt und Staatsleitung*, S. 95.

36 So auch: Achterberg, *Probleme der Funktionenordnung*, S. 109 f.; Andreas Voßkuhle, *Rechtsschutz gegen den Richter*, Berlin 1993, S. 34 in Anm. 2, jeweils m. w. N.

Rekurs auf Art. 20 Abs. 2 S. 2 GG nicht unmittelbar zu beantwortende Frage an eine Dogmatik der Gewaltengliederung lautet, nach welchen Kriterien eine Zuordnung zwischen den drei Gewalten und den ihnen zugeordneten Organen entwickelt werden kann.

Ein erster, an systematischer Stellung und Wortlaut des Art. 20 Abs. 2 S. 2 GG orientierter Auslegungsschritt schließt bereits gewisse gängige Lesarten der Gewaltengliederung aus oder relativiert sie zumindest. Dem Grundgesetz geht es bei der Gewaltengliederung nicht um irgendeine Form des gesamtgesellschaftlichen Machtausgleichs. Die Gewaltengliederung garantiert keine Form von Gleichheit und Balance zwischen gesellschaftlichen Kräften oder ihren Einflussmöglichkeiten auf den demokratischen Prozess. In der Literatur finden sich zwar mitunter Ansätze, die Gewaltengliederung so zu verstehen.[37] Aber ein solches Verständnis verwischt die grundgesetzliche Unterscheidung zwischen privater Freiheit und hoheitlicher Kompetenz,[38] ignoriert die systematische Stellung von Art. 20 Abs. 2 GG als Sonderregelung des Staats und nimmt dem Grundsatz damit jede Kontur. Gewaltengliederung adressiert allein die Staatsgewalt, andere Wirkungen mögen sich mittelbar ergeben, sind aber von der Norm nicht angeordnet.

Auch Versuche, die grundgesetzliche Gewaltengliederung mit übergreifenden, dem Grundgesetz so aber nicht bekannten Kategorien wie Effizienz, Kontrolle, Moderation, Hemmung, Mäßigung, Konstituierung oder Balance der Staatsgewalt begrifflich zu erfassen, gehen entweder fehl oder bleiben zu unscharf.[39] Solche Begriffe können bestimmte Elemente des grundgesetzlichen Systems beschreiben, aber weder lassen sich die Regelungen des Grundgesetzes auf einen dieser Begriffe reduzieren, noch sind sie primär

37 So insgesamt wenig präzise: Jürgen Becker, *Gewaltenteilung im Gruppenstaat*, Baden-Baden 1986, S. 177 ff.; Werner Weber, »Die Teilung der Gewalten als Gegenwartsproblem«, in: Hans Barion u. a. (Hg.), *Festschrift für Carl Schmitt zum 70. Geburtstag*, Berlin 1959, S. 253. Wie hier differenzierend Di Fabio, »Gewaltenteilung«, Rn. 14 ff. Entsprechend der hier vertretenen Beschränkung auf hoheitliches Handeln lehnt das Bundesverfassungsgericht die Figur der »publizistischen« Gewaltenteilung ab: BVerfGE 73, 118 (175) – *Rundfunk IV* [1986]; 83, 238 (304) – *Rundfunk VI* [1991].

38 Josef Isensee, »Grundrechte und Demokratie. Die polare Legitimation im grundrechtlichen Gemeinwesen«, in: *Der Staat* 20 (1981), S. 161-176; Christoph Möllers, *Staat als Argument*, München 2000, S. 297 ff. m. w. N.

39 Eingehend: Möllers, *Gewaltengliederung*, S. 81 ff.

von diesem angeordnet. Wie stets muss man sich auch hier vor der Verselbständigung einer Begriffsbildung hüten, die weder am Normtext noch an der Systematik des Grundgesetzes im Ganzen orientiert ist, sondern einzelne Zusammenhänge verallgemeinert. Nicht zufällig werden solche Begriffe regelmäßig anlässlich der Untersuchung von *nur einer* der drei Gewalten entwickelt.[40] Die grundgesetzliche Gewaltengliederung kennt vielerlei durchaus widersprüchliche Wirkungen: die Hemmung von Machtausübung ebenso wie ihre Ausgestaltung und Ermöglichung, die Erzeugung von Konflikten wie auch ihre Entscheidung. Sie geht in den genannten Begriffen nicht auf.

2. Demokratie und Rechtsstaatlichkeit

Die zentralen normativen Koordinaten einer systematischen Entwicklung des Prinzips der Gewaltengliederung finden sich im Rechtsstaats- und im Demokratieprinzip.[41] Andere Grundsätze des Art. 20 GG haben entweder einen anderen, nicht organisationsbezogenen Regelungsgehalt wie namentlich die Sozialstaatlichkeit oder können – wie die Bundesstaatlichkeit – erst mit der Gewaltengliederung ins Verhältnis gesetzt werden, wenn dessen Inhalt geklärt ist.[42] Die Grundlagen der Gewaltengliederung, die durch Art. 28 Abs. 1 S. 1 GG auch für die Länder gelten,[43] werden zunächst auf beiden föderalen Ebenen vom Grundgesetz vorausgesetzt und dann vom Bundesstaatsprinzip modifiziert.

Demokratie und Rechtsstaatlichkeit stehen in keinem Rangverhältnis zueinander, sie sind normativ gleichwertig.[44] Dabei ergänzen sich rechtsstaatliche und demokratische Anforderungen auf einer verfassungstheoretischen Ebene wechselseitig: Rechtsform kann nur deswegen Anspruch auf Anerkennung erheben, weil sie in einem demokratischen Verfahren entstanden ist. Demokratische Legitimation entsteht umgekehrt nur durch die Einhaltung

40 Vgl. etwa: Jarass, *Politik und Bürokratie als Elemente der Gewaltenteilung*; Voßkuhle, *Rechtsschutz gegen den Richter*.

41 Oben, II., 2.

42 Unten, V., 1.

43 Soweit unbestritten: BVerfGE 2, 307 (319) – *Gerichtsbezirke* [1953]; Dreier, in: ders., *Grundgesetz-Kommentar, Bd. II*, Tübingen ²2006, Art. 28 Rn. 65 m. w. N.

44 Präzise: Böckenförde, »Demokratie als Verfassungsprinzip«, Rn. 87.

demokratiekonstituierender Regeln, etwa die Einräumung eines freien und gleichen Wahlrechts, gegen die ein Verstoß nicht nur die Rechtswidrigkeit, sondern auch den Verlust des demokratischen Legitimationsanspruchs zur Folge hätte.[45] Dieses Komplementärverhältnis zeigt sich namentlich im parlamentarischen Gesetz, das Rechtsstaatlichkeit und Demokratie gleichermaßen zum Ausdruck bringt.[46] Trotzdem können Demokratieprinzip und Rechtsstaatlichkeit auf einer operativen Ebene zueinander in Widerspruch geraten, beispielsweise wenn der im Gesetz zum Ausdruck kommende demokratische Wille durch die Verwaltung vollzogen, aber durch eine von einem Einzelnen initiierte Klage aufgehalten oder gestoppt wird.[47]

Das Demokratieprinzip verpflichtet dazu, alles staatliche Handeln auf einen egalitären kollektiven Willensbildungsprozess zurückzuführen, Art. 20 Abs. 2 S. 1 GG. Kollektive Selbstbestimmung ist sein Ausgangspunkt. Das Rechtsstaatsprinzip wirkt auf den ersten Blick komplexer, wenn nicht diffuser. Ein übergreifender gemeinsamer Nenner der ihm zugewiesenen Gehalte wird teilweise bestritten.[48] Seine verschiedenen Facetten – vom eingriffsbezogenen Gesetzesvorbehalt über die Garantie eines elementaren Grundrechtsschutzes, das Verhältnismäßigkeitsprinzip, die Unabhängigkeit der Gerichte bis zur Rechtsschutzgarantie[49] – lassen sich aber allesamt auf den Schutz individueller Freiheitswahrnehmung zurückführen.[50] Zwar ist das Rechtsstaatsprinzip als solches ein objektiver Verfassungsgrundsatz.[51] Um seinen anerkannten Gehalten

45 Konzise theoretische Begründung bei Jürgen Habermas, »Über den internen Zusammenhang von Rechtsstaat und Demokratie«, in: ders., *Die Einbeziehung des Anderen*, Frankfurt/M. 1999, S. 293. Vgl. auch Oliver Gerstenberg, *Bürgerrechte und deliberative Demokratie*, Frankfurt/M. 1997.

46 Böckenförde, »Demokratie als Verfassungsprinzip«, Rn. 35; Peter Badura, in: *Bonner Kommentar* (Aug. 2007), Art. 38 Rn. 13; Schulze-Fielitz, *Grundgesetz-Kommentar, Bd.* II, Art. 20 (Demokratie), Rn. 67.

47 Böckenförde, »Demokratie als Verfassungsprinzip«, Rn. 92; Schmidt-Aßmann, »Der Rechtsstaat«, Rn. 96.

48 Kunig, *Das Rechtsstaatsprinzip*.

49 Schmidt-Aßmann, »Der Rechtsstaat«, Rn. 69 ff.

50 Zu den Verbindungen: Hesse, *Grundzüge des Verfassungsrechts der Bundesrepublik Deutschland*, Rn. 191; Schmidt-Aßmann, »Der Rechtsstaat«, Rn. 30 f.; Stern, *Staatsrecht der Bundesrepublik Deutschland*, S. 788 ff.

51 Hesse, *Grundzüge des Verfassungsrechts der Bundesrepublik Deutschland*, Rn. 186 ff.

einen systematischen Zusammenhang zu geben, muss man sich aber in die Perspektive eines individuellen subjektiven Rechtsträgers versetzen.[52] Dieser kann aufgrund des Rechtsstaatsprinzips von der Ausübung staatlicher Herrschaft bestimmte Qualitäten wie Vorhersehbarkeit durch Rechtssicherheit, Gesetzlichkeit oder Formstrenge sowie eine unabhängige gerichtliche Kontrolle dieser Qualitäten mit Blick auf seine eigene Rechtsposition erwarten.

Für die Dogmatik der Gewaltengliederung sind die *verfahrens- und organisationsrechtlichen* Implikationen dieses Zusammenhangs entscheidend: Denn nunmehr lässt sich das Gegen- und Miteinander von Demokratieprinzip und Rechtsstaatlichkeit als Mittel zur Ermöglichung von individueller und demokratischer Selbstbestimmung verstehen. Der Grundsatz der Gewaltengliederung dient aus dieser Perspektive der Sicherung von Organisation und Verfahren staatlichen Handelns in einer Weise, die den rechtsstaatlichen Schutz individueller Freiheit und die kollektive demokratische Selbstbestimmung in gleicher Weise anerkennt, zum Ausdruck bringt und Widersprüche durch Verfahren und Organisation austrägt. Mangels einer Vorrangbeziehung zwischen Demokratie und Rechtsstaat werden Widersprüche den Prozeduren der Gewaltengliederung überantwortet.

3. Art. 20 Abs. 2 S. 2 GG als selbstbestimmungsorientierte Regel

Art. 20 Abs. 2 S. 2 GG garantiert daher eine staatliche Organisations- und Verfahrensgestaltung, die das Nebeneinander von beiden Formen der Selbstbestimmung, von individueller Freiheit und demokratischer Selbstherrschaft, ermöglicht und schützt.[53] Grundlage beider Selbstbestimmungsformen ist die durch Art. 1 Abs. 1 GG postulierte Personalität des Menschen,[54] die diesem normativ eine autonome Willensbildung unterstellt, welche er sowohl individuell für sich, Art. 2 Abs. 1 GG, als auch kollektiv als Teil des demokratischen Legitimationssubjekts, Art. 20 Abs. 2 S. 1 GG, verfolgen

52 Zu den entsprechenden historischen Wurzeln des rechtsstaatlichen Eingriffsvorbehalts: Dietrich Jesch, *Gesetz und Verwaltung*, Tübingen ²1968, S. 156 ff.

53 Eingehender: Möllers, *Gewaltengliederung*, S. 29 ff.

54 Zum Zusammenhang von Menschenwürde und Gewaltengliederung auch: Di Fabio, »Gewaltenteilung«, Rn. 2.

kann. Aus der grundlegenden Rolle der Menschenwürde folgt ein normativer Individualismus als Ausgangspunkt,[55] doch impliziert dieser keinen Vorrang individueller vor demokratischer Selbstbestimmung. Vielmehr fußen beide Formen von Selbstbestimmung auf einem durch die Menschenwürde geschützten Konzept von Personalität.[56]

Individuelle Freiheit wird von der Rechtsordnung durch Organisations- und Verfahrensarrangements geschützt, die mit individualisierter Reichweite, retrospektiv und allein auf der Grundlage rechtlicher Maßstäbe entscheiden. Individuelle Selbstbestimmung bedarf erst dann der rechtlichen Durchsetzung, wenn sie bereits artikuliert und an ein mit Mitteln des Rechts behebbares Verwirklichungshindernis gestoßen ist.[57] Demokratische Willensbildung kann dagegen von der Rechtsordnung nicht vorausgesetzt werden, sondern sie vermag sich erst in einer Rechtsordnung zu artikulieren, die durch Freiheits- und Gleichheitsregeln eine beliebige kollektive Willensäußerung in einen zurechenbaren demokratischen Willen, Populismus in demokratische Selbstbestimmung verwandelt.[58] Demokratische Willensbildung ist nicht nur kulturell voraussetzungsreicher, sondern auch institutionell schwieriger auszugestalten als der Schutz individueller Freiheit. Als Ausdrucksform des demokratischen Legitimationssubjekts ist sie potentiell allumfassend, allgemein und inklusiv, als offene demokratische Willensbildung zukunftsbezogen und *materiell* möglichst wenig durch Recht determiniert – andernfalls könnte es sich nicht mehr um Willensbildung handeln.[59]

55 Dietmar von der Pfordten, »Normativer Individualismus und das Recht«, in: *JuristenZeitung* 2005, S. 1069-1080.

56 Christoph Enders, *Die Menschenwürde in der Verfassungsordnung*, Tübingen 1997, S. 391 f.; Dreier, in: ders., *Grundgesetz-Kommentar, Bd. I*, Art. 1 I Rn. 40; Christian Starck, in: v. Mangoldt/Klein/Starck, *Grundgesetz-Kommentar, Bd. I*, ^{5}2005, Art. 1 Abs. 1 Rn. 7; Hasso Hofmann, »Die versprochene Menschenwürde«, in: *Archiv des öffentlichen Rechts* 118 (1991), S. 353-377, hier S. 355 f.; Oliver Lepsius, *Steuerungsdiskussion, Systemtheorie und Parlamentarismuskritik*, Tübingen 1999, S. 53 ff.

57 Dazu eingehend: Möllers, *Gewaltengliederung*, S. 41 ff.

58 Zu den verfassungstheoretischen Grenzen dieser Entscheidung: Ernesto Laclau, *On Populist Reason*, London 2005.

59 Zum Zusammenhang zwischen zeitlichem Ablauf und Gewaltengliederung: Gerhart Husserl, *Recht und Zeit*, Frankfurt/M. 1955, S. 54 ff.; Hasso Hofmann, *Das Recht des Rechts, das Recht der Herrschaft und die Einheit der Verfassung*, Berlin

Für diese auf Regelungsreichweite, Rechtsbindungsintensität und Zeitorientierung bezogenen Funktionskriterien, die bereits auf die Grundparameter judikativen und legislativen Handelns verweisen, finden sich sowohl im Grundgesetz als auch in der Rechtsprechung des Bundesverfassungsgerichts zahlreiche Anhaltspunkte. Diese gewinnen jedoch erst durch die gleichberechtigte Anknüpfung an Rechtsstaatlichkeit und Demokratie eine eigene systematische Kontur. Eine gewaltengegliederte Abstufung der sachlichen Reichweite staatlicher Entscheidungen kommt in Art. 19 Abs. 1 S. 1 GG zum Ausdruck. Eine abgestufte zeitliche Orientierung zeigt sich in der unterschiedlichen Wertigkeit von Rückwirkungsverboten für die drei Gewalten,[60] aber auch an der Grenze der Vorwegnahme von legislativen und exekutiven Entscheidungen durch die Gerichtsbarkeit.[61] Eine Abstufung der rechtlichen Bindung von der Legislative zur Judikative zeigt sich einerseits in der ausdrücklichen Offenhaltung demokratischer Willensbildung in Art. 21 Abs. 1 S. 1, 38 Abs. 1 S. 2 GG, andererseits in Art. 97 GG und in der durch Art. 19 Abs. 4 GG gebotenen Verrechtlichung hoheitlicher Handlungsmaßstäbe gerade bei der Beurteilung individueller Rechtspositionen. Zwischen den beiden Polen demokratischer Rechtserzeugung und individualisierten Freiheitsschutzes kennt das Grundgesetz zudem Vermittlungsstufen. Die Gewaltengliederung fordert deswegen auch Zwischenformen, in denen beide Legitimationstypen abgestuft Berücksichtigung finden, so dass alle drei Gewalten in einen kontinuierlichen Konkretisierungszusammenhang vom inhaltlich Offenen zum rechtlich Determinierten, von der sachlich und personell allgemeineren zur besonderen Re-

1998, S. 43 f.; Paul Kirchhof, »Verwalten und Zeit. Über gegenwartsbezogenes, rechtzeitiges und zeitgerechtes Verwalten« (1975), in: ders., *Stetige Verfassung und politische Erneuerung*, Goldbach 1995, S. 73-108, hier S. 75 f.: »Zeitschema der Gewaltenteilung«; Günter Dürig, »Zeit und Rechtsgleichheit«, in: *Festschrift Tübinger Juristenfakultät*, Tübingen 1977, S. 21, hier S. 37 ff.

60 Hartmut Maurer, »Kontinuitätsgewähr und Vertrauensschutz«, in: Josef Isensee, Ferdinand Kirchhof (Hg.), *Handbuch des Staatsrechts der Bundesrepublik Deutschland, Bd. III*, Heidelberg 1988, §60 Rn. 10, 65, 100. Eine »gewaltenteilige Abstufung« für einen Sonderfall bei Christian Waldhoff, »Vertrauensschutz im Steuerrechtsverhältnis«, in: Heinz J. Pezzer (Hg.), *Vertrauensschutz im Steuerrecht*, Heidelberg 2004, S. 129-160, hier S. 132 ff.

61 Unten, IV., 2., b).

gelungsreichweite und vom Prospektiven zum Retrospektiven einbezogen werden können.[62]

In diesem Verständnis schützt Art. 20 Abs. 2 S. 2 GG die rechtsstaatlichen und demokratischen Verfahrensleistungen der Verfassungsorgane und sichert eine Zuordnung von Entscheidungsstrukturen, die garantiert, dass für beide Anliegen Organisationen und Verfahren zur Verfügung stehen, die in einer legitimationsangemessenen Weise zugeordnet werden. Sachliche Reichweite, zeitliche Orientierung und der Grad der Verrechtlichung der Entscheidungsmaßstäbe sind die legitimationsvermittelnden Kriterien.

4. Art. 20 Abs. 2 S. 2 GG als Verfassungsprinzip?

Die Unterscheidung zwischen Regeln und Prinzipien[63] hat von der Grundrechtsdogmatik[64] kommend Einzug in das Staatsorganisationsrecht gehalten.[65] Eine eigene Bedeutung gewinnt diese Unterscheidung aber erst, wenn man Verfassungsprinzipien als Optimierungsgebote deutet. Neben grundsätzlicheren Einwänden[66] stellt sich insbesondere die Frage, wie sich eine Norm des Verfahrens- und Organisationsrechts als Optimierungsgebot verstehen lassen kann. Die Vorstellung einer optimierbaren Verfahrensgestaltung widerspricht der Idee arbeitsteiliger Rechtserzeugung, die durch Art. 20 Abs. 2 S. 2 GG positiviert ist.[67] Die Gewaltengliederung kennt keinen archimedischen Punkt, von dem aus die beste Staats-

62 Vgl. auch Heun, *Staatshaushalt und Staatsleitung*, S. 101.

63 Ronald Dworkin, *Taking Rights Seriously*, Cambridge (MA) 1977.

64 Robert Alexy, *Theorie der Grundrechte*, Frankfurt/M. 1986.

65 Veith Mehde, »Regeln und Prinzipien im Recht der Staats- und Verwaltungsorganisation«, in: *Die Verwaltung* 34 (2001), S. 93. Entsprechend heruntergebrochen werden die Grundsätze des Art. 20 GG bei Karl-Eberhard Hain, *Die Grundsätze des Grundgesetzes*, Baden-Baden 1999 (zur Gewaltenteilung: S. 353 f.).

66 Nachweise und Kritik zur Optimierungsvorstellung bei Peter Lerche, »Die Verfassung als Quelle von Optimierungsgeboten?«, in: Joachim Burmeister (Hg.), *Verfassungsstaatlichkeit. Festschrift für Klaus Stern zum 65. Geburtstag*, München 1997, S. 197-209, hier S. 204 ff. Speziell für die Gewaltengliederung: Lerche, »Gewaltenteilung – deutsche Sicht«, S. 83 ff. Zur Kritik an der Gleichsetzung von Verfassungsprinzipien mit deren Abwägungsgeeignetheit: Franz Reimer, *Verfassungsprinzipien. Ein Normtyp im Grundgesetz*, Berlin 2001, S. 174 ff.

67 Ähnliche Kritik mit Blick auf die Rolle des Gesetzgebers bei Matthias Jestaedt, *Grundrechtsentfaltung im Gesetz*, Tübingen 1999, S. 206 ff.

organisation definiert und ins Werk gesetzt werden kann. Vielmehr überlässt sie diese Bestimmung dem sich ergänzenden Mit- und Gegeneinander der drei Gewalten. Damit wird dem System eine Dynamik eingeschrieben, die der (verfassungs-)richterfixierten Suche der Prinzipientheorie des Rechts nach der materiell besten Lösung gerade fremd ist.[68] Statt als Prinzip ist Gewaltengliederung als eine sekundäre[69] prozedurale Norm[70] zu verstehen, als eine Norm, die die Erzeugung von Recht regelt und damit an der Veränderbarkeit der Rechtsordnung teilhat. Im Ergebnis stellt Art. 20 Abs. 2 S. 2 GG kein »Prinzip« im Sinne der rechtstheoretischen Prinzipienlehre dar. Gerade umgekehrt spricht sein Regelungsgehalt gegen die Anwendbarkeit der Prinzipientheorie des Rechts auf das Grundgesetz, wenn nicht auf jede gewaltengegliederte Rechtsordnung.

5. Was gliedert die Gewaltengliederung?

Welcher Vorgang wird durch die grundgesetzliche Gewaltengliederung strukturiert? Die Antwort der klassischen Gewaltenteilungslehren verwies auf die Ausübung von Macht. Dies ist freilich keine juristisch brauchbare Lösung. Macht ist die Erweiterung eines subjektiven Handlungsraums, der sich nicht notwendigerweise rechtlicher Formen bedienen muss.[71] Macht, beispielsweise im politischen Raum, kann nicht einfach mit der Rechtsform identifiziert werden. Für ein verfassungsrechtliches Verständnis der Gewaltengliederung muss ein anderer Anknüpfungspunkt gefunden werden. Dies legt es nahe, die Gewaltengliederung auf die *Erzeugung von Recht* zu beziehen. Entgegen einem weit verbreiteten Sprachgebrauch wenden Gerichte, aber auch untere Verwaltungsbehörden, Recht nicht nur an. Vielmehr leisten alle Gewalten einen eigenständigen Beitrag zur Erzeugung von Recht: Auch ein gerichtliches Urteil oder

68 Jestaedt, *Grundrechtsentfaltung im Gesetz*. Deutlich wird diese Richterfixierung an den Ursprüngen der Prinzipientheorie: Dworkin, *Taking Rights Seriously*; ders., *Law's Empire*, Cambridge (MA) 1986.

69 Im Sinne von H. L. A. Hart, *The Concept of Law*, Oxford 1961, S. 77 ff.

70 Zum damit erfassten Zusammenhang von Organisation und Verfahren: Susanne Baer, »Vermutungen zu Kernbereichen der Regierung und Befugnissen des Parlaments«, in: *Der Staat* 40 (2001), S. 525-552, hier S. 541, in Anm. 81 m. w. N.

71 Zum Machtbegriff der gute Überblick bei Byung-Chul Han, *Was ist Macht?*, Leipzig 2005.

ein Verwaltungsakt ist keine unselbständige Anwendung des Gesetzes, sondern eine Konkretisierung mit eigenem Entscheidungscharakter und eigener Rechtsfolge, darin kategorial der Gesetzgebung vergleichbar.[72] Dies erklärt, warum eine Gewaltengliederung überhaupt benötigt wird. Wären Verwaltungen und Gerichte Anwendungsautomaten, könnte man sich darauf beschränken, Exekutive und Judikative als Formen der Rechtsanwendung schlichtweg gleichzusetzen, und die unterschiedlichen Verfahren und Organisationsstandards beider ignorieren.[73]

Diese rechtstheoretische Einsicht bedarf der verfassungsrechtlichen Umsetzung. Als Tatbestandsmerkmal der Gewaltengliederung ist zunächst, wie beim Demokratieprinzip, die Staatsgewalt, also alles zurechenbare Handeln mit Entscheidungscharakter,[74] zu verstehen. Mit der Einsicht in die rechtserzeugende Wirkung aller drei Gewalten wird auch die Anwendung der oben entwickelten Kriterien deutlicher: Reichweite, zeitliche Orientierung und Intensität der Verrechtlichung sind Kriterien, die Verfahren und Organisation der Rechtserzeugung zum Regelungsgehalt des erzeugten Rechts in Verhältnis setzen. Bedeutet diese Verknüpfung, dass informales Handeln aus der Reichweite der Gewaltengliederung herausfällt? Darauf lässt sich keine allgemein gültige Antwort geben, schon weil der Begriff des Informalen zu diffus ist.[75] Auch informales Handeln kann Rechtsfolgen haben und etwa als ein punktueller Grundrechtseingriff den Anforderungen der Gewaltengliederung unterstehen. Die Anknüpfung bei der Rechtserzeugung bedeutet umgekehrt auch nicht, dass informale Elemente der Vorbereitung nicht auch durch die Gewaltengliederung geschützt werden könnten. Dies zeigt das Beispiel der offenen informellen parlamentarischen

72 Grundlegend: Adolf Merkl, *Die Lehre von der Rechtskraft entwickelt aus dem Rechtsbegriff*, Leipzig, Wien 1923, S. 81 ff.; dazu Jestaedt, *Grundrechtsentfaltung im Gesetz*, S. 279 ff.

73 Die statische Dichotomie zwischen Rechtsetzung und Rechtsanwendung und das daraus folgende Problem, Judikative und Exekutive überhaupt unterscheiden zu können, hat Teile der Theorie lange beschäftigt; vgl. etwa Michel Troper, *La séparation des pouvoirs et l'histoire constitutionelle française*, Paris 1972, S. 142 ff.

74 BVerfGE 83, 60 (73) – *Ausländerwahlrecht II* [1990].

75 Zu Differenzierungen: Christoph Möllers, »Methoden«, in: Wolfgang Hoffmann-Riem u. a. (Hg.), *Grundlagen der Verwaltungsrechtswissenschaft, Bd. I*, München 2006, § 3 Rn. 15.

Willensbildung, die vor zu intensiver Verrechtlichung zu bewahren ist, um die demokratische Willensbildung zu ermöglichen.[76]

6. Zwischenergebnis

Art. 20 Abs. 2 S. 2 GG, der Grundsatz der grundgesetzlichen Gewaltengliederung, stellt eine eigenständige Organisationsregel dar, die den rechtsstaatlichen Schutz individueller Freiheit und die kollektive demokratische Selbstbestimmung organisations- und verfahrensrechtlich verklammert. Der Bezug auf die beiden Formen individueller und demokratischer Freiheit gestattet es, bestimmte Kriterien für die Bestimmung der drei Gewalten zu entwickeln, die die Reichweite ihres Handelns, die Intensität der Verrechtlichung und die Zeitorientierung betreffen. Eine Verkürzung der Gewaltengliederung nur auf rechtsstaatliche Kontrollmechanismen oder auf demokratische Handlungsfähigkeit ist damit ebenso ausgeschlossen wie eine Konturen verwischende Ausweitung dieses prozeduralen Grundsatzes auf Fragen der materiellen Rechtmäßigkeit oder Richtigkeit.

IV. Die drei Gewalten und ihre Rechtsbeziehungen zueinander

Das so hergeleitete Verständnis der grundgesetzlichen Gewaltengliederung hat sich in der Anwendung zu bewähren. Dazu sind zunächst die drei Gewalten als solche näher zu bestimmen (1.). Anschließend können Vorgaben für die Rechtsbeziehungen zwischen ihnen entwickelt werden (2.).

1. Zur Bestimmung gesetzgebender, vollziehender und rechtsprechender Gewalt

Die praktische Notwendigkeit, gesetzgebende, vollziehende und rechtsprechende Gewalt zu definieren, besteht mit Blick auf das verfassungsgerichtliche Fallmaterial in der Praxis nicht häufig und je nach Gewalt in unterschiedlichem Maße. Der Bedarf nach einer Definition hängt auch davon ab, welche Rechtsformen die Verfas-

76 Oben, III., 2.

sungsordnung zur Verfügung stellt, um die Bestimmung einer Gewalt zu erleichtern.

a) Gesetzgebende Gewalt

Ein verfassungsrechtlicher Begriff der Gesetzgebung wird praktisch selten benötigt, weil die grundgesetzlichen Regelungen des parlamentarischen Gesetzgebungsverfahrens und der Rechtsform des Gesetzes die Identifizierung der gesetzgebenden Gewalt zumeist einfach ermöglichen.[77] Die Verfassung verknüpft die reichen Rechtsfolgen der Gesetzesform, namentlich den allgemeinen Bindungsanspruch des Art. 20 Abs. 3 GG, mit den demokratischen Kreations-, Organisations- und Verfahrensregeln des Deutschen Bundestags und mit den die demokratische Willensbildung schützenden Regeln der Kommunikationsgrundrechte und des Parteienrechts.[78] Ausschließlich die im Gesetzgebungsverfahren nach Art. 76 ff. GG erlassenen Regeln können solche der gesetzgebenden Gewalt sein.[79] Der demokratische Gesetzgeber schuldet nur ein Verfahren und eine Form der Entscheidung, das Gesetz.[80]

Damit ist aber noch nichts darüber gesagt, wann durch den Deutschen Bundestag beschlossene Gesetze vom Begriff der Gesetzgebung so weitgehend abweichen, dass sie gegen Art. 20 Abs. 2 S. 2 GG verstoßen. Eine Beantwortung dieser Frage zwingt zur Entwicklung weitergehender Kriterien. Aus dem sie prägenden Bezug zur demokratischen Selbstbestimmung folgt, dass die gesetzgebende Gewalt eine zukunftsorientierte, mit einem möglichst hohen Allgemeinheitsgrad regelnde Form des Rechts sein soll, die aus einem offenen und allgemeinen Repräsentationsverfahren hervorgeht. Hierbei darf die Argumentation aber nicht stehen bleiben. Vielmehr ist für die Bestimmung des Begriffs der Gesetzgebung

77 Hermann Heller, »Der Begriff des Gesetzes in der Reichsverfassung«, in: *Veröffentlichungen der Vereinigung der deutschen Staatsrechtslehrer* 4 (1928), S. 98; vgl. aber den aktuellen Fall BVerfGE 114, 196 – *Beitragssatzsicherungsgesetz* [2005].

78 Helmuth Schulze-Fielitz, *Theorie und Praxis parlamentarischer Gesetzgebung*, Berlin 1988, S. 184 ff.

79 Andreas Greifeld, *Volksentscheid durch Parlamente. Wahlen und Abstimmungen vor dem Grundgesetz der Demokratie*, Berlin 1983, S. 95 ff.

80 So die bekannte Feststellung bei Willi Geiger, »Gegenwartsprobleme der Verfassungsgerichtsbarkeit aus deutscher Sicht«, in: Thomas Berberich (Hg.), *Neue Entwicklungen im öffentlichen Recht*, Stuttgart 1979, S. 131-142, hier S. 141.

entscheidend, dass die Offenheit der demokratischen Willensbildung, wie sie aus Art. 21 Abs. 1, 38 Abs. 1 S. 2 GG folgt, zugleich garantiert, dass das verfassungstheoretische Ideal eines allgemeinen und zukunftsorientierten Gesetzes nicht uneingeschränkt der Verrechtlichung zugänglich ist.[81] Der so bestimmte Gesetzesbegriff bringt eine verfassungsrechtlich gebotene Option der gesetzgebenden Gewalt zum Ausdruck, keine Verpflichtung. Anders formuliert: Aus dem Grundsatz der Gewaltengliederung folgt, dass die Gesetzgebungsorgane *dazu berechtigt sein müssen*, allgemeine und zukunftsorientierte Gesetze zu erlassen, aber nicht, dass sie *verpflichtet sind*, diese Kriterien stets einzuhalten. Andernfalls würde die Offenheit demokratischer Willensbildung durch einen verfassungsrechtlichen Begriff des Gesetzes ausgehebelt. Art. 20 Abs. 2 S. 2 GG gebietet also nicht den Erlass allgemeiner Gesetze, die ihren politischen Kompromisscharakter verleugnen.[82] Entsprechend sind alle Versuche, einen Rechtsbegriff des allgemeinen Gesetzes zu entwickeln, nicht nur in der deutschen Verfassungsrechtsdogmatik gescheitert.[83] Ein zu eng gefasster, gerichtlich überprüfbarer Begriff des allgemeinen Gesetzes würde die demokratische Willensbildung funktionswidrig einschränken.

Die Gewaltengliederung gebietet weiterhin, die demokratische Willensbildung in den Akten der Wahl und im parlamentarischen Verfahren selektiv verfassungsrechtlichen Bindungen zu unterwerfen.[84] Dies hat dort zu geschehen, wo der Legitimationsanspruch des Gesetzes selbst durch Recht konstituiert wird, insbesondere durch die Sicherung gleicher politischer Beteiligungschancen. Dies

81 Theoretisch: Hasso Hofmann, »Das Postulat der Allgemeinheit des Gesetzes«, in: Christian Starck (Hg.), *Die Allgemeinheit des Gesetzes*, 1987, S. 9-48, hier S. 39 f.; Norbert Achterberg, »Kriterien des Gesetzesbegriffs unter dem Grundgesetz«, in: *DÖV* 1973, S. 289-298, hier S. 293 f.; ders., *Probleme der Funktionenordnung*, S. 204 f.; zum im Grundgesetz angelegten, aber nicht verrechtlichten Kriterium der Allgemeinheit: Christian Starck, *Der Gesetzesbegriff des Grundgesetzes*, Baden-Baden 1970, S. 185 ff.

82 Ausdrücklich anders, jedoch für einen Spezialfall: BVerfGE 101, 158 (214 ff., 218) – *Finanzausgleich III* [1999].

83 BVerfGE 25, 371 (398 f.) – *lex Rheinstahl* [1969]; 95, 1 (14 ff.) – *Südumfahrung Stendal* [1996]. Vgl. auch zur Präzisierung: Oliver Lepsius, »Die erkenntnistheoretische Notwendigkeit des Parlamentarismus«, in: Martin Bertschi u. a. (Hg.), *Demokratie und Freiheit*, Stuttgart u. a. 1999, S. 123-180, hier S. 168 f. in Anm. 127.

84 Di Fabio, »Gewaltenteilung«, Rn. 21.

ist insbesondere im Wahlrecht und im Parteienrecht der Fall. Verfassungsrechtliche Gebote zur Optimierung der Gesetzgebung folgen aus Art. 20 Abs. 2 S. 2 GG aber gerade nicht. Im Gegenteil stehen Beobachtungs- oder Nachbesserungspflichten des Gesetzgebers ebenso wie Verfahren der Gesetzesfolgenabschätzung als Verrechtlichung der politischen Willensbildung tendenziell im Widerspruch zur Gewaltengliederung des Grundgesetzes und sind unter Rücksichtnahme auf diese zu rechtfertigen oder zu beschränken.[85]

Erst im Zusammenhang mit anderen Kriterien gewinnt der Begriff der Allgemeinheit des Gesetzes eine über das Entwickelte hinausgehende schärfere Kontur. Grenzen der formellen Gesetzgebung sind dort zu ziehen, wo der Gesetzgeber die Exekutive vollständig umgeht und unmittelbare individuelle Rechtspositionen definiert, ohne der zweiten Gewalt eigene Entscheidungskompetenzen zu belassen. Dieses Ergebnis bestätigen Art. 19 Abs. 1 S. 1[86] und Art. 19 Abs. 4 GG, die Konkretisierungen des aus Art. 20 Abs. 2 S. 2 GG folgenden Verbots darstellen, die rechtsprechende Gewalt durch Gesetz auszuschließen. Ein Exekutive und Judikative überspielendes Gesetz verletzt das aus der Gewaltengliederung folgende Gebot einer kontinuierlichen, alle drei Gewalten einbeziehenden Rechtskonkretisierung. Es verstößt gegen Art. 20 Abs. 2 S. 2 GG.[87] Ähnliche Konsequenzen ergeben sich für die zeitliche Orientierung. Die mit Ausnahme von Art. 103 Abs. 2 GG in der Verfassung nicht ausdrücklich geregelte Bedeutung des Rückwirkungsverbots gerade für den Gesetzgeber[88] lässt sich so begründen: Auch mit rückwirken-

85 Vgl. aber BVerfGE 88, 203 (309 ff.) – *Schwangerschaftsabbruch II* [1993]; 93, 37 (84 f.) – *Mitbestimmungsgesetz Schleswig-Holstein* [1995]; 94, 115 (151 f.) – *Sichere Herkunftsstaaten* [1996]; 97, 271 (294 f.) – *Hinterbliebenenrente II* [1998]. In diesem Sinne auch: Gunther Schwerdtfeger, »Optimale Methodik der Gesetzgebung als Verfassungspflicht«, in: Rolf Stödter, Werner Thieme (Hg.), *Hamburg, Deutschland, Europa (Festschrift für Hans Peter Ipsen)*, Tübingen 1977, S. 173-188. Ähnlich: Jörg Lücke, »Die Allgemeine Gesetzgebungsordnung«, in: *ZG* 2001, S. 1-49. Wie hier kritisch: Christoph Gusy, »Das Grundgesetz als normative Gesetzgebungslehre?«, in: *ZRP* 1985, S. 291-299, hier S. 296 ff.; Stefan Huster, »Die Beobachtungspflicht des Gesetzgebers«, in: *ZfRSoz* 24 (2003), S. 3-26, hier S. 11 ff.; skeptische Erfahrungen mit formalisierter Gesetzesfolgenabschätzung bei Peter Blum, »Wege zu besserer Gesetzgebung, Gutachten I«, in: *65. DJT* 2004, S. 1-159, hier S. 61 ff.

86 BVerfGE 85, 360 (374) – *Akademie-Auflösung* [1992].

87 Anders BVerfGE 95, 1 (15 f.) – *Südumfahrung Stendal* [1996].

88 Vgl. oben, III., 3.

den Regelungen verlässt der Gesetzgeber die von der Gewaltengliederung den Gewalten vorgegebene zeitliche Orientierung: Er regelt für einen Zeitraum, zu dem noch keine demokratische Willensbildung stattgefunden hatte und für den er noch nicht legitimiert war.

Im Ergebnis enthebt die Gesetzesform selbst in den allermeisten Fällen davon, die gesetzgebende Gewalt zu definieren. Das Gebot der Gewaltengliederung liefert weniger Argumente, die die Gesetzgebung regelnd einschränken, als vielmehr eine grundsätzliche Vermutung innerhalb der für die Demokratie konstitutiven Regeln des Wahl- und Parteienrechts zugunsten einer offenen ungeregelten demokratischen Willensbildung, die in Gesetzgebung mündet. Erst wenn der Gesetzgeber den Konkretisierungszusammenhang ignoriert, indem er Exekutive und Judikative aushebelt, greifen mit der Gewaltengliederung weitergehende Kriterien zur Beschränkung der gesetzgebenden Gewalt.

b) Rechtsprechende Gewalt

Das Grundgesetz vertraut die rechtsprechende Gewalt den Richtern an, Art. 92 1. HS. GG. Diese Gewalt wird also nicht in gleicher Weise durch eine Rechtsform (»Gesetz«) definiert wie die gesetzgebende, vielmehr wird sie durch eine Organisationsentscheidung geprägt, die an die tradierte institutionelle Form des Gerichts anschließt. Eine Definition der rechtsprechenden Gewalt ist praktisch häufiger notwendig als bei den anderen beiden Gewalten. Das zeigt die vergleichsweise reichhaltige Entscheidungspraxis des Bundesverfassungsgerichts.[89] Der Bedarf nach einer genaueren verfassungsrechtlichen Definition passt sich der hier entwickelten Logik der Gewaltengliederung an, die das Handeln der dritten Gewalt – und damit auch ihre begriffliche Bestimmung – anders als im Fall der ersten Gewalt weitestgehend verrechtlicht. Zudem knüpft das Grundgesetz in vielen Normen an den Begriff der Rechtsprechung an, sowohl im Tatbestand als auch in der Rechtsfolge. So hat Art. 19

89 BVerfGE 7, 183 (188 f.) – *Zeugenvernehmung Verwaltungsverfahren* [1957]; 8, 197 (207) – *Bußgeldverfahren* [1958]; 12, 264 (274) [1961]; 22, 49 (73 ff.) – *Verwaltungsstrafverfahren* [1967]; 31, 43 (46) [1971]; 35, 65 (73) – *VwGO-Ausführungsgesetz II* [1973]; 60, 253 (255 ff.) – *Anwaltsverschulden* [1982]; 64, 175 (179) [1983]; 76, 100 (106) – *Verfahrensordnung für Höfesachen* [1987]; 103, 111 (137 f.) – *Wahlprüfung Hessen* [2000].

Abs. 4 GG das Handeln der rechtsprechenden Gewalt zur Rechtsfolge.[90] Diese ist dann wiederum das Tatbestandsmerkmal für bestimmte Organisations-, Art. 97, 98 GG, und Verfahrensgebote, Art 101, 103 Abs. 1 GG.[91]

Kriterien für einen Begriff der rechtsprechenden Gewalt ergeben sich aus ihrer zentralen Aufgabe, dem Schutz individueller Selbstbestimmung.[92] Rechtsprechung erfolgt stets auf fremde Initiative; ohne Kläger kein Richter. Das Anliegen des Klägers ist damit für das Verständnis der Rechtsprechung konstitutiv.[93] Die oben entwickelten Kriterien fügen sich der topisch vorgehenden Rechtsprechung des Bundesverfassungsgerichts weitgehend und geben ihr eine systematische Begründung: Recht als alleiniger Maßstab der gerichtlichen Entscheidung,[94] die Letztverbindlichkeit der gerichtlichen Entscheidung,[95] ihr Einzelfallbezug[96] und die politische Unabhängigkeit der Gerichte – all diese Kriterien sind Elemente einer auf Individualrechte abzielenden Verfahrens- und Organisationsstruktur: Durch diese Kriterien ist gewährleistet, dass auf das spezifische Anliegen des individuellen Rechtsträgers eingegangen wird. Sie bestätigen sich auch im Rechtsvergleich.[97] Denn Rechtsprechung ist im hier entwickelten Verständnis die allein auf Grundlage rechtlicher Maßstäbe ergehende, fremdinitiative, retrospektive und abschließende Entscheidung möglichst weitgehend individualisierter Anliegen, also von Fällen. Dem entspricht die Feststellung des Bun-

90 Eberhard Schmidt-Aßmann, in: Theodor Maunz, Günter Dürig (Hg.), *Grundgesetz-Kommentar* (Stand März 2007), Art. 19 Abs. 4, Rn. 173.

91 Ebd., Rn. 174.

92 Möllers, *Gewaltengliederung,* S. 95 ff.

93 Für den Sonderfall der Strafrechtsjustiz: Christoph Möllers, *Die drei Gewalten – Legitimation der Gewaltengliederung in Verfassungsstaat, Europäischer Integration und Internationalisierung,* Weilerswist 2008.

94 Nachweise und Kritik bei Voßkuhle, *Rechtsschutz gegen den Richter,* S. 75 ff. unter Hinweis auf die Rechtsfortbildung der Gerichte. Aber auch die richterliche Rechtsfortbildung geschieht am Maßstab des Rechts, anders als die legislative Rechtserzeugung ist sie nicht an einen politischen Prozess angebunden.

95 BVerfGE 7, 183 (188 f.) – *Zeugenvernehmung Verwaltungsverfahren* [1957]; 31, 43 (46) [1971]; 60, 253 (269 f.) – *Anwaltsverschulden* [1982]; 103, 111 (137) – *Wahlprüfung Hessen* [2000].

96 BVerfGE 103, 111 (137 f.) – *Wahlprüfung Hessen* [2000]: »im konkreten Fall«.

97 Mauro Cappelletti, *The Judicial Process in Comparative Perspective,* Oxford 1988, S. 30 ff.; Martin Shapiro, *Courts. A Comparative and Political Analysis,* Chicago 1981, S. 1 ff., 28 ff.

desverfassungsgerichts, dass eine gesetzliche Regelung, welche »ein gerichtsförmiges Verfahren hoheitlicher Streitbeilegung vorsieht und den dort zu treffenden Entscheidungen eine Rechtswirkung verleiht, die nur unabhängige Gerichte herbeiführen können«,[98] entsprechend auszugestalten ist und es ausschließt, den Spruchkörper durch Landtagsabgeordnete zu besetzen.[99]

Divergenzen zur Rechtsprechung des Bundesverfassungsgerichts und zu manchen Stimmen in der Literatur ergeben sich mit Blick auf das Kriterium der Streitentscheidung.[100] So beurteilte das Gericht seine frühere Gutachtenkompetenz[101] mangels Streitentscheidung als »grundsätzlich der richterlichen Funktion wesensfremd«.[102] Dagegen ist festzuhalten, dass die Entscheidung eines Konflikts kein Proprium der Judikative, sondern auch den anderen Gewalten bekannt ist, etwa der Exekutive im Widerspruchsverfahren oder der Legislative in der parlamentarischen Auseinandersetzung vor dem Gesetzesbeschluss. Konfliktentscheidung ist ein wichtiges Element, aber kein Alleinstellungsmerkmal der rechtsprechenden Gewalt. Deswegen fügt die Literatur dem noch das Erfordernis »neutraler« Entscheidung als gewaltendefiniertes Erfordernis hinzu.[103] Aber mit dem Neutralitätserfordernis dürfte nicht mehr bezeichnet sein als die Verpflichtung der Judikative auf strikte Rechtsanwendung ohne einen Spielraum zur eigenen Willensbildung.[104] Das anzuwendende Gesetz dagegen ist keineswegs neutral, sondern Ergebnis einer politischen Entscheidung, die auch anders hätte ausfallen können. Die gewaltenspezifische Aufgabe eines Gerichts, einen individuali-

98 BVerfGE 103, 111 (137) – *Wahlprüfung Hessen* [2000]. Mit Blick auf die Erwähnung der Unabhängigkeit enthält der Satz allerdings eine Petitio Principii. Es geht um den Gehalt der Entscheidung, erst daraus können Konsequenzen für deren Organisation und Verfahren folgen.

99 BVerfGE 103, 111 (140 f.) – *Wahlprüfung Hessen* [2000].

100 Kritik in BVerfGE 22, 49 (76) – *Verwaltungsstrafverfahren* [1967] an der Bestimmung von Ernst Friesenhahn, »Über Begriff und Arten der Rechtsprechung«, in: *Festschrift für Richard Thoma*, Tübingen 1950, S. 21-70.

101 § 97 BVerfGG a. F.

102 So konsequent: BVerfGE 2, 79 (86) – *Plenargutachten Heuß* [1952] unter Hinweis auf die amerikanische Rechtslage, dazu Christian Pestalozza, *Verfassungsprozeßrecht*, München ³1991, S. 236 f.

103 Voßkuhle, *Rechtsschutz gegen den Richter*, S. 94 ff.; Marcel Kaufmann, *Untersuchungsgrundsatz und Verwaltungsgerichtsbarkeit*, Tübingen 2002, S. 203 ff. (dort als Unparteilichkeit behandelt).

104 Achterberg, *Probleme der Funktionenordnung*, S. 150.

sierten Sachverhalt allein nach Maßstäben des Rechts abschließend zu beurteilen, wird also, bei entsprechenden Sachurteilsvoraussetzungen, auch durch eine Gutachtenkompetenz nicht in Frage gestellt. Eine eigene Bedeutung gewinnt dieser Gesichtspunkt für die mögliche Ausgestaltung gerichtlicher Kontrollen der auswärtigen Gewalt.[105]

c) Vollziehende Gewalt

Art. 20 Abs. 2 S. 2 GG verwendet einen einheitlichen Begriff der vollziehenden Gewalt, dessen Bestimmung traditionell besondere Probleme bereitet. Nach wie vor ist eine negative Konzeption gängig, die einfach die beiden anderen Gewalten zur Bestimmung der vollziehenden Gewalt »subtrahiert«.[106] Auch die Unterscheidung zwischen Regierung und Verwaltung deutet das Problem an, sehr diverse Teile der Staatsorganisation, »Politik und Bürokratie«,[107] einheitlich zu erfassen. Obwohl es bei einem einheitlichen Begriff der vollziehenden Gewalt bleibt, enthalten sowohl die Subtraktionsmethode als auch die genannten Unterscheidungen einen richtigen Kern. In ihnen kommt die organisatorische Vielfalt der vollziehenden Gewalt – zwischen politisch gestaltender Bundesregierung und ausführendem Beamten ohne Entscheidungsspielraum – zum Ausdruck, die der Exekutive die Aufgabe zuweist, zwischen den beiden rechtserzeugenden Polen Legislative und Judikative funktional zu vermitteln.[108] Versuche, die Exekutive einseitig als politischen Gestalter in die Nähe der Legislative oder als rechtsgebundenen Anwender in die Nähe der Rechtsprechung zu bringen,[109] anstatt beide

105 Unten, V., 2.

106 Otto Mayer, *Deutsches Verwaltungsrecht, Bd. I*, Berlin ³1924, S. 7. Zur Diskussion: Hans J. Wolff, Otto Bachof, *Verwaltungsrecht*, München ¹¹1999, § 2. Für eine positive, am Gewaltenteilungsprinzip orientierte Bestimmung der Exekutive: Ernst Forsthoff, *Lehrbuch des Verwaltungsrechts*, München ¹⁰1973, S. 1 ff.

107 Jarass, *Politik und Bürokratie als Elemente der Gewaltenteilung.*

108 Eine solche Vermittlungsfunktion lässt sich auch dem Ansatz von Michael Fehling, *Verwaltung zwischen Unparteilichkeit und Gestaltungsaufgabe*, Tübingen 2001, S. 93 ff., entnehmen.

109 Theoretiker, die den politischen Charakter des Verfassungsrechts betonen, heben zugleich die legislativen Aufgaben der Verwaltung hervor: Carl Schmitt, *Legalität und Legitimität*, Berlin 1932; Rudolf Smend, »Die politische Gewalt im Verfassungsstaat und das Problem der Staatsform« (1923), in: ders., *Staatsrecht-*

Elemente als notwendige Teile der Exekutive zu verstehen, werden dem nicht gerecht.

Die Aufgabe, zwischen erster und dritter Gewalt zu vermitteln, schafft abgestufte Anforderungen an die Rechtserzeugung der Exekutive auf ihren unterschiedlichen Ebenen. Zwischen dem Handeln der Bundesregierung als Initiator der Gesetzgebung, Art. 76, 1. Alt. GG oder als Rechtsverordnungsgeber, Art. 80 Abs. 1 S. 1 GG, einerseits und der Entscheidung eines Einzelfalls durch einen Verwaltungsakt andererseits wandeln sich die funktionalen Eigenschaften exekutiver Rechtserzeugung vom Quasi-Legislativen zum Quasi-Judikativen: Die Intensität rechtlicher Bindungen nimmt zu, die Entscheidungen werden individualisierter, die Zeitorientierung nähert sich der Gegenwart an, die mit der Vergegenwärtigung von Recht und Realität im Akt der Vollstreckung erreicht wird.[110] Schließlich kann exekutives Handeln in Formen der Selbstkontrolle wie im Widerspruchsverfahren auch vergangenheitsbezogen agieren. Der Zusammenhang zwischen den verschiedenen Konkretisierungsstufen wird im Regelfall durch eine hierarchische Struktur gesichert, an deren Spitze das Organ steht, das demokratisch gesamtverantwortlich ist.[111] Doch fordert Art. 20 Abs. 2 S. 2 GG keine Einzelweisungsbefugnisse innerhalb der Exekutive, wie sie mit Blick auf das Demokratieprinzip diskutiert werden.[112] Die grundgesetzliche Gewaltengliederung gebietet nämlich auch die Eigenständigkeit der Konkretisierungsleistung verschiedener exekutiver Ebenen, die gesetzliche Vorgaben kontinuierlich auf Einzelfälle hin konkretisieren sollen. Dies legt die Anwendung allgemeiner Verwaltungsvorschriften nahe, nicht aber Einzelweisungen

liche Abhandlungen, Tübingen ³1994, S. 68, hier S. 78 f. Theoretiker, die eher die Verrechtlichung von Politik betonen, stellen die Verwaltung in die Nähe der Gerichtsbarkeit: Hans Kelsen, »Die Lehre von den drei Gewalten oder Funktionen des Staates«, in: *Kant-Festschrift zu Kants 200. Geburtstag am 22. April 1924*, Berlin 1924, S. 214-248, hier S. 238.

110 Matthias Jestaedt, *Das mag in der Theorie richtig sein ...: vom Nutzen der Rechtstheorie für die Rechtspraxis*, Tübingen 2006.

111 Horst Dreier, »Verantwortung im demokratischen Verfassungsstaat«, in: Ulfried Neumann, Lorenz Schulz (Hg.), *Verantwortung in Recht und Moral*, Stuttgart 2000, S. 9, hier S. 12 f.

112 Zur stark umstrittenen Rechtslage nach dem Demokratieprinzip der Überblick bei Christoph Möllers, »Theorie, Praxis und Interdisziplinarität in der Verwaltungsrechtswissenschaft«, in: *Verwaltungs-Archiv* 93 (2002), S. 22-61, hier S. 31 ff.

von der politischen Spitze. Nicht verfassungswidrig, aber sicherlich auch nicht dem Ideal des Art. 20 Abs. 2 S. 2 GG entsprechend sind Vorbehalte ministerialer Entscheidung von Einzelfragen, in denen die individuelle Selbstbestimmung des Adressaten unvermittelt auf den demokratischen Gestaltungsanspruch der Regierung trifft. Unter »Gewaltenteilung innerhalb der Verwaltung«[113] ist nicht die Errichtung organisatorischer Barrieren zu verstehen, sondern die Sicherung unterschiedlicher eigenständiger Entscheidungsebenen innerhalb der Exekutive.

Die vollziehende Gewalt des Grundgesetzes ist im Unterschied zu den anderen beiden Gewalten nur an diejenigen Mechanismen angeschlossen, die rechtsstaatlichen Freiheitsschutz und demokratische Selbstbestimmung ermöglichen: an Rechtsschutz und demokratische Wahl. Aus diesem Grund weist sie eine höhere organisatorische Kontinuität auf[114] und verfügt über bessere Möglichkeiten zur internen Spezialisierung als die anderen Gewalten. Sie kann kontinuierlicher Wissen speichern und systematisieren. Darum gibt es auch im demokratischen Rechtsstaat einen besonderen Zusammenhang zwischen exekutivem Handeln und Sachverstand, der freilich keine generelle Verselbständigung der Exekutive von demokratischer Programmierung und gerichtlicher Kontrolle rechtfertigt.[115] Jedoch legen ihre organisatorischen Eigenheiten es nahe, dass die Exekutive innerhalb gesetzlicher Vorgaben auch andere Handlungsmaßstäbe als das Recht anwendet.[116] Vom Gesetz

113 Diese Idee bei Walter Leisner, »Gewaltenteilung innerhalb der Gewalten«, in: Peter Badura u. a. (Hg.), *Festgabe für Theodor Maunz*, München 1971, S. 267-285.

114 Hier liegt der systematische Grund der theoretisch anfechtbaren, aber in kontinentalen Rechtsordnungen verbreiteten Identifikation von »Staat« und Verwaltung. Für Deutschland: Möllers, *Staat als Argument*, S. 230 ff.; für Frankreich: David Bates, »Political Unity and the Spirit of the Law: Juridical Concepts of the State in the Late Third Republic«, in: *French Historical Studies* 28 (2005), S. 69-101.

115 Deswegen blieb die Suche nach einer rechtlich relevanten Figur der »Eigenständigkeit« der Verwaltung so erfolglos: Horst Dreier, »Zur ›Eigenständigkeit‹ der Verwaltung«, in: *Die Verwaltung* 1992, S. 137-156; Hartmut Maurer, Friedrich E. Schnapp, »Der Verwaltungsvorbehalt«, in: *Veröffentlichungen der Vereinigung der deutschen Staatsrechtslehrer* 43 (1985), S. 135-258, hier S. 172; Kuhl, *Kernbereich der Exekutive*, S. 141 ff.

116 Reiner Schmidt, »Flexibilität und Innovation im Bereich der Verwaltungsmaßstäbe«, in: Wolfgang Hoffmann-Riem, Eberhard Schmidt-Aßmann (Hg.), *Innovation und Flexibilität des Verwaltungshandelns*, Baden-Baden 1994, S. 67-110.

eröffnete exekutive Fähigkeiten sind in der Gewaltengliederung kein notwendiges Übel, sondern Ausdruck der speziellen organisatorischen Entscheidungsmöglichkeiten, die die Exekutive bietet und die sich der Gesetzgeber zunutze machen kann, um seine Vorgaben zu verwirklichen.[117]

Exekutives Handeln steht unter dem allgemeinen Vorbehalt gesetzlicher Maßstabsetzung, Art. 20 Abs. 3 GG. Die Exekutive bedarf zum rechtswirksamen Handeln zwar nicht immer einer gesetzlichen Grundlage[118] – aber es gibt keine Räume der Freiheit von der Gesetzesbindung, wenn der Gesetzgeber gehandelt hat. Dies ist unabhängig vom Vorliegen eines Grundrechtseingriffs der Fall. Hieraus folgt noch nichts für die Zulässigkeit weit gefasster gesetzlicher Ermächtigungen. Mit Blick auf neuere Tendenzen in der Rechtsprechung des Bundesverfassungsgerichts[119] ist aber festzuhalten, dass das Grundgesetz keinen negativen Gesetzesvorbehalt kennt, der bestimmte Sachmaterien gesetzlicher Regelung entzieht. Das Gesetz stellt nicht nur wie im konstitutionellen Staatsrecht Grenze, sondern auch Grund allen exekutiven Handelns dar.[120] Im Lichte der Gewaltengliederung verstanden, bestimmt der demokratische Gesetzesvorbehalt nur das »Ob« einer gesetzlichen Regelung, also den Umstand, dass legislatives Handeln exekutivem vorausgeht. Er bindet dagegen den demokratischen Willensbildungsprozess nicht dadurch, dass er vorschreibt, wie intensiv die gesetzliche Programmierung auszusehen hat. Dafür mag es andere, namentlich grundrechtliche Kriterien geben.[121]

2. Beziehungen zwischen den drei Gewalten

Die Gewaltengliederung ordnet die drei Gewalten bestimmten Organen zu und regelt ihre Beziehungen untereinander. Besondere

117 Schmidt-Aßmann, *Das allgemeine Verwaltungsrecht als Ordnungsidee*, S. 223 ff.

118 Von gesetzesfreier Verwaltung wird man insoweit nur sprechen können, wenn die Verwaltung nicht rechtswirksam handelt.

119 So aber: BVerfGE 105, 279 (304) – *Osho* [2002]; daran anschließend: BVerfGE 108, 282 (335) (abw. Meinung Di Fabio, Jentsch, Mellinghoff) – *Hijab* [2003].

120 Formulierung: Ulrich Scheuner, »Das Gesetz als Auftrag der Verwaltung«, in: *DÖV* 1969, S. 585-593.

121 Dazu unten, IV., 2.

Aufmerksamkeit verdienen in der Abfolge der rechtlichen Konkretisierung die rechtlichen Beziehungen zwischen gesetzgebender und vollziehender (a) und zwischen vollziehender und rechtsprechender Gewalt (b). Unmittelbare, nicht exekutiv vermittelte Beziehungen zwischen Gesetzgebung und Judikative werden bei der Untersuchung der Verfassungsgerichtsbarkeit zu erörtern sein.[122]

a) Gesetzgebende und vollziehende Gewalt

Für eine Dogmatik der verfassungsrechtlichen Beziehungen zwischen Legislative und Exekutive ist es maßgeblich, zwischen der Ermöglichung informaler demokratischer Willensbildung der Legislative zur Vorbereitung des Gesetzesbeschlusses und Rechtsbeziehungen im Anschluss an diesen zu unterscheiden: Art. 20 Abs. 2 S. 2 GG schützt mit der Möglichkeit demokratischer Willensbildung auch alle Möglichkeiten der Legislative, sich durch Zugang zu Informationen auf die demokratische Entscheidungsbildung vorzubereiten. Nach Abschluss des Gesetzgebungsverfahrens garantiert Art. 20 Abs. 2 S. 2 GG aber auch eine eigenständige Konkretisierung des Gesetzes durch die Exekutive. Formalisierte Interventions- oder Einflussmöglichkeiten des Bundestages auf das Handeln der Exekutive im Sinne einer parlamentarischen Kontrolle sind für die demokratische Willensbildung des Bundestages vor der Gesetzgebungsentscheidung geboten, nicht jedoch für ihren anschließenden Vollzug.[123]

Im Prozess demokratischer Willensbildung nimmt die Bundesregierung durch ihr Recht zur Gesetzgebungsinitiative eine eigenständige und praktisch bedeutsame Rolle ein.[124] Diese Aufgabe stellt keinen rechtfertigungsbedürftigen Übergriff in die legislative Domäne dar, denn auch die Regierung ist demokratisch allzuständig. Vielmehr ist die Beteiligung der Regierung nicht nur technisch hilfreich, sondern auch Ausdruck einer demokratischen

122 Dazu unten, VI., 2.

123 Zu der daraus folgenden Kritik des zu unscharfen Begriffs der »parlamentarischen Kontrolle«: Möllers, *Gewaltengliederung*, S. 198 ff.

124 Klaus von Beyme, *Der Gesetzgeber. Der Bundestag als Entscheidungszentrum*, Heidelberg 1997, S. 176 ff.; Schulze-Fielitz, *Theorie und Praxis parlamentarischer Gesetzgebung*, S. 285 ff.; Hans Schneider, *Gesetzgebungslehre*, Heidelberg ³2002, S. 61 ff.

Gesamtverantwortlichkeit beider Organe, die von der Gewaltengliederung gewollt ist.[125] Die technische Arbeit am Gesetz verlangt nach der Einbeziehung der Exekutive. Zugleich orientiert sich die Ministerialbürokratie von vornherein an der politischen Willensbildung im Bundestag, so dass von einer bloßen parlamentarischen Gesetzesratifikation nicht die Rede sein kann.[126] In der informalen Zusammenarbeit von beiden einen Verstoß gegen die grundgesetzliche Gewaltengliederung (oder auch nur den Ausdruck einer institutionellen Krise) erkennen zu wollen, hieße das parlamentarische System des Grundgesetzes grundlegend misszuverstehen und in den Kategorien des monarchischen Konstitutionalismus befangen zu bleiben.[127]

Die demokratische Willensbildung wird durch parlamentarische Ingerenzrechte befördert, die aus Art. 43 GG und vor allem aus Art. 38 GG hergeleitet werden.[128] Aus den so verbreiteten Erfahrungen der Exekutive lernt das Parlament für künftige Gesetzgebung und die demokratische Öffentlichkeit für künftige Wahlen.[129]

125 Ursprünglich diente der Begriff der Regierungsgewalt der gemeinsamen Zuständigkeit von Parlament und Exekutive: Michel Troper, »Les rélations extérieur dans la constitution de l'an III«, in: ders., *La théorie du droit, le droit, l'état*, Paris 2001, S. 129.

126 Von Beyme, *Der Gesetzgeber*, S. 143 ff.; Martin Morlok, »Informalisierung und Entparlamentarisierung politischer Entscheidungen als Gefährdung der Verfassung?«, in: *Veröffentlichungen der Vereinigung der deutschen Staatsrechtslehrer* 62 (2003), S. 37-84, hier S. 64 ff.

127 Gegenteilige Äußerungen in der Literatur wirken mitunter, als würden sie nicht vom Grundgesetz, sondern vom Kaiserreich sprechen, so Ingo von Münch, »Minister und Abgeordneter in einer Person: die andauernde Verhöhnung der Gewaltenteilung«, in: *NJW* 1998, S. 34-35. Dagegen hilft der Blick auf einen Klassiker des parlamentarischen Systems: Walter Bagehot, *The English Constitution*, Ithaca 1966 [1867], S. 69: »The English system, therefore, is not an absorption of the executive power by the legislative power; it is a fusion of the two.« »English system« bezeichnet hier Strukturen, die denen von Art. 63 Abs. 1 GG entsprechen. Die Vorstellung, »echte« Gesetze müssten im Parlament auch technisch erarbeitet und nicht nur politisch unterstützt werden, entstammt gleichfalls dem Konstitutionalismus, in dem das Parlament nicht regiert hat. Sie ist einer parlamentarischen Demokratie nicht angemessen. Nachweise bei Christoph Schönberger, »Die überholte Parlamentarisierung. Einflussgewinn und fehlende Herrschaftsfähigkeit des Reichstags im sich demokratisierenden Kaiserreich«, in: HZ 272 (2001), S. 623-666.

128 Martin Morlok, in: Dreier, *Grundgesetz-Kommentar, Bd. II*, Art. 38 Rn.43.

129 Zu diesen Funktionen parlamentarischer Kontrolle: Peter Badura, »Die parla-

Gleiches gilt für parlamentarische Untersuchungsausschüsse, die der parlamentarischen Minderheit die Möglichkeit zum Weg zur demokratischen Mehrheit eröffnen.[130] Grenzen des allgemeinen parlamentarischen Auskunftsrechts oder der besonderen Untersuchungsbefugnisse eines Untersuchungsausschusses lassen sich aus der Gewaltengliederung nicht herleiten.[131] Die Regierung ist im Grundsatz voll auskunftsverpflichtet. Schranken lassen sich nur als Missbrauchsverbot unter besonderen Umständen rechtfertigen.[132] Im Verhältnis zur Rechtsprechung, Art. 44 Abs. 4 S. 2 GG, gebietet auch die Gewaltengliederung den Schutz der individualisierenden Leistung des Gerichtsverfahrens. Dieses kann die individuellen Freiheitsanliegen von Betroffenen nicht mehr garantieren, wenn das Prozessmaterial zu weitgehend politisiert ist. Diese Maßstäbe lassen sich aber, obwohl sie sich aus der Gewaltengliederung begründen lassen, genauer anhand der subjektiven Rechte der Betroffenen entwickeln.[133]

Grundsätzlich andere Maßstäbe hält Art. 20 Abs. 2 S. 2 GG für die Beziehungen zwischen Exekutive und Legislative nach dem Gesetzesbeschluss bereit. Dabei ist die allgemeine Gesetzesbindung der Exekutive einerseits, die Eigenständigkeit der exekutiven Anwendungsleistung andererseits zu berücksichtigen:

Im *Organisationsrecht* ist die Annahme einer gesetzesfesten »Organisationsgewalt« der Regierung, die den Gesetzgeber von der Gestaltung der Verwaltungsorganisation ausschließt, dem Grundgesetz nicht zu entnehmen. Das Organisationsrecht ist ein notwendiges Instrument zur Verwirklichung gesetzlicher Ziele, es kann schon deswegen nicht dem Gesetzgeber entzogen werden.[134] Die

mentarische Demokratie«, in: Josef Isensee, Ferdinand Kirchhof (Hg.), *Handbuch des Staatsrechts der Bundesrepublik Deutschland, Bd. II*, Heidelberg [3]2004, § 25, Rn. 12.

130 BVerfGE 105, 197 (222) – *Minderheitsrechte im Untersuchungsausschuß* [2002].

131 Zur Antwortpflicht der Bundesregierung: BVerfGE 13, 123 (125) – *Fragestunde* [1961], entsprechend BVerfGE 57, 1 (5) – *Kleine Anfrage NPD* [1981]; 67, 100 (129) – *Flick-Untersuchungsausschuss* [1984]; 80, 188 (218) – *Wüppesahl* [1989]; 105, 252 (270) – *Glykol* [2002]; 105, 279 (306) – *Osho* [2002].

132 In diese Richtung zuletzt auch: BVerfGE 110, 199 (214 ff.) – *Aktenvorlage II* [2004].

133 Dazu Johannes Masing, *Parlamentarische Untersuchungen privater Sachverhalte*, Tübingen 1998.

134 Zur Bedeutung des Organisationsrechts für die Erreichung gesetzgeberi-

anzuerkennende Eigenständigkeit der zweiten Gewalt ist keine Eigenständigkeit jenseits des Gesetzes, sondern innerhalb dessen. Das bedeutet jedoch nicht, dass die Exekutive auf den Organisationsgesetzgeber warten müsste, um tätig werden zu dürfen. Jenseits des institutionellen Gesetzesvorbehalts, der geboten ist, weil die Schaffung neuer Rechtssubjekte demokratischer Legitimation bedarf,[135] kann die Exekutive sich selbst organisieren, solange dies der Gesetzgeber unterlässt.[136] So zeigt Art. 86 S. 2 GG, dass der Gesetzgeber die Behördenorganisation ausgestalten kann, aber nicht muss.[137] Der Begriff der Organisationsgewalt setzt dagegen eine Konkurrenz zwischen Parlament und Regierung voraus, die dem parlamentarischen System fremd ist.[138] Auf ihn sollte verzichtet werden.

Anderes gilt für die exekutive Personalgewalt. Ernennungsakte sind als konkrete Einzelentscheidungen jedenfalls im Grundsatz Angelegenheit der Exekutive, denn sie gehören unterhalb der politischen Ebene zur personalen Seite der Gesetzeskonkretisierung. Ein selbständiges Ernennungs- oder Verhinderungsrecht des Bundestages für exekutive Funktionen schließt Art. 20 Abs. 2 S. 2 GG aus. Dies zeigen auch Art. 64 Abs. 1 GG und das Ernennungsrecht des Bundespräsidenten in Art. 60 Abs. 1 GG. Es ergibt sich auch daraus, dass Art. 20 Abs. 3 GG kein allgemeines parlamentarisches Beteiligungsrecht jenseits der Gesetzesform kennt. Eine parlamentarische Ernennung unterer Beamter, die nur ausschnitthafte Verantwortung tragen, widerspricht der in der Hierarchie abgebildeten abgestuften Konkretisierungsaufgabe der Exekutive. Mitentschei-

scher Zwecke vgl. nur die Beiträge in: Wolfgang Hoffmann-Riem, Eberhard Schmidt-Aßmann (Hg.), *Verwaltungsorganisationsrecht als Steuerungsressource*, Heidelberg 1997.

135 Günter C. Burmeister, *Herkunft, Inhalt und Stellung des institutionellen Gesetzesvorbehalts*, Berlin 1991, S. 241 ff.

136 Baer, »Vermutungen zu Kernbereichen der Regierung und Befugnissen des Parlaments«, S. 525.

137 Georg Hermes, in: Dreier, *Grundgesetz-Kommentar, Bd. III*, Tübingen 2000, Art. 86 Rn. 61 f.

138 Beeindruckend belegt ist dies in der Kritik von Dietrich Jesch, »Rezension«, in: *Archiv des öffentlichen Rechts* 85 (1961), S. 484, an Ernst-Wolfgang Böckenförde, *Die Organisationsgewalt im Bereich der Regierung: eine Untersuchung zum Staatsrecht der Bundesrepublik Deutschland*, Berlin 1961. Zu den konstitutionellen Wurzeln der Diskussion überzeugend: Hermann Butzer, »Zum Begriff der Organisationsgewalt«, in: *Die Verwaltung* 27 (1994), S. 157-174, hier S. 158 ff.

dungsrechte bei Ernennungen sind deswegen verfassungsrechtlich insoweit unzulässig, als sich die Ernannten in einem Verantwortungsverhältnis zu einem Minister befinden.

Andere rechtlich ausgestaltete Verbindungen zwischen Legislative und Exekutive haben sich vor Art. 20 Abs. 2 S. 2 GG zu rechtfertigen. Die Besetzung von Kontrollgremien verselbständigter Behörden oder staatsabhängiger Unternehmen mit Mitgliedern des Bundestages, wie beispielsweise in § 5 Abs. 1 BNetzAgenturG, ist verfassungsrechtlich zweifelhaft,[139] weil einzelne Abgeordnete parlamentarische Legitimation, die nur *coram pleno et publico* entstehen kann, in solchen Gremien – anders als in Parlamentsausschüssen – noch nicht einmal vorbereiten. Hier werden also exekutive Aufgaben durch Teile der Legislative wahrgenommen, die keine legislative Legitimationsleistung erbringen können. Weil die Aufgaben der betroffenen Organisationseinheiten eng definiert sind und in einem spezifischen Weisungs- und Ressortzusammenhang stehen, ist die Besetzung von Kontrollgremien mit Beamten funktional angemessener.

Verwaltungsverfahren können, müssen aber nicht durch Parlamentsgesetz geregelt werden.[140] Auch hier gilt mit Blick auf die stufenweise Konkretisierungsleistung der Exekutive zwischen demokratischem Gesetz und gerichtlichem Urteil: Je näher Verwaltungsverfahren an individuelle, rechtsstaatlich geschützte Rechtssphären rücken, desto eher ist die gesetzliche Regelung von Verfahrensgarantien geboten.[141] Dieser Gedanke ist etwa mit dem Verwaltungsaktsbezug in § 9 VwVfG umgesetzt.[142] Je näher das Verfahren dagegen dem demokratischen Willensbildungsprozess steht, desto weniger verfahrensrechtliche Vorgaben sollten ihm aufgegeben werden. Die Tendenz zur Verrechtlichung von Verfahren der exekutiven Normsetzung durch Anhörungs- und Konsultations-

139 Dazu Hans Christian Röhl, *Regierungs- und Verwaltungsbefugnisse des Parlaments*, MS. 2002, sub III.

140 Anders als im Organisationsrecht ist die Frage nach einem verfahrensrechtlichen Gesetzesvorbehalt, soweit ersichtlich, kaum behandelt worden.

141 Dies zeigt sich auch an der richterrechtlichen Entstehung von Verfahrenspflichten wie Begründungs- oder Anhörungsgeboten, die stets für Einzelentscheidungen entwickelt wurden; vergleichend: Möllers, *Gewaltengliederung*, S. 117 ff.

142 Dazu Paul Stelkens, Heribert Schmitz, in: Paul Stelkens u. a. (Hg.), *VwVfG*, München ^{6}2001, § 9 Rn. 98 ff.

rechte[143] begegnet Bedenken. Denn damit wird die demokratische Gesamtverantwortung der Regierung einer nur partikularen Verrechtlichung unterworfen. Zudem gehen die spezifisch exekutiven Möglichkeiten schneller Entscheidung verloren.[144] Die Zuordnung einer exekutiven Entscheidung zur gesamtverantwortlichen Regierung ist ein Argument zugunsten weiter verfahrenstechnischer Spielräume des Verordnungsgebers, nicht aber für ein Nachgesetzgebungsverfahren im Kleinen. Im Fall der Weiterdelegation von Befugnissen, Art. 80 Abs. 1 S. 4 GG, verlieren diese Argumente stufenweise an Gewicht. Dies ist ein Indiz für eine geringere Reichweite des Regelungsgegenstands und damit auch zugunsten der Einführung von partizipativen Verfahren. Gleiches gilt für andere Formen der Verordnung, etwa nach Landespolizeirecht. Subdelegationen können einen Hinweis darauf geben, dass die Verordnungsform für den konkreten Regelungsgegenstand nicht angemessen ist.[145] Art. 20 Abs. 2 S. 2 GG verlangt eine legitimationsangemessene Rechtsformwahl,[146] also etwa für räumlich und sachlich definierte Projekte nicht die Rechtsverordnungsform, sondern ein enges interessenintegrierendes Verfahren durch Planfeststellung, gemeindliche Satzung oder Allgemeinverfügung. Die Verrechtlichung von Verfahren der Rechtsverordnungsgebung erscheint dagegen als ein

143 Dazu Evelyn Hagenah, *Prozeduraler Umweltschutz*, Baden-Baden 1996, S. 114 ff.; Claus Leitzke, *Die Anhörung beteiligter Kreise nach §§ 51 BImschG, 60 KrW/AbfG, 17 Abs. 7 ChemG, 6 WRMG, 20 BBodschG*, Berlin 1999; Gertrude Lübbe-Wolff, »Verfassungsrechtliche Fragen der Normsetzung und Normkonkretisierung im Umweltrecht«, in: ZG 6 (1991), S. 219-248. Grundsätzlich: Christoph Gößwein, *Allgemeines Verwaltungs(verfahrens)recht der administrativen Normsetzung?*, Berlin 2001.

144 Lepsius, »Die erkenntnistheoretische Notwendigkeit des Parlamentarismus«, S. 171 f.; anders aus rechtsvergleichender Sicht: Susan Rose-Ackerman, *Umweltrecht und Umweltpolitik in den Vereinigten Staaten und der Bundesrepublik Deutschland*, Baden-Baden 1995, S. 257 ff.

145 Beispiel Flugroutenfestlegung nach §§ 32 Abs. 1 Nr. 1 LuftVG, 27a Abs. 2 S. 1 LuftverkehrsO: Alexander Kukk, »Rechtsschutz von Flughafenanwohnern gegen die Festlegung von Flugrouten: Zwei Schritte vor, ein Schritt zurück«, in: *NVwZ* 2001, S. 408-410, hier S. 409. Vgl. zu Abwägungspflichten des Verordnungsgebers: VGH Kassel, in: NVwZ 2003, S. 875, hier S. 878 f. Eine bloße Willkürkontrolle dagegen in BVerwGE 111, 276 (283).

146 Vgl. demgegenüber sehr zurückhaltend, wenn auch nicht überzeugend: BVerfGE 106, 275 (307 f.) – *Arzneimittelfestbeträge* [2002] zur Wahl der Allgemeinverfügung zur Festbetragsfestsetzung.

Ausdruck bedenklichen Misstrauens des Parlaments gegenüber den eigenen demokratischen Legitimationsmechanismen.

Die Beteiligung des Bundestags am Rechtsverordnungserlass ist im Grundgesetz nicht vorgesehen.[147] Aus der Perspektive der Gewaltengliederung nimmt der Bundestag hierdurch das abgeschlossene demokratische Legislativverfahren wieder auf, nachdem die Exekutive mit der Vorlage einer Verordnung bereits eine eigenständige Konkretisierungsleistung erbracht hat. Dies ist grundsätzlich anders zu bewerten, als wenn der Bundestag von vornherein eine entsprechende Regelung getroffen hätte. Der Gesetzgeber revidiert seine eigenen Entscheidungen für einen Spezialfall ad hoc. Die demokratische Legitimation der Verordnung wird durch die Beteiligung nicht erhöht,[148] kennt das Verfassungsrecht doch kein Mehr oder Weniger, sondern nur ein Entweder-oder demokratischer Legitimation.[149] Entweder fehlte es der Rechtsverordnung mangels Bestimmtheit der gesetzlichen Ermächtigung nach Art. 80 Abs. 1 S. 2 GG ohnehin an demokratischer Legitimation, oder die Legitimation der Verordnung war durch die Ermächtigung des Bundestages weder verbesserungsbedürftig noch verbesserungsfähig. Diese Gesichtspunkte, aber auch das Problem der fehlenden rechtlichen Klassifizierbarkeit von parlamentarisch geänderten Rechtsverordnungen,[150] sprechen dafür, in jeglicher Beteiligung des Bundestags bei der Rechtsverordnungsgebung einen Verstoß gegen Art. 20 Abs. 2 S. 2 GG zu erkennen.

147 Aus der Literatur: Arnd Uhle, *Parlament und Rechtsverordnung*, München 1999, S. 289 ff.; Johannes Schmidt, *Die Beteiligung des Bundestages beim Erlaß von Rechtsverordnungen*, Berlin 2002, S. 56 ff.

148 So *Karl-Peter Sommermann*, »Verordnungsermächtigung und Demokratieprinzip«, in: *JuristenZeitung* 1997, S. 434-441, hier S. 438; Paul Henseler, »Die Grundrechtsbindung des Verordnungsgebers«, in: *ZG* 1986, S. 76, hier S. 78. Der Gedanke taucht schon in BVerfGE 8, 274 (320) – *Preisgesetz* [1958] auf: »Zustimmungsverordnungen [...] enthalten aber im Vergleich zur vollen Delegation der Rechtsetzung auf die Exekutive ein Minus.«

149 Überzeugend: Armin von Bogdandy, »Demokratisch, demokratischer, am demokratischsten«, in: Joachim Bohnert (Hg.), *Verfassung – Philosophie – Kirche. Festschrift für Alexander Hollerbach*, Berlin 2001, S. 363.

150 Deutlich in BVerfGE 114, 196 – *Beitragssatzsicherungsgesetz* [2005]. Hier erweisen sich wegen des nur gewohnheitsrechtlichen Ausgangspunkts, Zustimmungsverordnungen zuzulassen, die Lösungen von Senatsmehrheit und -minderheit als unbefriedigend, dazu Christoph Möllers, »Rechtsstaatliche Form versus sozialstaatliche Formlosigkeit, zu BVerGE 114, 196« in: *Jura* 2007, S. 932-937.

Mit Blick auf die materiell-rechtliche Seite stellt die Delegation von Rechtsetzungsbefugnissen von der Legislative an die Exekutive keine Durchbrechung von Art. 20 Abs. 2 S. 2 GG dar.[151] Vielmehr bringt der Gesetzgeber auch durch die Delegation einen spezifischen demokratischen Gestaltungswillen zum Ausdruck, der anerkennungswürdige politische oder praktische Gründe haben kann. Abstrakte gerichtlich überprüfbare Delegationsgrenzen sind mit Blick auf Art. 20 Abs. 2 S. 2 GG eher bedenklich. Die Spielräume der Exekutive soll der demokratische Gesetzgeber selbst und situationsangemessen gestalten, ohne dabei einem gerichtlich überprüfbaren Ideal von Gesetzgebung unterworfen zu sein, für das sich – auch im Rechtsvergleich – schwerlich konsistente Maßstäbe finden lassen. Anderes gilt erst, wenn die Delegationstatbestände die Reichweite individueller Rechte im Unklaren lassen. In diesem Fall treten die rechtsstaatlich induzierten Verrechtlichungsgebote auf den Plan, dann liefern die Grundrechte aber auch operationalisierbare Maßstäbe für Delegationsgrenzen. Mit Blick auf die Auslegung von Art. 80 Abs. 1 S. 2 GG ist es insoweit folgerichtig, wenn das Bundesverfassungsgericht die mögliche Betroffenheit von grundrechtlichen Schutzbereichen und die Voraussehbarkeit des Eingriffs in die Auslegung einbezieht.[152] Auch der viel gescholtene Gesetzesvorbehalt gegenüber Regelungen, die »wesentlich für die Ausübung von Grundrechten«[153] sind, ist aus dieser Sicht

151 Vgl. zu dieser weiterhin verbreiteten Aussage nur: Rauschning, »Das parlamentarische Regierungssystem des Grundgesetzes in der Rechtsprechung des Bundesverfassungsgerichts«, S. 228 m. w. N. aus der Rechtsprechung, etwa BVerfGE 18, 52 (59) – *Verkehrsfinanzgesetz* [1964].

152 Selbstentscheidungs-, Programm- und Vorhersehbarkeitsformel, die aus dem Gebot »deutlicher« Gesetzgebung hervorgingen. In dieser Rechtsprechungslinie stehen BVerfGE 1, 14 (60) – *Südweststaat* [1951]; 2, 307 (334 f.) – *Gerichtsbezirke* [1953]; 4, 7 (20) – *Investitionshilfe* [1954]; 5, 71 (76 f.) – *Verordnungsermächtigung* [1956]; 7, 282 (291 ff.) – *lex Salamander* [1958]; 8, 274 (307 ff.) – *Preisgesetz* [1958]; 19, 354 (361) [1966]; 23, 62 (72) [1968]. Zur weiteren materiellen Überwölbung der späteren Rechtsprechung: Hartmut Bauer, in: Dreier (Hg.), *Grundgesetz-Kommentar Bd. II*, Art. 80 Rn. 33 ff. Beispiele sind BVerfGE 41, 251 (265 f.) – *Speyer-Kolleg* [1976]; 48, 210 (221 f.) – *Steuerliche Ausnahme* [1978]; 58, 257 (276) – *Schulentlassung* [1981]; 102, 197 (222) – *Spielbankengesetz Baden-Württemberg* [2000].

153 Zur Kritik nur: Michael Kloepfer, »Der Vorbehalt des Gesetzes im Wandel«, in: *JuristenZeitung* 1984, S. 685-695, hier S. 689 ff. m. w. N.; zur notwendigen Fortentwicklung der Dogmatik: Karl-Heinz Ladeur, Tobias Gostomzyk, »Der

plausibel.[154] Die Gewaltengliederung gebietet, wie das Bundesverfassungsgericht schon früh formulierte, »daß der Gesetzgeber im Bereich der Grundrechtsausübung die der staatlichen Eingriffsmöglichkeit offenliegende Rechtssphäre selbst abgrenzt [...]«.[155] So fordert die Gewaltengliederung also gerade aus dem Respekt vor der konkreten demokratischen Entscheidung des Gesetzgebers die Beschränkung des Verfassungsrechts auf einen rechtsstaatlichen Gesetzesvorbehalt.

b) Vollziehende und rechtsprechende Gewalt

Die gerichtliche Kontrolle der Verwaltung bedarf als rechtsstaatlich gebotenes Verfahren einer intensiven Ausgestaltung durch den Gesetzgeber. Grenzen dieser Ausgestaltung sind – jenseits der Rechtsschutzgarantie des Art. 19 Abs. 4 GG – nur mit Vorsicht zu ziehen.

Die Bestimmung der gerichtlichen Kontrolldichte ist zunächst Sache des Gesetzgebers.[156] Sie ist nicht vollständig durch Art. 19 Abs. 4 GG determiniert, schon weil die Reichweite der diese Regel voraussetzenden subjektiven Rechte einschließlich der Grundrechte durch den Gesetzgeber auszugestalten ist.[157] Einerseits legt das Gebot rechtsstaatlichen Handelns eine Kontrolle an Rechtsmaßstäben insbesondere für solches Verwaltungshandeln nahe, das subjektive

Gesetzesvorbehalt im Leistungsstaat«, in: *Die Verwaltung* 36 (2003), S. 141-169, hier S. 160 ff.

154 BVerfGE 33, 125 (157 ff.) – *Facharzt* [1972]; 33, 303 (345 f.) – *numerus clausus I* [1972]; 40, 237 (248 f.) – *Justizverwaltungsakt* [1975]; 47, 46 (78 f.) – *Sexualkundeunterricht* [1977]; 49, 89 (126 f.) – *Kalkar I* [1978]; 57, 295 (319 f.) – *Rundfunk III* [1989]; 88, 103 (116) – *Streikeinsatz von Beamten* [1993]; 95, 267 (307) – *Altschulden* [1997]; 98, 218 (251) – *Rechtschreibreform* [1998]; 100, 1 (32 f.).

155 BVerfGE 20, 150 (158 f.) – *Sammlungsgesetz* [1966]. Dazu grundlegend: *Walter Krebs, Vorbehalt des Gesetzes und Grundrechte*, Berlin 1975, S. 110 ff.

156 Grundlegend: Schmidt-Aßmann, in: Maunz/Dürig *Grundgesetz-Kommentar*, Art. 19 Rn. 185 ff.

157 Dazu grundrechtsdogmatisch: Jestaedt, *Grundrechtsentfaltung im Gesetz*, S. 287 ff.; Christian Bumke, *Der Grundrechtsvorbehalt. Untersuchungen über die Begrenzung und Ausgestaltung der Grundrechte*, Baden-Baden 1998, S. 98 ff.; aus verfassungstheoretischer Sicht, unter Bezug auf den kantischen Rechtsbegriff: Möllers, *Gewaltengliederung*, S. 41 f. Zum Verwaltungsrecht: Rainer Wahl, »Die doppelte Abhängigkeit des subjektiven öffentlichen Rechts«, in: *DVBl.* 1996, S. 641-651.

Rechte berührt. Andererseits ist die eigenständige Organisations- und Verfahrensstruktur der Exekutive nicht beliebig in einem gerichtlichen Verfahren zu wiederholen – gerade wenn der Gesetzgeber der Verwaltung innerhalb rechtlicher Vorgaben nicht-rechtliche Handlungsmaßstäbe mitgegeben hat.[158] Diese Arbeitsteilung kann auch im Interesse individuell Betroffener sein, die etwa ein Recht auf ein chancengleiches Verfahren (z. B. staatliche Prüfung) oder ein Interesse an einer situationsangemessenen Behandlung (z. B. polizeirechtliche Opportunität) haben,[159] damit aber ein Handeln der Exekutive beanspruchen, das sich nicht vollständig von einem Gericht nachvollziehen lässt.[160] Eigenständige exekutive Entscheidungsstrukturen innerhalb einer gewaltengegliederten Ordnung respektieren sowohl die demokratische gesetzesförmige Ausgestaltung der Exekutive als auch die individuellen Anliegen der Adressaten des Verwaltungshandelns.[161] Aus der Gewaltengliederung folgt kein Gebot zur vollständigen gerichtlichen Überprüfbarkeit des Verwaltungshandelns. Der Gesetzgeber kann diese aber anordnen.

Die im Prozessrecht differenziert ausgearbeiteten Beziehungen zwischen Exekutive und Judikative sind durch Art. 20 Abs. 2 S. 2 GG schon wegen der Ambivalenz von Rechtsschutzgebot und selbständiger exekutiver Aufgabenwahrnehmung nur beschränkt tangiert. Immerhin schützt Art. 20 Abs. 2 S. 2 GG die Selbständigkeit der beiden Gewalten und der für sie typischen Entscheidungsstrukturen. Unbedenklich ist dies bei einer breiten Ausgestaltung der Klagebefugnisse (z. B. § 61 BNatschG),[162] denn grundsätzlich steht

158 Dazu oben, IV., 1., c).

159 Lepsius, »Die erkenntnistheoretische Notwendigkeit des Parlamentarismus«, S. 151 f.

160 Die verfassungsgerichtliche Rechtsprechung ist nicht völlig konsistent, einerseits BVerfGE 84, 34 (48 ff.) – *Gerichtliche Prüfungskontrolle* [1991]; 84, 59 (77 ff.) – *Mulitple-Choice-Verfahren* [1991], andererseits BVerfGE 88, 40 (45, 56 ff.) – *Private Grundschule* [1992]. Sie löst das Problem aber ohne Rückgriff auf die Gewaltengliederung.

161 Eberhard Schmidt-Aßmann, »Die Kontrolldichte der Verwaltungsgerichte: Verfassungsgerichtliche Vorgaben und Perspektiven«, in: *DVBl.* 1997, S. 281-289, hier S. 287 f.

162 Erich Gassner, *Bundesnaturschutzgesetz*, München ^{2}2003, § 61 Rn. 26 f.; Markus H. Müller, Heinz Stöckel, *Naturschutzrecht*, ^{2}2003, A1, § 61 Rn. 3 f.; Robert Seelig, Benjamin Gündling, »Die Verbandsklage im Umweltrecht. Aktuelle Entwicklungen und Zukunftsperspektiven im Hinblick auf die Novelle des

es dem Gesetzgeber frei, subjektive Rechte einzurichten und damit einen rechtsprechungstypischen Kontrollauftrag zu vergeben. In solchen Fällen ist nur darauf zu achten, dass das vorangehende Verwaltungsverfahren auf die Klagebefugnisse abgestimmt wird, damit die Verwaltung nicht erst im Prozess mit Anliegen konfrontiert wird, die sie zuvor nicht beachten musste (angemessen z.B. § 61 Abs. 3 BNatschG). Bedenklicher, wenn auch verfassungsrechtlich schwer greifbar sind Entwicklungen, die den Verwaltungsrechtsschutz zu einem bloßen Dauermoderator der Exekutive machen, der das Verwaltungsverfahren begleitet, ohne es abschließend rechtlich zu bewerten.[163] So sieht sich der individuelle Rechtsträger einer permanent im Wandel befindlichen staatlichen Rechtfertigung für seine Freiheitsbeschränkung gegenübergestellt, wenn etwa das Nachschieben von Gründen in den Verwaltungsprozess hinüberwirkt. Wenn die Rechtsprechung zu einem Kooperationspartner der Exekutive wird, der dieser nur noch Begründungsanregungen gibt, um ohnehin getroffenen Entscheidungen eine rechtmäßige Fundierung zu verschaffen, ist die Grenze des Art. 20 Abs. 2 S. 2 GG überschritten. Dies kann sich im Gesetzesrecht nur behutsam Geltung verschaffen, beispielsweise bei einer zurückhaltenden Auslegung von § 114 S. 2 VwGO.[164]

Ein wesentliches Element der gewaltengegliederten Arbeitsteilung zwischen vollziehender und rechtsprechender Gewalt liefert der Zeitablauf. Die gerichtliche Kontrolle folgt der exekutiven Entscheidung. Dies wird durch einen ausgebauten einstweiligen Rechtsschutz deutlich in Frage gestellt, ohne dass die gesetzlichen Regelungen, namentlich § 80 Abs. 1 S. 1 VwGO, deswegen gegen die Gewaltengliederung verstoßen würden.[165] Der Zusammenstoß zwischen dem demokratisch legitimierten Vollzugsbedürfnis der Exekutive und dem rechtsstaatlichen Kontrollbedarf eines Klägers

Bundesnaturschutzgesetzes und supranationale und internationale rechtliche Vorgaben«, in: *NVwZ* 2002, S. 1033-1041, hier S. 1036 ff.

163 Grundsätzlich zum Problem: Axel Tschentscher, »Indienstnahme der Gerichte für die Effizienz der Verwaltung«, in: Michael Demel u. a. (Hg.), *Funktionen und Kontrolle der Gewalten*, Gießen 2000, S. 165-198, hier S. 174 ff.

164 Zum Diskussionsstand: Markus Gerhard, in: Friedrich Schoch u. a. (Hg.), VwGO (Febr. 2007), § 114 Rn. 12 a-g.

165 Zum Problem auch: Friedrich Schoch, *Vorläufiger Rechtsschutz und Risikoverteilung im Verwaltungsrecht*, Heidelberg 1988, S. 1037 ff.

kann generell weder zugunsten des Ersteren noch zugunsten des Letzteren entschieden werden.[166] Insoweit steht es mit der hier begründeten zeitlichen Bedeutung der Gewaltengliederung gut in Einklang, dass die drohende Unumkehrbarkeit einer individuellen Freiheitsverletzung ein entscheidendes Kriterium für die Gewährung des einstweiligen Rechtsschutzes darstellt.[167] Aus diesem Grund erscheint eine Regelung, in der die Aufschiebung der Verwaltungsentscheidung im Einzelfall gerechtfertigt werden muss, wie § 123 VwGO, gegenüber einer typisierenden Regelung, wie sie § 80 VwGO vorsieht, vorzugswürdig.

V. Gewaltengliederung in vertikalen Rechtsbeziehungen

Probleme der Gewaltengliederung in vertikalen Rechtsbeziehungen stellen sich zum einen mit Blick auf die bundesstaatliche Ordnung (1.), zum anderen hinsichtlich der auswärtigen Beziehungen (2.).

1. Gewaltengliederung im Bundesstaat

Die Annahme einer »vertikalen« Gewaltengliederung durch die bundesstaatliche Struktur des Grundgesetzes ist in Rechtsprechung[168] und Literatur[169] seit langem anerkannt. Sie unterstellt, dass die bundesstaatliche Gliederung auf die Staatsorganisation des Bundes Wirkungen hat, die das System der Gewaltengliederung unterstützt. Diese Vermutung scheint auf den ersten Blick in der Vorstellung einer Vervielfachung rechtsstaatlicher Kontrollen und demokratischer Entscheidungsverfahren Bestätigung zu finden. Doch hält dieser Zusammenhang einer genaueren Überprüfung nicht stand.

166 So war es etwa im englischen Recht vor seiner Europäisierung: EuGH, RS. C-213/89, Slg. 1190, I–2433.

167 Dazu Friedrich Schoch, in: ders. u. a. (Hg.), *VwGO* (Febr. 2007), § 123 Rn. 10 m. w. N.

168 Neuestens in BVerfGE 104, 249 (279) – *Biblis A* [2002]: »[Die] auch der Freiheitswahrung der Bürger dienende vertikale Gewaltenteilung« (abw. Meinung Di Fabio, Mellinghoff); BVerfGE 108, 169, Tz. 47 – *Telekommunikationsgesetz* [2003].

169 Grundlegend Hesse, *Grundzüge des Verfassungsrechts der Bundesrepublik Deutschland*, Rn. 231.

Allgemein anerkannt ist, dass Art. 28 Abs. 1 S. 1 GG auch die Länder auf eine gewaltengegliederte Ordnung verpflichtet.[170] Aber zwischen den jeweils gewaltengegliederten Ebenen von Bund und Ländern und der Gewaltengliederung des Bundes besteht kein eindeutiger Zusammenhang.[171] Nicht jede Vervielfältigung von hoheitlichen Ebenen und Organen erhöht das Maß der Gewaltengliederung, wenn diese überhaupt steigerungsfähig ist. Vielmehr ist zu prüfen, wie sich die Bundesstaatlichkeit auf die Staatsorganisation des Bundes auswirkt, um einen konkreten normativen Zusammenhang zwischen beiden Grundsätzen zu etablieren.

Maßgebliche Eigenheit des grundgesetzlichen Staatsaufbaus ist in dieser Hinsicht der Vollzug der Bundesgesetze durch die Länder, Art. 83 GG, und die damit verknüpfte Beteiligung des Bundesrates am Erlass von Bundesgesetzen, Art. 77 GG. Beide sind durch das Grundgesetz ausdrücklich angeordnet und haben sich als *lex specialis* vor Art. 20 Abs. 2 S. 2 GG nicht zu rechtfertigen. Eine Verstärkung des Systemgedankens der grundgesetzlichen Gewaltengliederung wird man in dieser Struktur aber nicht erkennen können, sondern nur eine von der Verfassung zugelassene Ausnahme.[172] Im Fall eines Zustimmungsgesetzes beteiligt das Grundgesetz ein mit Exekutivvertretern besetztes Gremium, dessen Mitglieder dem Bundesvolk noch nicht einmal mittelbar demokratisch verantwortlich sind, in einem nichtparlamentarischen und nicht notwendig öffentlichen Verfahren, Art. 52 Abs. 3 S. 4 GG, an der Gesetzgebung des Bundes.[173]

170 Die Inkorporierung der Gewaltengliederung in das Homogenitätsgebot ist dem Wortlaut nicht zu entnehmen, gleichwohl unbestritten. BVerfGE 2, 307 (319) – *Gerichtsbezirke* [1953]. Dreier, *Grundgesetz-Kommentar, Bd. II*, Art. 28 Rn. 60 m. w. N.

171 Christoph Möllers, »Der parlamentarische Bundesstaat«, in: Josef Aulehner u. a. (Hg.), *Föderalismus – Auflösung oder Zukunft der Staatlichkeit?*, München 1998, S. 81-111, hier S. 97 ff.; jetzt eingehend: Alexander Hanebeck, *Der demokratische Bundesstaat des Grundgesetzes*, Berlin 2004, S. 314 ff.

172 Ähnlich mit Blick auf das Demokratieprinzip für den Bundesrat: Jestaedt, *Demokratieprinzip und Kondominialverwaltung*, S. 286 f., hier S. 289.

173 Rudolf Dolzer, »Das parlamentarische Regierungssystem und der Bundesrat – Entwicklungsstand und Reformbedarf«, in: *Veröffentlichungen der Vereinigung der deutschen Staatsrechtslehrer* 58 (1999), S. 7-34 (S. 19 ff.); Alfred Rührmair, *Der Bundesrat zwischen Verfassungsauftrag, Politik und Länderinteressen*, Berlin 2001, S. 33 ff.; aus historischer und politikwissenschaftlicher Sicht: Gerhard Lehmbruch, *Parteienwettbewerb im Bundesstaat*, Wiesbaden ^{3}2000, S. 77 ff., 158 ff.

Der föderal verschränkte Vollzug erschwert zudem die parlamentarische Beobachtung der Anwendung von Bundesrecht[174] und provoziert die Bildung einer Fülle intergouvernementaler und interadministrativer Gremien,[175] die die Länderparlamente materiell entmachten und ihnen eine Rolle zuweisen, die derjenigen des Bundestags in auswärtigen Beziehungen nicht unähnlich ist.[176]

Wie man auch immer das deutsche System des Exekutiv-Föderalismus verfassungspolitisch bewerten mag, zur Gewaltengliederung des Grundgesetzes steht es in keinem positiven Verhältnis. Anders als im Verhältnis zu Rechtsstaatlichkeit und Demokratie erweist sich die Bundesstaatlichkeit der grundgesetzlichen Gewaltengliederung gegenüber eher als abträglich. Dieser Zusammenhang wird durch die metaphorische, juristisch unpräzise Rede von einer »vertikalen« Gewaltengliederung nicht nur verdunkelt, sondern in ihr Gegenteil verkehrt. Auf sie ist zu verzichten. Juristisch greifbar wird dieser Zusammenhang freilich nur selten, dann nämlich, wenn das Bundesverfassungsgericht bei der Auslegung von Normen, die das Zustimmungserfordernis auslösen, auf grundsätzliche Fragen rekurriert.[177]

174 Wolf-Rüdiger Schenke, »Gesetzgebung zwischen Föderalismus und Parlamentarismus«, in: Hans-Peter Schneider, Wolfgang Zeh (Hg.), *Parlamentsrecht und Parlamentspraxis*, Stuttgart 1989, S. 1485-1524, hier S. 1500; Ulrich Scheuner, »Verantwortung und Kontrolle in der demokratischen Verfassungsordnung«, in: ders., *Staatstheorie und Staatsrecht*, Berlin 1978, S. 293-316, hier S. 309; Thomas Groß, *Das Kollegialprinzip in der Verwaltungsorganisation*, Tübingen 1999, S. 186 f.; Hans Christian Röhl, *Der Wissenschaftsrat*, Baden-Baden 1994, S. 138 f.; rechtsvergleichend: David P. Currie, »Separation of Powers in the Federal Republic of Germany«, in: *The American Journal Comparative Law* 41 (1993), S. 201-260, hier S. 238.

175 Fritz W. Scharpf, »Der Bundesrat und die Kooperation auf der ›dritten Ebene‹«, in: Bundesrat (Hg.), *Vierzig Jahre Bundesrat*, Berlin 1989, S. 121.

176 Hermann Eicher, *Der Machtverlust der Länderparlamente*, Berlin 1988, S. 61 ff.

177 BVerfGE 104, 249 (279) – *Biblis A* [2002]. Vgl. aus der älteren Rechtsprechung den Topos der föderalen Systemverschiebung zur Rechtfertigung des Zustimmungserfordernisses: BVerfGE 37, 363 (379 f.) – *Bundesrat* [1974]; 55, 274 (319 f.) – *Berufsausbildungsabgabe* [1980]; 75, 108 (150) – *Künstlersozialversicherungsgesetz* [1987]. Zur Kritik hinsichtlich der Frage, worin das zu schützende »System« eigentlich besteht: Lerche, »Stil und Methode der verfassungsrechtlichen Entscheidungspraxis«, S. 354 f. Dagegen wie hier unter Berufung auf die Gewaltenteilung: BVerfGE 55, 274 (334) – *Berufsausbildungsabgabe* [1980], abw. Meinung Rottmann.

2. Auswärtige Gewalt

Die grundgesetzliche Ordnung ist wie jedes demokratische Organisationsrecht grundsätzlich auf innerstaatliche Rechtserzeugung ausgelegt. Die Organisation und Legitimation von auswärtigen Rechtsbeziehungen wirft besondere Probleme auf, weil sich die Entstehung völkerrechtlicher Verpflichtungen in intergouvernementalen Verhandlungssituationen schon ihres zeitlichen Ablaufs wegen sowohl parlamentarischer Gestaltung als auch gerichtlicher Kontrolle entzieht. Die materielle Fixierung der Bindungen entsteht zu früh.

Art. 59 Abs. 2 S. 1 2. Alt. GG gleicht das Zustimmungserfordernis des Bundestages für auswärtige Verpflichtungen ganz ausdrücklich dem allgemeinen Gesetzesvorbehalt an: »auf Gegenstände der Bundesgesetzgebung«.[178] Dies verkennt die Rechtsprechung des Bundesverfassungsgerichts grundlegend und in doppelter Hinsicht, wenn sie zum einen die Regel des Art. 59 Abs. 2 GG als Grenze des parlamentarischen Beteiligungsrechts versteht und zum zweiten dieses Recht auf die formale Änderung von völkerrechtlichen Verträgen beschränkt.[179] Nach den allgemeinen Lehren des Parlamentsvorbehalts stellen dagegen die geschriebenen Gesetzesvorbehalte nur einen Mindestbestand parlamentarischer Entscheidungsbefugnis dar. Darüber hinaus ergeben sich weitere verfassungsrechtliche Pflichten, eine parlamentsgesetzliche Regelung zu erlassen, aus anderen materiellen Kriterien des Grundgesetzes wie den Grundrechten. Zudem darf der Bundestag selbstverständlich über die ihm aufgegebenen Entscheidungspflichten hinausgehen. Von dieser allgemeinen Logik parlamentarischer Regelungspflicht und weitergehender parlamentarischer Regelungsmacht weicht das Bundesverfassungsgericht für die auswärtige Gewalt unter Berufung auf die grundgesetzliche Gewaltengliederung ab. Hier findet die Lehre von der funktionsgerechten Organverteilung ihren praktisch bedeut-

178 Dies ist nicht nur föderal gemeint, sondern bezieht sich unbestritten auch auf das Verhältnis zwischen Legislative und Exekutive: BVerfGE 1, 372 (390) – *Deutsch-Französisches Wirtschaftsabkommen* [1952].

179 BVerfGE 68, 1 (86) – *Atomwaffenstationierung* [1984]; 104, 151 (160ff.) – *Nato-Konzept* [2001]. Grundlegende Kritik bei Rüdiger Wolfrum, »Die Kontrolle der auswärtigen Gewalt«, in: *Veröffentlichungen der Vereinigung der deutschen Staatsrechtslehrer* 56 (1997), S. 38-63.

samsten Einsatz. Aber der Hinweis auf die praktischen Möglichkeiten der Exekutive, »zügig und sachgerecht zu reagieren«,[180] ist als normatives Argument kaum überzeugend und auch im Rechtsvergleich nicht zwingend. Die Feststellung aber, die Beteiligung des Bundestages sei im funktionalen Sinne keine Gesetzgebung,[181] ist schon angesichts Art. 59 Abs. 2 S. 1 GG nicht plausibel, im Übrigen ein Zirkelschluss. Die mit solchen Begründungen gewonnenen Ergebnisse führen zudem zu offensichtlichen Wertungswidersprüchen wie dem Umstand, dass die friedliche Nutzung der Kernenergie parlamentarischer Entscheidung bedarf,[182] die Aufstellung von Kernwaffen auf deutschem Boden aber nicht.[183]

Dies gebietet es, das Verständnis von Art. 59 Abs. 2 GG, wie es sein Wortlaut ausdrücklich macht, an die allgemeinen Wesentlichkeitslehren heranzuführen. Hieraus folgt, dass dem Bundestag bei Entscheidungen, die den allgemeinen Wesentlichkeitsstandards genügen, ein Entscheidungsrecht nach Art. 59 Abs. 2 GG zusteht. Im Ergebnis darf sich der Bundestag auch bei wesentlichen materiellen Fortentwicklungen völkerrechtlicher Verpflichtungen, die durch interne Entscheidungen internationaler Organisationen mit einem deutschen Vertreter ohne formelle Änderung der vertraglichen Grundlagen erreicht werden, seine Zustimmung vorbehalten. Entsprechend stellt es keinen Verstoß gegen Art. 20 Abs. 2 S. 2 GG dar, wenn der Bundestag für die Bundesregierung Verhandlungsmandate formuliert,[184] Initiativen zum völkerrechtlichen Vertragsschluss einleitet[185] oder Verhandlungen begleitet. Die dagegen oft ins Feld

180 BVerfGE 68, 1 (87) – *Atomwaffenstationierung* [1984].

181 Ebd.

182 BVerfGE 49, 89 (127) – *Kalkar I* [1978].

183 BVerfGE 68, 1 (85 ff.) – *Atomwaffenstationierung* [1984].

184 BVerfGE 1, 351 (369) – *Petersberger Abkommen* [1952]; 1, 372 (395) – *Deutsch-Französisches Wirtschaftsabkommen* [1952]; 77, 170 (232) – *Lagerung chemischer Waffen* [1987]. Vgl. auch die Andeutung in BVerfGE 58, 1 (36) – *Eurocontrol I* [1981]. Zustimmend: Meinulf Dregger, *Die antizipierte Zustimmung des Parlaments zum Abschluß völkerrechtlicher Verträge, die sich auf Gegenstände der Bundesgesetzgebung beziehen*, Berlin 1989, S. 65 ff.; kritisch die Überlegungen bei Wolfrum, »Die Kontrolle der auswärtigen Gewalt«, S. 46 ff., auch mit Hinweisen aus der Parlamentspraxis.

185 BVerfGE 68, 1 (85 f.) – *Atomwaffenstationierung* [1984]: »So kann der Bundestag kraft Art. 59 Abs. 2 Satz 1 GG weder verhindern oder erzwingen, daß die Bundesregierung Vertragsverhandlungen unterlässt, aufnimmt oder abbricht oder Vertragsentwürfe bestimmten Inhalts gestaltet, noch kann er erzwingen, daß

geführten praktischen Bedenken können rechtsvergleichend entkräftet werden.[186] Zweifelsohne bleiben die parlamentarischen Beteiligungsmöglichkeiten in auswärtigen Beziehungen auch dann praktisch beschränkt, aber deswegen verfassungsrechtlich nicht weniger notwendig. Der zunehmenden Bedeutung internationaler Beziehungen ist durch ein gewandeltes Verständnis parlamentarischer Beteiligung Rechnung zu tragen.[187] Diese stellt dogmatisch aber eine Angleichung an die allgemeinen Parlamentsvorbehaltslehren dar. Verfassungspolitisch zeichnet Art. 23 Abs. 3 GG ein Modell vor, das auf die Dauer auch für andere völkerrechtliche Verpflichtungen notwendig sein wird.

De lege lata leidet die gerichtliche Überprüfung auswärtiger Verpflichtungen an der zeitlichen Struktur völkerrechtlicher Verpflichtungen: Die auf intergouvernementaler Ebene entstandenen Vorverpflichtungen hemmen die gerichtliche Kontrolle, die sich nicht über Vorbindungen hinwegsetzen will, ohne zu einem Normkonflikt zwischen staatlichem und überstaatlichem Recht zu führen. Dies kann im Einzelfall durch eine Aufschiebung der Ratifikation durch den Bundespräsidenten praktisch gelöst werden,[188] ohne dass damit das Strukturproblem behoben wäre. *De lege ferenda* wäre im Angesicht einer dynamisierten internationalen Verflechtung darüber nachzudenken, die Gutachtenkompetenz des Bundesverfassungsgerichts wiederzubeleben. Dann wäre es dem Gericht gestattet, internationale Verpflichtungen zu einem Zeitpunkt zu prüfen,

ein Vertrag, zu dem ein Zustimmungsgesetz im Sinne des Art. 59 Abs. 2 Satz 1 GG ergangen ist, von der Exekutive auch abgeschlossen oder nach seinem Abschluß völkerrechtlich beendet oder aufrechterhalten wird.« Zustimmend: BVerfGE 90, 286 (357f.) – *Out-of-area-Einsätze* [1994]; kritisch wie hier: Wolfrum, »Die Kontrolle der auswärtigen Gewalt«, S. 48f.; Gerald Kretschmer, »Gesetzesentwürfe aus der Mitte des Bundestages und völkerrechtliche Verträge«, in: Klaus Letzgus, Herbert Helmrich (Hg.), *Für Recht und Staat. Festschrift für Herbert Helmrich*, München 1994, S. 537-547, hier S. 537ff.; Ulrich Fastenrath, *Die Kompetenzverteilung im Bereich der Auswärtigen Gewalt*, München 1986, S. 239f., jeweils m. w. N.

186 Stefan A. Riesenfeld, Frederick M. Abbott (Hg.), »The Scope of U.S. Senate Control Over the Conclusion and Operation of Treaties«, in: dies. (Hg.), *Parliamentary Participation in the Making and Operation of Treaties*, Den Haag 1994, S. 61; vergleichend zu den USA: Möllers, *Gewaltengliederung*, S. 366ff.

187 Armin von Bogdandy, »Parlamentarismus in Europa: eine Verfalls- oder Erfolgsgeschichte?«, in: *Archiv des öffentlichen Rechts* 130 (2005), S. 445.

188 Vgl. auch den Sachverhalt in BVerfGE 112, 363 [2012].

zu dem die Prüfung noch keine Rücksicht auf internationale Verpflichtungen zu nehmen hat.[189] Diese Kompetenz stellte ihrerseits keinen Verstoß gegen die Gewaltengliederung dar.[190]

VI. Gewaltengliederung im Vorrang der Verfassung

1. Das Bundesverfassungsgericht in der Gewaltengliederung

Das Bundesverfassungsgericht ist Teil der Gewaltengliederung, es steht nicht über ihr. Art. 20 Abs. 2 S. 2, 92 2. HS. GG binden es als Gericht ausdrücklich in diese ein.[191] Diese Einbindung kann die an anderer Stelle im Grundgesetz definierten Aufgaben des Verfassungsgerichts nicht überspielen, aber sie verdeutlicht den oft vernachlässigten Umstand, dass der Vorrang der Verfassung im Grundgesetz durch einen Verfahrenszusammenhang hergestellt wird, in dem alle Organe an das Grundgesetz gebunden sind und im Rahmen ihrer Kompetenzen über dessen Einhaltung wachen. Der Vorrang der Verfassung darf damit auch umgekehrt nicht die dem Bundesverfassungsgericht vorgegebenen Grenzen gerichtlichen Handelns überspielen.[192] Das grundsätzliche Legitimations-

189 Vorbild: Art. 300 Abs. 6 EG.

190 Zum rechtsprechenden Charakter der Gutachten oben, IV., 1., b).

191 Dies wird zu selten bemerkt, siehe aber: Gerd Roellecke, »Aufgaben und Stellung des Bundesverfassungsgerichts im Verfassungsgefüge«, in: Josef Isensee, Ferdinand Kirchhof (Hg.), *Handbuch des Staatsrechts der Bundesrepublik Deutschland, Bd.* II, Heidelberg 1987, § 53 Rn. 1 S. 34 f.; Andreas Voßkuhle, in: v. Mangoldt/Klein/Starck, *Grundgesetz-Kommentar, Bd. III*, ⁵2005, Art. 93 Rn. 19 f.; Klaus Schlaich, »Das Bundesverfassungsgericht im Gefüge der Staatsfunktionen«, in: *Veröffentlichungen der Vereinigung der deutschen Staatsrechtslehrer* 39 (1981), S. 99-146, hier S. 106 ff.; daran anschließend: Klaus Schlaich, Stefan Korioth, *Das Bundesverfassungsgericht*, München ⁷2007, S. 279 ff.; Christian Starck, »Das Bundesverfassungsgericht in der Verfassungsordnung und im politischen Prozeß«, in: Peter Badura, Horst Dreier (Hg.), *Festschrift 50 Jahre Bundesverfassungsgericht*, Tübingen 2001, S. 1-32, hier S. 3 ff.

192 Hierin liegt der Kern des Anliegens, der Verfassungsgerichtsbarkeit funktionell-rechtliche Grenzen aufzuerlegen, grundlegend: Horst Ehmke, »Prinzipien der Verfassungsinterpretation«, in: *Veröffentlichungen der Vereinigung der deutschen Staatsrechtslehrer* 20 (1963), S. 53-98, hier S. 73; Gunnar Folke Schuppert, *Die verfassungsgerichtliche Kontrolle der auswärtigen Gewalt*, Baden-Baden 1973,

problem von Verfassungsgerichten, die in einem exklusiven, auf Prozessparteien beschränkten Verfahren demokratische Entscheidungen des Gesetzgebers aufheben,[193] kann damit innerhalb des Grundgesetzes nicht gelöst werden: *De constitutione lata* hat sich das deutsche Recht für eine starke Verfassungsgerichtsbarkeit entschieden, die sich dem verfassungstheoretischen Ideal demokratischer Selbstherrschaft nicht bruchlos fügt.[194]

Als Verfahrens- und Organisationsregel zieht die Gewaltengliederung der Verfassungsgerichtsbarkeit zunächst auch nur Verfahrens- und Organisationsgrenzen. Für die Auslegung der materiellen Vorschriften des Grundgesetzes hat dies zweierlei mittelbare Rückwirkungen von unterschiedlicher rechtlicher Bedeutung:

Wenn, zum ersten, die Gewaltengliederung materielle Rechtsfragen nicht berührt, dann kann auch keine noch so absurde Auslegung des materiellen Rechts als Verstoß gegen die Gewaltengliederung verstanden werden. Die in Rechtsprechung und Literatur vertretene Ansicht,[195] ein extrem weitgehend rechtsfortbildendes Gericht werde legislativ tätig und verletze dadurch die Gewaltengliederung, ist nicht haltbar. Auch in einem solchen Fall handelt das Gericht in einem gerichtlichen Verfahren, auf fremde Initiative im Einzelfall. Es hört mit Blick auf Organisation und Verfahren, die für die Gewaltengliederung relevanten Parameter, gerade nicht auf, als Gericht tätig zu werden. Der materielle Rechtsverstoß kann nicht in die Maßstäbe der Gewaltengliederung hinüberwirken. Aus diesem Grund ist das Bundesverfassungsgericht nicht befugt, fach-

S. 162 ff.; Konrad Hesse, »Funktionelle Grenzen der Verfassungsgerichtsbarkeit« (1981), in: ders., *Ausgewählte Schriften*, München 1984, S. 311; eine kritische Analyse der Rechtsprechung bei: Werner Heun, *Funktionell-rechtliche Schranken der Verfassungsgerichtsbarkeit*, Baden-Baden 1991.

193 Dazu knapp: Michel Troper, »The Logic of Justification of Judicial Review«, in: *International Constitutional Law* 1 (2003), S. 99-121, hier S. 109 ff.

194 Die wichtige amerikanische Diskussion wird aufgenommen bei: Ulrich Haltern, *Verfassungsgerichtsbarkeit, Demokratie und Mißtrauen*, Berlin 1998, S. 169 ff.; Jörg Riecken, *Verfassungsgerichtsbarkeit in der Demokratie*, Berlin 2003, S. 390 ff.

195 So BVerfGE 9, 89 (101) – *Gehör bei Haftbefehl* [1959]; 34, 269 (285 f.) – *Soraya* [1973]; 96, 375 (394) – *Kind als Schaden* [1997]; in: *NJW* 2002, 3635 (3636). Ähnlich BVerfGE 31, 145 (173) – *Milchpulver* [1971]. Zur Rechtsprechung im Ganzen: Bodo Pieroth, Tobias Aubel, »Die Rechtsprechung des Bundesverfassungsgerichts zu den Grenzen richterlicher Rechtsfortbildung«, in: *JuristenZeitung* 2003, S. 504-510, hier S. 505 ff.

gerichtliche Entscheidungen als Verstoß gegen Art. 20 Abs. 2 S. 2 GG aufzuheben. Dies erscheint eher als ungebührliche Ausweitung seiner Kontrollkompetenz hinein in das einfache Gesetzesrecht.

Wenn das Bundesverfassungsgericht, zum zweiten, ausgreifend mit objektiven Grundrechtsdimensionen operiert und dabei aus grundrechtlichen Schutzpflichten Handlungspflichten des Gesetzgebers herleitet, so dreht es die von der Gewaltengliederung vorgesehene Handlungsreihenfolge um und wird zu einem demokratisch nicht verantwortlichen politischen Initiativorgan.[196] Dies ist wiederum nicht als Verstoß gegen Art. 20 Abs. 2 GG zu verstehen, es begründet aber auf einer verfassungstheoretischen Ebene ein erhebliches Legitimationsproblem des sich selbst politisierenden Gerichts.

Klarere Rechtsfolgen ergeben sich für das Verfahrensrecht. Das Grundgesetz verlangt in Art. 20 Abs. 2 S. 2, 92 2. HS. GG einen gesetzlichen Ausgleich zwischen der Eingliederung des Gerichts in die verfassungsmäßige Gewaltengliederung und seiner Aufgabe, diese Verfassungsordnung auszulegen. Das Bundesverfassungsgericht ist deswegen keineswegs Herr seines Verfahrens,[197] sondern an das gesetzliche Verfahrensrecht gebunden, soweit es nicht gegen die einschlägigen Normen des IX. Teils des Grundgesetzes verstößt. Ab-

196 Zu diesem Zusammenhang: Konrad Hesse, »Die verfassungsgerichtliche Kontrolle der Wahrnehmung grundrechtlicher Schutzpflichten«, in: Herta Däubler-Gmelin (Hg.), *Gegenrede: Aufklärung – Kritik – Öffentlichkeit. Festschrift für Ernst Gottfried Mahrenholz*, Baden-Baden 1994, S. 541-560, hier S. 553 f.; Georg Hermes, »Verfassungsrecht und einfaches Recht – Verfassungsgerichtsbarkeit und Fachgerichtsbarkeit«, in: *Veröffentlichungen der Vereinigung der deutschen Staatsrechtslehrer* 61 (2002), S. 119-154, hier S. 127 f.; Heun, *Funktionell-rechtliche Schranken der Verfassungsgerichtsbarkeit*, S. 66 ff.

197 Vgl. bereits BVerfGE 1, 109 (110 f.) [1952]. Joachim Wieland, »Der Herr des Verfahrens«, in: Herta Däubler-Gmelin (Hg.), *Gegenrede: Aufklärung – Kritik – Öffentlichkeit. Festschrift für Ernst Gottfried Mahrenholz*, Baden-Baden 1994, S. 885-899 m. w. N.; zur verwandten dogmatischen Vorstellung der »Eigenständigkeit« des Verfassungsprozessrechts: Peter Häberle, »Die Eigenständigkeit des Verfassungsprozeßrechts«, in: *JuristenZeitung* 1973, S. 451-455; berechtigte Kritik unter Betonung der Rolle des Gesetzgebers bei Schlaich, Korioth, *Das Bundesverfassungsgericht*, S. 136 ff.; Ernst Klein, »Verfassungsprozeßrecht«, in: *Archiv des öffentlichen Rechts* 108 (1983), S. 561-624, hier S. 618 f.; ders., »Verfahrensgestaltung durch Gesetz und Richterspruch«, in: Peter Badura, Horst Dreier (Hg.), *Festschrift 50 Jahre Bundesverfassungsgericht*, Tübingen 2001, S. 507-531, hier S. 510 ff.

weichungen vom gesetzlichen Verfahrensrecht durch das Gericht können schnell den Rahmen des Art. 20 Abs. 2 S. 2 GG sprengen. Als einem erst auf individuelle Initiative tätig werdenden Gericht ist es auch dem Bundesverfassungsgericht nicht gestattet, Entscheidungen nach Rücknahme der Verfassungsbeschwerde zu treffen,[198] Eilentscheidungen ohne entsprechenden Antrag zu erlassen[199] oder Anträge ohne Zulässigkeitsprüfung mit Äußerungen zur materiellen Rechtslage als offensichtlich unbegründet zu verwerfen.[200] In all diesen Praktiken verwandelt sich das Gericht zu einer verfassungsrechtlichen Bewertungsinstanz, die sich von den Erfordernissen eines gerichtlichen Verfahrens befreit, sich damit aber auch aus der grundgesetzlichen Gewaltengliederung gelöst und gegen diese verstoßen hat. Gleiche Einwände lassen sich für die Rechtsfolgenaussprüche des Gerichts[201] formulieren, insoweit sie ohne Grundlage im BVerfGG bleiben.[202] Wenn das Gericht unter Setzung von

198 So BVerfGE 85, 109 (114) [1991]; 98, 218 (242 f.) – *Rechtschreibreform* [1998]. Dagegen: Hartmut Bauer, Christoph Möllers, »Die Rechtschreibreform vor dem Bundesverfassungsgericht«, in: *JuristenZeitung* 1999, S. 697-702, hier S. 697 f.; Voßkuhle, in: v. Mangoldt/Klein/Starck, *Grundgesetz-Kommentar, Bd. III*, Art. 93 Rn. 21.

199 Vgl. auch zum Bestand von einstweiligen Anordnungen unabhängig von der Hauptsacheentscheidung: BVerfGE 81, 53 (57) – *Bundesflagge* [1990]; 82, 353 – *Unterstützungsunterschriften* [1990]; Nachweise und Kritik bei: Friedrich Schoch, »Einstweilige Anordnung«, in: Peter Badura, Horst Dreier (Hg.), *Festschrift 50 Jahre Bundesverfassungsgericht*, Tübingen 2001, S. 695-723, hier S. 699.

200 BVerfGE 53, 100 (106) [1980]; 79, 223 (231) – *Rentner-Pensionäre* [1988]; 96, 1 (5) – *Weihnachtsfreibetrag* [1997]. Zur Kritik: Voßkuhle, in: v. Mangoldt/Klein/Starck, *Grundgesetz-Kommentar, Bd. III*, Art. 93 Rn. 21.

201 Der erstaunliche Gestaltungsanspruch des Gerichts zeigt sich auch im Rechtsvergleich: Werner Heun, »Rechtliche Wirkungen verfassungsgerichtlicher Entscheidungen«, in: Christian Starck (Hg.), *Fortschritte der Verfassungsgerichtsbarkeit in der Welt II*, Baden-Baden 2006, S. 173.

202 Vgl. die prozessual wenig beachtete einstweilige Auslegung des G-10-Gesetzes in BVerfGE 93, 181 (197 ff.) – *Rasterfahndung I* [1995]. Weiterhin BVerfGE 88, 203 (335) – *Schwangerschaftsabbruch II* [1993]; dazu die rechtfertigende Analyse: Peter Lerche, »Das Bundesverfassungsgericht als Notgesetzgeber«, in: Meinhard Heinze (Hg.), *Festschrift für Günter Gitter*, Wiesbaden 1995, S. 509-517; grundsätzliche Kritik an dem Schluss von materiellen Kontrollkompetenzen auf die Vollstreckungsbefugnis bei Wolfgang Roth, »Grundlage und Grenzen von Übergangsanordnungen des Bundesverfassungsgerichts zur Bewältigung möglicher Folgeprobleme seiner Entscheidungen«, in: *Archiv des öffentlichen Rechts* 124 (1999), S. 470-502, hier S. 489 f.

Fristen[203] das Inkrafttreten verfassungsgerichtseigener Regelungen ankündigt, hat es diesen Rahmen sicherlich verlassen. Auch Appellentscheidungen erscheinen insoweit bedenklich.[204] Weil keine Instanz zur Kontrolle des Verfassungsgerichts selbst zur Verfügung steht, ist es eine wichtige und weiterhin unterschätzte Aufgabe der Staatsrechtslehre, an die Gerichtseigenschaft des Verfassungsgerichts und an dessen Bindung an das parlamentarisch legitimierte Verfahrensrecht zu erinnern.

Die Kontrolldichte des Bundesverfassungsgerichts folgt keinen abstrakten verfassungstheoretischen Grenzen,[205] sondern den vom Grundgesetz vorgegebenen Maßstäben.[206] Das bedeutet mit Blick auf die Gewaltengliederung, dass sich eine beschränkte verfassungsgerichtliche Kontrolldichte jedenfalls aus einschlägigen verfassungsrechtlichen Regelungen ergeben kann. Ähnlich der Argumentation zur verwaltungsrechtlichen Kontrolldichte[207] kann auch ein verfassungseigenes Verfahren so ausgestaltet sein, dass es im verfassungsgerichtlichen Prozess nicht mehr in all seinen Maßstäben nachvollziehbar wird. Ein wichtiges Beispiel dafür stellt die Auslegung von Art. 68 Abs. 1 S. 1 GG dar. Die Frage nach der politischen Vertrauensbeziehung zwischen Bundeskanzler und Parlamentsmehrheit ist zunächst schon als solche kaum gerichtlicher Erforschung zugänglich. Das dokumentiert die mühsame Aufarbeitung politischer Abläufe ohne greifbare normative Bedeutung im ersten Urteil zur Bundestagsauflösung.[208] Die Einschätzung politischer Stabilität ist in ihrer Mischung aus Faktenprognose und politischer Bewertung Gerichten noch unzugänglicher als die empirischen Voraussetzungen gesetzlicher Entscheidungen, also dem unstreitigen Fall der ge-

203 Vgl. etwa: BVerfGE 33, 303 (305) – *numerus clausus I* [1972]; 72, 330 (333) – *Finanzausgleich I* [1986]; 100, 104 (106) – *Rentenüberleitung III* [1998].

204 Für viele: BVerfGE 16, 130 (141 ff.) – *Wahlkreise* [1963]; 101, 158 (159 f.) – *Finanzausgleich III* [1999]; kritisch: Ernst Benda, Erich Klein, *Verfassungsprozeßrecht*, Heidelberg ²2001, Rdnr. 1279 f.

205 Zur Kritik an der Lehre von den funktionell-rechtlichen Maßstäben der Verfassungsgerichtsbarkeit, die aber nicht in Betracht zieht, inwieweit diese sich aus der Gewaltengliederung ergeben könne: Jestaedt, *Grundrechtsentfaltung im Gesetz*, S. 173 ff.

206 Schlaich, Korioth, *Das Bundesverfassungsgericht*, Rn. 537.

207 Oben, IV., 2., b).

208 BVerfGE 62, 1 (51 ff.) – *Bundestagsauflösung I* [1983].

setzgeberischen Einschätzungsprärogative.[209] Als Vermutung über gegenwärtige und zukünftige politische Beziehungen zwischen demokratisch verantwortlichen Verfassungsorganen fügt sich ein materieller Begriff politischen Vertrauens nicht der Logik gerichtlicher Überprüfung. Vor allem aber bezieht das grundgesetzliche Verfahren drei Verfassungsorgane ein, die alle die Frage nach dem Vorliegen des Tatbestands des Art. 68 Abs. 1 S. 1 GG zu beurteilen haben. Jedenfalls im Fall eines Konsenses zwischen den drei Organen ist nicht erkennbar, welche Umstände eine abweichende Beurteilung des Gerichts rechtfertigen könnten. Als Verrechtlichung eines offen ausgestalteten demokratischen Willensbildungsprozesses entspricht eine solche Beurteilung damit nicht der gewaltengliedernden Struktur des Grundgesetzes. Das Gericht sollte sich auf eine reine Verfahrenskontrolle beschränken.[210]

2. Änderungsgrenzen: Art. 79 Abs. 3 GG

Die Gewaltengliederung des Grundgesetzes ist Teil der von Art. 79 Abs. 3 GG geschützten Grundsätze.[211] Um den Kernbestand der Gewaltengliederung zu bestimmen, ist wiederum zu ihren demokratischen und rechtsstaatlichen Wurzeln zurückzukehren. Art. 79 Abs. 3 GG garantiert aus dieser Sicht die gleichberechtigte institutionelle Verwirklichung sowohl demokratischer Selbstbestimmung als auch individueller Freiheitsverfolgung. Das bedeutet die Garantie repräsentativer Verfahren demokratischer Selbstgesetzgebung

209 BVerfGE 50, 290 (332 f.) – *Mitbestimmung* [1976]; 65, 1 (55) – *Volkszählung* [1983]; 73, 40 (91 f.) – *Parteispenden III* [1986]; 88, 87 (97) – *Transsexuelle II* [1993]; 95, 267 (314) – *Altschulden* [1997]; 100, 271 (286) – *Lohnabstandsklausel* [1999]; 105, 61 (72) – *Wehrpflicht I* [2002]; 108, 232 (311) [2003].

210 Zutreffend: BVerfGE 114, 121 (182 ff.) – *Bundestagsauflösung III* [2005], (abw. Meinung Lübbe-Wolff). Ebenso konsequent gegen eine Materialisierung des Art. 68 GG: Tobias Herbst, »Die auflösungsgerichtete Vertrauensfrage«, in: *Der Staat* 45 (2006), S. 45-82, hier S. 61 ff., 65 ff. Im Ergebnis ähnlich: Franz Reimer, »Vertrauensfrage und Bundestagsauflösung bei politischer Anscheinsgefahr«, in: *JuS* 2005, S. 680-683, hier S. 681; anders, aber ohne Berücksichtigung der von der Gewaltengliederung gebotenen institutionellen Arbeitsteilung: Christian Starck, »Anmerkung«, in: *JuristenZeitung* 2006, S. 1053-1057, hier S. 1055 f.

211 Dreier, *Grundgesetz-Kommentar, Bd. I*, Art. 79 III Rn. 50; ähnlich Sommermann, in: v. Mangoldt/Klein/Starck, *Grundgesetz-Kommentar, Bd. II*, Art. 20 Rn. 205.

und ihrer rechtlichen Bindungswirkung ebenso wie die Garantie einer politisch unabhängigen rechtlichen Überprüfung staatlicher Eingriffe in individuelle Freiheitssphären. Praktische Bedrohungen gehen insoweit nur von Verfassungsänderungen aus, die die gerichtliche Überprüfung staatlichen Handelns normativ oder faktisch einschränken, wie im Fall der Verfassungsänderungen der Art. 10 Abs. 2 S. 2, 13 Abs. 3-6 GG. Hier sind allerdings die Grenzen des Art. 79 Abs. 3 GG relativ bald erreicht, denn nur gerichtlichen Verfahren überantwortet die Gewaltengliederung eine abschließende Entscheidung über die Reichweite subjektiver Rechte im Einzelfall. Eingriffe in Grundrechte kann die Staatsorganisation nicht abschließend zwischen Legislative und Exekutive lassen, ohne den Rahmen der Dreigliederung der Staatsgewalt zu verlassen. Für den Ausschluss bestimmter Eingriffe vom gerichtlichen Rechtsschutz und eine Überweisung der Kontrolle an parlamentarische Gremien kennt das Grundgesetz dagegen keine Rechtfertigung. Regelungsbedürfnisse etwa mit Blick auf Fragen der öffentlichen Sicherheit und des Geheimnisschutzes müssen innerhalb des gerichtlichen Verfahrens gelöst werden.[212] Insoweit ist ein Grundbestand der Rechtsschutzgarantie des Art. 19 Abs. 4 GG mittels der Gewaltengliederung auch von Art. 79 Abs. 3 GG umfasst.[213]

VII. Zur Methode der Auslegung des Art. 20 Abs. 2 S. 2 GG

Die Auslegung der Gewaltengliederung in Art. 20 Abs. 2 S. 2 GG bietet besondere Probleme, die zum Abschluss kurz beleuchtet werden sollen. Die Gewaltengliederung regelt potentiell die Gesamtheit des staatlichen Handelns, sie ist Ausdruck der zwei fundamentalen Grundentscheidungen des Grundgesetzes für Demokratie und individuellen rechtsstaatlichen Freiheitsschutz und sie findet

212 Dazu die Hinweise in BVerfGE 101, 106 (129 f.) – *Akteneinsichtsrecht* [1999].

213 Anders aber: BVerfGE 30, 1 (27 f.) – *Abhörurteil* [1970]; dagegen schon: Günter Dürig, »Zur Bedeutung und Tragweite des Art. 79 Abs. III des Grundgesetzes (ein Plädoyer)«, in: Peter Badura u. a. (Hg.), *Festgabe für Theodor Maunz*, München 1971, S. 41-53, hier S. 48 ff. Gleichfalls anders im rechtsschutztechnisch allerdings weniger drastischen Fall: BVerfGE 109, 279 – *Großer Lauschangriff* [2003].

schließlich in vielen Fällen ihren Ausdruck zuallererst in konkreten Bestimmungen des grundgesetzlichen Organisationsrechts.[214] Diese ungewöhnliche Kombination aus Grundsätzlichkeit einerseits und dem Verweis auf technische Einzelnormen andererseits mag eine wesentliche Ursache dafür gewesen sein, dass die Gewaltengliederung unter dem Grundgesetz auf so geringes wissenschaftliches Interesse stieß. Der dogmatische und methodische Aufwand, den eine so grundsätzliche Norm verlangte, schien unverhältnismäßig, wenn einschlägige Regelungen ein Problem ohnehin zuverlässig lösen konnten. Dass dieser Schluss nicht zwingend war, zeigte sich schon an der verfassungsgerichtlichen Praxis, die sich immer wieder genötigt sah, hinter einer einschlägigen Vorschrift nach grundsätzlichen normativen Orientierungen zu suchen.

Aus diesem Grund führt ein induktives Verständnis von Art. 20 Abs. 2 S. 2 GG, das die Bedeutung der Norm aus speziellen Vorschriften des Grundgesetzes herleiten will, in die Irre. Selbstverständlich wird man im Grundgesetz eindeutig geregelte Sachverhalte nicht noch einmal mit Hinweis auf die Gewaltengliederung entscheiden, hier gilt der Grundsatz des Vorrangs der *lex specialis*. Damit entfällt aber auch der Bedarf, überhaupt einen übergeordneten Regelungszusammenhang zu entwickeln. In Fällen aber, in denen eine solche Eindeutigkeit nicht besteht, in denen also die einschlägige Norm keine Lösung parat hält, ist aus ihr auch nichts für die Gewaltengliederung herzuleiten. Würde sich die Gewaltengliederung in den organisationsrechtlichen Einzelbestimmungen des Grundgesetzes erschöpfen, so könnte auf sie verzichtet werden.

Eine – wie hier – deduktiv vorgehende Konkretisierung des Art. 20 Abs. 2 S. 2 GG hat zunächst ihre Herleitung aus dem Grundgesetz zu rechtfertigen, um dann die Auslegung von konkreteren Normen zu orientieren. Dabei funktioniert die Gewaltengliederung keineswegs als ein Prinzip im Sinne der Prinzipienlehre,[215] schon weil es in organisations- und verfahrensrechtlichen Zusammenhängen nichts zu optimieren gibt. Vielmehr wird bei der Anwendung des Art. 20 Abs. 2 S. 2 GG der Ort des Problems im arbeitsteiligen Organzusammenhang des Grundgesetzes zu ermitteln sein. Diese Beurteilung kann die anderen einschlägigen Normen nicht einfach beiseiteschieben, aber sehr wohl ihre Bedeu-

214 Oben, III.
215 Oben, III., 4.

tungsermittlung orientieren. An drei oben erarbeiteten Beispielen: Aus einem systematischen Verständnis der Gewaltengliederung lassen sich Gründe gegen die Annahme zusätzlicher ungeschriebener justitiabler Tatbestandsmerkmale in Art. 68 Abs. 1 S. 1 GG herleiten, die die informale Willensbildung zwischen Bundestag, Bundeskanzler und Bundespräsident jenseits der Verfahrensregeln verrechtlichen.[216] Ein solches Verständnis liefert Anhaltspunkte gegen die Entwicklung von Sonderkriterien für Art. 59 Abs. 1 S. 2 GG, die von den allgemeinen Gesetzesvorbehaltsregeln abweichen.[217] Es gebietet schließlich eine Differenzierung zwischen der Allgemeinheit der Rechtsschutzgarantie in Art. 19 Abs. 4 GG und der Allgemeinheit einer vollständigen inhaltlichen Überprüfung von Verwaltungsentscheidungen durch die Gerichte.

Die Beispiele illustrieren die Offenheit und Orientierungsbedürftigkeit von einschlägigen Normen, sie dokumentieren vor allem die Möglichkeit, bei einem Rekurs auf die Gewaltengliederung den Regelungsgehalt der Norm zu erhalten, nicht zu überspielen. Schließlich zeigen sie, dass auch der Bezug auf einen so grundsätzlichen Gesichtspunkt wie die Gewaltengliederung Argumente dazu liefern kann, eine Norm des Grundgesetzes zurückhaltend, das bedeutet ohne die Annahme ungeschriebener Annahmen, auszulegen. Systematische Orientierung und Texttreue müssen nicht zueinander in Widerspruch geraten.

VIII. Fazit

Schneidige Rechtsfolgen und klare Verdikte der Verfassungswidrigkeit sind aus dem Grundsatz der Gewaltengliederung des Art. 20 Abs. 2 S. 2 GG nur in seltenen Fällen herzuleiten. Die organisationstheoretische Einsicht, dass Einfachheit, Genauigkeit und Allgemeinheit auf Kosten des jeweils anderen gehen, fordert auch mit Blick auf diese Norm ihren Tribut:[218] Art. 20 Abs. 2 S. 2 GG bietet eher einen allgemeinen als einen einfachen oder trennscharfen Regelungsgehalt. In den allermeisten Fällen verflicht der Gehalt der Norm sich in einen Bedeutungszusammenhang mit anderen spezi-

216 Oben, VI., 1.

217 Oben, V., 2.

218 Karl E. Weick, *Der Prozeß des Organisierens*, Frankfurt/M. 1985, S. 54ff.

ellen Vorschriften des Grundgesetzes. Dies bedeutet jedoch weder, dass, wie vielfach angenommen, die Norm keinen eigenständigen normativen Gehalt hätte, noch, dass es ausgeschlossen wäre, eine genauere dogmatische Bestimmung der drei vom Grundgesetz vorgesehenen staatlichen Gewalten zu geben.

In der verfahrens- und organisationsrechtlichen Vermittlung von demokratischer Selbstbestimmung und rechtsstaatlichem Schutz individueller Freiheit entfaltet Art. 20 Abs. 2 S. 2 GG einen präziseren Gehalt, der es gestattet, sowohl die drei Gewalten als auch die Rechtsbeziehungen zwischen ihnen verfassungsrechtlich zu bestimmen. Dabei ist es wichtig zu sehen, dass die Gewaltengliederung nicht nur ein Gesichtspunkt ist, der die Gestaltungsmöglichkeiten des Verfahrens- und Organisationsgesetzgebers begrenzt. Vielmehr schützt die Gewaltengliederung auch die Offenheit des demokratischen Willensbildungsprozesses und des Gesetzgebungsverfahrens und gebietet in nicht wenigen Fällen, etwa für das Verfassungsprozessrecht, eine eingehende gesetzliche Regelung. Zugleich unterstützt die systematische Entwicklung von Art. 20 Abs. 2 S. 2 GG auch die Konkretisierung spezifischer Verfassungsnormen.

12. Zur Theorie verfassungsgerichtlicher Kontrolle – eine kritische Einführung (2025)

Einführung

Die Verknüpfung der Begriffe »Verfassung«, »Kontrolle« und »Gerichtsbarkeit« versteht sich nicht von selbst. Dennoch ist die Verbreitung, Rechtfertigung und Kritik von Verfassungsgerichten in den letzten Jahrzehnten das zentrale Thema der Verfassungstheorie weltweit geworden. In diesem Beitrag wird der Versuch unternommen, einen Schritt zurückzutreten und über die theoretischen Grundlagen und die historischen und institutionellen Zusammenhänge dieser Debatte nachzudenken. Ziel ist es nicht, eine bestimmte Form der verfassungsgerichtlichen Kontrolle als solche zu kritisieren oder zu rechtfertigen. Vielmehr soll gezeigt werden, dass es, anders als namentlich in der angelsächsischen Debatte oft unterstellt, zur Frage der Legitimation der Verfassungsgerichtsbarkeit keine allgemeine, über verschiedene Rechtsordnungen und Verfassungskulturen hinweg geltende Antwort geben kann. Dazu werde ich in drei Schritten vorgehen. Nach einer Einführung in die Begrifflichkeiten werde ich einen kurzen Überblick über die vergangenen und aktuellen Debatten geben. Dies wird zu zwei negativen Ergebnissen führen: einer Kritik am immer noch aktuellen Amerikazentrismus der Diskussion und einer Kritik an analytischen Argumenten, die mit übermäßig verallgemeinerten Annahmen operieren. Schließlich soll ein eigener Ansatz für Vergleich und Kritik von Verfassungsgerichten und anderen mit der Verfassungskontrolle beauftragten Organen vorgestellt werden.

I. Begriffliche Vorüberlegungen

Heute verbinden wir mit dem Begriff der »verfassungsgerichtlichen Kontrolle« die Vorstellung eines Gerichts, das einen Verfassungstext als Maßstab für die Überprüfung demokratischer Gesetze anwendet. Doch um vom Begriff der Verfassung zu ihrer Kontrolle durch ein Gericht zu gelangen, müssen Schritte unternommen werden, die nicht systematisch notwendig sind, sondern historisch kontingente Wege ohne Anspruch auf institutionellen Fortschritt darstellen.[1] Zunächst einmal sind »Verfassungen« nicht unbedingt in einem emphatischen Sinn normativ. Sie konstituieren ein politisches Gemeinwesen, sie gründen eine Institution in bestimmten sozialen Tatsachen.[2] Ob dieses Schaffen sozialer Fakten als ein normatives Unternehmen zählt, lässt sich zumindest bezweifeln.[3] Aber selbst wenn dies der Fall ist, folgt daraus nicht zwangsläufig, dass die Verfassungsnorm als Maßstab für die übrige Rechtsordnung dienen muss. Dies erfordert wiederum eine hierarchische Ordnung des Rechtssystems, die historisch gesehen kein notwendiges Merkmal einer Verfassung darstellt. Und selbst wenn es eine etablierte Normenhierarchie gibt, in der die Verfassung als allgemeine Vorrangnorm fungiert, bedeutet dies wiederum nicht zwangsläufig, dass die Kontrolle am Maßstab dieser Verfassung von spezialisierten Organen oder gar Gerichten vorgenommen werden muss.[4] Um diese Unterscheidungen anhand von historischen Konstellationen zu veranschaulichen: Ob die englische *ancient constitution*[5] eine Norm oder nur eine mehr oder weniger umfassende Beschreibung der Usancen des englischen politischen Systems war, wäre zu zeigen. Die meisten kontinentaleuropäischen Verfassungen des 19. Jahrhunderts haben sicherlich kein ausgearbeitetes Konzept des Verfassungsvorrangs. Sie sind spezifische Gesetze, die die Organi-

1 Es gibt viele progressive Erzählungen in der Debatte über die verfassungsgerichtliche Kontrolle, in Deutschland etwa die Geschichte vom Verfassungsgericht als »letzten Stein im Gebäude des Rechtsstaats«: Richard Thoma, »Rechtsgutachten betreffend die Stellung des Bundesverfassungsgerichts«, in: Horst Dreier (Hg.), *Rechtsstaat – Demokratie – Grundrechte: ausgewählte Abhandlungen aus fünf Jahrzehnten,* Tübingen 2008 [1953], S. 511-554, hier S. 541.

2 Die neuere philosophische Debatte über Verfassung und Konstituierung als soziales Faktum könnte interessant werden für Juristen und Politikwissenschaftler: Brian Epstein, *The Ant-Trap: Rebuilding the Foundations of the Social Sciences*, Oxford 2015.

3 Christoph Möllers, *Die Möglichkeit der Normen*, Berlin 2015, S. 208-237, insb. S. 227 ff.

4 Carlos Santiago Nino, *The Constitution of Deliberative Democracy*, New Haven 1996, S. 187-216, insb. S. 196.

5 J. G. A. Pocock, *The Ancient Constitution and the Feudal Law: A Study of English Historical Thought in the Seventeeth Century*, Cambridge 1987.

sation des Staates einrichten,[6] wie dies auch heute noch bei den so genannten »Verfassungen« internationaler Organisationen[7] der Fall ist. Schließlich gibt es immer noch viele Verfassungsordnungen, die keine zentralisierte Verfassungskontrolle durch Gerichte vorsehen oder diese sogar ausdrücklich ausschließen. Einige Ordnungen verwenden parlamentarische Kammern oder Kommissionen zur Anwendung von Verfassungsnormen.[8] Manche Systeme gerichtlicher Verfassungskontrolle sind auf die gesamte Gerichtsbarkeit verteilt, die meist unter einem Höchstgericht, einem Obersten Gerichtshof, operieren, der aber nicht auf verfassungsrechtliche Fälle spezialisiert ist. Selbst diese Aufzählung ist nicht vollständig und lässt spezielle Institutionen außer Acht, die nicht dem Typus eines Verfassungsgerichts entsprechen, wie den französischen *Conseil constitutionnel*[9] und internationale Gerichte wie den Europäischen Gerichtshof für Menschenrechte[10] oder den Interamerikanischen Gerichtshof für Menschenrechte.[11]

6 Für Deutschland: Rainer Wahl, »Der Vorrang der Verfassung«, in: *Der Staat* 20 (1981), S. 485-516, hier S. 495; für Frankreich: Michel Troper, *La séparation des pouvoirs et l'histoire constitutionelle française*, Paris 1973.

7 Jan Klabbers, *An Introduction to International Institutional Law*, Cambridge ²2009, S. 74-92.

8 Für die Commonwealth-Tradition, insbesondere in Bezug auf Neuseeland: Stephen Gardbaum, *The New Commonwealth Model of Constitutionalism: Theory and Practice*, Cambridge 2013.

9 Dominique Rousseau u. a., *Droit du contentieux constitutionnel*, Paris ¹¹2016, S. 67 ff. Für eine kritische Einschätzung von innen: Dominique Schnapper, *Une Sociologue au Conseil constitutionnel*, Paris 2010.

10 Der EGMR behauptet ausdrücklich, keine Verfassungsprüfung zu praktizieren, insbesondere bei zwischenstaatlichen Konflikten, aber siehe Richard Bellamy, »The Democratic Legitimacy of International Human Rights Conventions: Political Constitutionalism and the European Convention on Human Rights«, in: *European Journal of International Law* 25 (4) (2014), S. 1019-1042, hier S. 1037.

11 Scott Davidson, *The Inter-American Court of Human Rights*, Aldershot 1992.

II. Der Diskurs über Verfassungsgerichte: ein kurzer Überblick

1. Kontinentaleuropäische Debatten

a) Republikanische Tradition und europäische Praxis

Die Kritik an Gerichten ist so alt wie der moderne Konstitutionalismus. Sie findet sich in der Französischen Revolution, die auch einen der ersten relevanten Vorschläge zur Einführung einer gerichtsähnlichen Institution der Verfassungskontrolle hervorbrachte.[12] Die französische Debatte war gespalten zwischen Liberalen, die eine Mäßigung politischer Herrschaft durch Gerichte befürworteten,[13] und Republikanern, die die demokratischen Aufgaben von Legislative und Exekutive ungestört von Kontrollinstitutionen wahrgenommen sehen wollten.[14] Zwei grundlegende Einwände werden bereits in diesem frühen Kontext entwickelt: Aus institutioneller Sicht neigen Gerichte dazu, die Rechte von individuellen Parteien auf Kosten des Gemeinwohls in Form des allgemeinen Gesetzes zu privilegieren. Dies wird schon vor der Revolution gegen die französischen *parlements* vorgebracht. Aus demokratietheoretischer Sicht mangelt es den Gerichten an Verantwortlichkeit. Die Unabhängigkeit der Gerichte schließt ihre demokratische Rechenschaftspflicht aus. Beide Argumente sind immer noch bedenkenswert, sie bleiben nicht nur in ihrem Ursprungsland, sondern auch in anderen Ländern praktisch wirksam.

Verfassungsgerichtliche Kontrollen erschienen nicht nur aus radikal-republikanischer Sicht anfechtbar, sie blieben auch im Kon-

12 Emmanuel Joseph Siéyès, *Opinion sur les attributions et l'organisation du jury constitutionnaire,* Paris 1795, S. 5. Es ist allerdings recht umstritten, inwieweit es angemessen ist, dies als Vorläufer der modernen Verfassungsprüfung zu lesen: dafür Paul Roubier, *Les conflicts de lois dans le temps – Théorie dite de la non-rétroactivité des lois,* Paris ²1929, S. 465; dagegen Troper, *La séparation des pouvoirs et l'histoire constitutionelle française,* S. 59.

13 Marcel Gauchet, *La révolution des pouvoirs: La souveraineté, le peuple, et la représentation, 1789-1799,* Paris 1995, S. 18.

14 Tatsächlich befürworteten aber viele Radikale eine Art von Kontrolle der Legislative: Marco Fioravanti, »Siéyès et le jury constitutionnaire: perspectives historico-juridiques«, in: *Annales historiques de la Révolution française* 349 (2007), S. 87-103, hier S. 91.

text der konstitutionellen Monarchie, die zumindest den europäischen Konstitutionalismus vor dem Ersten Weltkrieg beherrschte, selten. Praktisch finden sich im Europa des 19. Jahrhunderts allenfalls spezielle Spruchkörper, vor denen Inhaber von Regierungsämtern, Kabinettsmitglieder, die nicht dem Parlament verantwortlich waren, zur Rechenschaft gezogen werden konnten.[15] Dagegen gibt es in Kontinentaleuropa vor 1918/19 keine moderne Verfassungsgerichtsbarkeit.[16] Man kann sie deswegen auch nicht einfach mit einem »modernen« Verfassungsbegriff identifizieren.[17] Föderale Systeme wie Deutschland oder die Schweiz schufen zwar Bundesgerichte, ohne damit aber ein Konzept des Verfassungsvorrangs zu verbinden.[18] Diese Gerichte garantieren die einheitliche Anwendung von Bundesgesetzen, schützen aber keinen Vorrang der Bundesverfassung vor anderem Bundesrecht. Außerhalb Europas und der USA sind es die lateinamerikanischen Staaten, die uns in dieser Epoche einzelne Beispiele verfassungsgerichtlicher Kontrolle liefern.[19]

15 Im französischen System finden wir noch immer erhebliche Spuren davon: Olivier Beaud, *Le sang contaminé. Essai critique sur la criminalisation de la responsabilité des gouvernants*, Paris 1999, S. 80-85. Und im amerikanischen Impeachment-Verfahren, bei dem der Senat wie ein Gericht funktioniert: Michael J. Gerhardt, *The Federal Impeachment Process: A Constitutional and Historical Analysis*, Chicago ^{3}2019, S. 33 ff.

16 Für den frühen tschechoslowakischen Fall: Jana Osterkamp, *Verfassungsgerichtsbarkeit in der Tschechoslowakei (1920-1939): Verfassungsidee, Demokratieverständnis, Nationalitätenproblem*, Frankfurt/M. 2009, S. 11.

17 Dazu kritisch: Christoph Möllers, Sabine Müller-Mall, *Theorien der Verfassung zur Einführung*, Hamburg 2024, S. 38-40, 136-141.

18 Zu den föderalen Ursprüngen der Verfassungskontrolle: Olivier Beaud, »De quelques particularités de la justice constitutionnelle dans un système federal«, in: Constance Grewe u. a. (Hg.), *La notion de la »justice constitutionnelle«*, Paris 2005, S. 49-72, hier S. 49 f.; Christoph Schönberger, »Vorrang der Verfassung«, in: Ivo Appel u. a. (Hg.), *Öffentliches Recht im offenen Staat. Festschrift für Rainer Wahl zum 70. Geburtstag*, Berlin 2011, S. 385-403, hier S. 385 f.

19 Roberto Gargarella, *Latin American Constitutionalism, 1810-2010: The Engine Room of the Constitution*, Oxford 2013, S. 37; für Kolumbien: Manuel José Espinosa, David Landau, *Colombian Constitutional Law*, Oxford 2017, S. 2.

b) Kelsen

Hans Kelsen entwickelte das erste analytische Argument für die Verfassungsgerichtsbarkeit.[20] Seine Bedeutung steht im Zusammenhang der einflussreichen Debatte der Weimarer Republik und Kelsens eigener Erfahrung als Verfassungsschöpfer und Verfassungsrichter im Österreich der Zwischenkriegszeit. Kelsen leitete seine Argumentation aus dem Konzept des Stufenbaus der Rechtsordnung[21] und aus der damit zusammenhängenden Notwendigkeit ab, eine unabhängige Kontrolle der Rechtmäßigkeit aller Arten von Rechtsetzung zu etablieren.[22] Für Kelsen ist eine Rechtsordnung nur dann geschlossen, wenn die Einhaltung ihrer obersten Norm durch einen seinerseits rechtlichen Mechanismus überprüft werden kann. Damit argumentiert er für eine einzige zentralisierte verfassungsgerichtliche Instanz. Dass es eine begriffsnotwendige Verbindung zwischen Verfassungsvorrang und verfassungsrechtlicher Kontrolle durch Gerichte gibt, ist damit freilich nicht bewiesen.[23]

Auf der anderen Seite ist Kelsen nicht blind für die möglichen Nachteile verfassungsgerichtlicher Kontrolle und benennt zwei wichtige Grenzen für ihre Tätigkeit: Erstens entspricht seinem Ideal eine Verfassungsgerichtsbarkeit, die lediglich verfahrensrechtliche Kontrollen vornimmt. Er kritisiert ausdrücklich vage materielle Verfassungsnormen, die er als erhebliches Risiko für einen offenen demokratischen Prozess hält. Sein Beispiel für eine zu vage, nicht sinnvoll überprüfbare Norm ist der Begriff der Freiheit.[24] Das bedeutet, dass Kelsen keine Rechtfertigung für eine materielle Überprüfung am Maßstab der Grundrechte liefern will. Zweitens

20 Hans Kelsen, »Wesen und Entwicklung der Staatsgerichtsbarkeit«, in: *Veröffentlichungen der Vereinigung der deutschen Staatsrechtslehrer* 5 (1929), S. 30-88, hier S. 51 ff. Die beste Darstellung der Debatte im Deutschen ist nach wie vor Helge Wendenburg, *Die Debatte um die Verfassungsgerichtsbarkeit und der Methodenstreit der Staatsrechtslehre in der Weimarer Republik*, Göttingen 1984, S. 43 f.; für den politischen Kontext Peter C. Caldwell, *Popular Sovereignty and the Crisis of German Constitutional Law: The Theory and Practice of Weimar Constitutionalism*, Durham 1997.

21 Adolf Merkl, Allgemeines Verwaltungsrecht, Wien/Berlin 1927, S. 172, entwickelte als Erster dieses Konzept.

22 Kelsen, »Wesen und Entwicklung der Staatsgerichtsbarkeit«, S. 35 ff.

23 Nino, *The Constitution of Deliberative Democracy*, S. 189-196.

24 Kelsen, »Wesen und Entwicklung der Staatsgerichtsbarkeit«, S. 69 f.

bezeichnet er die verfassungsgerichtliche Kontrolle als »negative Gesetzgebung«.[25] Damit ist kein *gouvernement des juges* gemeint,[26] die Betonung liegt vielmehr auf *negativ*: Alle Ansprüche von Gerichten, positive Pflichten des Gesetzgebers zu definieren, oder andere prozessuale Formen des richterlichen Aktivismus widersprechen Kelsens Vorliebe für ein rein reaktives, auf Verfahrenskontrollen beschränktes Gericht, das weder Fälle auswählen noch staatliche Maßnahmen veranlassen kann.

c) Entwicklungen in der Nachkriegszeit

Die globalen Schübe der Verbreitung von Verfassungsgerichten nach dem Zweiten Weltkrieg und erneut nach 1989 wurden nur selten von theoretischen Überlegungen begleitet. Länder, die spezialisierte Verfassungsgerichte einführten, wie Italien, Deutschland, Südafrika oder Taiwan, brachten zwar auch wissenschaftliche Literatur zum Thema hervor,[27] die Frage der Legitimation der Verfassungsgerichtsbarkeit war in solchen Staaten aber nie so zentral wie in den Vereinigten Staaten. Das hat zwei Gründe: Die Einführung wurde ausdrücklich im Verfassungstext festgeschrieben, und sie verstand sich zumeist als eine Reaktion auf eine autoritäre oder totalitäre politische Vergangenheit, konnte also politisch gerechtfertigt werden. Einzelne Entscheidungen solcher Gerichte wurden natürlich Gegenstand politischer und wissenschaftlicher Kritik, in Deutschland zum Beispiel in den frühen 1950er und in den 1990er Jahren,[28] daraus ergab sich aber in der Regel keine ernsthafte institutionelle Debatte über die Vorzüge der Verfassungsgerichtsbarkeit als solche. In Ländern mit einer starken parlamentarischen oder republikanischen Tradition wie Frankreich, der Schweiz und den Commonwealth-Ländern, aber auch in anderen liberal-de-

25 Ebd., S. 56.

26 Diese Formel stammt von Alexis de Tocqueville.

27 Brun-Otto Bryde, *Verfassungsentwicklung: Stabilität und Dynamik im Verfassungsrecht der Bundesrepublik Deutschland*, Baden-Baden 1982, S. 147 f.; Theunis Robert Roux, *In Defence of Empirical Entanglement: The Methodological Flaw in Waldron's Case Against Judicial Review*, University of New South Wales Working Paper No. 2015-73, 2015; Michel Troper, *Comment décident les juges: la constitution, les collectivités locales et l'éducation*, Paris 2008.

28 Justin Collings, *Democracy's Guardian: A History of the German Federal Constitutional Court 1951-2001*, Oxford 2015, S. 38, 232.

mokratischen Monarchien wie in Nordeuropa und dem Baltikum entstanden dagegen keine echten Verfassungsgerichte. Kontrollmöglichkeiten ergaben sich durch den Beitritt zur Europäischen Menschenrechtskonvention. Dies warf, wenn überhaupt, andere Legitimationsprobleme auf, die sich um das Verhältnis von nationalem und internationalem Recht drehten.

2. Provincializing the US: das Problem der counter-majoritarian difficulty

Die amerikanische Debatte zur Legitimation der verfassungsgerichtlichen Kontrolle hat weltweit größten Einfluss gehabt, aber die Zweifel an ihrer Relevanz wachsen.[29] Der U.S. Supreme Court ist eine zu spezifische und auch zu deutlich politisierte Institution, um als Vorlage für allgemeine Theorien zu taugen. Theoretische Beiträge, die in einer abstrakten und verallgemeinerbaren Begrifflichkeit argumentieren, hängen doch oft von den spezifisch amerikanischen institutionellen und historischen Ursprüngen ab. Aus zwei Gründen dürfte es wenig bringen, das Problem der Legitimität der Verfassungsgerichtsbarkeit schlicht als eines der *»counter-majoritarian difficulty«*, also als Problem der Herrschaft einer Minderheit, über die kontrollierte demokratische Mehrheit zu beschreiben,[30] wie es in den USA üblich ist.

Der erste Grund liegt in den ungewissen Ursprüngen der verfassungsgerichtlichen Kontrollbefugnisse des U.S. Supreme Court. Ohne auf Einzelheiten einzugehen, sind sie historisch umstritten und zumindest teilweise das Ergebnis eines Akts der Selbstermächtigung des Gerichts.[31] Dies macht den amerikanischen Fall als Bezugspunkt für ähnliche Selbstermächtigungen attraktiv, etwa für

29 David Robertson, »The Counter-Majoritan Thesis«, in: Gary Jacobson, Miguel Schor (Hg.), *Comparative Constitutional Theory*. Cheltenham 2018, S. 189-207, S. 192.

30 Grundlegend Alexander Bickel, *The Least Dangerous Branch: The Supreme Court at the Bar of Politics*, New Haven 1986, S. 16, davor schon James Bradley Thayer, »The Origin and Scope of the American Doctrine of Constitutional Law«, in: *Harvard Law Review* 7 (1893), S. 129-156.

31 Paul W. Kahn, »Comparative Constitutionalism in a New Key«, in: *Michigan Law Review* 101 (8) (2003), S. 2677-2705, hier S. 2686, 2696; Larry D. Kramer, *The People Themselves: Popular Constitutional and Judicial Review*, Oxford 2004, S. 115.

den Fall des Obersten Gerichtshofs von Israel[32] oder den Europäischen Gerichtshof,[33] aber weit weniger für Verfassungsordnungen mit einem ausdrücklichen verfassungsrechtlichen Kontrollauftrag.

Der zweite Grund liegt in der komplizierten Art und Weise, in der theoretische Argumente und juristischer Kontext miteinander zusammenhängen. Dafür nur ein Beispiel, nämlich John H. Elys Konzept der Repräsentationsverstärkung,[34] das weltweit rezipiert wurde.[35] Ely sieht die Legitimation der gerichtlichen Kontrolle darin, dass sie die Repräsentation von im politischen Prozess nicht vertretenen Minderheiten sichert. Grundsätzlich ist diese Rechtfertigung der gerichtlichen Kontrolle als Instrument zur Stärkung demokratischer Prozesse zweifellos bedenkenswert; ich werde darauf zurückkommen. Aber die Art und Weise, wie Ely diesen Gedanken konkretisiert, indem er ihn als Problem einer »abgegrenzten und insularen Minderheit«[36] und ihrer Vertretung im Kongress[37] beschreibt, ist sehr spezifisch US-amerikanisch: Er funktioniert nur unter bestimmten sozialen Bedingungen mit Blick auf die Größe und den Status von Minderheiten und wohl auch nur in einem Mehrheitswahlsystem.

Im Ganzen weisen der Supreme Court und seine Umgebung viele institutionelle Besonderheiten auf, die gegen eine Verallgemeinerung sprechen: der Grad der offenen Politisierung im Ernennungsprozess und Abstimmungsverhalten der Richter,[38] das Fehlen

32 Daniel Friedman, *The Purse and the Sword: The Trials of Israel's Legal Revolution*, Oxford 2016, S. 54.

33 Siehe z. B. die Rechtssache »van Gend en Loos« aus dem Jahr 1962, in der der Gerichtshof die unmittelbare Wirkung des Unionsrechts entwickelte: EuGH, 5. Februar 1963, Van Gend en Loos, 26/62, EU:C:1963:1; Loïc Azoulai, Zane Rasnača, »The Court of Justice of the European Union as a Self-Made Statesman«, in: Dennis Patterson, Anna Södersten (Hg.), A *Companion to European Union Law and International Law*, Hoboken 2016, S. 166-178, hier S. 171.

34 John H. Ely, *Democracy and Distrust: A Theory of Judicial Review*, Cambridge (MA) 1980, S. 87 ff.

35 Jürgen Habermas, *Faktizität und Geltung*, Frankfurt/M. 1992, S. 313-324; Michaela Hailbronner, »Combatting Malfunction or Optimizing Democracy? Lessons from Germany for a Comparative Political Process Theory«, in: *International Journal of Constitutional Law* 19 (2) (2021), S. 495-514.

36 United States vs. Carolene Products Company, 304 U.S. 144 (1938).

37 Ely, *Democracy and Distrust*, S. 73 f., für eine Kritik Bruce Ackerman, *We the People: Foundations*, Cambridge (MA) 1991, S. 3-33.

38 Für das Ernennungsverfahren in den Vereinigten Staaten: Christine L. Nema-

einer ernsthaften internen Beratung zwischen diesen,[39] das allgemeine Misstrauen auch in den Rechtswissenschaften gegenüber formalen Argumenten im Anschluss an *Legal Realism* und *Critical Legal Studies*, die extreme Rigidität des Verfahrens der Verfassungsänderung und die bereits erwähnte unklare verfassungsrechtliche Grundlage für gerichtliche Kontrollbefugnisse. Die Vermutung Jeremy Waldrons, dass die Rechtfertigung der verfassungsgerichtlichen Kontrolle nur für sehr spezifische Mängel des amerikanischen Gesetzgebungsverfahrens funktioniere,[40] lässt sich auch umdrehen: Auch die amerikanische Kritik an der verfassungsgerichtlichen Kontrolle dürfte nur mit Blick auf die Mängel des amerikanischen Systems plausibel sein. Alles in allem leidet die angloamerikanische Debatte zudem darunter, dass viele ihrer Teilnehmer auch aufgrund mangelnder Sprachkenntnisse in erster Linie Zugang zu Systemen ohne verfassungsrechtliche Überprüfung oder zum US-System haben, wodurch ihnen institutionelle Nuancen der spezialisierten verfassungsrechtlichen Überprüfung entgehen. Trotz der Tatsache, dass es einen globalen Diskurs des vergleichenden Verfassungsrechts gibt – von der Verarbeitung vergleichender Argumente durch Verfassungsgerichte und internationale Gerichte bis zum akademischen Diskurs –, bleibt es dabei, dass Argumente, die im Hinblick auf die Legitimität der Verfassungsgerichte ausgetauscht werden, meist aus dem angloamerikanischen Raum stammen, entweder aus der US-amerikanischen Erfahrung oder aus einer Commonwealth-Lesart des politischen Konstitutionalismus.

check, »Appointing Supreme Court Justices«, in: Lee Epstein, Stefanie A. Lindquist (Hg.), *The Oxford Handbook of U.S. Judicial Behavior*, Oxford 2017, S. 29-47; für einen Überblick über Studien zum Wahlverhalten und zur Parteilichkeit am U. S. Supreme Court siehe Jeffrey A. Segal, »Ideology and Partisanship«, ebd., S. 304-319; für vergleichbare Untersuchungen zum deutschen Gericht mit schwächeren Ergebnissen: Benjamin G. Engst u. a., »Zum Einfluss der Parteinähe auf das Abstimmungsverhalten der Bundesverfassungsrichter – eine quantitative Untersuchung«, in: *JuristenZeitung* 72 (11) (2017), S. 816-826.

39 Dazu eingehend Gertrude Lübbe-Wolff, *Beratungskulturen. Wie Verfassungsgerichte arbeiten und wovon es abhängt, ob sie integrieren oder polarisieren*, Berlin 2022, S. 22-31.

40 Jeremy Waldron, »The Core of the Case Against Judicial Review«, in: *Yale Law Journal* 115 (2006), S. 1346-1406, hier S. 1403.

3. Analytische Argumente: Pro und Kontra

a) Der Kern der Kritik

Jeremy Waldrons Beitrag über den »Kern der Kritik« ist der wohl meistzitierte Versuch, den allgemeinen Punkt der alten republikanischen und der neuen amerikanischen Kritik an der Verfassungsgerichtsbarkeit analytisch herauszuarbeiten: Unter demokratischen Bedingungen ist die Legislative das besser legitimierte Forum für die Beilegung von Konflikten über Grundrechte als die Gerichte. Die Legislative ist demokratisch legitimiert. Zudem gibt es, Waldron zufolge, keinen Nachweis dafür, dass Gerichte großzügiger über Grundrechte entscheiden als Parlamente.[41] Im Rahmen der verfassungsrechtlichen Kontrolle sind viele Fälle zudem bereits als politischer Konflikt formatiert. Es gibt deswegen keine relevanten Unterschiede in der Art und Weise, wie Gerichte und Gesetzgeber in solchen Fällen argumentieren. Waldrons Kritik bezieht sich dabei nur auf die Kontrolle von Grundrechten. Im Kern behauptet Waldron, dass Verfassungsgerichte und demokratische Gesetzgeber dieselbe Funktion, die autoritative Regelung eines strittigen Grundrechtsfalls, unter unterschiedlichen Legitimationsbedingungen erfüllen, so dass nur diese Bedingungen für die Frage relevant sein können, welche Institution solche Entscheidungen treffen sollte.

b) Konventionelle Weisheiten: Konstitutionalismus, Gewaltenteilung und Rechtsschutz

Bevor ich kritisch auf Waldrons Modell zurückkomme, ist anzuerkennen, dass sein Beitrag viele verbreitete Argumente, die zugunsten der Verfassungsgerichtsbarkeit streiten, unter Druck gesetzt hat. Die bloße Unterstellung, verfassungsgerichtliche Kontrollen beförderten grundrechtliche Freiheiten,[42] die Gewaltenteilung,[43] den

41 Ebd., S. 1389-1395.

42 Siehe die Referenzen ebd.

43 Cheryl Saunders, »Theoretical Underpinnings of Separation of Powers«, in: Gary Jacobsohn, Miguel Schor (Hg.), *Comparative Constitutional Theory*, North Hampton 2018, S. 66-85, hier S. 72; anders Christoph Möllers, The Three Branches: *A Comparative Model of Seperation of Powers*, Oxford 2013, S. 16-50.

Konstitutionalismus[44] oder sogar die praktische Vernunft,[45] machen sich zumeist nicht die Mühe, zu erklären, wie genau dies geschieht, sondern unterstellen vielmehr, dass all diese Werte von einem Verfassungsgericht besser geschützt würden als von politischen Organen. Dies beruht häufig entweder auf einem generellen Misstrauen gegenüber demokratischer Politik oder auf einem Verständnis von Konstitutionalismus im Allgemeinen oder Gewaltenteilung im Besonderen, das die politische Seite beider Prinzipien ignoriert: Konstitutionalismus wird dann lediglich als Einhegung von Politik mit den Mitteln des Rechts verstanden und Gewaltenteilung nicht auch als Form der Ermöglichung politischen Handelns, sondern nur als Maßnahme, dieses in Schach zu halten. Solche Argumente werden häufig von einer starken moralischen Idealisierung der juristischen Argumentation vor Gericht begleitet. Ein kurzer Blick auf zwei dieser Argumente mag das Problem veranschaulichen.

Der Gedanke, dass ein verfassungsgerichtliches Verfahren der demokratischen Gemeinschaft eine Denkpause verschaffen kann, um über die spezifische Perspektive des Klägers zu reflektieren, dessen Betroffenheit im demokratischen Prozess nicht erörtert wurde oder nicht vorhersehbar war, mag plausibel sein,[46] es rechtfertigt aber nicht die Befugnis, ein demokratisches Gesetz aufzuheben. Es ist ein Argument für institutionelle Reflexivität, nicht aber für die institutionelle Macht, eine politische Entscheidung, die von einer demokratischen Mehrheit getroffen wurde, aufzuheben. Daher rechtfertigt es allenfalls eine schwache verfassungsgerichtliche Kontrolle, die dem Gesetzgeber eine Anpassung vorschlägt, die dieser annehmen oder ablehnen kann. Es ist folgerichtig, dass Vertreter des politischen Konstitutionalismus eine solche schwache richterliche Befugnis, wie sie aus Großbritannien oder Kanada bekannt ist, befürworten, weil sie gerichtlichen Institutionen keine harte Entscheidungsgewalt einräumt.

44 M. J. C. Vile, *Constitutionalism and the Separation of Powers*, Oxford 1967, S. 173 ff.

45 John Rawls, *Politischer Liberalismus*, Frankfurt/M. 1998, S. 333-345.

46 Cristina Lafont, »Philosophical Foundations of Judicial Review«, in: David Dyzenhaus, Malcolm Thorburn (Hg.), *Philosophical Foundations of Constitutional Law*, Oxford 2016, S. 265-280, hier S. 272-275. Siehe zu einem solchen Argument auch Christoph Möllers, »Individuelle Legitimation: Wie rechtfertigen sich Gerichte?«, in diesem Band.

Der grundlegendere Gedanke, den etwa John Rawls[47] vertritt, lautet, dass politisch unabhängige Gerichte ein Ort der öffentlichen Vernunft sind, da sie unabhängig von politischem und sozialem Druck Entscheidungen treffen können. Diese Idee hat in der liberalen politischen Theorie viele Anhänger gefunden.[48] Als Rechtfertigungsinstanzen scheinen Verfassungsgerichte vielversprechende Kandidaten für die Position des Hüters der öffentlichen Vernunft zu sein. Aber abgesehen von der empirischen Frage, ob Verfassungsgerichte diesen normativen Erwartungen tatsächlich gerecht werden, und auch abgesehen von der theoretischen Frage, ob wir demokratische Politik als eine Form rationaler Deliberation verstehen sollten,[49] scheint das Argument zu unspezifisch. Genügt es, juristisch qualifizierte Personen in einen Raum zu sperren, losgelöst von Politik und sozialen Zusammenhängen, und über wichtige Fragen entscheiden zu lassen, damit öffentliche Vernunft entsteht? Und warum sollte dieser Raum wie ein Gericht aussehen? Wie genau sind solche Institutionen mit einer Idee von öffentlicher Vernunft verbunden? Es scheint, dass öffentliche Vernunft hier nicht mehr bedeutet als Abwesenheit von Politik.

Der grundsätzliche Punkt, den Waldron und andere der Diskussion mitgegeben haben, besteht eben darin, dass sich Verfassungsgerichte nicht einfach über die Werte oder Rechte legitimieren lassen, deren Befolgung sie überwachen oder durchsetzen sollen, sondern nur über die Eigenheiten ihrer Organisation und ihres Verfahrens.

c) Hintergrund: Politik, Recht oder Moral?

Eine unterschätzte Dimension der Debatte um die Legitimation der Verfassungsgerichtsbarkeit liegt darin, dass sie unmittelbar von Hintergrundannahmen zum Verhältnis von Recht, Politik und Moral abhängt. Kelsen ist dabei ein ungewöhnlicher Fall, weil er als Vertreter eines demokratischen Konstitutionalismus, der die zent-

47 Rawls, *Politischer Liberalismus*, S. 338 f.

48 Lafont, »Philosophical Foundations of Judicial Review«, S. 271 f.

49 Dies führt uns tief in die Debatten zwischen Liberalen und Realisten in der politischen Theorie. Für eine realistische Kritik siehe Raymond Geuss, *Philosophy and Real Politics*, Princeton 2008. Für eine Kritik aus Sicht der Theorie der Gewaltengliederung Christoph Möllers, *Gewaltengliederung. Legitimation und Dogmatik im nationalen und internationalen Rechtsvergleich*, Tübingen 2005, S. 60 ff.

rale Bedeutung der Gesetzgebung hervorhebt, und zugleich als Befürworter gerichtlicher Verfassungskontrolle gelesen werden kann. Typisch ist dagegen eine andere Wahlverwandtschaft zwischen verfassungstheoretischen und rechtsphilosophischen Lagern: Auf der einen Seite neigen Modelle, die dem Recht einen moralischen Inhalt zuweisen (wie namentlich das Dworkin'sche), dazu, eine starke Konzeption verfassungsgerichtlicher Kontrolle zu bekräftigen, am bekanntesten in seiner Formel vom herkulischen Richter.[50] Auf der anderen Seite tendiert ein positivistisches Verständnis des Rechts als bloßem sozialen Faktum dazu, die Rolle des Gesetzgebers hervorzuheben.[51] Die letztgenannte Argumentationslinie reicht von Benthams Kritik an Gerichten des Common Law und den Menschenrechten bis zu heutigen Theorien des politischen Konstitutionalismus. Es ist hier nicht der Ort, das umstrittene Verhältnis zwischen verfassungsrechtlichen und rechtstheoretischen Argumenten zu rekonstruieren, aber es scheint zumindest notwendig, vor solchen einfachen Verbindungen zwischen den Diskursebenen zu warnen. Wie wir sogleich in Auseinandersetzung mit Waldrons Argumentation sehen werden, gibt es kein zwingendes demokratietheoretisches Argument gegen verfassungsgerichtliche Kontrollen, wenn sie in einer bestimmten Weise organisiert sind. Umgekehrt ist ebenso wenig klar, warum ein moralischer Gehalt des Rechts besser in den Händen von Richtern als in den Händen von Parlamentariern aufgehoben sein sollte. Vieles spricht dafür, diese Fronten so zu untergraben, wie es Kelsen tat. Dabei wird die Unterscheidung zwischen politischen, moralischen und rechtlichen Argumenten eine wichtige Rolle dafür spielen, zu zeigen, dass bestimmte Formen der Verfassungsgerichtsbarkeit als legitim akzeptiert werden können.

50 Ronald Dworkin, *Law's Empire*, Cambridge (MA) 1986, S. 239. Für eine nuancierte Interpretation dieser Figur: Scott Shapiro, *Legality*, Cambridge (MA) 2011, S. 307 ff.

51 So verbindet Shapiro (ebd., S. 177 ff.) sein rechtswissenschaftliches Argument für ein rein soziales Rechtsverständnis mit der Idee eines »Plans«, der wohl eine Aufgabe des Gesetzgebers, sicher aber nicht der Justiz ist.

III. Zur Legitimität der Verfassungsgerichtsbarkeit

Lässt man sich auf Waldrons Modell im Ansatz ein, so bedürfen zwei Fragen der Klärung: Gibt es einen relevanten Unterschied zwischen Gerichten und Gesetzgebern im Hinblick auf ihre demokratische Legitimation (1.), und gibt es einen gleichfalls relevanten Unterschied in ihren Verfahren (2.)? Kritiker der Verfassungsgerichtsbarkeit wie Waldron werden die erste Frage in der Regel bejahen und die zweite verneinen, während ich umgekehrt die Unterschiede zwischen beiden in der Legitimation für geringer, die Unterschiede im Verfahren dagegen für größer halte. Unabhängig davon, welche Antwort man auf diese Fragen geben mag, stellt sich aber das Problem für die Kontrolle von Föderalismus und Gewaltenteilung (3.) sowie im Fall einer gestörten demokratischen Ordnung (4.) anders dar als in Waldrons Fall der Grundrechte.

1. Rationale oder politische Grundlage verfassungsgerichtlicher Kontrolle

Welche Art von normativem Anspruch erhebt eine Kritik à la Waldron? Für einen politischen Philosophen, der etwas über die normativen Qualitäten eines institutionellen Gefüges aussagen will, mag diese Frage sinnlos erscheinen. Doch entwickeln verfassungstheoretische Argumente in verschiedenen Verfassungsordnungen unterschiedliche Resonanz. Je stärker eine Verfassungsprüfung formal verfassungsgesetzlich verankert ist, desto weniger bedeutsam erscheint die theoretische Debatte. Dies ist ein Grund dafür, dass Waldrons Kritik etwa in Israel auf Resonanz stößt, nicht aber in Deutschland.[52] Wie gesehen, wird die Debatte nicht unabhängig von der Rechtslage geführt – und warum sollte sie auch?[53]

52 Christoph Möllers, »Scope and Legitimacy of Judicial Review in German Constitutional Law – the Court Versus the Political Process«, in: Hermann Pünder, Christian Waldhoff (Hg.), *Debates in German Public Law*, Oxford S. 3-25, hier S. 16-18.

53 Man kann den Rechtsstaat als Ausdruck einer bürgerlich-liberalen Position sehen, wie Ran Hirschl, *Towards Juristocracy: The Origins and Consequences of the New Constitutionalism*, Cambridge (MA) 2004, S. 46, es tut; aber auch dies erscheint zu pauschal, wenn man die Rolle der Verfassungsgerichte in Bezug auf soziale Rechte z. B. in Lateinamerika, Indien und Kontinentaleuropa betrachtet.

Folgt aus dieser Beobachtung aber mehr als der Hinweis auf die Bedeutung des positiven Rechts für die Diskussion? Diese Frage ist dann zu bejahen, wenn dieses positive Recht demokratisch gesetzt ist. Dann wird die demokratietheoretische Kritik an der Verfassungsgerichtsbarkeit zu einer solchen an einer ihrerseits demokratischen Entscheidung. Nehmen wir eine demokratisch funktionierende Gemeinschaft im Sinne Waldrons. In dieser gibt es eine permanente Mehrheit für die Überprüfung von parlamentarischen Mehrheitsentscheidungen durch ein nicht demokratisch verantwortliches Verfassungsgericht. Dürfen wir diese konkrete demokratische Mehrheit im Namen der Demokratietheorie ignorieren? Oder müssen wir nicht annehmen, dass hier eine Mehrheit besteht, die ein institutionelles Gefüge bevorzugt, in dem sogar die Mehrheitsentscheidungen ihrer eigenen demokratischen Institutionen von einem Gericht aufgehoben werden können, solange die Entscheidungen anderer Mehrheiten in gleicher Weise behandelt werden? Die zweite Annahme erscheint überzeugender. Wenn ein demokratisches Gemeinwesen eine bestimmte Form der gerichtlichen Kontrolle haben möchte, dann kann der Hinweis auf die fehlende demokratische Legitimation des Verfassungsgerichts für sich nicht weiterführen.

Doch bleibt zu prüfen, wie weit dieses Argument reicht. Einerseits kann man kaum ignorieren, dass es eine demokratische Entscheidung des Verfassunggebers gibt, ein Verfassungsgericht einzurichten; andererseits ist nicht jede Institution nur deswegen legitimiert, weil sie in einem demokratischen Verfahren geschaffen wurde. Dies ist ein Problem, das aus der Diskussion über die Grenzen der Delegation an die Exekutive bekannt ist, etwa für den Fall politisch unabhängiger Zentralbanken.[54]

Das Argument bedarf also der Einschränkung: Ein demokratisches Mandat ist für die Rechtfertigung verfassungsgerichtlicher Kontrolle eine notwendige, aber eben keine hinreichende Bedingung. Aber auch so nimmt es dem Waldron'schen Argument viel von seinem Biss. Zudem bedarf es institutioneller Sicherungen, um das demokratische Mandat des Gerichts aktiv zu halten. Die grundlegendste Sicherung besteht darin, dass die vom Gericht angewand-

54 Für diese Paul Tucker, *Unelected Power: The Quest for Legitimacy in Central Banking and the Regulatory State*, Cambridge (MA) 2018, S. 147-194.

ten Verfahren und Standards ihrerseits demokratisch gesetzt und demokratisch änderbar sind. Das klingt wie eine selbstverständliche Anforderung, wenn die Verfassungsgerichtsbarkeit ohnehin demokratisch eingerichtet wurde. Doch verbreiten sich weltweit verfassungsgerichtliche Standards, die nicht mehr politisch geändert werden können, ungeschriebene oder ausdrücklich vorgesehene »Ewigkeitsklauseln«, anhand derer nicht nur Gesetzes-, sondern auch Verfassungsänderungen gerichtlich überprüft werden.[55] Hier entsteht aus der unter Umständen guten Absicht, etwas als richtig Anerkanntes auf Dauer festzuschreiben, ein Legitimationsproblem. Um dagegen die Verfassungsgerichtsbarkeit politisch responsiv zu halten, stellt sich die Frage, inwieweit das Gericht selbst verfassungsrechtlich oder nur einfachgesetzlich ausgestaltet werden sollte. Die Status-quo-Affinität der qualifizierten Mehrheitsregel[56] spricht für eine einfache gesetzliche Grundlage der Verfahrensregeln, selbst wenn das Gericht als Institution verfassungsmäßig verankert ist. Um die politische Pluralität im Gericht zu stärken, könnte ein Ernennungsverfahren sinnvoll sein, das einen Kompromiss zwischen den politischen Lagern erfordert – aber dies sind bereits relativ spezifische Fragen. Generell lässt sich festhalten, dass man die Verfassungsgerichtsbarkeit als besondere Form demokratischer Delegation verstehen sollte, die zwar eingehegt werden muss, die aber so lange nicht undemokratisch ist, wie sich die Art und Weise, in der das Gericht handelt, vom Gesetzgebungsprozess unterscheidet (dazu sogleich 2.).

Der entscheidende systematische Hintergrund meiner Überlegung liegt in einer Zweideutigkeit in der Debatte zwischen politischem, rechtlichem und moralischem Konstitutionalismus. Man kann die Kritik an der Verfassungsgerichtsbarkeit als ein Kernanliegen des politischen Konstitutionalismus verstehen, eines Modells, in dem Verfassungen nicht nur oberste Gesetze, sondern auch poli-

55 Yaniv Roznai, *Unconstitutional Constitutional Amendments*, Oxford 2017, S. 212-225.

56 Für einfache Mehrheitsregelungen spricht nicht nur die Gleichbehandlung der Gruppe, die die Entscheidung trifft, sondern auch die Gleichbehandlung der Alternativen, für die sie sich entscheiden kann: Kenneth O. May, »A Set of Independent Necessary and Sufficient Conditions for Simple Majority Decision«, in: *Econometrica* 20 (4) (1952), S. 680-684, hier S. 681 ff. Im Allgemeinen: Cass R. Sunstein, *The Partial Constitution*, Cambridge 1993, S. 124-133.

tische Dokumente sind, die einen politischen Prozess nicht nur begrenzen, sondern auch konstituieren und deren Auslegung nicht nur Sache von Juristen und Gerichten ist, sondern von politischen Instanzen und der von ihnen repräsentierten Bürgerschaft.[57] Angesichts der Tatsache, dass politische Organe für Verfassunggebung und Verfassungsänderung zuständig sind, versteht sich aber nicht von selbst, was aus diesen Annahmen für die Verfassungsgerichtsbarkeit folgt. Es kann eben vorkommen, dass ein *politisches* Gemeinwesen eine *politische* Entscheidung zugunsten eines *rechtlichen* Konstitutionalismus trifft. Aus einer Verfassung wird dann Verfassungsrecht, doch ist dieses Recht nicht das Produkt öffentlicher Vernunft, sondern einer demokratischen Mehrheit. Damit erweist sich der demokratische Kern der Argumentation gegen die Verfassungsgerichtsbarkeit, wie oben angedeutet, als nicht so demokratisch, wie diese für sich in Anspruch nimmt. Die Kritik des politischen Konstitutionalismus an der Verfassungsgerichtsbarkeit ist weniger politisch als vielmehr philosophisch, sie wendet ihre eigene Vernunft gegen eine politisch eingesetzte Institution.[58] Umgekehrt gilt meine Kritik an der Kritik der Verfassungsgerichtsbarkeit nur unter der Bedingung, dass es ein demokratisches Mandat für die Verfassungsgerichtsbarkeit gibt.[59] Damit ist aber weder behauptet, dass es ein solches Mandat geben sollte, noch, dass die Frage der Legitimität der Verfassungsgerichtsbarkeit durch ein solches Mandat völlig gelöst wäre.

2. Verfahren revisited: Verfassungsgerichte als hybride Gebilde

a) Sind Verfassungsgerichte Gerichte?

Die führt zur zweiten von Waldron aufgeworfenen Frage. Sie betrifft die Unterschiede zwischen legislativen und gerichtlichen Verfahren. Die verfassungsgerichtskritische Literatur muss zumindest unterstellen, dass diese Unterschiede nicht von Bedeutung sind. Der intellektuelle Aufwand, der in diesen Punkt investiert wird,

57 Richard Bellamy, *Political Constitutionalism*, Cambridge 2007, S. 176-208; Jeremy Waldron, *Law and Disagreement*, Oxford, S. 86-88.

58 Richard Rorty, »Der Vorrang der Demokratie vor der Philosophie«, in: ders., *Solidarität oder Objektivität*, Stuttgart 1988, S. 82.

59 Gargarella, *Latin American Constitutionalism*, S. 161 f.

bleibt jedoch auffallend bescheiden.[60] Um die Unterstellung der Ähnlichkeit beider Verfahren zu belegen, müsste mehr empirische und konzeptionelle Arbeit geleistet werden. In jedem Fall ist es unwahrscheinlich, dass diese für verschiedene Rechtsordnungen zu gleichen oder nur ähnlichen Ergebnissen führen würde.

Nehmen wir zunächst an, eine verfassungsgerichtliche Kontrolle würde von normalen Gerichten[61] durchgeführt, also von politisch unabhängigen Institutionen, die Konflikte zwischen Parteien von Fall zu Fall durch die Anwendung von Regeln entscheiden, die durch einen demokratischen Verfassunggeber erlassen wurden. Die Entscheidung würde durch eine mündliche Verhandlung vorbereitet, in der die Parteien ihre Argumente darlegen. Das Gericht könnte sich die zu entscheidenden Fälle nicht aussuchen, seine Argumentation ließe sich nicht einfach auf eine politische Auseinandersetzung zurückführen, und die Richter würden so ausgewählt, dass es schwierig wäre, sie mit einer politischen Ausrichtung zu identifizieren. Sähe ein solches Verfahren nicht ganz anders aus als ein demokratisches Gesetzgebungsverfahren?

Die Tatsache, dass das Gericht eine gesetzgeberische Entscheidung in einem ausdrücklich nicht repräsentativen Verfahren aufheben könnte, wird von der Kritik als problematisch bewertet, aber die Tatsache, dass das Verfahren sich erheblich vom Gesetzgebungsverfahren unterscheidet, scheint das Problem zu mildern. Nun ist klar, dass die meisten Formen der verfassungsgerichtlichen Kontrolle nicht so funktionieren. Wir werden uns deswegen zwei Aspekte näher anschauen, nämlich die Frage, ob auch Verfassungsgerichte »Fälle« entscheiden, und die Art und Weise, in der Verfassungsgerichte ihre Entscheidungen begründen.

b) »Einigung« und Urteil

Waldron argumentiert, dass es zumindest unter den gegenwärtigen US-amerikanischen Bedingungen keinen relevanten Unterschied

60 Mark Tushnet, *Taking the Constitution Away from the Courts*, Princeton 1999, S. 54-71; Jeremy Waldron, »The Core of the Case Against Judicial Review«, in: *Yale Law Journal* 115 (2006), S. 1346-1406, hier S. 1349 ff.

61 Zur Typisierung Christoph Möllers, »Zur Theorie verfassungsgerichtlicher Kontrolle – eine kritische Einführung«, in diesem Band.

zwischen einer »Einigung« (*»settlement«*[62]) über einen verfassungsrechtlichen Fall durch den Kongress oder durch den Supreme Court gäbe.[63] Ich behaupte, dass dies selbst in den USA allenfalls für eine sehr ausgewählte Gruppe von Streitigkeiten zutrifft, nämlich für solche, in denen es um allgemeine Grundrechtsfragen geht, etwa das Recht auf Ehe für homosexuelle Paare. Solche Fälle könnte auch der Kongress entscheiden, wenn er ein solches Recht einführt oder ausschließt.

Wenn wir aber eine breitere Klasse von Fällen betrachten, ist nicht klar, welche Form eine vom Kongress erlassene »Einigung« annehmen könnte, die an die Stelle eines Gerichtsurteils träte: Wie hätte der Kongress oder ein anderes Parlament zum Beispiel den Fall *New York Times v. Sullivan*[64] oder den ähnlichen deutschen Fall *Lüth* entschieden?[65] Beide liefern eine spezifische Aussage zum Verhältnis zwischen freier Meinungsäußerung und privatrechtlichen Rechtsbehelfen. Sie setzen der Möglichkeit, kritische Äußerungen durch Ansprüche aus dem Zivilrecht zu verhindern, mit Blick auf die Meinungsfreiheit Grenzen. Es ist aber kaum möglich, solche Urteile in die Form einer vom Gesetzgeber zu beschließenden Regelung zu fassen, weil ihre Aussagen so intensiv mit den Fakten eines bestimmten Sachverhalts verwoben sind.[66] Selbst wenn es also gewichtige Argumente gegen verfassungsgerichtliche Kontrollen gäbe, und selbst wenn es möglich wäre, ein Verfahren parlamentarischer Ausgestaltung der Verfassungskontrolle einzurichten, so wäre doch klar, dass dies zu einer völlig anderen »Einigung« führen würde als ein gerichtliches Urteil. Die Unterscheidung zwischen parlamentarisch gesetzten Regeln und gerichtlichen Urteilen, die Waldron durch den Begriff der »Einigung« unsichtbar macht, verschwindet nicht so einfach. Das Problem ist dabei nicht nur ein normatives, es liegt weniger darin, dass bestimmte Betroffene nicht

62 Schon dieser von Waldron gebrauchte Begriff, der weder auf gerichtliche noch auf parlamentarische Entscheidungen gut passt, zeigt das Problem, die gemeinsame Kategorie zu finden, die sich einfacher finden ließe, wenn beide Entscheidungspraktiken sich so ähnlich wären, wie Waldron unterstellt.

63 Jeremy Waldron, »The Core of the Case against Judicial Review«, in: *Yale Law Journal* 115 (2006), S. 1346-1406, hier S. 1376-1378.

64 The New York Times Co. v. Sullivan, 376 U.S. 254.

65 BVerfGE 7, 198 – *Lüth* [1958].

66 Zu dieser Eigenschaft von Urteilen: Sabine Müller-Mall, *Verfassende Urteile. Eine Theorie des Rechts*, Berlin 2024, S. 86-90, 222-237.

gehört werden, sondern es ist maßgeblich ein kognitives, weil die verhandelten Anliegen zu spezifisch sind, um in die Formen der legislativen Entscheidungsfindung eingebaut werden zu können. Gerichtliche Techniken wie die verfassungskonforme Auslegung eines Gesetzes oder die Kassation extremer Fälle polizeilichen Handelns, aber auch die schlichte Feststellung eines Sachverhalts, lassen sich nicht einfach in die Form der Gesetzgebung bringen, die ein gewisses Maß an semantischer Allgemeinheit erfordert.

c) Juristische Argumentation und rationale Deliberation

Ähnlich verhält es sich mit der Frage, wie Verfassungsgerichte argumentieren. Liberale Befürworter und politische Kritiker der Verfassungsgerichtsbarkeit scheinen die Vision einer idealisierten quasiphilosophischen, freiheitstheoretischen Begründung als Standard für die Verfassungsgerichtsbarkeit zu teilen, um diesen Standard entweder in affirmativer Absicht verwirklicht zu finden oder sich kritisch von seinem Fehlen enttäuschen zu lassen. Waldrons Behauptung, die Begründungsleistung eines verfassungsgerichtlichen Urteils sei nicht besser als eine Parlamentsdebatte, sondern füge dieser nur »Legalismen« hinzu,[67] mag aus philosophischer Sicht zutreffen, verfehlt aber den politischen (!) Charakter juristischer (!) Institutionen. Die Tatsache, dass ein juristisches Argument bestimmten diskursiven Beschränkungen unterliegt, namentlich einem bestimmten Umgang mit autorisierten Texten und tradierten Argumentationsformen, ist selbst eine politische Tatsache. Zumindest unter idealen Bedingungen werden diese Beschränkungen des juristischen Arguments von einem demokratischen Verfassungsorgan erzeugt. Die Argumentation eines Gerichts muss also nicht besser oder genauso gut sein wie eine parlamentarische Debatte, sie muss sich von dieser in ihrem Bezug auf die verfassungsrechtlichen Argumentationszwänge *unterscheiden*.

Selbst wenn verfassungsgerichtliche Begründungen Argumenten aus der politischen Philosophie näherstehen als Begründungen in anderen Rechtsgebieten,[68] bleibt doch entscheidend, dass verfassungsrechtliche Begriffe wie Würde, Demokratie oder Freiheit

67 Jeremy Waldron, »The Core of the Case Against Judicial Review«, in: *Yale Law Journal* 115 (2006), S. 1346-1406, hier S. 1386.

68 Robertson, *The Judge as a Political Theorist*, Princeton 2010, S. 347 ff.

aus politischen Gründen in verschiedenen Verfassungsordnungen unterschiedliche Bedeutungen haben. Es würde die politische Besonderheit des Verfassungsrechts verfehlen, diese Unterschiede zu ignorieren, sie als Mangel zu behandeln oder sie nach einem allgemeinen, aus der politischen Philosophie abgeleiteten Maßstab zu überprüfen. Verfassungsrechtliche Argumente sind Argumente, die in und von einer politischen Gemeinschaft gemacht werden, die zwar mitunter universalistische Semantiken aufgreift, aber doch nicht, ohne diesen eine Bedeutung zu geben, die von den institutionellen Besonderheiten der politischen Gemeinschaft geprägt ist. Es ist kein Zufall, dass eine verfassungsrechtliche Argumentation stets anders aussieht als Argumente in der politischen Theorie, denn nur so kann das Verfassungsrecht funktionieren. Auch dies ist keine allgemeine Rechtfertigung für die Art und Weise, wie Verfassungsgerichte argumentieren, aber es ist eine Widerlegung des Gedankens, dass die juristische Form nur eine unvollkommene Variante eines Arguments aus der praktischen Philosophie darstellt.

Ein wirkmächtiges Argument gegen diese Sicht lautet, dass die Argumentation der Gerichte nur als Tarnung für deren politische Präferenzen dient. Dies kann ein legitimer Kritikpunkt sein, insbesondere wenn Gerichte in stabile politische Fraktionen gespalten sind, wie es beim U.S. Supreme Court der Fall ist. Solange dies jedoch nicht bei allen oder den meisten Verfassungsgerichten der Fall ist, bleibt es eine empirische Beobachtung ohne allgemeinen Wert. Institutionell hängt die Art der Argumentation mit der Praxis der Deliberation im Gericht zusammen, denn Deliberation ist das Instrument, um bestehende Präferenzen der Beteiligten diskursiv in den Hintergrund zu drängen. Wir wissen, dass es in dieser Hinsicht erhebliche Unterschiede zwischen den Gerichten gibt.[69] Und obwohl es nicht nur unwahrscheinlich, sondern auch unerwünscht erscheint, dass die Deliberation idealen Habermas'schen Standards

69 Für Brasilien: Afonso Da Silva, »Deciding Without Deliberating«, in: *International Journal of Constitutional Law* 11 (3), S. 557-584; Conrado Hübner Mendes, *Constitutional Courts and Deliberative Democracy*, Oxford 2013; für Deutschland: Uwe Kranenpohl, *Hinter dem Schleier des Beratungsgeheimnisses*, Wiesbaden 2010, insb. S. 81-252; für Frankreich: Dominique Schnapper, *Une sociologue au Conseil Constitutionnel*, S. 127-135, 274-277; für Italien: Sabino Cassese, *Dentro la Corte. Diario di un Giudice Costituzionale*, Bologna 2015. Vergleichend Lübbe-Wolff, *Beratungskulturen*.

folgt, die niemals zu einer Entscheidung führen könnten,[70] reicht es aus, dass Richter ihre Präferenzen in einer Deliberation ändern, um Zweifel an der Annahme zu haben, dass die Begründung nur ein politisches Epiphänomen ist. Dies bedeutet wiederum nicht, dass es in Ländern wie Ungarn, Russland, Venezuela oder den USA keine vollständig politisierten Gerichte gäbe. Solche Gerichte gibt es, genauso wie Parlamente ohne demokratische Legitimation. Doch so wie aus Letzterem kein Argument gegen den Parlamentarismus folgt, folgt aus Ersterem keines gegen die Verfassungsgerichtsbarkeit.

3. Jenseits der Grundrechte: Kontrolle von Föderalismus und Gewaltenteilung

Die angloamerikanische Debatte über die Verfassungsgerichtsbarkeit konzentriert sich weitgehend auf den Schutz von Grundrechten, obwohl auch Fälle, in denen es um Föderalismus oder Gewaltenteilung geht, oft politisch umstritten sind. Für solche Fälle stellt sich das Legitimationsproblem grundsätzlich anders dar.

Man könnte meinen, dass die Frage der Legitimation verfassungsgerichtlicher Kontrolle für föderale Befugnisse genauso funktioniert wie bei grundrechtlichen Fällen. In beiden kontrolliert eine demokratisch nicht verantwortliche Institution eine demokratische Entscheidung. Aber der Umstand, dass es in einem föderalen System zwei demokratische Ebenen mit zwei demokratischen Völkern gibt, impliziert einen entscheidenden Unterschied. Die hier im Zentrum stehende Frage, welche der beiden föderalen Ebenen zuständig ist, impliziert in einer demokratischen Föderation die Frage, welche der beiden demokratischen Mehrheiten sich durchsetzen kann.[71] Weder ein Bundesgesetzgeber, der gegen den Willen der Mehrheit in einem der Gliedstaaten handelt, noch ein gliedstaatlicher Gesetzgeber, der gegen den Willen der gesamten Mehrheit im Bund handelt, kann sich aber auf seine Mehrheit als überzeugende

70 Christoph Möllers, »Lassen sich Diskursregeln aus der praktischen Philosophie in juristische und politische Verfahren übersetzen?«, in: Mahmoud Bassiouni u.a. (Hg.), *Die Macht der Rechtfertigung. Perspektiven einer kritischen Theorie der Gerechtigkeit*, Berlin 2024, S. 102-123.

71 Christoph Möllers, »Demokratische Ebenengliederung«, in diesem Band.

demokratische Rechtfertigung berufen. Beide brauchen eine Regel, die entscheidet, welche Mehrheit zählt, oder ein Argument, das die externen Effekte der Entscheidungen bestimmt.[72] Heißt das, dass es kein Problem mit der gerichtlichen Überprüfung von bundesstaatlichen Kompetenzen gibt? Nein, es gibt durchaus Gründe, die gegen eine solche sprechen. Wichtig ist aber, dass diese Gründe einerseits praktisch relevant sind, andererseits aber nicht den starken normativen Anspruch der demokratischen Verfassungsgerichtskritik teilen können, sondern nur prudentieller Natur sind. Einige seien genannt: Erstens ist in vielen Verfassungsordnungen[73] die Kompetenzverteilung zwischen den föderalen Ebenen keine politisch neutrale Frage: Die Ermächtigung der föderalen Ebene in den USA, der europäischen Ebene in der EU oder der Eidgenossenschaft in der Schweiz sind oft politisch umstrittene Projekte. Solche Fälle zu entscheiden, kann leicht als Parteinahme in einem politischen Konflikt interpretiert werden. Zweitens hat die strenge Überprüfung der föderalen Zuständigkeiten die Tendenz, politische Reaktionen auf gesellschaftliche Entwicklungen aufzuhalten. Ein besonderer Bedarf nach einer großzügigen Auslegung solcher Normen kann in Verfassungsordnungen bestehen, deren Regeln nur schwer oder fast gar nicht änderbar sind, wie in den USA oder der Europäischen Union. Drittens kann man argumentieren, dass der Inhalt föderaler Normen nicht so leicht gerichtlich zu überprüfen ist, wenn sie ausdrücklich ein politisches Ermessen vorsehen, wie die *»necessary and proper«*-Klausel[74] der amerikanischen Verfassung oder vergleichbare Regeln.[75] Es spricht damit einiges für eine Auslegung solcher Normen, die beiden politischen Prozessen einen Spielraum einräumt. Andererseits gibt es traditionell starke Argumente für den Schutz der Einheit und Integrität einer föderalen Ordnung durch Gerichte, wie sie im berühmtem Diktum von Richter Holmes zum Ausdruck kommen: »Ich glaube nicht, dass die Vereinigten Staaten untergehen würden, wenn wir unsere Be-

72 Charles M. Tiebout, »A Pure Theory of Local Expenditures«, in: *Journal of Political Economy*, 64 (5) (1956), S. 416-424, hier S. 423.

73 Deutschland scheint eine interessante Ausnahme zu sein.

74 Akhil Reed Amar, »Intratextualism«, in: *Havard Law Review* 112 (4) (1999), S. 747-827, hier S. 755 ff.

75 Ein Beispiel dafür ist der notorisch juristisch unterbelichtete Begriff der Subsidiarität im EU-Vertrag.

fugnis verlören, ein Gesetz des Kongresses für nichtig zu erklären. Ich glaube aber, dass die Union gefährdet wäre, wenn wir diese Erklärung nicht für die Gesetze der einzelnen Staaten abgeben könnten.«[76] Wir stehen damit vor einem unübersichtlichen Problem, in dem kaum starke normative Gründe gelten.

Eine vergleichbare Konstellation gilt für die Gewaltenteilung. Die verfassungsgerichtliche Entscheidung von Konflikten zwischen politischen Organen, etwa zwischen Regierung und Parlament, leidet nicht unter einem demokratischen Legitimationsmangel, wenn beide Konfliktparteien politisch legitimiert sind. Dennoch können Gründe dagegensprechen, die institutionellen Beziehungen zwischen politischen Organen durch gerichtlich überprüfbare Rechtsnormen auszugestalten. Wenn es in einem politischen Prozess um die Organisation der Willensbildung, der kollektiven Urteilsbildung im Arendt'schen Sinne geht, sollten wir darauf achten, dieser nicht zu viele verfahrensrechtliche Beschränkungen aufzuerlegen.[77] Dennoch können Fragen wie diejenigen, ob das Parlament Zugang zu Regierungsinformationen erhält, ob die Entscheidung, Truppen ins Ausland zu entsenden, seiner Zustimmung bedarf oder ob die Regierung auf Notstandsbefugnisse zurückgreifen darf, um Finanzmittel zu erhalten, durch Verfassungsrecht geregelt werden. Selbst wenn Gerichte sich weigerten, solche Regeln zu überprüfen, weil sie zu politisch sind, könnten sie durch ihre Weigerung eine gehaltvolle Antwort auf den Konflikt geben. Schon aus Gründen der Machtungleichheit wird eine solche Verweigerung die Exekutive regelmäßig privilegieren. Man könnte deswegen auch dafür argumentieren, dass solche Fragen spezifische verfassungsgerichtliche Verfahren erfordern.[78]

Festzuhalten ist, dass die allgemeine Kritik an der Legitimation der Verfassungsgerichtsbarkeit für diese Fälle nicht passt, dass sich daraus aber umgekehrt auch noch kein zwingendes Argument ergibt, für solche Fälle eine verfassungsgerichtliche Kontrolle einzuführen. Solche Begründungen bedürfen eines reicheren institutio-

76 Oliver Wendell Holmes, »Law and the Court«, in: ders. (Hg.), *Collected Legal Papers*, New York 2020 [1913], S. 295-296.

77 Möllers, *The Three Branches*, S. 110 f.

78 Und damit als Kritik am amerikanischen Verfassungsprozess: Jamal Greene, »The Supreme Court as a Constitutional Court«, in: *Harvard Law Review* 124 (1) (2011), S. 124-153, hier S. 129.

nellen Kontexts, der sich in der Regel nur in Auseinandersetzung mit einer konkreten Verfassungsordnung erarbeiten lässt.

4. Außerhalb funktionierender Demokratien

Schließlich gibt es viele nur halb oder gar nicht funktionale demokratische Systeme, in denen Verfassungsgerichte eine andere Rolle spielen können. Dabei kann die verfassungsgerichtliche Kontrolle die Mängel des politischen Systems nicht einfach ausgleichen. Im Gegenteil werden Gerichte die politischen Defizite des Gesamtsystems regelmäßig teilen, etwa wenn sie politisch einseitig besetzt werden. Gerichte sind nicht autark, sie bedürfen zur Garantie ihrer Unabhängigkeit einer politischen Basis, deren Handeln sie zugleich kontrollieren sollen.[79] Doch kann es Fälle geben, in denen ein Verfassungsgericht Grundrechte nur schützen kann, wenn es seine Zuständigkeiten ohne demokratisches Mandat erweitert. Ein Beispiel hierfür sind die *Suo-Moto*-Fälle des Obersten Gerichtshofs von Indien, in denen das Gericht versuchte, die Rechte von Personen zu schützen, die keine Möglichkeit hatten, selbst zu klagen.[80] Ähnliche Fälle zeigen sich im südafrikanischen Verfassungsrecht. Solche Fälle erscheinen in ihrem konkreten Kontext gerechtfertigt, aber sie bieten keine Grundlage für eine allgemeine Theorie der gerichtlichen Intervention.

Die Hoffnung, dass Verfassungsgerichte es verhindern können, dass demokratische Ordnungen autoritär werden, dürfte trügen.[81] Gerichte können solche Entwicklungen, wenn es gut läuft, bremsen, aber sie können ebenso zu Agenturen des Autoritarismus werden. Gerade spezialisierte Verfassungsgerichte sind leicht neu zu besetzen, um fortan als formidables Instrument zur politischen Kontrolle der gesamten Justiz zu dienen. Eine dezentralisierte verfassungsgerichtliche Kontrolle, die sich auf die gesamte Gerichts-

79 Gargarella, *Latin American Constitutionalism*, S. 161-162; Adam Przeworski, *Crises of Democracy*, Cambridge 2019, S. 5-7.

80 Anashri Pillay, »The Constitution of the Republic of India«, in: Roger Masterman, Robert Schütze (Hg.), *The Cambridge Companion to Comparative Constitutional Law*, Cambridge 2019, S. 162-164.

81 Aziz Z. Huq, »A Tactical Separation of Powers?«, in: *Public Law and Legal Theory Working Paper Series*, No. 709 (2019); Mark Tushnet, »Amendment Theory and Constituent Power«, in: Gary Jacobson, Miguel Schor (Hg.), *Comparative Constitutional Theory*, Cheltenham 2018, S. 317-333, hier S. 330 ff.

barkeit erstreckt, dürfte das widerstandsfähigere institutionelle Gefüge bieten.

5. Herausforderungen der empirischen Forschung

Die einschneidendste Veränderung in der wissenschaftlichen Beschreibung der Verfassungsgerichte wird von neuen Methoden der empirischen Rechtsforschung ausgehen. Verschiedene sozialwissenschaftliche Ansätze suchen nach kausalen Erklärungen für die Entscheidungen von Verfassungsgerichten, aber auch für die politische Entscheidung, Verfassungsgerichte einzuführen.[82] Im Regelfall unterstellen solche Forschungen, dass die Verfassungsgerichtsbarkeit als Ergebnis politischer Einflüsse zu verstehen ist, sei es die spezifische politische Einstellung konkreter Richter, sei es eine allgemeine Tendenz der Verfassungsgerichte und ihrer politischen Unterstützer, liberale Werte (oder einfach nur Eigentumsrechte)[83] zu schützen, sei es das konkrete Projekt, politische Entscheidungen einer politischen Mehrheit noch vor einer Änderung zu schützen, bevor eine andere Mehrheit die Herrschaft übernimmt.[84] Solche Forschungen sind ein willkommenes Gegengift gegen die Selbstgenügsamkeit überverallgemeinerter Legitimationstheorien wie auch gegen zu starke normative Ansprüche der Gerichte und deren akademische Rechtfertigung. Die These, dass sich Verfassungsrechtsprechung durch politische Kausalitäten erklären lässt, kann aber letztlich nur durch einen überzeugenden prognostischen Erfolg oder durch einen systematischen empirischen Vergleich zwischen juristischen Argumenten einerseits und externen Faktoren andererseits plausibel werden. Solche Nachweise unterliegen großen me-

82 Ein Beispiel für die Anwendung der Regressionsanalyse findet sich in Jarosław Kantorowicz, Nuno Garoupa, »An Empirical Analysis of Constitutional Review Voting in the Polish Constitutional Tribunal, 2003-2014«, in: *Constitutional Political Economy* 27 (1) (2016), S. 66-92; ein Beispiel für die Anwendung der Delegationstheorie in Arthur Dyevre, »Technocracy and Distrust: Revisiting the Rationale for Constitutional Review«, *International Journal of Constitutional Law* 13 (1) (2015), S. 30-60.

83 Ran Hirschl, *Towards Juristocracy: The Origins and Consequences of the New Constitutionalism*, Cambridge (MA) 2004, S. 146-148.

84 Tom Ginsburg, Mila Versteeg, »Why Do Countries Adopt Constitutional Review?«, in: *The Journal of Law, Economics, and Organization* 30 (3) (2014), S. 587-622, hier S. 606 ff.

thodischen Schwierigkeiten. Es ist einfacher, verfassungsrechtliche Argumente in einer Art Marx'schen Modell von Basis und Überbau wegzuerklären, als ihre Bedeutung empirisch nachzuweisen. Dies lädt dazu ein, auf sie als Explanans zu verzichten. Die Empirie leugnet die Wirksamkeit juristischer Begründungen, die sie nicht zu beschreiben in der Lage ist, weil sie sie nicht zu beschreiben in der Lage ist. Dies wird sich jedoch mit dem Aufkommen besserer Modelle der quantitativen Textanalyse ändern, die gerichtliche Begründungen ernst nehmen. Ein Übergang zu dem, was in einem anderen Zusammenhang als »quantitativer Formalismus«[85] bezeichnet wurde, könnte dabei hilfreich sein. Aber auch hier ist nicht klar, ob solche Forschungen zu aussagekräftigen allgemeinen Ergebnissen führen werden, die den Anspruch erheben, alle Verfassungsordnungen zu beschreiben, oder ob es erfolgversprechender wäre, Pfadabhängigkeiten zu akzeptieren und bestimmte Gruppen von Verfassungssystemen zu betrachten.[86]

6. Wie lässt sich die Legitimität von Verfassungsgerichten bewerten?

Wenn man die demokratische Entscheidung zur Einführung verfassungsgerichtlicher Kontrollen als legitimen Schritt anerkennt und zugleich akzeptiert, dass eine solche Entscheidung demokratische Kosten haben kann,[87] dann verlagert sich die Art und Weise, wie wir die Legitimität der Verfassungsgerichtsbarkeit beurteilen, von der großen Auseinandersetzung zwischen politischem und rechtlichem Konstitutionalismus auf das Feld verfahrensrechtlicher und organisatorischer Details. Unter diesen Bedingungen wird es uninteressant, ein explizites verfassungsrechtliches Mandat für die Verfassungsgerichtsbarkeit in Frage zu stellen. Ebenso erscheint es fruchtlos, die Frage der Legitimität eines Gerichts mit der Bewertung seiner Entscheidungen zu vermengen.[88]

85 Franco Moretti, »Quantitative Formalism: An Experiment«, in: *Stanford Literary Lab Pamphlet* 1 (2015).

86 Wie es der Ansatz der Varieties of Capitalism für die politische Ökonomie vorschlägt, vgl. Peter A. Hall, David Soskice, *Varieties of Capitalism: The Institutional Foundations of Comparative Advantage*, Oxford 2001, S. 2-68.

87 Fritz W. Scharpf, *Die politischen Kosten des Rechtsstaats*, Tübingen 1970, S. 46 ff.

88 Möllers, *The Three Branches*, S. 139.

Wenn die Legitimation von Verfassungsgerichten aber davon abhängt, dass ihre Verfahren anders ausgestaltet sind als die von Parlamenten, eben gerichtlich, dann hat dies Implikationen. Um nur drei zu nennen: Auch Verfassungsgerichte sollten keine vollständige Kontrolle über die Fälle haben, über die sie entscheiden dürfen; sie sollten zögern, positive Pflichten für staatliches Handeln aufzuerlegen, und sie sollten sich an ihre eigene Rechtsprechung gebunden sehen. Es mag Argumente gegen jede dieser Maximen geben, aber wichtiger als die normativen Ansprüche ist die deskriptive Aufmerksamkeit, die solche Fragen verdienen. Dies sollte uns nicht zu der unergiebigen Unterscheidung zwischen »aktivistischen« und anderen Gerichten führen. Dagegen könnte eine verfahrensrechtliche Perspektive dabei helfen, die Legitimität des gerichtlichen Handelns unter seinen eigenen normativen Bedingungen zu beurteilen.[89]

Dasselbe gilt für die organisatorische Innenseite von Verfassungsgerichten, ein notorisch unterschätztes Thema. Jede Organisation hat ihre interne Mikropolitik, und im Falle von Verfassungsgerichten kann es besonders interessant sein, diese mit ihrem makropolitischen Umfeld zu verbinden. Fragen wie Kreation und Funktion des Gerichtspräsidenten, etwa bei der Zuweisung von Fällen, können oft einiges an der Entscheidungspraxis eines Gerichts erklären.[90]

IV. Ausblick: ein Plädoyer für Kontextualismus

Die rechtswissenschaftliche Beschreibung der Verfassungsgerichtsbarkeit bedarf einer Perspektive, die über die Auslegung einer gegebenen Verfassung hinausgeht und sich mit ihrer Legitimität befasst. Eine solche Perspektive entwickelt zu haben, ist ein maßgebliches Verdienst der hier ansonsten deutlich kritisieren angelsächsischen Diskussion. Dabei geht es in der Sache um nichts für die Verfassungsgerichtsbarkeit Spezifisches. Gleiche Fragen stellen sich für

89 Christoph Möllers, »Legalität, Legitimität und Legitimation des Bundesverfassungsgerichts«, in: Matthias Jestaedt u. a., *Das entgrenzte Gericht: eine kritische Bilanz nach sechzig Jahren Bundesverfassungsgericht*, Berlin 2011, S. 283-407.

90 Vgl. die interessante Untersuchung zum EuGH: Christoph Krenn, *The Procedural and Organisational Law of the European Court of Justice: An Incomplete Transformation*, Cambridge 2022, S. 84-101.

Parlamente, Regierungen, Verwaltungsbehörden und andere Gerichte. Eine gewisse Fixierung auf die Verfassungsgerichtsbarkeit in der Verfassungstheorie (und ein gewisses Desinteresse am Gesetzgebungsprozess) lässt sich wahrscheinlich besser durch die disziplinäre Voreingenommenheit von Juristen gegenüber Gerichten erklären als durch die Tatsache, dass die Verfassungsgerichtsbarkeit in besonderem Maß auf kritische Begleitung angewiesen ist.

Der Blick auf die Organisationsstruktur von Verfassungsgerichten legt es dabei nahe, diese nicht als normale »Gerichte« zu verstehen, sondern als hybride, semipolitische Institutionen. Dies scheint auf den ersten Blick ein Punkt zu sein, der Waldrons kritische Einwände unterstreicht, bei näherer Betrachtung ist dem, wie gezeigt, aber nicht so. Dass sich Verfassungsgerichte von anderen Gerichten unterscheiden und dass sie auf eine höher politisierte Weise entscheiden, bedeutet gerade nicht, dass sie wie Parlamente funktionieren. Die Art, in der wir ihre Legitimität bewerten sollten, muss sich sowohl von der Art, in der wir normale Gerichte, als auch von der Art, in der wir Parlamente bewerten, unterscheiden.

13. Individuelle Legitimation: Wie rechtfertigen sich Gerichte? (2012)

1. Fragestellung und Methode

Gerichte sind bemerkenswerte Institutionen: Wo sonst gibt es öffentliche Organisationen, die nur dann zu arbeiten beginnen, wenn sich jemand an sie wendet? Wo sonst richtet der politische Prozess entscheidungsmächtige, allgemein zuständige Akteure ein, die ausdrücklich nicht von diesem beeinflusst werden sollen? Die hier zu entwickelnde Antwort auf die Frage, wie Gerichte sich legitimieren, will sich auf solche Besonderheiten gerichtlicher Verfahren einlassen, sie will gerichtsspezifisch argumentieren.[1] Damit treten andere Eigenschaften gerichtlichen Entscheidens, die sie mit den anderen Gewalten teilen, etwa die Gesetzesbindung, als Rechtfertigungselement in den Hintergrund. In einem legitimitätspolitischen Kontext wie dem gegenwärtigen, in dem Gerichten sehr viel zugetraut wird, in dem die Einschaltung gerichtlichen Entscheidens selbst den demokratischen Prozess und die internationalen Beziehungen mit Legitimation versorgen soll, ist die Frage nach der spezifischen Rechtfertigung von Gerichten aber besonders dringlich. Müsste eine Untersuchung der Legitimation gerichtlichen Handelns aber nicht zunächst ein eigenes Konzept von Legitimation entwickeln, um dieses dann auf Gerichte anwenden zu können? Wir werden im Folgenden versuchen, diesen Weg zu vermeiden, weil er uns von

1 Ein Beispiel für eine Legitimationstheorie, deren Modellierung letztlich keine institutionellen Unterschiede begründen kann, ist die Habermas'sche Diskurstheorie. Auch aus der Besonderheit von »Rechtsanwendungsdiskursen« folgt weder ein Unterschied zwischen Exekutive und Gerichten, die beide Recht anwenden, noch solche Spezifika wie richterliche Unabhängigkeit oder Fremdinitiative (zur Kritik siehe Christoph Möllers, *Die drei Gewalten – Legitimation der Gewaltengliederung in Verfassungsstaat, Europäischer Integration und Internationalisierung*, Weilerswist 2008). Ein Modell, das von den Präferenzen der Richter und der Anreizstruktur des Richters ausgeht, findet sich bei Richard Posner, *How Judges Think*, Cambridge 2008; auch hier wird das Problem der Regelbindung nur indirekt adressiert, diese funktioniert nur, soweit ein professioneller Konsens über richterliches Handwerk besteht.

einem genaueren institutionellen Verständnis gerichtlichen Entscheidens eher abbringen dürfte. Stattdessen soll es darum gehen, aus der Beschreibung des Typus gerichtlichen Entscheidens ein von diesem implizit vorausgesetztes Modell seiner eigenen Rechtfertigung zu entwickeln. Man könnte dieses Vorgehen in der methodischen Tradition von Aristoteles und Hegel als ein solches verstehen, in dem sich die Beurteilung einer Institution daraus ergibt, inwieweit sie ihrem eigenen Begriff gerecht zu werden vermag.[2] Doch ist der Anspruch vorliegend deutlich bescheidener: Es geht um die Beobachtung des in Verfahren und Organisation zum Ausdruck kommenden Selbstverständnisses solcher Institutionen. Dies schließt aber natürlich nicht die Möglichkeit aus, dass diese Rechtfertigung durch andere Rechtfertigungsformen in die Schranken gewiesen werden kann, etwa durch den politischen Prozess. Das hierzu entwickelte Modell wird auf eigene Vorarbeiten zurückgreifen, die unter dem Stichwort der individuellen Legitimation entwickelt wurden.[3] Es diente dort als Baustein eines umfassenden Gewaltenteilungsmodells, während es in diesem Beitrag darum gehen soll, einen Typ gerichtlichen Entscheidens mit verschiedenen Variationen dieses Typs legitimationstheoretisch abzugleichen. Dazu sind verschiedene Formen von Gerichten zu unterscheiden. Ausgehend vom Normalfall des fallentscheidenden Gerichts (2.) werden wir einen kurzen Blick auf drei Sonderfälle nehmen: auf Obergerichte (3.), auf Verfassungsgerichte (4.) und auf internationale Gerichte (5.). Ganz am Ende des Beitrags kann nur noch ein sehr knapper Versuch unternommen werden, diese Ergebnisse in einen weiteren Zusammenhang normativer politischer Theorie einzuordnen (6.).

2 Vgl. etwa die um Anschlussfähigkeit an eine pragmatische Theorie bemühte Hegel'sche Formulierung bei Michael Quante, *Die Wirklichkeit des Geistes*, Berlin 2012, S. 282 f.

3 Christoph Möllers, *Gewaltengliederung. Legitimation und Dogmatik im nationalen und internationalen Rechtsvergleich*, Tübingen 2005, S. 41-45, 95-105, ders., *Die drei Gewalten*, S. 100-107.

2. Gerichte

2.1 Institutionelle Form

Bei allen Unterschieden im Einzelnen erscheint der Typus des Gerichts in der historischen und vergleichenden Betrachtung als bemerkenswert einheitlich ausgestaltete und durchaus zählebige Organisationsform:[4] Gerichte behandeln das Anliegen einer Person, die sich an das Gericht wendet – ein Anliegen, das sich gegen eine andere Person richtet. Vor dem Gericht wird also eine Auseinandersetzung zwischen zwei Personen von einem Dritten entschieden. Der Entscheidung der Sache geht die öffentliche Anhörung beider Personen voraus. Der Entscheidung folgt – aber schon dies ist keine Selbstverständlichkeit mehr – in der Regel eine Begründung.

In ihrer elementarsten Form wird der Richter von den Parteien selbst eingesetzt, die sich ihm im Vorhinein unterwerfen. Es handelt sich in dieser Stufe noch nicht um ein Gericht im Sinne einer öffentlichen Institution, sondern um eine Art Schiedsrichter oder Mediator.[5]

Ein solches Modell bezieht seinen Anspruch und seine institutionellen Grenzen aus der Selbstbestimmung der Parteien. In der Auswahl des Richters kommt die Erwartung beider Parteien auf eine neutrale, in Äquidistanz zu den Parteien getroffene Entscheidung zum Ausdruck. Gesichert wird diese Erwartung durch den Konsens der Parteien über den Richter vor der Entscheidung angesichts der hohen Wahrscheinlichkeit, dass nach der Entscheidung eine der beiden Parteien mit der Entscheidung nicht einverstanden sein wird. Diesem Modell ist der Kompromiss, der Vergleich, noch nicht so fremd, wie es über die staatliche Gerichtsbarkeit oft behauptet wird.[6] Die Autorität des richterlichen Vermittlers ist auch nicht an eine ausdefinierte Entscheidungsform wie das Urteil gebunden. Aus diesem Grund kann er sie dazu nutzen, zu vermitteln, den Streitgegenstand zu erweitern oder zu verengen und ein

4 Mauro Cappelletti, *The Judicial Process in Comparative Perspective*, Oxford 1988; Martin Shapiro, *Courts*, Chicago 1981.

5 Shapiro, *Courts*, Kap. 1.

6 Charles Taylor, *Das Unbehagen an der Moderne*, Frankfurt/M. 1995, S. 130; Niklas Luhmann, »Die Codierung des Rechtssystems«, in: *Rechtstheorie* 17 (2) (1986), S. 171-203.

größeres Maß an Flexibilität in den Konflikt einzuführen. Der Konflikt kann auch beendet werden, ohne dass vom Richter eine Entscheidung getroffen wird. Umgekehrt verfügt der Richter nicht über die Möglichkeit, eine Entscheidung gegen den Willen einer Partei durchzusetzen. Seine Durchsetzungsmacht liegt in persönlicher Autorität und der sozialen Notwendigkeit für beide Parteien, sich als einer Vermittlung zugänglich zu erweisen. Die Form des Gerichtes ist älter als die Organisation zentralisierter territorial abgegrenzter Staatsgewalt, zu dem das Ur-Modell nicht passt. Doch gewinnt dieses im Moment in Europa, etwa bei den viel diskutierten Sharia-Courts in Großbritannien, an neuer Bedeutung. Neben solchen vor- und parastaatlichen Strukturen findet es sich auch im transnationalen Geschäftsverkehr. Hier wird es allerdings zumeist mit staatlichen Institutionen und deren Zwangsgewalt verkoppelt.[7]

Auf der nächsten Entwicklungsstufe verknüpfen sich gerichtliche Entscheidungsstrukturen mit der Durchsetzungsgewalt eines Staates. Dabei handelt in vormodernen Ordnungen der königliche Richter häufig in Personalunion auch als Gesetzgeber und vollstreckende Instanz.[8] Die Anbindung an die politische Gewalt ändert an der Verfahrensform zunächst wenig, sie schafft aber ein neues Problem: Die Frage, wie die weiter bestehende Neutralitätserwartung institutionell sichergestellt werden kann. Denn die Hoffnung, dass sich die politische Gewalt nicht mit einer Partei gemein machen wird, erscheint weniger plausibel als beim Modell des durch die Parteien gewählten Richters. In einer feudalen Ordnung ist die Neutralität eines adligen Richters, der zwischen einer bürgerlichen und einer adligen Partei zu entscheiden hat, wenig naheliegend. Solche Asymmetrien bestehen auch noch in Ordnungen bürgerlicher Gleichheit, denen das Phänomen der Klassenjustiz nicht fremd ist.[9] Es verschärft sich, wenn der Staat selbst zur Partei im gerichtlichen Verfahren wird, insbesondere, wenn er am allgemeinen Wirtschaftsverkehr teilnimmt, also als privater Vertragspartner auftritt, mit dem man nur Geschäfte macht, wenn die Erwartung begründet ist, dass er sich den allgemeinen Regeln des privaten

7 Moritz Renner, *Zwingendes transnationales Recht*, Baden-Baden 2011.

8 Michael Stolleis, »Condere leges et interpretati. Gesetzgebungsmacht und Staatsbildung in der frühen Neuzeit«, in: ders., *Staat und Staatsräson in der frühen Neuzeit*, Frankfurt/M. 1990, S. 167-196.

9 Ernst Fraenkel, *Zur Soziologie der Klassenjustiz*, Berlin 1927.

Rechts unterwerfen wird. An diese ökonomische Notwendigkeit kann der Gedanke einer allgemeinen Bindung des Staates an das von ihm gesetzte Recht anschließen und in einer gerichtlichen Kontrolle aller staatlicher Handlungen, auch der Ausübung eigentlicher Herrschaftskompetenzen, münden. Nun muss das Problem der Äquidistanz durch eine interne Ausdifferenzierung der Herrschaftsordnung gelöst werden, die als Gewaltenteilung, spezifischer als richterliche Unabhängigkeit, bezeichnet wird. Es ist nicht einfach, das Gelingen und Misslingen richterlicher Unabhängigkeit bestimmten institutionellen Vorkehrungen oder einfach nur einer politischen Kultur zuzurechnen: In Großbritannien waren die obersten Richter bis vor kurzem Mitglieder des Oberhauses, also Angehörige einer Parlamentskammer, ohne ersichtliche faktische Bedrohung ihrer Unabhängigkeit. Umgekehrt wird man einräumen können, dass institutionelle Formen auch die informelle Unabhängigkeit richterlicher Entscheidungen stärken können. Wir werden darauf zurückkommen.

Ein letztes notwendiges Element moderner Gerichtsbarkeit ist die Pflicht des Gerichts, auf jedes Anliegen eine, und sei es nur auf Formerfordernisse der Klageerhebung verweisende, Antwort zu geben, das Rechtsverweigerungsverbot. Für das Verständnis moderner Rechtsordnungen ist diese Erfindung des späten 18. Jahrhunderts absolut zentral,[10] weil mit ihr der Entscheidungsanspruch von Gerichten generalisiert wird. Gerichte müssen jede Frage beantworten, die ihnen gestellt wird.

2.2 Rechtfertigung: das Modell der individuellen Legitimation

Bedürfen richterliche Entscheidungen der Rechtfertigung, und welche Konzeption von Rechtfertigung ist ihnen selbst zu entnehmen? Die Ur-Form richterlichen Entscheidens basierte, wie gesehen, auf dem Konsens der Parteien. Der Richter oder Vermittler fungierte als institutionelle Verlängerung eines Vertrages zwischen zwei Personen. Selbst wenn es hier ein Temporalisierungsproblem geben kann, die unterlegene Partei entzieht nach der Niederlage

10 Benjamin Lahusen, *Rechtspositivismus und juristische Methode: Betrachtungen aus dem Alltag einer Vernunftehe*, Weilerswist 2011.

dem Spruchkörper die Zustimmung, liegt die Legitimation des Gerichts doch im Konsens der Parteien. Ein Rechtfertigungsproblem im Verhältnis zwischen den drei Beteiligten, das über die sich stets stellende Frage der Freiwilligkeit hinausgeht, gibt es nicht. Jedoch wird bei zunehmender gesellschaftlicher Komplexität genau dies zum Problem: Lässt sich eine zu entscheidende Frage auf die beiden Beteiligten beschränken, oder betrifft ihre Beurteilung die gesamte politische Gemeinschaft? Um ein – erstaunlicherweise – recht aktuelles Beispiel aus der jüngeren deutschen Rechtsgeschichte zu nennen: Vergewaltigung in der Ehe war in Deutschland bis zum Jahr 1992 nicht strafbar. Sie wurde als Angelegenheit allein zwischen Täter und Opfer behandelt. Ein ultraliberales politisches Projekt würde es dabei belassen: Regulierung soll in der Koordination von Zwei-Personen-Verhältnissen aufgehen.[11] Gerichte würden sich nur über die Parteien legitimieren, die ihnen vertrauen. Alles Recht bliebe Privatrecht.

Die Institutionenentwicklung nahm einen anderen Weg: Gerichte werden in staatlichen Gemeinschaften von der politischen Ordnung eingesetzt. Offenbar bedarf der Spruch des Gerichts einer Legitimation, die über die Beteiligung der Parteien hinausgeht. Die Rechtfertigung des Gerichts hängt damit auch von der Rechtfertigung der sie einsetzenden politischen Ordnung selbst ab. Dies ist hier nicht näher zu verfolgen – wichtig bleibt es aber, die sich ergebende systematische Spannung im Blick zu behalten. Einerseits ist ein staatliches Gericht als eine Kreatur der staatlichen Ordnung nicht besser oder schlechter legitimiert als diese selbst. Andererseits erlaubt die institutionelle Verselbstständigung eines Gerichts gegenüber dem Staat eine selbstständige Legitimationsbeschaffung. Wenn sich die Grundstruktur gerichtlichen Entscheidens jedoch anderweitig durch ihre Verstaatlichung nicht wandelt, dann lassen sich für die hierbei vorausgesetzte Rechtfertigungsstruktur die folgenden Überlegungen anschließen: Gerichte entscheiden nicht auf eigene Initiative, sie warten auf einen Kläger/eine Klägerin, sie werden durch die Initiative einer Partei in Bewegung gesetzt. Dieses Phänomen – so die hier vertretene These – muss am Ausgangspunkt jedes Verständnisses der Legitimation von Gerichten stehen,

11 Ralph Ellickson, *Order Without Law*, Cambridge 1991; Richard A. Epstein, *Simple Rules for a Complex World*, Cambridge 1995.

weil diese Eigenschaft Gerichten spezifisch ist und weil es praktisch ohne die Initiative einer Klägerin keine Entscheidung eines Gerichts gäbe. Wenn Gerichte sich durch die Fremdinitiative von anderen hoheitlichen Organisationen unterscheiden, wenn das Anliegen einer Klägerin die notwendige Bedingung dafür ist, dass ein Gericht überhaupt eine Entscheidung trifft und damit überhaupt der Rechtfertigung bedarf, wenn das Handeln der Klägerin also Bedingung der Rechtfertigungsbedürftigkeit ist, dann muss es zugleich Aufschluss über die Art dieser Rechtfertigung geben. Diese Rechtfertigung muss – anders gewendet – eng mit dem Anliegen zusammenhängen, mit dem die Klägerin vor Gericht erscheint. Das Gericht rechtfertigt sich so gesehen primär dadurch, dass es sich dieses Anliegens »annimmt«. Dieses Anliegen ist aber kein allgemeines Problem, sondern es ist gegen eine definierte andere Person gerichtet, es ist also zunächst durch die Notwendigkeit einer Kläger-Beklagten-Situation doppelt personal individualisiert. Des Weiteren bezieht sich die Entscheidung in aller Regel auf ein raumzeitlich definiertes Ereignis. Dies hängt mit der durch das Verfahren vorgegebenen Struktur zusammen: Ein Verfahren unter Anwesenden, das von vornherein auf Abschluss durch eine eindeutige Entscheidung gerichtet ist, muss, um seine Plausibilität zu sichern, den Entscheidungsgegenstand kleinhalten. Man kann dies als Ausdruck einer systemstabilisierenden De-Politisierung[12] oder als demokratisch gebotene Offenhaltung des politischen Prozesses[13] deuten, es ist erst einmal Konsequenz der Art des Verfahrens selbst.[14] Dies ergibt sich insbesondere daraus, dass sich zwar nicht jeder Konflikt zwischen zwei Personen seiner Bedeutung nach auf diese zwei Personen isolieren lässt, dass aber ein Verfahren, an dem nur zwei Personen beteiligt sind, schwerlich den Anspruch erheben kann, Entscheidungen zu treffen, die auch Unbeteiligte berühren. Hier

12 Niklas Luhmann, *Legitimation durch Verfahren*, Neuwied 1975.

13 Cass R. Sunstein, *One Case at a Time*, Cambridge (MA) 1999.

14 Dieser Gedanke findet sich schon bei de Tocqueville: »Si le juge avait pu attaquer les lois d'une façon théorique et générale; s'avait pu prendre l'initiative et censurer le législateur, il fût entré avec éclat sur la scène politique; devenu le champion ou l'adversaire d'un parti, il eût appelé toutes les passions qui divisent le pays à prendre part à la lutte. Mais quand le juge attaque une loi dans un débat obscur et sur une application particulière, il dérobe en partie l'importance de l'attaque aux regards du public«, Alexis de Tocqueville, *De la démocratie en Amérique*, Paris 1992, S. 116f.

verlangt das Verfahren selbst eine Konstruktion, die einen solchen Ausgriff verhindert. Aus diesem Grund entscheiden Gerichte »Fälle«, also raum-zeitlich spezifizierte ereignishafte Sachverhalte. Auch die Begründung richterlicher Entscheidungen dient dieser Spezifizierung. Sie ist nicht allein eine normative Rechtfertigung, eine Erklärung, warum so entschieden, sondern ganz wesentlich auch eine kognitive Identifikation dessen, worüber entschieden wurde. Gerichtliche Entscheidungen lesen sich deswegen als auf ein genau definiertes Ereignis bezogene Engführungen eines Rechtsproblems. All diese Spezifizierungen führen also zu der personalen, zeitlichen und räumlichen Individualisierung des Entscheidungsgegenstandes, die Entscheidungsverfahren und Entscheidungsinhalt in Konkordanz miteinander bringt.

Fremdinitiative und Entscheidungsspezifizierung haben einen weiteren Effekt. Gerichte entscheiden über Vergangenes, also retrospektiv. Zu einem Gericht kommt ein Problem im Prinzip erst nach Abschluss einer Störung; eines Eingriffs staatlicher Behörden in die Freiheit, eines Schadens, eines (vermeintlich) nicht eingehaltenen Vertrages. Schon die Form der Entscheidungsdarstellung illustriert den Normalfall der Zeitorientierung. Das Gericht schreibt – jedenfalls funktional – im Präteritum. Es berichtet zunächst einen vergangenen Sachverhalt, den es anschließend beurteilt, während der moderne nachrevolutionäre Gesetzgeber sich funktional des Futurs bedient, um die Welt zu verändern. Das Problem der Rückwirkung wird denn auch nur im Zusammenhang mit Gesetzgebung diskutiert. Rückwirkende Entscheidungen scheinen für Gerichte selbstverständlich.

Das Modell der individuellen Legitimation stellt also das Anliegen des Klägers deswegen ins Zentrum der Rechtfertigung von Gerichten, weil es ohne dieses Anliegen kein gerichtliches Verfahren gäbe. Dies erlaubt es, gerichtliches Entscheiden an Legitimationsmodelle anzuschließen, die den Begriff der Selbstbestimmung in ihr Zentrum stellen. Was den französischen Revolutionären[15] ebenso wie der marxistischen Rechtskritik[16] schwant, dass Gerichte individualbezogene Institutionen sind, findet seine Bestätigung, wenn auch nicht notwendig mit den gleichen kritischen Vorzeichen. Nur

15 Marcel Gauchet, *La révolution des pouvoirs*, Paris 1995.
16 Richard Bellamy, *Political Constitutionalism*, Cambridge 2007.

durch die sachliche und personale Individualisierung kann sichergestellt werden, dass die Entscheidung keine legitimatorischen Externalitäten produziert, also über Dinge eine Entscheidung getroffen wird, die auch Personen betrifft, die nicht am bewusst exklusiv ausgestalteten Gerichtsverfahren teilgenommen haben, und die darum diesen gegenüber schwer zu rechtfertigen sein dürfte.

2.3 Probleme

Zwei Arten von Einwänden lassen sich gegen die hier vorgestellte Form der Legitimation von Gerichten formulieren. Ein Einwand mag den Zweifel zum Ausdruck bringen, dass Gerichte tatsächlich dem hier entwickelten Typ genügen. Dieser Einwand ist mit Blick auf viele Formen gerichtlicher Praxis zutreffend. Wir werden ihm in späteren Abschnitten dadurch begegnen, dass wir drei Sonderfälle von Gerichten, oberste Gerichte, Verfassungsgerichte und internationale Gerichte, aus dem Argument ausgliedern und gesondert erörtern. Eine zweite Art Einwand wird dagegen die immanenten Voraussetzungen des Modells der individuellen Legitimation infrage stellen. Um diese Art Einwände soll es nun gehen.

Rechtsbindung und politische Legitimation

Wenn sich die Legitimation von Gerichten aus den Besonderheiten ihres individualisierenden Verfahrens ergibt, brauchen sie keine externen Maßstäbe, um zu entscheiden. Die Rechts- und Gesetzesbindung, die für die traditionelle Debatte der Legitimation eine so entscheidende Rolle spielte,[17] tritt als Erfordernis zurück. Dies ist in der Tat der Fall, und zwar aus zwei Gründen: Zum Ersten sind auch alle anderen Teile der Staatsorganisation an Recht und Gesetz gebunden. Das bedeutet, dass der Hinweis auf die Rechtsbindung die Spezifika gerichtlichen Entscheidens gerade nicht zu erklären vermag oder jedenfalls nur im Zusammenspiel mit dem Verfahren selbst. Umgekehrt lässt sich die Rechtsbindung der anderen Gewalten letztlich kaum anders bestimmen als durch ihre Anbindung

17 Regina Ogorek, *Richterkönig oder Subsumtionsautomat? Zur Justiztheorie im 19. Jahrhundert*, Frankfurt/M. 1986.

an gerichtliche Kontrolle.[18] Zum Zweiten wird der Hinweis auf die Rechtsbindung von einer schwierigen und im Ergebnis offenen Methodendiskussion belastet, der gegenüber sich der vorliegende Beitrag, will er irgendeinen Anspruch auf Verallgemeinerbarkeit erheben, agnostisch verhalten muss. Es ist hoch umstritten, inwieweit man mit Recht behaupten kann, dass Gerichte die Maßstäbe ihrer Entscheidungen vorfinden und anwenden, sodass man von einer Rechtsbindung auch de facto sprechen könnte, oder inwieweit solche Maßstäbe überhaupt erst durch gerichtliches Entscheiden fabriziert werden, wie es von einer methodenkritischen Sicht auch unter Hinweis auf die philosophische Diskussion zur Regelbefolgung behauptet wird.[19] Auch wenn die Frage, inwieweit es möglich ist, Gerichte an Gesetze oder andere Regeln zu binden, hier nicht diskutiert werden soll, erscheint es möglich, mehr über die Maßstäblichkeit gerichtlichen Entscheidens zu sagen:

Zum Ersten ist zu beobachten, dass Gerichte heteronom entscheiden. Das bedeutet, dass sie ohne eigene Agenda formulieren. Dies folgt normativ aus der oben beschriebenen Erwartung an das Gericht, äquidistant zu entscheiden. Dies lässt sich deskriptiv daran festmachen, dass Gerichte in ihren Entscheidungsbegründungen auf Vorgaben verweisen, die sie nicht selbst gemacht haben (oder zumindest nicht gemacht zu haben vorgeben), seien es Gesetze, seien es Entscheidungen anderer Gerichte, seien es rein moralische Maßstäbe. Zur Legitimation eines Gerichts gehört es, dass es nicht über die Maßstäbe verfügen kann, mit deren Hilfe es entscheidet. Indem es auf fremde Initiative handelt, handelt es auch nach einem Maßstab, der nicht in seinem Belieben steht. In unserem Ur-Modell privater triadischer Rechtsetzung ging die Frage der Maßstäblichkeit vermutlich in der Vertrauensbeziehung zwischen den drei Beteiligten auf. In modernen Ordnungen wird diese Behauptung durch den Anspruch eines politischen Gesetzgebers plausibilisiert,

18 Hierbei ist auch zu bedenken, dass eine Formalisierung des Verwaltungshandelns durch interne Regelungen in allen modernen Rechtsordnungen nicht mit echter Bindung an Recht gleichgesetzt wird. Diese setzt stets die Form extern (legislativ) gesetzter und extern (justiziell) kontrollierter Normen voraus.

19 Sabine Müller-Mall, *Performative Rechtserzeugung*, Weilerswist 2012. Ob Anwendung als das »Machen« eines Maßstabs theoretisch einfacher zu denken ist als das »Finden«, erscheint als eine zu häufig bloß intuitiv bejahte, tatsächlich aber offene Frage; dazu grundsätzlich, aber anhand eines juristischen Beispiels: Robert Brandom, *Reason in Philosophy*, Cambridge 2009, S. 84-90.

gerichtliche Entscheidungen durch allgemeine Regeln zu programmieren, in deren Namen geurteilt wird.

Zum Zweiten ist ein genauerer Blick auf den schwierigen Zusammenhang zwischen dem gerichtlichen Verfahren und dem Entscheidungsmaßstab zu legen. Gerichte legen ein Gesetz nicht einfach aus, sondern sie wenden dieses Gesetz auf einen Fall an.[20] Das bedeutet, dass jeder Maßstab auf die sehr spezifische Frage bezogen sein muss, die das Gericht selbst mit seiner individualisierenden Verfahrensform kreiert. Maßstab und Anwendung des Maßstabs werden miteinander verwoben. Eine Theorie des Urteilens müsste diese Form des Verwebens genauer analysieren, anstatt einfach nur zu beteuern, dass das Urteilen aus Maßstäben theoretisch unmöglich sei.[21] Eine solche Kritik der Hermeneutik bleibt negativ einer hermeneutischen Perspektive verpflichtet und ignoriert die institutionelle Seite der Entscheidung. Anders formuliert: Wenn Maßstäbe irrelevant wären, wäre auch egal, in welchem institutionellen Zusammenhang sie angewendet werden. Dem ist die Beobachtung entgegenzustellen, dass das Verfahren selbst den Umgang mit den Maßstäben prägt. Gerichte können nicht irgendetwas entscheiden. Denn was sie entscheiden können, ist etwa durch die Anträge der Parteien schon weitgehend definiert. Aus einer Klage auf Schadensersatz wegen eines Verkehrsunfalls wird nicht die Aufhebung des Wahlrechts folgen. Dies ist einerseits eine triviale Feststellung, doch bleibt es bemerkenswert, wie wenig sich die juristische Methodendiskussion für solche Zusammenhänge interessiert.

Unabhängigkeit und Expertise

Die Unabhängigkeit von Gerichten ist gleichfalls eine von vielen Zweifeln begleitete institutionelle Eigenschaft gerichtlichen Entscheidens.[22] Erinnern wir uns: Unabhängigkeit entstammt zunächst der Idee der Äquidistanz des Gerichts gegenüber Parteien, die sich dem Spruch des Gerichts freiwillig unterworfen haben. Mit der Verstaatlichung des Gerichts gehört dieses zu einer poli-

20 Zur Unterscheidung Jochen Bung, *Subsumtion und Interpretation*, Baden-Baden 2004.

21 Für einen ganzen Theoriestrang symptomatisch: Florian Klinger, *Urteilen*, Zürich 2011.

22 Dieter Simon, *Die Unabhängigkeit des Richters*, Darmstadt 1975.

tischen Ordnung, mit der Verrechtlichung der Staatsgewalt muss es zugleich Teil dieser Ordnung bleiben und sich intern von dieser distanzieren können.

Ein Problem informeller Unabhängigkeit besteht in der Frage, inwieweit Nähe und Kenntnis des Gerichts gegenüber den Institutionen, die es kontrollieren soll, funktional notwendig ist oder gerade die gerichtliche Unabhängigkeit kompromittiert. Diese Frage war am Ende des 19. Jahrhunderts Gegenstand einer klassisch gewordenen Kontroverse zwischen französischen und englischen Juristen[23] – und bis heute kennen kontinentaleuropäische Rechtsordnungen einen permanenten Personalaustausch zwischen Verwaltung und Gerichtsbarkeit,[24] der angelsächsischen Rechtsordnungen fremd ist. Das Phänomen bleibt ambivalent. Denn ohne nähere Milieukenntnis, eben die Kenntnis, die in unserem Ur-Typ gerichtlichen Entscheidens dadurch gewährleistet wird, dass die Parteien den Richter auswählen, kann eine gerichtliche Kontrolle gleichfalls nicht überzeugend funktionieren.

Richterliche Unabhängigkeit erweist sich vor diesem Hintergrund als eine komplexe Kombination eines Kerns an formalen Regeln, namentlich derjenigen, dass kein Richter für seine Entscheidungen als Richter sanktioniert werden darf, mit einem sehr anspruchsvollen Set an weichen informellen Standards, die sowohl bestimmen, welchen Status Richter in einer Gesellschaft haben, als auch, was in einer Gesellschaft als Sanktion verstanden werden kann, als auch, wie eingebunden ein Gericht trotz seiner Unabhängigkeit in einen politischen Kontext sein muss, um als legitim anerkannt zu werden.

3. Sonderfall Höchstgerichte

3.1 Institutionelle Form

Als Höchstgerichte wollen wir im Folgenden Gerichte bezeichnen, die über Rechtsfragen in einer höheren oder letzten Instanz ent-

23 Albert Venn Dicey, *Introduction to the Study of the Law of the Constitution*, Oxford 1959.

24 Anschaulich Bruno Latour, *La fabrique du droit: Une ethnographie du Conseil d'État*, Paris 2004, S. 137.

scheiden, ohne die Funktion eines Verfassungsgerichts zu erfüllen. Während viele Rechtsordnungen Höchstgerichte und Verfassungsgerichtsbarkeit trennen, sind in Systemen dezentralisierter Verfassungsgerichtsbarkeit Höchstgerichte auch Verfassungsgerichte, so im Fall des U. S.-amerikanischen oder des britischen Supreme Court. Mit Abstrichen gilt das Gleiche für den Europäischen Gerichtshof. In jedem Fall erscheint es hilfreich, beide Gerichtstypen voneinander zu unterscheiden. Höchstgerichte entstehen im Zusammenhang mit der Konsolidierung und Zentralisierung von Staatsgewalt in der frühen Neuzeit.[25] Höchstgerichte haben in aller Regel die Aufgabe, zwischen unteren Gerichten umstrittene Rechtsfragen zu klären, eine einheitliche Rechtsprechung zu garantieren und das Recht fortzuentwickeln. Der Zugang zu ihren Entscheidungen ist durch prozessrechtliche Filter begrenzt. Dabei gibt es durchaus Unterschiede zwischen verschiedenen Typen von Höchstgerichten: So wird zwischen kleinen, kompakten und universell entscheidenden Gerichten des angelsächsischen Typs, die wenige große Fälle, und größeren, in verschiedene spezialisierte Fachgerichte ausdifferenzierte, die Rechtsprechung im Ganzen stärker kontrollierenden Typen von Höchstgerichten, die viele kleine Fälle entscheiden, unterschieden.[26]

3.2 Legitimationsproblematik

Die Legitimationsfrage scheint sich bei Höchstgerichten in einer spezifischen Art und Weise zu verschieben. Ihre Entscheidungen dienen weniger (allerdings nicht: nicht) dem subjektiven Anliegen der Parteien, mehr dem systemischen Erfordernis einer Rechtsordnung, ein gewisses Maß an Eindeutigkeit und Widerspruchsfreiheit in die Rechtsprechung zu bringen. Trotzdem agieren sie weiterhin in der Form gerichtlichen Entscheidens, also allein auf Betreiben von Parteien, wenn auch zumeist nur in Hinsicht auf ein spezifisches Rechtsproblem, nicht auf die Gesamtheit der Auseinandersetzung zwischen den Parteien. Dieses Rechtsproblem ist einerseits Teil des zwischen den Parteien umstrittenen Materials, andererseits

25 Leopold Auer u. a., *Höchstgerichte in Europa*, Köln 2007.

26 Christoph Schönberger, »Höchstrichterliche Rechtsfindung und Auslegung gerichtlicher Entscheidungen«, in: *Veröffentlichungen der Vereinigung der deutschen Staatsrechtslehrer* 71 (2012), S. 298-329.

wird es aber als Rechtsproblem als solches behandelt, das bedeutet weniger im Kontext des vorliegenden Rechtsstreits, der als bloßer Anlass zur Behandlung eines grundsätzlicheren möglicherweise auch in anderen Fällen aufgetauchten Problemzusammenhangs dient. Adressaten der Entscheidung bleiben zwar formell die Parteien, wesentlich wendet sich das Höchstgericht aber an die unteren Gerichte und andere Teile des Rechtssystems, die mit dem Rechtsproblem konfrontiert sind.

Im Zusammenstoß zwischen einem subjektiv initiierten Verfahren und einem auf ein objektives Rechtsproblem bezogenen Entscheidungsausspruch ist kein Legitimationsproblem für die beteiligten Parteien zu erkennen. Denn für diese handelt es sich zumeist nur um eine weitere Gelegenheit, ihr Anliegen überprüfen zu lassen, die ihre Rechte auf Prüfungen durch untere Instanzen nicht beschränkt. Legitimationsprobleme höchstrichterlichen Entscheidens entstehen allerdings mit Blick auf die übrige Rechtsgemeinschaft, denn Entscheidungen, die die allgemeine Behandlung eines Rechtsproblems betreffen, können die Wirkung einer politischen Entscheidung entfalten. Wenn das Gericht eine Rechtsfrage, wie es unverdient unverfänglich heißt, »klärt«, die auch mich betrifft, stellt sich die Frage, warum ich an dieser Klärung nicht beteiligt wurde. Der Hinweis auf die Gesetzesbindung greift hier nicht, verdankt die Frage ihren Weg durch die Instanzen doch gerade dem Umstand, dass sich die unteren Gerichte über die Bedeutung des Gesetzes für dieses Problem nicht einig werden konnten.

Oberste Gerichte machen sich also einen individualbezogenen Mechanismus zu eigen, um eine systemstabilisierende Leistung zu erbringen. Diese Leistung ist in aller Regel erforderlich, weil Entscheidungen des Gesetzgebers nicht zur Verfügung stehen oder in ihrer Bedeutung unklar bleiben. Kognitiv besteht die Gefahr, dass die Orientierung an einem Fall die Verallgemeinerung nur aus einer verzerrten Perspektive gestattet – freilich mit größerer Kenntnis der Details des Problems. Man könnte sagen, die Perspektive ist potentiell zu eng, dafür aber tiefer.[27] Der Wert dieser Leistung, die Erreichung einer widerspruchsärmeren und responsiven Rechtsordnung, ist nicht zu unterschätzen, soweit man dem Rechtssystem die Aufgabe zuweist, Rechtssicherheit zu schaffen. Zudem ist zu be-

27 So ebd.

rücksichtigen, dass das Rechtsverweigerungsverbot Höchstgerichten keine andere Wahl lässt, als auch Rechtsfragen zu entscheiden, für die es keine gesetzliche Grundlage gibt. In Deutschland ist das kollektive Arbeitsrecht, das der Gesetzgeber nicht zu regeln wagt, das klassische Beispiel. Aus dieser Sicht erscheinen höchstgerichtliche Entscheidungen unbedenklich, soweit ein politischer Prozess zur Verfügung steht, der auf sie reagieren kann, und soweit die Gerichte selbst nicht vergessen, dass sie auch in der Abwesenheit gesetzlicher Maßstäbe nicht über die Art ihres Entscheidens verfügen und insbesondere keine eigene politische Agenda verfolgen.

4. Sonderfall Verfassungsgerichte

4.1 Institutionelle Form

Als Verfassungsgerichte bezeichnen wir Gerichte, die sich durch die Interpretation der Verfassung dem politischen Prozess, insbesondere auch dem Gesetzgeber, entgegenstellen können. In ihnen erfährt das oben vorgestellte Legitimationsproblem oberster Gerichte eine besondere Zuspitzung: Entscheidungen, die ein Gesetz aufheben, haben eine maximale Allgemeinheit, zudem besteht für den politischen Prozess nur noch unter erschwerten Bedingungen die Möglichkeit, auf solche Entscheidungen zu reagieren. Verfassungen lassen sich nur mit qualifizierten Mehrheiten, mitunter de facto oder gar de jure gar nicht ändern. Aus diesem Grund gilt die Frage der Legitimation von Verfassungsgerichten als ein zentrales Problem der Verfassungstheorie.

Freilich ist hier Vorsicht geboten, insbesondere angesichts einer wissenschaftlichen Diskussion, die zu stark von der Untersuchung des U. S. Supreme Court geprägt ist, denn es ist aus zwei Gesichtspunkten kaum möglich, einen universalen Theorierahmen zur Beschreibung des Legitimationsproblems von Verfassungsgerichten zu entwickeln:

Auf der formalen Seite spricht der relative große Formenreichtum innerhalb der Verfassungsgerichtsbarkeit dagegen. Zwischen Höchstgerichten, die auch die Aufgaben eines Verfassungsgerichts annehmen, spezialisierten Verfassungsgerichten, die ausschließlich solches tun, und Institutionen, die von der Form des Gerichts deutlich abweichen wie der französische Conseil constitutionnel oder das Verfassungskomitee des finnischen Parlaments, ist der gemeinsame institutionelle Nenner gering. Zudem wurden diese unterschiedlichen Institutionen auch zur Lösung unterschiedlicher Konflikte eingerichtet: solcher zwischen den politischen Organen, solcher um Einheit und Vielheit einer föderalen Ordnung oder solcher um die Reichweite von Grundrechten. Auf der informellen Seite ist außerdem auf das stark unterschiedliche Verfassungsverständnis und die vielfältige institutionelle Vorgeschichte selbst demokratischer Rechtsstaaten hinzuweisen. In Ländern mit einer alten demokratischen Tradition ist die verfassungsgerichtliche Kontrolle aus der Gerichtsbarkeit heraus entwickelt worden, man könnte auch sagen, sie hat sich diese angemaßt. In Staaten mit einer autoritären oder totalitären Vorgeschichte wurde die politische Entscheidung zur Einrichtung einer (zumeist spezialisierten) Verfassungsgerichtsbarkeit ausdrücklich als Teil eines Programms zur »Demokratisierung« im weitesten Sinne getroffen.[28]

Theorien, die eindeutige Antworten über die Legitimation der Verfassungsgerichtsbarkeit »als solcher« entwickeln,[29] müssen behaupten, dass solche Unterschiede für die Beurteilung der Legitimation unerheblich seien. Sie dürften damit zu abstrakt argumentieren und ein einheitliches Rechts-, Demokratie- und Verfassungsverständnis voraussetzen, das es in dieser Form nicht gibt. Genau aus diesem Grund ist eine ganze politikwissenschaftliche Literaturgattung, die entdeckt hat, dass Verfassungsgerichte als politische Akteure zu verstehen sind,[30] mit Vorsicht zu genießen. Denn was als Judizialisierung von Politik beschrieben wird, hat selten weder einen klaren Begriff von Justiz noch einen solchen von Politik, der darüber hinausginge, dass weitreichende Entscheidungen getroffen werden. So fügt sich einerseits eine Institution wie der Conseil constitutionnel schwerlich irgendeinem Begriff der Justiz; andererseits lässt sich der Einfluss der Verfassungsgerichte auf die Argumentation unterer Gerichte in vielen Fällen als eine Form der

28 Chris Thornhill, *A Sociology of Constitutions and State Legitimacy in Historical-Sociological Perspective*, Cambridge 2011, S. 327-371.

29 Beispielhaft Jeremy Waldron, »The Core of the Case against Judicial Review«, in: *Yale Law Journal* 115 (2006), S. 1346-1406.

30 Beispielhaft Martin Shapiro, Alec Stone Sweet, *On Law, Politics, and Judicialization*, Oxford 2002.

Politisierung verstehen: Die Argumentation gerät grundsätzlicher und orientiert sich mehr an Figuren der politischen Theorie als der tradierten Rechtsdogmatik.[31] Verfassungsgerichte erweisen sich somit als vielfältige und zugleich hybride Gebilde, auf die das Modell der individuellen Legitimation nicht einfach anzuwenden ist.

Sie sind nicht einfach Gerichte, sondern hybride Gebilde, die am Maßstab der gerichtseigenen Legitimationsvorgaben nur so weit gemessen werden können, wie sie in einem entsprechenden Verfahren und mit entsprechenden Vorgaben agieren.

4.2 Grundrechtsschutz als Legitimationsproblem

Dies ist beim Grundrechtsschutz unmittelbar durch einen betroffenen Kläger der Fall. Soweit die Auslegung von Grundrechten in einer demokratischen Ordnung umstritten ist, sollten diese besser von einem demokratischen Organ, namentlich vom Gesetzgeber, auslegt werden, lautet eine gängige Kritik an der Verfassungsgerichtsbarkeit.[32] Dieses Argument wäre richtig, wenn es bei der Auslegung von Verfassungsnormen, insbesondere von Grundrechten, einfach nur um ein Stück Hermeneutik offen formulierter Verfassungsgarantien ginge. Aber gerade dies verfehlt die Spezifik des gerichtlichen Verfahrens, das eben eine spezielle Perspektive auf das Problem ermöglicht. Im Falle der verfassungsgerichtlichen Prüfung von demokratischen Gesetzen auf ihre Vereinbarkeit mit Grundrechten besteht diese Perspektive in der eingehenden Darstellung der Verletzungserfahrung des Klägers durch das Gesetz. Diese Anwendungserfahrung kann nicht einfach durch den Gesetzgeber antizipiert werden. Parlamente sind institutionell nicht darauf eingerichtet, diese Anwendung zu antizipieren, ja man könnte mit einer langen Tradition der Demokratietheorie sagen, sie sollen es als Gesetzgeber aus Gründen demokratischer Allgemeinheit gar nicht sein, sondern vielmehr gegenüber spezifischen Folgen ihrer Entscheidungen blind bleiben.[33]

So methodisch naiv die Sicht ist, dass Verfassungsgerichte nur

31 David Robertson, *The Judge as a Political Theorist*, Princeton 2010.

32 Waldron, »The Core of the Case Against Judicial Review«; Mark Tushnet, *Weak Courts, Strong Rights*, Princeton 2008.

33 Als selten gemeinsame Gewährsleute für eine Blindheit des Gesetzgebers für die Folgen seiner Gesetzgebung lassen sich Rawls und Rousseau nennen.

eine Verfassung auslegen würden – und ihre Rechtfertigung aus dem schriftlich niedergelegten Willen des Verfassunggebers beziehen -, so verkürzt ist umgekehrt die Sicht, man würde das Problem dadurch lösen, jede verfassungsgerichtliche Kontrolle abzuschaffen und dem Gesetzgeber zu übergeben. Hinter diesem Dilemma steht ein allgemeineres Problem des Verfassungsbegriffs. Wenn Verfassungen eine Verbindung von Politik und Recht dadurch schaffen, dass sie die Rechtserzeugung an politische Verfahren anschließen und zugleich den politischen Prozess in Formen des Rechts organisieren,[34] dann erscheint es wenig sinnvoll, sich zwischen einem rechtlichen und einem politischen[35] Konstitutionalismus entscheiden zu müssen – und damit den Begriff der Verfassung seiner eigentlichen Pointe zu berauben. Zu dieser Einsicht gehört auch, dass politisches System und Rechte durch die Konstitutionalisierung zwar verkoppelt werden, dabei aber nicht ihre Unterschiede verlieren sollen. Eine institutionelle Angleichung beider dürfte dagegen zum Problem werden: Wenn Verfassungsgerichte entlang der politischen Präferenzen ihrer Richter abstimmen, verlieren sie ihre institutionelle Legitimität. Wenn es der Meinungsbildung im Gericht nicht gelingt, sich mit einer eigenen Form von Argumentation gegenüber den politischen Fronten zu verselbstständigen, verliert die verfassungsgerichtliche Kontrolle ihren Eigenwert, das Gericht wird zu einem schlechteren Parlament. Umgekehrt stellt sich bei der parlamentarischen Beratung eines Gesetzes, in der nur noch verfassungsrechtliche Probleme erörtert, aber keine politischen Konflikte ausgetragen werden, die Frage, warum der Entscheidungskörper überhaupt gewählt werden sollte. Das de-politisierende Potential der Fallentscheidung steht auch Verfassungsgerichten zur Verfügung, wird von diesen freilich nicht immer genutzt. Neben der Plausibilisierung eigener, nicht un-, aber doch apolitischer Maßstäbe gehört dazu die Beschränkung der Reichweite der Entscheidungen, selbst dann, wenn diese im Ergebnis ein Gesetz aufheben. Legitimation entsteht schließlich auch dadurch, dass der Gesetzgeber an eine Entscheidung anschließen kann. Ein häufiges

34 Luhmann, »Verfassung als evolutionäre Errungenschaft«, in: *Rechtshistorisches Journal* 9 (1990), S. 176-220. Christoph Möllers, »Pouvoir Constituant – Constitution – Constitutionalisation«, in: Armin von Bogdandy, Jürgen Bast (Hg.), *Principles of European Constitutional Law*, London [2]2010, S. 169-205.

35 Richard Bellamy, *Political Constitutionalism*, Cambridge 2007.

Missverständnis besteht in der Vermutung, Verfassungsgerichte hätten in einer Frage das »letzte Wort«, sie würden Fragen »letzt«-entscheiden. Ein verfassungsrechtlich-politischer Diskurs endet nicht einfach durch eine Gerichtsentscheidung. Er verschiebt sich in andere Arenen, kann aber auch wieder auf der verfassungsrechtlichen Tagesordnung und auch vor demselben Gericht erscheinen. Die Frage, was genau mit einer verfassungsgerichtlichen Entscheidung entschieden wurde und was offenblieb, ist selten einfach zu beantworten und wird von den Gerichten selbst mit einer virtuosen Flexibilität behandelt, die es gestattet, vermeintlich Entschiedenes immer wieder neu zu behandeln.

5. Sonderfall internationale Gerichte

5.1 Institutionelle Form

Gerichte und gerichtsähnliche Instanzen gelten als die erfolgreichsten Elemente einer entstehenden internationalen politischen Ordnung. Mit der Einrichtung von gerichtlichen Entscheidungsformen etablieren Staaten eine besonders strikte Form der Überprüfung eingegangener Verpflichtungen und unterwerfen sich damit einer entpolitisierten Kontrolle. Die Entwicklung der internationalen Gerichtsbarkeit kann durchaus mit derjenigen innerhalb des Staates verglichen werden – und es bedarf keines zu weitgehenden Modernisierungsnarrativs, um zu sehen, dass der Standard zwischenstaatlicher Gerichtsbarkeit immer noch recht weitgehend an dem oben vorgestellten Ur-Modell gerichtlichen Entscheidens orientiert ist: Gerichte entscheiden Konflikte zwischen Staaten, die sich der Gerichtsbarkeit unterworfen haben. Die Form des Tribunals spielt im internationalen Recht nach wie vor eine wichtige Rolle – und zwar sowohl zwischen Staaten, die in dieser Form ihre Souveränität zum Ausdruck bringen, als auch zwischen Privaten, die im transnationalen Rechtsverkehr nicht auf eine staatliche Rechtsordnung zurückgreifen wollen. Bis heute weisen viele gerichtsähnliche Strukturen auf der internationalen Ebene eine gewisse Ähnlichkeit zu den tradierten Formen diplomatischen Verhandelns auf, ein klassisches Beispiel ist die alte GATT-Struktur. Nur langsam ist dieses Modell gegenüber härteren Formen der gerichtlichen Kontrolle, in denen

Staaten sich nicht nur für ein Verfahren unterwerfen, zurückgetreten. In ihrer letzten, aber weiterhin sehr seltenen Stufe entscheiden internationale Gerichte auch gegenüber Individuen, sei es zu ihren Gunsten als Menschenrechtsgerichtshöfe, sei es zu ihren Lasten im Rahmen der internationalen Strafgerichtsbarkeit.

Internationale Gerichte sind in aller Regel auf nationale Durchsetzungsmechanismen angewiesen. Die Verwirklichung einer gerichtlichen Entscheidung ist hier zumindest ungewisser als in vielen nationalen Rechtsordnungen. Überspitzt könnte man festhalten, dass internationale Gerichte ein parasitäres Verhältnis zu nationalen Rechtsordnungen unterhalten, auch weil sie selbstverständlich in einem Staat untergebracht werden müssen.

5.2 Das Legitimationsparadox

In großen Teilen der völkerrechtlichen und der politikwissenschaftlichen Diskussion gilt die durch internationale Gerichte ermöglichte Bindung zwischenstaatlichen Verhaltens an unabhängig kontrollierte Maßstäbe des Rechts per se als ein legitimierender Faktor: Gegen die anarchische und egoistische Welt staatenfixierter Politik sollen judizielle Strukturen Rechtfertigung stiften. Allerdings verdankt sich die formale Legitimation internationaler Gerichte genau dem Konsens der Staatenwelt, den man rein machtpolitisch, aber auch deliberativ interpretieren kann.[36] Internationale Gerichte sind Kreaturen gerade des politischen Prozesses, den sie überwinden sollen. Damit ist das immanente Legitimationskonzept internationaler Gerichtsbarkeit, übrigens ebenso wie das internationaler Organisationen,[37] paradox. Warum taucht dieses Paradox nicht bei staatlichen Gerichten auf? Nun: Entweder agieren Gerichte dort nur als von den Parteien eingesetzte punktuelle Problemlösungsinstanzen, dann rechtfertigt sie die Selbstbestimmung der Parteien – oder Gerichte agieren auf Grundlage einer politischen Ordnung im weitesten Sinne, es kann auch eine solche mit einem naturrechtlichen Rechtsverständnis sein, die sie legitimiert. Ausgeschlossen erscheint es aber, beide Verständnisse einfach miteinander kurzzuschließen: Die Tatsache, dass die Institutionen des Völker-

36 Nicole Deitelhoff, *Überzeugungen in der Politik*, Frankfurt/M. 2006.

37 Jan Klabbers, *An Introduction to International Institutional Law*, Cambridge 2009, Einleitung.

rechts durch Staatenkonsens errichtet wurden, dürfte es ausschließen, diesen Institutionen eine Legitimationsstruktur andienen zu wollen, die mit diesem Konsens nichts zu tun haben soll.[38] Die innerstaatliche Möglichkeit, dass Gerichte unabhängig vom Willen potentieller Parteien zur Verfügung stehen, ist auf der internationalen Ebene nicht gegeben.

5.3 Internalisierung, Moralisierung, Individualisierung: Strategien der Selbst-Legitimation internationaler Gerichte

Jenseits der Frage, ob die Vergerichtlichung internationaler Beziehungen von vornherein mit affirmativ gemeinten Beschreibungen wie »Rechtsstaat«[39] oder Konstitutionalisierung[40] angemessen beschrieben ist, dürfte die Legitimation internationaler Gerichte durch einen bloßen Hinweis auf die Vorzüge der Verrechtlichung aus verschiedenen Gründen höchst zweifelhaft sein.[41] Verrechtlichung als solche kann unabhängig von einer Beurteilung ihrer Inhalte, vom Verfahren, das sie hervorgebracht hat, und von den Verfahren, aus denen sie besteht, nicht als legitimierend verstanden werden. Wir haben bei der Untersuchung von Instanz- und Verfassungsgerichten gesehen, dass die Auslegung von ungewissen Normtexten einen Gegenpol in der Reaktion eines politischen Prozesses haben muss. Genau dieser Gegenpol fehlt in der auf Konsens angewiesenen Welt des internationalen Rechts in aller Regel.[42] Das Problem wird dadurch verschärft, dass der ohnehin prekäre Hinweis auf die Bindung durch Texte in der internationalen Sphäre einer besonders wenig verdichteten Interpretationsgemeinschaft besonders wenig überzeugend ist. Wie lässt sich dieses eklatante Legiti-

38 Zu den Folgen dieses Grundwiderspruchs für die juristische Argumentation im Völkerrecht: Martti Koskenniemi, *From Apology to Utopia*, Cambridge 2006.

39 Bernhard Zangl, *Die Internationalisierung der Rechtsstaatlichkeit: Streitbeilegung in GATT und WTO*, Baden-Baden 2006.

40 Jochen A. Frowein, »Konstitutionalisierung des Völkerrechts«, in: *Berichte der Deutschen Gesellschaft für Völkerrecht* 39 (2000), S. 427-446.

41 Armin von Bogdandy, Ingo Venzke, »Zur Herrschaft internationaler Gerichte: Eine Untersuchung internationaler öffentlicher Gewalt und ihrer demokratischen Rechtfertigung«, in: *Zeitschrift für ausländisches öffentliches Recht und Völkerrecht* 70 (1) (2010), S. 1-49.

42 Isabelle Ley, *Opposition im Völkerrecht. Ein Beitrag zur Legitimation internationaler Rechtserzeugung*, Heidelberg 2015.

mationsproblem wenn nicht lösen, aber doch zumindest mindern? Internationale Gerichte wenden Strategien der Selbst-Legitimation an. Drei solcher Strategien können hier aus Platzgründen nur angedeutet werden:

Als Internalisierung kann eine Strategie verstanden werden, in der die politische Wertigkeit der nationalen Politikprozesse, mit denen sich ein internationales Gericht auseinanderzusetzen hat, in das juristische Argument einbezogen wird. Der Europäische Gerichtshof für Menschenrechte praktiziert diese Technik durch den für seine Rechtsprechung sehr wichtigen Hinweis auf die demokratische *»margin of appreciation«* der Konventionsstaaten, deren Handeln der Gerichtshof zu überprüfen hat.[43] Das Gericht will also die demokratische Selbstbestimmung der Konventionsstaaten zugleich kontrollieren und respektieren, indem es den demokratischen Prozess in die eigene Begründung einbezieht. Es ist in der Rechtstheorie eine viel diskutierte Frage, ob der legitime politische Gestaltungsspielraum des Gesetzgebers einfach in eine gerichtliche Abwägung einbezogen werden kann.[44] Die Vorstellung, politische Selbstbestimmung könne in einem gerichtlichen Begründungszusammenhang einfach simuliert werden, würde voraussetzen, dass diese gerade nicht von demokratischen Verfahren abhängt, sondern als eine Art juridisches Gedankenexperiment zu betreiben ist. Sie würde weiterhin davon ausgehen müssen, dass die fortbestehende Kritik am Ergebnis des Gerichts seitens des betroffenen politischen Prozesses irrelevant ist. Dies dürfte die Möglichkeiten juristischer Argumentation überdehnen. Es verfehlt auch die Natur der gerichtlichen Kontrolle, die eben gerade anders funktionieren soll als der demokratische Prozess. In der Praxis des Europäischen Menschenrechtsgerichtshofs lassen sich zwar politische Rücksichtnahmen erkennen, aber nicht zu einem Bild zusammenfügen, das als konsistente und konsistent angewendete juristische Argumentationsfigur taugen könnte. Zudem dokumentiert die politische Empörung, die der Gerichtshof in den letzten Jahren in Ländern wie der Bundesrepublik Deutschland, Estland, Großbritannien, Italien und Russland erzeugt hat, die Fragilität des gesamten in der Welt einmaligen Gebildes eines kontinentalen Grundrechtsgerichts.

43 Zuletzt ausgeführt in ECHR 43547/08, Stübing v. Germany, para 59-60.

44 Kritisch etwa Marcel Kaufmann, »Politische Gestaltungsfreiheit als Rechtsprinzip?«, in: *Staatswissenschaften und Staatspraxis* 8 (2) (1997), S. 161-168.

Als Moralisierung kann eine Strategie verstanden werden, in der internationale Gerichte den universalen moralischen Gehalt ihrer Rechtsprechung ausdrücklich machen, um damit die Entscheidungen zu rechtfertigen. Ein Beispiel für diese Strategie liefert die internationale Strafgerichtsbarkeit, wenn sie bei der Auslegung der kodifizierten Straftatbestände extensiv vorgeht und dies unter Hinweis auf die Verwerflichkeit der zu untersuchenden Verbrechen und die Wertigkeit der zu schützenden Rechte begründet.[45] Eine solche Strategie ist aus zweierlei Gründen im gegenwärtigen Kontext des Völkerstrafrechts problematisch: Zum Ersten bezieht die Strafverfolgung – jedenfalls nach dem Verständnis vieler der Staaten, die das Projekt unterstützt haben – ihre Rechtfertigung daraus, an besonders strikte Formvorgaben und Bestimmtheitserfordernisse gebunden zu sein. Der Verweis auf moralische Gehalte läuft dem zuwider. Zum Zweiten funktioniert die Rechtfertigung der Strafverfolgung nur, wenn eine gewisse Gleichheit der Verfolgungschance im gesamten Geltungsgebiet der Ordnung gewährleistet werden kann. Dies ist offensichtlich nicht im Völkerstrafrecht der Fall. Wenn – Stand Mai 2012 – der International Criminal Court als ein »Weltgerichtshof« bis heute allein Afrikaner verurteilt hat und wenn klar ist, dass von bestimmten Staaten begangene Verbrechen keiner Verfolgung zugänglich sind, dann fehlt es an dieser Legitimation. Man mag die Rechtsprechung als einen institutionellen Anfang deuten, der sich auf dem Weg zu einer wirklich gleichheitsgerechten Strafverfolgung befindet – aber diese Deutung ist nicht nur spekulativ, sie entfaltet vor allem gegenüber den Angeklagten keinen rechtfertigenden Gehalt. Diese sind Objekte eines institutionellen Experiments.

Als Individualisierung kann man schließlich eine Strategie bezeichnen, in der ein internationales Gericht versucht, die Reichweite seiner Entscheidungen möglichst eng zu definieren und mit einem hohen Grad an juridisch-technischer Argumentation zu versehen, um durch eine solche Engführung die eigene Legitimation zu sichern. Diese Strategie lässt sich deutlich an der Rechtsprechung des Appellate Body, der zweiten Instanz des sehr gerichtsähnlich ausgestalteten Streitschlichtungsmechanismus der

45 Eine viel zitierte Referenz dazu ist: Prosecutor v. Tadic (Appeal against Conviction), Case IT-94-1-A, in: *International Law Report* 124 (2003), S. 176.

Welthandelsorganisation (WTO), erkennen. Durch eine große politische und wissenschaftliche Diskussion sensibilisiert, die im neuen WTO-Recht einen Agenten weltweiter Liberalisierung des Freihandels auf Kosten von Menschenrechten, Arbeits- und Umweltschutz erkennen will, war der Appellate Body von Beginn seiner Tätigkeit Mitte der 1990er Jahre an darum bemüht, Entscheidungen, die leicht als solche zwischen der Freiheit des Handels und dem Umweltschutz oder einem anderen nicht-ökonomischen Belang gedeutet werden können, möglichst deutlich argumentativ eng zu führen, um eine solche politisierende Deutung zu vermeiden.[46] Dies ist bemerkenswert, weil ein in der politischen und wissenschaftlichen Diskussion viel empfohlenes Rezept zur Lösung des Legitimationsproblems gerade umgekehrt darin bestand, den Entscheidungsgegenstand zu erweitern und auch diese anderen Belange ausdrücklich zum Gegenstand des Verfahrens zu machen.[47] Aus der hier eingenommenen Perspektive sind dagegen zwei Fragen auseinanderzuhalten: Auf der einen Seite die Frage, ob es angemessen ist, die Regeln des Welthandelsrechts mit einem deutlich stärker institutionalisierten Schutz zu versehen als beispielsweise das Umweltvölkerrecht. Dagegen spricht vieles. Auf der anderen Seite die Frage, wie diese gerichtsähnlichen Institutionen, wenn sie denn einmal eingerichtet sind, entscheiden sollten, um ihren Entscheidungsanspruch plausibel zu machen. Unter den oben gemachten Voraussetzungen spricht nichts dafür, dass das Streitschlichtungssystem in der Lage wäre, zu einer Art Weltverfassungsgericht aufgewertet zu werden, das die Gewichtung unterschiedlicher Regime beurteilen sollte. Anders formuliert kann die asymmetrische Entwicklung des Völkerrechts nicht einfach durch eine Umpolung der bereits vorhandenen gerichtlichen Institutionen aufgefangen werden.

46 Dazu Möllers, *Gewaltengliederung*, S. 317-329.

47 G. Richard Shell, »The Trade Stakeholders Model and Participation by Nonstate Parties in WTO«, in: *University of Pennsylvania Journal of International Economic Law* 17 (1) (1996), S. 359-381.

6. Ausblick: Rechtfertigung von Gerichten im Kontext gesellschaftlicher Erwartungen und politischer Theorie

Das Vertrauen in Gerichte, gesellschaftliche Probleme zu lösen und weitreichende Entscheidungen zu treffen, scheint heute größer zu sein als jemals zuvor. Jedenfalls spricht die zunehmende Verbreitung verfassungsgerichtlicher Kontrollen in nationalen Verfassungsordnungen[48] ebenso dafür wie die Verbreitung gerichtlicher oder gerichtsähnlicher Strukturen im internationalen Recht. Die von Ronald Dworkin erfundene Figur des allwissenden Richters[49] scheint aus einer stark moralisierenden Philosophie des Rechts zu einer gesellschaftlichen Realität zu werden, die in einer Mischung aus Politikaversion und Gerechtigkeitsvertrauen Gerichte für Institutionen hält, die per se eine höhere Problemlösungskapazität aufweisen.

Kritik an dieser Entwicklung ist freilich seit langem zur Hand. Sie kann in verschiedenen Varianten zunächst daran erinnern, dass der gerichtliche Problemlösungsmodus bestimmte Formen der Interessenkalkulation besser schützen kann als andere. Sieht man demokratische Rechtsordnungen als Systeme, die private und öffentliche Autonomie in einen Ausgleich bringen sollen, dann dienen Gerichte vornehmlich dem Schutz privater Autonomie. Es handelt sich um klassisch liberale Institutionen, die etwa eher in der Lage sind, sozialstaatliche Strukturen zu begrenzen und zu relativieren, als diese aufzubauen,[50] eine Funktion, die sie besonders deutlich als Verfassungsgerichte und auf der europäischen und der internationalen Ebene wahrgenommen haben. Es gehört zu den Widersprüchen sich überlagernder Diskursformationen, dass die Blüte der gerichtlichen Form mit einer Krise der Gesellschaftsgestaltung durch Recht und einer ebensolchen des Liberalismus einhergeht, der gerade Gerichte als Entscheidungsformen traditionell favorisiert. Je mehr die Form des Gerichts an Bedeutung gewinnt, desto mehr ist ihr Status als besonders vertrauenswürdige Form hoheitlichen Handelns infrage gestellt.

48 Ran Hirschl, *Towards Juristocracy: The Origins and Consequences of the New Constitutionalism*, Cambridge (MA) 2004.

49 Ronald Dworkin, *Law's Empire*, Cambridge (MA) 1998.

50 Tushnet, *Weak Courts, Strong Rights.*

14. Verfassungsgerichte als Agenten der Klimaregulierung? (Originalbeitrag, 2024)

> Nicht zuletzt muss man sich fragen, ob gewisse inhaltliche Prämissen des im weiteren Sinne liberalen Konstitutionalismus obsolet werden könnten. Das gilt insbesondere für die heimliche Voraussetzung aller Freiheitsrechte und damit der Form, in der die Unabhängigkeit anderer Funktionssysteme von der Politik rechtlich garantiert ist, die Voraussetzung nämlich, dass es einen weiten Bereich von Handlungsmöglichkeiten gebe, in dem der Handelnde seine eigenen Interessen verfolgen könne, ohne jemandem anderen zu schaden.[1]

1. Ein neues Problem ohne neue institutionelle Lösung

Die komplexe Debatte über den Klimawandel, die wir nun schon zu lange führen, betrifft auch die Handlungsfähigkeit hoheitlicher Institutionen. Vielleicht sind traditionelle Nationalstaaten dem Problem einfach nicht gewachsen; vielleicht sind sie die einzige Hoffnung.[2] Dabei fällt auf, dass die Klimakrise nur wenige institutionelle Neuerungen in der politischen und rechtlichen Weltordnung hervorgebracht hat. Noch am ehesten kommt das International Panel on Climate Change, IPCC, als Neuerung in Betracht – ein Gremium an der Schnittstelle von Wissenschaft, Politik und Völkerrecht, das interessante institutionelle Merkmale hat,[3] etwa die Möglichkeit von Mindermeinungen in seinen Berichten, wie sie für Verfassungsgerichte typisch ist. Daneben wird die stän-

1 Niklas Luhmann, »Verfassung als evolutionäre Errungenschaft«, in: *Rechtshistorisches Journal 9* (1990), S. 176-220, hier S. 215.

2 Anatol Lieven, *Climate Change and the Nation State. The Case for Nationalism in a Warming World*, Oxford 2020.

3 Zur Legitimität des IPCC vgl. den Überblick bei Silke Beck, Martin Mahony, »The IPCC and the New Map of Science and Politics«, in: *WIREs Climate Change* 9: 6 (2018). Zu den schwachen Rechtsgrundlagen des IPCC und deren Verselbstständigung: Ulrike Bolle, *Das Intergovernmental Panel on Climate Change (IPCC). Eine völkerrechtliche Untersuchung*, Tübingen 2011, S. 201.

dige Präsenz der Vertragsparteien im internationalen Klimaregime, die COP-Struktur, Art. 14 Paris Agreement (PA), als institutionelle Neuerung bewertet.[4] Angesichts der Dramatik der Krise erscheint dieser Befund bescheiden, auch weil es sich beim IPCC um eine rein epistemische Autorität handelt, die Informationen sammelt, aber keine Regeln setzen darf.

Dieser Eindruck bestätigt sich bei einem Blick in die jüngere Vergangenheit: So hat die internationale Gemeinschaft in ihrer letzten Blüte der 1990er Jahre viele neue und relativ einflussreiche internationale Organisationen wie die Welthandelsorganisation oder den Internationalen Strafgerichtshof geschaffen. Auch die EU hat neuartige Institutionen errichtet, etwa eine transnationale Zentralbank oder ein komplexes Agenturwesen. Solche Institutionen sind namentlich wegen ihres technokratischen Einschlags umstritten,[5] darum soll es hier aber erst einmal nicht gehen. Und bereits vor dem Boom der internationalen Zusammenarbeit nach 1989 gab es bemerkenswerte Entwicklungen internationaler Strukturen, wie das GATT als institutioneller Vorläufer der WTO, die OSZE oder die OECD. Es mag unterschiedliche Gründe dafür geben, dass die Klimapolitik dagegen so wenig institutionelle Innovationen hervorgebracht hat: Die Auswirkungen des Klimawandels sind diffus und schwer vorhersehbar. Zugleich ist die Klimaregulierung in dem Sinne eine allgemeine Aufgabe, dass sie alle Politikfelder betrifft und sich deswegen nicht recht mit den zumeist funktional spezialisierten Problemlösungsansätzen des Völkerrechts verträgt. Mit dem Klimawandel kommen auch technokratische Organisationsansätze an ihre Grenzen.

Wenn es keine institutionellen Neuerungen gibt, müssen die hergebrachten Institutionen an das Problem herangehen. Vor diesem Hintergrund werden Gerichte oft als eines der wenigen verbliebenen institutionellen Versprechen im Kampf gegen den Klimawandel wahrgenommen, zumindest von liberalen politischen Systemen in deren Perspektive auf die internationale Gemeinschaft.[6] Freilich

4 Dazu Volker Roeben, »Conference (Meeting) of States Parties«, in: *Max Planck Encyclopedia of Public International Law (MPEPIL)*, Oxford 2010.

5 Zu dem De-Politisierungsschema, dem die EU hier folgt: Antoine Vauchez, *Démocratiser l'Europe*, Paris 2014.

6 Dabei wird nicht immer gesehen, dass gerade das internationale Umweltrecht eben auch unterschiedlichen Perspektiven unterworfen ist. Grundlegend dazu Sigrid Boysen, *Die postkoloniale Konstellation*, Tübingen 2021.

sind Gerichte nicht einfach neutrale Verwirklichungsinstanzen von Rechtsnormen, sondern sie folgen wie alle Institutionen einer eigenen Logik, die möglicherweise nicht zu den politischen Erwartungen an die Klimaregulierung passt. Es stellt sich also die Frage, inwieweit sie als institutionelle Akteure legitimerweise einen Beitrag im Kampf gegen den Klimawandel leisten können.[7]

Der vorliegende Beitrag wird sich dieser Frage für den besonderen Fall der Verfassungsgerichtsbarkeit zuwenden. Dabei wird das Argument in vier Schritten voranschreiten. Zunächst sollen institutionelle Eigenschaften von Gerichten, insbesondere Verfassungsgerichten (2.), dann institutionell relevante Merkmale der Klimaregulierung (3.) herausgearbeitet werden. Mit der so vorgeprägten Perspektive kann eine exemplarische Bestandsaufnahme der verfassungsgerichtlichen Rechtsprechung gezogen werden (4.). Dies führt schließlich zur Frage, inwieweit Gerichte innerhalb eines weit verstandenen Rahmens der Gewaltengliederung legitimiert sind, zum Kampf gegen den Klimawandel beizutragen (5.).

2. Gerichte: Einige institutionelle Merkmale

a) Institutionelle Eigenschaften gerichtlichen Entscheidens

Gerichte sind vom politischen Prozess unabhängig gestellte hoheitliche Institutionen, die speziell zugerichtete Sachverhalte, Fälle, auf Grundlage rechtlicher Maßstäbe entscheiden. Dabei sind sie im Wesentlichen von zwei anderen Akteuren abhängig: Zur Einleitung eines gerichtlichen Verfahrens bedarf es der Initiative von Parteien, die ein gerichtliches Verfahren durch die Geltendmachung eines spezifischen Anliegens auf den Plan rufen. Nach Abschluss des Verfahrens sind Gerichte auf den Vollzug ihrer Entscheidung durch andere staatliche Stellen, namentlich die Exekutive, angewiesen. Mit dem Begriff der richterlichen Unabhängigkeit wird die Erwartung bezeichnet, dass, auch wenn die Entscheidung eines Gerichts auf Grundlage einer politisch getroffenen Regelung, eines Gesetzes, erfolgt, die politischen Organe, Parlament und Regierung, keine weiteren Möglichkeiten haben sollen, die Anwendung dieser Rege-

7 Siehe schon Lon Fuller, »The Forms and Limits of Adjudication«, in: *Harvard Law Review* 92 (2) (1978), S. 353-409, hier S. 392 f.

lung auf einen bestimmten Fall durch das Gericht zu beeinflussen. Die Tatsache, dass jede gerichtliche Entscheidung von einer Partei, der Klägerin, angefordert werden muss, kann ebenso als institutioneller Ausgleich für die Macht verstanden werden, die die richterliche Unabhängigkeit bietet. Gleiches gilt für den Umstand, dass der Maßstab des Rechts, den Gerichte anwenden, von diesen nicht einfach verändert werden kann.

Bestimmte Merkmale gerichtlicher Entscheidungsfindung haben sich mit dem Aufkommen der verfassungsrechtlichen Kontrolle verändert. Verfassungsgerichte sind befugt, die Handlungen der politischen Organe, von Parlamenten und Regierungen, zu überprüfen, namentlich können sie parlamentarische Gesetze aufheben. Verfassungsgerichtliche Kontrollen, die vor dem Ersten Weltkrieg noch selten waren, haben sich mittlerweile in vielen Ländern durchgesetzt. Verfassungsgerichte stehen vor besonderen Problemen, insbesondere dem Problem, dass ihre Maßstäbe, eben Verfassungsnormen, sehr offen formuliert sind und dass die Entscheidungen von den Institutionen, gegen die sie sich richten, umgesetzt werden müssen. Je ausgreifender aber eine Entscheidung wirken soll, desto schwieriger ist ihre Durchsetzung.[8] Diese hängt immer auch von der Bereitschaft politischer Akteure ab, Gründen zur Wirksamkeit zu verhelfen, die sie selbst nicht teilen.

b) Legitime Verfahren

Rechtsbindung, Abhängigkeit von fremder Initiative und fremdem Vollzug sowie die Unabhängigkeit in der Entscheidungsfindung sind begriffliche Merkmale von Gerichten. Institutionen, die sie nicht teilen, sind keine Gerichte. Man kann diese Merkmale aber auch als Verwirklichung eines normativen Verfahrensprogramms verstehen, namentlich eines Gewaltenteilungsmodells, in dem sich die Unterscheidung der drei Gewalten aus der Zuweisung selbstbestimmungsorientierter Verfahrensformen ergibt.[9]

Die traditionelle Form des gerichtlichen Verfahrens institutionalisiert eine Beziehung zwischen drei Akteuren: einem Kläger,

8 Vergleichend für drei Höchstgerichte im nationalen, supranationalen und internationalen Recht: Linda Schneider, *Die Durchsetzung von Normenkontrollentscheidungen*, Tübingen 2022.

9 Christoph Möllers, *The Three Branches*, Oxford 2013.

einem Beklagten und dem Gericht. Das Gericht entscheidet einen Konflikt zwischen den beiden Parteien.[10] Die Legitimität, die ein Gericht beansprucht, steht in engem Zusammenhang mit dem Begehren, das eine Klägerin bei Gericht geltend macht. Die Klage und die Entscheidung, die das Gericht daraufhin trifft, sind um dieses Begehren und seine Leugnung durch die Gegenseite zentriert. Die Entscheidung betrifft erst einmal nicht irgendeinen allgemeinen Missstand, sondern eine örtlich und zeitlich definierte Frage, die spezifisch mit dem Kläger und mit der anderen Streitpartei verbunden ist. Dies ist damit gemeint, wenn wir sagen, dass Gerichte über »Fälle« entscheiden. Ein »Fall« ist ein bestimmtes, im Verfahren dicht beschriebenes Konfliktereignis.[11] Die Anlage des gerichtlichen Verfahrens unterstellt, dass die in ihr auftretenden Parteien einen besonderen Zugang zur Lösung des Konflikts haben. Institutionen wie mündliche Verhandlungen oder die Möglichkeit einer Rücknahme von Klagen illustrieren diesen Gesichtspunkt. Dieser mit Blick auf Parteien und Reichweite des Konflikts exklusiv wirkende Verfahrenszusammenhang rechtfertigt den Entscheidungsanspruch der Gerichte.[12] Um diesen Zusammenhang zu stiften, dient das Verfahren maßgeblich auch der Erhebung von Fakten. In nicht wenigen Gerichtsverfahren ist die Etablierung von Tatsachen der eigentliche Streitpunkt.

Diese prozedural angelegte Verdichtung zu einem Zwei-Parteien-Konflikt ist ein Grund dafür, dass die Legitimität der Verfassungsgerichtsbarkeit die Verfassungstheorie so intensiv beschäftigt.[13] Verfassungsgerichte sind, wie gesehen, Gerichte, die befugt sind, über die Verfassungsmäßigkeit von demokratischen Gesetzen zu entscheiden. Dies impliziert einen quasi allgemeinen Anwendungsbereich ihrer Entscheidungen, der nicht nur die Parteien des konkreten Verfahrens, sondern die politische Gemeinschaft als Ganze betreffen kann, weil das Gesetz in einem demokratischen

10 Martin Shapiro, *Courts. A Comparative and Political Analysis*, Chicago 1981; Dietmar Willoweit, *Rechtsdenken. Zwischen innergesellschaftlicher Rechtsbildung und hoheitlicher Rechtssetzung*, Baden-Baden 2024, S. 272-274.

11 Zum schwierigen Begriff des Rechtsfalls jetzt Sabine Müller-Mall, *Verfassende Urteile*, Berlin 2023.

12 Dazu grundlegend Niklas Luhmann, *Legitimation durch Verfahren*, Neuwied 1975, S. 121-123.

13 Christoph Möllers, »Zur Theorie verfassungsgerichtlicher Kontrolle – eine kritische Einführung«, in diesem Band.

System potentiell die gesamte Gemeinschaft verpflichtet. Soweit die verfassungsrechtliche Überprüfung sich auf Grund- und Menschenrechte bezieht, wird sie aber dadurch ausgelöst, dass eine Klägerin einen individualisierten Missstand artikuliert. Auch die umfassendste verfassungsrechtliche Überprüfung einer gesetzlichen Regelung setzt jemanden voraus, der vor Gericht zieht, weil sie eine Waffe kaufen oder einen Schwangerschaftsabbruch vornehmen lassen will und dies nicht darf. Auch Verfassungsgerichte entscheiden Fälle. Auch ihre Legitimität hängt davon ab, dass sich jemand mit einem spezifischen Anliegen an sie wendet, das im gerichtlichen Verfahren gelöst werden kann.

c) Public Interest Litigation

Aber ist dieser Begriff von Rechtsprechung nicht zu eng? Schließlich ist die individuelle Betroffenheit, die die Klagemöglichkeit auslöst, keine naturwüchsige Größe. Ebensowenig ist klar, dass Gerichte auf die Entscheidung von Fällen beschränkt sein müssen.[14] Gerade das Umweltvölkerrecht kennt andere Klagemöglichkeiten, namentlich von Umweltverbänden, die Luftreinhaltestandards einklagen können, ohne auf eine eigene Betroffenheit verweisen zu müssen.[15] Auch in anderen Regulierungsfeldern dient die Verteilung von Klagerechten dazu, Regeln durchzusetzen, die keinen naheliegenden faktischen Konnex zu bestimmten Personengruppen haben.[16] Diese erheben ihre Klagen nicht im eigenen Namen, sondern im öffentlichen Interesse. Dieses Vorgehen ist rechtspolitisch

14 Grundsätzlich zu einem erweiterten Begriff von gerichtlicher Gewalt, dessen Innovation aber auch etwas mit der traditionellen Formenarmut von Gerichten in der angelsächsischen Welt zu tun haben: Abram Chayes, »The Role of the Judge in Public Law Litigation«, in: *Harvard Law Review* 89 (1976), S. 1281-1316. Vgl. auch Mauro Cappeletti, »Vindicating the Public Interest Through the Courts. A Comparativist's Contribution«, in: *Buffalo Law Review* 25 (3) (1976), S. 643-690, hier S. 681-687.

15 Eingehend Angela Schwerdtfeger, *Der deutsche Verwaltungsrechtsschutz unter dem Einfluss der Aarhus-Konvention*, Tübingen 2010.

16 Grundlegend für das Europarecht: Johannes Masing, *Die Mobilisierung des Bürgers für die Durchsetzung des Rechts*, Berlin 1997. Verallgemeinernd: Johannes Buchheim, Christoph Möllers, »Verwaltungsgerichtsbarkeit als Steuerungsressource«, in: Martin Eifert u. a. (Hg.), *Grundlagen des Verwaltungsrechts*, München 2022, § 46, Rn. 9 f., 38-40.

nicht unumstritten, aber es folgt der Einsicht, dass auch in liberalen Ordnungen Rechtspositionen nicht auf naturalisierte Zusammenhänge beschränkt sind,[17] sondern von der politischen Gemeinschaft geschaffen und genommen werden können. An materielle Interessen ist die Zuweisung von Rechten nicht gebunden.[18] Doch kann eine solche Ausgestaltung von Rechtspositionen an Grenzen stoßen. Auch eine Klage im öffentlichen Interesse bedarf einer individuellen Initiative. Hier sind die Abgrenzungen nicht immer plausibel und unter Umständen ist es besser, ein allgemeines Klagerecht zuzulassen. In der Debatte um die Klimaregulierung wird viel über Public-Interest-Klagen diskutiert. Wir werden aber sehen, dass sich das Problem so, anders als vielfach angenommen wird, für die verfassungsgerichtliche Behandlung des Klimawandels gar nicht stellt.

3. Merkmale der Klimaregulierung

Bestimmte Merkmale des menschengemachten Klimawandels und seiner Regulierung durch Recht wirken auf die Möglichkeit, gerichtliche Verfahren zu einer Lösung zu verwenden, zurück.

a) Begrenzte Zurechenbarkeit schädlichen Handelns

Ursachen und Auswirkungen des Klimawandels sind divers. Das Problem der Ursachenbestimmung hat eine ganze wissenschaftliche Teildisziplin hervorgebracht,[19] deren Hauptziel darin besteht, die klimatischen Auswirkungen sozialen Handelns zu bestimmen, und nicht zwingend auch darin, individuelle oder unternehmerische Akteure als rechtlich verantwortlich zu identifizieren. Zwischen klimawissenschaftlicher und rechtsförmiger Zurechnung besteht ein Unterschied. Juristische Zurechnung bezieht sich auf die Identifikation von individualisierbaren Handlungen oder Handlungsbeiträgen von Rechtssubjekten für ein bestimmtes Ereignis. Diese Zu-

17 Christoph Möllers, *Freiheitsgrade*, Berlin 2020, S. 212 f.

18 Zu dieser Auseinandersetzung mit Blick auf den Begriff des subjektiven Rechts: Buchheim, Möllers, »Verwaltungsgerichtsbarkeit als Steuerungsressource«, Rn. 156 ff., insb. 162.

19 Frederike Otto, »Attribution von Wetter- und Klimaereignissen«, in: *Annual Review of Environment and Resources* 42 (2017), S. 627-646.

rechnung kann die Rechtsordnung dann in einem zweiten Schritt mit Sanktionen wie der Haftung versehen.[20] Zwar können auch andere Formen der Zurechnung eingerichtet werden, wie bei der Gefährdungshaftung, in der bestimmte Projekte, etwa das Betreiben eines Kernkraftwerks,[21] Haftungspflichten begründet, die unabhängig von zurechenbarer Verantwortung im Einzelnen gelten. Solche Regelungen betreffen aber regelmäßig versicherbare und zugleich im Ansatz ungleich verteilte Risiken.[22] Auf die Allgegenwart des Klimawandels passen sie nicht recht.

Gerichtliche Verfahren sind Instrumente zur Ermittlung von individualisierten Rechten und Pflichten. Deswegen sind sie auf plausible Zurechnungsregeln für die Verfahrensparteien angewiesen. Diese sind für den Klimawandel auch deswegen schwer zu bestimmen, weil viele an sich erlaubte Handlungen klimaschädlich sind. Zwar gibt es Handlungen, die gar nicht, und Handlungen, die weit weniger klimaschädlich sind als andere; doch ist klar, dass jedenfalls so viele legale und gesellschaftlich akzeptable Handlungsformen einen negativen Effekt auf das Klima haben, dass wir den Klimawandel nicht nur kaum diesen Handlungen zurechnen, sondern sie auch nicht mit einer definierten Haftung versehen können. Insbesondere kann die Zurechnung nicht wie sonst häufig bei geltenden Handlungsverboten anknüpfen. Die im einleitenden Zitat von Niklas Luhmann formulierte Infragestellung der »heimliche[n] Voraussetzung« aller liberalen Verfassungsordnungen gewinnt hier ihre Bedeutung. Diese bauen darauf, dass ein weiter Bereich von Handlungen ohne weiteres erlaubt werden kann, weil er die Rechte anderer nicht verletzt. In liberalen Ordnungen besteht deswegen in Sieyès' Worten ein Recht »auf alles[,] was es [das Gesetz] nicht verbietet«.[23]

20 Optimistisch zur verbesserten kausalen Zurechenbarkeit auch zu einzelnen Akteuren aber Friederike Otto, *Wütendes Wetter*, Berlin 2020, S. 174 ff. Es bleibt das Problem, was geschieht, wenn an sich legales, ja sogar öffentlich-rechtlich ausdrücklich erlaubtes Verhalten zu Haftung führt, dies hat in jedem Fall massive ökonomische Implikationen: *Gerhard Wagner*, »Prävention und Verhaltenssteuerung durch Privatrecht – Anmaßung oder legitime Aufgabe?«, in: *Archiv für die civilistische Praxis* 206 (2006), S. 352-476.

21 François Ewald, *L'État providence*, Paris 1986.

22 Zu den legitimen Einsatzmöglichkeiten der Gefährdungshaftung knapp: Gerhard Wagner, *Deliktsrecht*, München [14]2021, S. 198.

23 Emmanuel Joseph Sieyès, Versuch über die Privilegien, in: *Politische Schriften 1788-1790*, Darmstadt und Neuwied 1975, S. 91-116, hier S. 94.

Diese Voraussetzung wird durch den Klimawandel fraglich, weil sich bei vielen bis dato ganz unproblematischen Handlungen die Möglichkeit auftut, dass sie zum Klimawandel beitragen und dadurch andere oder sogar alle anderen schädigen.

b) Globalität

Eine weitere wichtige Eigenschaft ist die Globalität des Problems. Gerichte entscheiden im Regelfall innerhalb eines definierten territorialen Zuständigkeitsbereichs. Recht ist das Recht einer politischen Gemeinschaft wie eines Staates oder politischer Gemeinschaften wie der EU oder internationaler Organisationen. Gerichte sind Institutionen solcher Gemeinschaften. Es gibt nur wenige »Weltgerichte«, und diese haben eng definierte funktionale Zuständigkeiten. Der Internationale Gerichtshof behandelt nur in einem beschränkten Rahmen politische Streitigkeiten zwischen Staaten, die sich ihm unterworfen haben.[24] Diese können ökologische Bedeutung haben, aber dies ist dann nur eine Nebenbedeutung von zumeist territorialen Streitigkeiten.[25]

Dabei ist die Tatsache, dass Handlungen Auswirkungen haben, die politische Grenzen und damit definierte Zuständigkeiten überschreiten, für sich nichts Neues. Oft finden sich anstelle der Entwicklung internationaler oder globaler Institutionen andere Mittel, um solche Probleme anzugehen. Vor allem gibt es eine horizontale Arbeitsteilung, in der nationale Gerichte grenzüberschreitende Phänomene beurteilen. Doch ist zweifelhaft, ob solche Mechanismen für die Bekämpfung des Klimawandels geeignet sind. Die Verteilung der Zuständigkeiten zwischen den Jurisdiktionen wird in der Regel durch Kriterien definiert, die sich auf lokal definierbare Ereignisse beziehen, sei es eine konkrete Handlung, sei es ein verantwortlicher Akteur.[26] Doch auch wenn sich lokale Ereignisse dem

24 Zu Bestrebungen, eine *advisory opinion* zum Klimawandel einzuholen, Anxhela Mile, »Emerging Legal Doctrines in Climate Change Law – Seeking an Advisory Opinion from the International Court of Justice«, in: *Texas International Law Journal* 56 (2021), S. 59-94.

25 Vgl. dazu aus völkerrechtlicher Sicht etwa Eyal Benvenisti, *Sharing Transboundary Ressources*, Cambridge 2002.

26 Eva-Maria Kieninger, »Conflicts of Jurisdiction and the Applicable Law in Domestic Courts' Proceedings«, in: Wolfgang Kahl, Marc-Philippe Weller (Hg.), *Climate Change Litigation*, München 2021, S. 119-147.

Klimawandel zurechnen lassen, lässt sich eben der Klimawandel nicht lokalen Ereignissen zurechnen. Dann kann sich aber auch die Verteilung von Zuständigkeiten nicht daran orientieren. Wenn es keinen lokalisierbaren Akteur gibt, dem Folgen des Klimawandels rechtlich zugerechnet werden können, muss die Verteilung der Zuständigkeiten andere Kriterien entwickeln.

Wenn man zwischen verantwortlicher Person, dieser zurechenbarem Ereignis und betroffener Person unterscheidet, dann fehlt es an Zurechnungsnormen des Ereignisses zu einzelnen Personen, die notwendig global ansetzen müssten. Ob es überhaupt globale Rechtsregime gibt oder ob nicht das gesamte Recht letztlich am Gängelband der Nationalstaaten hängt, bleibt eine umstrittene Frage, die hier nicht weiter zu verfolgen ist. Jedenfalls sehen die in der Diskussion verhandelten Kandidaten für globale Rechtsregime anders aus als die Klimaregulierung. Am ehesten wäre noch an kosmopolitisch wirkende Menschenrechte zu denken, die ein zivilisatorisches Minimum garantieren sollen.[27] Diese können unter Umständen dazu dienen, Betroffenheiten zu bestimmen, aber nicht ohne weiteres auch Verantwortlichkeiten. Die konkrete Form eines Klimaschutzrechts, das Verantwortlichkeiten definierte, wäre als Verwaltungsrecht oder als Abgabenrecht ausgestaltet, als eine ausdefinierte Verpflichtung von Personen und Unternehmen samt einer Ermächtigung von Behörden, deren Einhaltung zu kontrollieren und durchzusetzen. Realistischerweise wäre ein globales Klimaverwaltungsrecht dabei auf eine Vernetzung nationaler Agenturen angewiesen.

c) Regulierung durch Ziele

Drittens sind die internationalen Regime, die die Klimakrise regeln, heute entscheidend durch formalisierte *Ziele* definiert. Diese Ziele müssen mit politischen Mitteln erreicht werden, deren Wahl den nationalen politischen Prozessen überlassen bleibt. Das bekannteste dieser Ziele findet sich in Art. 2 (1) (a) PA, das 1,5-Grad-Ziel. Neben der Definition von Zielen sieht das internationale Klimarecht auch Überprüfungsmechanismen vor, die es ermöglichen, die nationalen Anstrengungen zu überwachen. Die Staaten müssen ihre Maßnah-

27 Dazu nur James Crawford, *Brownlie's Principles of Public International Law*, Oxford 2019, S. 581 f.

men bekannt geben und auf internationaler Ebene im Hinblick auf das vereinbarte Ziel bewerten, Art. 3, 4 (2), (3) PA.

Das 1,5-Grad-Ziel, dessen Umsetzung bisher allgemein als unzureichend und dessen Verwirklichung zunehmend als unmöglich angesehen wird, ist nicht ohne weiteres gerichtlich kontrollierbar. Der Vertrag stipuliert hier keine Handlungspflichten, sondern erkennt eine Notwendigkeit an, ohne die Parteien als Verpflichtete zu adressieren.[28] Unabhängig von der Frage seiner rechtlichen normativen Bindungswirkung entgleitet die Vorschrift einer gerichtlichen Kontrolle auch kognitiv. Denn ein Gericht muss zu seiner Anwendung beurteilen können, ob die von einem Staat ergriffenen Maßnahmen ausreichend sind, um das Ziel zu erreichen. Dies setzt mehrere komplexe Zwischenschritte voraus, die sich auf die Idee eines handhabbaren Falls und der damit verbundenen institutionellen Fähigkeiten eines Gerichts nicht ohne weiteres abbilden lassen: Die Maßnahmen müssen in ihrer Wirkung auf das globale Ziel bewertet werden, ein Unterfangen, bei dem Gerichte massiv auf externe Expertise angewiesen sind. Zuvor ist zu bestimmen, wie ein angemessener nationaler Beitrag aussehen soll. Das ist keine Frage, die sich mit einer einfachen Berechnung beantworten ließe. Soll beispielsweise der deutsche Beitrag zum Klimawandel am Verhältnis der deutschen Bevölkerung zur Weltbevölkerung oder am Verhältnis des deutschen BIP zum Welt-BIP gemessen werden? Müssen historische Beiträge zum Klimawandel in die Berechnung einbezogen werden? Wie sind Exporte zu bewerten, mit denen Emissionen in andere Länder verlagert werden? Solche Fragen sind nicht einfach faktischer Natur. Sie werden als solche der »Klimagerechtigkeit« diskutiert.[29] In ihrem gegenwärtigen Diskussionsstadium können sie als grundsätzlich ungelöst gelten, wie sich auch an dem offenhaltenden Hinweis auf Gerechtigkeitsmaßstäbe in Art. 2 (2) PA zeigt. In keinem Fall sind sie auf eine Art und Weise geklärt, die rechtliche Verbindlichkeit beanspruchen könnte.

Wie sich gleich zeigen wird, argumentieren viele Gerichte jedenfalls im Einstieg mit grund- und menschenrechtlichen Pflichten, um Staaten zu Maßnahmen gegen den Klimaschutz zu verpflich-

28 Claudio Franzius, Anne Kling, »The Paris Climate Agreement and Liability Issues«, in: Kahl/Weller, *Climate Change Litigation*, S. 197-216, hier S. 203.

29 Vgl. etwa den Überblick bei Lukas Sparenborg, Darrel Moellendorf (Hg.), *Klimaethik. Ein Reader*, Berlin 2025.

ten. Doch lässt sich die Frage, wann ein Staat hinreichend gehandelt hat, mit menschenrechtlichen Kriterien allein nicht beantworten. Die konkreten Fragen wurden aber durch das internationale Recht, wie gesehen, auch nicht im Ansatz bestimmt. Es gibt keine völkerrechtlich verbindlichen Berechnungsgrundlagen, sondern nur die Aufforderung, nationale Beiträge zu definieren.[30] Allenfalls liegen Berechnungen des IPCC vor, die aber als solche keine Pflichten begründen. Diese offenen Rechtsfragen können nur kursorisch und fragmentarisch durch nationales oder europäisches Recht geklärt werden, da ein gemeinsamer globaler Standard erforderlich ist, um beispielsweise staatliche Anteile an Kohlendioxidausstoß zu bestimmen. Auf solche Zurechnungsfragen sind nur solche normativen Antworten wirklich schlüssig, die die ganze Welt in den Blick nehmen.

4. Reaktionen der Verfassungsgerichtsbarkeit

a) Fallkonstellationen

Unterschiedlichste Fälle, die den Klimawandel und seine Auswirkungen betreffen, werden heute von nationalen und internationalen Gerichten in aller Welt entschieden.[31] Um eine einfache Taxonomie anzuwenden, können wir zwischen Privatpersonen und Staaten als Kläger und Beklagten unterscheiden: *Privatpersonen verklagen Privatpersonen* in Fällen, in denen zumeist Unternehmen, die im weitesten Sinne fossile Brennstoffe nutzen, für Schäden infolge des Klimawandels verantwortlich gemacht werden. Es gibt wenige Entscheidungen, die Schadensersatz zugesprochen haben,[32] und zumindest von einem traditionellen Standpunkt aus scheint dies ein schwieriger Kampf zu sein, da der Kausalzusammenhang zwischen

30 Franzius/Kling, »Climate Agreement and Liability«, S. 202 f.

31 Eine aktualisierte Dokumentation findet sich unter ⟨https://climatecasechart.com/⟩, letzter Zugriff 13. 12. 2024.

32 Geetanjali Ganguly u. a., »If at First You Don't Succeed. Suing Corporations for Climate Change«, in: *Oxford Journal of Legal Studies* 38 (4) (2018), S. 846 ff. Namentlich in den Niederlanden finden sich schon entschiedene Fälle: RCC Ruling on Chiquita »climate neutral bananas«, RCC Ruling on Arla »climate neutral milk«, RCC – CvB Ruling on Shell »Compensate your emissions«, RCC Ruling on Shell »Drive CO_2 neutral 1«, RCC Ruling on Shell »Drive CO_2 neutral 2«.

einem bestimmten Beitrag und einem Ergebnis, das als spezifischer Schaden definiert werden muss, schwer nachzuweisen ist.[33] Es gilt Luhmanns Einsicht, dass ökologische Zusammenhänge soziale Zurechnungskriterien überfordern.[34] Beispielhaft: Warum werden legal handelnde Unternehmen verklagt, nicht aber Verbraucher, die freiwillig problematische Produkte bei diesen Unternehmen kaufen?

Privatpersonen verklagen Staaten in zwei potentiell widersprüchlichen Konstellationen. Es ist erst eine neuere Entwicklung, dass Privatpersonen den Staat verklagen, um staatliche Regulierungsmaßnahmen gegen den Klimawandel durchzusetzen. Dies setzt einen spezifischen Zugang zu einer gerichtlichen Kontrolle voraus, die eine staatliche Pflicht zur Klimaregulierung gesetzlich oder verfassungsrechtlich anerkennt. Letzteres betrifft die verfassungsgerichtliche Konstellation, die wir uns sogleich genauer anschauen werden. Traditionell geläufiger sind Fälle, in denen *Privatpersonen*, meist Unternehmen, *gegen* die Rechtmäßigkeit von Klimaregelungen *klagen*.[35] Denn in der liberalen Konstellation schützen Gerichte Rechtssubjekte vor exekutivem Handeln ohne ausreichende gesetzliche Grundlage. In einem aktuellen Beispiel hat der U. S. Supreme Court die Klimaregelungen der *Environmental Protection Agency* wegen fehlender gesetzlicher Grundlage gekippt.[36] Die klassische liberal-rechtsstaatliche Funktion von Gerichten, Private vor dem Zugriff des Staats zu schützen, wirkt potentiell gegen die Klimaschutzregulierung.[37] Das darf bei einer Gesamtbilanz des Beitrags von Gerichten nicht vergessen werden.

33 Skeptisch Gerhard Wagner, Arvid Arntz, »Haftung für Klimaschäden nach deutschem Deliktsrecht«, in: Kahl/Weller, *Climate Change Litigation*, S. 405-427; optimistischer Eva-Maria Kieninger, »Klimaklagen im internationalen und deutschen Privatrecht«, in: *ZHR* (2023), S. 348-391. Versuch eines Gegenbeispiels bei Jan-Erik Schirmer, »Klimahaftung und Kausalität – und es geht doch!«, in: *JuristenZeitung* (2021), S. 1099-1106, hier S. 1099-1101.

34 Niklas Luhmann, *Ökologische Kommunikation*, Opladen 1990, S. 231-233.

35 RWE and Uniper v. the Netherlands (Ministry of Climate and Energy), entschieden 2022, District Court North-Holland (die Energiekonzerne hatten laut Gericht keinen Anspruch auf Entschädigung wegen des Kohleausstiegs).

36 West Virginia v. EPA, 597 U.S. 697 597 (2022), zur Rechtsprechung in den USA zuvor: Daniel Farber, »Climate Change Litigation in the United States«, in: Kahl/Weller, *Climate Change Litigation*, S. 237-252.

37 Exemplarisch am Vergleich der niederländischen und der US-amerikanischen Rechtsprechung: Douwe de Lange, »What climate litigation reveals about judicial competence«, in: *European Law Journal* (2024), S. 312-325.

Was wir schließlich für die Zukunft erwarten könnten, sind Rechtsstreitigkeiten, in denen *Staaten andere Staaten* vor internationalen Gerichten *verklagen*. Obwohl es bisher keine derartigen Fälle gibt und obwohl das PA Haftungsklagen ausschließt,[38] könnten die unterschiedlichen Wege, die Nationen im Umgang mit dem Klimawandel einschlagen, zu Konflikten zwischen diesen führen, in die auch internationale und regionale Gerichte einbezogen werden. Bislang wird die globale Klimakrise hauptsächlich von nationalen Gerichten behandelt, während internationale Gerichte – mit der gleich zu betrachtenden Ausnahme des Europäischen Gerichtshofs für Menschenrechte – noch keine Staaten verpflichtenden Entscheidungen gefällt haben.[39]

Auch wenn es in Kategorien des Klimawandels spät ist, befinden wir uns mit Blick auf die Entwicklung der Rechtsprechung im Ganzen weiterhin in einem frühen Stadium: Die meisten einschlägigen Entscheidungen betreffen Vorfragen, also grundsätzliche Probleme der Zuständigkeit oder der Zurechenbarkeit. Sie können Voraussetzungen für eine aktivere Rechtsprechung schaffen, ohne in der Sache zu entscheiden. Die meisten Klagen auf Klimaregulierung bleiben bis auf weiteres im Ergebnis erfolglos. Bei der folgenden Darstellung von ausgewählten verfassungsgerichtlichen Entscheidungen, in denen nationale Regierungen zu Maßnahmen verpflichtet wurden, ist nicht zu vergessen, dass es sich um Ausnahmen handelt. Ob sie Vorreiter einer globalen Rechtsentwicklung sind oder ihren Ausnahmestatus behalten, ist offen.

b) Exemplarische Entscheidungen

Aus der Fülle der verfassungsgerichtlichen Entscheidungen, die sich in Klimafragen gegen Staaten richten, sollen im Folgenden sechs vorgestellt und verglichen werden.

38 Franzius/Kling, »Climate Agreement and Liability«, S. 204 f.

39 Eine Advisory Opinion des ICJ steht aus, zu nennen ist die Advisory Opinion des International Tribunal of the Law of the Sea, Case No. 31, 21. 5. 2024, die vornehmlich prozedurale Pflichten aus dem internationalen Seerecht entwickelt.

aa) Deutschland

Im März 2021 fällte das Bundesverfassungsgericht eine historische Entscheidung zur Regulierung des Klimawandels.[40] Eine Vielzahl von Klägern aus dem In- und Ausland verklagte die Bundesrepublik auf strengere Maßnahmen gegen den Klimawandel. Das Gericht gab einigen Verfassungsbeschwerden teilweise recht und verpflichtete die Bundesrepublik, staatliche Pläne für Maßnahmen gegen den Klimawandel in einem Parlamentsgesetz zu regeln, nicht nur in einer offen formulierten Regierungsplanung. Es ist hier nicht der Ort, um dieser komplexen und ausführlichen Entscheidung gerecht zu werden,[41] stattdessen sind einige bemerkenswerte Merkmale der Entscheidung für das hiesige institutionelle Erkenntnisinteresse hervorzuheben.

Die Entscheidung entwickelt ein System intertemporaler Freiheit, in dem Betroffene ein Recht auf zügiges Handeln gegen den Klimawandel haben. Der Kerngedanke dieser Konstruktion liegt in der Annahme, dass hoheitliche Klimaregulierung aufgrund der Logik eines begrenzten CO_2-Budgets je einschränkender für allgemeine Freiheiten wirken muss, desto später sie vorgenommen wird. Anders formuliert: Das Verfassungsgericht erkennt ein Recht auf künftige Gleichverteilung der Lasten im Kampf gegen den Klimawandel an. Dieses Recht verlangt sofortige Maßnahmen des Staates zum Schutz künftiger Freiheiten, weil der Staat andernfalls verpflichtet wäre, in Zukunft stärker einzugreifen. Das deutsche Klimaschutzrecht hatte bis zum Jahr 2030 konkretere Maßnahmen gegen den Klimawandel per Gesetz festgelegt, für die Zeit danach aber nur noch unspezifische Ziele stipuliert. Nunmehr muss der parlamentarische Gesetzgeber Teilzielvorgaben selbst definieren, um die Ziele des Pariser Übereinkommens auch für die Zeit nach 2030 zu erreichen.

Die Entscheidung ist in vielerlei Hinsicht bemerkenswert. Zwei Punkte seien für unsere Fragestellung hervorgehoben: *Erstens* wird in der Entscheidung die Voraussetzung einer Beschwerdebefugnis, also die Pflicht eines Beschwerdeführers darzulegen, dass spezi-

40 BVerfGE 157, 30 – *Klimaschutz* [2021].

41 Aus der Literatur: Gabriele Britz, »Klimaschutz in der Rechtsprechung des Bundesverfassungsgerichts«, in: *NVwZ* (2023), S. 825-834; Christoph Möllers, Nils Weinberg, »Die Klimaschutzentscheidung des Bundesverfassungsgerichts«, in: *Juristen-Zeitung* 22 (2021), S. 1069-1078.

fisch eigene Rechte durch den Staat bedroht werden, ausdrücklich nicht aufgegeben, doch in der Sache so großzügig gedeutet, dass praktisch jede natürliche Person eine solche Beschwerde erheben kann. Obwohl das Gericht das Erfordernis beibehält, hat es nur sehr beschränkt seine Funktion bewahrt, Personen herauszufiltern, deren Rechte nicht von dem globalen Phänomen des Klimawandels betroffen sind.[42] *Zweitens* ist ein zentrales faktisches Element der Begründung die Annahme eines nationales Klimabudgets, also eines Emissionsvolumens, das spezifisch für die Bundesrepublik Deutschland zu beachten ist, um die Vorgaben des PA *(Paris Agreement)* zu erhalten.[43] Die Verbindlichkeit einer solchen Quantifizierung wurde im Verfahren von der Bundesregierung noch in Abrede gestellt. Bei der Bestimmung eines solchen nationalen Budgets griff das Gericht maßgeblich auf Berechnungen des deutschen Sachverständigenrats für Umweltfragen zurück, die ihrerseits auf Berechnungen des IPCC beruhen.

bb) Niederlande

In den Niederlanden gibt es kein System der verfassungsgerichtlichen Kontrolle. Auch der Oberste Gerichtshof ist nicht befugt, Parlamentsbeschlüsse anhand verfassungsrechtlicher Normen zu überprüfen. Das niederländische Verfassungsrecht verleiht jedoch dem Völkerrecht unmittelbar Verfassungsrang, Artikel 93, 94, so dass das Gericht hieraus – im Ergebnis wie ein Verfassungsgericht – auch den Gesetzgeber verpflichten kann. Im ersten großen erfolgreichen europäischen Klimaschutzfall[44] wandte der Oberste Gerichtshof

42 BVerfGE 157, 30, Rn. 92 ff. – *Klimaschutz* [2021]. Daran ändert auch der Umstand nichts, dass manche der Beschwerden unzulässig sind, denn das sind sie nur in Hinsicht auf die Formulierung der beanspruchten Rechte. Alle Beschwerdeführer hätten sich auf das zulässige Anliegen berufen können.

43 BVerfGE 157, 30, Rn. 214 ff. – *Klimaschutz* [2021].

44 Urgenda Foundation v. State of the Netherlands (Supreme Court of the Netherlands, 20-12-2019). Dazu Gerrit van der Veen, Kars de Graaf, »Climate Change Litigation in the Netherlands – the Urgenda Case and beyond«, in: Kahl/Weller, *Climate Change Litigation*, S. 363-377, hier S. 367 ff. Die Rechtsprechung ist aber nicht einheitlich: in Greenpeace Netherlands v. State of the Netherlands 2020, The Hague District Court wurde die Klage gegen ein Rettungspaket für die Fluggesellschaft KLM unter Berufung auf die EMRK, das Pariser Abkommen und die Urgenda-Entscheidung abgelehnt; auch in Coöperatie Mobilisation for

der Niederlande die Artikel 2 und 8 der Europäischen Menschenrechtskonvention – das Recht auf Leben und das Recht auf Privatheit und ein ungestörtes Familienleben – auf den Klimaschutz an. Nach Ansicht des Gerichts stellt der Klimawandel eine Bedrohung dieser Rechte der Kläger dar, gegen die die Menschenrechtskonvention die Niederlande als deren Mitglied zu einer effektiven Abhilfe verpflichtet. Der umstandslos menschenrechtliche Ansatz des niederländischen Gerichts ist dogmatisch weniger kompliziert als das deutsche Modell der intertemporalen Freiheitsgarantie. In der Begründung verweist das Gericht auf die Berechnungen des IPCC, insbesondere auf die Vorstellung einer begrenzten Budgetierung von Emissionen. Dabei konstruiert es ein international konsentiertes Reduktionsniveau von 25-40% der Emissionen und bemerkt, dass die niederländische Regierung zum Zeitpunkt der Entscheidung einen – entgegen ihren ursprünglichen Absichten – deutlich abgespeckten Reduktionsplan vorsah, für den sie auch keine stichhaltige Begründung geliefert hatte. Im Ergebnis verpflichtet das Gericht den niederländischen Staat, bis 2020 rückwirkend eine Senkung der CO_2-Emissionen um »mindestens« 25 Prozent gegenüber dem Jahr 1990 in seine Gesamtreduktion einzubeziehen.

Die niederländische Rechtsprechung zeigt einen weiteren Zusammenhang: Die Rechtsprechung verurteilt die Regierung aus den Europäischen Menschenrechten zu einem Plus an Maßnahmen. Dagegen werden bestehende konkrete Maßnahmen nicht wegen eines Verstoßes gegen solche Rechte aus menschenrechtlichen Erwägungen aufgehoben. Bei solchen Maßnahmen wie der Genehmigung einer Biomasseanlage gilt spezifisches (EU-)Recht, es regelt höchst individualisiert. Das Klimaschutzrecht, obwohl von höchstem Rang, überschreibt dieses Recht nicht.

cc) Europäische Menschenrechtskonvention

Der Europäische Gerichtshof für Menschenrechte (EGMR) hat in einer Entscheidung vom April 2024 den Anträgen einer Vereinigung von Klimaseniorinnen gegen die Schweiz auf Verpflichtung

the Environment U.A and others v. Executive Board of Province of North Holland (Vattenfall Power Generations Netherlands BV intervening), 2021, District Court North-Holland, wurde die Klage gegen die Genehmigung des Baus einer Biomasseanlage in allen Punkten abgelehnt.

zu erweiterten Klimaschutzmaßnahmen stattgegeben. Während sich andere klagende Individuen in parallel laufenden Verfahren nicht auf ihre Rechte berufen konnten,[45] wurde das Anliegen des Vereins, sich um den Schutz künftiger Generationen zu kümmern, vom Gerichtshof als zulässiges Begehren anerkannt.[46] Die Begründung dafür ist schwer verständlich.[47] Ausdrücklich soll der Klageweg nicht allen Konventionsrechtsträgerinnen offenstehen, während ein Verein, der sich dem Klimaschutz widmet, wegen seines spezifischen Vereinszwecks eine qualifizierte Ausnahme bildet. Offen bleibt, warum ein Verein mehr Rechte haben sollte als seine vom Klimawandel selbst körperlich betroffenen Mitglieder im Seniorenalter.

In der Sache erkennt das Gericht aus dem Recht auf Leben und Gesundheit der Konvention eine Verpflichtung der Mitgliedstaaten der Menschenrechtskonvention an, gegen den Klimawandel aktiv zu werden. Woher aber kommen die Maßstäbe? Wie kommt das Gericht von den allgemeinen menschenrechtlichen Garantien der Konvention zu seinem Ausspruch? Der Gerichtshof erkennt »Lücken« in der Klimaschutzpolitik der Eidgenossenschaft, die es auch unter Rückgriff auf Berechnungen des IPCC benennen kann. Zwei solcher Lücken sind von Interesse. Zum Ersten fehlte es der Schweiz an einem nationalen Budget oder einer anderen quantifizierten Größe zur Benennung der zulässigen Grenzen ihrer Emissionen. Die Verpflichtungen der Schweiz aus dem PA ließen sich also soweit nicht beziffern. Zum Zweiten hat die Schweiz in der Wahrnehmung des Gerichtshofs von ihr selbst politisch definierte Ziele der Emissionsreduktion nicht eingehalten.

dd) Pakistan

Im Fall Leghari,[48] der global ersten erfolgreichen Klage auf Verpflichtung zu staatlichem Handeln, machte ein pakistanischer Landwirt die Verletzung seines Grundrechts auf Leben durch die

45 Duarte Agostinho and Others v. Portugal and Others 39371/20; Carême v. France 7189/21.

46 Verein KlimaSeniorinnen Schweiz et al v. Switzerland (application no. 53600/20).

47 Vgl. die Kritik der einzigen abweichenden Meinung: Partly Concurring Partly Dissenting Opinion of Judge Eicke, ebd., Rn. 22 ff.

48 Leghari v. Federation of Pakistan 2015 (Lahore High Court) W.P. No. 25501/2015.

Klimapolitik der Regierung geltend, die nicht den damaligen gesetzlichen Zielen entsprach. Der High Court von Lahore, ein mit der Entscheidung betrautes Berufungsgericht, entschied zugunsten von Leghari und stellte fest, dass das Recht auf eine gesunde und saubere Umwelt aus den Rechten auf Leben und Menschenwürde in den Artikeln 9 und 14 der pakistanischen Verfassung abgeleitet werden könne. Unter Hinweis auf die mangelnde Umsetzung der bestehenden Klimapolitik durch die Regierung setzte das Gericht eine teilstaatliche Kommission für den Klimawandel ein und verpflichtete die Ministerien, offizielle Ansprechpartner für Klimapolitik einzurichten. Das Gericht ging sogar so weit, die Mitglieder der Kommission zu benennen. Später ersetzte das Gericht die Kommission durch eine dauerhafte institutionelle Struktur. Obwohl es sich nicht um eine Entscheidung auf der Ebene des Obersten Gerichtshofs handelte,[49] wird sie aufgrund ihres Schwerpunkts auf institutionellem Wandel als eine der wichtigsten Klimaentscheidungen in Asien angesehen.

ee) Nepal

Im August 2017 reichte ein Bürger Nepals eine Klage ein, um seine Regierung dazu zu zwingen, ihr Klimaschutzgesetz zu ändern. Er argumentierte, dass das Umweltschutzgesetz von 1997 den Klimawandel nicht angemessen berücksichtige. Die Untätigkeit der Regierung habe schwerwiegende Auswirkungen, die das verfassungsmäßig garantierte Recht auf ein würdiges Leben und eine gesunde Umwelt tangierten. Außerdem behauptete er einen Verstoß gegen die Verpflichtungen Nepals im Rahmen des Pariser Abkommens und der United Nations Framework Convention on Climate Change.

Der Oberste Gerichtshof verwies in seiner Entscheidung[50] dem Kläger folgend auf verschiedene internationale Abkommen, auch

49 Heute gibt es zwei Urteile des Supreme Courts zum Klimawandel allgemein, allerdings keine solche Strukturentscheidung: Raja Zahoor Ahmed v. Capital Development Authority 2022 und D. G. Khan Cement Company v. Government of Punjab 2021. Das Gericht hält dort fest, dass der Klimawandel bei Regierungsentscheidungen zu berücksichtigen ist, und betont, dass Gerechtigkeit zwischen den Generationen zu wahren ist.

50 Shrestha v. Office of the Prime Minister et al. 2018. Decision no. 10210. Vgl. auch Amarnath Jha v. Office of the Prime Minister and Council of Ministers (eingereicht 2019, genaues Entscheidungsjahr nicht gefunden) (Supreme Court): Klage

das PA, und auf die Nachhaltigkeitsverpflichtung in der Nepalesischen Verfassung, und er verpflichtete den Staat zu gesetzgeberischem Handeln. Als Konsequenz verabschiedete das nepalesische Parlament 2019 ein Umweltschutzgesetz und ein Waldgesetz, die beide darauf abzielen, Maßnahmen gegen den Klimawandel zu verstärken. Der Fall reiht sich in eine ganze Reihe zunehmender einschlägiger Entscheidungen aus Südasien ein.

ff) Kolumbien

In einer Entscheidung aus dem Jahr 2016 erklärte das kolumbianische Verfassungsgericht zwei Bestimmungen im Zusammenhang mit dem Entwicklungsplan für hochgelegene Ökosysteme für verfassungswidrig, da sie keinen ausreichenden Schutz gewährleisteten. Damit, so das Gericht, wurde das Recht der Öffentlichkeit auf sauberes Wasser verletzt.[51] Dabei monierte das Gericht auch, dass die Bestimmungen die Behörden von ihren Pflichten entbanden, Entscheidungen zu begründen, die mit Sicherheit zur Zerstörung ökologisch sensibler und wertvoller Gebiete führen würden. Dies ist eine der wenigen Entscheidungen, in denen Gesetze wegen mangelnder Durchsetzung der Klimapolitik für ungültig erklärt wurden.

c) Vergleich der Begründungsstrukturen

Die vorgestellten Entscheidungen operieren unter sehr unterschiedlichen Rechtslagen. Manche der Rechtsordnungen kennen spezifische verfassungsrechtliche Vorgaben wie ökologische Staats-

gegen die Regierung nach Tod, Dislokation und Zerstörung nach dem Monsun 2017. Das Gericht betont in seiner Entscheidung den (zukünftigen) Einfluss des Klimawandels auf das Wetter (v. a. das erhöhte Flutrisiko) und die Verpflichtung der Regierung gem. UN Framework Convention on Climate Change 1992, dem Pariser Abkommen Art. 8 und dem nepalesischen Umweltschutzgesetz von 2019, einen Plan zu entwickeln, um vulnerable Gegenden vor Umweltrisiken zu schützen. Es betont dort auch die zunehmende Verflechtung zwischen Umwelt, Klimawandel und Menschenrechten und dass der Gerichtshof seine Befugnisse zum Schutz des öffentlichen Interesses und der Umweltgerechtigkeit ausüben muss.

51 Decision C-035/16 of February 8, 2016 (Constitutional Court). Weitere ähnliche Entscheidungen liegen vor: Decision SU-698/17 of November 28, 2017 (Constitutional Court; Decision T-218/17 of April 19, 2017 (Constitutional Court).

ziele oder spezielle Grundrechte, andere nicht; manche Rechtsordnungen sind durch völkerrechtliche Vorgaben auch in ihrer Gesetzgebung direkt gebunden, andere nicht; manche verfügen über eine eigene Verfassungsgerichtsbarkeit, die den Gesetzgeber verpflichten kann, andere nicht. Beispielhaft: Die Niederlande und Deutschland haben trotz ihres gleichen westeuropäischen und liberal-demokratischen Kontexts unterschiedliche normhierarchische Ordnungen. Deutschland ist das Lehrbuchbeispiel eines Systems mit starker verfassungsgerichtlicher Kontrolle, die im niederländischen Recht unbekannt ist. Dafür haben völkerrechtliche Pflichten in den Niederlanden Verfassungsrang, in Deutschland im Regelfall nicht. Noch einmal anders funktioniert der EGMR, der ein Instrument des regionalen völkerrechtlichen Menschenrechtsschutzes ist. Die Menschenrechtskonvention und die niederländische Verfassung kennen keine speziellen ökologischen Regelungen, anders das Grundgesetz und die Verfassung Nepals. Deswegen fußen die Entscheidungen auf einer unterschiedlich überzeugenden juristischen Argumentationsbasis.[52] Doch soll uns das positive Recht hier nicht weiter interessieren. Vielmehr geht es um die Vergleichbarkeit der Argumentationsstrukturen, die zunächst zu analysieren sind, bevor sie im nächsten Abschnitt in einen normativen Rahmen gebracht werden können, um so der Frage nach dem legitimen Gebrauch gerichtlicher Formen näher zu kommen.

Der erste Vergleichspunkt liegt in der Anwendbarkeit von Grund- und Menschenrechten. Dass die Folgen des menschengemachten Klimawandels Individuen in ihrer Freiheit einschränken können, ist schwer zu bestreiten. Trotzdem tun sich die Gerichte mit diesem Punkt oft schwer: Manche bejahen eine Betroffenheit zwar ohne weiteres, wie das niederländische und das nepalesische Gericht, andere wie das Bundesverfassungsgericht und der EGMR legen aber zumindest oberflächlich großen Wert darauf, nicht einfach Klagen für alle Menschen zuzulassen. Die These, dass die Legitimität gerichtlichen Entscheidens von der Spezifizierung des zu entscheidenden Anliegens abhängt, zeigt sich indirekt an diesem Zögern. Insbesondere der Umstand, dass Jedermannsklagen

52 Vgl. dazu die interessante Kategorisierung bei Felix Lange, Matthias Lippold, »Höchstrichterliche Klimaentscheidungen und Demokratieprinzip – Eine rechtsvergleichende Betrachtung«, in: *JuristenZeitung* (2022), S. 685-693, hier S. 690 f.

praktisch wie ein problematisches Selbstinitiativrecht des Gerichts funktionieren können, weil sich ein Kläger immer finden wird, spielt hier vermutlich eine Rolle. Gleichzeitig zeigt der Blick nach Asien und Lateinamerika, dass dortige Gericht deutlich offener sind, Klagen anzunehmen. In jedem Fall sind soweit alle erfolgreichen verfassungsgerichtlichen Klagen solche, die aus grund- oder menschenrechtlich fundierten Ansprüchen erhoben werden.

Ein zweiter Vergleichspunkt ist der Gebrauch von Fakten, die durch internationale Organisationen etabliert wurden. Alle Gerichte greifen bei der Feststellung des Sachverhalts direkt oder über die Vorinstanzen auf eine Sachverhaltsrekonstruktion zurück, die maßgeblich vom IPCC etabliert wurde. Namentlich die Fassung des Problems als eines von Emissionsbudgets ist hier von Bedeutung. Der EGMR hat es nunmehr sogar zu einer völkerrechtlichen Verpflichtung für die Mitgliedstaaten der Menschenrechtskonvention erklärt, ihre zulässigen Emissionsbeiträge zu quantifizieren. Das 1,5-Grad-Ziel und dessen Übersetzung in nationale Budgets liefern die zentrale Tatsachenbasis vieler Entscheidungen. Das Insistieren auf nationalen Budgets schafft überhaupt erst eine Zurechnungsgrundlage für die Bestimmung einer staatlichen Verpflichtung im Rahmen eines globalen Problems. Aus der Rekonstruktion eines komplexen Sachverhalts wird so ein quasi offizieller und damit verbindlicher auf einen Staat bezogener Tatbestand. Damit wird der politische Bezugsrahmen, von dessen Bestand Rechtsprechung wie gesehen abhängig ist, wieder hergestellt und zugleich ein wichtiger Zwischenschritt in der Konstruktion eines gerichtlich entscheidbaren Falls geschaffen.

Ein dritter Vergleichspunkt liegt in der Anknüpfung der Entscheidungen an bereits geltendes staatliches Recht oder staatliche Praktiken. Die hier betrachteten Entscheidungen sind in dem Sinne verfassungsgerichtliche, dass sie Pflichten konkretisieren, die aus einer Quelle oberhalb des Gesetzesrechts kommen. Trotzdem spielen bei der Argumentation fast aller hier betrachteter Gerichte (Nepal ist die Ausnahme) bestehende gesetzliche oder untergesetzliche Regelungsbestände eine wesentliche Rolle. Wenn der EGMR von »Lücken« im Schweizer Recht spricht oder das niederländische Gericht das Fehlen einer politischen Begründung für die Abkehr von bereits politisch beschlossenen Reduktionszielen moniert, geht es offensichtlich nicht darum, gänzlich neue Pflichten zu erfinden, sondern vielmehr darum, bereits bestehende politische Selbstverpflichtungen beim Wort zu nehmen. Dieses Muster findet sich auch noch in einer Reihe anderer Jurisdiktionen.[53]

Diese Ähnlichkeiten bilden sich, wie gesehen, nicht einfach im positiven Recht ab. Die Argumentation der Gerichte wirkt nicht nur mit Blick auf das positive Recht, sondern auch in Hinsicht auf die politischen Debatten um dieses unterschiedlich überzeugend. Beispielhaft: Während sich das deutsche Gericht mit der Nachhaltigkeitsklausel des Art. 20a GG auf eine in den 1990er Jahren demokratisch beschlossene Norm stützen konnte, um dem Klimaschutz Verfassungsrang zu verleihen, wandte das niederländische Gericht mit der EGMR einen Menschenrechtsvertrag an, der für diese Fallgruppe definitiv nicht konzipiert wurde und der nur deswegen Verfassungsrang hatte, weil alle Versuche, die in den Niederlanden sehr umstrittene Regel, die Völkerrecht in Verfassungsrang hebt, abzuschaffen, am Zwei-Drittel-Zustimmungserfordernis scheiterten (aber von einer Mehrheit unterstützt wurden).[54] Selbst wenn man Kritik am europäischen Menschenrechtsregime nicht teilt,[55] erscheint die Rechtsgrundlage für die niederländische Entscheidung politisch anfechtbarer als die der deutschen.

5. Legitimes verfassungsgerichtliches Entscheiden gegen den Klimawandel?

Abschließend sind aus der oben entwickelten legitimationstheoretischen Rekonstruktion des gerichtlichen Verfahrens normativ Perspektiven auf die verfassungsgerichtliche Klimarechtsprechung zu entwickeln.[56]

53 Vgl. etwa aus Irland, The High Court, Friends of the Irish Environment v. Government of Ireland, CLG [2019] IEHC 747.

54 Zur Diskussion positiv Gerhard van der Schyff, »The Prohibition on Constitutional Review by the Judiciary in the Netherlands in Critical Perspective: The Case and Roadmap for Reform«, in: *German Law Journal* 21 (2020), S. 884-903.

55 Nach wie vor wichtig: Richard Bellamy, »The Democratic Legitimacy of International Human Rights Conventions: Political Constitutionalism and the European Convention on Human Rights«, in: *European Journal of International Law* 25 (4) (2015), S. 1019-1042.

56 Die Literatur zur Gewaltenteilung des Klimaschutzes ist überschaubar, siehe Mehrdad Payandeh, »The Role of Courts in Climate Protection and the Separa-

a) Gewaltengliederung zwischen Zielen und Mitteln sowie Recht und Politik

Führt man in einem strengen Verständnis der Gewaltengliederung die Judikative eng, so ergibt sich für sie, wie gesehen, ein Verfahren, in dem ein ihnen zurechenbarer Konflikt zwischen Parteien auf Grundlage von Recht entschieden wird. Die Spezifizierung des Konflikts durch fremde Initiative, Rechtsbindung und fehlende Durchsetzungsmacht der eigenen Entscheidung macht es legitim, dass das Gericht unabhängig entscheiden kann. Dieses enge Verständnis gerichtlichen Entscheidens ist in mehreren Hinsichten erweitert worden, von denen zwei Aspekte hier interessieren. Zum Ersten werden mehr und mehr Klagen anerkannt, die nicht im eigenen, sondern im öffentlichen Interesse erhoben werden. Dieses Problem stellt sich, wie sogleich zu zeigen ist (b), im Klimakontext aber auf eine ungewohnte und letztlich unproblematische Art und Weise. Zum Zweiten geht die Institution der Verfassungsgerichtsbarkeit selbst deutlich über die juristische Problemindividualisierung hinaus, weil Verfassungsgerichte Konflikte mit allgemeiner Reichweite entscheiden. Dieses Problem ist hier nur für den besonderen Fall der Klimaregulierung zu betrachten. Dabei stellen sich Probleme der Rechtsbindung (c), der Sachverhaltsermittlung (d) und der Wirksamkeit (e) der Entscheidungen. Das klassisch enggeführte Modell der Rechtsprechung ist dabei nicht als strikte Norm zu verstehen, sondern als ein Maßstab, um institutionelle Probleme zu entdecken, die sich ergeben, weil gerichtlicher Entscheidungsanspruch und gerichtliches Verfahren auseinanderfallen.[57]

tion of Powers«, in: Kahl/Weller, *Climate Change Litigation*, S. 62-80; Christina Eckes, »The Urgenda Case is Separation of Powers at Work«, in: *Amsterdam Law School Legal Studies Research Paper* No. 2021-39; Manuela Niehaus, *Global Climate Constitutionalism »from below«*, Wiesbaden 2024, S. 376-378, 382-384, 407-409; Claudio Franzius, *Die Rolle von Gerichten im Klimaschutzrecht*, Bremen 2021, Kap. III.

57 Zu dieser Funktion des Gewaltenteilungsarguments Christoph Möllers, »Individuelle Legitimation: Wie rechtfertigen sich Gerichte?«, in diesem Band.

b) Zurechnung und Klagebefugnis

Wir haben gesehen, dass Gerichte für die Entscheidung von Konflikten eingerichtet sind, zu denen ihr Verfahren einen besonderen Konnex herstellen kann. Klägerinnen müssen im Regelfall ihr eigenes Recht geltend machen, Beklagte müssen für die Störung des Rechts zumindest zuständig sein können. Soweit die Beklagte eine Privatperson ist, geht es um zurechenbare Verantwortlichkeit. Solche Verfahren waren nur am Rande Gegenstand dieses Beitrags, aber wir konnten sehen, wie komplex solche Zurechnungen zu individualisierten Handlungen sind. Soweit *der Staat* in die Pflicht genommen wird, stellt sich die Zurechnung aber grundsätzlich anders dar. Ihn trifft in vielen grund- und menschenrechtlichen Regimen eine Pflicht zur Vermeidung von allen Grundrechtseinbußen, also nicht nur eine Pflicht, als Hoheitsträger selbst nicht zu schädigen, sondern auch eine Pflicht, Schädigungen von anderen nicht zuzulassen.[58] Diese Pflicht – und das wird selten gesehen – begründet deswegen nicht dieselben Zurechnungsprobleme wie gegenüber Privaten, weil der Staat gewissermaßen als Kehrseite seiner Souveränität potentiell für jede auftauchende Freiheitseinbuße verantwortlich gemacht werden kann. Grundsätzlich genügt hierzu die naturwissenschaftliche Zurechnung des Klimawandels als Folge sozialen Handelns. Dazu müsste allerdings eine territoriale Verteilungsregel die Pflichtenzuweisung konkretisieren (hierzu sogleich). Dass ein einzelner Staat den Klimawandel nicht aufhalten kann, muss jedenfalls an dieser Konstruktion der Verantwortungszuweisung nichts ändern. Denn wenn der Klimawandel auch global wirkt, bleibt politisch nur die internationale Gemeinschaft als Gesamthand souveräner Staaten übrig, um die Verantwortung zu übernehmen. Damit löst sich das Zurechnungsproblem in dieser Verfahrenskonstellation jedenfalls dem Grunde nach im staatlichen Souveränitätsanspruch auf. Anders als im Zi-

58 Solche Schutzpflichten sind vielen älteren Ordnungen, etwa der US-amerikanischen, unbekannt, weil verfassungsrechtlich auszuschließende Freiheitsbedrohungen hier auf staatliche Freiheitsbedrohungen reduziert werden. Sobald man anerkennt, dass konstitutionell garantierte Freiheit auch von Privaten bedroht werden kann, können die Grundrechte auch als Schutz vor dieser Bedrohung verstanden werden. Zur Ambivalenz der liberalen Tradition in dieser Hinsicht Möllers, *Freiheitsgrade*, S. 24-27.

vilrecht gibt es grundsätzlich einen schlüssigen Adressaten solcher Pflichten.

Wie aber steht es mit dem Erfordernis, vom Klimawandel spezifisch betroffen sein zu müssen, um eine Klage erheben zu dürfen? Wir haben gesehen, dass viele Gerichte darum bemüht sind, dieses Erfordernis einzugrenzen, um keine allgemeine Öffnung für Klimaklagen zuzulassen. Um dieses Vorgehen zu beurteilen, sind zwei Gesichtspunkte zu unterscheiden: Auf der einen Seite geht es um die Ernsthaftigkeit der individuellen Betroffenheit, die über eine bloße Bagatelle hinausgehen muss. Dass Wärme unangenehm ist, wird keinen Grundrechtseingriff begründen, dass Folgen des Klimawandels konkrete Gesundheitsrisiken begründen oder Menschen nötigen, sich besonders zu schützen oder ihren Wohnort zu wechseln, aber schon. Die Betroffenheit muss also in diesem Sinne qualifiziert sein, und diese Qualifikation kann in verschiedenen Verfassungsordnungen unterschiedlich anspruchsvoll bestimmt werden.

Diese Qualifikation ist aber vom Erfordernis einer spezifisch individuellen Beschränkung des gerichtlichen Zugangs zu unterscheiden. Ernsthafte Freiheitseinbußen durch den Klimawandel – namentlich Gesundheitsrisiken – werden mehr und mehr die Bagatellgrenze überschreiten. Damit erreichen sie zunehmend den Zustand der Allgemeinheit, sie betreffen dann auf die eine oder andere Weise alle Menschen. Das wäre für Gerichte ein Problem, wenn sie Schutz vor ernsthafter Betroffenheit gewähren sollten, der zugleich spezifisch sein soll. Aus diesem Grund legen Gerichte, wie gesehen, Wert darauf, der Klagebefugnis in Klimaverfahren Grenzen zu ziehen, ohne dass es für diese Grenzziehung nachvollziehbare Kriterien gäbe. Besonders eigenartig ist dies in der Entscheidung des EGMR, der einem Klimaschutzverein Klagerechte gibt, dessen Mitgliedern aber nicht. Der Klimawandel betrifft Mitglieder des Vereins in ihrer Gesundheit, aber sicherlich nicht den Verein in seinen speziellen Statusrechten wie der Vereinigungs- oder Meinungsfreiheit. Tatsächlich wäre es angemessener gewesen, die Befugnis erst einmal zu öffnen und nicht nur Abgrenzungen zu fingieren, wo es an Abgrenzungskriterien fehlt. Im Ergebnis besteht hier aber gar kein institutionelles Problem: Dass das Anliegen von solchen Klägern nicht »spezifisch« für sie ist, hat allein mit der Ubiquität des Klimawandels und seinen Folgen zu tun. Man wird verlangen können, dass eine Klägerin beschreibt, worin ihre Einschränkung durch den Klimawandel liegt. Man kann diesem Vorbringen aber nicht entgegenhalten, dass eine solche Einschränkung viele oder alle Menschen betreffe. Maßstab ist die Betroffenheit eines Rechts, nicht die Frage, ob alle oder nur manche eine solche Betroffenheit beanspruchen können. Deswegen hat das vorliegende Problem auch nichts mit der Frage der Legitimität der *Public Interest Litigation* zu tun, in der die Interessen anderer oder allgemeine Anliegen geltend gemacht werden. Rechtsträger, die gegen den Klimawandel gerichtlich vorgehen, tun dies jedenfalls immer auch im eigenen Interesse.

Der Umstand, dass Gerichte in verfassungsrechtlichen Klimaprozessen die Möglichkeit eröffnen, dass potentiell jedermann staatliches Handeln einklagen kann, erweist sich damit nicht als gerichtliche Anmaßung, die vor dem Maßstab der Gewaltengliederung Bedenken erzeugt. Dieses Vorgehen ist vielmehr der neuartigen und in dieser Neuartigkeit einmaligen Struktur des Problems geschuldet, zu dessen Lösung gerichtliche Verfahren beitragen sollen. Zwar soll die Klagebefugnis die Entscheidungsmöglichkeit von Gerichten angesichts ihrer unabhängigen Entscheidungsgewalt einhegen. Dass diese Einhegung im Klimakontext nicht wirksam wird, liegt aber eben nicht am Zugriff der Gerichte, sondern am Phänomen des Klimawandels. Es ist der Art des Konflikts geschuldet, der dem Gericht zugewiesen ist. Institutionen des Freiheitsschutzes bekommen mehr zu tun, wenn Freiheitsbedrohungen zunehmen.

c) Rechtsbindung und politische Willensschwäche

Damit ein Gericht eine Pflicht des Gesetzgebers anerkennt, gegen den Klimawandel vorzugehen, muss es eine rechtliche Bindung in Verfassungsrang ausmachen, die sich plausibel zu einer solchen Pflicht konkretisieren lässt. Unabhängig von der in jeder Rechtsordnung unterschiedlichen dogmatischen Rekonstruktion staatlicher Pflichten, gegen den Klimawandel vorzugehen, ist der Begründungsweg von einem betroffenen Grund- oder Menschenrecht zu einer speziellen staatlichen Handlungspflicht lang, windungsreich und anfechtbar. Der Blick in die untersuchten Entscheidungen legt dabei ein Muster frei: Die Gerichte orientierten sich in der Rekonstruktion staatlicher Pflichten an den von den Staaten selbst eingegangenen Verpflichtungen und hielten diese dem politischen Prozess entgegen. Das betrifft das 1,5-Grad-Ziel wie auch andere Maßnahmen oder deren Unterlassen.

Die Mittel-Zweck-Logik, die mit dem Temperaturziel des PA in die juristische Argumentation hineinkommt, funktioniert anders als andere Mittel-Zweck-Prüfungen im Verfassungsrecht.[59] Dies ist so, weil das Ziel, über das wir im Klimakontext sprechen, einerseits durch Quantifizierung ungewöhnlich klar formuliert ist, es andererseits praktisch unendlich viele verschiedene Wege gibt, es zu erreichen (oder zu verfehlen). Die Dekarbonisierung der Weltgesellschaft erfordert eine übergreifende Reform der globalen politischen Ökonomie, die bisher auf nationaler und – für den Ausnahmefall der regionalen Integration – europäischer Ebene stattfindet. Das bedeutet, dass die Mittel-Zweck-Relation, die durch die 1,5-Grad-Schwelle ausgelöst wird, nicht wie die traditionelle gewaltenteilige Arbeitsteilung funktioniert, die zwischen dem politischen Zielsetzer und der administrativen oder technischen Logik, die Instrumente zur Erreichung dieser Ziele entwickelt, unterscheidet. Ganz im Gegenteil ist diese Definition von Zielen auf internationaler Ebene eine Form, um politische Konflikte zu *vermeiden*. Gerade die Definition der Mittel wäre mit anderen Worten hier die genuin politische Aufgabe, die in der tradierten Gewaltengliederung vom Gesetzgeber zu erfüllen ist. Der Gedanke, dass diese Aufgabe durch ein Gericht wahrgenommen werden könnte, erscheint auf den ersten Blick durchaus weit hergeholt.

Neben dem methodischen Problem der Konkretisierung, dessen Lösung auch die (sogleich zu behandelnde) Konstruktion eines Sachverhalts voraussetzt, gibt es ein doppeltes normatives Problem. Das 1,5-Grad-Ziel ist ausdrücklich nicht rechtsverbindlich formuliert. Es ist, wie gesehen, unverbindliches Element eines für sich verbindlichen völkerrechtlichen Vertrags. Um eine wirksame Verpflichtung nationaler Politik zu erreichen, muss es aber zumindest mittelbar in Verfassungsrang stehen, also dem Gesetz vorgehen.

Mit diesen Problemen gehen die hier betrachteten Gerichte in der Regel dadurch um, dass sie zum Ersten einen allgemeinen verfassungsrechtlichen Anknüpfungspunkt aus der eigenen Rechts-

59 Dazu aus vergleichender Perspektive Andrej Lang u. a., *Proportionality in Action: Comparative and Empirical Perspectives on the Judicial Practice*, Cambridge 2020, S. 70 ff.

ordnung identifizieren. Das sind meistens Grund- und Menschenrechte, es kann aber auch eine Nachhaltigkeitsverpflichtung sein. Diesen Anknüpfungspunkt verbinden sie, zum Zweiten, mit bereits bestehenden, aber nicht durchgehaltenen, unverbindlichen oder nicht umgesetzten staatlichen Regelungsstrukturen. Dieser zweite Schritt soll das Konkretisierungsproblem lösen. Fast alle der untersuchten Entscheidungen nehmen solche gesetzlichen oder untergesetzlichen Regelungen auf und verstehen sie als eine Art Selbstbindung, zu denen die Staaten qua Verfassungsrecht verpflichtet werden müssen. Auf die notorisch schwierig zu beantwortende Frage, welche konkreten Implikationen eine einschlägige verfassungsrechtliche Norm für die Klimaregulierung hat, verweisen die Gerichte also auf die Antwort, die der verklagte Staat selbst gegeben hat. Die Argumentation ist dann weniger deduktiv als auf Kohärenz verweisend.

Ob dieses Vorgehen juristisch zulässig ist, kann nur für jede Rechtsordnung einzeln geklärt werden. Doch lässt sich sagen, dass eine allgemeine legitimationstheoretische Antwort für dieses Vorgehen sprechen könnte. Denn in einer philosophischen Terminologie gefasst, legt ein Staat, der Vorgaben selbst entwirft, aber nicht befolgt, eine Form von politischer Willensschwäche an den Tag.[60] Seine Untätigkeit ist Konsequenz der Unfähigkeit, das, was er selbst als rational richtig eingesehen hat, zum Grund seiner Handlungen zu machen. Der Hinweis auf die eigene Einsicht des Staats in die Rationalität ist dabei entscheidend. Es geht nicht darum, dem politischen Prozess Rationalitätsstandards entgegenzuhalten, mit denen er nichts zu tun hat, sondern diesen an von ihm selbst erreichte Einsichten zu erinnern. Die Unterzeichnung des Klimaziels und die Bestimmung von Mitteln zu ihrer Verwirklichung mögen beide für sich nicht rechtlich verpflichtend sein, sie sind aber Instrumente, die der Staat anerkannt hat, um zu klären, was anderweitige, abstraktere Verpflichtungen konkret bedeuten können. Kognitiv können sich die Gerichte damit an der Mittelwahl der Staaten selbst orientieren, um Menschenrechte in operationalisierbare staatliche Pflichten zu übersetzen. Normativ müssen sich entsprechende gerichtliche Entscheidungen nicht als judikative Fremdbestimmung eines grundsätzlich offenen politischen Prozesses kritisieren lassen,

60 Zu dieser Kategorie gerade im Kontext des Klimawandels bereits Susan L. Hurley, *Natural Reasons*, Oxford 1992, S. 163-165.

sie sind vielmehr als Freilegung verschütteter Selbstbestimmung gerechtfertigt.

Dabei – dies ist noch einmal zu betonen – liefert diese Überlegung kein juristisches Argument, das nur innerhalb einer Rechtsordnung operieren kann, sondern einen legitimatorischen Gesichtspunkt, der dabei helfen mag zu erklären, warum unterschiedliche Rechtsordnungen, wie gesehen, so ähnliche Entscheidungen produzieren. Zugleich ist die Normativierung von zunächst nicht bindenden Vorgaben durch gerichtliche Spruchkörper dem Völkerrecht ohnehin bekannt. Eine Überraschung kann sie für die betroffenen Staaten nicht sein. Das ist auch dem Umstand geschuldet, dass die Unterzeichnung eines grundsätzlich bindenden Vertrags mit unverbindlichen Inhalten eine Position zwischen Recht und Nichtrecht einzunehmen scheint.[61] Aus Sicht der nationalen Verfassungsgerichte liegt der entscheidende Gesichtspunkt darin, dass mit der Nichtbeachtung eines unverbindlichen Standards die Verletzung von verfassungsrechtlichen Garantien verknüpft werden kann. Ein Staat, der sich zugleich unverbindlich auf ein Ziel einlässt und sich zur Beachtung von Menschenrechten verpflichtet, wird nicht dadurch in seiner Selbstbestimmung gestört, dass er konkreter verpflichtet wird, wenn die Übertretung des Ziels menschenrechtsbeschränkende Wirkungen erzeugt. Die Aufgabe der Gerichte besteht also, noch einmal, nicht darin, Staaten Standards von außen aufzubürden, sondern vielmehr darin, von Staaten bereits konkretisierte, aber unverbindlich gebliebene Vorgaben im Lichte von Grund- und Menschenrechten verbindlich zu machen. Es geht also nicht um juristokratische Fremdbestimmung, sondern um Durchsetzung von Selbstbestimmung gegen ein willensschwaches politisches Selbst.

d) Sachverhaltsaufbereitung

Indem Gerichte Fälle entscheiden, konstruieren sie einen Zusammenhang zwischen Fakten und Normen.[62] Die Abhängigkeit ge-

61 Zum Gedanken gradueller Normativität des internationalen Rechts: Matthias Goldmann, »Relative Normativity«, in: Jean d'Aspremont, Sahib Singh, *Fundamental Concepts for International Law*, Cheltenham 2019, S. 740-759.

62 Vgl. Christoph Möllers, »Zweckverfolgung und Zweckreflexion. Zur Eigenlegitimität der Rechtsform jenseits demokratischer Legitimation«, in diesem Band.

richtlichen Entscheidens von Wissen, über das Gerichte selbst nicht einfach verfügen, ist kein neues Thema.[63] Idealiter sind Gerichte in der Lage, sich in Verfahren der Beweiserhebung selbstständig einen eigenen Wissensstand zu verschaffen. Für die vorliegenden Klimaverfahren fällt jedoch auf, wie sehr die Aufbereitung des Sachverhalts in allen betrachteten Jurisdiktionen von internationalen Institutionen, namentlich von den Berichten des IPCC, abhängt. Dies erscheint aus zwei Gründen zunächst folgerichtig: zum Ersten, weil eine sinnvolle Wissensaufbereitung global vorgehen muss. Wir haben oben gesehen, dass es für bestimmte Fragen keine lokal ermittelten Kriterien geben kann. Zum Zweiten muss eine solche Wissensaufbereitung verfahrenstechnisch abgesichert und hoheitlich zertifiziert werden. Es bedarf einer nachvollziehbaren Art der Wissensproduktion. Zugleich dient das gerichtliche Verfahren aber auch dem Zweck, tatsächliche Annahmen streitig zu stellen, also potentiell auch die Feststellungen aus den Berichten des IPCC zu überprüfen.

An diesem Punkt wird deutlich, dass der IPCC eine ungewöhnliche Leistung zu erbringen hat. Denn es ist nicht klar, wie ein Gericht mit tatsächlichen Anfechtungen gegen die Berichte des ICPP umgehen können sollte. Man könnte sagen, das Gericht muss sich hier wie immer ein eigenes Bild von strittigen tatsächlichen Fragen machen, auch dadurch, dass es Beweislast und Vermutungsregeln anwendet. Trotzdem agiert der IPCC in diesem Zusammenhang wie ein Wissensmonopolist. Sein epistemisches Monopol lässt sich dadurch rechtfertigen, dass der IPCC seinerseits Strukturen der Durchsichtigkeit und Legitimation seiner Wissensaufbereitung schafft. Vor allem aber sind die Staaten, deren Gerichte die Berichte nutzen, selbst Teil des IPCC-Systems. Sie sitzen in der Mitgliederversammlung und stimmen den Berichten zu. Auch hier halten die Gerichte also den Staaten, deren Handeln sie beurteilen, wenn sie mit den IPCC-Berichten argumentieren, Gesichtspunkte entgegen, die diese bereits selbst akzeptiert hatten. Dass die Struktur dennoch problematisch ist, wird auch innerhalb der Institution gesehen. Dies lässt sich etwa an der Einführung von Minderheitenvoten erkennen.

63 Sheila Jasanoff, *Science at the Bar. Law, Science, and Technology in America*, Cambridge (MA) 1995, S. 114-137, zu Kausalzurechnungen mit einem Plädoyer für eine inkrementale gerichtliche Entwicklung von Maßstäben. Dies freilich vor dem Bewusstsein für die Klimakrise.

e) Wirkungen?

Wir hatten oben gesehen, dass Gerichte nur beschränkt über den Vollzug ihrer eigenen Entscheidungen verfügen können. Je weiter eine gerichtliche Entscheidung ausgreift, desto schwieriger wird es, sie durchzusetzen.[64] Es gehört zu den offenen Fragen der Rechtssoziologie, ob Verfassungsrechtsprechung für sich überhaupt gesellschaftlichen Wandel im großen Stil erzeugen kann oder ob Rechtsprechung nicht umgekehrt Ausdruck eines sich ohnehin abzeichnenden Wandels ist. Für das Problem der Klimaregulierung ergibt sich hier ein spezifisches Dilemma: Weil so viele unterschiedliche Wege zum Klimaziel führen könnten, kann das Gericht dem politischen Prozess die Auswahl der Mittel nicht überzeugend aus der Hand nehmen. Der verbleibende politische Gestaltungsspielraum kann dann aber darauf hinauslaufen, dass gar nichts oder viel zu wenig geschieht, um die Ziele zu erreichen. Schon um ihr Mandat nicht zu überreizen, ordnen die Aussprüche der Gerichte oft relativ generelle Pflichten an. Tatsächlich ist alles andere als klar, welche Konsequenzen erfolgreiche verfassungsgerichtliche Klagen für die Klimapolitik haben. So wäre es in der Tat übertrieben zu behaupten, dass Verfassungsgerichte eine bestimmte Klimapolitik vorschreiben würden, die faktisch im Einklang mit dem 1,5-Grad-Ziel stünde. Das Bundesverfassungsgericht entwickelte eine verfahrensrechtliche Vorgabe, indem es den Gesetzgeber verpflichtete, Teilzielvorgaben zu spezifizieren. Das kolumbianische Gericht verpflichtete die kolumbianische Regierung, innerhalb einer kurzen Frist einen Aktionsplan zur Verringerung der Abholzung im Amazonasgebiet auszuarbeiten. Diese und ähnliche Vorgaben sind potentiell bedeutsam, aber sie lassen auch die Möglichkeit von Ausweich- und Verzögerungsstrategien zu.

Wenn man sich fragt, worin der wirksamste Effekt verfassungsgerichtlicher Rechtsprechung liegen könnte, dann kämen vielleicht weniger die verpflichtenden Aussprüche gegenüber dem Gesetzgeber in Betracht, die auf der einen Seite die Legitimität des Gerichts sehr beanspruchen und auf der anderen Seite, wie gesehen, in ihrer Wirkung zweifelhaft sind. Eher könnten Verfassungsgerichte den Effekt haben, die von ihnen anerkannten subjektiven Rechte auf

64 Mit Blick auf die Klimaverfassungsstreitigkeiten Payandeh, »The Role of Courts«, S. 79 m. w. N.

Klimaschutz auch auf andere rechtliche Ebenen hinunterzutransformieren, also dafür zu sorgen, dass klimabewahrende Maßnahmen auch vor anderen Gerichten eingeklagt werden können. An einem deutschen Beispiel: Im Klimaschutzgesetz des Bundes findet sich die Bestimmung »Subjektive Rechte und klagbare Rechtspositionen werden durch dieses Gesetz oder aufgrund dieses Gesetzes nicht begründet«. Alle dort genannten konkreteren Ziele und Pläne können also nicht gerichtlich durchgesetzt werden. Dies zu ändern und damit eine dezentrale Durchsetzung einer Vielzahl einzelner Verpflichtungen zu beschleunigen, könnte die eigentliche Aufgabe der Verfassungsgerichtsbarkeit sein. Der Kampf gegen den Klimawandel ist nicht nur ein globaler, sondern auch ein dezentraler Multi-Akteur-Prozess,[65] in dem Gerichte als Bottom-up-Institutionen dienen könnten. Dabei ist der Beitrag der unteren Instanzen nicht zu überschätzen. Sie werden sich schwer damit tun, konkret ausformulierte klimarechtliche Vorgaben mit Hilfe unscharfer menschen- oder nachhaltigkeitsrechtlicher Verfassungsklauseln zu verschärfen. Diese lassen sich, wie oben schon gesehen, nicht einfach überschreiben. Es wird vielmehr auch hier darum gehen, objektiv-rechtliche Normen mit Klageberechtigungen durchsetzbar zu machen – und vielleicht auch darum, in Analogie zum Umgang mit internationalen Verpflichtungen exekutive Planungen als rechtlich bindend zu verstehen. Verfassungsgerichte wären in diesem Prozess Transformatoren für breiter und konkreter angelegte Klagen unterer Instanzen.[66]

6. Bilanz und Ausblick

Gewaltengliederung ist die juridische Form einer organisierten Arbeitsteilung zwischen Recht und Politik. Als Arbeitsteilung kennt sie gerade keine Substituierbarkeit von Politik mit Recht oder umgekehrt.[67] Gerichte sind deswegen im tradierten Schema

65 Elinor Ostrom, »A Polycentric Approach for Coping with Climate Change«, in: *Annals of Economics and Finance* 15 (1) (2014), S. 97-134.

66 Siehe nun etwa OVG Berlin-Brandenburg, 11. Senat, 30. 11. 2023, 11 A 11/22; 11 A 27/22; 11 A 1/23 (aktuell in Revision); OVG Berlin-Brandenburg, 16. 05. 2024, 11 A 22/21; 11 A 31/22 (Revision zugelassen).

67 So auch die Bilanz bei Niehaus, *Global Climate Constitutionalism »from below«*.

dort besonders effektive Instrumente gegen den Klimaschutz, wo der politische Prozess sie mit klaren Maßstäben versehen hat. Mehr politische Entscheidungen ermöglichen mehr gerichtliche Durchsetzung. Verfassungsgerichtliche Entscheidungen können einen solchen politischen Prozess in Grenzen anregen, aber nicht ersetzen.

Der Klimawandel bewirkt strukturelle Veränderungen verfassungsgerichtlichen Entscheidens, die das tradierte Schema in mehreren Hinsichten in Frage stellen. Noch am wenigsten gilt dies für den individuellen Zugriff auf gerichtliche Kontrolle. Dass diese potentiell allen zur Verfügung steht, hat mit der Ubiquität des Klimawandels zu tun, nicht mit der gerichtlichen Anmaßung eines Entscheidungsanspruchs. Problematischer erscheint die Abhängigkeit der Rechtsprechung im Tatsächlichen von den Feststellungen des IPCC. Die Legitimation dieser Wissensrezeption kann dabei materiell nur durch die Transparenz der IPCC-Prozeduren geschehen. Auch wenn die Gerichte formell die Möglichkeit haben, konkurrierendes Wissen zu nutzen, fehlt ihnen dazu in der Sache doch die epistemische Kompetenz. Das ist nicht wirklich ungewöhnlich, aber dennoch erscheint diese Situation im Fall des Klimawandels besonders. Es geht um einen holistischen globalen Sachverhaltszusammenhang, für den nur ein hoheitlich zertifiziertes Verfahren der Sachverhaltsermittlung zur Verfügung steht.

Schließlich stellt auch die Entwicklung rechtlicher Maßstäbe eine anspruchsvolle Aufgabe dar. Um plausibel von einer abstrakten Garantie von Menschenrechten zu einem gehaltvollen gerichtlichen Ausspruch zu kommen und um die eigenen Legitimationsressourcen zu schonen, geht die Gerichtsbarkeit bei der Konkretisierung von Grund- und Menschenrechten mit Blick auf die Klimaregulierung oft von bereits eingegangenen unverbindlichen Verpflichtungen aus. Indem die Staaten sich auf Grund- und Menschenrechte und teilweise auch auf Nachhaltigkeit bindend verpflichtet haben und indem sie die Bedeutung dieser Verpflichtungen unverbindlich konkretisieren, widersprechen sie sich selbst. Gerichte lösen diesen Widerspruch auf, indem sie Bindungen beim Wort nehmen und rechtsverbindlich werden lassen.

Welche Wirkungen verfassungsgerichtliche Entscheidungen über ihren formellen Ausspruch hinaus erzeugen, ist eine notorisch schwierig zu klärende Frage. Für eine empirisch gehaltvolle Antwort ist es im Fall des Klimawandels offensichtlich zu früh. Wenn das Erfordernis für Gerichte, prozedural überschaubare Konflikte zu entscheiden, im Fall des Klimawandels aus guten Gründen nicht eingehalten wird, so können damit normative Beschränkungen überwunden werden, nicht aber funktionale Begrenzungen. Auf Vollzug durch politische Organe angewiesene Entscheidungen sind für politischen Widerstand eben politisch empfindlich. Wirksamer als direkte Vorgaben an Gesetzgeber und Regierung könnte in diesem Fall die Ermächtigung der Instanzgerichte durch eine Subjektivierung der Klimaregulierung funktionieren. Damit würde das Thema zu einer Frage nicht nur von Höchstgerichten, sondern der gesamten Gerichtsbarkeit. Dass dies alles nur ein Ersatzbehelf gegen die Notwendigkeit ist, bessere, global vereinheitlichte durchsetzbare Standards zu entwickeln, ist dabei noch einmal hervorzuheben. Dass Verfassungsgerichte den Kampf gegen den Klimawandel mit grundrechtlichen Argumenten auch aufhalten können, ist nicht zu vergessen.

Diese Rekonstruktion kann schließlich nicht darüber hinwegtäuschen, dass die Klimakrise auch für den modernen Konstitutionalismus eine spezifische und ungekannte Herausforderung darstellt. Es gilt Luhmanns Zitat vom Anfang dieses Beitrags, sein Hinweis darauf, dass, wenn potentiell jedwedes Handeln schädlich sein kann, die Ordnung sich schwertun muss, solchem Handeln mit dem Verdikt der Illegalität zu begegnen, ohne ihre Liberalität aufzugeben. Hierin liegt das aus liberaler Sicht negative revolutionäre Potential des Klimawandels.

Epilog

1. Montesquieus viele Tode

Man mag sich im Jahr 2025 die Frage stellen, ob es theoretischer Überlegungen zur Gewaltengliederung noch bedarf. Die Entwicklung der Institutionen in vielen Ländern, auch in den lange als paradigmatisch für den demokratischen Konstitutionalismus geltenden Vereinigten Staaten, bewegt sich in Richtung eines kompetitiven Autoritarismus, der das tradierte Gewaltenteilungsmodell hinter sich lässt.[1] Die Idee der Gewaltengliederung wurde seit langem totgesagt, »Montesquieu ha muerto«.[2] Wäre es nicht Zeit, mit dem Abgesang Ernst zu machen und das Thema zu wechseln?

Dagegen spricht, was sich aus dem Grundsatz gewinnen lässt: Deskriptiv liefert er eine Sprache, die zu beschreiben hilft, was geschieht. Auflösung lässt sich nur mithilfe der sich auflösenden Unterscheidungen bezeichnen. Normativ liefert er Gründe dafür, diese Auflösung zu bewerten. Montesquieus zwei ursprüngliche Einsichten, zwischen drei Gewalten zu unterscheiden und in der Zentrierung der Gewalten bei einer Person die zentrale Bedrohung politischer Freiheit zu erkennen, war ein Fortschritt gegenüber den aus der Antike stammenden Mischverfassungstheorien der Frühneuzeit, auch wenn er vielfacher Verfeinerung bedurfte. Heute ist dieser Theoriebestand so wichtig wie lange nicht, weil er keinen Gemeinplatz, sondern eine umstrittene Wahrheit zum Ausdruck bringt.

Einige einfache Lehren scheint die Tradition ohnehin bereitzuhalten, und es spricht nicht gegen diese, wenn sie nicht beachtet werden. Zu ihnen gehören, zum Ersten, lang bekannte Zweifel an präsidialen Regierungssystemen, die dazu tendieren, eine Personen-

1 Steven Levitsky, Lucan A. Way, »The Path to American Authoritarianism. What Comes After Democratic Breakdown«, in: *Foreign Affairs*, 11. 2. 2025, sehen Entsprechungen zu ihrem eigenen Modell des *Competitive Authoritarianism*. Zur Einordnung solcher Modelle Philipp Christoph Schmädeke, *Geschichte der Realistischen Demokratietheorie*, Berlin 2022, S. 431 ff.

2 »Montesquieu ist tot«, bemerkte der damalige Vorsitzende der sozialdemokratischen PSOE, Alfonso Guerra, in Spanien 1985 zur von seiner Partei durchgesetzten parlamentarischen Direktwahl der Mitglieder des Justizrates, also einer Politisierung der Richterwahl. Zu Verfallsgeschichten oben, S. 248-250.

wahl in eine Abstimmung zu verwandeln, die das gesamte Institutionensystem infrage stellt.[3] »Die erwählte Nationalversammlung steht in einem metaphysischen, aber der erwählte Präsident in einem persönlichen Verhältnis zur Nation.«[4] Dazu gehört, zum Zweiten, Montesquieus Feststellung, dass Macht nur durch Gegenmacht aufgehalten werden kann: »Pour qu'on ne puisse abuser du pouvoir, il faut que, par la disposition des choses, le pouvoir arrête le pouvoir.«[5] Wenn es ernst wird, kann sich nur Politik gegen Politik durchsetzen. Das bedeutet jedenfalls mit Montesquieus Verständnis der richterlichen Gewalt,[6] dass es nicht zum Grundsatz der Gewaltengliederung gehören kann, auf Gerichte zu warten, um die Ordnung zu retten. Gerichte erfüllen eine unverzichtbare Funktion in jedem System der Gewaltengliederung, die Politik in eine legale Form bringen und dadurch auch hemmen soll.[7] Das ist jedoch nicht mit der Bewahrung des Systems im Ganzen zu verwechseln.

Zum Dritten können die Regeln der Gewaltengliederung nicht denjenigen zur Verfügung stehen, die durch sie ermächtigt wurden. Die Gewaltengliederung formuliert Pflichten. In den Worten eines Alt-Liberalen rechtfertigt auch der Konsens aller Gewalten nicht den Bruch ihrer Formen.[8] Man darf in einem gewaltengegliederten System auf seine Kompetenz nicht verzichten, etwa indem man als Parlament die Kontrolle der Exekutive unterlässt oder auf Gesetzgebung zugunsten exekutiver Normsetzung verzichtet. Wo dies passiert, wie seit längerem in den Vereinigten Staaten oder in der Weimarer Republik ab 1930, ist das System bereits beschädigt, ohne dass man auf einen Autokraten warten müsste.

3 Dazu sogleich Abschnitt 4.

4 Karl Marx, *Der achtzehnte Brumaire des Louis Bonaparte* [1852], in: *Marx-Engels-Werke*, Bd. 8, Berlin 1960, S. 128.

5 Charles des Montesquieu, »De l'esprit des lois« [1748], in: *Œuvres Complètes*, II, Paris 1951, XI/4, S. 395.

6 Die ihm bekanntlich als machttechnisches Nullum vorkam: Montesquieu, »Esprit des Lois«, XI/6, S. 398, 404. Zur Relativierung Regina Ogorek, »De l'esprit des légendes«, in: *Rechtshistorisches Journal* 2 (1983), S. 277-296.

7 In diesem Band Christoph Möllers, »Zweckverfolgung und Zweckreflexion. Zur abgeleiteten Eigenlegitimität der Rechtsform jenseits demokratischer Legitimation«.

8 »Que le concours de tous le pouvoir ne rend pas légitime la violation des formes.« Benjamin Constant, »Principes de politique« [1815], Annexe 7, in: ders., *Écrits politiques*, Paris 1997, S. 303-588, hier S. 574.

Wer dafür die Verantwortung trägt, ist in einer demokratischen Ordnung eine heikle Frage. Es gehört zur Pflicht aller Mitglieder einer Demokratie, nicht nur die Entscheidung der Mehrheit anzuerkennen, sondern auch zur Mehrheitsbildung beizutragen, also die eigenen politischen Präferenzen zu relativieren. Politische Freiheit gibt es nur unter der Bedingung allgemeiner Mäßigung der eigenen Überzeugungen, die selbst einen Überschuss an Tugend im Zaum halten muss.[9] Das ist keine Moralisierung von Politik, sondern eine funktionale Einsicht.

2. Souverän ist, wer ausdifferenzierte Herrschaft zulässt

Gewaltengliederung und Souveränität scheinen auf den ersten Blick in Widerspruch zueinander zu stehen: hier die Austarierung verschiedener Gewalten, dort der Anspruch auf höchste Gewalt. Doch schon Hobbes, der konsequenteste Theoretiker staatlicher Souveränität, macht deutlich, dass beide Gesichtspunkte auf unterschiedlichen Ebenen liegen. So hält er im Vorwort zu *De Cive* ausdrücklich fest, dass seine Präferenz zugunsten der Monarchie sich nicht mit den rationalen Argumenten begründen lässt, aus denen er seine Theorie der Souveränität hergeleitet hat.[10] Auch für den Vernunftmonarchisten Hobbes verdienen alle einmal etablierten Staatsformen – Demokratie, Aristokratie und Monarchie – in gleicher Weise Gehorsam.

Tatsächlich sind Souveränität und Gewaltenteilung nicht zufällig gemeinsame Produkte der frühneuzeitlichen Staatstheorie, in denen sich die Organisation von Politik zugleich nach außen und innen abgrenzen und organisatorisch ausdifferenzieren musste. Gegenüber der Gesellschaft kann die souveräne Staatsgewalt nur einen Durchsetzungsanspruch erheben, wenn sich beide voneinander unterscheiden lassen. Diese Unterscheidungsleistung ist eine zentrale Funktion des modernen Rechts. In der Form des Rechts gibt sich der Souverän als solcher zu erkennen. Diese legalistische Seite der Hobbes'schen Theorie wird mitunter unterschätzt oder aber

9 Wiederum Montesquieu, »Esprit des Lois«, XI/4, S. 398.
10 Thomas Hobbes, *Vom Bürger. Vom Menschen*, Hamburg 2017, S. 19 f.

mit einer materiellen Begrenzung gleichgesetzt.[11] Aber auch wenn der Souverän machen kann, was er will, gibt ihm erst der Modus der Legalität seine Einheit. Unter diesen Bedingungen stehen Gewaltengliederung und Souveränität nicht in Widerspruch, sondern bedingen einander. Die gewaltengliedernde Ausdifferenzierung der Ordnung ist nur möglich, wo sie durch die Form zusammengehalten wird, die das Recht zur Verfügung stellt.

3. Allmacht durch Entfesselung

Modelle der Gewaltengliederung verbinden Elemente der Handlungsfähigkeit mit solchen der Handlungshemmung in einer auf Legitimität ausgerichteten Art und Weise.[12] Dies geschieht vor dem Hintergrund eines Modells staatlicher Souveränität, dessen Bedeutung sich recht unbemerkt dramatisch verändert hat. Ging es ursprünglich darum, dass die souveräne Gemeinschaft all das tun *darf*, was sie tun will, so soll sie heute auch alles tun *können*. Dass Probleme sich *nicht* lösen lassen, ist in diesem Modell nicht vorgesehen, sondern eine Überraschung, die etwa in immer wieder neu aufgelegten Debatten um »Regierbarkeit« auf den Plan tritt. Wenn Gerichte einen Staat dazu verpflichten, gegen den Klimawandel vorzugehen,[13] dann unterstellen sie damit, ohne dies weiter zu begründen, ja oft, ohne es auch nur zu erwähnen, dass Staaten dazu in der Lage seien – denn ohne diese Möglichkeit kann keine Verpflichtung gelten.[14]

Die aktuelle Krise der Gewaltengliederung lässt sich auch als Folge des Versuchs verstehen, das Auseinanderfallen von Handlungserwartungen und Handlungsfähigkeit an politische Organisationen zu bewältigen. Dabei sollen objektive Handlungsbeschränkungen durch subjektive Handlungsermächtigungen kompensiert werden, namentlich durch die Gleichsetzung von staatlicher Durchsetzungs-

11 Vgl. Noel Malcolm, »Thomas Hobbes: Liberal illiberal«, in: *Journal of the British Academy* 4 (2016), S. 113-136, hier S. 125 f.

12 Christoph Möllers, »Zweckverfolgung und Zweckreflexion. Zur abgeleiteten Eigenlegitimität der Rechtsform jenseits demokratischer Legitimation«, in diesem Band.

13 Siehe oben, S. 425.

14 Christoph Möllers, *Die Möglichkeit der Normen*, Berlin 2015, S. 131-154.

fähigkeit mit individueller Handlungsfähigkeit eines starken Vertreters der Exekutive. Das Amt des Präsidenten soll (in den Worten des U.S. Supreme Court in seiner Entscheidung zu dessen Immunität) Superlativen der Handlungsfähigkeit genügen: Seine Handlungen bedürfen der »maximalen Fähigkeit, furchtlos und unparteiisch mit den Pflichten seines Amtes umzugehen«. Gefragt ist »energischer, entschlossener und zügiger Vollzug der Gesetze«.[15] In einer bemerkenswerten Abwendung von der Tradition Montesquieus, die auf die amerikanische Verfassung großen Einfluss hatte, wird »unangemessene Vorsicht« bei der Erfüllung der Amtspflichten als Problem, nicht als Lösung gesehen. Die Freistellung von Legalität wird vom Problem zur Lösung. Ob solche exaltierten Vorstellungen individuellen politischen Handelns irgendwelche intendierten Wirkungen im Großen haben können, ist eine andere Frage.

4. Von der Souveränität zur Oligarchie

Die Gleichsetzung von organisierter Gestaltung, also genuin politischem Handeln, mit individueller Ermächtigung einer Person macht die Hobbes'sche Entwicklung des modernen Souveränitätsbegriffs fort von der Person des Herrschers hin zur Personalisierung der Herrschaft rückgängig.[16] In der Freistellung von der Form der Legalität und der Identifikation der Herrschaft mit der Person des Amtsträgers gleichen sich die privaten Interessen der Person denen des Amts an. Die Ordnung wird patrimonial.[17] Von dort ist es wiederum nur ein Schritt zur Integration oligarchischer Strukturen in die Staatsgewalt, denn die Staatsgewalt verliert ihre durch Legalität gestiftete Grenze und wird von Nebenmächten ununterscheidbar.

Sollte die Theorie der Gewaltengliederung auch oligarchische

15 Zitate und eine Analyse dieser Rhetorik in Trump v. United States, 603 U.S. 593 (2024) bei Johannes Buchheim, »Trump v. United States. Ein Mosaikstein autoritären Verfassungsumbaus«, in: *JuristenZeitung* 79 (2024), S. 1049-1057, hier S. 1053 f. (Übersetzung C. M.).

16 Zur Debatte, inwieweit diese Verselbständigung bei Hobbes angelegt ist: Laurens van Apeldoorn, »On the Person and Office of the Sovereign in Hobbes' *Leviathan*«, in: *Britisch Journal for the History of Philosophy* 28:1 (2020), S. 49-68, hier S. 64-66.

17 Zu diesem Konzept Max Weber, *Wirtschaft und Gesellschaft*, Teilband 4 Herrschaft, Max Weber Gesamtausgabe, I/22-4, Tübingen 2005, S. 254 f., 261.

Strukturen mitbedenken, also Formen vermeintlich »privater« Macht, die klassisch liberal eine Frage des Wettbewerbsrechts waren,[18] in ihren Anwendungsbereich integrieren? Neuere Versuche, dies zu tun, leiden darunter, die staatsbürgerliche Gleichheit aufzugeben, also Sonderregeln für »Oligarchen« oder »Plebeier« entwickeln zu müssen und damit das Problem zu formalisieren, das sie zu lösen beanspruchen.[19] Es muss aber darum gehen, die sozialen Bedingungen von Legalität durch Politik zu schützen: Ab einem bestimmten Maß an sozialer Ungleichheit verliert die Gleichheit vor dem Gesetz ihre Plausibilität, nicht unbedingt, weil die Privilegierten moralisch verwerflich handeln würden, sondern weil sie zum Ersten keinen gemeinsamen sozialen Raum mehr mit allen anderen teilen und weil zum Zweiten ihr Handeln durch ihre schiere Macht solche Bedeutung gewinnt, dass sie nicht mehr auf den Schutz der Rechtsordnung angewiesen sind. Sie können vom Modus der Legalität nicht mehr eingefangen werden.

5. Bürokratieabbau als politische Ersatzhandlung

Zu einer brauchbaren Theorie der Gewaltengliederung gehört die Unterscheidung zwischen Regierung und Verwaltung. Diese repräsentiert kein autoritäres Übel, mit dessen Hilfe die politischen Organe von der Kontrolle durch Recht ausgenommen werden sollen.[20] Sie bringt vielmehr zum Ausdruck, dass die Verknüpfung von Souveränität und Rechtsform die Unterscheidung zwischen Recht und Politik nicht überflüssig gemacht hat, sondern voraussetzt. Unter dieser Bedingung steht die Regierung funktional dem politischen Gestaltungsspielraum des Parlaments näher, während sich die Verwaltung mit hierarchisch nach unten zunehmender Rechtsbindung der Judikative angleicht.[21]

18 Franz Böhm, »Das Problem der privaten Macht«, in: *Die Justiz*, Bd. 3 (1928), S. 324-345.

19 Darstellung und Kritik bei Camill Vergara, *Systemic Corruption. Constitutional Ideas for an Anti-Oligarchic Republic*, Princeton 2020, S. 219 ff.

20 So aber noch Ernst Fraenkel, *Der Doppelstaat*, Hamburg ^{3}2012, S. 121 f., in einer nicht untypischen Bewegung von der Kritik totalitärer Politik zur Kritik von Politik.

21 Christoph Möllers, *The Three Branches*, Oxford 2013, S. 96-101.

Dass die Sehnsucht nach dem Abbau von »Bürokratie« mit der nach der Handlungsfähigkeit des Staates zusammenfällt, ist auf den ersten Blick seltsam. Denn egal, ob mit »Bürokratie« staatliche Regeln oder Organisationseinheiten gemeint sind, beides sind Formen, durch die die politische Herrschaft handeln kann. Deren Zurücknahme mag staatliche Handlungsfähigkeit erhöhen, das ist aber keine Selbstverständlichkeit und setzt eine gehaltvolle Bestimmung von »Handlungsfähigkeit« voraus. »Bürokratieabbau« ist sonst nur eine Konsensformel für ein politisch umstrittenes Projekt, das seine Wertungen nicht offenlegt oder keine hat.[22] Es kann aber kaum egal, sondern sollte politisch umstritten sein, ob Sicherheits-, Sozial- oder Gesundheitsbürokratien abgebaut werden. Sonst bleibt kriterienlose Entschlossenheit ein Merkmal der Bürokratiekritik. Ihre Beliebtheit dürfte auch ihrer Selbstreferentialität geschuldet sein. Ein politischer Prozess, der unsicher ist, ob er überhaupt etwas verändern kann, hält sich an die Strukturen, auf die er direkt Zugriff hat. Schumpeters Gedanke der kreativen Zerstörung dagegen, der in diesem Zusammenhang als Inspiration genannt wird, war gerade nicht als Einladung zu politischem Handeln gemeint,[23] sondern als Beschreibung eines Marktgeschehens, in dem Innovationen sich durchsetzen. In der antibürokratischen Weltsicht liegen Verachtung von Politik und deren Überschätzung nah beieinander.

Die zentrale verfassungsrechtliche Frage betrifft in diesem Zusammenhang die Kündbarkeit hoheitlicher Dienstverhältnisse.[24] Auf sie kann es in einer gewaltengegliederten Ordnung keine allgemeine Antwort geben: Eine kündbare Richterin ist nicht unabhängig, sie ist funktional keine Richterin, sondern eine Beamtin mit gerichtsähnlicher Zuständigkeit. Ein unkündbarer Regierungschef ist ein Diktator.

Wie steht es mit der Kündbarkeit der nachgeordneten Behörden, der »Bürokratie«? Zum Weber'schen Bürokratiemodell gehört

22 Pascale Cancik, »›Bürokratie‹ als negative Markierung: Zur Semantik von Staats- und EU-Kritik«, in: *Leviathan* 48/4 (2020), S. 612-636; dies., »Zuviel Staat? – Die Institutionalisierung der ›Bürokratie‹-Kritik im 20. Jahrhundert«, in: *Der Staat* 56 (2017), S. 1-38.

23 Joseph A. Schumpeter, *Capitalism, Socialism and Democracy*, New York 1975 [1950], S. 81-86.

24 Für die Vereinigten Staaten ist das seit dem *New Deal* umstritten, siehe oben, S. 270.

die Unkündbarkeit, gerade weil mit ihr Unabhängigkeit von Politik garantiert wird.[25] Dass die Macht solcher Bürokratien nicht nur in der Anwendung von Regeln besteht, findet sich auch schon bei ihm.[26] Hierin wird man nicht zwingend ein demokratisches Problem sehen müssen.[27] Gerade die deutsche Verfassungsgeschichte zeigt die Ambivalenz des Problems: auf der einen Seite der konservative Widerstand der monarchischen Beamtenschaft gegenüber der demokratischen Politik der Weimarer Parteien,[28] auf der anderen Seite die Säuberung der Beamtenapparats durch die Nazis.[29] Unter den gegenwärtigen Bedingungen ist die Sicherung des öffentlichen Diensts eine Lösung, kein Problem.

6. Politische Begrenzung politischer Handlungskriterien

Gewaltengliederung dient auch als Antwort auf die Frage, inwieweit ein demokratischer Staat Raum für Entscheidungen nach nichtpolitischen Kriterien lassen sollte. Wenn man die Welt hoheitlicher Institutionen in demokratische majoritäre und undemokratische nichtmajoritäre Institutionen einteilt,[30] entsteht ein Gegensatz, der einfachste Modelle der Gewaltenteilung an Schlichtheit unterbietet. Jede politische Organisation ist darauf angewiesen, Entscheidungen auch nach nichtpolitischen Kriterien zu ermöglichen. Diese bedürfen auf der ersten Ebene einer demokratischen Grundlage, aber auf der zweiten Ebene ermächtigt eine politische Entscheidung zur Anwendung rechtlicher, wissenschaftlicher, äs-

25 Weber, *Wirtschaft und Gesellschaft*, S. 166 f.

26 Ebd., S. 214 f.

27 Dazu sogleich Abschnitt 6. Dies gilt auch für die USA, in denen die Entwicklung einer professionalisierten Verwaltung, die nach geschützten Dienstverhältnissen verlangt, gerade Produkt der Politisierung der Verwaltung war: dazu für den amerikanischen Fall seit Präsident Jackson Matthias Roßbach, *Das Personal der Republik*, Tübingen 2020, S. 516 f.; vgl. auch die Beobachtung bei Weber zur Reform der Kommunalverwaltung durch politische Akteure: Weber, *Wirtschaft und Gesellschaft*, S. 165.

28 Siehe oben, S. 156-158.

29 Gesetz zur Wiederherstellung des Berufsbeamtentums v. 7. 4. 1933, RGBl. I, S. 175.

30 Vgl. etwa Armin Schäfer, Michael Zürn, *Die demokratische Regression*, Berlin 2021, S. 107 ff., wo der Begriff der nichtmajoritären Institution viel verwendet, aber selbst nicht entwickelt wird.

thetischer oder anderer Kriterien und verarbeitet auf diese Weise soziale Ausdifferenzierung. Wer glaubt, dass es keine nichtpolitischen Kriterien gäbe – eine These, die autoritäre Machthaber von Teilen der Kritischen Theorie gelernt haben könnten –, hat das Problem nicht. Wenn man es anders sieht, ist der Umstand, dass nicht jede Entscheidung politisiert wird, kein demokratischer Mangel, sondern Ergebnis einer Arbeitsteilung, die von der zentralen, aber nicht unbegrenzten Ergiebigkeit politischer Kriterien ausgeht. Die Grenze, die der Politisierung von Entscheidungskriterien dann zu ziehen ist, wird wiederum durch die Form des Rechts gezogen. Herrschaft der Mehrheit ist dann Herrschaft einer Mehrheit, die nicht jede Entscheidung Mehrheitsverfahren unterwerfen will.

7. Gewalt in der Gewaltenteilung

Worin besteht eine Gewalt, ein *pouvoir*? In den Theorien Lockes und Montesquieus verbindet sich in diesem Begriff die Macht, Recht zu setzen und Recht zu sprechen, mit anderen Fähigkeiten, etwa der Kriegserklärung, der Fähigkeit, Geld einzunehmen und auszugeben, sowie eben der Möglichkeit zu physischer Gewaltausübung. Manche Theoretiker wollten die nackte Gewalt hinter jeder liberalen Ordnung ausmachen.[31] Eine solche Undifferenziertheit ist schon deswegen problematisch, weil hier Unterschiede im Schwarz-Weiß verschwinden, die für Betroffene existenziell sein können. Nicht jedes Gefängnis ist ein Lager.

Doch lässt sich sagen, dass eine Überdosis an Repolitisierung staatlicher Herrschaft die Staatsgewalt gewaltförmiger werden lässt. Der Zusammenhang zeigt sich in einer in der Rechtstheorie, nicht in der Verfassungstheorie einflussreichen Überlegung des englischen Rechtsphilosophen H. L. A. Hart, in der er den Unterschied zwischen einer Rechtsordnung und einem bewaffneten Bankräuber zu begründen suchte.[32] Die Rechtsordnung könne nicht an allen

31 Giorgio Agamben, *Ausnahmezustand. Homo sacer II.1*, Frankfurt/M. 2004.

32 H. L. A. Hart, *Der Begriff des Rechts*, Berlin 2011, S. 34-39. Vielmehr gehe es um die innere Einstellung, namentlich der Amtsträger. Harts Argument steht, wie selten gesehen wird, in einer Linie von Theorien – man denke an Norbert Elias oder Michel Foucault, aber auch schon an François Guizot –, die äußeren Zwang

Orten gleichzeitig mit einer Gewaltdrohung operieren, im Normalfall arbeite sie mit allgemeinen Pflichten, die Handlungs*typen* regelten. Mit Gewaltandrohungen ließe sich eine Ordnung schließlich nicht auf Dauer stellen. Harts Argumentation hat eine ganze Generation von analytischen Rechtstheoretikern davon überzeugt, dass gewaltsame Durchsetzbarkeit keine notwendige Eigenschaft einer Rechtsordnung sei.[33]

Wenn der Unterschied zwischen Recht und Gewalt an der Allgemeinheit der Regeln hängt, dann ergibt sich hier ein bemerkenswerter Zusammenhang zur Theorie der Gewaltengliederung. Denn die von Hart beschriebene Allgemeinheit setzt eine Arbeitsteilung zwischen politischer Gesetzgebung und entpolitisierter Gesetzesanwendung voraus. Wenn der demokratisch-rechtsstaatliche Apparat damit beginnt, politisch inspirierte Ausnahmen für den Vollzug seiner Regeln anzuerkennen, schlägt die Ordnung um. Fraenkels Analyse des nationalsozialistischen Doppelstaats mit seinem Nebeneinander aus regulärem Rechtssystem für angepasste nichtjüdische Deutsche und dem Terror des Maßnahmestaats für die anderen ist der Fluchtpunkt dieses Umschlags.[34] Der Weg dahin ist weit, doch zeigen sich Tendenzen, in denen die Institutionenordnung scheinbar normal weiterarbeitet, aber tatsächlich diskriminierend operiert, überall dort, wo politischer Protest staatlich sanktioniert wird. Namentlich immer dann, wenn die Ordnung Meinungsfreiheit nicht inhaltsneutral definiert, sondern bestimmte Meinungen indiziert, beginnt sie diese Richtung zu nehmen. Recht überzeugt dann nicht durch die Einsicht in den befreienden Effekt der Mehrheitsregel für alle, sondern es droht mit Nachteilen – und zwar auch denjenigen, die sich zwar legal, aber politisch kritisch verhalten. Der Einsatz der Rechtsordnung wird dann von der Legalität des Handelns der Einzelnen abgekoppelt, die Staatsgewalt von einer normbasierten Ordnung zu einer, die die Rechtsform selektiv als politische Waffe einsetzen kann.[35]

gegenüber interner Selbstanpassung in seinem Beschreibungswert für soziale Ordnung hintanstellen.

33 Kritische Aufarbeitung bei Frederick Schauer, *The Force of Law*, Cambridge (MA) 2015.

34 Fraenkel, *Doppelstaat*, S. 101-120.

35 Christoph Möllers, Sabine Müller-Mall, *Theorien der Verfassung zur Einführung*, Hamburg 2024, S. 185-188.

8. Demokratie und Gewaltengliederung

Demokratische Selbstbestimmung in eine gewaltengegliederte Ordnung einzufassen, bedeutet, sie einerseits zu beschränken, sie andererseits durch institutionelle Form real werden zu lassen. Proteste und die Macht der Menge mögen richtige Anliegen haben: Als demokratisch legitimiert erweisen sie sich erst, wenn die Stimmen ausgezählt sind. »Vor der Verfassung einer Bürgerschaft gibt es kein Volk«.[36] Rechtliche Institutionen dienen dann nicht zuletzt dem Zweck, künftige Mehrheiten vor aktuellen Mehrheiten zu schützen, also sicherzustellen, dass gewählte Regierungen abgewählt werden können. Der Schutz der Mehrheitsregel setzt mehr voraus als die Mehrheitsregel selbst, namentlich einen offenen politischen Kommunikationsraum und eine unabhängige Justiz.[37] Gewaltengegliedert ist dann diejenige Form der staatlichen Organisation, die individuelle und politische Freiheit in ein bewegliches, beide ermöglichendes Verhältnis setzt.[38] Will man die eine Form der Freiheit der anderen opfern – oder gleich beide –, bedarf es ihrer nicht mehr.

36 Hobbes, *Vom Bürger. Vom Menschen*, S. 129 (Übersetzung angepasst, C. M.).

37 Vgl. schon Hans Kelsen, *Allgemeine Staatslehre*, Tübingen 2019 [1925], S. 760; aus der neueren minimalistischen Demokratietheorie Adam Przeworski, »Who Decides What Is Democratic?«, in: *Journal of Democracy* 35:3 (2024), S. 5-16, hier S. 5f.

38 Siehe oben, S. 262-264.

Textnachweise

Expressive versus repräsentative Demokratie, in: Regina Kreide, Andreas Niederberger (Hg.), *Transnationale Verrechtlichung. Nationale Demokratien im Kontext globaler Politik*, Frankfurt/M. 2008: Campus, S. 160-182.

Drei Dogmen der etatistischen Demokratietheorie, in: Hans Michael Heinig, Jörg Philipp Terhechte (Hg.), *Postnationale Demokratie, Postdemokratie, Neoetatismus. Wandel klassischer Demokratievorstellungen in der Rechtswissenschaft*, Tübingen 2013: Mohr Siebeck, S. 131-138.

Demokratische Ebenengliederung, in: Ivo Appel, Georg Hermes, Christoph Schönberger (Hg.), *Öffentliches Recht im offenen Staat. Festschrift für Rainer Wahl*, Berlin 2011: Duncker & Humblot, S. 759-778.

Krisenzurechnung und Legitimationsproblematik in der Europäischen Union, in: *Leviathan* 43, Heft 3 (2015), S. 339-364.

»We are (afraid of) the people«: verfassunggebende Gewalt und konstitutioneller Populismus in der deutschen Verfassungsgeschichte [»We are (afraid of) the people«: Constituent Power in German Constitutionalism], in: Martin Loughlin, Neil Walker (Hg.), *Constituent Power in Comparative Perspective*, Oxford 2007: Oxford University Press, S. 87-105 *(überarbeitete Übersetzung des englischen Texts)*.

Das Parlamentsgesetz als demokratische Entscheidungsform in Weimar – Ein Beitrag zur Institutionenwahrnehmung der Weimarer Republik, in: Christoph Gusy (Hg.), *Demokratisches Denken in der Weimarer Republik*, Baden-Baden 2000: Nomos, S. 415-463.

Der deutsche Traum von der französischen Souveränität. Abhängige Verfassungsgebung in der neueren deutschen Geschichte, in: Thomas Maissen, Niels F. May, Rainer Maria Kiesow (Hg.), *Souveränität im Wandel*, Göttingen 2023: Wallstein, S. 389-405.

Zweckverfolgung und Zweckreflexion. Zur abgeleiteten Eigenlegitimität der Rechtsform jenseits demokratischer Legitimation (Originalbeitrag, 2024).

Gewaltengliederung – eine theoretische Skizze in vergleichender Absicht [Separation of Powers], in: Roger Masterman, Robert Schütze (Hg.), *The*

Cambridge Companion to Comparative Constitutional Law, Cambridge 2019: Cambridge University Press, S. 230-257 *(überarbeitete Übersetzung des englischen Texts).*

Hannah Arendts Theorie der Gewaltenteilung und ihre Bedeutung für das Verhältnis von Parlament und Regierung, in: Detlef Horster (Hg.), *Vom Hund und vom Schwanz. Zum Verhältnis von Exekutive und Legislative*, Weilerswist 2013: Velbrück, S. 21-32.

Dogmatik der grundgesetzlichen Gewaltengliederung, in: *Archiv des öffentlichen Rechts* 132 (2007), S. 494-538.

Zur Theorie verfassungsgerichtlicher Kontrolle – eine kritische Einführung [Constitutional Review], in: Richard Bellamy, Jeff King (Hg.), *The Cambridge Handbook of Constitutional Theory*, Cambridge 2025: Cambridge University Press, S. 343-360 *(überarbeitete Übersetzung des englischen Texts).*

Individuelle Legitimation: Wie rechtfertigen sich Gerichte?, in: Anna Geis, Christopher Daase, Frank Nullmeier (Hg.), *Der Aufstieg der Legitimitätspolitik. Rechtfertigung und Kritik politisch-ökonomischer Ordnungen*, Leviathan Sonderband Bd. 27, 2012, S. 398-416.

Verfassungsgerichte als Agenten der Klimaregulierung? (Originalbeitrag, 2024).